»Gott näher als der eigenen Halsschlagader«

Prof. Dr. Susanne Schröter ist Direktorin des Instituts für Ethnologie der Goethe-Universität Frankfurt/Main und Leiterin des Frankfurter Forschungszentrums Globaler Islam (FFGI). Darüber hinaus ist sie Direktorin im Cornelia Goethe Centrum für Geschlechterforschung und Vorstandsmitglied des Deutschen Orient-Instituts.

Susanne Schröter

»Gott näher als der eigenen Halsschlagader«

Fromme Muslime in Deutschland

Campus Verlag
Frankfurt/New York

ISBN 978-3-593-50542-8 Print
ISBN 978-3-593-43370-7 E-Book (PDF)
ISBN 978-3-593-43371-4 E-Book (EPUB)

Das Werk einschließlich aller seiner Teile ist urheberrechtlich geschützt.
Jede Verwertung ist ohne Zustimmung des Verlags unzulässig. Das gilt insbesondere für Vervielfältigungen, Übersetzungen, Mikroverfilmungen und die Einspeicherung und Verarbeitung in elektronischen Systemen.
Copyright © 2016 Campus Verlag GmbH, Frankfurt am Main
Umschlaggestaltung: Guido Klütsch, Köln
Umschlagmotiv: © Laif/p_18044861
Satz: Campus Verlag GmbH, Frankfurt am Main
Druck und Bindung: Beltz Bad Langensalza GmbH
Gedruckt auf Papier aus zertifizierten Rohstoffen (FSC/PEFC).
Printed in Germany

www.campus.de

»Wir schufen einst den Menschen und wissen ganz genau,
was seine Seele ihm einzuflüstern sucht:
Denn wir sind ihm viel näher noch als seine Halsschlagader.«
Koran (Sure 50, Vers 16)

Inhalt

Vorwort 9

Dank 13

Teil I
Muslime in Deutschland:
Zwischen Stigmatisierung und Anerkennung 15
1. Gehört der Islam zu Deutschland? 16
2. Orientschwärmereien 17
3. Orientwissenschaft und deutsche Geheimdienstmissionen 20
4. Migranten und Postmigranten 23
5. Islamkritik oder Islamophobie? 25
6. Auf Reformkurs 33

Teil II
Muslime in Wiesbaden: Vielfältig, hybrid, transkulturell 39
1. Religiöse Heimat unter wilhelminischen Dekors:
   Die Süleymaniye-Moschee 41
2. Mitgliederstark und dennoch am Rande: DITIB 61
3. Tulpen zum Freitagsgebet:
   Die Islamische Gemeinschaft Milli Görüs 69
4. Süßer Tee und Herzensbildung: Sufistische Bruderschaften 85
5. Ein Ort zum Weinen: Die Imam-Hossein-Moschee 107
6. 100 Moscheen bauen: Die Ahmadiyya Muslim Jamaat 126
7. Kulturell und mental europäisch:
   Die Islamische Gemeinschaft der Bosniaken 144

8. Der Scharia folgen: Der Islamische Kulturverein Masjid Ali 151
9. Im Paradies die Gewinner: Die Tauhid-Moschee 166
10. Männer mit Bärten: Der Weg der Mitte 199
11. Engel, Geister und die Schönheit des Gebets:
    Die Omar-Ibnulkatab-Moschee. 210
12. Durch Heiratsbeziehungen mit Marokko verbunden:
    Die Badr Moschee. 244
13 Ohne Kopftuch in die Hölle: Der Afghanische Kulturverein 254

Teil III
Debatten, Programme, Positionen. 267
1. Kommunale Interventionen 267
2. Jugend zwischen Kicker und Gebetsraum 299
3. Verbotenes Begehren und arrangierte Ehen 331

Schlussbetrachtung 367

Anmerkungen 375
Glossar 385
Literatur. 389

Vorwort

»Ihr Menschen!
Siehe, wir [...] machten euch zu Völkern und Stämmen,
damit ihr einander kennenlernt.«
Koran (Sure 49 Vers 13)

Dieses Buch handelt von frommen Muslimen in einer deutschen Mittelstadt, von Menschen, denen »Gott näher ist als ihre eigene Halsschlagader«, wie es im Koran heißt. Seine Fertigstellung fällt in eine Zeit, in der zahllose Menschen vor der Gewalt islamischer Extremisten aus ihrer Heimat fliehen, vor den »Gotteskriegern«, die unter der Flagge des »Islamischen Staats« entsetzliche Gräueltaten vor allem in Syrien, Afghanistan und dem Irak verüben und auch Europa mit Terror konfrontieren. Angesichts dieser Entwicklung wird der Islam von vielen Nichtmuslimen mit Gewalt und Rechtlosigkeit assoziiert. Vorbehalte gegenüber dem Islam und den Muslimen oder gar Islamfeindlichkeit waren in Deutschland allerdings schon vor dem Auftreten des »IS« und der Berichterstattung darüber weit verbreitet und muss als eines von vielen Hindernissen beim Aufbau einer multikulturellen Gesellschaft bezeichnet werden.

Islamfeindlichkeit resultiert unter anderem aus einem Mangel an Wissen. Zwar sprechen Viele über den Islam, aber Wenige mit einem substanziellen Hintergrund. 67 Prozent der von der Sozialwissenschaftlerin Naika Foroutan im Jahr 2013 befragten deutschen Bürger schätzten die eigenen diesbezüglichen Kenntnisse als gering ein.[1] So verwundert es nicht, dass die obskure Gruppe PEGIDA (»Patriotische Europäer gegen die Islamisierung des Abendlandes«) sich ausgerechnet in Dresden zusammenfand, einer Stadt, in der man sich schon Mühe geben muss, um überhaupt auf einen Muslim zu treffen.

Mit diesem Buch hoffe ich, Wissenslücken zu schließen und dadurch verzerrten Vorstellungen über »den« Islam entgegenzuwirken. Ich zeige verschiedene Varianten eines gelebten Islam in einer gewöhnlichen deutschen Stadt und stelle Muslime in der Vielfalt ihrer Identitäten, Wertvorstellungen und Lebensstile vor. Die Forschung wurde in Wiesbaden durchgeführt, einer unspektakulären Kommune, in der Muslime seit mehr als fünfzig Jahren zu Hause sind und den Alltag mitprägen. Die frommen unter ihnen, diejenigen, die ihre Zeit in besonderem Maß der Religion widmen, organisieren sich in 15 Moscheegemeinschaften und sufistischen Orden.[2] Diese Menschen stehen im Mittelpunkt meines Buches. Ich schreibe nicht über sogenannte »Kulturmuslime«, über Menschen, die zwar an Gott und seinen Propheten glauben, es aber mit den islamischen Pflichten nicht so genau nehmen. Mich interessieren hier ausschließlich die »religiösen Muslime«, diejenigen, die die Religion ins Zentrum ihres Daseins rücken und versuchen, ihr Leben in Einklang mit den Gesetzen Gottes zu bringen oder eine besondere spirituelle Beziehung zu Allah anstreben. Über dieses konservativ-fromme Segment des deutschen Islam ist nur wenig bekannt. Es gibt zwar unzählige Studien, in denen mithilfe sozialwissenschaftlicher Verfahren Einstellungen, Bildungsgrad und ökonomische Potenz abgefragt wurden, doch hinter diesen Daten werden Menschen selten sichtbar. So bringen herkömmliche quantitative Methoden und standardisierte Fragebögen zwar verallgemeinerbare Daten hervor, diese Daten sind aber zwangsläufig unterkomplex und simplifizierend. Kurz gesagt: Die Gefahr besteht, dass Stereotype abgefragt werden.

Als Ethnologin gewinne ich Daten dagegen nicht aus dem Studium von Texten oder mithilfe von vorgefertigten Fragebögen, sondern durch »teilnehmende Beobachtung«[3] von Ereignissen und verschiedene Gesprächtechniken. Ich will verstehen, wie der oder die Andere denkt und fühlt, in welche Kategorien er oder sie die Welt einteilt und nach welchen Prämissen er oder sie handelt. Ethnologen versuchen sich in ihr Gegenüber hineinzuversetzen und seinen Standpunkt gewissermaßen von Innen zu sehen. Dieses Herangehen braucht Zeit. Man baut Beziehungen auf, folgt Ereignissen und entdeckt unentwegt Neues. Je länger man in einem Projekt forscht, desto tiefer wird das Verständnis, was es nicht selten schwer macht, einen Schlussstrich zu ziehen.

Die Wiesbadener Forschung war ursprünglich auf zwei Jahre angelegt, erstreckte sich dann aber auf einen Zeitraum von Oktober 2011 bis September 2014; einzelne Interviews folgten sogar noch bis Juli 2015. Ich habe, meist in Begleitung meines Mitarbeiters Oliver Bertrand, formelle und informelle Gespräche mit 137 Personen aus muslimischen Gemeinschaften geführt. Wir haben mit unseren Dialogpartnern- und partnerinnen zusammen gegessen und getrunken, über Religion und Politik diskutiert, alltägliche Probleme erörtert und Lebensgeschichten ausgetauscht. Wir wurden zu Festen, Gebeten und Aktivitäten im Rahmen des Ramadan eingeladen, haben an Diskussionsveranstaltungen, Treffen des »Arbeitskreises Islamischer Gemeinden in Wiesbaden« sowie Sitzungen städtischer Einrichtungen teilgenommen und haben uns zu zweit, zu dritt oder in kleinen Gruppen privat getroffen. Dazu kamen Interviews mit Angehörigen des Amtes für Integration, der Polizei und des Verfassungsschutzes, mit Schulleiterinnen und Lehrern, Pfarrern sowie der Leiterin der Justizvollzugsanstalt.

Die Mitglieder der Wiesbadener Gemeinden hatten es selbst in der Hand zu bestimmen, welchen Part sie in dem Projekt spielen würden, ob die Gespräche eher förmlich oder offen verlaufen sollten, ob sich engere, vielleicht sogar freundschaftliche Beziehungen ergeben würden oder es nur bei einer einzigen Begegnung bleiben sollte. Wo die Kontakte unkompliziert waren, wo wir Gesprächspartner fanden, die Lust hatten, über dieses und jenes zu plaudern, kamen schnell Informationen zusammen, die ich in diesem Buch festgehalten habe. Wo die äußeren Umstände gerade ungünstig waren oder man uns reserviert gegenüberstand, ist dies nicht geschehen. Deshalb werden einige Gemeinschaften ausführlicher erwähnt als andere. Ich habe große Herzlichkeit und Offenheit erlebt, aber auch Misstrauen und Ablehnung. Einige meiner Gesprächspartner hatten Angst, ich könnte das Gehörte missbrauchen, um Muslime zu diskreditieren, andere hofften, ich würde die herrschenden Vorurteile widerlegen.

Alle Personen, die in diesem Buch zu Wort kommen, sind fromm und verstehen sich im religiösen Sinne als konservativ. Dennoch kommen sie in den tagtäglichen Auseinandersetzungen mit ihrer Religion zu unterschiedlichen Schlüssen, praktizieren einen unterschiedlichen Alltag und entwickeln unterschiedliche Vorstellungen für ihre Zukunft. Einige von ihnen träumen von einer Gesellschaft, die dem idealisierten Vorbild Medinas im 7. Jahrhundert ähnlich ist, andere sind glühende Verfechter des deutschen Rechtsstaates, manche versuchen, beides miteinander zu vereinbaren.

Das Buch beginnt einleitend (Teil I) mit der öffentlichen Debatte über den Islam in Deutschland, die bereits zur Zeit Goethes von widerstreitenden Projektionen geprägt war und einerseits zu schwärmerischer Orientbegeisterung, andererseits zu rassistischer Abwehr führte. Diese Polarisierung ist auch heute noch virulent, wenngleich sie von vielen kritisch reflektiert wird. Der zentrale zwei Teil (II) führt die Vielfalt muslimischen Lebens in Wiesbaden vor Augen, unterteilt nach Gemeinschaften, in denen jeweils eigene Vorstellungen von Islam entwickelt werden, und nach Personen, die mir ihre Geschichte, ihre Erfahrungen und ihre Perspektive auf Religion erzählten. Ich habe den narrativen Charakter der Gespräche beibehalten und erzähle Begebenheiten, die mir selbst bedeutsam erscheinen. Es geht darin unter anderem um die Überwindung des eigenen Egos, das man wie einen Esel bändigen und als Reittier verwenden kann, um zu Gott zu gelangen; um die Erwartung junger Männer, im Paradies die Gewinner zu sein, wenn sie im Diesseits den Befehlen Allahs gehorchen: um das alltägliche Wirken von Geistern und dem Teufel; um Frauen, die den Propheten Mohammed als ersten Feministen der Weltgeschichte zeichnen, um ihren Ehemännern die Hausarbeit schmackhaft zu machen; und um Gründe für arrangierte Ehen unter Verwandten. Da ich nicht nur Gespräche geführt, sondern auch an religiösen Aktivitäten teilgenommen habe, kommt auch die Poesie islamischer Rituale in den Blick. Das Dabeisein in den Moscheen oder an anderen Orten, an denen gebetet wurde, hat mir eine Dimension des muslimischen Glaubens erschlossen, die mich sehr berührt und zum Verständnis ebenso beigetragen hat wie die intellektuelle Reflexion über islamische Normen und Werte.

In Teil III diskutiere ich schließlich Probleme der multikulturellen Stadtgesellschaft, die Muslime in besonderer Weise betreffen, sowie Ansätze von Problemlösungen. Dazu zählen die Bildungs- und Jugendarbeit, Fragen der Geschlechterordnung und das Verhältnis von frommen Muslimen zu radikalen Ideologien und Gewalt. Es geht in diesem Teil auch um die Schwierigkeiten der Extremismusprävention und um Initiativen, mit Hilfe derer Mitglieder von Moscheegemeinden, muslimische Aktivisten und andere Akteure der Zivilgesellschaft das Zusammenleben innerhalb der Kommune konstruktiv zu gestalten versuchen. Wiesbaden steht dabei exemplarisch für viele andere Städte der Bundesrepublik Deutschland, in denen die gleichen Herausforderungen bewältigt werden müssen.

Dank

Ethnologische Forschung findet nicht am heimischen Schreibtisch oder im universitären Elfenbeinturm statt. Sie basiert auf Gesprächen und Erlebnissen mit Menschen, die sich bereit erklären, Einblicke in ihr Leben zu gewähren und ihre Gedanken mit der Forscherin zu teilen. Ich hatte das große Glück, dass viele Wiesbadener und Wiesbadenerinnen mein Projekt unterstützten, mir als Interviewpartner zur Verfügung standen, mich an ihrem Alltag teilhaben ließen oder mir Kontakte vermittelten. Dies betrifft an erster Stelle die Vorstände und Mitglieder der Moscheegemeinschaften und sufistischen Orden, die mir ihre Zeit gewidmet haben. Um ihre Identität zu schützen, habe ich sie, von wenigen Ausnahmen abgesehen, anonymisiert. Wenn Personen ausschließlich in ihrer Eigenschaft als Funktionsträger, Amtsinhaber oder Experten sprechen, habe ich ihre tatsächlichen Namen beibehalten. Ihnen allen gebührt mein herzlicher Dank. Ich danke außerdem den Fachleuten aus kommunalen Einrichtungen, den Mitarbeitern des Verfassungsschutzes und der Leiterin der JVA, die mir mit ihrem Wissen neue Perspektiven und mit ihren Kontakten neue Möglichkeiten eröffneten. Namentlich möchte ich an dieser Stelle nur zwei Personen erwähnen, die für das Gelingen meines Projektes von besonderer Bedeutung waren. An erster Stelle ist dies Rose-Lore Scholz, die Dezernentin für Kultur, Bildung und Integration, die mir Türen und Tore in den städtischen Einrichtungen geöffnet und mein Projekt in jeder Hinsicht gefördert hat. Mein Dank gebührt außerdem Janine Rudolph, der Leiterin des Integrationsamtes, die mich in viele ihrer Aktivitäten einbezog und mir eine wertvolle Lotsin durch den kommunalen Integrationsdschungel war. Ganz besonders möchte ich auch meinem Mitarbeiter Oliver Bertrand danken, der mich bei etlichen Interviews begleitet hat, bereit war, zu den unmöglichsten Tages- und Nachtzeiten schwierige Fragen zu diskutieren und immer den Überblick behielt. Ohne ihn wäre diese Forschung nicht möglich gewesen.

Institutionell ist das Projekt »Fromme Muslime in Wiesbaden« im Exzellenzcluster »Die Herausbildung normativer Ordnungen« an der Goethe-Universität Frankfurt verortet; die Lektoratsarbeiten wurden von Dr. Sabine Lang durchgeführt. Auch ihnen sei ganz herzlich gedankt.

Teil I
Muslime in Deutschland: Zwischen Stigmatisierung und Anerkennung

>»Wer sich selbst und andre kennt,
wird auch hier erkennen:
Orient und Okzident
Sind nicht mehr zu trennen.«
>
> Goethe, West-östlicher Divan

Muslime stellen in Wiesbaden wie auch in anderen deutschen Städten eine Bevölkerungsgruppe dar, die in der Öffentlichkeit konträre und zum Teil sehr heftige Reaktionen auslöst. Für die einen sind sie ungeliebte Fremde und Anhänger einer in vielfacher Hinsicht unter Verdacht stehenden Religion, für die anderen eine diskriminierte Minderheit, deren Leben durch Vorurteile und islamophobe Ausgrenzungen schwer gemacht wird. Beide Positionen werden gewöhnlich generalisiert, verabsolutiert und zum Indikator für den Zustand der Einwanderungsgesellschaft gemacht. Der jeweiligen Positionierung entsprechend ist diese dann entweder in einem Zustand multikultureller Selbstzerstörung begriffen oder in einem ungebrochenen, auf den Nationalsozialismus zurückgehenden Rassismus gefangen. In diesem einleitenden Kapitel soll die Debatte schlaglichtartig nachgezeichnet, aber auch darauf hingewiesen werden, dass es vielfältige Ansätze gab und gibt, welche die simplen Dichotomien überschreiten und einem alltagstauglichen und weniger symbolgeladenen Verhältnis zwischen Muslimen und Nichtmuslimen den Weg weisen.

1. Gehört der Islam zu Deutschland?

Wie das Christentum und das Judentum, erklärte der ehemalige deutsche Bundespräsident Christian Wulff im Oktober 2010 in seiner Rede zum 20. Jahrestag der Deutschen Einheit, gehöre mittlerweile auch der Islam zu Deutschland. Wohl wissend, dass ein solches Bekenntnis in seiner eigenen Partei nicht auf ungeteilte Zustimmung stoßen würde, fügte er hinzu, dass zweihundert Jahre zuvor bereits Johann Wolfgang von Goethe auf dem Höhepunkt seines Ruhmes eine ähnliche Auffassung vertreten habe. In seinem *West-östlichen Divan*, so Wulff, habe der Dichter geschrieben: »Wer sich selbst und andere kennt, wird auch hier erkennen: Orient und Okzident sind nicht mehr zu trennen.« Sich selbst auf die Schultern eines Riesen zu stellen ist ein probates Mittel für diejenigen, die bei waghalsigem Vorpreschen mächtige Unterstützung suchen. Die Reminiszenz an Goethe sollte Wulff allerdings wenig nützen, denn schon wurden im konservativ-christlichen Lager der deutschen Politik die Messer gewetzt, und man holte zum Gegenschlag gegen den kühnen Dissidenten aus. Im März 2011 war es so weit, und der neu gekürte deutsche Innenminister Hans-Peter Friedrich, pikanterweise von Amts wegen auch Schirmherr der Deutschen Islamkonferenz, polterte: »Dass der Islam Teil unserer Kultur ist, unterschreibe ich nicht. Um das klar zu sagen: Die Leitkultur in Deutschland ist die christlich-jüdisch-abendländische Kultur. Sie ist nicht die islamische und wird es auch nicht in Zukunft sein.«[1]

Ähnlich sah dies im April 2012 Volker Kauder, damals Fraktionsvorsitzender der CDU. Der *Passauer Neuen Presse* gegenüber ließ er verlautbaren: »Der Islam ist nicht Teil unserer Tradition und Identität in Deutschland und gehört somit nicht zu Deutschland. Muslime gehören aber sehr wohl zu Deutschland. Sie genießen selbstverständlich als Staatsbürger die vollen Rechte.«[2] Wer jetzt vorschnell glaubte, in den gebetsmühlenhaften Bekundungen zu einer jüdisch-christlichen Kollektividentität eine typische konservative Position ausmachen zu können, musste sich enttäuscht sehen, als sich auch Wulffs Nachfolger Joachim Gauck, ein ehemaliger protestantischer Pfarrer, der sich in der Bürgerbewegung der DDR große Verdienste erworben hatte und von der SPD und den Grünen für das Amt des Bundespräsidenten vorgeschlagen worden war, vom Vorstoß seines Vorgängers distanzierte. »Ich hätte einfach gesagt, die Muslime, die hier leben, gehören zu Deutschland«,[3] sagte er gegenüber der Presse und vollzog damit einen unbeabsichtigten Schulterschluss mit Kauder.

Drei Jahre später wurde die Debatte noch einmal durch eine Wiederholung der Wulffschen Aussage durch die Bundeskanzlerin befeuert. Sie hatte sich nach dem verheerenden Anschlag auf die Redaktion des Satiremagazins *Charlie Hebdo* demonstrativ vor die deutschen Muslime gestellt und anlässlich des Besuchs des türkischen Ministerpräsidenten Ahmet Davutoglu bekundet: »Von meiner Seite möchte ich sagen, dass unser früherer Bundespräsident Christian Wulff gesagt hat, der Islam gehört zu Deutschland. Und das ist so, dieser Meinung bin ich auch.«[4] Sachsens Ministerpräsident Stanislaw Tillich konterte prompt: »Ich teile diese Auffassung nicht. Muslime sind in Deutschland willkommen und können ihre Religion ausüben. Das bedeutet aber nicht, dass der Islam zu Sachsen gehört.«[5] Auch die Junge Union machte Front gegen die Kanzlerin. Ihr Vorsitzender Paul Ziemiak ließ der Presse gegenüber verlautbaren: »Die Wurzeln unseres Landes sind von der christlich-jüdischen Tradition geprägt, nicht durch den Islam.«[6]

Die Äußerungen dieser Repräsentanten der Bundesrepublik machen deutlich, dass sich deutsche Politiker mit ihren muslimischen Mitbürgern schwertun. Während die einen sich zu einer demonstrativen Geste des Handreichens gegenüber der seit mehr als fünfzig Jahre in Deutschland lebenden religiösen Minderheit herausgefordert sehen und sich darin gefallen, starke Bekenntnisse zu Pluralität und Diversität abzugeben, sind andere offensichtlich nach wie vor befremdet von der neuen öffentlichen Präsenz der Muslime.

2. Orientschwärmereien

Dabei war der Islam in der jüngeren deutschen Geschichte keinesfalls eindeutig negativ konnotiert. Zwar lässt sich die lange Geschichte von Kriegen zwischen Muslimen und Christen – die Kreuzzüge vom 11. bis zum 13. Jahrhundert, die Eroberungen und Wiedereroberungen Spaniens vom 8. bis zum 15. Jahrhundert und die Kriege des Osmanischen Reiches mit einer Allianz europäischer Mächte im 16. und 17. Jahrhundert – nicht leugnen, doch nach der erfolglosen zweiten Belagerung Wiens im Jahr 1683 entspannte sich die Situation. Der für seine Toleranz bekannte Preußenkönig Friedrich II. verkündete, auch Muslime seien als Neuansiedler in seinem Land willkommen, und versprach, ihnen Moscheen zu bauen wie den Christen Kirchen. Seit 1741 dienten polnische und bosniakische Muslime in der preußischen Armee,[7] und für das Jahr 1760 ist sogar ein deutscher Heeres-Imam verbürgt.[8] Die muslimisch geprägten Kulturen des sogenannten Morgenlandes faszinierten viele christlichen Europäer, und ab dem 18. Jahrhundert lässt sich eine regelrechte Orientschwärmerei beobachten, die, wie der Islamwissenschaftler Reinhard Schulze treffend formulierte, »von einem allgemeinen exotischen Verlangen des Bürgertums und der Fürstenhöfe getragen wurde« (Schulze 2005: 756). Für das neue positive Orientbild sorgte nicht zuletzt der von Wulff in seiner Rede erwähnte Johann Wolfgang von Goethe, der sich in seinen späten Jahren für orientalische Poesie, den Koran und insbesondere für die Schriften des persischen Dichters Hafis begeisterte, den er als seinen Bruder im Geiste bezeichnete. Im Jahr 1814 begann Goethe Hafis zu lesen, und aus dieser Inspiration heraus entstand ein Zyklus von lyrischen Versen und wissenschaftlichen Betrachtungen, der 1819 als der *West-östliche Divan* publiziert wurde und bis auf den heutigen Tag Gerüchte nährt, der große deutsche Dichter sei am Ende seines Lebens zum Islam konvertiert.[9]

Wenngleich Goethes *Divan* sicherlich eine Zäsur der Beziehungen deutscher Denker zum Orient darstellte, war das Interesse an arabischer, türkischer und persischer Literatur, an den Quelltexten des Islam und auch an orientalischer Kultur weitaus älter als Goethes Gedichtsammlung. Einer der Pioniere, die sich in Deutschland wissenschaftlich damit befassten, war der in klassischer Philologie gebildete württembergische Theologe Salomon Schweigger (1551–1622), der 1576 als Teil der österreichischen Gesandtschaft nach Konstantinopel übersiedelte, dort mehrere Jahre lebte und im Jahr 1581 eine Reise nach Jerusalem und Bagdad unternahm. Seine Beobachtungen und theologischen Auseinandersetzungen mit der fremden Kultur und Religion publizierte er in mehreren Schriften. 1608 erschien seine *Newe Reyßbeschreibung auß Teutschland nach Constantinopel* und 1616 *Der Türken Alcoran. Religion und Aberglauben*, die erste Übersetzung des Koran ins Deutsche, allerdings aus dem Italienischen. Eine deutsche Koranübersetzung aus dem Arabischen wurde im Jahr 1772 von David Friedrich Megerlin (1699–1778) unter dem Titel »Die türkische Bibel, oder des Korans allererste teutsche Uebersetzung« vorgelegt. Goethe kannte den Text von Megerlin, lehnte ihn jedoch als »elendige Produktion« ab und schrieb: »Wir wünschten, daß einmal eine andere unter morgenländischem Himmel von einem Deutschen verfertiget würde, der mit allem Dichter- und Prophetengefühl in seinem Zelt den Koran läse und Ahndungsgeist genug hätte, das ganze [sic!] zu umfassen« (Bobzin 2010: 16–17). Von zeitgenössischen Fachkollegen besser aufgenommen wurde eine Übersetzung von Eberhard Boysen von 1773, die der sprachlichen Struktur des Originals eine gesonderte Beachtung schenkte. In den folgenden Jahren versuchten sich weitere deutsche Übersetzer, unter anderem Friedrich Rückert (1788–1866), an dem Werk und setzten sich besonders mit der Herausforderung auseinander, seinen poetischen Charakter treffend wiederzugeben. »Der Koran ist nicht nur des Islam's Gesetzbuch, sondern auch Meisterwerk arabischer Dichtkunst« (Bobzin 2010: 17), schrieb Josef von Hammer-Purgstall (1774–1856), der damals das Amt des Präsidenten der Österreichischen Akademie der Wissenschaften bekleidete. Hammer-Purgstalls bewundernde Äußerung ist symptomatisch für eine signifikante Wende im Verhältnis deutscher Gelehrter zum Orient. Die christlich geprägte Islamverunglimpfung, die im 18. Jahrhundert noch in weiten Teilen der gebildeten Kreise vorherrschte, wich einer populären Leidenschaft für orientalische Poesie, die zwar einerseits durch den Koran inspiriert war, aber auch andere literarische Werke muslimischer Autoren einbezog. Der wichtigste orientalische Dichter, der im 18. und 19. Jahrhundert in Deutschland rezipiert wurde, war zweifellos der bereits genannte Hafis, ein sufistischer Poet, der im 14. Jahrhundert in Schiraz gelebt hatte und mit vollem Namen Hage Sams ad-Din Mohammad Hafis-e Schirasi hieß. Da er, so die Überlieferung, bereits in jungen Jahren in der Lage gewesen sein soll, den Koran auswendig zu rezitieren, erhielt er den Beinamen Hafis, der Personen bezeichnet, die sich durch genau diese Fähigkeit vor anderen Gläubigen auszeichnen. Sein wichtigstes Werk ist der Gedichtzyklus *Diwan*. Hammer-Purgstall las Hafis genauso begeistert wie Goethe und veröffentlichte seine wichtigsten Gedichte im Jahr 1812 unter dem Titel »Diwan des Hafis«. Auch Rückert wurde von Hafis in den Bann geschlagen und publizierte 1822 den von ihm inspirierten Gedichtband *Oestliche Rosen*.

Diese verzückten Annäherungen an den Orient wurden auch an den deutschen Fürstenhöfen geteilt, dort allerdings in einer weniger intellektuellen Ausprägung. August der Starke (1670–1733), Kurfürst von Sachsen und später auch König von Polen, war ein besonders exzessiver Nachahmer orientalischer Folklore und orientalischen Prunks. Er scheute weder Geld noch Mittel, um seinen Regierungssitz aufs Prächtigste mit östlichem Dekor auszustaffieren. Anders als seine Vorgänger, die sich mit gelegentlichen Diplomatengeschenken der »Hohen Pforte«[10] zufriedengaben, schickte August seinen Kammerdiener auf regelrechte Einkaufstouren nach Konstantinopel. Bei festlichen Anlässen inszenierte er sich als Sultan und ließ orientalische Reiterspiele aufführen, für die er eigens Kamele und Araberpferde importierte. Als Maria Josepha, die Braut seines Sohnes, im Jahre 1719 in Dresden eintraf, wurde sie mit einer türkischen Zeltstadt und orientalisch kostümierten Garden konfrontiert.[11] Um die junge Frau zu beeindrucken, ließ der Kurfürst ein »türkisches Fest« veranstalten, für das sich seine Soldaten eigens einen »türkischen Bart« stehen lassen mussten.[12] Heute kann man die zahlreichen gesammelten Waffen, Stoffe, Schmuckarbeiten und Pferdegeschirre in der »türckischen Cammer« des Residenzschlosses bewundern.

Abgesehen von den feinsinnigen Adaptionen des Orientalischen in der deutschen Dichtkunst und der groben Inszenierung osmanischer Gelage durch den Adel wurde der Orient in Kunst und Architektur populär. Leopold Carl Müller (1834–1892), der sich auf seinen Reisen insbesondere von Ägypten begeistern ließ, gehörte ebenso zu den deutschen »Orientmalern« wie Gustav Bauernfeind (1848–1904), den es nach Syrien, dem Libanon und nach Palästina zog, wohin er im Jahr 1898 vollständig übersiedelte. Jenseits dieses exotistischen Bedürfnisses wurde der Orient aber auch Gegenstand aufklärerischer Texte, die das Volk zu Toleranz erziehen sollten. Gotthold Ephraim Lessings Drama *Nathan der Weise*, 1779 veröffentlicht und 1783 in Berlin uraufgeführt, ist wohl das bekannteste Beispiel.

3. Orientwissenschaft und deutsche Geheimdienstmissionen

Nicht verwunderlich ist der Umstand, dass im Zeitalter solcher Orientbegeisterung auch die Universitäten entsprechend reagierten. Bereits 1728 wurde in Leipzig mit Johann Christian Clodius der erste Professor für arabische Sprache an einer deutschen Universität ernannt und damit die Entwicklung einer deutschen Orientalistik mit den Schwerpunkten Islam-, Sprach- und Geschichtswissenschaften initiiert. 1819 erhielt der Philologe

Georg Wilhelm Freytag (1788–1861) eine Position als Universitätslehrer in Bonn, Friedrich Rückert wurde 1826 Professor für orientalische Sprachen in Erlangen, und Heinrich Leberecht Fleischer (1801–1888) nahm 1836 einen Ruf auf einen Lehrstuhl für »Morgenländische Sprachen« an der Universität Leipzig an. Fleischer machte seine Universität zu einem internationalen Zentrum für die Erforschung des Orients und widmete dieser Aufgabe seine ganze Kraft. In seiner Privatwohnung wurde 1845 der Plan in die Tat umgesetzt, eine eigenständige wissenschaftliche Vereinigung der deutschen Orientforscher zu gründen, und es entstand die Deutsche Morgenländische Gesellschaft mit dem Ziel einer Förderung der akademischen Beschäftigung mit orientalischen Sprachen und Kulturen.[13] Die Vereinigung ist noch heute aktiv. 1887 wurde an der Berliner Wilhelms-Universität ein Seminar für Orientalische Sprachen und zwei Jahre später die Deutsche Orient-Gesellschaft gegründet. Anders als bei europäischen Nachbarn, so die Historikerin Sabine Mangold, hätten kolonialistische Zielsetzungen bei der deutschen Orientalistik nur eine untergeordnete Rolle gespielt; vielmehr habe das Streben nach Wissen und Aufklärung im Vordergrund gestanden.[14]

Im Verlauf ihrer Etablierung in Deutschland hat die Orientwissenschaft mehrere entscheidende Paradigmenwechsel durchlaufen. Von einer Hilfswissenschaft der Theologie im 17. und auch noch zu Beginn des 18. Jahrhunderts wurde sie im 18. und 19. Jahrhundert zu einem Teil der Philologien und entwickelte sich im 20. und 21. Jahrhundert zu einer kritischen Religions- und Kulturwissenschaft. In Bezug auf die religiösen Quelltexte des Islam bedeutet dies eine Verschiebung von einer tendenziell abwertenden Betrachtung des Islam als Konkurrenzideologie zum Christentum über eine romantische Überhöhung orientalischer Poesie zu einer distanzierten historischen Textanalyse. In neuerer Zeit ist durch die Etablierung islamischer Theologien an deutschen Universitäten außerdem eine progressive islamisch-theologische Hermeneutik im Entstehen begriffen.

Abgesehen von der literarischen, künstlerischen und wissenschaftlichen Beschäftigung mit Orient und Islam und den teilweise recht kruden folkloristischen Aneignungen orientalischer Kultur spielte auch die politische Auseinandersetzung mit Ländern des Orients eine gewisse Rolle für das deutsche Orientbild. Politische Expansionen Deutschlands nach Nordafrika und in den vorderen Teil Asiens waren zwar, verglichen mit denen Englands und Frankreichs, von geringerem Umfang, doch lassen sich auch hier

Ambitionen auf Einflussnahme nachweisen, die nicht zuletzt im Kontext innereuropäischer Machtkämpfe verstanden werden müssen. Bereits 1898 versicherte Kaiser Wilhelm II. dem osmanischen Sultan die ewige Freundschaft der Deutschen mit den Muslimen, und während des Ersten Weltkriegs befand sich der Archäologe Max von Oppenheim, der mit Ausgrabungen im syrischen Tel Halaf befasst war, auf einer geheimdienstlichen Stelle in Konstantinopel, von der aus er versuchte, einen Aufstand der Muslime gegen England zu inszenieren. Das Auswärtige Amt gab in dieser Zeit ein Magazin mit dem Titel »el-Jihad« heraus, in dem die geplante antibritische Erhebung als »Heiliger Krieg« beworben wurde.[15] Dieses Vorhaben fand zunächst Unterstützung in Führungskreisen des Osmanischen Reiches, und in einem vom osmanischen Kriegsminister Enver Pascha in Auftrag gegebenen Text hieß es: »Der osmanische Sultan-Kalif führt diesen Kleinen Dschihad mit Bundesgenossen, vor allem Deutschen, gegen die Feinde des Islam, die Briten, Franzosen und Russen« (Schwanitz 2004: 27). Allerdings versuchten auch die anderen europäischen Mächte, Muslime für ihre Interessen einzusetzen, und rekrutierten muslimische Soldaten für ihre Armeen. 1914 wurde in Wünstorf bei Berlin ein Lager für muslimische Kriegsgefangene aus der britischen und französischen Armee errichtet, das auch eine provisorische Moschee enthielt. Seit dieser Zeit existieren in Deutschland muslimische Vereine wie die Islamische Gemeinde Berlin e.V., die 1928 im Stadtteil Wilmersdorf die erste Moschee Deutschlands einweihte. Auch von den Nationalsozialisten wurde das Konzept des heiligen Krieges gegen nichtmuslimische Feinde in den Dienst der deutschen Politik gestellt. Ihr wichtigster Bundesgenosse war damals Amin al-Husaini, der berüchtigte Großmufti von Jerusalem, der gleichermaßen gegen Briten und jüdische Migranten eiferte. Die Wilmersdorfer Moschee wurde in dieser Zeit für kriegerische Propagandaauftritte missbraucht.[16]

Zu gewöhnlichen Deutschen drangen diese vielfältigen Auseinandersetzungen mit dem Orient allerdings nicht durch. Weder lasen sie persische Poesie, noch nahmen sie an Geheimdienstoperationen teil. Sie kannten allenfalls Märchen und Nacherzählungen fantastischer Geschichten wie die von Sindbad dem Seefahrer und andere Episoden aus *Tausendundeine Nacht* oder später die orientalistischen Scheinautobiografien des Romanciers Karl May (1842–1912), der weite Kreise der deutschen Bevölkerung mit den Abenteuern seines Helden Kara Ben Nemsi bekannt machte. Für reale Begegnungen mit Menschen aus den Ländern des Orients waren sie dadurch natürlich nicht gerüstet. Das galt im Übrigen auch für die Mehrheit der Bildungselite, die durchaus ihren Goethe oder Lessing kannte, die fernen Welten aber, wie die Dichter selbst, ausschließlich als fantastische Landschaften imaginierte, auf die sich verdrängte Wünsche und Ängste projizieren ließen.[17]

4. Migranten und Postmigranten

So ist es nicht verwunderlich, dass zunächst keine Übertragungen dieser Vorstellungswelten auf reale Muslime erfolgten, die nach dem Zweiten Weltkrieg nach Deutschland migrierten. Die »Gastarbeiter« aus der Türkei oder aus Nordafrika hatten so gar nichts mit den Bildern gemein, welche die Lektüre von Abenteuerromanen oder Gedichtbänden evozierte. Die Nachfrage nach Arbeitskräften boomte, und im Jahr 1961 schloss die Regierung der Bundesrepublik Deutschland mit der Türkei ein Anwerbeabkommen für Arbeitskräfte.[18] Es folgten ähnliche Verträge mit Marokko im Jahr 1963 und mit Tunesien im Jahr 1965.[19] 1971 wurden Regelungen erlassen, die die Migration verstetigten. Ausländer, die bereits fünf Jahre im Lande lebten, konnten eine unbefristete Aufenthaltsgenehmigung unabhängig vom jeweiligen Arbeitsverhältnis erhalten. Solchermaßen abgesichert ließen Tausende von bis dahin fast ausschließlich männlichen Migranten ihre Frauen und Kinder nach Deutschland kommen.[20] Ab Mitte der 1970er Jahre erfolgte dann eine verstärkte Einwanderung muslimischer Flüchtlinge aus Krisen- und Kriegsgebieten; später kamen auch Studenten. Die muslimischen Migranten schlossen sich in Kulturvereinen und Moscheegemeinschaften zusammen und lebten streng separiert von der deutschen Mehrheitsgesellschaft. Diese sah darin kein Problem, da sich alle Beteiligten einig waren, dass der Aufenthalt sowohl der Flüchtlinge und Studierenden, als auch der »Gastarbeiter« in Deutschland temporär bleiben würde.[21] Es gab, wie Klaus Bade schreibt, »eine Einwanderungssituation ohne Einwanderungsland« (Bade 2007: 39).

Heute, mehr als fünfzig Jahre nach Unterzeichnung der Abkommen, versteht sich Deutschland als Einwanderungsland,[22] hat das Bekenntnis zu Vielfalt und Pluralismus die alte homogenisierende Leitkultur ersetzt, wird von Wirtschaft und Politik in *diversity management* investiert. Einer von der Deutschen Islamkonferenz in Auftrag gegebenen Erhebung zufolge[23] leben zurzeit in Deutschland zwischen 3,8 und 4,3 Millionen Muslime, und 45 Prozent von ihnen besitzen die deutsche Staatsangehörigkeit. Die größte Gruppe ist diejenige der Türkischstämmigen mit 63 Prozent, gefolgt von 8 Prozent Muslimen, die oder deren Familien aus dem Nahen Osten stammen, sowie 7 Prozent aus Nordafrika, vor allem aus Marokko. 74 Prozent aller in Deutschland lebenden Muslime sind Sunniten, 13 Prozent Alewiten[24] und 7 Prozent Schiiten. Andere Gruppen wie die Ahmadiyya oder Mitglieder sufistischer Orden sind zwar in verschiedenen Kontexten durchaus präsent, spielen numerisch aber keine Rolle.[25]

Muslime sind eine Minderheit, die vor allem in den Städten rasch wächst und für politische und gesellschaftliche Teilhabe kämpft. Wie diese Partizipation aussehen soll, ist allerdings sowohl unter Muslimen, als auch unter Nichtmuslimen umstritten. Dabei spielt die Frage, wie die in der Verfassung verankerte Religionsfreiheit ausgelegt und praktiziert werden darf und soll, eine entscheidende Rolle. Debattiert wird unter anderem darüber, ob muslimische Frauen als Lehrerinnen ein Kopftuch tragen dürfen, ob die Beschneidung von Jungen eine Körperverletzung oder ein religiöses Recht darstellt und ob beleidigende Darstellungen des Propheten durch die Meinungsfreiheit geschützt sind. Auch Moscheebauvorhaben sorgen immer wieder für gesellschaftliche Auseinandersetzungen.[26] Von Beginn der Migration an, so der Soziologe Rauf Ceylan, »spielte der Islam in seiner Orientierungs- und Schutzfunktion eine zentrale Rolle« (Ceylan 2013: 72), waren Moscheen für die Selbstorganisation der Muslime wichtig. Zunächst seien sie in erster Linie sakrale Orte gewesen, später aber zu sozialen und kulturellen Zentren gewachsen.

Muslime sind zunehmend im öffentlichen Raum sichtbar,[27] und allein der Umstand, dass sie als religiöse Akteure präsent sind, löst bei vielen nichtreligiösen Bürgern Irritationen aus. Wie der Frankfurter Philosoph Jürgen Habermas konstatierte, geht Westeuropa hinsichtlich der Säkularisierung der Gesellschaft einen Sonderweg,[28] und dieser Sonderweg ist in starkem Maß mit persönlichen und kollektiven Identitätskonzepten verknüpft. Vielen Deutschen ist ein klares Bekenntnis zu einer Religion grundsätzlich suspekt, andere möchten die besondere Stellung des Christentums gewahrt sehen und setzen der Anerkennung gleicher Rechte, die Muslime fordern, entschiedenen Widerstand entgegen. Einer von Detlef Pollack geleiteten Erhebung zufolge nahmen 73 Prozent der Westdeutschen und 75 Prozent der Ostdeutschen an, dass zunehmende religiöse Vielfalt Konflikte produziere.[29] Einige Deutsche, darunter auch liberale Muslime[30] oder ehemalige Muslime,[31] sind der Ansicht, dass der Islam grundsätzlich oder zumindest in der von den muslimischen Verbänden definierten Form nicht zur säkularen deutschen Demokratie passt, andere hingegen sehen ihn längst als integrativen Bestandteil der deutschen Gegenwart und werfen den Bedenkenträgern Vorurteile oder gar antimuslimischen Rassismus vor.[32]

5. Islamkritik oder Islamophobie?

Die eingangs bereits angesprochene Existenz islamfeindlicher Einstellungen ist unumstritten. Befragungen im Rahmen des von 2002 bis 2012 dauernden Langzeitprojektes »Gruppenbezogene Menschenfeindlichkeit« unter Leitung des Bielefelder Erziehungswissenschaftlers Wilhelm Heitmeyer zeigten eine signifikante Ablehnung von Muslimen in breiten Teilen der nichtmuslimischen Bevölkerung. Fast drei Viertel der Befragten lehnten die Aussage ab, die islamische Kultur passe in die westliche Welt, und ein Viertel war sogar der Ansicht, dass Muslimen die Zuwanderung nach Deutschland untersagt werden solle.[33] Heiner Bielefeldt, der ehemalige Direktor des Deutschen Instituts für Menschenrechte, stellte bereits im Jahr 2008 fest, dass nichtmuslimische Deutsche mit dem Islam vorwiegend Intoleranz, Fanatismus, Rückwärtsgewandtheit und Frauenunterdrückung assoziierten,[34] und Naika Foroutan, die Leiterin des Projektes »Deutschland postmigrantisch«, bescheinigte einem knappen Drittel aller deutschen Nichtmuslime eine eher negative Einstellung gegenüber Muslimen.[35] Katastrophenszenarien, die um gescheiterte Integration von Muslimen kreisen, haben Konjunktur. Deutlich wurde dies unter anderem am Erfolg des Buches *Deutschland schafft sich ab*, in dem der Sozialdemokrat Thilo Sarrazin, ein ehemaliger Finanzsenator in Berlin und zum Zeitpunkt der Publikation Vorstandsmitglied der Deutschen Bundesbank, Muslime als Integrationsverweigerer und als Ursache einer angenommenen Degenerierung der deutschen Nation darstellte. Gegen Sarrazin formierte sich 2010 ein breiter politischer und gesellschaftlicher Protest, der zum Verlust seines Postens in der Bundesbank führte und Diskussionen um ein Ausschlussverfahren aus der Sozialdemokratischen Partei Deutschlands

(SPD) nach sich zog. Politisch wurde er eine *persona non grata*, ein öffentliches Hassobjekt – sein geschmähtes Buch jedoch konnte Verkaufsrekorde verbuchen. Bis Anfang 2012 wurden allein von der Hardcoverversion 1,5 Millionen Exemplare verkauft. Solche Diskrepanzen zwischen einer öffentlichen und einer verborgenen Reaktion lassen erahnen, dass die Situation kompliziert ist und die Thematik möglicherweise im Privaten anders diskutiert wird als in den Feuilletons. Zwei Jahre nach dem Erscheinen von *Deutschland schafft sich ab* publizierte ein anderer bekannter Berliner eine Schrift, die in vielerlei Hinsicht zu ähnlichen Befunden kam. Es handelte sich um Heinz Buschkowsky, den Bürgermeister des Berliner Bezirks Neukölln, der seit vielen Jahren als Beispiel missglückter Einwanderungspolitik gilt.[36] Auch bei Buschkowsky tauchten Muslime in erster Linie als Problemgruppe auf.[37] Religiöse Selbsterhöhung, Machokultur, mangelnde Bildung, notorischer Geldmangel und Abhängigkeit von staatlichen Transferleistungen verursachten, so Buschkowsky, eine fatale Mischung aus Selbstausgrenzung und Ausgegrenztwerden. Anders als Sarrazin konnte Buschkowsky damit punkten, die Verhältnisse vor Ort gut zu kennen und zu wissen, wovon er schreibt. Außerdem hatte er sich persönlich für die Integration von Muslimen engagiert und wird von jugendlichen Migranten in seinem Bezirk akzeptiert. Wie eine andere einflussreiche und ebenfalls von Migranten sehr respektierte Autorin, die verstorbene Berliner Jugendrichterin Kirsten Heisig,[38] kritisiert er den laxen Umgang der Behörden mit jugendlichen Straftätern und fordert die Durchsetzung von Gesetz und Ordnung. Darin kann er sich auch der Unterstützung vieler engagierter Muslime sicher sein.

Eine von ihnen ist die Anwältin Seyran Ates; sie setzt sich seit vielen Jahren für Musliminnen ein, die Opfer häuslicher Gewalt geworden sind, und war dafür selbst wiederholt gewalttätigen Angriffen und Morddrohungen ausgesetzt. Ates prangert in ihren Veröffentlichungen die patriarchalische Sexualmoral der deutschen Muslime an und fordert eine sexuelle Revolution innerhalb des Islam.[39] Eine ähnliche Position vertritt die türkischstämmige Soziologin Necla Kelek, die sich in ihren Schriften gegen Zwangsheiraten und eine gewalttätige Machokultur ausspricht und behauptet, dass mehr als die Hälfte aller Ehen, die türkische Migranten in Deutschland schließen, auf Zwangsverheiratungen basieren.[40] Junge Frauen, so Kelek, würden gegen ein entsprechendes Entgelt von ihren Schwiegermüttern oder anderen Verwandten eines Mannes erworben und nach Deutschland importiert, um dort rechtlos, ohne die Sprache zu beherrschen oder die Gepflogenheiten des neuen Landes zu kennen, in vollkommener Abhängigkeit ein tristes Dasein zu führen, das primär aus häuslicher Arbeit sowie dem Gebären und der Aufzucht von Nachwuchs bestehe.[41] Diese Misere sei nicht nur kulturell bedingt, sondern habe ganz entscheidend mit dem Islam zu tun, der das Kollektiv religiös legitimiere und die Rechte des Einzelnen negiere. Der Soziologe Ahmet Toprak, der zu Jugendlichen mit türkischem Migrationshintergrund forscht, bestätigt die von den Genannten vorgetragene Tendenz ebenfalls und sieht religiöse Vorstellungen in Verbindung mit kulturellen Traditionen, Bildungsdefiziten und ökonomischer Marginalisierung als Ursachen einer missglückten Integration von Muslimen.[42] Auch viele sozialwissenschaftliche Untersuchungen untermauern solche Befunde. Bereits 1997 haben Wilhelm Heitmeyer und Helmut Schröder bei der Hälfte der von ihnen untersuchten muslimischen Jugendlichen Tendenzen zu islamzentrierten Überlegenheitsansprüchen, fundamentalistischen Ideologien und der Bereitschaft zu Gewaltanwendung festgestellt. Auch eine vom Bundesinnenministerium in Auftrag gegebene quantitative Studie von Katrin Brettfeld und Peter Wetzels[43] kommt zum Ergebnis, dass 40 Prozent aller Muslime für fundamentalistische Einstellungen offen sind. Eine Distanz zu Demokratie und Rechtsstaat, so die Autoren, gehe damit jedoch nicht zwangsläufig einher. Diese wurde nur bei 10 Prozent der befragten Muslime festgestellt.

Von diesen pessimistischen Analysen distanzieren sich an deutschen Universitäten Wissenschaftler, die sich in der Tradition des sogenannten »Postkolonialismus« begreifen oder eine verfehlte deutsche Migrationspolitik für Missstände verantwortlich machen.[44]

Gegen die Publikation von Keleks Buch *Die fremde Braut*, in der diese die Praxis der Zwangsheiraten thematisiert hatte, mobilisierten die Pädagogen Yasemin Karakasoglu und Mark Terkessidis im Jahr 2006 sechzig Migrationsforscher, um eine Petition zu unterzeichnen, die den Titel »Gerechtigkeit für die Muslime« trug und im Februar 2006 in der Wochenzeitung *Die Zeit* veröffentlicht wurde. »Zwangsheiraten«, so bemerkten die Unterzeichnenden, seien das »Ergebnis der Abschottungspolitik Europas gegenüber geregelter Einwanderung«, also ein Problem der deutschen Politik und nicht der internen Struktur muslimischer Gemeinschaften. Wenn es keine Möglichkeiten zu legaler Einwanderung gebe, würden die Auswanderungswilligen eben solche Heiratspolitiken nutzen, um Migration zu ermöglichen. Islamkritische Veröffentlichungen wie die von Kelek, Ates und anderen werden in der Petition als »reißerische Pamphlete« bezeichnet, »in denen eigene Erlebnisse und Einzelfälle zu einem gesellschaftlichen Problem aufgepumpt werden«. Der Tenor der Kritik richtet sich hier gegen die deutsche Mehrheitsgesellschaft, die von Rassismen geprägt sei und Muslime stigmatisiere. »Islamophobie«, eine rational nicht begründbare Angst vor dem Islam, sehen auch Cengiz Barskanmaz, Maria dos Castro Varela, Nikita Dhawan, Birgit Rommelspacher, Naime Cakir, Kai Hafez, Erol Yildiz und Iman Attia hinter der Kritik am Islam am Werk,[45] gepaart mit antiislamischem Rassismus.[46] Die neue Vielfalt erschrecke den deutschen Bürger, meint der Ethnologe Wolfgang Kaschuba und sieht hinter Islam- und Fremdenfeindlichkeit eine »übersteigerte, fast neurotisch zu nennende Sehnsucht nach kultureller Einheitlichkeit« (Kaschuba 2007a: 7), während der ehemalige Feuilletonchef der FAZ, Patrick Bahners, schlicht Panikmache diagnostiziert.[47]

Der Migrationsforscher Klaus Bade interpretiert die Stigmatisierung von Muslimen als Teil einer Strategie der nichtmuslimischen Mehrheitsgesellschaft, die sich mit Konstruktionen eines devianten und bedrohlichen Anderen der eigenen Überlegenheit vergewissert.[48] Verantwortlich für die Überdauerung dieser Stereotypen seien, so Kaschuba und andere, vor allem die Medien.[49] Die Berliner Sozialwissenschaftlerin Iman Attia spricht von einer unheilvollen Verbindung von Ausländerfeindlichkeit und Islamophobie: »Es geht auch um Einwanderung und Flucht. Der Bildungsmisserfolg von muslimischen Kindern mit Migrationshintergrund muss dann gelesen werden als Bildungsmisserfolg von Kindern, deren (Groß-)Eltern ausgewählt wurden, um die neue Unterschicht der bundesdeutschen Gesellschaft zu bilden« (Attia 2010: 13). Die Diskriminierung der Migranten, die für die schlechten Chancen im Bildungssystem und auf dem Arbeitsmarkt verantwortlich sei, werde durch das Reden über den Islam kulturalisiert, das Feindbild »Islam« für die Legitimierung gesellschaftlicher Asymmetrien instrumentalisiert. Ähnlich argumentieren auch Klaus Ronneberger und Vassilis Tsianos in einem Aufsatz über die diskursiven Figuren »Parallelgesellschaften« und »Ghettos«, deren Beschwörung lediglich dazu dienten »die sozialräumlichen Spaltungen in den Metropolen zu skandalisieren« (Ronneberger/Tsianos 2009: 145). Der Begriff der Parallelgesellschaft wird von vielen Migrationsforschern als stigmatisierendes Fantasma kritisiert.[50] Forschungen zu prekären Stadtvierteln kommen allerdings zu höchst unterschiedlichen Ergebnissen, die nicht zuletzt mit den jeweils spezifischen Blickrichtungen zusammenhängen. Während eine von Wilhelm Heitmeyer und Helmut Thome geleitete vergleichende Untersuchung in Duisburg-Marxloh, Frankfurt-Gallus und Halle-Silberhöhe explizit auf Devianz und Gewalt fokussierte und Marwan Abou-Taam Parallelgesellschaften nicht nur als Realität, sondern auch als Indikatoren einer gescheiterten Integrationspolitik begreift,[51] betonen andere Forscher die Kreativität, mit der muslimische Postmigranten kulturelle Vielfalt in urbanen Räumen schaffen und damit essentiell zu neuen Lebensstilen beitragen, die paradigmatisch in die Zukunft weisen.[52] Das Bedürfnis, den Blick der Mehrheitsgesellschaft umzukehren, wird in etlichen Arbeiten deutlich. Dezidert, so Claudia Nikodem, Erika Schulz und Erol Yildiz, hätten sie die Perspektive auf einen als Problemviertel stigmatisierten Kölner Stadtteil gewechselt und »nach funktionierenden und positiven Zusammenhängen gefragt« (2001: 211).[53] Migranten sind nach Auffassung dieser Forscher und Forscherinnen Prototypen des postmodernen Menschen, der als hybrider Wanderer zwischen den Welten gedacht wird und Urbanität und Transnationalität gleichermaßen verkörpern soll.[54] Die Angst vor unbekannten Lebensstilen und letztendlich auch vor dem Islam erscheinen in dieser Argumentation als hinterwäldlerische Beharrungsattitüde.

Andere Forscher haben versucht, Parallelen zwischen dem Antisemitismus des Nationalsozialismus und der gegenwärtigen Ablehnung von Muslimen herzustellen und Kontinuitäten aufzuzeigen. Im Dezember 2008 veranstaltete der Historiker Wolfgang Benz vom Zentrum für Antisemitismusforschung eine Konferenz zum Thema »Feindbild Moslem – Feindbild Jude«, die für Furore sorgte. Bereits im Vorfeld der Tagung kam es zu harschen Kritiken an der Gleichsetzung der beiden Phänomene und schließlich zu einer erbitterten und sehr persönlich geführten Debatte unter Kultur- und Antisemitismusforschern. Während Benz zusammen mit Micha Brumlik, dem ehemaligen Leiter des Frankfurter Fritz Bauer Instituts, die von ihm behauptete Parallelität zwischen heutiger Islamfeindlichkeit und der Judenfeindlichkeit um die Wende zum 20. Jahrhundert verteidigte,[55] wies der jüdische Autor Henrik M. Broder Analogien zwischen Antisemitismus und Islamfeindlichkeit entschieden zurück. »Basiert der Antisemitismus also auf hysterischen Ängsten, Erfindungen, Projektionen und Neidgefühlen«, so Broder, »hat die ›Islamophobie‹ eine reale Basis. Es sind die Terroranschläge islamischer Terroristen, die sich auf ihren Glauben berufen, es sind die in der Tradition verwurzelten Ehrenmorde, die mit den üblichen ›Familiendramen‹ nicht zu vergleichen sind, es ist das Wüten der Taliban in Afghanistan, es sind die von Muslimen begangenen Anschläge in Pakistan und im Irak, denen vor allem Muslime zum Opfer fallen, es sind die Kinderehen, die in Saudi-Arabien geschlossen werden, und die ›Ehen auf Zeit‹, die im Iran die Prostitution ersetzen; es sind die Steinigungen von Ehebrecherinnen, und es ist das Aufhängen von Homosexuellen; es ist das Beharren darauf, dass Islam ›Frieden‹ bedeutet, entgegen allem Augenschein; es ist die Mischung aus Barbarei und Hightech, der sich Geiselnehmer bedienen, wenn sie die Hinrichtungen ihrer Geiseln als Video ins Netz stellen« (Broder 2010). Auch etwas nüchternere Autoren wie Armin Pfahl-Traughber, Luzie Kahlweiß und Samuel Salzborn sehen durchaus einen realen Kern – wenngleich keine Berechtigung für generalisierende Stereotypenbildung – in der Furcht vor dem Islam und halten eine Gleichsetzung von Antisemitismus und Islamfeindlichkeit für inadäquat und haltlos.[56]

Zugespitzt lässt sich die deutsche Debatte um die muslimische Minderheit in vielen Fällen auf zwei Positionen reduzieren. Die einen sehen einen bis auf den nationalsozialistischen Antisemitismus zurückgehenden antiislamischen Rassismus der Mehrheitsgesellschaft als Verursacher der meisten Integrationsprobleme von Muslimen; die anderen glauben, dass die Muslime für ihre Misere selbst verantwortlich sind und sich aktiv der Integration verweigern. Dieser Polarisierung folgt auch die Bezugnahme auf den Islam als mögliche Ursache von misslungener Integration. Während Kelek und Ates der Ansicht sind, dass der Islam Machismo und Gewalt fördere, lehnen andere diese Verknüpfung entschieden ab. Das kulturell Andere werde durch rassistische und orientalistische Konstruktionen diskursiv geschaffen, um sich in Angrenzung davon selbst als kulturelle Gemeinschaft zu formieren, meint Barskanmaz,[57] und Attia schreibt, der Islam eigne sich als Feindbild besonders gut, da schon »vor der politischen Funktionalisierung des Islam […] in Alltagsdiskursen Orient- und Islambilder zur hierarchischen Grenzziehung zwischen uns und den Anderen selbstverständlich« gewesen seien (Attia 2010: 13). Birgit Rommelspacher, Christina von Braun und Bettina Mathes verweisen darauf, dass vor allem Frauen für solche Konstruktionen instrumentalisiert werden.[58] Die orientalische Frau werde als hilflos und ausgebeutet erdacht, um eigene imaginierte oder reale »Rettungspläne« zu legitimieren. Trotz einer unübersehbaren Dichotomisierung der Kontroverse gibt es auch moderate Stimmen.

Bielefeldt beispielsweise lehnt den Begriff der Islamophobie nicht grundsätzlich ab, gibt aber zu bedenken, dass er nicht selten missbraucht werde, um Zensur auszuüben.[59] Ob der Begriff überhaupt sinnvoll ist, bezweifeln mittlerweile viele Wissenschaftler und bemängeln eine fehlende Trennschärfe und Eindeutigkeit. Zudem vermenge er die Religion mit den diskriminierten Menschen. Einen Vorschlag zur Güte präsentierte Torsten G. Schneiders (2009) in einem von ihm mit dem bezeichnenden Untertitel »Der schwere Weg zu einer vernünftigen Islamkritik« herausgegebenen Sammelband und unterteilte die gegenwärtige Islamkritik in Islamfeindlichkeit und »vernünftige Islamkritik«, wobei die Frage offen bleibt, ob der Begriff der Vernunft in einem primär durch politische Vorannahmen charakterisierten Feld überhaupt zu sinnvoller Differenzierung beitragen kann.

Ein Ende der polarisierten Debatte schien während der Zeit meiner Forschung nicht abzusehen, was auch daran lag, dass beide Seiten sich auf tatsächliche gesellschaftliche Missstände berufen können. Michael Kiefer konstatiert mit Recht auf beiden Seiten eine »Schützengrabenmentalität« (Kiefer 2008: 171). Unzweifelhaft leiden Muslime unter Rassismus, Ausgrenzung und Vorurteilen, andererseits lässt sich nicht leugnen, dass im Namen des Islam Gewalt, Totalitarismus und Frauenunterdrückung gerechtfertigt werden. Die Frage ist allerdings, ob Missstände wie diejenigen, die Broder in seiner Entgegnung auf Brumlik zitierte, für den Islam symptomatisch sind oder ob sie lediglich Einzelphänomene darstellen, die durch eine Vielzahl nicht religiös begründeter Faktoren zustande kommen. Die Reduzierung des Islam auf die negativen Seiten seiner Praxen stört die Mehrheit der in Deutschland lebenden Muslime. »Was haben wir mit Attentätern zu tun?«, fragten sie mich, »warum wirft man uns mit extremistischen Gewalttätern in einem Topf?« Der Islam sei in Wahrheit ganz anders, nämlich friedfertig, tolerant und keineswegs frauenfeindlich.

Im Jahr 2014, kurz vor der Fertigstellung dieses Buches, verschärfte sich die Situation dramatisch, so dass man von einer regelrechten Zäsur sprechen kann. Ursache war der militärische Erfolg einer jihadistischen Gruppe namens »Islamischer Staat im Irak und Syrien«, deren Führer Abu Bakr al-Baghdadi sich im Juni 2014 zum Kalifen eines »Islamischen Staats« (IS) ernannte. Die Gruppe erregt durch extreme Grausamkeiten und eine vollständige Negierung der Menschenrechte Aufsehen und propagiert ihre gesellschaftliche Ordnung als islamische, auf den Koran und den Propheten Mohammed zurückgehende politische und soziale Utopie. Trotzdem gelingt es ihr, weltweit und auch in Deutschland Anhänger zu rekrutieren, die sich der »Karawane des Heiligen Krieges« als Kämpfer, Unterstützer oder Ehefrauen von Kämpfern anschließen. In den Medien wird seitdem darüber diskutiert, warum Jugendliche mit und ohne Migrationshintergrund die Ideologie und Lebensweise des IS attraktiver finden als die einer freiheitlichen Demokratie, und Experten erörtern, ob der Islam lediglich von IS missbraucht werde oder vielmehr gar die Quelle des Übels darstelle.

Erwartungsgemäß bleiben die Polarisierungen, die schon die ältere Debatte prägten, auch in der aktuellen Auseinandersetzung bestehen, allerdings mit einer deutlichen Verschärfung der Kritik am islamischen Extremismus. Dazu kommt, dass seit 2013 einige grundsätzliche Kritiken des Islam publiziert worden waren, die man nicht vorschnell unter Islamophobie-Verdacht stellen konnte. Dazu zählten eine Schrift des algerischen Schriftstellers Boualem Sansals, der 2011 mit dem Friedenspreis des Deutschen Buchhandels ausgezeichnet wurde,[60] eine Monografie des ägyptischstämmigen Islamkritikers Hamid Abdel-Samad,[61] der wegen seiner Publikation Morddrohungen erhielt und unter Polizeischutz gestellt werden musste, und das Buch *Reformiert euch!*, in dem die somalischstämmige Autorin Ayaan Hirsi Ali für eine muslimische Reformation wirbt. Der Ton wurde rauer. Als der Kabarettist und Grimme-Preisträger Dieter Nuhr im Oktober 2014 von dem Osnabrücker Muslim Erhat Toka wegen »Beschimpfung von Religionsgemeinschaften« angezeigt wurde, erhob sich eine Welle öffentlichen Spotts über die sattsam bekannte Haltung des muslimischen Beleidigtseins, und selbst der Vorsitzende des Zentralrats der Muslime, Aiman Mayzek, distanzierte sich von der Beschuldigung. Der Rückzug auf die Opferrolle, die in der Islamophobie-Debatte argumentativ stets untermauert wurde, geriet zunehmend in Bedrängnis. Unter dem Titel »Die Opferrolle der Muslime in Deutschland nervt« forderte Sineb El Masrar am 23. September 2014 in *Die Welt* Muslime auf, endlich Verantwortung zu übernehmen und sich mit problematischen Positionen kritisch auseinanderzusetzen. Das beginne nicht erst bei den Gewalttätern des IS. »Weil ich meinen Freunden zu Weihnachten gratuliere und das Kopftuch nicht trage, werde ich zur Abtrünnigen erklärt«, kritisierte El Masrar in ihrem Artikel und zeigte damit, dass religiöse Intoleranz im gewöhnlichen Alltag unter Muslimen durchaus präsent ist. Deutlicher noch als El Masrar positioniert sich der Psychologe Ahmad Mansour, der in einem Artikel die These aufstellte, die Gefährlichkeit der Salafisten[62] basiere nicht so sehr auf »der Differenz zum ›normalen‹ Islam als vielmehr der Ähnlichkeit« (Mansour 2014). Die Ablehnung des Westens, der Demokratie und all derer, die nicht der eigenen Meinung sind, werde auch von moderaten Imamen gepredigt. Gegen diese Haltung sowie gegen »Opferrolle und Diskriminierungsfurcht« setzt er »muslimische Selbsterkenntnis« und »Selbstkritik«.

6. Auf Reformkurs

Sineb El Masrar und Ahmad Mansour gehören zu einer wachsenden Zahl junger Muslime und Musliminnen, die für Reformen und neues Denken innerhalb der muslimischen Gemeinschaften eintreten. Sie haben es allerdings schwer, sich durchzusetzen. Eine aktuelle Debatte um die Publikationen des Münsteraner Professors Mouhanad Khorchide zeigt die Konflikte zwischen den konservativen Vorstellungen muslimischer Verbandsvertreter und der progressiven Theologie, die sich zurzeit an deutschen Universitäten herausbildet. Khorchide war im Jahr 2012 mit der Monografie *Islam ist Barmherzigkeit* an die Öffentlichkeit getreten und hatte sich die erbitterte Opposition des Koordinierungsrates der Muslime (KRM) zugezogen, in dem sich die großen türkischen Verbände zusammengeschlossen haben. In seiner Schrift entwickelte er die Idee eines barmherzigen und liebenden Gottes, der den Menschen allein deshalb geschaffen habe, weil er seine Liebe teilen möchte und »Mitliebende sucht« (Khorchide 2012: 29). »Er will die Beziehung zu uns Menschen nicht als Herr-Knecht-Beziehung gestalten, sondern als Freundschaftsbeziehung, ja als Liebesbeziehung« (ebd.). Das schließe alle Menschen ein, nicht nur Muslime. »Gott aber interessiert sich nicht für Überschriften wie ›Muslim‹, ›Christ‹, ›Jude‹, ›gläubig‹, ›ungläubig‹ usw.« (ebd.: 58), führte er aus. Es gehe Gott um den Einzelnen, den er dazu gewinnen möchte, seine Liebe und Barmherzigkeit anzunehmen. Teufel und Hölle sind für Khorchide metaphorische Figuren, keineswegs Realitäten, die auf Nichtmuslime oder auf diejenigen warten, die sich rigiden Vorstellungen von Unterwerfung verweigern. »Die Hölle ist nichts weiter als der Zustand«, schrieb er, »in dem sich derjenige befindet, der Nein zur Liebe und Barmherzigkeit sagt« (ebd.). Die »schwarze Pädagogik« der Angst, die mit einem ewigen Höllenfeuer droht, lehne er auch deshalb ab, weil sie den Menschen zu Kritikunfähigkeit verdammt und eigenständiges Denken verhindere. Der Koran hingegen motiviere zum Hinterfragen. Khorchides Ideen basieren auf einer hermeneutischen Methode, mit deren Hilfe die nicht leicht verständlichen und teilweise auch widersprüchlichen Verse des Koran eingeordnet und interpretiert werden. Dabei werden die Verse auch historisch, vor dem Hintergrund der gesellschaftlichen Zustände zur Zeit Mohammeds, kontextualisiert. Als Beispiel führt er Vers elf der vierten Sure an, in dem männlichen Kindern doppelt so viel Erbe zugesagt wird wie weiblichen. Dieser Vers sei ausschließlich in der Verfasstheit der damaligen politischen Ordnung begründet, einer Ordnung, in der Frauen gar nicht erbten, weil sie permanent in Gefahr waren, von anderen Stämmen als Kriegsbeute angeeignet zu werden. Durch den Ausschluss vom Erbe wollte man verhindern, so Khorchide, dass der Besitz in fremde Hände gerate. Mohammed habe diese Zustände zu ändern versucht, konnte dies aber nur in kleinen Schritten tun. Die koranische Erbschaftsregelung sei ein wichtiger Schritt in Richtung der Anerkennung der Frauen gewesen, nicht jedoch die vollständige Umsetzung dieses Ideals. Daher sei dieser Vers nicht zeitunabhängig gültig. Letztendlich intendiere Gott die Gleichheit der Geschlechter, und der Mensch habe die Aufgabe, diese nach Kräften umzusetzen.

Die Vorstellung eines primär liebenden Gottes, die Ablehnung bestimmter Vorstellungen wie der Hölle sowie die Historisierung und damit auch Relativierung der normativen Grundlagen des Koran und der islamischen Überlieferungen wurden von den Verbandsvertretern als häretische Verirrungen verurteilt. Mit einem mehr als zweifelhaften »Gutachten«, in dem sich mangels ausgewiesener eigener Theologen »angehende Islamwissenschaftler« und andere Laien aufgefordert sahen, Khorchide wegen Abweichungen vom vermeintlich rechten Weg zu verurteilen, machte der Koordinierungsrat der Muslime gegen den unliebsamen Erneuerer mobil und forderte am 17. Dezember 2013 gar die Absetzung des Professors, weil er ihrer Ansicht nach kein echter Muslim mehr sei. Auch eine Gruppe von Studierenden am Münsteraner Zentrum für islamische Theologie distanzierte sich, weil sie berufliche Nachteile gegenüber Absolventen konformerer Einrichtungen befürchtete.[63] Die Debatte, die bis zum heutigen Tag andauert, ist für Außenstehende schwer durchschaubar, da sie weniger mit nachvollziehbaren Argumenten als mit Unterstellungen gespickt ist. Unstrittig ist nur, dass es um theologische und politische Deutungshoheit geht und darum, wer autorisiert ist, für »den« Islam zu sprechen.

Khorchide ist der prominenteste deutsche muslimische Reformtheologe, doch auch an anderen Standorten islamischer Theologie entsteht zurzeit Neues. Weltweit betrachtet sind die hermeneutische Methode, die historische Kontextualisierung und andere Verfahren zeitgemäßer Interpretation der heiligen Texte des Islam keineswegs originell. Theologisch beruhen die reformorientierten Interpretationen der schriftlichen Quellen des Islam auf dem Prinzip des *ijtihad*, des logischen Schlussfolgerns nach einem Prozess des Nachdenkens, das im Gegensatz zum *taqlid*, der Nachahmung des Bestehenden, steht. Zu den Gründungsvätern des Reformislam zählen Gelehrte wie Mohammed Abduh (1849–1905), Jamal al-Din al-Afghani (1838–1897), Mohammed Iqbal (1877–1936) oder Raschid Rida (1865–1935), zu den bedeutendsten jüngeren Vertretern Khaled Abou el-Fadl und Abdullahi Ahmed An-Na'im, die beide an amerikanischen Universitäten lehren, Mohammed Talbi aus Tunesien, der 1938 in Syrien geborene Mohammed Shahrur, der in Paris lebende Iraner Abdolkarim Soroush und der inzwischen verstorbene Algerier Mohammed Arkoun (1928–2010). Die jüngeren Reformisten bemühen sich insbesondere um eine historische Einordnung des Koran, differenzieren zwischen Text und Kontext und berufen sich auf den freien Willen sowie die menschliche Vernunft. Der Koran, meint der ägyptische Islamwissenschaftler Nasr Hamid Abu Zaid (1943–2010), sei so geschrieben, dass die Araber ihn im 7. Jahrhundert verstehen konnten. Wenn heutige Muslime aber diese historischen Aspekte des Koran als universell gültig interpretierten, dann verdrehten sie die göttliche Botschaft, die jenseits historischer Kontexte angesiedelt sei.[64]

Viele der bekannten muslimischen Reformtheologen, progressiven Philosophen und Sozialwissenschaftler arbeiten und lehren in westlichen Ländern, da die muslimischen Autoritäten und die autoritären Herrscher ihrer Heimatländer mit Repression auf die unerwünschten Neuerungen reagierten. Ein Beispiel für prominente Opfer dieser religiös-politischen Gewalt ist der sudanesische Gelehrte Mahmud Mohammed Taha (1909–1985), dessen Reformschrift *Die zweite Botschaft des Islam* die Gleichheit zwischen Männern und Frauen als Ziel islamischer Gerechtigkeit betonte. Mohammed Taha wurde 1985 in seiner Heimat wegen des Vorwurfs der Apostasie zum Tode verurteilt und hingerichtet. Er war zu diesem Zeitpunkt 76 Jahre alt.

Apostasie wurde auch dem Ägypter Abu Zaid vorgeworfen, da seine kritische Koranexegese nicht mit konservativen Auslegungen übereinstimmte. Man erklärte ihn gerichtlich zu einem Nichtmuslim und annullierte die Ehe zu seiner Frau, da eine Muslimin nach herrschendem Familienrecht nicht mit einem Nichtmuslim verheiratet sein durfte. Die Repression und viele Morddrohungen veranlassten Abu Zaid, in die Niederlande zu migrieren, wo er bis zu seinem Tod den Ibn-Rushd-Lehrstuhl für Humanismus und Islam an der Universität Utrecht innehatte.

In Deutschland sind solche Repressionen nicht zu befürchten, und man kann gespannt sein, in welcher Weise sich der Islam sowohl innerhalb als auch außerhalb der Hochschulen entwickeln wird. Reformvorhaben resultieren meist aus empfundenen Missständen, reagieren auf gesellschaftlichen Wandel oder versuchen, Lösungen für drängende Probleme der Gegenwart zu finden. Das gilt auch für die Erneuerer der islamischen Theologie. Die Denker des 19. und frühen 20. Jahrhunderts setzten sich mit dem europäischen Kolonialismus und den Herausforderungen der Moderne auseinander, spätere Gelehrte dagegen mit postkolonialen Formen von Repression, mit politischem Autoritarismus, islamischem Fundamentalismus und der Rolle der Frauen. Auf lokaler Ebene, in den Dörfern und Stadtteilen wurden die Gedanken der Reformer nur dann rezipiert, wenn sie von örtlichen Imamen oder effektiv arbeitenden Organisationen aufgegriffen oder wenn sie in staatliche Programme eingespeist wurden. Das geschah zum Beispiel mit Ideen zur Reform des Familienrechts (*moudawana*) in Marokko. Dort war es Frauenrechtlerinnen gelungen, den König, der neben anderen Ämtern auch das des Führers der Gläubigen (*amir al-muminin*) innehat, zur Veränderungen von Passagen zu überzeugen, die Frauen gegenüber Männern diskriminieren. Im Jahr 2004 wurde die *moudawana* grundlegend reformiert und gilt jetzt als vorbildlich für die islamische Welt.

Bei unserer Forschung in Wiesbaden interessierte mich natürlich, ob und in welcher Form neue Gedanken, seien sie progressiv-liberal oder auch fundamentalistisch-totalitär inspiriert, von Muslimen aufgegriffen werden. Inputs von den neu gegründeten Professuren an deutschen Universitäten waren nicht zu erwarten – allein schon deshalb, weil diese teilweise erst im Verlauf der Forschung besetzt wurden und die Entwicklung einer deutschen islamischen Theologie noch in den Kinderschuhen steckt. Andere Einflüsse waren manifester, vermittelt über große muslimische Verbände, die eigenes

Schulungs- und Lehrmaterial an die örtlichen Moscheegemeinschaften schicken, oder über charismatische Prediger, die der salafistischen Szene zuzuordnen sind. Auch war offensichtlich, dass Einflüsse der deutschen Gesellschaft in den Gemeinschaften reflektiert wurden – sei es die Rolle der Frauen, seien es Fragen nationaler Identität oder das Verhältnis zum deutschen Rechtsstaat. In Wiesbaden zu leben, hier zu arbeiten, in die Schule oder Hochschule zu gehen, nichtmuslimische Nachbarn oder auch Freunde zu haben – all das prägt Muslime auch dann, wenn ihren sozialen Mittelpunkt eine Moschee oder muslimische Organisation darstellt. Diese persönlichen Ergebnisse des Nachdenkens über den Islam, die deutsche Gesellschaft und die eigenen Werte werden mit anderen diskutiert, durch das Lesen des Koran oder mittels islamischer Medien überprüft. Die Schlussfolgerungen der Einzelnen können dabei ganz unterschiedlich sein, selbst wenn diese ein und derselben Gemeinschaft angehören. In diesem Sinne ist das vorliegende Buch nicht nur ein Zeugnis für die Vielfalt frommem muslimischen Lebens in der hessischen Landeshauptstadt, sondern auch eines, das zeigt, wie zwischen Orthodoxie und individuellen Überzeugungen verhandelt wird, warum man sich für oder gegen bestimmte Praktiken entscheidet und auf welcher Grundlage theologische Positionen angenommen oder abgelehnt werden.

Teil II
Muslime in Wiesbaden:
Vielfältig, hybrid, transkulturell

»Im Namen Gottes, des barmherzigen Erbarmers.
Lobpreis sei Gott, dem Herrn der Weltbewohner,
dem Erbarmer, dem Barmherzigen,
dem Herrscher am Tage des Gerichts!
Dir dienen wir, dich rufen wir um Hilfe an.
Leite uns den rechten Weg,
den Weg derer, denen du gnädig bist,
nicht derer, denen gezürnt wird,
noch derer, welche irregehn!«
Koran (Sure 1)

Muslime sind keine homogene Gruppe, obgleich es Bestrebungen gibt, sich auf Grundlage der Religion als solche zu konstituieren – vor allem gegenüber einer nichtmuslimischen Außenwelt. Die Idee der einen *ummah* (weltweiten Gemeinschaft aller Muslime) wird durch die Vielzahl der Organisationen, die kulturellen und sprachlichen Differenzen sowie die Individualität der einzelnen Mitglieder immer wieder gebrochen. Allein schon die Unterschiede zwischen Sunniten, Schiiten, sufistischen Orden und der Ahmadiyya verhindern die Bildung einer gemeinsamen Identität. Man erkennt sich gegenseitig nicht an, und auch die internationalen Konflikte zwischen den Gruppen wirken in Deutschland nach. In vielen sunnitisch dominierten Ländern werden Schiiten, Sufis und die Anhänger der Ahmadiyya verfolgt und ermordet, ihre Heiligtümer zerstört und ihre Religion als unislamisch gebrandmarkt. Dazu kommen Unterschiede in der Auslegung des Islam innerhalb der Gruppe der sunnitischen Muslime. Während in arabischen Moscheen die Grenzen zwischen konservativ-moderaten und islamistischen oder salafistischen Positionen fließend sind und selbst ernannte Internetprediger einen gewissen Einfluss ausüben, halten die Großorganisationen der türkischen Gemeinden jeglichen »Wildwuchs« religiöser Deutungen unter Kontrolle. Einigungen unter dem gemeinsamen Dach »Islam« sind vor diesem Hintergrund nur partiell und vor allem im seelsorgerischen Bereich möglich.

Zusätzlich verhindern sprachliche Besonderheiten alltägliche Annäherungen und machen es beispielsweise einem afghanischen Muslim schwer, zum Freitagsgebet in eine arabische Moschee zu gehen. Er würde die Predigt schlicht nicht verstehen. In den Moscheen wird entweder auf Türkisch, Persisch, Urdu oder Arabisch gepredigt – wenngleich in einigen Moscheen deutsche Zusammenfassungen gegeben werden, weil jüngere Gemeindemitglieder das Deutsche mittlerweile oft besser beherrschen als die Sprache ihrer Eltern und Großeltern. Ältere, Frauen und aus den Herkunftsländern nachgezogene Ehepartner und Ehepartnerinnen sprechen allerdings oft kein oder nur wenig Deutsch, und auch die Imame sind des Deutschen nur selten mächtig. Nicht wenigen ist das Bewahren der Herkunftssprache ein dezidiertes Anliegen, das einer Hinwendung zum Deutschen ebenfalls entgegensteht. Dieses Moment schließt an eine Selbstkulturalisierung der Organisationen an. Obgleich es in einigen Moscheen Anstrengungen gibt, die nationalen Bezüge der Herkunftskultur zu überwinden und sich nicht mehr als türkische oder marokkanische Muslime, sondern nur noch als Muslime zu verstehen,[1] sind die meisten Moscheen Orte, in denen die Pflege der Herkunftskultur als wichtig empfunden wird.

Die folgenden Darstellungen und Selbstdarstellungen von Muslimen in insgesamt 15 verschiedenen Einrichtungen zeigen, wo Unterschiede und Gemeinsamkeiten zwischen frommen Muslimen bestehen – nicht nur auf institutioneller Ebene, sondern auch in der persönlichen Vorstellung von Religion, islamischen Werten und deutscher Gesellschaft. Die drei ersten dargestellten Gemeinden sind Ortsgruppen großer türkisch-islamischer Verbände, danach folgen mehrere kleine Vereine, wobei diejenigen, die sufistisch orientiert oder angelehnt sind, in einem Kapitel zusammengefasst werden. Den Abschluss bilden vier Moscheen, die von marokkanischen Verbänden geführt werden.

1. Religiöse Heimat unter wilhelminischen Dekors: Die Süleymaniye-Moschee

Der Verein Islamischer Kulturzentren (VIKZ) gehört zu den drei größten türkisch-islamischen Verbänden in Deutschland. 1973 in Köln als Islamisches Kulturzentrum e.V. gegründet, unterhält er heute nach eigenen Angaben mehr als dreihundert Moscheen und Bildungszentren. In Wiesbaden nennt sich die lokale Organisation »Bildungs- und Kulturverein Wiesbaden e.V.« Auf der Homepage der Organisation wird eine Nähe zum Sufismus und zur Gemeinschaft der Naqshbandiyya sowie zum türkischen Gelehrten Süleyman Efendi betont. Auf Letzteren verweist auch der Name der Wiesbadener Moschee des Vereins: Süleymaniye-Moschee.

Vom Hinterhof zur Gründerzeitvilla

Das Gotteshaus ist in einer prunkvollen Gründerzeitvilla in bester Innenstadtlage untergebracht, die sich äußerlich nicht von anderen Wiesbadener Villen unterscheidet. Sie ist denkmalgeschützt und kann baulich nicht verändert werden, was den optischen Gestaltungsmöglichkeiten des Vereins klare Grenzen setzt. Aspekte orientalischer Architektur sucht man vergebens. Das Erdgeschoss des Seitenbaus wird vermietet und beherbergt ein griechisches Restaurant, das den Eindruck einer weltlichen Nutzung noch verstärkt. Das Gebäude steht, von der Straße aus betrachtet, in zweiter Reihe und wird von einem profanen Wohnhaus gleichermaßen verdeckt wie geschützt. Die repräsentative Kassettentür könnte auch den Eingang des Wohnsitzes einer wohlhabenden Kaufmannsdynastie oder der Räume einer diplomatischen Vertretung anzeigen, und das Gleiche gilt für das dahinterliegende Treppenhaus, in dem eine breite, mit dickem rotgemustertem Wollteppich bedeckte Marmortreppe in den ersten Stock führt. Lediglich ein neben dem Eingang angebrachtes Schuhregal verweist auf die wirklichen Eigentümer. Die Wände dieses Bereichs sind rosa gestrichen – den Frauen zuliebe, wie uns erzählt wurde. Im ersten Stock kommt man linker Hand in einen Raum mit riesigen Flügeltüren, weißem Stuck und besten historischen Holzarbeiten, dessen Boden ebenfalls mit rotem Teppich bedeckt ist. An den Wänden sind Stühle aufgereiht. Es ist der Versammlungsraum der Männer und Jungen. Von diesem Raum, aber auch direkt vom Flur aus, gelangt man in den Gebetsraum, der gleichfalls mit dickem Teppichboden ausgelegt ist, wobei hier Parzellen in Form orientalischer Bögen für die einzelnen Betenden eingewebt sind. Von der Decke hängen riesige Kronleuchter, die wie die Teppiche in der Türkei angefertigt wurden. Kanzel (*minbar*) und Gebetsnische (*mihrab*) sind ebenfalls kunsthandwerkliche Meisterstücke, und die gesamte orientalische Innenausstattung bildet einen geschmackvollen Kontrast zur wilhelminischen Architektur. Um dem islamischen Bilderverbot und den Vorgaben des Denkmalschutzes gleichermaßen nachzukommen, wurden die Putten im Deckendekor mit weißen Tüchern verhängt. Im ersten und zweiten Stock des Gebäudes befinden sich die Frauenräume, die weitaus kleiner und funktionaler gestaltet sind. Das Dachgeschoss mit schrägen Wänden beherbergt eine große Küche mit Pizzaofen, um allfreitäglich *lahmacun* (mit Hackfleisch oder Schafskäse gefüllte Teigfladen) für die Gemeinde herzustellen, die nach dem Gebet an die Männer verkauft werden.

Die Gemeinde existiert in Wiesbaden seit den 1980er Jahren und zeigt eindrucksvoll, wie das, was einst als Garagenmoschee begann, heute eine etablierte Einrichtung der Stadtgesellschaft darstellt. Zaher Sahin, der engagierte Vorstandsvorsitzende, erinnerte sich in einem Gespräch an die Anfänge in Wiesbaden, als die ersten türkischen Gastarbeiter – unter ihnen sein Vater – beschlossen, einen Ort zum gemeinsamen Gebet einzurichten. Von der Garage zog man in ein Hinterhaus, hatte bald einen Aufenthaltsraum und eine Kantine und expandierte zunehmend, bis man vor einigen Jahren die Villa erwerben konnte, die zuvor im Besitz einer freikirchlichen Gemeinde war. Finanziert wurde der Kauf des Hauses durch die Hauptorganisation in Köln, erzählte Sahin; für die laufenden Kosten und das Abzahlen der Schulden setze man auf Mitgliedsbeiträge, auf Spenden, den Erlös aus dem *lahmacun*-Verkauf und die Einnahmen aus der Vermietung des griechischen Restaurants.

Nicht nur in Bezug auf das Moscheegebäude hatte die Gemeinde eine bemerkenswerte Entwicklung durchlaufen, auch die allgemeine Integration in die Stadt hatte seit einiger Zeit deutlich Fahrt aufgenommen. Nach langen Jahren der Isolation hatten ein neuer Imam und ein progressiver Vorstand die Zeichen der Zeit erkannt und eine Reihe von Reformen durchgeführt. Die repräsentative Moschee trug natürlich dazu bei, dass das Interesse der Öffentlichkeit geweckt wurde, denn hier ließ sich Abgeordneten, Kirchengemeinden und Schulklassen zeigen, dass Moscheen auch Schmuckstücke sein können.

Türkische Kultur in der Stadt

Die positive Anteilnahme der Nichtmuslime ermutigte die Gemeinde, sich seit 2011 mit einem großen Sommerfest auf einem zentralen Platz in der Fußgängerzone zu präsentieren. 2012 waren wir auch dabei und genossen die dargebotene türkische Volkskunst genauso wie die diversen Leckereien. Ein alter Mann mit bestickter Jacke und rotem Fez führte beispielsweise die Kunst der Ebro-Malerei vor, bei der Farbe auf eine leimartige Flüssigkeit in einer flachen Schale aufgetragen wird. Blumen, Ornamente und sogar Porträts entstanden, die dann, wenn alles zur Zufriedenheit des Künstlers ausfiel, mit einem Bogen Papier bedeckt wurden. Die Farbe haftete am Papier, und Leimreste wurden abgespült. Dann trocknete das Bild und konnte verkauft werden. Die meisten Gemeindemitglieder waren allerdings mit der Zubereitung von Kulinarischem beschäftigt. Die Frauen widmeten sich der Herstellung süßen Gebäcks, die Jungen und Männer bedienten den Grill und brieten Spieße. Lange Schlangen insbesondere vor den Kebab-Ständen zeigten, dass die Speisen bei deutschen und türkischen Bürgern gleichermaßen gut ankamen. Die Stehtischchen zwischen den Essensständen waren allesamt besetzt, und viele Besucher aßen im Stehen oder an Biertischgarnituren, die linker Hand der Stände aufgebaut waren. Von dort aus hatte man freien Blick auf eine große Bühne, auf der Ansprachen gehalten und türkische Livemusik gespielt wurden. Vor der Bühne führten Mädchen farbenfrohe Folkloretänze auf, und junge Männer drehten sich in weißen Derwischgewändern im Kreis. Für die Kleinsten war eine Hüpfburg aufgebaut, und sie nutzen diese weidlich.

Ab dem frühen Nachmittag fanden sich die Honoratioren der Stadt ein, unter ihnen der Oberbürgermeister und die Dezernentin für Integration. Das Wetter war wunderbar, und die Organisatoren zeigten sich hochzufrieden. Das Sommerfest war genau das, was es sein sollte: ein Zeichen, dass die Moschee ein normaler Teil der Stadtgesellschaft ist, und eine Darbietung der kulturellen Vielfalt. Die Führungsriege der Gemeinde,[2] allen voran der Vorsitzende Zaher Sahin, der Pressesprecher Abdül Akpinar sowie der Imam Recep Demirel und seine Frau Bedia Demirel ächzten zwar unter der Anstrengung, die dieses Wochenende ihnen allen abverlangte, waren aber vom Ergebnis begeistert. Dies war genau die Richtung, die sie einschlagen wollten. Die Gemeinde sollte in der Öffentlichkeit als positiver Teil eines bunten multikulturellen Wiesbaden wahrgenommen und die türkische Kultur in ihrer Breite einem weiteren Publikum vorgestellt werden.

Auch in anderen der zahlreichen Aktivitäten zeigte die Suleymaniye-Gemeinschaft, dass sie sich einiges einfallen ließ, um in der Stadtgesellschaft einen bleibenden Eindruck zu hinterlassen. In vielerlei Hinsicht, zum Beispiel in Bezug auf die Partnerschaft mit der Polizei, sei man bundesweit ein Vorbild, erzählte Abdül Akpinar. Die hessische Polizeischule besuche die Gemeinde mit ihren Polizeianwärtern in regelmäßigen Abständen oder im Rahmen eines interkulturellen Kompetenzseminars. Mitglieder der Gemeinde würden sie bei dieser Gelegenheit durch die Moschee führen, und anschließend setze man sich zusammen, um über Grundlagen des Islam zu informieren, die gerade bei der Polizeiarbeit zu vermeidbaren Konflikten führen könnten. Das reiche von einfachen Informationen, warum man beispielsweise keine Schuhe in der Moschee anziehe, über Empfindlichkeiten gegenüber Hunden bis zu allgemeinen kulturellen Missverständnissen. Gemeindemitglieder, die sowohl deutsch als auch türkisch denken könnten, seien in der Lage, hier kulturvermittelnd zu agieren und Dinge so zu erklären, dass sie verstanden würden: »Es gibt Dinge, wenn man die nicht kennt, kann man die nicht nachvollziehen. Das kann dann zu Irritationen und Vorurteilen führen«, erläuterte Akpinar. Die junge Generation begreife sich als Kulturvermittler, und ihre Dienste würden nachgefragt – nicht nur von der Polizei, sondern auch von Schulen, Kirchen, der Politik oder Angestellten der Verwaltung.

Traumberuf Moscheelehrerin

In einer sehr grundsätzlichen Weise versuchte der Vorstand, die Moschee für Kinder und Jugendliche als zweites Zuhause und als Ort der Weiterbildung aufzubauen. Während der Schulferien gab es zum Beispiel ein Ferienprogramm, das auf großen Zuspruch stieß. Die Kinder und Jugendlichen rezitierten den Koran in arabischer Sprache, hörten Geschichten aus dem Leben des Propheten, bekamen Nachhilfeunterricht in Fächern, in denen sie schlecht waren, und konnten an verschiedenen Unternehmungen teilnehmen. Zu einer dieser Aktivitäten, einem Grillfest für die halbwüchsigen Mädchen im Schrebergarten der Sahins, wurde ich im April 2012 eingeladen. Es war ein sonniger und klarer Tag, an dem sich etwa zwanzig Personen in der kleinen Gartenkolonie eingefunden hatten. Bedia Demirel, die Frau des

Imam, und Büsra Özcan, eine zwanzigjährige Moscheelehrerin, halfen bei der Organisation, außerdem die betagten Eltern des Gemeindevorstehers. Sie waren nach vielen Jahren in Deutschland wieder in die Türkei zurückgekehrt, wo sie drei Häuser besaßen: eines in der Stadt, eines im Dorf und eines auf dem Berg. Mit der Mutter, einer überaus herzlichen Frau mit offenem Gesicht und lachenden Augen, entspann sich sofort ein angeregtes Gespräch. Nach einem Leben voller Arbeit genieße sie jetzt ihre Rente in der Heimat, sagte sie, doch nach ein paar Monaten sei sie stets voller Sehnsucht nach Kindern und Enkeln und fahre wieder nach Deutschland. Über die lange Zeit in der Fremde war diese genauso zur Heimat geworden wie die dörfliche Gegend, die sie als junge Frau verlassen hatte, und das Pendeln zwischen den Welten würde weitergehen, solange sie reisen konnte. Veränderungen gab es hier wie dort, in der Türkei wie in Deutschland. Früher, so meinte sie wehmütig, habe man zusammengesessen, erzählt, gespielt und gesungen, heute dominiere der Fernseher das Familienleben und die Enkel würden ihr sagen, sie solle leise sein, wenn sie allabendlich irgendeine Serie schauten.

Während wir über die Poesie fernsehfreier Abende philosophierten, hatten sich die Mädchen im Alter von neun bis 14 Jahren um mich versammelt. Sie waren neugierig, hatte man ihnen doch erklärt, dass sie jetzt meine Forschungsobjekte seien. Das gefiel ihnen offensichtlich, und sie waren begierig, mir zu erzählen, wie schön die Ferien in der Moschee für sie seien. Auch während der Schulzeit seien sie täglich dort, erhielten stets ein warmes Mittagessen, räumten gemeinsam auf und putzten, lernten also die Grundregeln der Hauswirtschaft, und machten ihre Hausaufgaben, betreut durch die junge Moscheelehrerin, die von ihnen umschwärmt und bewundert wurde.

Die Moschee stellte für die Mädchen ein soziales Zentrum dar, das den Familienverband integrierte und in dem sich alle aufgehoben fühlen konnten. Die 16-jährige Ada erzählte, wie wunderbar sie es fand, dass auch ihre Geschwister und ihre Eltern in der Moschee seien. Sie verstehe sich mit allen sehr gut und auch mit ihren beiden Brüdern, die fünf und 18 Jahre alt seien. Was sie an der Moschee auch schätze, sei das Erlernen eines respektvollen Umgangs miteinander, vor allem gegenüber Älteren. Andere Mädchen, meinte sie, verhielten sich manchmal respektlos gegenüber ihren Müttern, doch hier erhielten sie eine gute Erziehung. Ada war in der achten Klasse einer Realschule und wollte Moscheelehrerin werden wie Büsra Özcan. Sie hatte ihr Kopftuch locker hängend drapiert, war selbstbewusst und machte einen dynamischen Eindruck. Neben Ada saß die 14-jährige Sibel mit konventionell gebundenem Kopftuch. Ihr Traumberuf sei ebenfalls Moscheelehrerin, meinte sie, oder Sozialarbeiterin. Sibel ging in die achte Klasse eines Gymnasiums. Ein drittes Mädchen, Merve, war zwölf Jahre alt und ging in die sechste Klasse einer integrierten Gesamtschule. Sie werde nicht in Wiesbaden bleiben, sagte sie, sondern im Sommer zurück in die Türkei gehen. Für immer. Darauf freue sie sich einerseits, andererseits mache es sie ein bisschen traurig, weil sie ihre Freundinnen und die Moschee vermissen werde. Merve trug eine modische Kopfbedeckung aus zwei Teilen, ein eng anliegendes schönes Käppchen und ein lockeres blaues Tuch darüber. Drei weitere Mädchen, Halime, Kayra und Esin, waren ebenfalls zwölf Jahre alt und auf der gleichen Realschule wie Ada. Zwei der Mädchen waren eine Klasse zurückgestuft worden und wollten später Moscheelehrerin werden. Halime konnte sich auf Nachfrage aber auch noch einige andere Berufe vorstellen: Psychologin, Architektin oder Rechtsanwältin. Auch Leyla, zehn Jahre alt, und Nesrin, 13 Jahre alt, besuchten die erwähnte Realschule, die sich im Innenstadtbereich befindet. Die meisten der anwesenden Mädchen gingen in diese Schule. Dort seien sie, so sagten sie, in der Mehrheit. Sie seien fast nur Ausländer, darunter viele Moslems, und es herrsche ein Klima zum Wohlfühlen. Wenn jemand sie »mobbe«, würden sie sich alle zusammenschließen, erzählten sie mir. Sibel dagegen sagte, sie fühle sich auf dem Gymnasium als Außenseiterin. Es gebe nur zwei türkische Jungs in der Klasse, sie sei das einzige türkische Mädchen. Sie werde nicht benachteiligt, aber es sei trotzdem nicht schön so allein unter Deutschen. Einsam unter Deutschen fühlte sich auch die 13-jährige Hülya, die eine Realschule im Wiesbadener Vorort Naurod besuchte, in dem nur wenige Migranten leben. Sie war gerade eine Klasse heruntergestuft worden und glaubte, dass ihre »rassistische Lehrerin« an allem schuld sei. Die Lehrerin habe etwas gegen Ausländer, schreie die ausländischen Kinder an und bewerte sie schlechter als die deutschen.

Für alle Mädchen spielte ihr Status als Ausländerin, Türkin oder Muslimin eine große Rolle. Die deutsche Umgebung wurde als fremd wahrgenommen; Räume, in denen sie eine große Gruppe bildeten oder unter sich waren, wie in der Moschee, vermittelten dagegen ein Gefühl der Sicherheit. Ich fragte danach, was sie sich im Fernsehen anschauen, und sie antworten alle, dass sie gerne türkische Serien sähen. Auch deutsche Sendungen wie DSDS, Galileo oder abends einen Spielfilm, meinten einige, aber auf jeden Fall an erster Stelle türkisches Fernsehen oder türkische DVDs. Auffallend war, dass so viele der Mädchen Moscheelehrerin werden wollten. Büsra Özcan war ihr ultimatives Vorbild. Wenn »weltliche« Berufswünsche angegeben wurden, waren es immer akademische Berufe: Rechtsanwältin, Sozialarbeiterin, Architektin, Kieferorthopädin. Allerdings fehlten bei fast allen die notwendigen Voraussetzungen für solchen Karrieren. Nur ein Mädchen besuchte ein Gymnasium, vier andere waren selbst auf der Realschule nicht in altersentsprechenden Klassen, sondern mussten Klassen wiederholen.

Während wir in unser Gespräch vertieft waren, kam Zaher Sahin an unseren Tisch und beklagte sich lachend darüber, dass er sich als einziger Mann um den Abwasch kümmern müsse. Die Frauen nahmen es gelassen und fanden die Arbeitsteilung durchaus akzeptabel. Männer begännen sich zunehmend am Beispiel des Propheten zu orientieren, erklärte Bedia Demirel, der ja auch die Hausarbeit nicht gescheut habe und den Frauen zugetan gewesen sei. Partnerschaft sei ihr persönlich wichtig – in vielen Angelegenheiten. Ihr Mann sei beispielsweise bei den Geburten der Kinder anwesend gewesen und habe ihre Hand gehalten. Das fand sie vorbildlich. Ein Mann, so sagte sie, solle sehen, wie schwer das Gebären sei. Wie die Arbeitsteilung in ihrer eigenen Familie geregelt werde, fragte ich. Manchmal, wenn Besucher in die Moschee kämen, antwortete Bedia Demirel, sei sie die Ansprechpartnerin und erkläre alles, während ihr Mann den Tee serviere, sonst sei sie natürlich für die drei Kinder zuständig. Außerdem habe sie viele Aufgaben in der Gemeinde. Bedia Demirel ist eine zarte kleine Frau mit einem blassen Gesicht. Die vielen Verpflichtungen als Frau des Imam in der Moschee und die Sorge für die drei kleinen Kinder zehrten sichtlich an ihren Kräften. Eigentlich, so sagte sie, sei sie jetzt in den Osterferien sehr überfordert gewesen, da so viele Mädchen den ganzen Tag betreut werden müssten. Andererseits mache ihr die Aufgabe Spaß und sie bekomme ein positives Feedback von den Mädchen. Das motiviere sie zum Weitermachen.

Ich fragte, ob auch die erwachsenen Frauen in der Gemeinde organisiert seien, vielleicht ihre eigenen Treffen hätten, und sie bejahte dies. Jeden Freitag träfe sich eine Gruppe und bereite *lahmacun* zu, die dann in der Moschee verkauft würden. Sie lud mich ein, dabei zu sein, und ich sagte gerne zu.

Lahmacun zum Freitagsgebet

Bereits eine Woche später ging ich in die Moschee, um beim *lahmacun*-Backen mitzuhelfen. Es war Freitag. Im Treppenhaus spielten Kinder, und zwei ältere Mädchen saugten verstreute Chipskrümel auf. Die Frauen hatten sich im obersten Stockwerk unter dem Dach eingefunden. Zwei Räume waren als Küche ausgestattet mit Kühlschrank, Spülen, einer Knetmaschine und einem Gerät, um den Teig in eine dünne flache Form zu bringen. Zehn Frauen standen in Reih und Glied und bereiteten die türkischen Teigfladen zu. Sie kneteten, formten, bestrichen den Teig mit einer Mischung aus Hackfleisch, Kräutern und Gemüse, und eine schob die *lahmacun* in einen großen Pizzaofen. Jede hatte ihre Aufgabe, und alles ging routiniert vonstatten. Im Laufe des Vormittags wurden vierhundert *lahmacun* hergestellt und nach unten zu den Männern gebracht, die sie nach dem Gebet käuflich erwerben und nach Hause zu ihren Familien mitbringen sollten. Eine Serviceleistung der Moschee und eine willkommene Abwechslung für die Hausfrauen, meinte Bedia Demirel, doch auch die Berufstätigen machten mit. Fünf Frauengruppen gab es in der Moschee, und sie wechselten sich wochenweise ab. Als alle Arbeit getan war, wurden ein langer Tisch gedeckt und die Reste aufgetischt: Salat, Oliven, zwei Sorten *lahmacun*, Ofenkartoffeln und schwarzer Tee.

Beim Essen unterhielt ich mich mit den Frauen über Kinder und Schule, im Hinterkopf noch die Situation der Mädchen, die ich im Garten getroffen hatte. Viele der anwesenden Mütter klagten, dass ihre Kinder nicht wirklich mitkämen. In deutschen Schulen sei es üblich, dass Schüler Nachhilfe erhielten, meinte eine, doch türkische Eltern könnten dies nicht bezahlen. Auch das Bildungspaket[3] sei schwierig, meinte Bedia Demirel. Die Bürokratie stehe einer raschen Umsetzung im Wege, und die Frauen fühlten sich oft hilflos, da selbst dann, wenn sie alles richtig machten, unnötige Verzögerungen von Maßnahmen einträten und ihre Kinder nicht die schnelle Hilfe bekämen, die sie sich wünschten.

Allerdings schienen nicht alle Jugendlichen schlecht in der Schule abzuschneiden. Während die Frauen *lahmacun* zubereiteten, hatte sich in einem der Zimmer eine Gruppe älterer Mädchen versammelt, die einen Gegenentwurf zu den Jüngeren aus dem Garten darstellten. Fünf waren es insgesamt, alle zwischen 17 und 18 Jahre alt. Sie träfen sich jeden Freitag mit einer Studentin, erzählten sie, die ihnen mit Rat und Rat zur Seite stehe und sie bei ihren Koranstudien begleite. Es sei ihnen wichtig, etwas über die Propheten zu erfahren, meinten die Mädchen, als ich sie zum Grund ihres Treffens befragte. Sie besuchten ausnahmslos Gymnasien oder Fachoberschulen. Die Studentin hatte die Fächer Französisch und Philosophie belegt. Eine der Gymnasiastinnen wollte Medizin in Heidelberg studieren und danach Frauenärztin werden. Anders als die anderen Mädchen, die sich ihre Tücher nur lose um den Kopf geschlungen hatten, hatte sie ein fest sitzendes, kunstvoll arrangiertes Ensemble von Tüchern um Kopf, Hals und Nacken geschlungen. Ein halblanger Rock und ein hautenges Oberteil entsprachen dem Fashion-Islam, den ich aus Südostasien kannte. Sie sah sehr attraktiv aus, war selbstbewusst und stolz auf den Werdegang ihrer Familie. Ihr Vater sei mit 16 Jahren als einfacher Gastarbeiter aus der Türkei gekommen, erzählte sie, und in Deutschland erfolgreich beruflich aufgestiegen. Seine Kinder habe er immer ermutigt, sich zu bilden, und sie auch gefördert. Bei alldem sei auch die religiöse Erziehung nicht zu kurz gekommen: »Ich habe mit sieben Jahren angefangen, hierher zu kommen, meine Religion zu lernen, den Koran zu lernen, aber meine Eltern haben immer auch gesagt: ›Lerne deine Religion, vernachlässige aber nicht deine Schule.‹ Die wollten, dass ich meine Religion lerne, aber auch für die Schule lerne. Da muss ich meine Eltern loben, die standen immer hinter mir und haben gesagt: ›Du kannst beides auf einmal schaffen. Du kannst deine Religion ausüben, und du kannst gleichzeitig gut in der Schule sein. Vernachlässige nicht das eine oder das andere.‹ Das war ziemlich wichtig bei mir in der Familie.« So etwas erfreute auch die Frau des Imam. Bedia Demirel zitierte ein Sprichwort, dass man seine religiösen Pflichten so ernst nehmen solle, als werde man am nächsten Tag sterben, und seine weltlichen Pflichten so, als ob man alle Zeit der Welt habe. Sie sagte den Mädchen: »Egal, welchen Beruf ihr ausübt, die Hauptsache ist, dass ihr darin gut seid.«

Kino und Koranrezitationen

Mädchen gelten in islamischen Gemeinschaften allgemein als weniger kompliziert und, folgt man den Worten Zaher Sahins, auch als weniger gefährdet als Jungen. Da die Süleymaniye-Moschee so viel Wert darauf legte, auch den Jungen eine Alternative zu bieten und sie zu verantwortungsbewussten Mitgliedern der Gemeinschaft zu erziehen, war ich natürlich daran interessiert, mit Jungen zu sprechen. Die Vorstandsmitglieder gingen gerne auf meinen

Wunsch ein, und so hatten mein Mitarbeiter Oliver Bertrand und ich am 18. Februar 2012 zum ersten Mal die Gelegenheit, mit einer großen Gruppe ins Gespräch zu kommen. 27 männliche Jugendliche zwischen zwölf und 17 Jahren hatten sich bereit erklärt, uns in Anwesenheit des Imam und des Vorstandsvorsitzenden etwas über sich zu erzählen. Bevor wir begannen, begaben sich einige der Jungen mit dem Imam in die Küche, um Tee zuzubereiten, der anschließend an alle ausgeschenkt wurde. Als alle ihr Glas in der Hand hielten, konnten wir beginnen. Ich stellte unser Forschungsprojekt vor und die Jungen sich selbst. Jeden Samstag, so hörten wir, träfen sie sich in der Moschee. Dabei gebe es eine Unterteilung in sechs Kleingruppen, die jeweils von einem älteren Jugendlichen betreut würden. Die jugendlichen Betreuer waren stolz auf ihre Aufgabe und sahen sich selbst als Vorbilder für die Kleineren. Es gab auch noch eine Kindergruppe, die sich aus dem Koranunterricht entwickelt hatte. Eine der Schwierigkeiten für die Jugendarbeit, so sagte man uns, liege in der Unterschiedlichkeit der Jugendlichen. »Wir sind verschiedene Völker«, meinte Zaher Sahin. »Es sind alles Türkischstämmige, aber aus allen möglichen Gegenden der Türkei.« Man habe die Unterschiede aber überwunden, beteuerten alle, und es spiele keine Rolle, ob jemand Türke sei oder Kurde, aus der Schwarzmeerregion komme oder aus Anatolien. Sie seien eine große Familie, auch ganz konkret in dem Sinne, dass einige Eltern selbst in der Moschee engagiert seien. Man besuche auch die Familien der Jugendlichen. Der Imam halte dann einen kleinen Vortrag, die Mutter koche, man esse zusammen und lerne sich besser kennen. Wie die Mädchen betonten auch die Jungen, dass die Moschee ein Ort für die ganze Familie sei und dass sie selbst seit frühester Kindheit ihre Zeit hier verbrachten. Auf meine Frage, ob sie sich als besonders fromm empfänden oder die Moschee eher als sozialen Raum schätzten, antworteten sie zunächst mit dem Verweis auf ihre Familiengeschichte. Sie seien eben seit ihrer Kindheit hier, und der Moscheebesuch gehöre zu ihrem Leben.

Die Aktivitäten in der Moschee, von denen uns berichtet wurde, sind zuerst religiöser Natur: Koranunterricht, Rezitationen des Koran auf Arabisch, das richtige Beten, die rituellen Waschungen und vieles mehr. Diejenigen, die begabt waren, durften sogar selbst öffentliche Gebete sprechen. Darüber hinaus verbrachten die Jugendlichen einen Teil ihrer Freizeit miteinander, gingen ins Kino und spielten zusammen Fußball. Eine Besonderheit war die angeleitete Sorge um andere. Man machte Krankenbesuche bei Kindern, die zur Gemeinde gehörten, oder betete gemeinsam für sie. Auf Nachfrage betonten alle Jugendlichen, dass sie in der Moschee islamische Werte lernten, die ihnen im alltäglichen Leben nützlich seien. Unter diesen Werten spielte der Respekt vor Älteren eine besondere Rolle.

Da intensive Diskussionen in der Großgruppe nicht möglich waren, bat ich um einen zweiten Gesprächstermin mit einer ausgewählten Kleingruppe. Das Treffen fand am 15. Juli 2012 mit fünf Jugendlichen statt. Der Jüngste, Nedim, war 16 Jahre alt, besuchte eine Realschule und gab als Berufswunsch Bauingenieur an. Ferit, 17 Jahre alt, war ebenfalls Realschüler und wollte später Informatik studieren. Der 18-jährige Yasin und der 19-jährige Aslan besuchten eine Fachoberschule. Aslan wollte Maschinenbau studieren, Yasin das Abitur nachholen und Grundschullehrer werden. Emre, 18 Jahre alt, ging in die 13. Klasse eines Gymnasiums. Er interessierte sich für Chemie und Physik und konnte sich ein naturwissenschaftliches Studium vorstellen. Alle Jungen hatten die türkische Staatsangehörigkeit. Ich griff die Frage nach der Bedeutung der Religion erneut auf, auch angesichts des Umstandes, dass die deutsche Gesellschaft weitgehend säkularisiert ist. Emre meinte dazu: »Generell ist es so, dass die meisten, nicht nur Deutsche, sondern insgesamt auch andere Nationen, sich von der Religion fernhalten. Viele entfernen sich von der Religion, wollen nichts mehr damit zu tun haben.« Aslan ergänzte: »Also, bei mir ist es so, ich kann mir nicht vorstellen ohne Religion. Das geht nicht. Ich bin jetzt so intensiv verbunden, das ich jetzt meine Religion gar nicht weglassen kann. Also, die Leute, ich muss es auch akzeptieren, wie mein Freund gesagt hat, es gibt voll viel Atheisten und Nichtgläubige, und ich sehe auch voll viele Türken, die gar nicht mit der Religion Kontakt haben, obwohl sie sagen: ›Ich bin Muslim.‹ Also bei mir ist es so intensiv, ich bin jetzt seit Jahren hier, also ich kann diese Moschee nicht verlassen.« Nedim hatte andere Erfahrungen als Emre und Aslan. Er sei nicht kontinuierlich seit seiner Kindheit in der Moschee gewesen, habe sich durch »schlechte Freunde« beeinflussen lassen, nicht mehr zu kommen. Was denn schlechte Freunde seien, wollte ich wissen. »Die sich nicht für die Religion interessieren«, antwortete er. »Die gesagt haben, lass lieber in die Stadt gehen als in der Moschee zu sitzen.« Und was sie in der Stadt gemacht hätten, fragte ich.

»Chillen. Zeitvertreib, also sinnloser Zeitvertreib.«

»Was hat dich überzeugt, wieder in die Moschee zu gehen?«

»Danach, nach 'ner Zeit hab ich gemerkt, so geht's nicht, es wird immer schlimmer.«

»Was wurde denn immer schlimmer?«

»Also, dass man irgendwie Sachen anfängt zu machen. Die haben jetzt geraucht. Wenn ich nachts im Bett liege, habe ich gemerkt: ›Was mach ich da?‹«

»Ist dein Elternhaus sehr religiös?«

»Das kam von mir selbst. Meine Eltern sind ja nicht so religiös. Also, die sind religiös, aber nicht so, dass die mich dazu bringen, von den Sachen entfernt zu sein. Ich bin selbst darauf gekommen. Hab mal die Moschee besucht, dann hab ich die gesehen. In den nächsten Tagen hat mich ein Junge aus der Moschee angerufen: ›Du kannst hier vorbeikommen. Wir haben hier 'ne Jugendgruppe.‹ Dann hab ich mitgemacht, hat mir Spaß gemacht. Haben wir Nummern ausgetauscht, hat er mich angerufen: ›Ja, wir gehen jetzt Fußball spielen. Wir haben jetzt hier 'ne Veranstaltung. Kannst mitmachen.‹ Wir hatten hier Freundschaftsfest gehabt, in der Kirchgasse. Da hab ich auch mitgeholfen. Hat auch sehr viel Spaß gemacht.«

»Schlechte Freunde« oder generell Jugendliche, von denen man sich abzugrenzen suchte, waren ein großes Thema in unserer Runde. Aslan sagte: »Die Leute, die Generation, die werden immer schlimmer. Die denken nicht mehr an Religion. Also, ich hab immer schon versucht, ich hab nicht gesagt: ›Du musst kommen‹ oder so, sondern ich hab gesagt: ›Wir können ja gemeinsam dahin gehen, beten oder so‹, aber das interessiert viele Leute nicht mehr.« Alle stimmten zu. Viele muslimische Klassenkameraden würden den Islam nicht mehr ernst nehmen oder ihn auf wenige formale Aktivitäten wie das Fasten im Ramadan oder das Freitagsgebet reduzieren. Fünfmal am Tag würde fast niemand beten, und der Moscheebesuch außerhalb des Freitagsgebetes sei ebenfalls selten. Obwohl ihnen die täglichen Gebete wichtig waren, verlangte keiner der Jungen Freistellungen vom Unterricht oder die Einrichtung eines Gebetsraumes in der Schule. Ferit wies darauf hin, dass man auch in der Türkei kein Recht habe, während der Schulzeit zu beten, und Aslan meinte: »Meiner Meinung nach sollte das in der Schule nicht sein. Ich hatte immer Schule bis ein Uhr, dann bin ich immer nach Hause gegangen und hab dort auch mein Gebet verrichtet.«

Die Moscheegemeinschaft stellte für alle Jugendlichen eine Alternative zu der stark säkularisierten Außenwelt dar. Sie waren entschlossen, diesen Teil ihrer Wirklichkeit zu stärken und auszubauen, und nahmen deshalb auch Angebote der Stadt wahr, um Kompetenzen als Jugendleiter zu erwerben. Ein muslimisches Jugendzentrum, wie es teilweise von Mitgliedern der arabischen Tauhid-Moschee gefordert wurde, lehnten sie ab. Emre befürchtete Streitigkeiten wegen möglicher Führungspersonen: »Das Problem wäre jetzt, einen Leiter zu finden. Die eine Moschee wird sagen: ›Ihr könnt von uns da eine Person als Leiter hinschicken‹, die anderen sagen: ›Nein, ich will von meiner Moschee einen Leiter.‹ Ich weiß nicht, ich kann da nicht unbedingt sagen, das wär jetzt schlecht, aber ...« Aslan hatte Bedenken wegen unterschiedlicher Ausrichtungen der Moscheen: »Ich denke jetzt so, dass voll viele von denen auch radikal (sind). Deswegen, ich würd jetzt nicht so was machen. Wir wollen eher unser Jugendzentrum haben.« »Euer Jugendzentrum hier in der Moschee?«, fragte ich. Aslan: »Ganz genau. Unter uns, weil, wenn wir jetzt mit denen in Kontakt kommen, denken die anders als wir, dann gibt's wieder auch Streitereien. Deswegen, also, die sind zu radikal.« Jetzt schaltete sich Abdül Akpinar ein, der Pressesprecher des Vereins, der zusammen mit dem Imam während des Gesprächs anwesend war: »Ich versteh das gar nicht. Jede Moschee hat ja ihre eigenen Jugendaktivitäten. Ganz speziell. Und dann so' n muslimisches Jugendzentrum – ich versteh nicht den Sinn und Zweck dabei.«

Über Mädchen nachdenken

Kulturelle und religiöse Besonderheiten spielten für Akpinar und die Jungen vor allem in Bezug auf die Familie oder die Verhältnisse der Geschlechter eine Rolle. »Wenn du eine Frau heiratest«, meinte Akpinar, »begrenz das nicht nur auf dich und auf deine zukünftige Frau. Du musst auch die Familie in Betracht ziehen, weil, die Familien spielen auch eine große Rolle. Du musst auch mitberücksichtigen: Kommt ihre Familie mit dir klar und kommt sie mit deiner Familie klar, und kommen die Familien miteinander klar? Man sagt ja, eigentlich sollte man nur einmal im Leben heiraten, und wenn man da schon den Grundstein legt, soll es auch ein stabiles Fundament sein.« Ob das immer heißen muss, dass innerhalb der eigenen Gruppe geheiratet werden sollte, fragte ich. Die Jugendlichen waren unterschiedlicher Meinung. Aslan meinte: »Für mich ist natürlich wichtig, dass meine Frau meine gleiche Nationalität und meine gleiche Religion hat. Aber es kann auch sein, dass ich eine Deutsche heirate. Mein Ziel ist, 'ne muslimische Frau zu haben, aber wenn ich mich in 'ne Deutsche verliebe, dann kann ich auch nichts dafür. Dann muss es halt so laufen.« Emre sah das anders. »Wenn man ein Mädchen liebt, das eine andere Nationalität, eine andere Kultur hat, wenn man zum Beispiel dann zusammenkommt und heiratet – schon da fängt's alleine an, die Hochzeit. Die haben andere Kultur und wir haben andere Kultur. Sie machen die Hochzeit so, wir machen die Hochzeit so. Und dann das Zusammenleben. Das Essen ist anders, das Leben ist anders, also, das Zusammenleben ist anders. Darum, mein Vater meint es, viele Väter meinen es, heirate lieber eine Türkin, eine muslimische Türkin, die die gleiche Kultur hat, die die gleiche Religion hat, die dann weiß, wie man zusammenleben kann. Dass die Frau dann Essen macht, das, was typisch für Türken ist. Als Beispiel jetzt.«

Ich fragte: »Das heißt aber, dass ihr zu Hause auch nur türkisch esst.«
Aslan: »Zwischendurch bestellt man auch 'ne Pizza.«
Emre: »Ich mein jetzt auch mit der Kleidung, alles Mögliche.«
Aslan: »Ich will noch was sagen. Das ist jetzt in der Türkei so: Im Osten haben die eine andere Kultur und im Westen in der Türkei. Und viele sehen das auch so, dass nicht einer vom Osten mit einer vom Westen heiratet. Voll viele wollen das nicht, weil da die Kultur wirklich sehr unterschiedlich ist.«
Ich fragte auch die anderen: »Wie sieht das bei euch aus? Soll das Mädchen die gleiche Nationalität haben?«
Nedim: »Also, bei mir, soll die gleiche Nationalität haben und soll vom Süden kommen, aus Ankara. Das wär mich auch wichtig. Dann haben wir die gleiche Kultur, den gleichen Akzent.«
Weiter zu den anderen: »Wie sieht es bei euch aus?«
Yasin: »Ja, gleiche Kultur, gleiche Religion. Ich will ja auch meine Mutter glücklich machen.«
Ferit: »Ja, bei mir ist eigentlich egal. Ich weiß ja nicht, in wen ich mich verliebe. Ob die Christin ist oder Muslim oder deutsch, Türkin, was weiß ich.«

Obgleich alle der Meinung waren, dass eine muslimische Türkin, möglicherweise auch aus der gleichen Region, die Ehefrau der Wahl wäre, ließen einige von ihnen offen, ob nicht alles anders kommen könne als erwartet. Die Jungen nutzten Facebook, um eine Freundin zu finden, und dabei entstand ein Raum für die Partnerinnensuche jenseits der Grenzen der eigenen kleinen Gemeinschaft. Dass bei allen möglichen Öffnungen Unterschiede zwischen Mädchen und Jungen gemacht werden und die Handlungsspielräume der Jungen weitaus größer sind, bestätigten alle.

Ferit: »Also, es ist so in türkischen Familien, dass die Mädchen halt strenger erzogen werden. Dass die nachts nicht rausdürfen oder so. Bei Jungs ist es halt ruhiger so. So geht man zur Sache, wenn man mal später nach Hause kommt, sagt man ja: ›Es ist nicht so schlimm‹, aber wenn mal ein Mädchen später nach Hause kommt, dann ist halt 'ne andere Sache.«
Ich frage: »Ist es okay, dass Mädchen strenger erzogen werden?«
Emre: »Ich finde es okay, was Ferit gesagt hat. Was soll ein Mädchen um neun Uhr nachts, also abends, rausgehen, und was soll die da tun?«
Aslan: »Was soll ein Junge tun? Also, ich bin völlig dagegen, dass Jungs und Mädels ...«
Emre: »Bei Frauen ist es aber eher, ich sag mal: gefährlicher, wenn irgendjemand sie angreifen will. Sie könnte sich nicht wehren. Außer sie kann Kampfsport machen oder so. Was, wenn sie jetzt alleine rausgeht? Da hat die Mutter natürlich jeden Grund, sich Sorgen zu machen. Bei den Jungs ist es eher so – okay, also, ein Junge sollte jetzt auch nicht um neun Uhr nachts rausgehen, oder abends, was weiß ich. Warum sollte er überhaupt rausgehen? Aber bei den Frauen ist es halt eher dieser Punkt, dass sie verletzlicher ist, also, dass sie angegriffen werden könnte oder dass ihr was zustoßen könnte.«
Aslan: »Mit dieser Sicht – eigentlich hat er Recht. Eigentlich sollten, also, bis zehn Uhr ist noch okay. Aber es gibt manche, die übertreiben bis morgens, bis frühmorgens.«
Yasin: »Okay, man sollte es nicht übertreiben, aber der Junge sollte nicht mehr bevorzugt werden als das Mädchen. Es sind ja beides Kinder, es sind ja beides Jugendliche, und jeder kann mal 'nen Fehler machen.« Dann, nach kurzem Nachdenken: »Ich find, Mädchen sollten nicht so spät rausgehen und etwas früher zu Hause sein. Also, wenn ich persönlich ein Kind hätte, ich würde meine Tochter strenger erziehen.«
Aslan: »Also, egal ob ich 'nen Sohn oder 'ne Tochter habe, also ich würd sie gleich erziehen. Ich würd sie nicht so lange rauslassen, beide nicht. Also, ich seh schon, also zum Beispiel im Ramadan, wir beten da nachts und danach laufe ich nach Hause und da sehe ich, was für Jugendliche es heutzutage gibt. Und deswegen werd ich versuchen, meine Kinder strenger zu

erziehen, also, dass sie nicht nachts bis elf oder zwölf draußen bleiben und trinken, rauchen, so was würd ich nicht wollen.«

Ferit: »Und es stimmt ja auch: Wenn man den Jungen nicht so streng erzieht, dann gibt's ja auch mehr Jungs auf den Straßen, die den Mädchen was Schlimmes wollen. Wenn man die Jungs streng erzieht, dann gibt's ja auch nicht mehr solche Leute auf den Straßen.«

Während die Jungen in Fragen der geschlechtsspezifischen Erziehung oder der Rechte von Jungen und Mädchen eher traditionelle Positionen vertraten, befürworten sie in Bezug auf die Berufstätigkeit von Frauen ganz eindeutig eine moderne Geschlechterkonzeption.

Aslan: »Ich seh das so, dass meine Frau auch einen Beruf haben sollte. Wenn ich jetzt 1.500 Euro verdienen würde – das würde ja für eine Familie gar nicht ausreichen. Dann denk ich, wenn meine Frau 1.500 Euro und ich 1.500 Euro verdienen würde, macht das 3.000 Euro. Dann würden wir damit besser klarkommen. Also, 'ne Frau sollte auch eher arbeiten. Das ist 'nen Vorteil für die Familie.«

Emre: »Ich hab eher das Argument, dass Frauen gar nicht in die Schule gehen sollen. Warum gehen die dann in die Schule, wenn die nicht arbeiten? Bildung für umsonst oder wie? Dann geht man bis in die zehnte Klasse. Danach hat man nichts. Man heiratet und bleibt dann zu Hause.«

Ferit: »Also, die meisten türkischen Männer, die denken so zurückgeblieben. Wenn die ins Krankenhaus gehen, dann wollen die 'ne türkische Ärztin für die Frau; aber wenn die Frau nicht arbeiten soll, wie sollen die dann 'ne türkische Ärztin finden?«

Yasin: »Also, die soll natürlich arbeiten und auch Geld nach Hause bringen.«

Nedim: »Ich bin auch nicht dagegen, dass Frauen arbeiten.«

Akpinar betonte, dass Frauen auch in traditionellen türkischen Familien mehr zu sagen hätten, als man gemeinhin erwartet: »Bei uns, also bei den Türken ist es so ... Wenn sich ein Mann ein Auto kaufen will, traut der sich keinen Kaufvertrag zu unterschreiben, bevor die Frau die Farbe und das Modell nicht abgesegnet hat. Ist wirklich so, ich kann das selber bestätigen, ich mach sehr oft Finanzierungen. Ich bin Banker. Oder egal, was auch immer, wenn man umzieht oder ein Haus baut oder, keine Ahnung, Möbel kauft, die Frau hat das letzte Wort. Draußen sieht's vielleicht nicht so aus. Weil ich vielleicht nicht gleich zeigen will, dass die Frau die Zügel hält, aber es ist so, 90 Prozent. Klar gibt es Ausnahmen, aber 90 Prozent ist so, und die Mutter spielt halt in der Familie 'ne ganz große Rolle, weil, sie verbringt ja mehr Zeit mit den Kindern, vor allem, wenn der Vater arbeitet, dann ist die Mutter so'n Vertrauenshafen. Wenn man mal was hat, dann ist man bei der Mutter. Man hat auch so die Einstellung: ›Die Mama würde nie was Schlechtes für mich wollen.‹«

Yusuf, der Erfolgreiche

Yusuf begegnete mir in Lauf meiner Forschung immer wieder. Smart, rhetorisch beschlagen und stets gut gekleidet war er das perfekte Beispiel eines türkischen Muslims, der seinen Platz in der deutschen Gesellschaft gefunden hat, ohne seine kulturellen Wurzeln zu verlieren. Er hatte eine erfolgreiche Karriere absolviert und war mit seinem Leben zufrieden. Die Zukunft sah er optimistisch. Türken spielten seiner Meinung nach für nachkommende Migranten eine wichtige Rolle, da sie diejenigen seien, die zwischen der deutschen Kultur und den Neuankömmlingen vermitteln könnten. Sie seien diejenigen, die sich auskennen, die aber dennoch wüssten, dass Ankommen und Integration erlernt werden müssen. Er war nicht nur in der Süleymaniye-Moschee aktiv, sondern auch im Ausländerbeirat und auf unzähligen Veranstaltungen, die irgendetwas mit dem Thema »Integration« zu tun hatten. Integration sei allerdings kein Begriff, den er sonderlich schätze, genauso wenig wie den Inhalt, der damit transportiert werde, und die vielen Programme, die mit staatlichen Geldern finanziert würden. »Integrationsindustrie« nannte er den Komplex, der seiner Meinung nach hauptsächlich damit befasst ist, sich selbst zu generieren, Probleme neu zu erfinden, die längst gelöst sind, und so eine Stufe der Geschichte zu konservieren, die man schon lange überwunden hat. Heute gebe es andere Probleme, man müsse sich mit Europa auseinandersetzen und nicht mehr nur mit einem Nationalstaat, dessen Gesellschaft nicht mehr den schlichten Vorstellungen der 1950er Jahre entspräche. Heute seien nicht mehr die Türken die Neuankömmlinge, sondern Menschen aus Südosteuropa, die von Türken »an die Hand genommen« würden. Die Welt sei in Bewegung, und das gefiel ihm sichtlich.

Yusuf selbst bezeichnete sich als jemand, der nicht gerne stehen bleibt, offen für Neues ist und auch das Risiko nicht scheut. An seiner Geschichte wird deutlich, dass diese Selbsteinschätzung nicht übertrieben ist.

Sein Vater sei in den 1960er Jahren nach Deutschland gekommen, erzählte er mir, zunächst nach München, dann ins Saarland und irgendwann in den Siebzigerjahren schließlich nach Wiesbaden, wo er Arbeit bei der Chemischen Fabrik Kalle & Co fand. Zwei Brüder kamen ebenfalls nach Wiesbaden. Einer erhielt eine Anstellung bei Opel in Rüsselsheim, der andere ging ebenfalls zu Kalle. Niemand habe in dieser Zeit daran gedacht, für immer nach Deutschland zu gehen, »man kam nur, um etwas zu sparen«, meinte Yusuf. »Der eine wollte sein Dach reparieren, der andere wollte Ackerland kaufen, der nächste hat sich gedacht: ›Wir haben so viel Ackerland, wir brauchen einen Traktor.‹« So hätten sie sich aufgemacht in ein Land, von dem sie gar nichts wussten. Es habe ja in dem meisten Haushalten kein Fernsehen gegeben, und das Internet war noch nicht erfunden. Viele der Gastarbeiter hätten vorher nie eine richtige Großstadt gesehen und seien nur während des Militärdienstes aus den Dörfern herausgekommen. »Das erste, was mein Vater gemacht hat, war, Geld für einen Traktor zu sparen«, erzählte Yusuf. Auf dem Dotzheimer Bahnhof[a] hatten sie das Fahrzeug dann auf den Zug geladen und in die Türkei transportiert. Der jüngere Bruder des Vaters habe mit diesem Traktor die Felder bearbeitet, und er sei der einzige in der ganzen Region gewesen, der ein so modernes Gerät hatte.

Aus dem als temporär konzipierten Aufenthalt in der Fremde sei dann jedoch unbemerkt ein dauerhafter geworden. 1976 heiratete der Vater. Seine Frau stammte wie er selbst aus der Region Ucak zwischen Ankara und Izmir. Dass er sie nach Wiesbaden holte, war vielen Männern aus der türkischen Community damals noch suspekt. »Wenn jemand seine Familie holte, haben die anderen gesagt: ›Was ist denn das für einer?‹ Das kam halt komisch rüber.« Man hätte zusammen in Arbeiterheimen gelebt, teilweise in Baracken, und deshalb sei es undenkbar gewesen, seine Familie zu holen.

Yusuf wurde 1979 als zweitältester Sohn geboren; zwei jüngere Schwestern folgten. Die Familie wohnte in einer nur 40 Quadratmeter großen Wohnung in der Mitte der Stadt, bis Yusuf 17 Jahre alt wurde. Zusammen mit seinem Bruder habe er in einem Doppelbett geschlafen – die Mädchen hatten ein eigenes Zimmer. »Morgens«, erinnerte er sich, »konnte ich nicht aus meinem Bett heraus, bevor mein Bruder nicht fertig und aus dem Zimmer heraus war.

So eng war das.« Er selbst habe als erwachsener Mann in Biebrich ein Haus gebaut, und sein eigener Sohn habe ein Kinderzimmer von 36 Quadratmetern. »Überlegen Sie mal«, schmunzelte er, »was für Unterschiede!« Dennoch sei in seiner Kindheit alles schön und harmonisch gewesen und er erinnere sich gerne zurück. Auch an kleine Begebenheiten. »Wir haben morgens gerne auf dem Ofen unser Brot getoastet. Immer wenn wir uns daran erinnern und mit unseren Geschwistern darüber sprechen, haben immer alle so'n Lächeln im Gesicht. Weil es einfach schön war. Obwohl, wenn man heute mit Jugendlichen darüber spricht, denkt man: ›Das war unvorstellbar.‹« Man habe auch ständig Besuch gehabt, und es sei immer viel los gewesen.

Die ersten Schuljahre habe er auf der Jahnschule[5] verbracht und dort trotz sprachlicher Schwierigkeiten gute Noten erhalten. Er bekam eine Gymnasialempfehlung und begann die fünfte Klasse auf dem Gutenberggymnasium. Da sah die Welt allerdings ganz anders aus, als er es gewohnt war. Es habe nur vier Schüler mit türkischem Hintergrund gegeben, und einige deutsche Schüler hätten sich über seinen Namen lustig gemacht. Er habe »zu kämpfen« gehabt. Dazu kam, dass er mit zwei Welten Kontakt hatte, die keine Berührung miteinander hatten. Die eine Welt war die der deutschen Klassenkameraden, deren Eltern Ärzte, Anwälte und Unternehmer gewesen seien. Wenn er am Wochenende etwas mit diesen Freunden unternahm, sah er auf der einen Seite »Riesenhäuser mit Swimmingpool, Sauna, Partyraum, Billardraum, und dann unsere kleine Wohnung …« Zeitweise hatte er engen Anschluss an diese Kreise, lernte zusammen mit einigen Mädchen und verbesserte seine Note in Mathematik. Doch er gehörte nicht wirklich dazu. In der anderen Welt war er mit türkischen Hauptschülern zusammen, die auf der Straße und auf Spielplätzen herumhingen und die Schule schwänzten: »Als Dreizehnjähriger war es cooler, mit den Jungs abzuhängen, als in die Schule zu gehen.« Seine Eltern bekamen erst etwas von dieser Entwicklung mit, als es schon zu spät war. In der siebten Klasse verließ er die Schule, weil er diese Klasse zweimal ohne Erfolg wiederholt hatte. Er kam auf die Heinrich-von-Kleist-Schule, eine Hauptschule, auf der viele Kinder mit Migrationshintergrund waren. »Dort musste man sich beweisen, bis man akzeptiert wurde. Die ersten Tage wurde man angetestet, ob man einer ist, der Angst hat oder nicht.« Er habe sich gut eingefunden, sei aber dennoch ohne Hauptschulabschluss abgegangen. Er habe viel »Mist gebaut, dumme leichtsinnige Sachen«, und sich dabei oft schlecht gefühlt, er habe ein schlechtes Gewissen gehabt. Die Süleymaniye-

Moschee sei ihm in dieser schwierigen Zeit eine große Stütze gewesen. Am Wochenende und in den Schulferien sei er von seinen Eltern dorthin geschickt worden. Als Jugendlicher sei er oft nur widerstrebend gegangen und habe versucht, sich zu drücken, doch sein Vater habe seine Ausreden nicht akzeptiert. Wenn er heute zurückblicke, resümierte er, werde ihm jetzt klar, wie wichtig diese Besuche waren. Dort seien ihm zentrale Werte vermittelt werden, an die er auch heute glaube. Respekt gegenüber Älteren zum Beispiel.

Den Hauptschulabschluss habe er anschließend nachgeholt. Höhere Bildung sei innerhalb der türkischen Community kein Thema gewesen. Die Messlatte für Erfolg sei ein Ausbildungsplatz bei Kalle oder einem anderen Unternehmen gewesen, und alle waren zufrieden, als er eine Ausbildung zum Konstruktionsmechaniker begann. Nach einem schweren Autounfall mit dreizehn Knochenbrüchen entschied er sich, in diesem Beruf nicht zu arbeiten. Einen Job als Staplerfahrer, der ihm angeboten wurde, lehnte er ab, wurde dafür aber von den Eltern kritisiert. Große Firmen wie Kalle boten Sicherheit, und Väter waren stolz, wenn ihre Söhne dort arbeiten konnten. Dass man so etwas ausschlug, war nicht verständlich. Er arbeitete danach einige Zeit als freiberuflicher Immobilienmakler und im Anschluss zwölf Jahre als Berater bei mehreren Banken. Bei der Bank habe er dann »eine stabile Basis gefunden«, seine Frau kennengelernt, geheiratet, und dann habe sich sein Leben »um 180 Grad gewendet«. Fünf Jahre später kam das erste Kind, ein Sohn, zur Welt, und im Jahr 2013 eine Tochter.

Sein Engagement in der Moschee begann um 2009. Ein neuer Vorstand versuchte, neue Wege zu gehen, und er war mit dabei. »Unsere Eltern, die erste Generation, waren der deutschen Sprache nicht mächtig, die waren eher scheu und hatten Angst, mit Behörden in Berührung zu kommen. Wir als gebürtige Wiesbadener hatten eine ganz andere Denke. So fing das dann an, dass wir uns zusammengesetzt haben und gesagt haben: ›Wir müssen uns langsam öffnen, aktiver werden.‹« Man habe zunächst nicht verstanden, warum man die Integrationsvereinbarung unterschreiben sollte, da »alles, was dort drinstand, schon in der Gemeinde gemacht wurde«, sich dann aber doch dazu entschieden, mitzumachen. Seit dieser Zeit ist die Süleymaniye-Moschee ein aktiver und geschätzter Teil der Wiesbadener Stadtgesellschaft. Yusuf selbst ist geradezu ein Symbol dieser Aktivität und engagiert sich sogar in Institutionen, die er für überholt hält. Im Ausländerbeirat zum Beispiel, der darum kämpft, von seiner eigenen Klientel überhaupt wahrgenommen zu werden. Nicht einmal zehn Prozent aller in Wiesbaden lebenden Ausländer gehen zur Wahl, und die Legitimationsgrundlage des Beirates schwindet zusehends. Als er in der Moschee bei den Jugendlichen darum warb, sich zu engagieren und eventuell zu kandidieren, entgegneten diese, dass sie in eine Partei eintreten würden, wenn sie politisch Einfluss nehmen wollten. Das sieht Yusuf eigentlich ebenso, glaubt aber, dass es in den Parteien noch Vorbehalte gegen Migranten gebe. Da ihm familiäre und religiöse Werte wichtig sind, fühle er sich prinzipiell zur CDU hingezogen, antwortete er auf meine Nachfrage, doch hier müssten vermutlich noch einige Jahre vergehen, bis sich die Partei für Menschen wie ihn öffnen würde. An Betätigungsfeldern mangelt es ihm auch ohne weitere Aufgaben nicht. Beruflich hatte er sich bei unserem letzten Gespräch im März 2014 gerade verändert und war wieder einmal zu neuen Ufern aufgebrochen, dieses Mal als freier Berater in die Selbständigkeit. Wenn es um Fragen der Integration geht, holt man ihn gerne ins Boot, und auch der Moschee wird er weiterhin treu bleiben. Seine Vision für die Zukunft wäre, dass man sich Gedanken macht um die Stadt im Jahr 2020, und zwar nicht unter dem Aspekt der Integration. Es gebe schließlich wichtigere Themen.

2. Mitgliederstark und dennoch am Rande: DITIB

Die Wiesbadener Lokalgruppe der türkischen Gemeinschaft DITIB weist einige Besonderheiten auf. Ihre Moschee liegt in einem alten Gewerbegebiet und ist von außen gesehen ein unscheinbares Wohnhaus, das der Bedeutung der Gemeinde kaum angemessen erscheint. Verblüffend ist auch, dass sie nicht in der Arbeitsgemeinschaft Muslimischer Gemeinden Wiesbadens vertreten ist, der fast alle Gemeinden angehören.

Muslimischer Verband zwischen der Türkei und Deutschland

Die Türkisch-Islamische Anstalt für Religion e.V., besser bekannt unter dem Akronym DITIB, das für die türkische Bezeichnung Diyanet İşleri Türk İslam Birliği steht, unterhält ca. 900 Gemeinden in Deutschland und ist der mitgliederstärkste muslimische Verband. Rechtlich und wirtschaftlich sind die Ortsgemeinden selbstständig, organisatorisch jedoch an den Dachverband, der 1984 in Köln gegründet wurde, sowie an das türkische Religionsministerium in Ankara gebunden.[6] In Köln-Ehrenfeld befindet sich die Zentralmoschee des Verbandes, ein repräsentativer Bau mit einer gläsernen Kuppel, der vom Architekten Paul Böhm konzipiert wurde. Um den Bau der Moschee hatte sich in Köln eine Kontroverse entzündet, da die Bevölkerung dem Vorhaben gegenüber gespalten war.[7] Auch unter öffentlichen Intellektuellen war man sich nicht einig. Während der Schriftsteller Ralph Giordano den Bau ablehnte, befürwortete der Politikwissenschaftler Claus Leggewie das Großprojekt. Die antimuslimische Gruppe Pro Köln organisierte sogar eine Unterschriftenkampagne gegen das Vorhaben, scheiterte aber, da sich mehr als 7.000 Unterschriften als ungültig erwiesen.

DITIB vertritt eine konservative Islaminterpretation, lehnt neue Theologien wie die des Münsteraner Professors Khorchide ab und war federführend in der Mobbingkampagne gegen den allzu progressiven Professor beteiligt,[8] ist aber in einigen Punkten weniger rigide als arabische Muslime. In Bezug auf die Geschlechtertrennung heißt es beispielsweise auf der organisationseigenen Homepage: »Frauen und Männer können mit den Kindern zusammen in der Moschee ihre Gebete verrichten, sofern es keine separaten Gebetsräume gibt. Die Kinder können dabei zwischen den Männern und Frauen beten.«[9] Der Dachverband äußert sich auch zu aktuellen politischen Ereignissen wie etwa den Verfolgungen religiöser Minderheiten durch den IS im Irak. Am 11. August 2014 wurde folgende Pressemeldung herausgegeben: »Die Islamische Religion gestattet in keinem Fall, Menschen auf Grund ihrer Sprache, Religion oder Konfession zu töten, zu foltern oder anderweitig unmenschlich zu behandeln, oder aus ihrer Heimat zu vertreiben. [...] Seit Jahrhunderten leben die Muslime im Nordirak in Frieden mit ihren Nachbarn, den Religionsgemeinschaften der Yeziden und den Christen, die nun durch die ISIS unmenschlichen Angriffen, Verfolgung und nahezu einem Massenmord ausgesetzt sind. [...] Alle Muslime und die gesamte Menschheit sind gefordert, sich diesen unmenschlichen Übergriffen und Brutalitäten mit einer gemeinsamen, starken Stimme entgegen zu stellen. Die Öffentlichkeit darf nicht in eine Zuschauerrolle verfallen.«[10] Auf der Homepage bekennt sich DITIB zur freiheitlich-demokratischen Grundordnung und gibt an, »religiöse, wohltätige, kulturelle und sportliche Zwecke« zu verfolgen. Zu Weihnachten veröffentlicht der Bundesvorsitzende auf der Internetseite eine Grußbotschaft an die christlichen Nachbarn. DITIB bietet grundsätzlich ein allumfassendes Programm für Mitglieder aller Altersgruppen und speziell auch für Frauen an, hat sich die Förderung von Bildung und interreligiösem Dialog auf die Fahnen geschrieben, ist seelsorgerisch tätig und organisiert Wallfahrten. Die Imame werden in der Türkei ausgebildet, von der türkischen Regierung jeweils mit einem maximal vierjährigen Vertrag nach Deutschland entsendet und vom türkischen Religionsministerium bezahlt. In der Regel sind sie weder der deutschen Sprache mächtig noch mit der deutschen Kultur vertraut.

DITIB ist Teil vieler wichtiger Dialog-Einrichtungen des Bundes und der Länder und unterhält eigene Integrationsbeauftragte.[11] Seit 2009 bildet die Gemeinschaft Strukturen in den Bundesländern, um die Anerkennung als Körperschaften des öffentlichen Rechts zu beantragen und als Partner bei der Einführung des bekenntnisorientierten islamischen Religionsunterrichts in Schulen berücksichtigt zu werden.[12] In Hessen wurde DITIB neben der Ahmadiyya vom Kultusministerium als Partner anerkannt, beantragte in Wiesbaden aber keine Einführung islamischen Religionsunterrichts, obwohl in vielen Schulen Kinder ihrer Mitglieder angemeldet sind. Bei der Auftaktveranstaltung zur Einführung des bekenntnisorientierten islamischen Religionsunterrichts im Wiesbadener Rathaus hatte dies zu Irritationen aufseiten der Stadt und der Vertreter anderer muslimischer Gemeinden geführt.

Muslimische Großverbände wie DITIB haben den Vorteil, dass sie verlässliche Ansprechpartner anbieten und entscheidende Posten mit »Politprofis« besetzt werden. Durch die zentrale Steuerung des religiösen und politischen Profils, die regelmäßige Veröffentlichung von Statements zu aktuellen Ereignissen und die Bereitstellung von entsprechenden Bildungsmaterialien verhindern sie zudem eine mögliche Radikalisierung von Jugendlichen besser als kleinere und diffusere Organisationen, wenngleich es in der Vergangenheit in einigen Standorten auch zu Verbindungen zu Salafisten gekommen war.[13] Als Nachteil wird in der öffentlichen Wahrnehmung dagegen die Einflussnahme der Zentrale gesehen, wenn sie den Handlungsspielraum besonders progressiver Ortsgruppen beschneidet. Ein Beispiel dafür stellt die Neuköllner Sehitlik-Gemeinde dar, deren Vorstand sich im November 2014 bereit erklärte, mit Vertretern von Schwulen- und Lesbenverbänden in der Moschee über Islam und Homophobie zu diskutieren. Nachdem die türkische Presse von dem geplanten Treffen erfuhr, brach ein Sturm homophober Entrüstung los, und der Vorsteher sah sich gezwungen, die Veranstaltung abzusagen – ein Vorgang, der in den deutschen Medien ein entsprechendes Echo fand. Kritiker[14] sehen DITIB ohnehin als verlängerten Arm der türkischen Regierung

Eine Moscheegemeinde im Abseits?

Auch in Wiesbaden waren die DITIB-Ortsgruppe und ihr Verhältnis zur Zentrale Gegenstand öffentlicher Diskussionen. Die Ursache war die Weigerung der Gemeinde, eine vorgeschlagene Integrationsvereinbarung mit der Stadt zu unterzeichnen. Die Vereinbarung sollte Muslimen ermöglichen, städtische Unterstützung für ihre Anliegen zu erhalten, wenn sie bereit waren, sich auf einen Kanon staatsbürgerlicher Werte festzulegen.[15] Alle anderen Wiesbadener Gemeinden akzeptierten, DITIB jedoch nicht. Unter der Überschrift »Die Kölner Zentrale blockt ab« kommentierte der *Wiesbadener Kurier* am 19. Februar 2009 die Entscheidung. Der Tenor aller kommunalen Repräsentanten, die in dem Artikel zitiert wurden, ging in die gleiche Richtung. Einhellig war man der Ansicht, der Ortsverein sei von der Führungsebene in Köln gestoppt worden, weil diese fürchte, die Kontrolle zu verlieren. Von Fernsteuerung war die Rede und davon, dass die örtliche Vereinspolitik von Köln und Ankara bestimmt werde. Vertreter der lokalen Gemeinde sahen das anders. Sie hätten seitens der Kommune keine Zustimmung zu ihren eigenen Forderungen erhalten, sagten sie. Nach Angaben des damaligen Leiters des Einwohner- und Integrationsamtes wollten DITIB-Vertreter die Stadt verpflichten, Koranschulen und den Bau von Minaretten zu unterstützen, was diese jedoch ablehnte. Uns gegenüber erzählte der Wiesbadener DITIB-Vorstand dagegen, die Verhandlungen seien aufseiten der Stadt nicht mit der gebotenen Ernsthaftigkeit geführt worden. Auch andere eigene Ideen seien stets abgeschmettert worden. Man habe beispielsweise angeregt, dass der Oberbürgermeister den Muslimen anlässlich ihrer Feiertage in einer Wiesbadener Tageszeitung gratuliert und nicht nur eine Grußkarte schickt wie bisher, doch dies sei nicht in die Integrationsvereinbarung aufgenommen worden. Auch der Vorschlag, vor der Moschee eine eigene Bushaltestelle einzurichten, sei abgelehnt worden. Zu dieser Politik der Missachtung passe auch, dass sich die Stadt Projektideen von DITIB aneigne und sie als eigene verkaufe. »Mama lernt Deutsch« zum Beispiel oder »Imam lernt Deutsch« seien ursprünglich von DITIB initiiert worden. Kurz: Man fühle sich nicht ausreichend als

Muslime und als mitgliederstärkste muslimische Einrichtung gewürdigt und habe den Vertrag aus diesem Grund nicht unterzeichnet. Natürlich sei man jetzt gegenüber den anderen muslimischen Gemeinden benachteiligt, benötige die Stadt aber eigentlich nicht, um eigene Aktivitäten umzusetzen.

Ein bescheidenes Anwesen

Die Wiesbadener Gemeinde wurde 1979 gegründet und hat nach eigenen Angaben zweihundertfünfzig Mitglieder, einen siebenköpfigen Vorstand und verschiedene Ausschüsse, unter anderem einen Sportausschuss. Die aktiven Mitglieder, mit denen wir uns unterhielten, waren Männer, die mehrheitlich im südöstlichen Industriegebiet hart arbeiteten und sich dann in ihrer Freizeit der Moschee widmeten.

Diese war in einem schmucklosen Wohnhaus in der Holzstraße untergebracht, weit abgelegen am äußersten Rande des Hollerbornviertels. Eine eigene Bushaltestelle würde die Erreichbarkeit sicherlich verbessern, wenngleich ihre Nutzung vermutlich auf die Freitage, die Wochenenden sowie die verschiedenen muslimischen Feiertage beschränkt wäre. Dann – so wurde uns berichtet – platze die Moschee aus allen Nähten, und man müsste eigentlich nach einem größeren Anwesen Ausschau halten. Das Gebäude habe man für drei Millionen Mark gekauft und dann umgebaut, was noch einmal eine halbe Million gekostet habe. Hinten auf dem Moscheegelände sind ein Supermarkt, in dem Obst, Gemüse und türkische Lebensmittel erworben werden können, sowie eine Autowerkstatt. Alle anfallenden Kosten würden, so der Vorstand, aus Spenden sowie den Einnahmen aus der Vermietung der Gewerberäume bezahlt. Der Imam werde allerdings direkt von der türkischen Zentrale entlohnt. Man hatte sich viel Mühe gegeben, das Gebäude sowohl funktional als auch ein bisschen ansprechend zu gestalten. Im Erdgeschoss befinden sich ein sehr langer Eingangsbereich mit Schuhregalen, der Gebetsraum und das Vorstandsbüro. Im oberen Stockwerk liegen der Frauengebetsraum, die Unterrichtsräume und Spielräume für die Kinder. Der Gebetsraum der Männer ist mit einem schönen in Rottönen gehaltenen Teppichboden ausgelegt; es gibt eine mit Schnitzereien verzierte Kanzel und eine reich mit bunten Kacheln ausgestattete Gebetsnische, die in einen nachträglich gebauten Erker eingelassen ist. Der Frauengebetsraum ist erwartungsgemäß kleiner und bis auf den Teppich vollkommen schmucklos. Abgeschlossen im ersten Stock haben die Frauen auch keine Möglichkeit, am Geschehen im Männerbereich, in dem die Predigt gehalten und das Gebet angeleitet wird, zu partizipieren. Dennoch wird einiges für die Frauen getan. Die Gemeinde hatte eine Hodscha angestellt, eine Vorbeterin für die Frauen, die auch in die sozialen Aktivitäten der Moschee eingebunden ist. Sie wird vom Religionsministerium in Ankara entsandt, die Kosten für Unterkunft und Lebensunterhalt muss die Gemeinde jedoch selbst aufbringen. Wir hatten Gelegenheit, einige Worte mit der gerade scheidenden Dame zu wechseln, allerdings nur vermittelt durch die Übersetzung der anwesenden Männer, da sie kein Deutsch sprach. Unser Gespräch reduzierte sich daher auf den Austausch von Höflichkeitsfloskeln. Dieser Erstkontakt schien ein schlechtes Omen zu bedeuten, denn es sollte mir auch fürderhin nicht gelingen, Frauen zu finden, die des Deutschen mächtig und/oder bereit waren, sich mit mir zu unterhalten. Ich hatte mehrfach vergeblich versucht, Kontakte mit den Frauen aufzunehmen, doch dies gestaltete sich sehr mühselig. Als es schließlich gelang, einen Termin zu vereinbaren, saß ich mit der neuen Hodscha und einer jungen Ärztin im Frauenraum und erfuhr, dass man verlangte, ich müsse alle Fragen, die ich den Frauen zu stellen gedenke, zunächst in der Zentrale in Köln einreichen und genehmigen lassen. Auch alle Texte, die zur Veröffentlichung bestimmt seien, müssten wieder der Zentrale zur Kontrolle vorgelegt werden. Das war für mich nicht akzeptabel, und so blieb die Kommunikation mit Frauen, die in anderen Moscheen so viel Raum eingenommen hatte, im Falle DITIB vollständig aus.

Tanzgruppen, Gesprächskreise und Fußball

Solche Bedingungen stellten die Männer der Gemeinde offensichtlich nicht. Oliver Bertrand und ich konnten im Februar 2012 problemlos einen Termin mit ehemaligen und aktuellen Vorstandsmitgliedern vereinbaren, und die Herren setzten sich nach einer Führung durch alle Räumlichkeiten des Gebäudes mit uns an den Tisch, um über ihre Aktivitäten zu berichten und alle erdenklichen Fragen zu beantworten.

Welche Angebote es denn für speziell die Wiesbadener Gemeindemitglieder gebe, wollten wir wissen. Ein großer Teil sei religiöser Natur, erklärte man uns. Der Imam leite die Gebete, gebe am Wochenende Koranunterricht, und gelegentlich werde auch ein Vortrag gehalten. Dabei könne man auch auf Referenten außerhalb der Gemeinde zurückgreifen. So sei beispielsweise schon Aufklärung über Alkohol und Drogen angeboten oder die Polizei eingeladen worden, die über Karrieren für Muslime in ihren Reihen informierte. Der Imam gehe auf Anfrage auch ins Gefängnis, insbesondere in die nahe gelegene Jugendvollzugsanstalt, wenn dort seelischer Beistand gewünscht werde. Während des Ramadan habe man ein durchlaufendes Programm, engagiere sogar einen eigenen Koch, der täglich Gerichte für etwa zweihundert Personen zubereite. Viele Muslime kämen dann in die Moschee, um gemeinsam mit anderen das Fasten zu brechen, auch viele Bedürftige. Das Essen werde in der Küche des Vereinslokals im Keller des Gebäudes zubereitet, die Zutaten kämen aus dem angeschlossenen Supermarkt, die Finanzierung erfolge über Spenden. Freizeitangebote außerhalb festlicher Aktivitäten umfassten eine Folkloretanzgruppe und die obligatorischen Fußballspiele für Jungen, die in jeder Moscheegemeinschaft auf dem Programm stehen, aber auch Aerobic-Kurse für Mädchen und Frauen. Zusätzlich wurden Wettbewerbe im Koranlesen durchgeführt, zu denen man auch andere Moscheegemeinden einlud. Gelegentlich mache man auch Ausflüge, erzählten die Männer, zum Beispiel in den Frankfurter Zoo oder ins Taunus-Wunderland.

Die Hodscha biete Gesprächsrunden für Mädchen an, die gut angenommen würden. Jede bringe etwas mit, einen Kuchen oder Salat, und dann sitze man ungezwungen zusammen. Grundsätzlich schien mir die Jugendarbeit der DITIB-Gemeinde relativ locker zu sein. Man bot den üblichen religiösen Unterricht, aber auch viele normale Freizeitaktivitäten an.

Jugend zwischen frommer Selbstinszenierung und traditionellem Pragmatismus

Oliver Bertrand hatte die Möglichkeit, mit vier Jugendlichen bzw. jungen Erwachsenen der Gemeinde über den Islam, die Moschee und ihr Leben als Muslime in Deutschland zu sprechen. Einer von ihnen war ein 16-jähriger Realschüler, ein anderer, 17-jährig, ging aufs Gymnasium. Eine junge Frau, 19 Jahre alt, studierte Architektur und eine andere, bereits 27, hatte das Studium abgeschlossen und arbeitete als Akademikerin.[16] Alle waren über ihre Familien in die Moschee eingebunden. Das Gemeindeleben war gewissermaßen eine Fortsetzung des Familienlebens, das ebenfalls eine große Rolle für die Jugendlichen spielte. Der Gymnasiast berichtete beispielsweise auf Nachfrage, er habe in der Schule nur wenige muslimische Klassenkameraden, verbringe seine

Freizeit aber hauptsächlich mit Muslimen, vorwiegend im Familienkreis. Seine zukünftige Frau solle Muslimin und auch Türkin sein. Nach Diskriminierungserfahrungen befragt, äußerten die Schüler und die Studentin, keine zu haben. Mitschüler und Lehrer hätten sich stets interessiert am Islam gezeigt und keine Probleme mit ihrer Religion. Die Akademikerin meinte allerdings, sie habe abwertende Bemerkungen in der Schulzeit gehört und als Erwachsene einmal eine Stelle nicht erhalten, nachdem sie mitgeteilt hatte, dass sie sich demnächst »bedecken« werde. Sie war von äußeren Anschein her eine Frau, die auf ein frommes Outfit Wert legte. Ihre Kleidung war lang, hochgeschlossen, das Kopftuch saß eng am Gesicht und bedeckte Hals, Nacken und Brust. Alles wirkte sehr schick und keineswegs vergleichbar mit den eher schlichten Gewändern traditioneller Türkinnen. Erst nach Abschluss ihres Studiums habe sie begonnen, das Kopftuch zu tragen, erzählte sie, nachdem sie sich intensiv mit dem Islam und seinen Geboten auseinandergesetzt hätte. Es sei ihr wichtig, den Koran nicht nur im Arabischen rezitieren zu können, sondern auch zu verstehen, was darin geschrieben stehe. Man müsse sich weiterentwickeln und dürfe nicht unhinterfragt alles übernehmen, was einem vorgesetzt werde. Mit dieser selbstbewusst, aber auch in scharfem Ton vorgetragenen Auffassung grenzte sie sich von den üblichen Praxen innerhalb des konservativen muslimischen Spektrums ab – und auch gegenüber ihren Eltern. Der Vater, kritisierte sie, bete nicht fünfmal am Tag und habe ihr geraten, zugunsten ihrer beruflichen Laufbahn auf das Kopftuch zu verzichten. So etwas sei für sie nicht akzeptabel.

Diese strikte Haltung ist in der Wiesbadener DITIB-Gemeinde nicht unbedingt mehrheitsfähig. Die anwesende Studentin bekannte auf Nachfrage, das Kopftuch außerhalb der Moschee nicht zu tragen, und bei dem Gespräch mit den Vorstandsmitgliedern hatten wir erfahren, dass deren Frauen sehr individuell entweder ein Kopftuch trugen oder auch nicht. Alle Männer waren der Ansicht, solche Entscheidungen müsste man den Frauen überlassen und dürfe keine Vorgaben machen. Diese sehr individualistische Haltung zeichnete auch die Einstellung zu anderen islamischen Praxen aus. Die Jungen der Gesprächsgruppe tranken weder Alkohol noch rauchten sie, bei den Männern war dies unterschiedlich. Auch in Bezug auf das Handgeben zur Begrüßung hatte bislang kein Mitglied der Gemeinde Bedenken angemeldet. Die junge Akademikerin jedoch meinte, sie gebe Männern nicht aus freien Stücken die Hand, lehne aber nicht ab, wenn jemand ihr die Hand zur Begrüßung reiche.

Diese Diversität in Bezug auf den Islam spiegelt dem Umbruch innerhalb der türkischen Gesellschaft wieder. Während der Staat in der Tradition Kemal Pascha Atatürks eine laizistische Position gegenüber der Religion einnahm, die bis ins Religionsministerium hineinreichte, ist seit der Regierung Recep Tayyip Erdogans eine komplette Neuausrichtung der politischen Kultur zu beobachten. Diese begann mit der Aufhebung des Kopftuchverbots in öffentlichen Einrichtungen und ging dann schnell zu Repressionen gegen Frauen, Jugendliche und Minderheiten über, die sich nicht einer konservativen islamischen Moral unterwerfen wollten.[17] Erdogan selbst möchte Alkohol genauso verbieten wie gemischtgeschlechtliche studentische Wohnheime und empfiehlt jeder türkischen Frau, mindestens drei Kinder zu gebären. Erdogans Stellvertreter Bülent Arinc, der sich gerne öffentlich Sorgen über den moralischen Verfall der türkischen Bevölkerung macht, kritisierte im Juli 2014 das Lachen von Frauen in der Öffentlichkeit. Eine tugendhafte Frau habe still zu sein.

Der Islam, das wurde nicht nur bei DITIB, sondern auch in vielen anderen Gesprächen mit Vertretern und Vertreterinnen muslimischer Gemeinden deutlich, soll dem Einzelnen dazu verhelfen, sein Verhalten zu überdenken und zu einem besseren Menschen zu werden. Dazu gehört auch die Adaption eines bestimmten moralischen Kodexes. Gerade bei der Akademikerin war unübersehbar, dass sie sich um Selbstoptimierung nach den Vorgaben islamischer Werte bemühte. Wie die Religion ihr Verhalten beeinflusse, wollte Oliver daher wissen. Sie sei jetzt viel geduldiger, meinte die junge Frau. Normalerweise sei sie sehr temperamentvoll, doch jetzt überlege sie, bevor sie etwas sage. Auch die Studentin sagte, sie sei nachdenklicher und geduldiger geworden.

3. Tulpen zum Freitagsgebet: Die Islamische Gemeinschaft Milli Görüs

Die Wiesbadener Ortgruppe der Islamischen Gemeinschaft Milli Görüs war viele Jahre lang eine glücklose Gemeinde. Ihr Moscheebauvorhaben, dessen Verlauf ich in diesem Kapitel schildern werde, scheiterte zunächst in einer Weise, die in vielerlei Hinsicht als Exempel für die dramatischen Konsequenzen kommunikativer Versäumnisse sowohl der Kommune als auch der Gemeinde gelten kann. Am Verlauf dieses Prozesses lässt sich aber auch ersehen, wie eine negative Beurteilung durch deutsche Sicherheitsbehörden zusammen mit den Vorbehalten der lokalen Bevölkerung eine schwierige Gemengelage produzierte, die den Bau der religiösen Versammlungsstätte lange Zeit behinderte, bis ein Gericht alldem ein Ende machte und Normalität einkehren konnte.

Das Erbe Necmettin Erbakans

Der Name Milli Görüs geht auf den Titel eines 1973 erschienen Buches des 2011 verstorbenen türkischen Politikers Necmettin Erbakan zurück und bedeutet »nationale Sicht«. Er steht für eine Bewegung, die eine neue nationale Ordnung in der Türkei anvisierte. Diese Ordnung sollte auf der Grundlage des Islam errichtet werden und sowohl eine Alternative zum Kapitalismus als auch zum Sozialismus sein. Ein entsprechendes Programm wurde 1975 vorgestellt. Der Maschinenbauingenieur Erbakan, der 1953 in Aachen promoviert wurde und danach im Dienste der Firma Deutz an der Entwicklung des Leopard-Panzers mitgearbeitet hatte, war nicht nur der Gründer von Milli Görüs, sondern auch die wichtigste Integrationsgestalt der in vielerlei Hinsicht eher diffusen Bewegung. Er engagierte sich im Laufe seines Lebens in mehreren politischen Parteien, die für die Islamisierung der türkischen Gesellschaft eintraten und immer wieder aus genau diesem Grund verboten wurden. Seine eigene Biografie und die Geschichte der mit ihm verbundenen Organisationen spiegeln in gewisser Weise das komplexe Verhältnis von Religion und Politik in der Türkei wieder. Die Türkei konstituierte sich 1923 unter Führung Mustafa Kemal Paschas als laizistischer Staat, und die bis dahin einflussreichen religiösen Verbände verloren ihre Macht. Atatürk, »Vater der Türken«, wie Kemal Pascha genannt wurde, schaffte die islamische Gerichtsbarkeit und den islamischen Kalender ab, übernahm das Schweizer Privatrecht, ersetzte die arabische durch die lateinische Schrift und verankerte Säkularismus und Laizismus in der Verfassung. 1925 verbot er das Tragen des Fez, der traditionellen Kopfbedeckung türkischer Männer, und später auch den Schleier für die Frauen. Religion galt ihm Zeit seines Lebens als suspekt, auch weil sich die islamischen Traditionalisten nicht mit ihrer Degradierung abfinden wollten. Der Machtkampf zwischen säkularen und religiösen Akteuren durchzieht die gesamte Geschichte der Türkei bis auf den heutigen Tag, und bis in die jüngste Zeit hinein waren Personen mit einer dezidiert islamischen Agenda von repressiven Maßnahmen bedroht. Erst im 21. Jahrhundert, unter der Regierung Recep Tayyip Erdogans, hat sich dies geändert, und der staatliche Kontrollapparat nimmt jetzt eher säkulare politische Akteure ins Visier. Viele islamische Organisationen und Parteien versuchten dem Zugriff des Staates in der Vergangenheit dadurch zu entgehen, dass sie sich nach ihrer erzwungenen Auflösung unter neuem Namen wieder formierten. Das betraf auch die Vorläuferorganisation von Milli Görüs, die Milli Nizam Partisi (Nationale Ordnungspartei), die 1971 aufgelöst und 1972 als Milli Selamet Partisi (Nationale Heilspartei) neu gegründet wurde. Nach einer weiteren Auflösung im Jahr 1980 wurde 1983 aus ihr die Refah Partisi (Wohlfahrtspartei), die rasch an Popularität unter ökonomisch benachteiligten Schichten der Gesellschaft gewann und bei den Wahlen im Jahr 1996 sogar die Mehrheit der Stimmen auf sich vereinigen konnte. Erbakan übernahm für eine kurze Zeit das Amt des Ministerpräsidenten, wurde dann aber wegen des Vorwurfs antilaizistischer Propaganda zu einem fünfjährigen Politikverbot verurteilt. Die Refah Partisi wurde aufgelöst, und Erbakan engagierte sich in der 2001 gegründeten Saadet Partisi, der Glückseligkeitspartei, deren Vorsitz er 2010 übernahm, ein Jahr vor seinem Tod.

In Deutschland trat die Bewegung erstmals im Jahr 1976 in Erscheinung, als sie in Köln die Türkische Union Europa e.V. ins Leben rief, die sich 1982 in Islamische Union Europa e.V., 1985 in Vereinigung der neuen Weltsicht in Europa e.V. und 1994 in Europäische Moschee- und Unterstützungsgemeinschaft e.V. umbenannte. Seit 1995 wird der Name Islamische Gemeinschaft Milli Görüs e.V. (IGMG) verwendet. Mit den diversen Namensänderungen waren stets auch ideologische Auseinandersetzungen und Neuausrichtungen verbunden.

Die IGMG weist, ebenso wie der VIKZ und DITIB, eine zentralistisch-hierarchische Struktur auf, welche die Ortsgemeinden in deutlicher Abhängigkeit zur Zentrale hält. Der Zentralverband entsendet die Imame, die meist aus der Türkei kommen, verwaltet die Finanzen, organisiert Pilgerfahrten nach Mekka und größere Kampagnen. Außerdem stellt er Materialien für die religiöse Bildungsarbeit zur Verfügung. Ein der Zentrale unterstelltes Generalsekretariat ist für die Öffentlichkeitsarbeit, die Beziehungen zu anderen gesellschaftlichen Gruppen und für rechtliche Probleme zuständig. Zu den

Rechtsfällen, in die Milli Görüs mit eigenen Anwälten eingegriffen hat, gehörten insbesondere die Anträge türkischer Eltern, ihre Töchter vom koedukativen Schwimmunterricht und von Klassenfahrten befreien zu lassen. Der Zentrale untergeordnet sind 15 deutsche und 15 weitere europäische Regionalverbände, die wiederum europaweit 514 Ortsgemeinden betreuen.[18] In Deutschland unterhält die IGMG zurzeit mehr als dreihundert Gemeinden mit insgesamt 31.000 Mitgliedern.

Milli Görüs wird seit 1993 vom Bundesamt für Verfassungsschutz als islamistische Organisation beobachtet. Das langfristige Ziel der Vereinigung, so das Amt im Jahr 2012 auf seiner Homepage, sei »die fundamentale Umgestaltung der Türkei, die Wiederherstellung einer ‚Großtürkei' und schließlich eine islamische Weltordnung. Diese Sichtweise bedingt die Ablehnung westlicher Demokratien«.[19] Zudem wird immer wieder auf antisemitische Äußerungen und zweifelhafte finanzielle Transaktionen hingewiesen, die der IGMG auch in den Medien und in einer weiteren Öffentlichkeit den Ruf einer undurchsichtigen Organisation eintragen. Konsequenzen der Diskreditierung waren Prozesse gegen führende Repräsentanten von Milli Görüs sowie die Weigerung, ihr den Status einer Körperschaft des öffentlichen Rechts zuzugestehen oder sie als Ansprechpartnerin für die Einführung eines bekenntnisorientierten Islamunterrichts an Schulen anzuerkennen. In Wiesbaden hat dies dazu geführt, dass die Gemeinde keine neue Moschee bauen konnte und selbst die Nutzung eines alten Supermarktgebäudes zeitweise skandalisiert wurde.

Unter Extremismusverdacht

In der lokalen Wiesbadener Presse wird die IGMG seit Jahren als verdächtige islamistische Gruppe erwähnt, und gewöhnlich dann, wenn sie sich am gesellschaftlichen Leben beteiligt, zitiert man Verlautbarungen des Bundesamtes für Verfassungsschutz. Folgende Beispiele, die für viele andere stehen, verdeutlichen dies. Am 19. September 2001 schrieb der *Wiesbadener Kurier*: »In Wiesbaden könnte die Wahl zum Ausländerbeirat am 4. November ein Problem werden. Erstmals tritt die Islamische Gemeinschaft Milli Görüs an und damit eine Gruppierung, die vom Verfassungsschutz beobachtet wird. Milli Görüs steht in Verdacht, antisemitisch zu sein und Probleme mit der Integration, vor allem aber mit der Gleichberechtigung der Frauen zu haben.

Zudem, so heißt es im jüngsten Bericht des Bundesamtes für Verfassungsschutz, unterstützt die Islamische Gemeinschaft Milli Görüs in der Türkei eine Partei, die gegen das westliche Demokratieverständnis agiert.« Und am 10. Mai 2006: »Islamistische Organisationen haben in der Bundesrepublik weiter starken Zulauf. [...] Als Beispiel wird im Verfassungsschutzbericht die ›Islamische Gemeinschaft Milli Görüs‹ (IGMG) genannt. [...] Die IGMG stelle sich nach außen dialogbereit und bekenne sich zum Grundgesetz, intern werde gegen die westlich-demokratischen Werte agitiert. Ziel sei es, die Islamisierung des gesamten Lebens herbeizuführen.«

Vor diesem Hintergrund müssen die Auseinandersetzungen um das Moscheebauprojekt der Wiesbadener Ortsgruppe verstanden werden. Die Gruppe, die wie viele Moscheegemeinschaften in einer Hinterhofwohnung in der Innenstadt untergebracht war, wollte zu Beginn des neuen Jahrtausends aus den beengten Verhältnissen heraus und suchte nach einer Örtlichkeit, in der sie ihre Ideen einer zeitgemäßen Bildungs- und Jugendarbeit umsetzen konnte und die ausreichenden Platz für Versammlungen der schnell wachsenden Gemeinde bot. Sie fand eine solche Lokalität in einem leer stehenden Supermarkt im Stadtteil Gräselberg. Der Gräselberg ist das älteste Wiesbadener Neubaugebiet und liegt ein wenig abgelegen, aber dennoch stadtnah. Er entstand in den 1960er Jahren, und seine Bewohner weisen einen überdurchschnittlich hohen Anteil von Personen mit Migrationshintergrund auf, darunter viele Türkeistämmige. In gewisser Weise erschien die Gegend daher ideal für die Umsetzung des Vorhabens, und zunächst ging auch alles gut. Der Besitzer des leer stehenden Gebäudes verkaufte dieses im Jahr 2006 für 300.000 Euro an die Europäische Moscheebau- und Unterstützungsgemeinschaft (EMUG), die Teil der IGMG ist. Die IGMG stellte am 22. Februar 2006 beim Wiesbadener Bauamt einen Antrag auf Umbau des Gebäudes, und dieser wurde am 18. April 2006 genehmigt. Aus den Lagerhallen sollten Gebets-, Schulungs- und Aufenthaltsräume entstehen, zusätzlich noch ein Lebensmittelladen.

Baurechtlich war dies kein Problem, dennoch verlief alles anders als geplant. Eine unerwartete Schwierigkeit bestand nämlich darin, dass der Supermarkt zusammen mit einer Wohnanlage und einer Tiefgarage Teil einer gemeinsamen Eigentümereinheit war und erhebliche Unklarheiten über Einspruchsrechte dieser anderen Einheiten bestand. Die Mitglieder der Wohnanlage jedenfalls begannen unmittelbar nach dem Öffentlichwerden der

Moscheebaupläne, ihr Zustimmungsrecht zu jeglicher Nutzungsänderung zu reklamieren. Von Anfang an war ersichtlich, dass sie nicht gewillt waren, eine solche Zustimmung zu erteilen. Den Grund dafür beschrieb Wolfgang Degen vom *Wiesbadener Kurier* am 16. September 2006 als diffuses Unwohlseins-Gefühl: »Die Besitzer der Eigentumswohnungen fühlen sich überfahren, können nicht verstehen, wie die Stadt das Vorhaben genehmigen konnte. Die Eigentümer fürchten neben dem Lärm auch einen erheblichen finanziellen Nachteil: Aus vergleichbaren Fällen sei bekannt, dass der Wert ihrer Eigentumswohnungen um bis zu 30 Prozent falle. Ein Mitglied des Verwaltungsbeirats kündigt Widerstand an. Er verweist auch auf ein mögliches Sicherheitsrisiko: Direkt neben dem Zentrum hat die Glaubensgemeinschaft der Mormonen ein Zentrum: Ein Großteil der Besucher dort seien US-Amerikaner.« Auf einer Sitzung des Ortsbeirates wurden diese Argumente erneut vorgetragen, und vor allem die Befürchtung, »dass dort verdeckter Extremismus stattfinden könnte« (28.9.2006), erhitzte die Gemüter.

Da baurechtlich nichts gegen die Pläne von Milli Görüs sprach, suchte man nach Möglichkeiten, den Umbau dennoch zu verhindern, und verfiel auf die Idee, nachzuprüfen, ob die Gemeinde die notwendigen 15 Stellplätze für Fahrzeuge einrichten könne. Außerdem beschloss man, eine Bürgerversammlung anzuberaumen, und diese wurde am 13. Oktober 2006 in den Räumen der evangelischen Lukasgemeinde durchgeführt. Zweihundert Personen nahmen teil. Von mir befragte Teilnehmer schilderten die Veranstaltung als desaströs und in jeder Hinsicht schockierend. Auch die Presse bescheinigte den damals teilnehmenden Bürgern ein bedenkliches Urteil. Der *Wiesbadener Kurier* schrieb einen Tag nach der Versammlung: »In der über weite Strecken sehr emotional und auch persönlich geführten Aussprache hatte die um Sachlichkeit und Redediszplin bemühte Moderation [...] einen überaus schweren Stand.« Und in der *Allgemeinen Zeitung* vom 16. Oktober 2006 konnte man unter der Überschrift »Aufgeheizte Stimmung statt Toleranz« lesen: »Peter Grella, Stadtrat für Bürgerangelegenheiten und Integration, stellte die Situation als unausweichlich dar. Obwohl die vom früheren türkischen Ministerpräsidenten Necmettin Erbakan gegründete religiöse Gemeinschaft vom Verfassungsschutz als gefährlich eingestuft worden sei, gebe das nicht her, ihr eine baurechtliche Genehmigung für ihre Liegenschaft an der Kärntner Straße zu verweigern. Der Zwang des Faktischen also. Das sahen die etwa 200 Bürger im Gemeindehaus der Evangelischen Lukasgemeinde freilich anders. Ein Bürger fragte, wieso die Stadt einer antiwestlich eingestellten und zu Gewalt bereiten Organisation eine Genehmigung erteilen müsse.« Obwohl die lokalen Medien in den folgenden Tagen und Wochen darauf verwiesen, dass der Verfassungsschutz Milli Görüs nicht als gewaltbereit eingestuft habe, blieb die ablehnende Haltung der Bürger unverändert. Wie der Presse zu entnehmen war, ging es einerseits um grundsätzliche Vorbehalte gegen Muslime,[20] andererseits aber auch um Angst vor Extremisten, was immer man sich darunter auch vorstellte. Selbst die örtlichen Journalisten waren verunsichert. Das wird an der Berichterstattung des Redakteurs Wolfgang Degen deutlich, der die Ereignisse wie kein anderer mitverfolgte und beurteilte. Am 16. Oktober zeigte er in einem Kommentar zwar ein gewisses Verständnis für die Anwohner, sah sich aber vornehmlich aufgerufen, eine Lanze für Toleranz und Vielfalt zu brechen: »Die Wut der Gräselberger ist berechtigt – was die Informationspolitik der Stadt betrifft. Die war stümperhaft. Hat man wirklich geglaubt, das Zentrum einer islamischen Gemeinschaft ist ›bloß‹ ein Fall fürs Baurecht, vergleichbar einer Eisdiele? So naiv kann wahrlich keiner sein. Bislang hat keiner begründen können, warum das konfliktträchtige Thema nicht rechtzeitig öffentlich erörtert worden ist. Peinlich für eine Stadt, die eine Vereinbarung verhandelt, mit der sie sich verpflichtet, in der Bürgerschaft um Akzeptanz zu werben für den Bau islamischer Gebetsstätten.

Die Wut der Gräselberger ist aber nicht nachvollziehbar, wenn Muslime pauschal vorverurteilt, übel fremdenfeindlich abgewertet werden, eine Religion mit Terrorismus gleichgestellt wird. Hat jemand bei diesen Tiraden daran gedacht, wie sich die Muslime – auch die gab es im Saal – gefühlt haben müssen? Nach dem Aufschrei der Empörung muss man zur Besinnung kommen. Das Ziel heißt Miteinander in dieser Stadt, auch mit Milli Görüs. Das ohnehin schon schwierige Miteinander wird unnötig belastet, wenn Scharfmacher die Atmosphäre vergiften, Ängste schüren, wenn Horrorvisionen Beifall finden. Die Gräselberger haben das Recht, auch ihre Sicht der Dinge darzulegen. Sie können daraus aber nicht den Anspruch ableiten, dass ihretwegen Recht gebrochen wird. Muslime sind unsere Mitbürger, das Recht gilt unterschiedslos auch für sie. Deswegen müssen die Politiker Farbe bekennen: Wer Ja sagt zur Integration, und das sagen fast alle, muss auch auf dem Gräselberg dazu stehen. Und nicht populistisch darauf schielen, ob ihm dort Wählerstimmen verloren gehen könnten.« Nach diesen deutlichen Worten ruderte Degen einige Tage später allerdings zurück und artikulierte seinerseits

Bedenken gegen die IGMG. Hintergrund war ein Interview, das er mit Peter Stark, dem stellvertretenden Leiter des Landesamtes für Verfassungsschutz in Hessen, geführt hatte. Unter der Überschrift »Vorwiegend Lippenbekenntnisse« erfuhren die Leser des *Wiesbadener Kurier* am 21. Oktober 2006, dass Stark die IGMG beschuldigte, eine Doppelstrategie zu betreiben, bei der sie sich zwar als gemäßigt gegenüber deutschen Ansprechpartnern präsentiere, im Inneren aber nach wie vor verfassungsfeindliche Ziele verfolge. In der Internetausgabe der *Milli Gazete* vom 26. Februar 2006, so Stark an anderer Stelle, sei zum Beispiel zu lesen, »dass der Westen und die Nachahmung des Westens ›teuflische Krankheiten‹ seien, ›die nur durch den islamischen Glauben geheilt werden könnten‹« (*Allgemeine Zeitung*, 21.10.2006). Dass Versäumnisse der Stadt oder in einseitiger Weise konsumierte Verfassungsschutzberichte der Kern des Aufruhrs sein sollten, wies auch Gerhard Müller, Pfarrer der Evangelischen Lukasgemeinde, zurück. Wolfgang Degen ließ ihn am 28. Oktober 2006 im *Wiesbadener Kurier* zu Wort kommen: »Sie würden sich auf dem Gräselberg nicht mehr wohl fühlen, hört der Pfarrer immer häufiger, und das von Leuten, die ihr halbes Leben in der Siedlung verbracht haben. Ihnen sei das Gefühl abhanden gekommen, dass dort weiter ihr Zuhause ist. Müller hört zunehmend von Jüngeren den Satz, ›Wir sehen zu, dass wir auf dem schnellsten Weg hier wegkommen!‹ Glaubt man Anwohnern, dann wächst bei vielen die Furcht, dass es eine Sogwirkung geben könnte, Umschreibung für sozialen Abstieg. [...] Unter den Älteren gebe es viele, die sich mit ihren Nachbarn nicht mehr verständigen könnten, weil die kaum des Deutschen mächtig seien. ›All das weckt diffuse Gefühle‹, sagt Müller, weil die Wahrnehmung vieler Gräselberger nun mal die sei, von immer mehr Fremden umgeben zu sein. Mit diesen Gefühlen muss man sich auch auseinandersetzen, sagt der Pfarrer, ›weil zur Integration eben zwei Seiten gehören [...]‹. Bei vielen Migranten vermisst Müller, ein Mann, der seine Worte mit Bedacht wählt, die Bereitschaft sich einzubringen. Der Kurs ›Mama lernt Deutsch‹ werde wohl ausfallen – zu geringe Nachfrage. Die Gründe dafür seien vielfältig, auch Desinteresse zähle wohl dazu. ›Dabei wäre das wichtig, Deutsch zu lernen‹, sagt der Pfarrer.«

Während Presse, Kirche und Politik die unterschiedlichen Argumente für und gegen den Moscheebau gegeneinander abwogen und mal die Bedenken, mal die Toleranz die Oberhand gewannen, eskalierte die Situation vor Ort weiter. Am 25. Oktober berichtete Degen dann für den *Wiesbadener Kurier* über eine neu gegründete »Bürgerinitiative Gräselberg«, die bereits achthundert Unterschriften gegen den Moscheebau gesammelt und Kontakte zum rechtsextremen Bundesverband der Bürgerbewegungen zur Bewahrung von Demokratie, Heimat und Menschenrechten aufgenommen habe – von denen sie sich allerdings später distanzierte. Auch die NPD versuchte, die Situation für sich zu nutzen und auf den Zug des Islamprotests aufzuspringen, wurde aber von einer Verbotsverfügung der Stadt gestoppt.

Nach dieser Aktion, die auch viele Nichtbefürworter des Moscheebaus befremdete, schien der lokale Aktionismus jedoch erst einmal vorbei zu sein, und die Gerichte nahmen sich fürderhin der Sache an. Am 4. Dezember 2006 sprach sich die Eigentümergemeinschaft gegen eine Nutzungsänderung des Supermarktes aus, und am 15. Februar 2007 untersagte das Amtsgericht per Einstweiliger Verfügung alle Bauarbeiten. Im Mai 2007 verwehrte das Amtsgericht erneut alle Umbaumaßnahmen unter Androhung von bis zu 250.000 Euro Bußgeld bei Zuwiderhandlung. Milli Görüs zog dennoch in den leer stehenden Supermarkt ein, versicherte den Eigentümern jedoch schriftlich, dass man sich an die Auflagen halten wolle. Das Wiesbadener Amtsgericht untersagte die Nutzung des Supermarktes für religiöse Zwecke und bestätigte den einstweiligen Baustopp. Eine gütliche Einigung, die vom Amtsgericht am 6. März 2007 vorgeschlagen wurde, nachdem sich Anwohner über illegale Bauarbeiten beschwert hatten, lehnten die Eigentümer ab. Dennoch eröffnete Milli Görüs ihr Gemeindezentrum am 30. Mai 2007 mit einer öffentlichen Feier.

Die Eigentümer setzten ihre Beschwerden fort, und Wolfgang Degen ging den vorgebrachten Argumenten nach. Am 22. September 2007 berichtete er im *Wiesbadener Kurier*: »Hier, an der Ecke Kärntner Straße/Pörtschacher Straße müsste es kritisch werden. Ab hier soll es ›freitags mittags richtig abgehen‹. Die Bürgerinitiative Gräselberg jedenfalls behauptet das. Laut müsste es demnach werden, unter Umständen bedrohlich. Ein Spießrutenlauf für ›Ungläubige‹? Es ist kurz vor halb zwei. Zeit fürs traditionelle Freitagsgebet. Nichts, aber auch rein gar nichts geht ab. Nichts, was aus dem Rahmen fällt. Ein paar ältere Männer spazieren zum Gebet, andere sind im Auto vorgefahren. Kein Chaos. Es ist ruhig. Es gibt Anwohner, Besonnene, die behaupten, dass es auch an anderen Tagen nie viel anders sei. Kein Mensch weit und breit schert sich drum, dass sich rund 80 Gläubige im früheren Supermarkt zum Gebet versammeln. Draußen muss man sich schon arg anstrengen, um mehr als nur ein Murmeln mitzukriegen.«

Eine Anwohnerin protestierte drei Wochen später gegen diese Berichterstattung. Am 13. November 2007 gab sie ihre Sicht zum Besten: »Den Artikel kann ich als Anwohnerin mit direktem Blick auf das Zentrum von Milli Görüs nur als sehr schlecht recherchiert ansehen. Zu den Freitagsgebeten sowie unter der Woche sind nicht nur ›ein paar ältere Männer‹ zu sehen, sondern auch sehr viele junge Männer und Knaben. Regelmäßig während der Ferienzeiten sind jede Menge Kinder im Grundschulalter und jünger auf dem Gelände, die dann einige Stunden im Inneren des Gebäudes verbringen. Sehr bedenklich und gewiss nicht fördernd für eine Integration ist dabei, dass die kleinen Mädchen schon Kopftücher, langärmlige Oberteile und lange Hosen, selbst im Sommer, tragen, während die Buben in der warmen Jahreszeit mit kurzärmeligen T-Shirts und kurzen Hosen erscheinen. Viele Anwohner, selbst Muslime, sind über diesen Anblick erschüttert und haben für diese Behandlung von kleinen Mädchen nur Verachtung und Zorn übrig. Hier wird die Unterdrückung des weiblichen Geschlechts schon im Kindesalter durchgeführt und widerspricht allen Normen unseres Landes.« Dass solch unterschiedliche Wahrnehmungen kaum verhandelbar sind, liegt auf der Hand.

Im Dezember 2007 bestätigte das Landgericht die Entscheidung des Amtsgerichts, dass der ehemalige Supermarkt nicht als religiöses Zentrum genutzt werden dürfe. Das Argument zielte auf mögliche Lärmbelästigungen, von denen in den vielen Beschwerden allerdings kaum eine Rede war. Milli Görüs gab daraufhin ein Lärmgutachten in Auftrag, das zu dem Ergebnis kam, dass die Belästigungen geringer seien als bei dem ehemaligen Supermarkt und jegliche Geräusche ohnehin durch den Verkehr einer in unmittelbarer Nähe gelegenen Straße geschluckt würden, die zwei Ortsteile der Stadt miteinander verbindet. Das Oberlandesgericht wurde eingeschaltet und entschied am 23. Dezember 2012, dass der Umbau statthaft sei, da die Lärmbelastung für die Nachbarn nicht größer sei als bei einer anderen gewerblichen Nutzung.

Islamismus oder Postislamismus?

Wie man unschwer an den Notizen aus der Presse ersehen kann, wurden die Vorbehalte der Anwohner maßgeblich von der Einschätzung bestimmt,

Milli Görüs sei islamistisch und vertrete einen Islam, der mit der deutschen Werteordnung unvereinbar sei. Dabei wurde immer wieder auf Berichte des Verfassungsschutzes Bezug genommen. Ob sie die verlässlichste aller möglichen Quellen darstellen, sei dahin gestellt. Der Berliner Migrationsforscher Werner Schiffauer hat in einer 2010 veröffentlichten Monografie mit dem bezeichnenden Titel *Nach dem Islamismus* darauf hingewiesen, dass sich innerhalb der Organisation einiges geändert habe. In seinem Buch zeichnet er den weiten Weg der IGMG von einer an der Türkei orientierten antiwestlichen Organisation mit kruder islamistischer Ideologie zu einer in der Demokratie angekommenen pragmatischen Interessensvertretung deutsch-türkischer Muslime. Diese Entwicklung sei vornehmlich jungen Intellektuellen geschuldet, die in Deutschland geboren, aufgewachsen und sowohl mit der deutschen Sprache als auch der herrschenden politischen Kultur bestens vertraut sind. Diese seien zwar nach wie vor religiöse Muslime, jedoch solche, die das politische System der Bundesrepublik schätzen oder sogar behaupten, in Demokratie und sozialer Marktwirtschaft das Ideal von Gerechtigkeit entdeckt zu haben, von dem auch der Islam spricht. Schiffauer, der stets zur Entdramatisierung und zu größerer Gelassenheit im Umgang mit Milli Görüs aufgerufen hat, ist wiederholt vorgeworfen worden, es ermangele ihm an kritischer Distanz zu seinem Forschungsgegenstand. Er habe sich vereinnahmen lassen und sei zu einem willfährigen Sprachrohr der Islamisten geworden, sei ihren Verschleierungstaktiken auf den Leim gegangen und unfähig, die Wölfe im Schafspelz zu erkennen.

Haben die Bedenkenträger Recht oder sind die Aufgeregtheiten um Milli Görüs übertrieben, vielleicht sogar Ausdruck einer islamfeindlichen Haltung? Schiffauer selbst ist an dieser Stelle differenzierter, als seine Kritiker ihn darstellen. Er verweist auf mehrere Problembereiche. Zum einen räumt er ein, dass bislang ungewiss sei, wie groß der Einfluss der jungen Demokraten wirklich ist und in Zukunft sein wird. In der gegenwärtigen Milli Görüs unterscheidet er drei unterschiedliche Milieus: ein konservatives Gemeindemilieu, in dem ländlich-türkische Wertvorstellungen gepflegt werden, ein Jugendmilieu, dessen Protagonisten sowohl in der Gemeinde, als auch in der Mehrheitsgesellschaft aktiv seien, aber Schiffauer zufolge einen wenig flexiblen Oppositionsgeist pflegen, und schließlich ein postislamistisches Milieu mit reflektierten Intellektuellen, die sich für den Kontakt mit dem Wissenschaftlichen anböten, da sie den »Dialog mit Geisteswissenschaftlern« (Schiffauer 2010:

347) suchten. Als Beispiel wird Oguz Üçüncü angeführt, der smarte ehemalige Generalsekretär der Organisation, der Anfang 2014 sein Amt niederlegte. Da die Postislamisten, so Schiffauer, ihren Einfluss vor allem auf der Ebene regionaler und überregionaler Arbeitskreise geltend machen, prägen sie auch die Außendarstellung der Organisation. Ein Blick in die Programme der IGMG zeigt Bekenntnisse zum Grundgesetz, zu Demokratie und Toleranz, zu Frauenrechten und Integration. Der Generalsekretär distanzierte sich bereits am 7. Mai 2004 in einem Interview der *taz* von problematischen Artikeln der *Milli Gazete*, auf die auch der Verfassungsschützer Stark Bezug genommen hatte, sowie von den antisemitischen Äußerungen des verehrten Necmettin Erbakan. Auf dem Internetportal »Das islamische Portal« prangert man Menschenrechtsverletzungen gegen Muslime in Myanmar und Syrien an, kritisiert am internationalen Frauentag Gewalt gegen Frauen, äußert sich zu Fragen der Bildung, der Integration und zu religiösen Themen.

Als problematisch empfunden werden könnte möglicherweise dennoch die Ausformulierung einer spezifischen islamischen Geschlechterordnung. Auf der Selbstdarstellungsseite des Internetportals werden Mann und Frau als Gleiche vor Gott, aber als ergänzend in der Ehe bezeichnet – gewöhnlich ein Euphemismus für die Ablehnung von Gleichheitsidealen. In Bezug auf die Bekleidungsvorschriften wird die Verschleierung von Frauen als Vorschrift bezeichnet: »Sinn dieses Gebotes ist es nicht, die Frau in irgendeiner Form zu unterdrücken, sondern sie dem Diktat des Körperlichen zu entziehen; also von den Zwängen eines Verständnisses, das Frauen allzu leicht nach ihrem Äußeren einen Wert beimisst, zu befreien.«[21] Frauen und Mädchen »dem Körperlichen zu entziehen« kann viele Formen annehmen. Bei Milli Görüs heißt dies unter anderem, muslimische Mädchen vom Schwimmunterricht und von Klassenfahrten zu »befreien« und ihren Körper eben auch bei warmen Wetter zu »bedecken«, während die Jungen in kurzen Hosen und T-Shirts herumlaufen können, wie die oben zitierte Anwohnerin monierte. Schiffauer räumt ein, dass es ein »Missverständnis wäre, zu glauben, dass das postislamistische Projekt in einen ›liberalen‹ Euro-Islam münden wird. Vielmehr hat man den Eindruck, dass das postislamistische Projekt seine Überzeugungskraft etwa gegenüber Kritikern aus der islamischen Welt gerade daraus ableitet, dass es einen streng rechtgeleiteten, das heißt an der Scharia orientierten Islam vertritt« (Schiffauer 2010: 375).

Tulpen für die Ehefrauen

Den ersten Kontakt mit der Wiesbadener Gemeinde der IGMG hatten Oliver Bertrand und ich am Tag der offenen Moschee im Oktober 2011. Obgleich es bereits 13 Uhr war, waren keine Gäste anwesend. Lutfullah Kutlucan, seines Zeichens Mitglied des Vorstandes, nahm sich unser an und erklärte, dass außer Klaus Endter, dem Pfarrer für Ökumene, der im Evangelischen Dekanat den Bereich des interreligiösen Dialogs betreut, niemand zu Besuch gekommen sei. Wir hatten somit das Privileg einer speziellen Führung des damals noch nicht umgebauten Supermarktes und konnten allein an der Gestaltung der Räumlichkeiten ersehen, welche Aktivitäten die Gemeinde entfaltete.

Ein großer offener Eingangsbereich enthielt viele Sitzmöglichkeiten, Tische sowie eine Kaffee- und Teebar. Hier konnte man sich nach der Freitagspredigt versammeln. Eine Wand war mit der deutschen und der türkischen Flagge verziert, außerdem mit einem Schiff in Form einer Kalligrafie, an dessen Masten wiederum kleine türkische Fähnchen wehten. Von hier aus gelangte man linker Hand in einen großen Gebetsraum, der recht provisorisch eingerichtet war. Ein Unterrichtsraum für Kinder und ein Frauengebetsraum befanden sich in den hinteren Bereichen des Gebäudes. Hier sollte ein Jugendraum entstehen, erzählte man uns, doch die Örtlichkeit erinnerte noch stark an ehemalige Kühlbereiche des Supermarktes. Ein kleiner Laden zur Versorgung der Gemeindemitglieder war ebenfalls bereits eingerichtet; allerdings machte der innere Zustand des Gebäudes insgesamt einen vorläufigen Eindruck und es war deutlich, dass hier erheblicher Renovierungsbedarf bestand.

Vier Monate später, am 27. Januar 2012, besuchten wir die Moschee erneut. Dieses Mal war von Leere keine Spur. Es war Freitag, und vor dem Gebäude standen Männer und unterhielten sich. Auch im Eingangsbereich, den wir bei unserem ersten Besuch so unbelebt gesehen hatten, hielten sich jetzt Männer jeden Alters auf. Einige kamen gerade aus dem großen Gebetsraum, andere waren im Begriff, ihre Schuhe anzuziehen und zu gehen, und wieder andere holten sich ein Glas Tee oder *lahmacun* und ließen sich auf einer der vielen Sitzgelegenheiten nieder. Ältere Männer in dicken Jacken und Mützen plauderten miteinander, doch es waren auch viele Jüngere da und sogar einige Kinder.

Wir waren mit dem Vorstandsvorsitzenden Osman Bilgili verabredet, einem sportlichen Mann in den Vierzigern, der seit zwanzig Jahren in Deutschland lebt und seinen Lebensunterhalt mit Schichtarbeit in einer großen Supermarktkette verdient. Er war hilfsbereit, äußerte aber auch sein Befremden über das, was wir zu tun beabsichtigten. Wie überall hatten unsere Gesprächspartner Angst, dass Falsches oder Unvorteilhaftes über sie veröffentlicht würde. Bilgili bringt gewöhnlich Tulpen von seiner Arbeitsstelle mit, die er dort zu einem reduzierten Preis erhält. Jeder Mann, der zum Gebet kommt, kann sich für seine Ehefrau bedienen – solange der Vorrat reicht. Die Jüngeren honorieren diese Serviceleistung, doch die Älteren lehnen es ab, der Gattin Blumen zu schenken. Das entspräche nicht der Tradition, meinen sie. Ein zweiter Mann, Cemic Kazmaci, gesellte sich nach kurzer Zeit zu uns, ein einunddreißigjähriger Arbeiter, der in einer Papierfabrik in Mainz-Mombach angestellt und mit einer Konvertitin verheiratet war. Sie habe den Islam schon vor der Ehe kennengelernt, sagte er, und dann sei es nur noch ein kleiner Schritt zur Konversion gewesen. Er sprach mit seinem Sohn ausschließlich Türkisch, da er Sorge hatte, dass der Junge diese Sprache verlernen könnte. Das sei ein Problem der dritten bzw. vierten Generation türkischer Zuwanderer, meinte er: Die Kinder könnten nicht mehr richtig Türkisch sprechen. Kazmaci war einige Jahre lang Vorsitzender des Jugendflügels und erzählte von den Angeboten, die es in der Gemeinde gab. Jeden Sonntag spiele man Fußball auf einem Platz im Vorort Igstadt, freitags gebe es Vorträge über den Koran und seine Soziallehre. Kazmaci betonte den Wert der Jugendarbeit, auch als Instanz der Wertevermittlung. Seiner Meinung nach werden soziale Werte am besten durch die Religion begründet. Zum Beispiel die Akzeptanz von Anderen. Das Vorbild sei der Prophet, der zur Achtung von Christen und Juden aufgerufen habe, als er zurück nach Mekka kam. Die Vorträge würden in deutscher Sprache gehalten, weil die Jugendlichen dies besser verstünden als Türkisch, meinte Kazmaci. Manchmal veranstalte man Filmabende, spiele Playstation oder mache Popcorn. Um die Jugendlichen in der Gemeinde zu halten, werde jetzt ein eigener Raum geschaffen, in dem sie Kicker oder Billard spielen oder einfach »chillen« könnten.

Der dritte Mann, der zu unserer Runde gerufen wurde, hieß Necmi Sulak und repräsentiert die erste Generation türkischer Zuwanderer. Er war ein bedächtiger Herr mit sorgfältig gestutztem Bart, einfach, aber geschmackvoll angezogen, mit freundlichen klaren Augen. Die anderen hatten ihn als Experten für die Wiesbadener Geschichte von Milli Görüs zu unserem Gespräch hinzu gebeten, doch zu den Anfängen konnte er auch nichts sagen.

Er sei 1973 nach Deutschland gekommen, erzählte er, und lebe seit 1978 in Wiesbaden. Fünf Wochen jedes Jahr habe er in der Türkei in Konya verbracht, doch fünf Wochen waren schnell wieder vorbei, und irgendwann wurde ihm klar, dass sein Plan, nur kurze Zeit in Deutschland zu bleiben und dann für immer als reicher Mann in die Türkei zurückzukehren, nicht realistisch war. Nach sieben Jahren in der Fremde holte er seine Frau nach, die er als jung verheirateter Mann für die Arbeit in Deutschland zurückgelassen hatte. In Wiesbaden hatte er als alleinstehender Arbeiter zunächst in einem beengten Wohnheim gelebt, mit vier anderen in einem zwölf Quadratmeter großen Zimmer. Wie Tiere, sagte er. Dann habe er etwas für seine Familie gesucht und sei fast immer abgelehnt worden, wenn die Vermieter erfuhren, dass er Türke sei. Mit seinen sechs Kindern und seiner Ehefrau habe er schließlich in einer zwei Zimmer großen Wohnung gelebt. Jetzt seien seine beiden ältesten Söhne verheiratet, einer habe bereits selbst vier Kinder, was Sulak sichtlich stolz machte, der andere erst eines. Die anderen vier seien noch unverheiratet. Er selbst war 17, als er heiratete.

Die Gemeinde war für jeden der drei Männer der Mittelpunkt des Lebens. Die Moschee ist nicht nur ein religiöses, sondern auch ein kulturelles und soziales Zentrum. Es werde viel gefeiert und zusammen gegessen, erzählte man uns. Während des Ramadan treffe man sich jeden Abend, und auch bei Hochzeiten oder Pilgerfahrten werde hier groß aufgefahren. Die Gemeinde habe eine eigene Derwisch-Tanzgruppe und eine osmanische Tanzgruppe. Die Predigten würden in türkischer Sprache gehalten, und auch der Unterricht für die Kinder erfolge primär in türkischer Sprache. Milli Görüs betont auf ihrer Internetseite den Vorteil der Mehrsprachigkeit und möchte das Türkische bewahrt wissen.

Zwei Jahre später, am 14. März 2014, besuchten wir die Gemeinde erneut. Man war jetzt mit Umbauarbeiten beschäftigt und guter Hoffnung, die Moschee endlich in einen Zustand versetzen zu können, der alle repräsentativen und auch die praktischen Wünsche erfüllen würde. Der Bauingenieur Ilker Kör stellte seine Kenntnisse kostenlos zur Verfügung, und auch andere Gemeindemitglieder legten persönlich Hand an, um Kosten zu sparen. Wandmalereien seien geplant, erzählte Bilgili und zeigte einige Bilder aus anderen Moscheen, die als Vorbilder dienten. Außerdem hätte man gerne eine kleine Kuppel, damit das Gebäude auch von außen wie eine Moschee und nicht mehr wie ein Supermarkt aussehe.

Wie schon bei letzten Besuch wurden wir zuvorkommend mit Tee und selbstgemachten *lahmacun* bewirtet, die die älteren Frauen jeden Freitag buken und an die Männer verkauften. Der Erlös wurde wie in der Süleymaniye-Moschee für Gemeindearbeiten gespendet. Die Frauen beteiligten sich nicht am für die Männer verpflichtenden Freitagsgebet, hätten aber ihre eigenen Veranstaltungen, wurde uns mitgeteilt. So gebe es einmal in der Woche ein Frauenfrühstück und – im Prinzip – auch eine Mädchengruppe, die aber gerade wegen der Umbauarbeiten inaktiv sei. Sie hätten eine eigene Leitung, die sich mit dem männlich besetzten Vorstand abstimme. An Jahresmitgliederversammlungen nähmen sie auch teil, in einer gemischtgeschlechtlichen Gruppe. Gemischtgeschlechtlich seien auch das jährliche Sommersportfest oder Hochzeiten. Im Gebetssaal der Männer konnten wir die Spuren der letzten Hochzeit in Form bunter Luftschlangen bewundern. Es sei eine Wiederverheiratung nach Scheidung gewesen, erklärte Bilgili, die Feiern der Ersthochzeiten seien größer und würden in eigens angemieteten Sälen begangen.

Wenn die Frauen eine größere Aktivität planten und den Eingangsbereich der Moschee nutzen wollten, würde ihnen die ganze Moschee überlassen, sagte Bilgili. Dann gingen die Männer freitags eben in die Moscheen von DITIB oder der VIKZ. An diesem Freitag gehörte die Moschee allerdings weitgehend den Männern, sah man einmal von einer Frau mit offenem Haar ab, die Gebäck verteilte, und den kopftuchtragenden *lahmacun*-Bäckerinnen, die sich im hinteren Teil des Gebäudes aufhielten. Der Gebetssaal war voll mit erwachsenen Männern (die Schüler konnten wegen der frühen Uhrzeit nicht am Gebet teilnehmen), darunter auch einige in arabischer Tracht und mit langen Bärten – ein eher untypisches Bild für eine türkische Gemeinde. Einer von ihnen gesellte sich kurz zu uns, fragte nach unserem Anliegen und gab mit autoritativem Gestus und lauter Stimme einige Stereotype zum Islam im Allgemeinen zum Besten, bevor er wieder verschwand. Er komme von der syrischen Grenze, erklärte man auf unsere Nachfragen hin, deshalb unterscheide sich seine Gewandung von derjenigen der türkischen Gemeindemitglieder, die das Gebet besuchten. Wie es denn mit Versuchen radikaler Personen stehe, die Moschee zu beeinflussen, fragten wir, ob man denn hier Probleme habe oder in der Vergangenheit gehabt hätte? Nein, niemals, meinten die Vorstandsvertreter einhellig. Man wähle sehr genau aus, wer zu Vorträgen eingeladen werde, und überprüfe jeden einzelnen gründlich.

4. Süßer Tee und Herzensbildung: Sufistische Bruderschaften

Sufistische Orden nehmen in Wiesbaden eine Sonderrolle ein. Sie sind numerisch verhältnismäßig schwach vertreten, doch einige ihrer Mitglieder sind aufgrund ihres großen Engagements sowohl in der Arbeitsgemeinschaft Islamischer Gemeinden Wiesbadens als auch bei interreligiösen Veranstaltungen und Foren von erheblicher Bedeutung für die multikulturelle Stadtgesellschaft.

Entrückte Sucher Gottes

Sufis gelten selbst bei Experten der Religionswissenschaften als geheimnisumwittert und schwer zu fassen. Die Orientalistin Annemarie Schimmel, die mehrere Werke über den Sufismus verfasst hat, drückt diese Unsicherheit mit blumigen Worten aus: »Wenn man ihn [den Sufismus, Anm. d. Verf.] beschreiben will, steht man bald vor einem blühenden Garten mit duftenden Rosen und klagenden Nachtigallen, die zu Symbolen für die göttliche Schönheit und die Sehnsucht der Seele werden, bald vor einer Wüste theoretischer, dem Uneingeweihten kaum verständlicher Abhandlungen in kompliziertem Arabisch; dann wieder leuchten die eisigen Gipfel der höchsten theosophischen Weisheit in der Ferne auf, nur wenigen erreichbar. Der Sucher selbst verliert sich in einem bunten Markt volkstümlicher Sitten und Gebräuche [...] oder aber er findet den Sufi, der das Herzensgebet übt, in der Stille einer abgelegenen Klause. Ein andermal tritt uns der Sufi als erfolgreicher Geschäftsmann entgegen, der seine Kraft für die Arbeit aus den nächtlichen Mediationen empfängt.« (Schimmel 2005: 6)

Der Terminus Sufi leitet sich von dem Begriff *suf* für Wolle ab und verweist auf die einfache Kleidung der ersten Anhänger dieser mystischen Tradition. Die Abkehr vom Materiellen, die besonders die frühen Sufis verband, ist auch in dem persischen Wort *derwish* enthalten, das übersetzt »Bettler« bedeutet. Sufis sind seit dem 8. Jahrhundert verbürgt und werden mit dem irakischen Prediger Hasan al-Basri und seinen Anhängern in Verbindung gebracht. Al-Basri war ein Asket, der sich dem Weltlichen abgewandt hatte und sich nur noch der Meditation und dem Lesen des Koran widmete. Die ausschließliche Konzentration auf die Meditation gilt aber nicht für alle Sufis. Viele organsierten sich unter der Führung prominenter Scheichs in Bruderschaften (*tarekat*) und beteiligten sich an der Verbreitung des Islam außerhalb seines arabischen Kernlandes – besonders in Indonesien, Nordafrika, dem Iran und in der Türkei. Eine Reihe bedeutender Gelehrter und Dichter wird dem Sufismus zugerechnet, unter anderem der bereits erwähnte persische Poet Hafis. Zu den renommierten sufistischen Wissenschaftlern gehört beispielsweise Muhammad Ibn al-Arabi (1165–1240), der seine Ideen im spanischen al-Andalus[22] entwickelte. Für al-Arabi waren die islamischen Rechtsschulen ebenso wie die Theologie verzichtbare Phänomene gegenüber dem letztendlichen Ziel der Vereinigung mit Gott. Wie etliche andere islamische Mystiker verband er neoplatonische, gnostische und islamische Elemente miteinander. Generell sollen im Sufismus außerdem Einflüsse buddhistischer und hinduistischer Wanderasketen nachweisbar sein. Der Sufismus stellt damit gewissermaßen ein Sammelbecken unterschiedlicher westlicher und östlicher Philosophien dar. Al-Arabi wurde von Orthodoxen seiner Zeit der Ketzerei bezichtigt – wie viele Sufis im Laufe der Zeiten. Mit welchem Hass sie noch heute verfolgt werden, zeigten die Beispiele islamistischer Zerstörung sufistischer Heiligtümer durch salafistische Eiferer in Mali im Jahr 2012, aber auch die Angriffe, die sie in Tunesien und Libyen nach der »Arabellion« erlebten oder die wiederholten Anschläge auf ihre Heiligtümer in Pakistan. Aus dem Umstand ihrer wiederholten Verfolgung zu schließen, dass Sufis grundsätzlich staatsferne Rebellen seien, wäre jedoch falsch. In der Geschichte haben sie häufig staatliche Autoritäten gestützt oder hatten selbst staatstragende Position inne. Manch ein Gelehrter hat im Verlauf seines Lebens die Seiten gewechselt oder wird sowohl von Sufis als auch von orthodoxen Muslimen als einer der ihren reklamiert. Zu letzteren gehört der persische Theologe und Philosoph Muhammad al-Ghazali (1058–1111), der eine Synthese von Orthodoxie und Sufismus und die Idee des »feinstofflichen Herzens« entwickelte, das dem Menschen den Weg ins Paradies weisen könne.

»Was Gott am meisten liebt, ist das pünktliche Gebet«

In Wiesbaden existieren mehrere sufistische Gemeinschaften. Es handelt sich einerseits um den Orden der Naqshbandiyya, der im 14. Jahrhundert in

Buchara entstand, großen Einfluss auf die Politik Zentralasiens hatte und im 20. Jahrhundert eng verzahnt mit den Süleymancilik und der Nurcu Cemaati, der Vorläuferorganisation der Fetullah-Gülen-Bewegung, war. Deutsche Mitglieder des Ordens beziehen sich besonders auf Sheikh Muhammad Nazim Adil al-Qubrusi al-Haqqani, der in Zypern und London lebt. Die Bruderschaft der Naqshbandiyya hat in Deutschland viele Konvertiten angezogen, und so ist es sicherlich kein Zufall, dass drei meiner Gesprächspartner nicht als Muslime auf die Welt kamen, sondern den Islam erst nach langen Reisen in islamischen Ländern für sich entdeckten. Der zweite Orden, mit dem wir einen äußerst angenehmen und informativen Kontakt pflegten, ist die *tarekat* al-Qadiriya al-Boutschischiya, der Orden für Liebe, Toleranz und Menschlichkeit, der von marokkanischen Mitgliedern getragen wird und seine größte Auslandsdependance in Frankreich besitzt. In Wiesbaden existiert die Bruderschaft erst seit Ende 2009 – eine überschaubare Gemeinschaft ohne externen Geldgeber, die sich in privaten Räumen trifft. Eine weitere Gruppe, die streng genommen zum Sufismus zählt, ist der bereits dargestellte Verband Islamischer Kulturzentren (VIKZ), der aber wegen seiner komplexen Gemeindestruktur und auch wegen seiner stärker an die Orthodoxie angelehnten Vorstellungen ein eigenes Kapitel in diesem Buch bekommen hat. Sowohl bei den Naqshbandis als auch bei der al-Qadiriya al-Boutschischiya durften wir an Gottesdiensten und Meditationen teilnehmen, und mit Mitgliedern beider Gruppen führten wir lange Interviews und spontane offene Gespräche.

Annemarie Schimmel erwähnt in der oben zitierten Einführung in die islamische Mystik eine amerikanische Studentin, die sich selbst als Sufi bezeichnete, aber weder den Koran kannte noch etwas Substantielles über den Islam wusste. Für sie bedeutete Sufismus Liebe, tanzen und Gedichte lesen. Solche Ideen treiben viele spiritualitätssuchende Nichtmuslime um, und sie haben maßgeblich dazu beigetragen, dass der Sufismus in Unkenntnis seiner Geschichte und Regeln auch von Personen gefeiert wird, die dem Islam ablehnend gegenüberstehen. Sufis selbst sehen das vollkommen anders. Auf meine Frage. »Was ist ein Sufi?« antworteten alle zunächst mit der simplen Entgegnung: »ein Muslim«. Das heißt, so Husamuddin Meyer von der Tarekat Naqshbandiyya, dass zunächst die islamischen Gesetze eingehalten werden müssten: »Die Gesetze sind die Grundvoraussetzung. Es gibt Leute, die sagen: ›Was soll ich mich mit diesen Kleinigkeiten beschäftigen?‹ Das ist aber eine Falle, die das *nafs*[23] einem einredet. Ich kenne keinen Sheikh, der nicht die Scharia vollkommen praktiziert und einhält, der auf das Gebet hundert Prozent Wert legte, auf die Gebetswaschungen. Der sieht sich nicht als besonders. Der sieht sich als Diener. Die haben den Propheten gefragt: ›Du bist doch der Liebling Gottes, der Meistgeliebte, der Beste der Menschen, warum stehst du dann nachts die ganze Zeit im Gebet? Deine Füße sind schon ganz geschwollen.‹ Da hat er gesagt: ›Soll ich denn nicht dankbar sein?‹ Die haben eine Dankbarkeit gegenüber Gott, die müssen immer beten. Da gibt es keinen Stolz. Desto höher man kommt, desto bescheidener wird man. Ansonsten ist was faul.« Das betreffe auch die genaue Einhaltung der Gebetszeiten: »Was Gott am meisten liebt, ist das pünktliche Gebet.« Sadid sah es ähnlich: »Islam ist, wenn ich sage, es gibt keinen Gott außer Gott und Mohammed ist sein Prophet, ich bete fünfmal am Tag, ich faste dreißig Tage pro Jahr, ich gebe zweieinhalb Prozent meines Gesparten pro Jahr für die Armen, und wenn ich genug Geld habe, gehe ich nach Mekka. Jemand, der das macht, ist Muslim. Dann kommt die nächste Stufe, iman. Das bedeutet, jemand glaubt an Sachen, die da sind. Wenn man an das Jenseits glaubt, an das Paradies und die Hölle, glaubt an die Engel, glaubt an alle heiligen Bücher, die Thora, die Bibel und den Koran, und glaubt an das Schicksal. Dann kommt die dritte Stufe, *ihasa*. Das bedeutet, man muss Allah dienen, eine Beziehung zu Gott aufbauen. Das kann man nur durch eine Erziehung des Egos erreichen. Wir machen das durch Meditationen, zweimal pro Tag, morgens nach dem Gebet zum Sonnenaufgang und abends nach dem Sonnenuntergang.«

Husamuddin, der Gottesfürchtige

Husamuddin Meyer ist eine auffallende Erscheinung: ein großer stattlicher Mann mit üppigem grauen Bart, der die Hälfte der Brust bedeckt. In der Öffentlichkeit erscheint er ausnahmslos in bodenlangem Kaftan und weißem Turban, trägt eine Gebetskette und hält einem knorrigen Stock in der Hand; nach eigenem Bekunden folgt er damit dem Vorbild des Propheten. Das *Wiesbadener Tagblatt* verglich ihn in einem Artikel einmal mit Abbildungen des weisen türkischen Narren Nasreddin Hodscha,[24] und in der Tat beschwört sein Auftreten sofort Fantasien eines mythischen Orients herauf. Meyer spielt mit diesem Image, inszeniert sich gerne und erträgt dafür auch bereitwillig die erstaunten Blicke seiner Mitmenschen.

Er und ich, wir haben einiges gemeinsam: Wir haben beide Ethnologie studiert, und bis zu einem gewissen Grad teile ich seine Sehnsucht nach der Fremde, nach anderen Welten und nach anderen Leben. Wir sind beide viel gereist – er in Afrika, ich in Asien –, und er hat das Schwärmerische behalten, das mir während meiner wissenschaftlichen Laufbahn mehr oder weniger verloren ging. Ich finde andere Kulturen noch immer faszinierend, aber ich glaube nicht, bei ihnen etwas zu finden, was mir in meinem eigenen Umfeld fehlt. Ich bin keine Zivilisationskritikerin, Meyer schon.

Begegnet sind wir uns erst vor etwa zehn Jahren, als ich einen ersten Versuch unternahm, etwas über die Wiesbadener Muslime zu erfahren. Ich saß während eines *zikhr*, einer sufistischen Anrufung Gottes, in einer Ecke der Taqwa-Moschee, und Meyer leitete das Gebet. Seine Ansprache zur Toleranz unter den Religionen beeindruckte mich damals, nicht zuletzt deshalb, weil sie eine eloquente Antwort auf den radikalen Islamismus seines Vorredners darstellte. Ein Jahr vor Beginn meiner Forschung in Wiesbaden trafen wir uns erneut im Rahmen einer Veranstaltung zum Thema »Ehre und Islam«, bei der er nicht nur optisch, sondern auch durch seine außergewöhnlichen Diskussionsbeiträge auffiel.

Im Sommer 2012 schließlich saß ich zusammen mit Oliver Bertrand bei ihm im Garten, und er erzählte über die unterschiedlichen Arten, im nördlichen Afrika grünen Tee zu kochen. Die Version, die er für uns zubereitete, wird in der Sahara getrunken. Sie war mäßig stark, von der Farbe heller Oliven und sehr süß. Nicht süß genug für unseren Gastgeber, der den Mangel an Zucker im Haus beklagte, aber Oliver und mir reichte die Konzentration an Zucker durchaus. Eingegossen wurde das Gebräu von großer Höhe aus einer silbernen Kanne, was einige Übung voraussetzt, und beim Auftreffen der zuckrigen Flüssigkeit im Glas bildete sich ein weißer Schaum. Je mehr Schaum, desto besser. In der Sahara sage man, so Meyer, wenn der Tee keinen Turban habe, werde der Gast nicht geehrt. Drei Aufgüsse mache man aus einer Kanne: Der erste sei bitter wie das Leben, der zweite süß wie die Liebe und der dritte sanft wie der Tod. »Wie sind Sie zum Islam gekommen?«, wollte ich wissen. Meyer begann zu erzählen: Mit seinem Bruder, der damals noch Schüler war, wollte er Ende der 1980er Jahre verreisen, und da Jamaika, die erste Wahl der beiden, ausgebucht war, fiel die Entscheidung auf Ägypten. »*Nasib*«, sagt Meyer, Schicksal. Als in Assuan frühmorgens der Muezzin rief, hätten beide senkrecht im Bett gestanden. »Wir dachten, die Welt geht unter.

Ich kam ja aus Groß-Bieberau, da kannte ich das nicht, *azzan*[25] ... Es hat mich irgendwie angezogen. Wir sind aufs Land gegangen, zu den Bauern, haben dort mit denen Tee getrunken.« Die Lust auf andere Kulturen war geweckt, und nach dem Zivildienst fuhr Meyer dann ein Jahr lang mit dem Motorrad durch das nördliche Afrika, durch Marokko, Algerien, Tunesien, dann durch Niger, Burkina Faso, Togo, Benin, Nigeria, Kamerun, Zentralafrika, Kongo, Uganda, Ruanda, Burundi, Tansania, Kenia, Lamu. »Was mich unheimlich beeindruckt hat, war die Happiness der Leute«, erinnerte sich Meyer. »Wie gut die Leute drauf waren, auch die armen Leute, sehr gastfreundlich und sehr zufrieden. Ich hatte erwartet, es gibt nur Hungerbäuche und Leprakranke. So war das Bild in Deutschland, um Spenden zu sammeln. Das war das Einzige, was man von Afrika mitbekam. Und dann fährt man dorthin und sieht, es gibt auch Städte, man kann Motorradersatzteile kaufen. Vor allem die Menschen sind beeindruckend. Als ich wieder zurück war, fiel es mir auf. Wenn man in Deutschland landet und die Leute laufen rum wie drei Tage Regenwetter, weil sie keinen Flachbildfernseher haben, sondern nur einen normalen Fernseher, weil sie einfach keine Seelennahrung bekommen. Das ist der Punkt, warum die Leute hier unglücklich sind.« Obwohl Religion noch nicht im Fokus seines Interesses stand, sei er doch bereits auf der Suche nach Spiritualität gewesen. »Ich hab viele Dinge unterwegs in Afrika erlebt«, sagte er, »die mir gezeigt haben, dass es sehr viel mehr gibt als das, was wir in der Schule gelernt haben. Dass es unsichtbare Wesen gibt, die manchmal auch sichtbar sind, dass es Telepathie gibt, dass es Magie gibt, das habe ich unterwegs alles entdeckt.«

Die Reise beeinflusste die Wahl des Studienfaches, und anstatt für Mathematik, Physik oder ein Wirtschaftsingenieursstudium schrieb er sich für Geographie, Ethnologie und Islamwissenschaften in Freiburg ein. Das Studium selbst erfüllte seine Erwartungen allerdings nicht, vor allem Islamwissenschaften seien »ein abartiges Studium«. Die Dozenten hätten wenig Ahnung vom Islam, beschäftigten sich mit unwichtigen Details: »Jeder normale Muslim, der ein bisschen was weiß, der hat es viel mehr in sich. Und dann bilden die sich ein, sie könnten den anderen beweisen, dass der Koran sprachlich gefälscht ist, dass da Fehler drin sind, dass das alles von Mohammed geschrieben wurde. Das ist so peinlich. Das nennen die dann Wissenschaft. Die schließen von vornherein die Existenz Gottes aus und forschen da irgendwas. Als mystisch interessierter Muslim kann man das kaum ertragen.« Wenn auch das Studium eine Enttäuschung gewesen sei, so habe doch der Kontakt zu einem Kommilitonen großen Einfluss auf sein weiteres Leben gehabt. »Er kam mir immer besonders vor unter all den Studenten. Er war der einzige, der gegrüßt hat, und man hatte auch den Eindruck, er grüßt die unsichtbaren Wesen mit. Er hat nur drei Wochen studiert, als wäre er für mich geschickt worden.« Der Kommilitone habe ihm von seiner Konversion zum Islam erzählt. »Das hat meinen Horizont erweitert«, erinnerte sich Meyer, »auch das war also möglich. Man konnte auch Muslim werden.« Nach der Zwischenprüfung machte er sich wieder auf den Weg nach Afrika. Sein Plan sei gewesen, im Senegal zu studieren. In Marokko sei es dann allerdings erst einmal nicht weitergegangen, die Grenze nach Mauretanien war zu, und er musste sechs Wochen warten, bis er ein Schiff von Casablanca in den Senegal fand, welches ihn aber nicht mitnahm. »Das ist das Faszinierende an Marokko. Es läuft einfach nicht so, man kann es nicht so kontrollieren wie hier. Hier denkt man, man hätte alles im Griff, und dort ist man ausgeliefert.« Die Leute hätten gesagt, es seien die *rijal*, die Heiligen, die ihn zurückhielten. »Auch wenn die Männer [die Heiligen, Anm. d. Verf.] heute unter der Erde liegen. Es steht ja im Koran: ›Denkt nicht, dass sie tot sind.‹ Sie sind nicht tot, was die Wahabis ja nicht glauben wollen, was sie wahrscheinlich irgendwann mal aus dem Koran entfernen, damit der Koran Ibn Abdul Wahab entspricht.« Er zitiert die Sure al-Baqara, Vers 153: »Und sagt nicht von denen, die aufs Allahs Wegen getötet werden, sie seien tot. Nein! Vielmehr sind sie lebendig, aber ihr nehmt es nicht wahr.«

Der Weg in den Senegal erfolgte dann ganz profan mit dem Flugzeug. Was ihm dort gefallen habe und noch immer gefalle, sei das Unmittelbare des Glaubens: »Die Leute denken ständig an Gott, bei allem, was sie tun. Gottesfürchtigkeit, *taqwa*, ist dort viel mehr ausgeprägt als in Nordafrika.« Später habe er entdeckt, dass es diese Art von frommen Menschen auch in Nordafrika gab, aber dort seien sie versteckt, während sie im Senegal das Gros der Bevölkerung stellten. Dort sei der Islam ganz simpel und es gehe um Ethik. Es werde unterrichtet, wie man sich benimmt, wie man Gastfreundschaft ausübt, was man sagt, wie man jemanden tröstet, und nicht, ob das Zupfen der Augenbrauen erlaubt sei. Heute würden die meisten Muslime die Regelgenauigkeit betonen und sich damit aufhalten, zu definieren, was *haram* und *halal* sei, wie die vorgeschrieben Haltung beim Gebet sei und Ähnliches mehr. Man betone *'ilm*, das Wissen, doch in den islamischen Überlieferungen heiße es: »Ich nehme Zuflucht bei Allah vor dem Wissen, das mir nichts nützt.« Viele

Muslime lernten heute Wissen, das nichts nütze. Sie hätten dadurch keinen besseren Charakter und immer noch kein besseres Benehmen.

Im Senegal blieb er neun Monate, studierte »Civilisation africaine«, »Civilisation Sénégalaise« und »Littérature africaine«. Er lebte in einer Familie, verbesserte seine Französischkenntnisse und erlernte die Wolof-Sprache. Seine Gastmutter, eine Analphabetin mit zehn Kindern, die ihn nachhaltig beeindruckte, riet ihm, den Islam anzunehmen. Sein Ziel sei es damals schon gewesen, in Afrika eine Religion und einen Lehrer zu finden. Jetzt war es also eine Lehrerin. »Die Analphabetin, die niemals eine Schule besucht hatte, hat mir mehr beigebracht als jeder Mensch zuvor«, sagte er. Zusätzlich verliebte Meyer sich in eine Burkinabé, die zu der Zeit bei ihrer Tante wohnte und Abitur machte. Die Eltern lebten in Burkina Faso und waren zunächst wenig angetan, als sie hörten, dass sich ein Weißer um die Tochter bemühte. Sie beorderten die junge Frau zurück, und Meyer verließ den Senegal. Er studierte ein weiteres Semester in Deutschland und befasste sich nach wie vor mit dem Gedanken, den Islam anzunehmen. Ganz sicher sei er zunächst nicht gewesen, auch wegen der negativen Berichte in westlichen Medien. Seine Erfahrungen hatten ihn jedoch etwas anderes gelehrt, und gerade die Frauen hätten ihm gezeigt, wie schön der Islam sei. Er versuchte sich Klarheit zu verschaffen, einmal durch das Lesen des Koran, aber dann auch wieder durch Gespräche mit Frauen, dieses Mal mit Marokkanerinnen. »Schließlich kam es mir so vor, als sei das die Lösung«, sagt er. »Die Glückseligkeit liegt im Islam. So kommt es mir vor, vom Herzen her. Das Gebet hat mir auch gut gefallen, und dann habe ich angefangen zu beten.« Nachdem er einige weitere Prüfungen an der Universität abgelegt hatte, entschloss er sich, für sieben Monate nach Burkina Faso zu reisen. Er konvertierte zum Islam und stellte sich nach langen Diskussionen mit seiner zukünftigen Frau ihrer Familie vor. Diese war zunächst sehr verhalten, besonders die Mutter, eine reiche Mekka-Pilgerin. »Sie schickte mir einen Spion hinterher«, berichtete Meyer, »um zu sehen, ob ich auch meine Gebete verrichte.« Dann luden sie ihn nach Hause ein. Er kaufte sechs Rebhühner und zwei Kalebassen Kolanüsse und hielt, unterstützt von einem Fürsprecher, erfolgreich um die Hand seiner Liebsten an.

Zusammen mit seiner Frau kehrte er zurück nach Freiburg, besuchte die örtliche Moschee und musste erst einmal feststellen, dass er keinesfalls die freundlichen Menschen vorfand, die ihn im Senegal und in Afrika allgemein beeindruckt hatten. »Ikhwan al-muslimin«, Vertreter der Muslimbruderschaft aus Syrien seien dort ein- und ausgegangen, erzählte er, »ganz finstere Gestalten mit schwarzem langen Bart«, die dort den Koran lehrten. »Das soll Islam sein?«, fragte er sich. »Das hat doch mit dem Islam nichts zu tun – nur Depressionen und griesgrämige Gesichter.« Glücklicherweise traf er seinen alten Kommilitonen wieder und schloss sich einer Gruppe der Naqshbandi an. Er selbst bezeichnete die Zeit in Freiburg, in der er sein Studium abschloss und eine Pilgerreise nach Mekka unternahm, rückblickend als glückliches Jahrzehnt. Als schließlich der Vater schwer erkrankte, verließ Meyer die Stadt, zog mit seiner Familie nach Groß-Bieberau und widmete sich drei Jahre lang der Pflege des alten Herrn. 2006, nach dem Tod des Vaters, ließ er sich in Wiesbaden nieder und nahm Kontakt zu den örtlichen Moscheen auf. Neben vielen guten Erfahrungen, insbesondere in der Taqwa-Moschee, setzten sich mancherorts die negativen Erfahrungen, die er in Freiburg mit den syrischen Muslimbrüdern gemacht hatte, auf anderer Ebene fort. Es habe ihn schockiert, dass in manchen Moscheen diskutiert wurde, »welche Terroranschläge erlaubt seien und welche nicht. Dass Terroranschläge in Israel erlaubt sind, sagen sogar einige Imame, und in Afghanistan hält man ja auch alles für Verteidigung«.

Meyer ist in dieser Frage eindeutig: Gewalt, zumindest gegen Zivilisten, ist seiner Meinung nach niemals zu rechtfertigen und widerspricht den Prinzipien des Islam: »Wenn ich höre, dass es wieder Tumulte nach Freitagsgebeten gegeben hat, denke ich: ›Wieso das denn?‹ Es sollte doch das Gegenteil sein. Man müsste doch betroffen nach Hause gehen und sagen: ›Ich muss unbedingt ein besserer Mensch werden.‹« Aufpeitschende Prediger folgen seiner Meinung nach nicht der islamischen Tradition, der *sunna*. Die Freitagsansprache an die Gläubigen sollte eine ermahnende Wirkung haben, und es müsse nicht geschrien, geschweige denn gehetzt werden. Ein charismatischer Imam, der gottesfürchtig sei, der habe eben eine ermahnende Wirkung. Er rüttle die Menschen auf, um sie zu verbessern, und beschuldige keine anderen. Darin folge er dem Vorbild des Propheten, der Andersdenkenden und sogar seinen Feinden mit Milde begegnet sei: »Es gibt keinen Menschen, der mehr gelächelt hat als der Prophet Mohammed, SAW.[26] Glauben Sie, dass der Prophet so brutal war wie die Salafisten? Dass der so gnadenlos und unbarmherzig war? Ich meine, wenn der Koran mit ›*bismillah ar-rahman ar-rahim*‹, ›Im Namen des barmherzigen Gottes‹, beginnt und der Prophet sagt: ›Keiner ist mehr vom Islam entfernt als der Hartherzige‹, ja denken die, das

ist *sunna*? Wenn die sagen: ›Wir folgen nur dem Koran und der *sunna*‹, dann ist das das Gegenteil. Nichts ist weiter voneinander entfernt als Salafisten und Sunniten. Der Prophet Mohammed war der Barmherzigste, der Netteste, war der, von dem alle gesagt haben: ›Noch nie hat mich jemand so beeindruckt, noch nie habe ich mich so wohl gefühlt wie in seiner Gegenwart, noch nie war ich so berührt, noch nie habe ich mich so geliebt gefühlt. So eine Liebe wie bei ihm habe ich noch nie erlebt.‹ Salafisten sagen, sie wollen zurück ins 7. Jahrhundert. Wenn sie das mal wirklich machen würden, dann wäre es gut. Wie sich die Salafisten benehmen, ist eine Beleidigung für alle Leute, die im 7. Jahrhundert gelebt haben. Nichts ist weiter vom Islam entfernt. Der Prophet wurde als Barmherzigkeit für die Welten geschickt. Im Koran steht: ›Und wir haben dich zu nichts Anderem geschickt als Barmherzigkeit für die Welten.‹«
Es gebe viele Beispiele dafür, wie ernst der Prophet Toleranz und Menschenfreundlichkeit genommen habe, erläuterte Meyer. Es habe zum Beispiel einen Menschen gegeben, der ihn töten wollte. Er sei immer hinter ihm hergelaufen, um die *kaaba*, den heiligen Stein herum, als er *tawaf* gemacht habe, die Umkreisung, da sei er hinter dem Propheten her mit einem Messer in der Tasche und wollte ihn erstechen. Der Prophet habe sich ab und zu umgedreht und ihn gefragt: »Was machst du?« Er habe nur ausweichend geantwortet. Mohammed habe seine Frage noch zweimal wiederholt, und beim dritten Mal habe er sich vollständig zu dem Mann umgedreht und die Hand auf sein Herz gelegt. Der Mann habe später erzählt: »Bevor er die Hand auf mein Herz gelegt hat, war der Prophet für mich der meistgehasste Mensch auf der Erde, und als er die Hand weggenommen hat, war er zum liebsten Menschen geworden, dem ich jemals begegnet war.« Der Mann sei dann Muslim geworden.

Husamuddin Meyer möchte über den Islam aufklären, und zwar in zwei Richtungen: zum einen in der nichtmuslimischen deutschen Gesellschaft, in der er gegen Vorurteile und Diskriminierungen kämpft, zum anderen aber auch innerhalb der muslimischen Gemeinschaften. In Wiesbaden habe ich ihn als eloquentes Mitglied der Arbeitsgemeinschaft Islamischer Gemeinden Wiesbadens erlebt, als jemanden, der seine Kontakte zu städtischen Einrichtungen produktiv nutzte, um Projekte für Muslime zu konzipieren. Seit September 2008 engagiert er sich jede Woche mehrere Stunden lang als muslimischer Gefängnisseelsorger in der Jugendvollzugsanstalt, leitet das Freitagsgebet, predigt in deutscher Sprache und steht für Fragen zur Verfügung. Bis zu sechzig Gefangene kommen zu den Predigten, resümierte er, und die

Rückmeldungen seien durchweg positiv gewesen. Obwohl viele Jugendliche nur ein geringes Wissen über den Islam besäßen, verstünden sie sich doch als Muslime. Der Islam sei gerade bei denen identitätsstiftend, die nirgendwo dazugehörten, die in Deutschland als Ausländer und in der Heimat der Eltern als Deutsche ausgegrenzt würden. Durch die Einrichtung eines Freitagsgebetes, die Zurverfügungstellung von Gebetsteppichen, -mützen und -ketten erführen sie in dieser Identität Anerkennung. Ihm als Imam hätten sie Fragen gestellt, die nicht nur ihre persönliche Situation, sondern auch den Islam beträfen. Auch hier sei es immer wieder darum gegangen, ob sich Muslime mit Gewalt verteidigen dürften, ob Terrorismus in Palästina, in Afghanistan oder im Irak legitim sei. »Man muss dafür sorgen, dass die was Gutes hören«, war sein Fazit. »Wenn keiner da ist, dann spielt sich einer auf und erzählt sein Zeug. Deshalb sage ich immer: ›Seht zu, dass ihr in jeden Knast einen Imam kriegt, dass dort Islamunterricht angeboten wird.‹«

Das *nafs*

Zentrale Elemente des Sufismus sind Gottesfurcht, Gottvertrauen und letztendlich auch die Suche nach der Nähe Gottes. In Anlehnung an einen Vers aus dem Koran möchte man Gott näher kommen »als seiner eigenen Halsschlagader«. Die Furcht konfrontiert den Gläubigen mit der Sünde und seiner eigenen Unzulänglichkeit, sagen die Sufis, und sie bringt ihn dazu, demütig zu sein. Da Gott als barmherzig verstanden wird, glaubt man allerdings, dass die Sünden verziehen werden, wenn man sie nur aufrichtig bereut. Man vertraut und baut auf Gott und seine Gnade und ist überzeugt, dass alles, was geschieht, von ihm geplant ist. Der Mensch könne sich auf Gott und seine Entscheidungen verlassen. Das gilt auch bei schweren Schicksalsschlägen, die als Prüfungen verstanden und akzeptiert werden sollen. »Wenn ein Nichtgläubiger ein Problem hat, dann kann er sich fragen: ›Warum immer ich?‹«, erläuterte Sadid vom Qadiriya-Orden. »Doch wenn man *iman* praktiziert, muss man glauben, dass es eine Prüfung war.« Das eigentliche Ziel der Erfahrung der Nähe Gottes geschieht einerseits in der religiösen Meditation, dem *zikhr*, andererseits aber in der permanenten Anstrengung, das eigene Ego zu überwinden. Das Ego ist das von Husamuddin Meyer erwähnte *nafs*, das den Gläubigen von der Erfüllung seiner Pflichten ablenkt: »Das *nafs* ist, was uns von Gott abhält, was sich dazwischen stellt. Das *nafs* arbeitet mit dem

Teufel zusammen. Das wurde von Gott gegeben, damit man es bearbeiten kann.« Sadid war der gleichen Ansicht: »Unser Feind ist kein Jude oder ein Christ, sondern unser Ich, unser Ego, unser *nafs*. Das *nafs* sagt: ›lüg‹ oder ›sei neidisch‹. Wenn man sich vom Einfluss des Ichs befreit, fühlt man sich frei.« Meyer erläuterte uns die verschiedenen Kategorien des *nafs*: »Es gibt das *nafs al-ammara bisu*, das *nafs*, das das Böse befiehlt, das *nafs al-lawwaama*, das anfängt, langsam zu tadeln, wo man feststellt, es ist nicht alles so optimal, und das *nafs al-mutma'inna*, was das hingegebene *nafs* ist. Das hingegebene *nafs* ist Muslim geworden. Es wird als Reittier benutzt, um zu Gott zu reiten. Es ist nicht unbedingt etwas Schlechtes, es ist nur am Anfang schlecht, bis es sich hingegeben hat. Man sagt ja, auch Begierden und Zorn haben eine gute Seite, die einem Energien gibt, um bestimmte Dinge zu tun, notwendige Sachen für das Leben. Man muss es nur kanalisieren, in die richtige Richtung bringen.«

Bei der Domestizierung des *nafs* helfe einen ein religiöser Führer, der Sheikh: »Die Bildung des Herzens kann man nur mit einem Sheikh erreichen. Der Sheikh erzieht seine Schüler, er bringt ihnen Benehmen bei, er zeigt ihnen ihre Schwächen, sodass man keine Zweifel mehr hat, dass man sie hat. Und das durch das tägliche Leben, durch das Zusammenleben. Es steht ja im Koran, man sollte sich mit den wahrhaftigen Menschen umgeben. Wenn man den richtigen Sheikh sieht, dann sieht man auf den ersten Blick seine eigenen Unzulänglichkeiten, dann hat man keine Zweifel mehr. Das muss einem keiner sagen, und es ist auch nicht üblich, dass man das sagt. Man soll ja auch nicht jemanden verletzen. Ein Sheikh ist jemand, der sehr viele göttliche Eigenschaften reflektiert, die Gerechtigkeit, aber besonders die Barmherzigkeit, weil dies die wichtigste Eigenschaft von Gott ist. Das ist auch wichtig als Bindung. Man kann bei dem Sheikh nur bleiben, wenn man sich von dem geliebt fühlt. Wenn man da diese Liebe empfängt, nach der man die ganze Zeit sucht. Das ist die göttliche Liebe, die durch die drehenden Derwische symbolisiert wird. Sie empfangen die Liebe mit der einen Hand und geben sie mit der anderen Hand an die Menschen weiter. Das ist, was die Sheikhs machen. Seitdem ich den *bayat* gegeben habe, den Bund [mit Sheikh Nazim, Anm. d. Verf.], seitdem bin ich angeschlossen. Die Herzensverbindung ist immer da, ob man sie merkt oder nicht. Es ist so: Wenn man lange beim Sheikh ist, wird das Selbst immer weniger und Gott erscheint immer mehr. Wenn man das Herz befreit von allem anderen, dann kann es gefüllt werden von Gott.«

Bei allen Anstrengungen, so meinte Sadid pragmatisch, müsse man allerdings anerkennen, dass man in einer materialistischen Welt lebe und nicht 24 Stunden am Tag sein Ego bekämpfen könne. Das Leben eines jeden Einzelnen sei ausgefüllt mit Arbeit, Familie und anderen Dingen. Deshalb seien die täglichen Auszeiten im Gebet wichtig. Da asketische Praktiken im Sufismus als gut geeignet zur Überwindung des Ichs angesehen werden, gelten das nächtliche Gebet, die Unterbrechung des Schlafs oder gar der Verzicht auf ihn als besonders verdienstvoll. Einige Sufis, so erzählte man uns, hätten es in diesen Übungen zu wahrer Meisterschaft gebracht wie ein Mann, der jahrelang nicht geschlafen und sich nur nachts während des *zhikr* »erholt« habe. Der gewöhnliche Sufi belässt es jedoch bei je einem *zikhr* nach Sonnenaufgang und einem nach Sonnenuntergang. Auch das enthalte asketische Dimensionen, erläuterte Sadid: »Man versucht, sich vollkommen auf Gott zu konzentrieren und eine Verbindung herzustellen. Das ist wichtig. Das *nafs* versucht immer, einen abzulenken. Deshalb ist es wichtig, das Ego zu Dingen zu zwingen, die es nicht will.« Das Ergebnis dieser Selbsterziehung sei, »dass man nicht mehr aufstehen möchte, obwohl man sich am Anfang fragt, warum man eine Stunde sitzen muss und die Knie weh tun, aber langsam, langsam, wenn das Ego sich schwach fühlt, dann kommt man in die zweite Phase und spürt den Frieden mit der ganzen Welt, das ist etwas, das man nicht erklären kann. Das ist einfach ein Gefühl«. Der Lohn der Askese sei die Herstellung einer besonderen Nähe zu Gott. Man entwickele ein »inneres Licht«, das einem den rechten Weg leuchte. Das gelinge vor allem in einer Gemeinschaft gut. *Zhikr* in der Gemeinschaft helfe, die spirituelle Energie zu konzentrieren und das Geheimnis (*sir*) zu erfahren.

Zikhr in einer Mietwohnung

Wie ein solches *zikhr* praktiziert wird, konnten Oliver und ich erstmals am 31. März 2012 miterleben, einem Samstag. Sadid und seine Frau Hikma[27] vom Orden al-Qadiriya al-Boutschischiya hatten uns eingeladen. Die Familie lebte mit ihren drei Töchtern im Vorort Kastel in einer bescheidenen Wohnanlage. Das Treffen, zu dem Mitglieder des Ordens von Mannheim bis Wismar erwartet wurden, fand im Wohnzimmer statt. Einmal im Monat versammelten sich die deutschen Mitglieder der *tarekat* irgendwo in Deutschland. Es handelte sich um eine überschaubare Gruppe von acht Männern, von denen zwei mit ihren Familien in Wiesbaden lebten. Hikma hatte in Marokko Mathematik und Informatik studiert und arbeitete zum Zeitpunkt unserer Begegnung als Programmiererin und Entwicklerin im Bundeskriminalamt. Sadid hat einen Abschluss als Wirtschaftswissenschaftler aus Rabat und einen Master of Science and Finance aus Boston. Der Wiesbadener Zweig der *tarekat* war unübersehbar eine durch und durch akademische Gruppe, deren Mitglieder es gewohnt waren, über Religion, das Leben in Deutschland und familiäre Arbeitsteilung zu reflektieren. Sadid und Hikma gestalteten ihren Alltag als emanzipiertes gleichberechtigtes Team. Die Versorgung der drei Kinder, der Haushalt und die Berufstätigkeit der beiden Ehepartner wurden perfekt organisiert, sodass Zeit für familiäre und religiöse Unternehmungen blieb. Hikma trug kein Kopftuch, im Gegensatz zu einer anderen anwesenden Frau namens Minhat. Diese war Tunesierin, in Deutschland geboren, aber in Tunesien aufgewachsen.

Seit ihrem 18. Lebensjahr sei sie wieder hier, erzählte sie, und habe in Hamburg studiert, wo sie auch ihren Mann kennenlernte und als muslimische Aktivistin tätig war. Sie war eine jener modernen frommen Musliminnen, die sich nach einer Auseinandersetzung mit dem Islam für die islamische Bekleidung entschieden haben. Mit dem Tragen des Kopftuchs wollte sie ihrer Umwelt zeigen, dass sie Muslimin sei. Sie wolle ihren Glauben nicht verstecken, erklärte sie mir, ihn aber auch nicht in einer überkommenen, mit kulturellen Bräuchen vermischten Weise praktizieren. Ihre Eltern seien traditionelle Muslime, aber keine wirklich religiösen Leute in ihrem Sinne. Ihr Vater habe ihr als Kind beispielsweise verboten, Fahrrad zu fahren, ohne dafür irgendeine Begründung geben zu können. Das hielt sie für unsinnigen Traditionalismus. Der Islam sei eine Religion, die Frauen achte, meinte sie und verwies auf das Beispiel des Propheten, der ein emanzipatives Verhalten vorgelebt habe. Ihr weibliches Vorbild war Khadija, die erste Frau Mohammeds. Wie sie ihr eigenes Leben plane, fragte ich sie. Wegen ihres kleinen Sohnes, den sie dabeihatte, habe sie ihr Studium unterbrochen, erzählte sie, werde aber wieder damit beginnen, sobald er im Kindergarten sei. Der Junge, Hamza, rannte die ganze Zeit zwischen Mutter und Vater hin und her, und beide kümmerten sich zärtlich um ihn. Hamza könne schon im Haushalt mithelfen, sagte Minhat stolz. Er reiche ihr Wäschestücke zum Aufhängen und wische den Tisch ab. Das zu betonen war ihr wichtig. Auch ihr Mann unterstütze sie und sei ein liebevoller Ehemann und Vater.

Trotz aller Emanzipation wurde der *zikhr* ohne die Frauen durchgeführt. Ich war als Forscherin und Gast die einzige Frau im Raum. *Zikhr* sind in der Regel strikt geschlechtergetrennt, und meine Zulassung war eine der Wissenschaft geschuldete Ausnahme. Zunächst wurden Oliver und ich für das Ritual zurechtgemacht. Oliver wurde in eine *jellaba* gekleidet; ich erhielt eine marokkanische Hose und ein langes passendes Oberteil. Einen Schal hatte ich selbst mitgebracht und band ihn um Kopf und Hals, um Haare und Haut ordnungsgemäß zu bedecken. Wir setzten uns auf bequeme Sitzkissen am Boden und bekamen beide eine deutsche Koranübersetzung ausgehändigt, damit wir nachvollziehen konnten, welche Verse rezitiert wurden. Unter Anleitung eines Wiesbadener Mitglieds und eines der auswärtigen Gäste wurden verschiedene Gebete gesprochen, dabei die Verse 2:285–86, in denen Gott gebeten wird, den Gläubigen nicht mehr aufzuladen, als diese ertragen können, und in denen sie um Vergebung bitten. Danach setzten sich die Männer ebenfalls auf dem Boden nieder und beteten leise, etwa eineinhalb Stunden lang. Sie ließen die Gebetsketten durch ihre Finger gleiten, und einige wiegten sich rhythmisch. Daran schloss sich ein Part an, in dem man laut im Chor »Allah« rief, gefolgt von Rezitationen, die entweder im Chor, als Solo oder im Wechselgesang vorgetragen wurden. Die Betenden gerieten in eine entrückte Stimmung, ganz vertieft in ihre Meditation. Das Ganze dauerte etwa vier Stunden und endete mit dem *magrib*-Gebet.[28] Danach folgte der gemütliche Teil. Hikma, Minhat und eine weitere Frau kamen herein und es wurde gegessen, wobei die Frauen in einer Ecke am Tisch, die Männer in einer anderen auf dem Boden saßen. Hikma hatte Platten mit ausgezeichneten marokkanischen Vorspeisen zubereitet, Thunfischsalat, Krabben in allen Größen, Reis-, Tomaten- und Kartoffelsalate. Der Hauptgang bestand aus einem wunderbaren Hammelgericht mit Pflaumen und gerösteten Mandeln. Dazu gab es marokkanisches Brot und immer wieder süßen Pfefferminztee. Es war eine entspannte Zeit mit lockeren Plaudereien über den Islam und das Leben. Als wir uns endlich um 21 Uhr zum Gehen anschickten, wurden Bittgebete für das Gelingen unseres Projektes gesprochen.

Geschlechtertrennung wider Willen

Ein zweites *zikhr*, an dem wir teilnehmen konnten, wurde von Husamuddin Meyer in der bosniakischen Moschee geleitet. Die Konvertiten Hafis und

Rabia nahmen teil, außerdem eine weitere deutsche Konvertitin, eine Iranerin und mehrere Männer unterschiedlicher Nationalität. Anders als bei Sadid wurde die Geschlechtertrennung hier zu einem Diskussionsthema, da die anwesenden Frauen zusammen mit den Männern beten wollten. Meyer lehnte ab. Warum die Geschlechtertrennung so wichtig sei, fragte ich ihn im Nachhinein. »Der Grund ist ein energetischer«, antwortete er. »Bei *zikhr* entstehen Sensibilitäten für Energien, und die positive Auswirkung, die das *zikhr* normalerweise hat, wird dadurch gestört. Meine persönliche Tradition ist es, das nicht zu mischen. Und einige Brüder würden nicht kommen, wenn es gemischt ist.« Je länger man ein *zikhr* mache, desto sensibler werde man für die Wahrnehmung von Schwingungen und Energien. Meine Frage, ob Frauen dann nicht die Möglichkeit genommen werde, überhaupt am *zikhr* teilzunehmen, musste er bejahen. Für eigene Frauenkreise gebe es häufig nicht genug Teilnehmerinnen, außerdem fehle es an weiblichen Führungsfiguren. Erschwerend käme hinzu, dass Frauen männliche Ansprache suchten. Letzteres könne Probleme verursachen: »Wenn der Führer einer Gruppe ein charismatischer Typ ist, der tolle Sachen sagt, dann verliebt sich die Hälfte der Frauen in den Mann. Sie denken: ›Das ist ein richtiger Mann, doch mein Mann, der ist ja 'ne Flasche‹, sozusagen.« Auch wenn es keinen attraktiven Imam gebe, könne das gemeinschaftliche *zikhr* zum Ehebruch oder sogar zur Auflösung von Ehen führen: »Dann gibt es Geheimtreffen, dann gibt es Scheidungen. Der Mann will die Frau vielleicht auch heiraten, weil er sich nicht beherrschen kann. Der Mann sagt: ›Die Frau ist spirituell interessiert, die hört mir zu. Meine Frau, die hört mir nie zu, die interessiert es gar nicht, was ich sage.‹« Meine Frage, ob denn die spirituell interessierte Gefährtin nicht tatsächlich besser zu einem spirituell interessierten Mann passe, beschied er negativ: »Ja, der Mann kann ja auch dem Trugschluss verfallen, dass er Gott in der Frau sucht, dann wird er auch nach drei Wochen oder zwei Monaten enttäuscht und sagt: ›Es war wieder nicht die Richtige, die will eigentlich auch nur diese weltlichen Dinge. Es war nur versteckt hinter dieser spirituellen Fassade. Es schien ein spirituelles Interesse zu sein, doch eigentlich will sie nur eine richtige Versorgung in allen Bereichen.‹«

Den Frauen waren solche komplexen Überlegungen vermutlich nicht besonders präsent, denn sie artikulierten schlicht, dass sie sich durch die Geschlechtertrennung diskriminiert fühlten. Nach dem erfolglosen Austausch von Argumenten fügten sie sich zwar der Anordnung Meyers, einen eigenen kleinen Kreis abseits der Männer zu bilden, aber die Stimmung war und blieb schlecht. Dazu kam, dass eine Konvertitin namens Rabia leicht schwerhörig war und unter ihrem Schleier nur schwer verstand, was Meyer vorbetete. Auch wir anderen hatten unsere Mühe, nachzuvollziehen, was im Männerzirkel, in dem Meyer die Führung innehatte, eigentlich vor sich ging. Immer wieder äußerte eine der Frauen ihren Unmut, wurde das Beten durch missmutiges Gebrummel unterbrochen. An eine Konzentration auf Spirituelles war nicht zu denken, da alle Teilnehmerinnen mit ihrem Ärger oder dem sehr weltlichen Problem beschäftigt waren, den Vorbeter in einem akustisch nicht gerade optimalen Umfeld zu verstehen.

Grüne Kopftücher, »damit die Engel uns sehen«

Rabia und ihr Mann Hafis gehören wie Husamuddin Meyer dem Orden der Naqshbandiyya an. Da sie die Geschlechtertrennung bei unserem gemeinsamen *zikr* in der bosniakischen Moschee nicht so streng gesehen hatten wie Meyer und sich Rabia sogar über Ausgrenzung und Diskriminierung beklagt hatte, interessierten mich ihre persönlichen Vorstellungen über den Islam und seine Prinzipien. Wir verabredeten uns an einem sonnigen Nachmittag in ihrer Wohnung im Rheingau bei Kaffee und Pflaumenkuchen, und ich lauschte ihrer aufregenden Geschichte. Beide waren, wie Meyer, Kosmopoliten und Reisende. Die zierliche Rabia, in Australien geboren, hatte es schon früh in den Orient verschlagen. Zusammen mit ihrem ersten Mann, einem Deutschen, leitete sie Sprachschulen für Diplomaten und Bankiers in Beirut, später auch in Bahrein, Iran, Oman und im Jemen. 1971 ging es wieder zurück in den Libanon. Dann kam 1975 der Bürgerkrieg. Das Paar befand sich gerade in London und beschloss, nicht mehr zurückzukehren, da die Sicherheitslage zu schwierig geworden war. London wurde zum Hauptwohnsitz erkoren, und wieder war es eine Sprachschule, mit der die beiden ihren Lebensunterhalt verdienten. Sowohl ihr Mann als auch sie selbst seien stark am Sufismus interessiert gewesen, erzählte Rabia, und irgendwann habe sie dann an einem schwarzen Brett in ihrem Bioladen einen Zettel gesehen, auf dem stand: »Naqshbandi-Sufi gibt Unterricht«. Sie seien dann dorthin gegangen. Rabia erinnerte sich: »Es war toll; wir haben *zikr* gelernt und alles Mögliche. Und haben auch dieses Drehen gelernt von den Derwischen.« Bald fasste sie den Entschluss, zu konvertieren, doch ihr Mann war strikt dagegen. Er habe den

Sufismus als interessantes Phänomen für seine Studien betrachtet, so Rabia, keinesfalls aber als Lebensperspektive. Der Konflikt konnte nicht gelöst werden und führte zu einer räumlichen Trennung. Rabias Mann hatte einen Auftrag in Bonn, und sie blieb in London bei den Sufis. Sie erlebte dies als einen Akt der Befreiung und als Aufbruch in ein selbstbestimmtes Leben: »Es war ein neues Leben für mich, weil ich immer in seinem Schatten gestanden habe. Ich bin ihm immer gefolgt, habe Englisch und Französisch gelehrt und die Administration gemacht; aber er war derjenige, der gesagt hat, was zu tun war. Jetzt hatte ich zum ersten Mal in meinem Leben Freunde. Vorher hatte ich nie Zeit, weil ich immer für diese Schule gearbeitet habe.« Rabia stürzte sich ganz in die neuen Aktivitäten und unternahm auch Reisen mit ihrer Sufi-Gruppe. Die drei Kinder, zu diesem Zeitpunkt elf, zwölf und 14 Jahre alt, wurden dann immer von ihrem Mann betreut. 1981 fuhr sie mit der Sufi-Gruppe für eine Woche ins türkische Konja, und als sie zurückkam, waren die Kinder weg. Ihr Mann hatte sie mit nach Deutschland genommen, weil er nicht wollte, dass sie in der islamischen Umwelt der Sufi-Gruppe aufwuchsen. »Heute kann ich ihn verstehen«, meinte sie nachdenklich, »aber damals war ich nicht einverstanden, dass er die Kinder so rigoros weggenommen hatte«.

In London, bei den Sufis, begegnete sie irgendwann Hafis, der wie sie selbst ein Weltenbummler war; er hatte eine Zeit lang in Frankreich, Nigeria und an der Elfenbeinküste gelebt. Als Bankkaufmann und Betriebswirt hatte er für internationale Unternehmen gearbeitet, bis er in London Kontakt mit den Sufis bekam. Eine Freundin nahm ihn zu einem Vortrag des Sufi-Meisters John Ross alias Sheikh Abdullah mit. Hafis erzählte: »Ich hab gedacht: ›Wow! So etwas hab ich überhaupt noch nie erlebt.‹ Wie man die Welt sehen kann. Wie wir Teil der Schöpfung sein können, wenn wir nur wollen, wenn wir alles bewusst erleben. Das hat mich sehr berührt, und ich bin dann sein Schüler geworden. Als ich in Frankreich gearbeitet habe, hab ich ihn nach Paris eingeladen. Ich hab gesagt: ›Sheikh Abdullah, ich möchte gern Muslim werden!‹ Er sagte: ›So einfach geht das nicht. Du musst wenigstens die Gebete können, in Arabisch.‹ Dann habe ich die Gebete gelernt und bin formal übergetreten. Es war eine schöne kleine Zeremonie, die ich heute noch vor Augen habe. Wir haben dann *zikhr*-Abende und Vorträge gehabt, jede Woche, und der hat so interessant gesprochen, über westliche Philosophie, über Jung und über Freud, über östliche Philosophie, was die Sufis dann auch von den Griechen übernommen haben, was sie ins Arabische übersetzt haben, welche

Vorreiterrolle sie gespielt haben in der Medizin usw. So was hatte ich noch nie gehört in meinem Leben. Und dann kam Sheikh Nazim, der war der Lehrmeister von Abdullah Ross. Und das waren immer sehr schöne lichte Abende, wenn Abdullah Ross und Sheikh Nazim da waren, das waren Augenöffner. Und da war so viel Liebe und Wärme auch da; wo Leute sich auf ganz andere Weise begegnet sind als ich das kannte aus meinem gesellschaftlichen und beruflichen Leben.« In dieser Situation, die für beide einen radikalen Umbruch ihres Lebens darstellte, begegneten sich Hafis und Rabia. »Ich habe ihn gesehen«, erinnerte sich Rabia, »und habe mich gleich in ihn verliebt. Ich war geblendet von seinen blauen Augen.« Zwei Jahre nach der ersten Begegnung heirateten die beiden und zogen nach Deutschland, auch deshalb, weil Rabia in der Nähe ihrer Kinder sein wollte. Lange Zeit lebten sie in Bad Camberg in einem Haus, das sich schnell zu einem sufistischen Zentrum entwickelte. Sie waren Außenseiter in einem konservativen hessischen Dorf. »Die Dorfbewohner haben uns für verrückt gehalten und irgendwann sogar die Drogenfahndung gerufen«, erzählte Rabia, und Hafis ergänzte: »Bei uns durfte nicht im Haus, sondern nur vor der Tür geraucht werden, und die dachten wohl, wir rauchen Haschisch. Wir haben dann den Mann von der Drogenfahndung bei uns gut bewirtet, er hat sich wohlgefühlt, und das war's.«

Guten Kontakt hatte man zum örtlichen Pfarrer, der sie oft besuchte und sehr offen für den Islam war. Später zog das Paar nach Wiesbaden. Hafis arbeitete als Unternehmensberater in einem internationalen Unternehmen; privat baute er zusammen mit seinem Vorgesetzten in den 1980er Jahren den Verein West-Östlicher Diwan auf. Sie organisierten Musikveranstaltungen und Vorträge über Sufismus, verkauften islamische Utensilien, verschickten einen sufistischen Rundbrief an vier- bis fünftausend Adressen und bauten sogar einen Vertrieb islamischer Bücher auf. Man arbeitete mit dem Spohr-Verlag zusammen, der Übersetzungen von Werken sufistischer Autoren verlegte. »Es hatte sich alles sehr schön entwickelt, war eine intensive Zeit, etwa vier, fünf Jahre lang«, erzählte Hafis. Durch die Anknüpfungen an die deutsche Klassik, an Goethe, Lessing und Herder, sei man gut bei der nichtmuslimischen Bevölkerung angekommen. Irgendwann war das reine Ehrenamt neben der Berufstätigkeit als Abteilungsleiter in der internationalen Gesellschaft jedoch nicht mehr zu leisten. Da niemand bereit war, Hafis' Platz einzunehmen, ging die Tätigkeit des Vereins daraufhin merklich zurück.

Zum Zeitpunkt unseres Gesprächs war Hafis 66 Jahre alt und aus dem aktiven Berufsleben ausgeschieden. Er engagierte sich in der muslimischen Seelsorge und reiste mit seiner Frau innerhalb der sufistischen Netzwerke Europas umher. Rabia war 73 Jahre alt und hatte durch die stundenlangen Übungen im Knien während der Meditationen Verschleißerscheinungen, die ihr das Laufen schwer machten. Sie waren und sind noch immer ein attraktives Paar. Er: groß, schlank und breitschultrig, sie: zart, mit feingeschnittenem Gesicht und weit über Schultern fallendem glatten Haar. »Wie schön Ihre Frau ist«, sagte ich ihm, als ich sie das erste Mal ohne Kopftuch sah. Beide lachten, sie etwas verlegen.

Sie sei kritischer geworden in den letzten Jahren, entgegnete Rabia auf meine Frage nach ihrer Haltung zu islamischer Bekleidungsmoral. Das Kopftuch trage sie nicht mehr ständig wie früher, und ihre Meinung dazu habe sich geändert. Es habe zur Zeit des Propheten einen Sinn gehabt, weil es anzeigte, dass diese Frauen unter einem mächtigen Schutz standen und nicht belästigt werden durften. Als ich wissen wollte, ob dies denn heute auch noch gelte, antwortete sie: »Meiner Meinung nach nicht, aber unser Sheikh sagt, es gilt für alle Zeiten, und das bedeutet, es ist so, nicht wahr? Aber ich kann nicht. Ich bin jetzt 73, und es ist nicht so wichtig für mich, dass ich mich verhülle. Die Araberinnen sagen: ›Die Männer werden dich auch jetzt attraktiv finden‹, doch ich sage: ›Das ist ihr Problem‹. Ab einem gewissen Alter braucht man das nicht, aber wenn man so erzogen ist, dann bleibt man dabei. Wenn man immer verhüllt ist, dann fühlt man sich nackt, wenn die Haare nicht bedeckt sind. Ich bin einmal mit Sheikh Nazims Tochter in Österreich gereist, und sie hatte ihre Haare gewaschen und in der Sonne getrocknet. Als ein Mann kam, hat sie ihn attackiert und war total außer sich, als wenn sie ohne Höschen dagesessen hätte. Aber ich sehe das lockerer.« Hafis schaltete sich ein: »Also, ich sehe das ziemlich entspannt. Die Sufis sind ja bekannt dafür, dass sie sehr anpassungsfähig sind und dass sie auch nicht unbedingt äußerlich erkennbar sein müssen. Ich bin in einer *corporate society* ein- und ausgegangen, und ich denke, es lässt sich mehr erreichen, wenn man in einer bestimmten Kleidung auftritt. Ich bin Unternehmensberater; ich kann nicht mit Turban auf die Arbeit gehen. Auch was das Kopftuch anbelangt, das überlasse ich ganz einfach meiner Frau. Es gibt Argumente hier und es gibt Argumente da. Unser Sheikh ist mal von Frauen damit konfrontiert worden, dass sie wegen ihrer Kopftücher angefeindet wurden, und da hat er gesagt: ›Das ist nicht Sinn der

Sache. Dann solltet ihr die Kopftücher ablegen.‹« Rabia intervenierte: »Das war vor Jahren. Später hat er das Gegenteil gesagt. Dass wir alle Kopftücher tragen sollen, dass wir grüne Kopftücher tragen sollen, sodass die Engel uns sehen und uns nichts geschieht. Das hat er letztes Jahr gesagt.« »Muss man sich zu hundert Prozent nach den Anweisungen eines Sheikhs richten?«, wollte ich wissen. Rabia lachte: »Die Deutschen denken so, ich denke nicht so. Ich bin aus Australien.« Nachteile habe sie immer gehabt mit ihren Kopftüchern, den langen Kleidern und den Hosen unter ihren Kleidern, als sie in Bad Camberg lebte. Einwohner hätten ihr Beschimpfungen aus den Autos hinterhergerufen, und auch, als sie einmal einen Job als Nachhilfelehrerin gesucht habe, sei die Bedeckung ein Hindernis gewesen. Die Direktorin habe gesagt: »Aber Sie werden Ihr Kopftuch im Unterricht nicht tragen.« »Ich habe gesagt: ›Doch. Werde ich.‹ Und dann habe ich diesen Job nicht bekommen.«

Unser Gespräch kam zurück auf die Situation in der bosniakischen Moschee und die räumliche Trennung der Männer von den Frauen. Das hielt Rabia nach wie vor für diskriminierend: »Wir Frauen können gar nichts hören, wenn wir in einem anderen Zimmer sind. Man hat ein Kopftuch an oder vielleicht zwei. Und dann in einem anderen Zimmer zu sein, manchmal sogar ohne Mikrofon – was soll das? ... Die sitzen bei uns am Tisch, und dann sollen wir verschwinden? Aber alle unsere Naqshbandi-Freunde, die machen das. Wir nicht. Mein Mann ist total dagegen.« Es sei Angst vor den Frauen und vor der weiblichen Sexualität, die man in allen Religionen merke – nicht nur im Islam: »Warum können die Männer sich nicht beherrschen? Wir Frauen müssen uns beherrschen. Man sagt, die armen Männer werden von ihren Gebeten abgelenkt. Wir werden auch von unseren Gebeten abgelenkt. Als ich nach London gegangen bin, um zu beten, stand Hafis immer vor mir. Der ist immer mit seinem Fahrrad gekommen und hat diese bayerischen Kniebundhosen angehabt, und ich konnte mich auch nicht konzentrieren, weil er so schöne Beine gehabt hat. Warum soll es andere Regeln für Frauen geben als für Männer? Je älter ich werde, desto kritischer werde ich.«

»Und das Kopftuch?«, fragte ich angesichts ihrer offenen langen Haare. »Seit der Islam so einen schlechten Ruf in den Medien hat, trage ich es nicht mehr, weil ich nicht auffallen, bescheidener sein möchte. Ich habe sowieso Probleme mit dem Laufen, und wenn jemand mich attackiert ... in meinem Alter ...«

»Das letzte Hemd hat keine Taschen«

Ishrat Husain Khan ist der Vorsitzende des West-Östlichen Diwan e.V., der in der Helenenstraße auch die Al-Taqwa-Moschee betreibt. Der Diwan residiert im Vorderhaus, in dem gerade auch eine kleine Wohnung für Khan renoviert wird. Die Moschee befindet sich im Hinterhaus – eine Mischung aus Orient, Arbeitermietshaus und Gemeindezentrum. Im Eingangsbereich stehen die Schuhe, linker Hand geht es in einen Aufenthaltsraum mit Küche. Hier finden Arabischkurse für Kinder statt, wird im Ramadan gemeinschaftlich das Fasten gebrochen. Das Treppenhaus ist gekachelt, die Treppe mit einem Teppichläufer ausgelegt. Im ersten Stockwerk befindet sich der Gebetsraum für die Männer, ein etwa 30 Quadratmeter großer, mit Teppich ausgelegter Raum, der freitags circa achtzig Personen fassen soll. Als Oliver und ich Khan im September 2012 einen Besuch abstatteten, saß nur ein junger Mann auf dem Teppich. Im Obergeschoss befand sich der Frauenbereich, ebenfalls mit Teppich ausgelegt. Zwei Frauen lasen dort den Koran. Als wir den Raum durchschritten, kamen wir in einen abgetrennten winzigen Raum, der mit einem Bett, einem Schrank und einem kleinen Schreibtisch möbliert war. Dies war das Privatgemach des Imam, eines jungen Mannes mit langem lockigem Bart und freundlichen Augen, den Khan persönlich aus Indien nach Deutschland geholt hatte. Der Imam sei ein *hafis*, erklärte er, jemand, der den gesamten Koran auswendig gelernt habe. Seit drei Jahren war der Vorbeter in Deutschland und lebte in diesem Zimmerchen. Er sprach etwas Deutsch und wollte, so sagte er, hierbleiben. Es gefalle ihm.

Bei Khan selbst handelte es sich um einen gut gekleideten älteren Herrn mit grauwollener Kopfbedeckung. Er trug ein blau-weiß gestreiftes, tadellos gebügeltes Hemd und einen schwarzen Anzug. Sein Bart war lang wie der des Imam, oberhalb der Lippe allerdings rasiert. Khan war der Besitzer des Hauses. Er hatte es im Jahr 1997 erworben, als er gerade Rentner geworden war. Ein Nachbarhaus, das bis dahin als Moschee gedient hatte, war baufällig geworden, deshalb schritt Khan zur Tat und bot eine neue Innenstadtmoschee für diejenigen an, die hier arbeiteten und wohnten. Unterschiedliche Gruppen hätten sich die Räume zu Nutze gemacht, unter anderem habe sein Haus längere Zeit der bosniakischen Gemeinde als Unterkunft und Treffpunkt gedient. Jetzt kämen Inder, aber auch Araber und Muslime anderer Nationalitäten. Die Predigten und Vorträge würden auf Arabisch, aber auch auf Urdu gehalten.

Khans Familie stammt aus der Gegend von Delhi, und er studierte in London Betriebswissenschaften. Als Wirtschaftsprüfer arbeitete er viele Jahre für die Wirtschaftsprüfungsgesellschaft KPMG und war international tätig. Jetzt widmet er sein Leben den guten Werken. »Das letzte Hemd hat keine Taschen«, sagte er, und nach dem Tod komme es auf andere Dinge an als im Leben. Belohnt würden diejenigen, die ein Buch verfassten, das der Vertiefung und Verbreitung des Islam diene, diejenigen, die eine Moschee, eine Schule oder eine soziale Einrichtung gründeten, und diejenigen, die Kinder hinterließen, die für die Seelen beteten. Khan hatte eine Moschee gebaut, in der Kinder religiöse Bildung erhalten, und er unterhielt in Indien ein Krankenhaus. Dort würden die Armen versorgt, diejenigen, die keine finanziellen Mittel für die Behandlung in einer anderen Einrichtung aufbringen könnten, erklärte er. Auch Armenspeisungen würden veranstaltet. Hier in Wiesbaden ist er ebenfalls generös. Die Moschee ist offen für alle, es gibt keine Mitgliedslisten und keine Mitgliedsbeiträge. Der Koch, der während des Ramadan jeden Tag für die Gläubigen kocht, wird ebenso von Khan finanziert wie die Lebensmittel oder der Imam. Er habe sein Auskommen, meinte Khan, doch alles, was er nicht benötige, fließe in soziale Projekte. Sein Traum sei es, diese abzusichern, sodass sie auch nach seinem Tod Bestand hätten.

5. Ein Ort zum Weinen: Die Imam-Hossein-Moschee

In Wiesbaden gibt es nur eine schiitische Moschee, und sie wird von iranisch- und afghanischstämmigen Gläubigen genutzt. Viele der Afghanen und Afghaninnen sind Flüchtlinge, die den Wirren des Bürgerkrieges entkommen konnten. Ihre Geschichten erzählen von Repression und Verfolgung und von abenteuerlichen Reisen durch Asien nach Deutschland. In der Imam-Hossein-Moschee haben sie eine friedliche neue Heimat gefunden.

Steine aus Kerbela

Der Islamische Kulturverein Imam Hossein residiert in zentraler Lage in der Innenstadt im vierten Stock eines Gebäudes, das vorwiegend von Gewerbetreibenden genutzt wird. Er unterhält die Imam-Hossein-Moschee. Die Privatwohnung unter dem Dach ist gleichermaßen Vereinssitz, Gebets-, Versammlungs- und Schulungsort, an dem Sprachkurse und Hausaufgabenbetreuung für die Kinder angeboten werden. Das Haus hatte seine besten Tage hinter sich, als Oliver und ich der Moschee im Januar 2012 das erste Mal einen Besuch abstatteten, und der kleine Aufzug ruckelte und rumpelte bedenklich, bevor er sich in Bewegung setzte. Wir waren mit Ali Hassanzadeh, dem Vorsteher des Vereins, verabredet, der sich als überraschend junger Mann entpuppte. Die Hand zur Begrüßung gab er mir nicht, »aus religiösen Gründen«, was ich sicher verstünde, meinte er. Das Berührungsverbot werde durchaus unterschiedlich gehandhabt, entgegnete ich; einige muslimische Männer gäben Frauen die Hand, manche berührten nur die Fingerspitzen, andere hielten sich vollständig zurück. Die kurze Diskussion über Diversitäten des islamischen Grußes entfaltete sich zu einem scherzhaften Austausch über ernst Gemeintes, und diese Art des lockeren Gesprächs sollte das Interview während der nächsten zwei Stunden prägen.

Wir begannen mit einem Rundgang durch die Räume des Vereins, die größer waren, als ich erwartet hatte. Teppiche bedeckten den Boden, die Wände im Eingangsbereich waren mit schwarzem Stoff abgehängt und mit Spruchbändern geschmückt, auf denen man die Namen schiitischer Märtyrer vermerkt hatte. Wir befanden uns mitten im heiligen Monat *muharram*, in dem man derer gedenkt, die für den Glauben gestorben sind. Rechter Hand ging vom Flur ein Zimmer ab, in dem Kinderspielzeug lag, im Zimmer linker Hand standen Stühle an der Wand aufgereiht. Das war der Raum, in dem die Frauen ihre Veranstaltungen durchführten oder gemeinsam den Koran lasen, in dem Nachhilfeunterricht in deutscher Sprache gegeben wurde oder man gemeinsam eine religiöse Videoaufzeichnung anschaute. An der Kopfseite des Flurs befand sich ein großer Saal, der vollständig mit Teppichen ausgelegt war. Es handelte sich um den Gebetsraum. Neben der Tür stand ein kleines Regal mit Gebetbüchern und Koranausgaben. Ein hölzerner Ständer enthielt kleine Stücke »iranischer Erde« in der Form flacher heller Steine, die teilweise graviert waren, dazu grüne Tücher, auf welchen die »Erde« beim Gebrauch ausgelegt wird. Idealerweise kommen die Steine aus Kerbala und sollen die spirituelle Energie der heiligen Stadt in sich tragen. Wer sie beim Beten mit der Stirn berührt, nimmt diese Energie auf. Mittig vor der hinteren Wand war ein Rednerpult aufgestellt, und rechts davon entdeckten wir ein buntes deckenhohes Objekt. Es sei eine *alam*, eine afghanische Kriegsstandarte, erklärte unser Begleiter, welche die Stämme bei Schlachten vor sich hertragen. Sie sei ein Artefakt des Volksislam und ein Symbol der kollektiven Identität der afghanischen Gemeindemitglieder, habe aber mit dem wirklichen Islam, wie er ihn vertrete, wenig zu tun. *Alam*, Rednerpult und Bücherregal befanden sich auf der Männerseite des Saales, der vom Frauenbereich mittels eines langen, mit hellem Stoff bespannten Paravents abgetrennt war. Blickdicht war der Raumteiler allerdings nicht. Er selbst, meinte Ali, sei ganz gegen einen Raumteiler, einige Mitglieder des Vereins wollten jedoch eine totale Trennung der Geschlechter, und dies sei nun der Kompromiss.

»Ein Mann ohne Bart ist wie Spaghetti ohne Soße«

Die Imam-Hossein-Moschee ist, wie bereits erwähnt, eine schiitische Moschee. Schiiten stellen die zweitgrößte islamische Konfession dar und sind vor allem im Iran, in Teilen Afghanistans und des Irak, in Aserbaidschan, Bahrain, Kuwait, Syrien und dem Libanon vertreten. Die wichtigsten theologischen Gruppierungen sind die Zwölfer-Schiiten, die zwölf »rechtgeleitete« Kalifen anerkennen, die Ismailiten, die nur sieben akzeptieren, die regional verorteten Alawiten, die in Syrien die Regierungselite stellen, und die Alewiten in der Türkei. Das Verhältnis zwischen Schiiten und Sunniten ist häufig gespannt, und dort, wo Schiiten in der Minderheit sind, kommt es immer wieder zu Übergriffen seitens radikaler Sunniten, die ihnen das Recht absprechen, Muslime zu sein.

Die Spaltung der Muslime geht auf einen Erbfolgestreit nach dem Tod des Propheten zurück, in dem Ali, der Schwiegersohn und Fatima, die Tochter des Propheten sowie ihr gemeinsamer Sohn Hossein eine wichtige Rolle spielten. Der Kurzterminus Schia bedeutet eigentlich *shi'at Ali*, die Parteigänger Alis. Die gewaltsame Austragung des Konfliktes führte zum Tod von Fatima und Hossein, die beide bis zum heutigen Tag als Märtyrer verehrt werden. Fatima wurde bei einem Kampf mit dem zweiten Kalifen Omar ibn al-Chattab, der in ihr Haus eindringen wollte, schwer verletzt und verlor ein ungeborenes Kind.

Aus Gram sei sie, so die Legende, kurze Zeit später gestorben. Hossein wurde im Jahr 680 bei Kerbala im heutigen Irak zusammen mit seinen Anhängern und seiner Familie von der Armee des Kalifen Yazid als Rebell getötet. Dieses Ereignis wird alljährlich während der sogenannten *ashura*-Zeremonien im Monat *muharram* in Erinnerung gerufen, bei denen man gemeinsam klagt, weint und sich die Männer zum Zeichen ihrer Trauer auf die Brust schlagen. In einer expressiveren Form geißeln sie sich sogar öffentlich oder verletzen sich mit Schwertern.

Die Wiesbadener Gemeinde bestand zu achtzig Prozent aus Afghanen, die mehrheitlich vor der Verfolgung durch sunnitische Paschtunen geflohen waren, und zu zwanzig Prozent aus Iranern. Letztere waren im Vorstand überproportional vertreten, was sicherlich einem Bildungsvorsprung dieser Gruppe geschuldet war. Auffallend war, dass die Moschee von Frauen stärker genutzt wurde als von Männern. Frauen hätten mehr Zeit, wurde mir erläutert, und sie seien sozial isolierter als Männer, da sie in der Regel nicht berufstätig seien. Der Imam-Hossein-Verein helfe ihnen, ihre Vereinzelung zu überwinden und andere Menschen kennenzulernen, ohne dass dies als anstößig denunziert werden könne. Die Moschee habe sich zu einem regelrechten Treffpunkt für afghanische Frauen und Kinder entwickelt und außerdem zu einem Ort, an dem sich fehlende Bildung nachholen lasse. Viele der Frauen waren Analphabetinnen, da es ihnen in Afghanistan unter der Herrschaft der Taliban nicht möglich gewesen war, eine Schule zu besuchen. Hier in Wiesbaden bemühten sich zwei ältere Damen um Alphabetisierung und die Vermittlung grundlegender Sprachkenntnisse. Eine von ihnen war eine Literaturwissenschaftlerin aus Herat. Sie kam eigenen Angaben zufolge aus einer aufgeschlossenen Beamtenfamilie, die sowohl in Bezug auf Mädchenerziehung als auch auf interreligiösen Kontakt ungewöhnlich offen gewesen sein muss. Die andere war die Mutter des Vorstandsvorsitzenden. Beide Frauen hatten erwachsene Kinder und fanden in der Moschee eine neue Aufgabe, die sie erfüllte.

Der Verein Imam Hossein habe seine Ursprünge in einer iranischen Frauengruppe, erläuterte Ali Hassanzadeh, deren Mitglieder sich seit 1991 privat getroffen hätten, um zusammen ihre Religion zu praktizieren und ihre Kultur des Religiösen aufrechtzuhalten. Beides sei allerdings sehr stark von Elementen der Volksreligion geprägt. Das sehe man beispielsweise daran, dass die Frauen außerhalb der Moschee kein Kopftuch trügen. »Ich persönlich kenne nur eine aus unserer Gemeinde, die ein Kopftuch trägt«, meinte er.

»Die tragen alle kein Kopftuch. Und das hat nichts mit dem Islam zu tun, kein Kopftuch zu tragen.« Das Kopftuch nämlich sei absolut verpflichtend. »Die machen es trotzdem nicht.« Auch die Männer waren seiner Ansicht nach eher ein bisschen unorthodox: »Die Männer rasieren sich den ganzen Bart. Sich den ganzen Bart zu rasieren, also glatt zu rasieren, ist auch nicht religiös rechtlich erlaubt. Und das ist darauf zurückzuführen, dass der Einfluss der Hochreligion hier schwächer ist als der Einfluss der Volksreligion.« Er sähe es gern, wenn die Gemeindemitglieder von solch populären Verirrungen ablassen und den Weg zu einem Islam finden würden, den er als den wahren Glauben empfindet. Dazu gehört seiner Meinung nach auch ein entsprechendes Erscheinungsbild. Um selbst für ein islamisch korrektes Outfit zu werben, bemühte er auch unkonventionelle Methoden und schrieb am 22. August 2013 auf seinem Facebook-Account: »Ein Mann ohne Bart ist wie Spaghetti ohne Soße.« Meinen daraufhin geposteten Einwand, dass gegen gepflegte Kurzhaarbärte nichts einzuwenden sei, gegen zotteligen Wildwuchs jedoch gewichtige ästhetische Gegenargumente ins Feld geführt werden könnten, ließ er gelten. Schließlich war seine eigene Gesichtsbehaarung eher von der eleganten Sorte und passte zum geschmackvollen Gesamtbild eines modernen urbanen Muslims.

Ali ist eine interessante Persönlichkeit. Er arbeitete zur Zeit meiner Forschung in einer internationalen Wirtschaftsprüfungsgesellschaft und verbrachte seine Freizeit in der kleinen, nicht gerade repräsentativen Moschee, die er in der Stadt Wiesbaden ins Bewusstsein der Öffentlichkeit bringen wollte. Er engagierte sich in der Islamischen Gemeinschaft der schiitischen Gemeinden Deutschlands (IGS) und später vor allem im 2014 gegründeten Arbeitskreis Muslime in der SPD. Auf Facebook entfaltete er eine bemerkenswerte Präsenz und zeigte sich nicht selten mit Größen aus der Politik. Ein überaus aktiver und wohl auch ehrgeiziger junger Mann, so schien es mir. Natürlich fragte ich ihn nach seiner persönlichen Geschichte. Der Vater kam vor fünfzig Jahren als junger Mann nach Deutschland, um an der TU Darmstadt Chemie zu studieren, und heiratete eine deutsche Frau. Als die Ehe zerbrach, ging er zurück in den Iran, wo er seine zweite Frau – Alis Mutter – traf und heiratete. Vier Kinder wurden dort geboren, doch die politische Situation wurde zunehmend schwieriger, und so fasste der Mann den Plan, mit seiner Familie nach Deutschland zu migrieren. Er hatte gute Erinnerungen an seine Studentenzeit und kannte sich aus. Die Integration verlief entsprechend vorbildlich. Die Kinder bestanden ausnahmslos ihr Abitur und schlugen akademische Laufbahnen ein. Alis Bruder wurde im Fach Elektrotechnik promoviert und qualifizierte sich in Kiel auf einer Postdoktorandenstelle weiter, eine Schwester war promovierte Pharmazeutin und arbeitete in München für einen amerikanischen Konzern, eine andere Schwester studierte Umwelttechnik in Stuttgart. Ali Hassanzadeh selbst ging nach Beendigung von Schule und Zivildienst nach Hamburg, um sich an einer islamischen Abendschule mit islamischer Theologie zu beschäftigen. Parallel schrieb er sich für ein Soziologiestudium ein, das er jedoch nicht beendete. Danach verschlug es ihn nach London, wo er einen Abschluss im Bereich International Management machte. »Wie kommt man, wenn man einmal in Hamburg und London gelebt hat, zurück nach Wiesbaden?«, fragte ich ihn. »Wiesbaden ist doch cool, oder?«, entgegnete er. »Ich wollte zurück zu meinen Eltern. Ich wollte meinen Eltern auch wieder was zurückgeben von dem, was sie mir gegeben haben die ganze Zeit und, äh, ich wollte auch wieder diese bestimmte Familienliebe genießen, in vollen Zügen, in Form von Frühstück, Abendessen ...«

Wie es mit der Religion in der Familie ausgesehen habe, wollte ich wissen. Der Vater sei nicht religiös, erzählte er, und sei auch strikt gegen eine religiöse Erziehung der Kinder gewesen. »Das heißt, ich wusste, bis ich 18 war, nicht, wie man betet, ich wusste nicht, wer der Prophet Mohammed, Friede sei mit ihm, ist, ich wusste nicht, wer unser Imam Ali ist, ich wusste nichts.« Die Mutter dagegen sei sehr gläubig und habe eine Pilgerfahrt nach Mekka unternommen, als er gerade volljährig geworden war. Dieses Ereignis löste Fragen nach dem Sinn des Lebens und der Bedeutung von Religion in ihm aus. Er fing an zu beten, fastete im Ramadan und ging freitags zunächst in die sunnitische Omar-Moschee, später dann nach Frankfurt in die Fatimah-Zarah-Moschee oder die iranische Moschee. In Hamburg engagierte er sich in der schiitischen Moschee und kümmerte sich vor allem um die Jugend. Wieder in Wiesbaden wandte er sich mit anderen zusammen dem Projekt zu, eine schiitische Moschee aufzubauen. Der Islam spielt nach eigenem Bekunden seitdem die wichtigste Rolle in seinem Leben, auch in sozialer Hinsicht. »Haben Sie Antworten auf Ihre Frage nach dem Sinn des Lebens gefunden?«, fragte ich. »Ja, natürlich«, entgegnete er. »Und was ist der Sinn des Lebens?« »Gottergebenheit.«

Um Fatima trauern

Ali ermöglichte Oliver und mir einen profunden Einblick in die kleine Gemeinde. Er vermittelte mir Gesprächspartnerinnen unterschiedlichen Alters, sowohl iranischer als auch afghanischer Herkunft, und lud uns zu religiösen Feierlichkeiten ein.

Die erste Gelegenheit, an einer solchen teilzunehmen, bot sich am 26. April 2012, dem Abend vor dem Todestag Fatimas, der Tochter des Propheten Mohammed. Oliver begab sich in den Männerteil des Raumes, ich in den dahinterliegenden Frauenbereich. Der obere Teil des trennenden Paravents war an diesem Abend zusätzlich mit schwarzem Tuch bespannt, sodass man nicht mitverfolgen konnte, was auf der anderen Seite vor sich ging. Der abgeteilte Frauenbereich war vielleicht 30 Quadratmeter groß und mit Teppichen ausgelegt. An den Seiten rechts und links des Eingangs waren Stühle aufgestellt. Eine kleine Gruppe Iranerinnen hatte sich in einer Ecke niedergelassen, die Afghaninnen saßen auf der anderen Seite. Später, als sich der zunächst noch recht leere Raum füllte, mischten sich die Gruppen etwas mehr. Die Frauen hatten Kopftücher angelegt, allerdings lose um den Kopf geschlungen, sodass der Haaransatz sichtbar war. Bei den Tüchern dominierte die Farbe Schwarz, passend zum traurigen Anlass, doch einige Frauen liebten es offensichtlich farbenfroher und drückten dies in wagemutigen Kreationen aus. Die Jüngeren waren ausnahmslos modisch gekleidet und trugen Jeans, kurze Röcke über schwarzen Strumpfhosen und enge Oberteile. Viele waren auffällig geschminkt und betonten ihre großen Augen mit dunklem *kajal*. Die älteren Frauen waren einfacher, aber zum Teil auch sehr geschmackvoll gekleidet. Einige hatten lange Tücher um die Hüften oder um die Schultern gelegt. Es herrschte ein geschäftiges Treiben. Kinder liefen mit Süßigkeiten in der Hand umher, Tee und Datteln wurden gereicht, und die Frauen tauschten Neuigkeiten aus. Die Atmosphäre war gelöst. Ich plauderte mit zwei Frauen, die sich beide erst kürzlich entschlossen hatten, in der Öffentlichkeit ihre Haare zu bedecken. Eine von ihnen erzählte, ihr Mann sei nicht davon begeistert, habe sich mittlerweile aber daran gewöhnt, die andere Frau jedoch sah sich genötigt, ihrem Mann gegenüber tagtägliche Rechtfertigung darüber abzulegen. Er wolle, dass seine Frau schick sei, meinte sie resigniert, und weigere sich, zusammen mit ihr in der Öffentlichkeit zu erscheinen. Er sei zwar Moslem, doch er bete nie. Sie habe sich viele Jahre lang seinen Wünschen angepasst, doch damit sei jetzt

Schluss. Sie liebe ihre Religion, und diese verlange eben von ihr, sich zu bedecken. Dieses Bekenntnis kollidierte eindeutig mit Alis pauschaler Einschätzung, dass die Frauen das Kopftuch außerhalb der Moschee ablehnten.

Tatsächlich hatten die Frauen sehr individuelle Vorstellungen davon, was ihre Religion von ihnen verlangte, und auch davon, was sie selbst für gut und richtig hielten. Die zuvor erwähnten älteren Damen, die sich so aufopferungsvoll im Alphabetisierungs- und Nachhilfeunterricht engagierten, sahen das Kopftuch keineswegs als Pflicht an. Sie interpretierten den Koranvers, der die Verhüllung der weiblichen Schönheit empfiehlt, nicht als Anweisung, den Kopf zu bedecken. Vielmehr solle man sich als Frau nicht auffällig und aufreizend kleiden, um keine Aufmerksamkeit zu erregen. Mit dem Kopftuch, so sagten sie, erregten sie aber in Deutschland mehr Aufmerksamkeit als ohne. Beide kritisierten auch die offenkundigen Inkonsistenzen der dargebotenen Verhüllungspraxen. Wenn junge Frauen ihre Haare bedeckten, aber hautenge Kleidung trügen und sich stark schminkten, sei das nicht Sinn der Sache, meinten sie.

Nach etwa einer Stunde, die ich weidlich nutzte, um mit den Frauen solche und andere Themen zu erörtern, wurden Korane ausgeteilt, und die religiösen Zeremonien begannen. Unter Leitung des Imam betete die gesamte Gemeinde die Sure al-Fatiha, die Eröffnungssure, und einen längeren Teil der Sure al-Bakarah. Der Raum war mit Gemurmel erfüllt, die melodische arabische Sprache schuf eine sanfte meditative Stimmung, und manch eine begann sich rhythmisch hin und her zu wiegen. Einige Frauen lasen den Koran zusammen, eng beieinander auf dem Boden kauernd, Mütter und halbwüchsige Töchter, Freundinnen oder auch zufällig nebeneinander Sitzende vereint im rituellen Lesen. Die Mitte des Raumes hatten einige mandeläugige Hazara-Frauen eingenommen, Angehörige einer ethnischen Minderheit, die in Afghanistan, aber auch im Grenzgebiet zu Pakistan blutig verfolgt wird. Sie hatten mir grauenvolle Geschichten von Unterdrückung und einer endlosen Flucht berichtet, die sie über viele Länder irgendwann nach Deutschland geführt hatte. Viele Verwandte waren in der Heimat geblieben; das erfüllte die Frauen mit Sorge, und sie erzählten sich betrübliche Nachrichten von den Zurückgebliebenen.

Nach der Rezitation des Koran nahmen die Frauen ihre Unterhaltungen wieder auf; einige beschäftigten sich mit den umhertollenden kleinen Kindern, andere ließen die Gebetsketten durch ihre Finger gleiten und vertieften sich in ihre Lobpreisungen Gottes. »*Allahu akbar*«, »Gott ist groß«, murmelten sie, »*subhan Allah*«, »gepriesen sei Gott«, und »*al-hamdullilah*«, »gelobt sei Gott«. Nach einiger Zeit endete diese individuelle Phase, und der zweite gemeinschaftliche Ritus begann. Ein Büchlein wurde ausgeteilt, in dem Bittgebete aufgeschrieben waren. Wieder wurde zusammen gelesen, mal leiser und murmelnd, dann schwoll der Chor der Stimmen erneut an, beschwörend, bekennend. Wie schon beim ersten gemeinsamen Lesen veränderte sich die Stimmung im Raum spürbar. Es entstand eine gleichermaßen vibrierende wie andächtige Atmosphäre, die Frauen rückten emotional zusammen, und es bildete sich eine temporäre *communitas*. Sobald die Rezitationen aufhörten, wurde die Stimmung wieder profan. Dann begannen die Frauen, sich für das Abendgebet vorzubereiten, standen auf und holten lange Tücher aus ihren Taschen, in die sie sich von Kopf bis Fuß einwickelten. Einige hatten keine bodenlangen Stoffe, sondern lediglich solche, die bis zum Oberschenkel reichten. Auch das schien den gewünschten Zweck zu erfüllen. Kleine Mädchen kopierten die Älteren mimetisch und probierten spielerisch aus, Kopf und Körper zu bedecken, doch letztendlich fehlte ihnen die Geduld, und das Spiel verlor seinen Reiz. Sie fanden die Tücher offensichtlich unbequem und nahmen sie wieder ab. Die Frauen stellten sich vorschriftsgemäß in Reihen auf. Die Menstruierenden, die vom Gebet ausgeschlossen waren, hatten auf den Stühlen am Rand des Raumes Platz genommen und setzten ihre Unterhaltungen fort. Diese Mischung von Sakralem und Profanen verursachte Unruhe. Dazu kam, dass die Kinder zwischen den Betenden herumliefen und sich keinen Deut um die Ermahnungen ihre Mütter kümmerten, die sie hin und wieder aufforderten, leise zu sein. Es war spät, und die Konzentration aller nicht am Gebet Beteiligten war mehr oder weniger erschöpft.

Um 22 Uhr, nach Beendigung dieses rituellen Parts, zog es die Frauen offensichtlich nach Hause. Sie legten ihre Tücher ab, begannen lauter miteinander zu sprechen, nahmen ihre Taschen in die Hand, und einige zogen ihre Mäntel an. Sie sollten jedoch enttäuscht werden, denn gerade war ein Gast angekommen, der noch einen Programmpunkt absolvieren wollte. Es handelte sich um Mullah Shahab Moradi aus dem Iran, der sich gerade auf Deutschlandreise befand und sich verspätet hatte. Offensichtlich war sein Auftritt der erklärte Höhepunkt des Abends, und niemand wagte es, jetzt wirklich zu gehen. Ich schaute in müde Gesichter. Begeisterung sah anders aus. Einige beschwerten sich, dass es so spät geworden war. »Die Kinder müssen am nächsten Tag in die Schule«, sagte eine Frau mutlos. »Aber was soll man machen?« Einige der größeren Kinder waren bereits auf den Stühlen eingeschlafen, die Kleinen tobten noch durch den Raum, fingen an, sich gegenseitig zu ärgern und ihre Mütter zu piesacken. Sie krabbelten auf ihnen herum, wollten einschlafen, konnten aber nicht, quengelten und versuchten, Aufmerksamkeit zu erheischen. Es herrschte eine Stimmung wie auf einem nächtlichen Flughafenterminal, wenn mitgeteilt wird, dass sich der Abflug der Maschine auf unbestimmte Zeit verzögert.

Währenddessen hielt der Imam hinter der Absperrung im Männerbereich eine Rede. Im Anschluss stellten Männer ihm Fragen, die ich allerdings wegen fehlender Kenntnisse der persischen Sprache nicht verstand. Laila, eine junge iranische Koranlehrerin, die gerade in Deutschland war, weil sie ihren Mann begleitete, der eine Einladung als Gastwissenschaftler in Mainz angenommen hatte, wollte sich an der Diskussion beteiligen, was Frauen grundsätzlich gestattet ist. Sie bekam ein Funkmikrofon, das allerdings nicht recht funktionierte. Das größere Problem war jedoch nicht die Technik, sondern die Schwierigkeit, sich bemerkbar zu machen. Laila war ziemlich aufgeregt, setzte mehrfach an, um etwas zu sagen, doch stets redete wieder ein Mann auf der anderen Seite. Niemand bei den Männern wusste, dass sich hinter dem Paravent jemand beteiligen wollte, und niemand gab sich sonderliche Mühe, die Frauen einzubeziehen. Laila war jedoch fest entschlossen, zum Zuge zu kommen. Ihre Augen leuchteten und ihre Wangen glühten. Ihr bevorstehender Einsatz entfaltete Wirkung auf einige der anderen Frauen. Sie bestätigten sie, wollten, dass sie ihre Fragen ebenfalls vortrug, und übergaben ihr einen Zettel, auf dem sie ihre Anliegen formuliert hatten. Endlich stoppte der Redefluss jenseits der Absperrung, und Laila begann mit ihrer Frage. Weit kam sie nicht. Der Imam unterbrach sie bereits nach wenigen Sätzen. Sie ließ sich nicht entmutigen und versuchte, weiterzusprechen – ein mühsames Unterfangen mit mehreren Anläufen. Laila schien dennoch nicht enttäuscht. Offensichtlich hatte ihr der Imam gesagt, dass ihre Frage gut sei, und das reichte als Anerkennung, es war wichtiger als alles andere. Die Frauen bewunderten sie ganz offensichtlich für ihre Beherztheit, und eine fühlte sich davon so angespornt, dass sie auch eine Frage stellte. Ich erkundigte mich bei Laila danach, was sie vom Imam wissen wollte. Einiges bezog sich auf die theologischen Grundlagen des schiitischen Glaubens, was ich erwartet hatte, eine weitere Frage erstaunte mich jedoch. Sie hatte wissen wollen, erklärte sie, warum Frauen das Kopftuch, den *hijab* tragen sollen. Die Antwort fiel nicht überraschend aus. Weil es im Koran stehe, hatte der Mullah geantwortet. Ob sie das denn nicht selbst wisse, hakte ich nach. Doch, schon, sagte Laila, sie habe die Frage auch eher für die anderen Frauen gestellt, die weniger Wissen hätten als sie selbst.

Um 23 Uhr waren es etliche der Frauen endlich leid, weiter auszuharren. Sie packten Kinder und Taschen und schickten sich zum Gehen an. Der Imam ließ dies nicht zu und forderte sie auf, noch einige Minuten zu bleiben. Unschlüssig blieben diejenigen stehen, die den Raum noch nicht verlassen hatten, die Taschen in der Hand und die Kinder auf dem Arm. Dann hielten sie aber aus. Enthusiasmus war in keinem Gesicht zu lesen – nahm man einmal die junge Koranlehrerin aus, die von ihrem Einsatz noch immer ganz aufgewühlt war.

Die Warterei dauerte glücklicherweise nicht mehr lange, und dann konnten sich endlich alle auf den Heimweg machen. Ich begab mich auf die andere Seite des Paravents, wo sich der Imam mit Oliver unterhielt, umringt von einer kleinen Entourage von Männern, die übersetzen. Oliver verteidigte gerade vehement seinen katholischen Glauben, und es war klar, dass es sich hier um einen Diskurs über die Überlegenheit des Islam handelte. Als ich hinzukam, wurde ich ebenfalls zum Objekt einer belehrenden Unterweisung über die »wahre« Religion. Der Mullah, ein aufrechter Vertreter des ultrakonservativen iranischen Staatsislam, war Widerrede nicht gewohnt. Gegenargumente waren ihm offensichtlich unangenehm, und die Stimmung wurde schnell angespannt. Um des lieben Friedens willen versuchte ich unser Gespräch auf eine andere Bahn zu lenken und sagte, dass ich weniger an einer theologischen Debatte interessiert sei, sondern mich als Kulturwissenschaftlerin allein mit den religiösen und sozialen Praktiken der Muslime beschäftigte. Das gefiel dem Imam ebenfalls nicht. Auch einer der jungen Männer, die unsere Debatte übersetzt hatten, bemühte sich jetzt, mich für eine Wahrheitsdebatte zu gewinnen. Wir landeten schnell bei der Frage nach der Existenz Gottes. »Unbeweisbar«, meinte ich. Es gebe Forschungen über ein »Gottesgen«, entgegnete daraufhin der junge Mann. Darauf wollte ich angesichts der späten Stunde beim besten Willen nicht mehr eingehen. Glücklicherweise griff ein freundlicher älterer Herr ein und schloss die Veranstaltung.

Fastenbrechen

Die zweite Feierlichkeit, an der ich teilnahm, war weniger anstrengend. Es handelte sich um das abendliche Fastenbrechen im Monat Ramadan, das die Moscheemitglieder zusammen begingen. Viele Frauen begrüßten mich und freuten sich, dass ich mich wieder einmal sehen ließ. Ich freute mich ebenfalls, bekannte Gesichter zu sehen, und war gespannt auf den Abend. Es waren wieder viele Kinder dabei; die ganz Kleinen wurden herumgetragen, von allen geküsst und geherzt, die etwas Größeren spielten. Ein etwa sechsjähriger Junge hatte einen gelben Laster mitgebracht, und ein pummeliges Mädchen, das noch ein wenig unsicher auf den Beinen war, schleppte ein geflügeltes Stoffeinhorn hinter sich her. Kinder störten nicht, im Gegenteil: Für manche waren sie eine willkommene Ablenkung. Einige Mädchen im Alter von vielleicht 18 Jahren verbrachten fast den ganzen Abend damit, sich um einen etwa einjährigen Jungen zu kümmern. Sie trugen ihn umher, legten ihn dann in die Mitte des Raumes auf eine Decke und bereiteten eine Milchflasche zu, die sie ihm in die Hände drückten. Sie massierten seine Füße, wischten ihn mit Feuchttüchern ab, streichelten ihn, hielten seine Hand, zogen ihn um, cremten ihn ein und begannen dann wieder von vorne mit der Prozedur. Der kleine Prinz war sichtlich zufrieden und genoss die ungeteilte Aufmerksamkeit.

Um 20:30 Uhr begann die Koranrezitation, die zunächst durch einen neuen Imam vorgetragen wurde, der aus Hamburg gekommen war und drei Monate lang für das spirituelle Wohl der Gemeinde Sorge tragen sollte. Dann ging es weiter mit den Rezitationen der Kinder. Selbst ein sechsjähriges Mädchen traute sich, das Mikrofon zu nehmen, und las stockend etwas vor. Andere Kinder folgten, und die Älteren lasen flüssig und melodiös. Die Frauen kommentierten die Leistungen der Kinder und waren sichtlich stolz, wenn jemand seine Sache gut machte. Die Atmosphäre war entspannt. Einige unterhielten sich, andere waren in den Koran vertieft. Wenn weitere Bücher benötigt wurden, begab sich eine Frau in den Männerbereich, wo sich das Regal befand. Meine Nachbarin erzählte mir, dass sie den Ramadan vor allem deshalb genieße, weil sie nicht kochen müsse. Man ruhe sich den ganzen Tag aus und gehe dann abends in die Moschee. Nur diejenigen, die den Kochdienst für alle übernommen hatten, müssten arbeiten.

Nach den Rezitationen wurden Bittgebete gesprochen. Der Imam betete vor, die Frauen murmelten mit, und gelegentlich fielen alle in einen Chorus ein. Jetzt wurde die Stimmung meditativ, so wie ich es bei meinem letzten Besuch schon erlebt hatte. Ich war nach kurzer Zeit vollkommen gefangen in rhythmischen Klängen und fast traurig, als es zu Ende war. Das normale Gebet schloss sich an, und die Frauen zogen sich wieder bunte bodenlange Tücher über Kopf und Körper.

Danach war das Fasten für diesen Tag zu Ende. Man reichte Platten mit Datteln, Schokolade und Halwa, außerdem Tee, und breitete lange Tischtücher auf dem Boden aus. Dann gab es Brot, Schafskäse und grüne Blätter, frittierte Gemüsefladen und eine Süßspeise mit Zimt. Das Mahl dauerte nicht lange. Die älteren Kinder mussten am nächsten Tag in die Schule, die anderen waren müde. Um 22:20 Uhr verließ ich auch die Moschee.

Hamideh, die Aufgeschlossene

Ethnografien leben davon, dass Menschen bereitwillig Einblicke in ihr Leben gewähren und dadurch Fenster in eine fremde Welt öffnen. Eine der Personen, die mich mit der afghanischen Kultur vertraut machten, die für die Imam-Hossein-Moschee eine wichtige Rolle spielt, war Hamideh. Sie wurde in West-Afghanistan in Herat geboren, der nach Kabul und Kandahar drittgrößten Stadt des Landes. Die gleichnamige Provinz grenzt an den Iran und Turkmenistan und wird mehrheitlich von Tadschiken bewohnt. In Herat besuchte Hamideh das Gymnasium und schloss es mit dem Abitur ab. Die Familie gehörte der gebildeten Mittelschicht an. Die Männer waren im Staatsdienst tätig und auch die Frauen konnten lesen und schreiben. Der Vater habe, so Hamideh, zumindest in der Erziehung der Kinder keine Unterschiede zwischen Mädchen und Jungen gemacht. Alle seien für gute Leistungen in der Schule gelobt worden. Die Gesellschaft unterschied allerdings sehr wohl. Nach landläufiger Auffassung seien Mädchen damals »nichts wert« gewesen. Die Bevorzugung von Jungen habe sie auch in ihrer eigenen Familie erlebt. Als ihre Mutter nach ihr einen Sohn zur Welt gebracht hatte, seien alle außer sich vor Freunde gewesen, und selbst die Eltern hätten sich von der allgemeinen Überschwänglichkeit anstecken lassen. Der Bruder sei als Neugeborener wie ein Prinz behandelt worden. Sie selbst war bei seiner Geburt zweieinhalb Jahre alt und habe sich überflüssig und ungeliebt gefühlt. Aus Protest habe sie sich im Winter alleine in den kalten Innenhof des Hauses gestellt, bis sie ganz blau gefroren war. Als der Familie auffiel, dass sie nicht mehr im Haus war, habe man sie gesucht und auch gefunden, doch sie habe sich trotzig geweigert, wieder ins Warme zu kommen. Man habe dann mit Leckereien und Schmeicheleien versucht, sie umzustimmen. Nach vielen Beteuerungen, wie sehr man sie möge, sei dies schließlich auch gelungen.

Nach der Schule begann Hamideh in Kabul Literaturwissenschaften zu studieren. Sie wohnte während dieser Zeit in einem Studentinnenwohnheim und beendete das Studium erfolgreich nach acht Semestern. Dann marschierte die Rote Armee ein, und die politische Situation wurde undurchsichtig und gefährlich. Ihr Mann war damals Student der Fachhochschule in Gießen und sie schrieb ihm, er solle entweder nach Afghanistan zurückkehren oder sie würde ihm nach Deutschland folgen. Ende 1982, Anfang 1983 sei das gewesen. Sie sei dann nach Deutschland gegangen und habe Asyl beantragt. Sehr isoliert habe sie sich damals gefühlt. Mittlerweile seien mehrere Verwandte in Wiesbaden, unter anderem ihre Brüder und die älteste Schwester mit ihrem Mann und den erwachsenen Kindern. Die Brüder kämen ebenfalls zum Beten in die Moschee, doch sie nähmen nicht aktiv am Gemeindeleben teil. Die Schwiegertöchter der Schwester dagegen schon. Sie beteiligten sich an den Reinigungsarbeiten.

Die Ehe mit ihrem Mann wurde mit den Jahren in Deutschland schwieriger, und schließlich trennte man sich im Jahr 2006. Die Kinder sind jetzt erwachsen. Der älteste Sohn war zum Zeitpunkt unseres Gesprächs 28 Jahre alt und hatte ein Teppichgeschäft von seinem Vater übernommen. Jetzt verkaufe er auch Stoffe und indische Figuren, Buddhastatuen und Ähnliches, erzählte Hamideh. Der zweite Sohn habe eine Ausbildung zum Einzelhandelskaufmann gemacht und sei dann nach seinem Zivildienst auf ein Abendgymnasium gegangen. Er wolle später vielleicht Lehrer werden. Der jüngste Sohn habe gerade sein Fachabitur gemacht und seinen Zivildienst zu Ende gebracht und sei jetzt bei einem Tierarzt in der Ausbildung. Ihre Söhne seien nicht religiös, entgegnete sie auf eine meiner Fragen. Sie habe versäumt, ihnen die Religion nahezubringen, und bedauere dies heute.

Hamideh selbst arbeitete zum Zeitpunkt der Forschung ehrenamtlich in der Imam-Hossein-Moschee und unterrichtete afghanische Frauen. Sie versuchte, ihnen einige Grundlagen der deutschen Sprache zu vermitteln, bemühte sich aber darüber hinaus auch, den Frauen das Lesen und Schreiben in ihrer Muttersprache beizubringen. Die Taliban hatten während ihrer Herrschaft zwischen 1996 und 2001 alle Mädchenschulen geschlossen, und die Frauen waren infolgedessen vollkommen ungebildet. Das Versäumte nachzuholen und dazu noch eine neue Sprache zu lernen falle ihnen allerdings nicht leicht. Allein das Schreiben von Buchstaben mache ihnen große Mühe und auch die unterschiedlichen Schreibweisen von Vokalen im afghanischen Dari und im Deutschen. Sie verlören schnell die Lust, hätten keine Ausdauer. Erschwerend komme hinzu, dass die Frauen unpünktlich seien und keine Hausaufgaben machten. Sie seien so etwas einfach nicht gewohnt, hätten eine schwierige Zeit in Afghanistan und auf der Flucht hinter sich, wo es auf ganz andere Dinge angekommen sei. Es seien keine dummen Menschen, betone sie, aber sie hätten niemals gelernt, sich mit bestimmten Dingen zu beschäftigen. Sie verliere zwar nie ihre Geduld, betonte Hamideh, aber sie wünsche sich, dass die Frauen auch Verantwortung für sich übernähmen.

2008 war sie das letzte Mal in der Heimat in Herat. Eine Tante, die Schwester der Mutter, wollte Deutschland verlassen und zurück nach Afghanistan ziehen. Sie war fast achtzig Jahre alt und hatte einfach Heimweh. Da niemand sie begleiten wollte, habe sie, Hamideh, sich angeboten. Risiken gebe es überall, nicht nur in Afghanistan. Es sei sehr schön gewesen. An einem Tag sei sie ins Dampfbad (*hammam*) gegangen, und da habe sie gesehen, dass die Frauen, die ihre Wertsachen bei der Besitzerin abgegeben hatten, nur Schmuck ablegten, keine Uhren. Ihre Uhr sei die einzige gewesen. Sie habe sich gefragt, warum die Frauen keine Uhren hätten. Achtzig oder hundert Frauen, und keine besaß eine Uhr! Die Frauen trugen zwar moderne Kleidung und Frisuren, schminken sich und legten großen Wert auf ihr Äußeres, aber sie besaßen keine Uhren. Als sie nachfragte: »Warum habt ihr keine Uhren?« hätten sie nur zurückgefragt: »Wozu braucht man eine Uhr?« Es spiele keine Rolle, wann eine Frau ins *hammam* gehe und wann sie es verlasse, und auch sonst müssten Frauen nirgendwo zu einer bestimmten Uhrzeit erscheinen. Die Zeit habe wohl einfach keinen Wert für Frauen in Afghanistan, schlussfolgerte sie. Die afghanischen Frauen, die sie hier in der Moschee anträfe, seien ebenfalls mit dieser Bedeutungslosigkeit von Zeit aufgewachsen. Sie, Hamideh, lasse aber nicht locker und führe sie an die deutsche Strukturierung des Lebens heran, in der man in exakten zeitlichen Dimensionen denke und handle.

Wie sie zur Religion, zum Islam, stehe, fragte ich sie. Sie sei ein toleranter Mensch, entgegnete sie, und komme aus einer ebensolchen Familie. Der Vater habe jüdische Freunde in Herat gehabt und man habe gegenseitige Einladungen angenommen und sei zu Festen gegangen. Die einzige Einschränkung sei das Verbot gewesen, vom jeweils anderen gekochtes Essen anzunehmen – wegen der unterschiedlichen Vorstellungen in Bezug auf Reinheit und Unreinheit. Nüsse und Mandeln, die Gästen gewöhnlich als Snack gereicht werden, seien aber erlaubt gewesen. Sie selbst habe diese Toleranz vom Vater übernommen und achte alle Religionen. Natürlich stehe sie dazu, Muslimin und Schiitin zu sein, aber sie sei nicht dogmatisch. In Wiesbaden treffe sie sich seit 15 Jahren in einem interreligiösen Kreis mit anderen Frauen, und sie läsen gemeinsam die heiligen Schriften, manchmal die Bibel, manchmal die Thora oder den Koran. Die Gruppe veranstalte auch größere Zusammenkünfte, bei denen mehr als hundert Frauen kämen und man sich einen Vortrag anhöre. Danach werde diskutiert, stets mit Respekt und großer Achtung vor dem Glauben der Anderen.

Anders als der Vorsitzende der Imam-Hossein-Moschee hielt Hamideh die Verschleierung des weiblichen Kopfes nicht für eine islamische Pflicht. Dergleichen stünde nicht im Koran. Sie selbst legte sich in der Moschee ein Tuch um, trug außerhalb jedoch keine Kopfbedeckung. Ihre Religiosität sei eher eine grundsätzliche, nicht eine, die sich um Kleinigkeiten drehe, meinte sie. Auch wäre es ihr lieber, wenn der religiöse Ritus nicht ganz so expressiv wäre. Zum Beispiel verehre sie Hossein und seinen Bruder und finde es schrecklich, dass sie verfolgt und ermordet worden seien, doch die Art, wie man die Trauer darüber zum Ausdruck bringe, sei ihr schlicht zu übertrieben. Dass die Männer schrien und sich auf die Brust schlügen, das käme ihr nicht angemessen vor. Auch die Frauen würden schreien, ergänzte sie, insbesondere die Afghaninnen. Vielleicht wegen der Probleme, die sie bedrücken, vermutete Hamideh, wegen der Verwandten, die sie in Afghanistan verloren haben. Hier in der Moschee hätten sie einen Platz, wo sie weinen, schreien und ihren Gefühlen nachgeben könnten.

Die Schülerin Samira findet Halt in der Religion

Eine andere meiner Gesprächspartnerinnen war Samira, zum Zeitpunkt unseres Gesprächs 15 Jahre alt und sehr aufgeweckt. Sie schätzte die Moschee als Raum, um Menschen kennenzulernen, die ihr in religiöser und ethnischer Hinsicht nahe waren, und als Ort, an dem sie ihre Zeit sinnvoll verbringen konnte. Als ich sie fragte, welche Rolle der Islam in ihrem Leben als Schülerin in Deutschland spielte, antwortete sie: »Ich finde, der Islam spielt eine sehr, sehr wichtige Rolle für mich, weil ... Es gibt einen Spruch, den ich sehr mag: ›Ein Mensch ohne Religion ist wie ein Reisender ohne Ziel.‹ Ich finde, ein Mensch, der keine Religion hat, kann nicht viel in seinem Leben erreichen. Wenn man eine Religion hat, hat man Halt. Wenn ich zum Beispiel in der Schule Probleme habe und nicht weiterweiß, dann bete ich oft zu Gott, dass er mir bei meinen Problemen hilft. Ich wusste vorher nicht so viel über den Islam. Islam war für mich nur fünfmal am Tag beten, Kopftuch tragen. Mittlerweile habe ich gesehen, dass man nicht nur beten muss, das gehört zwar dazu, aber das ist so, dass wir auch im Inneren daran glauben müssen.«

Samira sagte, sie lehne Menschen ab, die nach außen demonstrieren, dass sie gute Muslime sind, aber im Inneren nicht überzeugt seien. Sie kritisierte, dass manche Mädchen ein Kopftuch anzögen, sich gleichzeitig aber schminkten oder einen Freund hätten: »Es ist im Islam so, dass Mädchen und Jungen nicht zusammen Körperkontakt haben dürfen, wenn sie nicht verheiratet sind. Manche Mädchen ziehen ein Kopftuch an, weil sie von den Eltern gezwungen werden, und dann gehen sie nach Frankfurt in ein Schwimmbad, ziehen das Kopftuch aus und ziehen einen Bikini an.« Ihrer Meinung nach solle das Verhalten von Menschen auf eigenen Entscheidungen beruhen und konsequent sein. Dabei sah sie durchaus, dass religiöse Regeln im Alltag nicht immer einfach umzusetzen sind. Das gelte insbesondere für das Kopftuch: »Ich möchte Kopftuch tragen. Ich finde, es sieht schöner aus, und wenn ich Kopftuch anhabe, dann fühle ich mich wie ein anderer Mensch. Aber ich weiß, dass es hier nicht geht in der Gesellschaft. Wenn ich in der Schule Kopftuch tragen würde, dann würden die meisten mich nicht mehr angucken. Im Koran steht ja auch nicht, dass die Frauen Kopftuch anziehen sollten, sondern, dass sie ihre Reize verschleiern sollten. Und die Reize sind ja die Oberweite. Ich finde es gut, dass die Frauen nicht gezwungen werden. Es wird oft im Fernsehen gezeigt, dass sie gezwungen werden, aber in unserer Moschee gibt es zum Glück keine Frau, die von ihrem Mann gezwungen wird. Die Frauen kommen hierher und tragen Kopftuch, und draußen tragen sie kein Kopftuch.« Auf meine Frage, welche Erfahrungen sie als Muslimin in der Schule mache, meinte sie: »Ich fühl mich sehr gut, mir wird die Chance gegeben, zu zeigen, dass meine Religion nicht so ist, wie sie dargestellt wird. Oft fragen mich im Ethikunterricht meine Lehrerinnen: ›Wie ist denn der Islam?‹ oder: ›Wirst du auch gezwungen von deinen Eltern, ein Kopftuch zu tragen?‹. Dann kann ich ihnen zeigen, dass das nicht so ist. In meiner Schule sind dreißig Prozent Muslime, und es werden Veranstaltungen gemacht, wo wir unsere Länder zeigen können, unsere Religion und Kultur zeigen können. Am Tag der offenen Tür konnten wir afghanische Spezialitäten mitbringen. Die Lehrer freuen sich, wenn wir was zeigen. Die haben meistens Interesse, die Kulturen von anderen Menschen kennenzulernen.«

Zohra klagt über Diskriminierung

Eine junge Frau, nennen wir sie Zohra, hatte andere Erfahrungen. Ich traf sie zum ersten Mal bei den erwähnten Feierlichkeiten zum Todestag Fatimas, wo sie mir durch ihre exquisite modische Kleidung auffiel. Nach Gebeten und Koranrezitationen kamen wir miteinander ins Gespräch und sie erzählte mir, sie stehe kurz vor dem Abitur und wolle sich danach bei der Bundeswehr bewerben. Eine junge Afghanin, die drauf und dran war, in eine Armee einzutreten, die in einem umstrittenen Einsatz in ihrer Heimat engagiert war? Das war bemerkenswert. Wie sie denn zu der ISAF-Mission stehe, fragte ich. Sie befürworte die Mission, entgegnete sie, habe Freunde, die für die Deutschen arbeiten, und sei gut informiert. Was die lokale Bevölkerung denn von der Mission halte, hakte ich nach, wohl wissend, dass Soldaten der ISAF über mangelnden Kontakt zu Afghanen klagten, der ihnen aufgrund der schwierigen Sicherheitslage verwehrt war. Man mache einen großen Unterschied zwischen den Deutschen und den Amerikanern, sagte Zohra. Das habe sie bei einem Besuch in Masar-e Sharif im letzten Jahr selbst gesehen. Anders als die Amerikaner hielten die Deutschen mit ihren Fahrzeugen an, gäben den Kindern Geschenke und versuchten ihr Bestes, um sich nicht als Besatzer zu präsentieren. Ich fand ihre Äußerungen so spannend, dass ich mich mit ihr zu einem längeren Gespräch verabredete. Als dieses stattfand, hatte Zohra das Abitur bestanden, doch der Plan, zur Bundeswehr zu gehen, war bereits verworfen. Sie sei nicht bereit, sich bei Auslandseinsätzen lange von ihrer Familie zu trennen, und habe sich stattdessen an einer Hochschule in London für ein Managementstudium beworben. Dort habe man sie bereits angenommen. In London wohnten drei ältere Schwestern, die ebenfalls akademische Abschlüsse an der erwähnten Hochschule erworben hatten. Die Schwestern hätten sie bei der Bewerbung unterstützt und würden sich in London um sie kümmern.

Zohra kommt ursprünglich aus Kabul. Ihr Vater gehöre, erzählte sie mir stolz, dem paschtunischen Klan der Sayyed an, die ihren Ursprung auf den Propheten zurückführen und sich deshalb großer Anerkennung unter den Schiiten erfreuen. Er sei Chemiker und besäße eine Schuhfabrik in Afghanistan. Die Mutter arbeitete als Lehrerin und überließ die Betreuung ihrer sechs Kinder der Großmutter und anderen Verwandten. Der Haushalt war Angelegenheit von Dienstboten. Im Jahr 1998 beschloss die Familie, die drei älteren Mädchen mit der Großmutter nach London zu schicken, um dem Krieg und der Gefahr einer Vergewaltigung zu entgehen. Im Jahr 2000 migrierte auch die Mutter, zusammen mit der jüngsten Tochter und dem einzigen Sohn. Zohra blieb mit dem Vater zurück. Bis zum achten Lebensjahr habe sie sich als Junge verkleidet und den Kopf kahl geschoren. Da sie durchsetzungsfähig gewesen sei und sich auch bei Prügeleien behaupten konnte, sei niemanden aufgefallen, dass die Maskerade nicht stimmig war. Als Junge konnte sie an Sprachkursen teilnehmen und sich Bildung aneignen. Russisch habe sie gelernt und Englisch. Zusätzlich habe sie versucht, sich mithilfe von Fernsehserien Usbekisch und Hindi anzueignen.

2003 kam Zohra ebenfalls nach Deutschland und besuchte zunächst einen sechsmonatigen Deutschkurs. Dann wurde sie in die fünfte Klasse einer Realschule aufgenommen, nach einem halben Jahr jedoch bereits in die sechste Klasse hochgestuft. Die Zeit an der Schule beschrieb Zohra als angenehm. Migranten seien gefördert und akzeptiert worden, und sie konnte nach der zehnten Klasse mit einem guten Zeugnis auf ein Oberstufengymnasium wechseln. Dort erlebte sie allerdings nach eigener Erinnerung einen Schock. Der Großteil der Lehrerschaft habe Vorurteile gegenüber Migranten gehabt, und man habe ihr mehrfach nahegelegt, die Schule zu beenden und eine Ausbildung zu machen. Afghaninnen, so die Begründung, würden doch ohnehin früh heiraten und seien dann ausschließlich mit der Aufzucht der Kinder beschäftigt. Sie sei gemobbt und erniedrigt worden und habe die drei Jahre bis zum Abitur als Leidensgeschichte erlebt. Anderen Migrantinnen sei es ähnlich gegangen. Eine türkische Mitschülerin sei schikaniert worden, nachdem sie das Kopftuch angelegt hatte. Immer wieder hätten Mitglieder des Lehrkörpers das Mädchen mit dem Vorurteil konfrontiert, dass sie zum Tragen des

Kopftuchs gezwungen worden sei. Sie habe sich aber aus freien Stücken für einen religiösen Weg entschieden, nachdem sie den Koran gelesen hatte. Eine andere Schülerin sei nach einem durch Schwangerschaft verursachten Lehrerinnenwechsel von 15 Punkten im Fach Englisch auf fünf Punkte heruntergestuft worden und daraufhin in eine schwere Depression gefallen. Insgesamt seien die Bedingungen für muslimische Migrantinnen an dieser Schule sehr schlecht, schloss Zohra ihre Ausführungen ab. Sie selbst wollte gerne die Schule wechseln, doch die Lehrer des Gymnasiums hätten interveniert, und sie musste bleiben. Zohra beschreibt die Zeit auf dieser Schule als traumatisierend. Sie sei an Neurodermitis erkrankt, und die Haare seien ihr ausgefallen. Jeden Tag sei sie weinend nach Hause gekommen, und noch immer vermeide sie es, mit dem Bus die Strecke zu fahren, die an der Schule vorbeiführt. Die Durchsage der gleichnamigen Haltestelle verursache ihr Übelkeit.

Jetzt, nachdem alles ausgestanden sei, sehe die Welt wieder freundlicher aus. Ihre berufliche Zukunft gehe weiter, und sie bekomme viel Bestätigung in der Moschee. Zohra war zur Zeit meiner Forschung Teil des Vorstands, als einzige Frau unter Männern, was nicht immer ganz einfach war. Ihre Mutter hatte große Bedenken, dass ihr Engagement Gerede auslösen und potenzielle Heiratskandidaten möglicherweise abgeschreckt werden könnten. Klatsch und Tratsch ließen sich zwar nicht vermeiden, meinte Zohra, doch es sei ihr gelungen, ihre moralische Integrität glaubhaft zu versichern. Auch die Männer in der Moschee waren anfangs nicht ganz sicher, ob sie für die verantwortungsvolle Position geeignet sei. Manche hielten sie für zu jung und zu unerfahren. Ali, der junge Vorstandsvorsitzende, sah dies allerdings anders. Er ließ sie an organisatorischen Arbeiten teilhaben, übergab ihr sogar einen Teil der schriftlichen Arbeiten und band sie in konzeptionelle Tätigkeiten ein. Jetzt ist sie sicher, dass auch die anderen Männer sie akzeptieren. »Die Männer hören auf mich«, meint sie, »sie müssen auf mich hören.«

6. 100 Moscheen bauen: Die Ahmadiyya Muslim Jamaat

Die Ahmadiyya Muslim Jamaat ist eine der aktivsten muslimischen Gemeinschaften in Deutschland, obgleich sie mit 35.000 Mitgliedern eher zu den kleineren Organisationen gehört und von vielen sunnitischen und schiitischen

Muslimen nicht anerkannt wird. Ihr Ursprung liegt im heutigen Pakistan und geht auf den Gründungsvater Mirza Ghulam Ahmad zurück, der sich Ende des 19. Jahrhunderts selbst als von Mohammed angekündigter Erneuerer des Islam bezeichnete. Im Jahr 1889 ließ er erstmals Anhänger den Treueeid auf seine Person schwören. Nach seinem Tod wurde der Arzt und Theologe Nuur ud-Din im Jahr 1908 zum Nachfolger und erstmals auch zum Kalifen gewählt. Die zentralisierte Struktur und das Kalifat führten jedoch zu Unstimmigkeiten und sogar zu einer Spaltung in die Gruppen Ahmadiyya Muslim Jamaat und Ahmadiyya Anjuman Ischat-i-Islam Lahore, die bis auf den heutigen Tag anhält.

»Strebe nach Wissen, selbst wenn du zu diesem Zweck
bis nach China gehen müsstest«

Die Lehre der Ahmadiyya unterscheidet sich in mehreren Aspekten von der sunnitischen und schiitischen Orthodoxie. Besonders gravierend ist die Abweichung von der orthodoxen These, dass Mohammed das Siegel der Propheten sei und nach ihm kein Prophet mehr komme. Nach Ansicht Mirza Ghulam Ahmads und der Ahmadiyya bedeutet der Terminus »Siegel« lediglich, dass er der größte und beste aller Propheten ist, schließt aber nicht aus, dass weitere Propheten kommen können, wenn die Zeiten es verlangen – wie zum Beispiel Mirza Ghulam Ahmad selbst. Dies ist der wohl wichtigste Grund für die Ablehnung der Ahamdiyya durch orthodoxe Sunniten und Schiiten und die Verurteilung der Gemeinschaft als »unislamisch« oder »häretisch«. In vielen muslimischen Ländern werden die Mitglieder der Ahmadiyya deshalb verfolgt, darunter in ihrem Ursprungsland. Zum Nachteil gereicht hat ihnen in Pakistan auch ihre signifikante Bildungsorientierung, die sie als Auftrag Gottes empfinden.

Auf der Homepage der Ahmadiyya Muslim Jamaat Deutschland e.V. wird ein *hadith* zitiert, in dem es heißt: »Strebe nach Wissen, selbst wenn du zu diesem Zweck bis nach China gehen müsstest.« Dieser Leitsatz wird konsequent und mit großem Erfolg in die Praxis umgesetzt. In Pakistan stellen Ahmadis, die nur drei Prozent der Bevölkerung ausmachen, zwanzig Prozent der Gebildeten. In der Stadt Rabwah, deren Bevölkerung zu 97 Prozent aus Ahmadis besteht, liegt die Alphabetisierung bei hundert Prozent, im Rest Pakistans dagegen bei nur 58 Prozent. Bis in die 1950er Jahre hinein stellten

Ahmadis einen gewichtigen Teil der pakistanischen Elite und besetzten einflussreiche Positionen im Staat. Das rief Neid und Missgunst hervor. Bereits unter britischer Kolonialherrschaft gab es Kampagnen gegen die Gemeinschaft, die jedoch staatlicherseits unterbunden wurden. 1953 kam es zu ernsteren Demonstrationen radikaler Islamisten. Ihre Forderung, den Ahmadis den Status als Muslime abzuerkennen, wurde zwanzig Jahre später erneut laut. 1974 gab die Regierung unter Premierminister Zulfiqar Ali Bhutto diesem Druck nach, und eine Reihe diskriminierender Gesetze folgten. Der Soziologin Sadia Saeed zufolge basiert der postkoloniale pakistanische Staat auf einer spezifischen Interpretation des sunnitischen Islam, und die Ahmadiyya wurde in diesem exklusiven Prozess der Nationsbildung als unerwünscht ausgeschlossen.[29] Ahmadis haben heute in Pakistan kein Wahlrecht mehr, dürfen ihre Gotteshäuser nicht mehr Moscheen nennen, nicht zum Gebet rufen oder den islamischen Gruß aussprechen, weder ihre Schriften verbreiten noch missionieren. Seit einem 1986 erlassenen Anti-Blasphemie-Gesetz, das jeden »echten« Muslim zur Verfolgung von Häretikern legitimiert, sind sie sogar vollkommen rechtlos und der Gewalt radikaler Eiferer schutzlos ausgeliefert. Immer wieder werden Ahmadis und ihre Moscheen Opfer von Angriffen, vielfach auch von Anschlägen wie am 28. Mai 2010 in Lahore, als 84 Besucher während des Freitagsgebets in einer Moschee ermordet wurden. Viele Ahmadis migrieren deshalb in westliche Länder, und im Jahr 2011 verdreifachte sich in Deutschland die Anzahl der Asylbewerber aus Pakistan. Auch der Sitz des Kalifen wurde 1984 ins Ausland verlegt und befindet sich seitdem in London. Die Internationalisierung der Gemeinschaft war aber auch eine Folge der regen Missionstätigkeit. Mittlerweile gibt es Dependancen unter anderem in den USA, der Schweiz, in Kanada, Österreich, Indonesien, Bangladesch, Ghana und Nigeria. Unter dem Dach ihrer Hilfsorganisation Humanity First unterhält die Ahmadiyya Krankenhäuser und andere soziale Einrichtungen in den armen Ländern des Südens.

Eine Besonderheit der Ahmadiyya ist ihre konsequente Ablehnung des *jihad*, für den es ihrer Ansicht nach keine Rechtfertigung geben kann. Das Bekenntnis zum Pazifismus geht auf Mirza Ghulam Ahmad zurück, der anders als sunnitische Führer seiner Zeit keine gewaltsamen Aktivitäten gegen die britische Kolonialherrschaft befürwortete, da diese sich nicht in die Religion einmischte. Der derzeitige Kalif Mirza Masroor Ahmad zitiert den Erneuerer in einer Broschüre mit folgenden Worten: »Der Jihad mit dem

Schwert hat von nun an keinen Bestand mehr, aber der Jihad des Reinigens der Seele muss andauern« (Ahmad o. J.: 8). Die Unterscheidung in die zwei Varianten des »heiligen Krieges« hat in der islamischen Theologie einen festen Platz. Man unterscheidet in einen *jihad al-akbar*, einen großen *jihad*, der den Kampf gegen das innere Selbst und das Streben nach Vervollkommnung im Sinne der islamischen Morallehre bedeutet, und den *jihad al-asghar*, den kleinen *jihad*, zu dem auch der Krieg oder die militärische Verteidigung gehören. Ahmad priorisiert den großen *jihad* in seiner Rede nicht nur vor dem kleinen, wie es viele Muslime tun, sondern lehnt eine kriegerische Variante gänzlich ab. Das Gebot der Friedfertigkeit gilt auch für Konflikte innerhalb der Familie. Auf der Homepage der Organisation heißt es zum Problem häuslicher Gewalt: »Gewalt in der Ehe ist leider durch kulturelle Einflüsse und einer falschen [sic!] Vorstellung vom Islam bei einigen Muslimen verbreitet, aber unvereinbar mit der islamischen Lehre. Jegliche Art von Gewalt ist in der islamischen Ehe verboten. Bei der Ahmadiyya Muslim Jamaat kann Gewalt unter Ehepartnern bei Bekanntwerden zur Exkommunikation führen.«[30] Der Leitspruch der Organisation, »Liebe für alle, Hass für keinen«, ist keine Rhetorik, die durch unzählige Ausnahmen *ad absurdum* geführt wird, sondern gelebte Praxis. Der unbedingte glaubwürdige Pazifismus ist einer der Gründe für die Anerkennung der Gemeinschaft als Kooperationspartnerin staatlicher und kirchlicher deutscher Institutionen, auf die ich noch zu sprechen kommen werde.

In Deutschland wurde 1928 die erste Moschee der Ahmadiyya in Berlin-Wilmersdorf von der Ahmadiyya Anjuman Ischat-i-Islam Lahore eröffnet. 1930 gründete die Berliner Gemeinde die Deutsch-muslimische Gesellschaft e.V. und öffnete ihre Reihen auch für Christen und Juden.[31] Der deutsche Zweig der Ahmadiyya Muslim Jamaat trat erstmals im Jahr 1946 in Erscheinung. Seine Mitglieder gründeten 1957 die Fazle-Omar-Moschee in Hamburg und 1959 die Nuur-Moschee in Frankfurt. Seit 1988 residiert der Vorstand in Frankfurt. In Wiesbaden existiert seit 1986 eine eigene Gemeinde mit 750 Mitgliedern.

Die Ahmadiyya ist eine von zwei muslimischen Gemeinden in Hessen, die einen Antrag als Kooperationspartnerin des Landes für die Einführung des bekenntnisorientierten islamischen Religionsunterrichts an Grundschulen gestellt haben. Dieser wurde ihr genehmigt. Damit hat eine numerisch kleine Organisation sich vor den zahlenmäßig größeren Organisationen in eine Vorreiterposition bezüglich der Integration des Islam in Deutschland begeben.

Im April 2013 folgte dann eine noch spektakulärere Nachricht: Das Land Hessen erkannte die Gemeinde als Körperschaft des Öffentlichen Rechts an und stellte sie mit den großen christlichen Kirchen, der Jüdischen Gemeinde, der Russisch-Orthodoxen Kirche und den Zeugen Jehovas gleich. Theoretisch könnte die Gemeinde jetzt sogar Steuern erheben. Das sei aber nicht geplant, ließ der Bundesvorsitzende Abdullah Uwe Wagishauser der Presse gegenüber verlauten, da man über ein funktionierendes Spendensystem verfüge. Allerdings beabsichtige man, ein 2012 gegründetes Institut für islamische Theologie und Sprachen im hessischen Riedstadt-Goddelau, in dem Imame ausgebildet werden, als staatliche Einrichtung anerkennen zu lassen. Außerdem wolle man eigene Friedhöfe unterhalten, Vertreter in den Rundfunkrat entsenden und sich bei Bebauungsplänen einbringen, um Moscheebauvorhaben zu fördern.

Eine effiziente Organisation

Die Ahmadiyya Muslim Jamaat unterhält gute Beziehungen zu staatlichen Organen, Kirchen und Nachbarschaften – nicht nur in Hessen. Das ist einem zentralen Management und einer äußerst professionellen Struktur der Organisation geschuldet. Das spirituelle Oberhaupt ist der bereits erwähnte Kalif Mirza Masroor Ahmad, dessen Ansprachen über eigene Medien verbreitet werden. Die spezifische Definition des Islam, die Auslegungen des Koran und der Überlieferungen basieren an allererster Stelle auf den Reden und Texten der Kalifen, die in Übersetzungen zugänglich gemacht werden. Auf nationaler Ebene werden eigene Schriften verfasst und manchmal auch Sonderthemen behandelt, die inhaltlich aber nicht von der großen Linie abweichen. Der Kalif, das ist klar, bestimmt die Richtung, in welche die Organisation geht. Alles, was er sage, so das Vorstandsmitglied Nasif Kashif von der Wiesbadener Gemeinde, werde ernst genommen, nichts ignoriert. Man versuche gewissenhaft, alle Anweisungen umzusetzen, und liefere darüber monatliche Berichte ab. Die Umsetzung obliegt ganz besonders den Ortsgemeinden. Diese sind nach Stadtteilen gegliedert, denen jeweils ein eigener Präsident bzw. eine eigene Präsidentin vorsteht. Wiesbaden besitzt fünf Stadtteilgruppen. Durch die strikte Geschlechtertrennung sind alle Teile der Organisation, mit Ausnahme der zentralen Führungspositionen, doppelt vorhanden, unterteilt in einen Männer- und einen Frauenflügel. Zusätzlich zu den Ortsgruppen existieren fachgebundene Abteilungen wie die Kinderabteilung, die Sportabteilung oder die Abteilung für Arbeitsangelegenheiten, die Mitglieder bei der Suche nach Arbeitsplätzen unterstützt und mit städtischen Ämtern zusammenarbeitet.

Die Ahmadiyya vermittelt nach innen wie nach außen ein geschlossenes Bild, eine widerspruchsfreie Lehrmeinung. In einer Forschung, die nicht nur auf die Reproduktion von Schriften der Öffentlichkeitsarbeit angelegt ist, stellen diese Bedingungen eine Herausforderung dar. Dass es nicht einfach werden würde, Kontakt aufzunehmen, wurde mir angesichts der verhaltenen Reaktionen der Männer klar, die einen allsamstäglichen Büchertisch in der Fußgängerzone Wiesbadens betreiben. Meine Erläuterung des Forschungsvorhabens stieß zwar auf höfliche Zustimmung, doch war man weder bereit, einen Interviewtermin auszumachen, noch mir Adressen von Frauen zu geben. Die Ahmadiyya-Frauenorganisation Lajna Imaillah werde sich mit mir in Verbindung setzen, versprach man. Das geschah allerdings nicht. Stattdessen erhielt ich mehrere Wochen später eine Einladung zu einer öffentlichen Veranstaltung der Frauenorganisation, die über das Opferfest informieren wollte. Unterzeichnet war die Einladung von Shahida Salam, der Zuständigen für den interreligiösen Dialog innerhalb der Lajna Imaillah. Ich besuchte die Veranstaltung in der Hoffnung, Kontakte aufzubauen und ein wenig hinter die Fassade schauen zu können. Das passierte allerdings nicht. Zwar entdeckte ich bereits beim Eintreten eine junge Frau, die ich bereits von einer anderen Veranstaltung kannte, doch die formelle Situation verhinderte zunächst ein persönliches Gespräch. Ich wurde Humaira Munawar, der Präsidentin für Wiesbaden-West, und Naseera Munib, der Präsidentin für Wiesbaden-Ost, vorgestellt. Beide waren freundliche ältere Frauen in schwarzen Gewändern, die so schlecht Deutsch sprachen, dass ein Gespräch unmöglich war. Dann begann das Programm. Als dieses beendet war, ergab sich die Gelegenheit, bei frittierten Teigtaschen, Kichererbsen-Kartoffel-Fladen und Pfefferminzjoghurt ein paar persönliche Worte mit jüngeren Anwesenden zu wechseln. Konzentrierte Gespräche waren in der betriebsamen Atmosphäre allerdings unmöglich, doch ich ließ mir von allen die Telefonnummern geben und wir verabredeten spätere Treffen. Dazu kam es jedoch in keinem einzigen Fall. Entweder ging niemand ans Telefon oder ich war mit einem Mann verbunden, der mich nicht weiterleitete. Außerhalb der offiziellen Anlässe war es offensichtlich unmöglich, mit einer der Frauen in Kontakt zu treten.

Schließlich versuchte Oliver, der über das Hessische Islamforum Kontakt zum Vorsitzenden Wagishauser hatte, auf dem Weg über die Bundeszentrale etwas zu erreichen. Das funktionierte auch, und ein Treffen in der Wiesbadener Moschee wurde für den 14. November 2011 anberaumt. Ich war allerdings verblüfft, dass man zwei Frauen aus der Öffentlichkeitsabteilung der Zentrale mitgeschickt hatte, die das Gespräch intellektuell weitgehend bestritten. Man wollte die Zügel offensichtlich nicht aus der Hand geben. Glücklicherweise hatte ich drei überaus aufgeschlossene Studentinnen der Ahmadiyya als ständige Teilnehmerinnen meiner Seminare an der Goethe-Universität Frankfurt, die mir dann doch noch etwas unkompliziertere und weniger offizielle Gespräche möglich machten und zu verstehen halfen, wie junge Frauen in der Organisation denken und welche Vorstellungen sie von einem Leben als Musliminnen in Deutschland haben. Mit zweien von ihnen war ich auf der Jahreshauptversammlung der deutschen Ahmadiyya, der Salsa Jalana, zwei Tage lang in Karlsruhe zusammen und nutzte die Zeit, um die Menschen hinter der Fassade der Public Relations zu entdecken.

Familienbande

Eine Organisation, die so stark auf Öffentlichkeitsarbeit setzt wie die Ahmadiyya, kommt ohne öffentliche Intellektuelle nicht aus, und der Umstand, dass sie diese bis auf den heutigen Tag besitzt, ist ihr großes Glück. Bis zum Jahr 2010 war der ehemalige Pressesprecher Hadayatullah Hübsch der unangefochtene Frontmann der Gemeinde in Deutschland. Hübsch war in seiner Jugend in der Friedensbewegung aktiv, schrieb Gedichte, Essays, Sachbücher und Hörspiele und arbeitete einige Jahre lang als freier Mitarbeiter für verschiedene Zeitungen, dabei auch für das Feuilleton der *Frankfurter Allgemeinen Zeitung*. Wie damals nicht unüblich hatte er Drogenerfahrungen, die einem biografischen Text auf der Homepage der Ahmadiyya zufolge zu einem kathartischen Erlebnis führten: »Durch die Erfahrung mit Drogen erlebte er eine schreckliche Zeit und fühlte sich schuldig und sündhaft. Darauf folgten ein paar Jahre der verzweifelten Suche nach einem Weg, durch den man die absolute Glückseligkeit erreichen könnte.«[32] Mystische Erweckungserlebnisse schlossen sich an. Während einer Meditation, so erzählt der Text, sei ein weißer Blitz aus einer Mandala-Zeichnung aufgestiegen und habe auf den sich im Bücherregal befindenden Koran gedeutet. »Er las wenige Zeilen darin und war sofort davon überzeugt, dass dieses Buch vollkommen der Wahrheit entspricht.« Tief in seinem Herzen habe er sich seitdem als Muslim gefühlt und Kontakt zu Frankfurter Nuur-Moschee aufgenommen. Hier habe er jeden Freitag gebetet und auch den damaligen Kalifen Hadhrat Khalifatul Massih III. getroffen, der ihn persönlich in die Ahmadiyya aufnahm und ihm seinen muslimischen Namen Hadayatulla, »der von Gott Geleitete«, gab.

Hübsch blieb der Nuur-Moschee treu und wurde Imam. Seine Predigten hielt er in deutscher Sprache. Ich selbst hatte im Jahr 2010, kurz vor seinem Tod, mit ihm eine kleine Auseinandersetzung wegen einer Buchrezension in der *Frankfurter Rundschau*, in der ich aus seinem Buch *Frauen im Islam* zitiert hatte. Darin ging es um seine Vorstellung, dass eine Ehefrau ihrem Manne stets sexuell zu Diensten zu sein habe, selbst wenn sie gerade dabei sei, den Ofen zu reinigen. Hübsch fühlte sich verunglimpft und warf mir vor, ihn falsch wiedergegeben zu haben, doch ich schickte ihm die originalen Zitatstellen aus der von ihm verfassten Ratgeberschrift. Persönlich habe ich ihn nie getroffen. Anders war dies mit zweien seiner Töchter. Ich hatte Khola Maryam Hübsch am 8. Dezember 2010 zu einer Podiumsdiskussion zum Thema »Frauenbefreiung im Islam? Eine Kontroverse in Deutschland« eingeladen und sie als selbstbewusste, rhetorisch beschlagene Frau kennengelernt. Sie war damals mir gegenüber recht reserviert, was sicherlich durch die Kontroverse zwischen ihrem Vater und mir bedingt war. Khola Maryam Hübsch, die ihrem Vater sehr nahe gestanden haben muss, wie aus einem von ihr verfassten Nachruf ersichtlich wird, hat in der Öffentlichkeit sein Erbe angetreten. Sie ist als Autorin in allen wichtigen Zeitungen präsent, eine gefragte Rednerin, und diskutierte 2012 in einer Talkshow von Sandra Maischberger mit Alice Schwarzer. Sie vertritt eine moderate liberale Interpretation islamischer Quellen und schreibt auch in Bezug auf Genderfragen selten etwas, mit dem ich nicht einverstanden wäre, aber ich hatte stets den Eindruck, dass sie die kritischen Aspekte sorgsam umschifft. Im Frühjahr 2013 saßen wir beide auf einem Podium im Evangelischen Frauenbegegnungszentrum in Frankfurt, und ich hatte die Möglichkeit, auf einer ganz anderen Ebene mit ihr ins Gespräch zu kommen. Doch dazu später. Auch ihre Schwester Alia Hübsch habe ich bei einer Veranstaltung kennengelernt. Sie schreibt Gedichte und mischt sich in die Debatte um den Islam in Deutschland ein wie ihre Schwester, ist aber weniger prominent als diese.

Hübschs Nachfolge in der Organisation hat Abdullah Uwe Wagishauser angetreten, dessen Schwiegertochter Gülay Wagishauser ebenfalls eines der öffentlichen Gesichter der Gemeinschaft ist. Wagishauser gilt als sachlich und überlegt und schafft es mit seiner unaufgeregten Art, die richtige Balance zwischen Organisationsprogramm und politischer Pragmatik zu finden. Wenn er der Wochenzeitung *Die Zeit* gegenüber verlautbaren lässt, »die AMJ vertritt als einzige muslimische Gemeinde keine politischen oder kulturellen Interessen«, [33] dann ist das jedoch nur die halbe Wahrheit. Die Ahmadiyya spielt im kulturellen und politischen Leben der Bundesrepublik Deutschland mittlerweile eine bedeutende Rolle, hat dafür in der Vergangenheit große Anstrengungen unternommen und tut dies noch immer. Eines der großen Projekte ist der Bau neuer Moscheen. Hundert Moscheen in Deutschland zu bauen ist das erklärte Ziel, 37 existieren bereits. Dabei sind Hindernisse zu überwinden, muss man politisch geschickt agieren. In Berlin-Heinersdorf, wo die Bevölkerung nicht gerade multikulturell zusammengesetzt ist, gab es anlässlich des Baus der Khadija-Moschee 2008 größere Proteste. Dort, wo man alles richtig gemacht hatte und auch die Rahmenbedingungen stimmten, wurde die Einweihung neuer Gotteshäuser nicht selten zu einer öffentlichen Erfolgsgeschichte. So wurde die Eröffnung des Gebetshauses im südhessischen Flörsheim im Juni 2013 nicht nur in der lokalen Presse, sondern auch der überregionalen *Frankfurter Allgemeinen Zeitung* und der *Frankfurter Rundschau* in langen Berichten gewürdigt. Dass die Stadtfarbe Blau im Minarett auftaucht, wurde dabei besonders hervorgehoben. In Wiesbaden wurde im Juni 2014 der Grundstein der zukünftigen Mubarak-Moschee gelegt.

Nicht »faul rumhocken«

Die Ahmadiyya Muslim Jamaat möchte in der deutschen Öffentlichkeit positiv zur Kenntnis genommen werden und ringt um gesellschaftliche Akzeptanz. Dafür braucht es Aktivitäten, die wahrgenommen werden. Diese können zentral oder kommunal erdacht und organisiert werden. Charity Walks und Runs zum Beispiel gehören zum üblichen Repertoire. Im Jahr 2013 wurden sie in neun Städten durchgeführt, darunter auch in Wiesbaden. Der Erlös wurde für die karitative Einrichtung Bärenherz gestiftet, die sich um krebskranke Kinder kümmert. In anderen Städten pflanzen Mitglieder der Gemeinde Bäume »als Zeichen der Liebe, Freundschaft und des friedlichen Miteinanders« und laden dazu die Bürger und Bürgerinnen ein. Friedenskonferenzen, Islamausstellungen, Tage der offenen Tür, interreligiöse Dialoge und Vorträge sind weitere Aktivitäten. In Wiesbaden und anderen Städten reinigen Mitglieder der Gemeinde in der Neujahrsnacht die Straßen und bauen allsamstäglich einen Bücherstand in der Fußgängerzone auf.

In einem Gespräch mit Nasif Kashif konnten wir erfahren, wie die große Anzahl von Aktivitäten organisiert wird. Jeden Monat werde ein Bericht geschrieben, in dem die Aktivitäten der einzelnen Abteilungen aufgelistet werden müssten. Die Berichte würden zunächst in der Frankfurter Zentrale gesammelt und gingen dann als Gesamtbericht nach London. Da könne man nicht einfach »faul rumhocken«. Die Aktivitäten sind hinsichtlich ihrer Professionalität und Außenwirkung recht unterschiedlich, wie zwei Beispiele verdeutlichen sollen.

Das erste Beispiel ist die bereits erwähnte Veranstaltung zum Opferfest, an der ich im November 2011 teilnahm. Das Ganze wurde am 19. November 2011 an einem trüben Nachmittag in einem tristen Kellerraum der St.-Birgid-Gemeinde im Wiesbadener Vorort Bierstadt durchgeführt. Die Räumlichkeiten waren schwer zu finden und strahlten einen grauen Kleinturnhallencharme aus, den man mühsam mit orientalischem Dekors zu kaschieren suchte. Rechts neben der Tür befand sich ein Büchertisch mit Schriften der Organisation und diversen Übersetzungen des Koran. An der Wand der linken Seite waren bunte, mit Pailletten bestickte pakistanische Frauen- und Mädchengewänder ausgestellt. Etwa zwanzig Frauen der Lajna Imaillah waren anwesend, darunter sieben Mädchen. Alle trugen pakistanische Kleidung.

Drei junge Frauen leiteten die Veranstaltung. Keine von ihnen wohnte in Wiesbaden. Es handelte sich um Mitglieder der Abteilung für Öffentlichkeitsarbeit aus Groß Gerau bzw. Frankfurt. Eine von ihnen war Alia Hübsch, und auch eine andere bekannte sich als Tochter einer Konvertitin. Die dritte war offensichtlich pakistanischer Herkunft. Alle drei gaben an, zu studieren. Nach einer kurzen Ansprache ging eine der im Auditorium sitzenden Frauen nach vorne und rezitierte einen Koranvers, eine andere übersetzte. Dann folgte eine kurze Powerpoint-Präsentation zur *hijra*, dem Auszug Mohammeds aus Mekka, illustriert mit Bildern aus der heiligen Stadt. Danach gab es ein kleines Theaterstück der Mädchen, in dem gezeigt wurde, wie eine vorbildliche muslimische Mutter ihren überaus braven Kindern islamische Werte vermittelt.

Die ganze Veranstaltung hatte etwas Rührendes. Sowohl die Theatergruppe als auch der Vortrag wirkten eher bemüht als mitreißend, die transportierte Botschaft war denkbar schlicht. Der Anklang bei der deutschen Bevölkerung war kaum erwähnenswert, denn außer mir hatten sich nur noch drei andere Frauen eingefunden, darunter eine eher islamkritische Lehrerin, die gerne über Probleme mit dem »islamischen Ehrenkodex« sprechen wollte, und eine ältere bekennende Katholikin, die »wegen des Dialogs« gekommen war und offensichtlich noch gar nichts über den Islam wusste.

Eine ungleich besser konzipierte Veranstaltung fand am 9. Mai 2012 im Kulturforum Wiesbaden statt. Das Kulturforum ist ein Renommiersaal mitten in der Stadt, und offensichtlich war auch die Werbung besser verlaufen. »Staat und Scharia« war das Thema des Nachmittags, der von muslimischer Seite ausschließlich von Männern bestritten wurde. Einige anwesende Frauen der Gemeinde saßen in den hinteren Reihen und blieben still. Ein Junge rezitierte zunächst mit wunderschöner Stimme aus dem Koran, dann folgten die Begrüßung des Publikums und eine kurze Einführung in die Geschichte und theologischen Grundlagen der Organisation. Dabei wurde der strikt pazifistische Kurs der Gemeinschaft hervorgehoben. Den Höhepunkt stellte der angekündigte Vortrag eines Redners aus Groß Gerau dar, der zunächst verschiedene Bedeutungen des Wortes »Scharia« erläuterte, von denen er »der Weg zur Tränke«, also zu Gott, präferierte. Die Scharia enthalte zwei Teile, erklärte er, die Pflichten gegenüber Gott, also im Wesentlichen die Säulen des Islam, und die Pflichten gegenüber den Menschen. Letztere würden Gesetze beinhalten, aber vor allem ethisch-moralische Prinzipien wie Aufrichtigkeit und gutes Benehmen, das bis hin zu Tischmanieren reiche. Damit war ein erstes Ziel erreicht, denn eventuelle auf Halbwissen basierende Vorurteile des Auditoriums waren zerstreut. Gegen Benimmregeln und soziales Verhalten hatte schließlich niemand etwas einzuwenden. Lange Ausführungen über Ähnlichkeiten zwischen der Scharia und dem Grundgesetz folgten, wobei geschickt der Versuch unternommen wurde, koranische Verse so zu interpretieren, dass sie auf Prinzipien wie die unantastbare Würde des Menschen oder die Gleichheit unter den Menschen zielten. Es war ein heikles Unterfangen mit unendlich vielen möglichen Stolpersteinen, doch der Redner hatte seine Botschaft rhetorisch so gut verpackt, dass niemand auf die Idee kam, ernsthaft nachzufragen. Der Islam und die Scharia, so die Quintessenz des Vortrags, seien mit der Verfassung der Bundesrepublik Deutschland ohne

Weiteres vereinbar. Der gesamte Vortrag war faktenreich, didaktisch gut aufgebaut und unterhaltsam vorgetragen; der Redner wirkte sympathisch und klug. Auch bei der sich anschließenden lebhaften Diskussion brillierte er rhetorisch. Auf die unvermeidliche Frage, ob denn auch Frauen Kalif werden könnten, entgegnete er, dass dies genauso wenig möglich sei wie die Wahl einer Frau zum Papst. Dann setzte er nach und erinnerte an die Auseinandersetzungen um eine weibliche Bundeskanzlerin im Jahr 2005, die nicht gerade als Glanzleistung der Deutschen in Sachen Gleichberechtigung in die Geschichte eingegangen waren. Sexistische Angriffe gegen Angela Merkel hätten damals den gesamten Wahlkampf begleitet. Das muslimische Bangladesch und die Türkei hätten bereits weibliche Staatsoberhäupter akzeptiert, als Deutschland noch weit davon entfernt war, meinte der Redner. Dagegen ließ sich kein Argument vorbringen. Es war eine gelungene Veranstaltung, die selbst eingefleischten Skeptikern zeigte, dass Muslime ungeheuer smarte Burschen sein können, mit denen sich auf Augenhöhe trefflich über dies und jenes debattieren lässt, ohne dass dabei ein einziges böses Wort aufkommen muss.

Die Jalsa Salana

Einmal im Jahr mobilisiert die deutsche Ahmadiyya Muslim Jamaat zu einer bundesweiten Veranstaltung, der sogenannten Jalsa Salana. Anfang Juni 2012 hatte ich Gelegenheit, an diesem Ereignis teilzunehmen, bei dem sich 30.000 Teilnehmer drei Tage lang in den Messehallen der Stadt Karlsruhe versammelten. Zwei meiner Studentinnen hatten mich eingeladen und mit den nötigen Ausweisen versorgt: einer Parkkarte, die mir die Zufahrt aufs Gelände gestattete, einem Schriftstück, das mich als Gast auswies, und einem Ausweis, der außen an der Kleidung angebracht werden musste.

Die Bereiche der Männer waren vollständig von denen der Frauen getrennt, und bereits der Eingang zum Frauengelände war durch sichtgeschützte Barrieren von der Straße abgesperrt. Meine Beschreibungen betreffen daher ausschließlich den Frauenbereich. Die Sicherheitsmaßnahmen waren perfekt. Alle Ankommenden wurden an einer Sperre erfasst und die Namen mit Listen abgeglichen. War alles in Ordnung, erhielten sie eine Identitätskarte mit Strichcode, dann wurden die Taschen akribisch durchsucht. Sicherheitskräfte – im Frauenbereich natürlich weibliche – patrouillierten Tag und Nacht auf dem gesamten Gelände. Die Teilnehmer wurden darauf hingewiesen, dass verdächtige Personen zu melden seien. Ich selbst wurde wiederholt gefragt, von wem ich begleitet würde, und wenn meine Studentinnen einmal nicht in der Nähe waren, fand sich sofort eine andere Begleiterin, die sich freundlich um mich kümmerte und mich im Auge behielt. Die große Halle, in der die Vorträge und Gebete stattfanden, wurde von weiblichen Sicherheitskräften in langen schwarzen Mänteln, schwarzen Kopf- und weißen Schultertüchern kontrolliert. Sie bewachten vornehmlich die Bühne. Die Gemeinschaft der Ahmadiyya hatte Angst – das war unübersehbar. Weltweit war sie in den letzten Jahren Ziel von Anschlägen radikaler Islamisten geworden, und der Umstand, dass Extremisten auch in Deutschland Zulauf haben, beunruhigte sie. Hier in Karlsruhe war man entschlossen, alles zu tun, um eventuelle Gefahren zu minimieren.

Perfekt waren nicht nur die Sicherheitsmaßnahmen, sondern auch die Organisation des Ablaufs der Veranstaltung. Dreimal am Tag wurde kostenloses Essen ausgegeben – einfache, aber sättigende Mahlzeiten, die von den Männern zubereitet wurden, zumindest, soweit es das Mittag- und Abendessen betraf, Die Arbeit galt als zu schwer für Frauen. Ganz geschlechtsunspezifisch sorgten die Männer auch für den Abwasch der Töpfe. Ansonsten behalf man sich mit Plastikgeschirr, das unmittelbar nach Benutzung in Mülltüten gesammelt wurde. Blieb etwas auf dem Tisch stehen, war sofort eine Helferin zur Stelle, um die Reste zu entsorgen. In einer kleinen Broschüre, die der Unterweisung im richtigen Umgang während der Jalsa dient, wurden die Teilnehmer ermahnt, auf Sauberkeit zu achten, das Geschirr wegzuräumen und keine Nahrungsmittel zu verschwenden. Während der Veranstaltungen wurde zusätzlich Wasser ausgeteilt. Da fast alle Teilnehmerinnen auch auf dem Messegelände übernachteten, wurden nach dem letzten Gebet dünne Matratzen ausgegeben und die Hallen, Flure sowie viele andere Räume in Schlafunterkünfte verwandelt. Diejenigen, die als Familien zusammen sein wollten, kamen in einer kleinen Zeltstadt auf dem Gelände unter, und einige wenige hatten sich sogar in Karlsruhe Hotelzimmer gemietet. Nur wer auf dem Gelände schlief, kam – theoretisch – in den Genuss, das frühmorgendliche *fajr*-Gebet, das für 4:15 Uhr angesetzt war, gemeinsam mit allen anderen Gläubigen zu erleben. Für die ganz Enthusiastischen wäre sogar ein weiteres Gebet um 3 Uhr möglich gewesen. In Gesprächen wurde immer wieder betont, dass es gerade die nächtlichen Gebete seien, die den Menschen die Nähe Gottes oder seiner Engel spüren ließen. Es sei genau diese Hingabe an Gott, der Verzicht auf den Schlaf, die Überwindung der Müdigkeit, die mit solchen spirituellen Erlebnissen belohnt würde. Wie viele Gläubige faktisch die Nähe zu den Engeln erlebten, konnte ich nicht überprüfen. Im Raum, in dem ich untergekommen war, herrschte bis weit nach Mitternacht ein so unbeschreiblicher Lärm, dass an Schlafen nicht zu denken war. Kinder jagten sich gegenseitig über die Matratzen, und Frauen unterhielten sich lautstark. Als endlich Ruhe einkehrte, graute bereits der Morgen, und alle waren zu erschöpft, um den wohlverdienten Schlaf gegen das Gebet einzutauschen. Auch mir fehlte die Energie, aus dem Schlafsack hinauszukrabbeln. Erst kurz vor dem Frühstück um 8:30 Uhr kam Bewegung in die Schlafenden, und das muntere Treiben setzte erneut ein.

Die Tage waren angefüllt mit einem dichten Programm, darunter eine Reihe von Reden. Am Freitag eröffnete der aus London angereiste Kalif die Jalsa mit dem Hissen der deutschen Flagge und der Fahne der Ahmadiyya. Danach hielt er die Freitagsansprache und leitete das Gebet im Männertrakt, das in die Halle der Frauen übertragen wurde. Alle Reden und Rezitationen erfolgten entweder auf Urdu oder Deutsch, wurden dann aber auch in weitere Sprachen übersetzt. Die ausländischen Gäste nahmen in speziellen abgetrennten Gästebereichen Platz, in denen ihnen Übersetzungsgeräte zur Verfügung gestellt wurden. Am zweiten Tag besuchte der Kalif die Frauenseite und hielt eine Ansprache, in der die Frauen ermahnt wurden, auf ihre *pardah* zu achten. *Pardah* oder *purdah* ist ein Begriff persischen Ursprungs, der wörtlich »Vorhang« bedeutet und auf die Bedeckung der Frauen zielt. Der Kalif wurde konkret: Die Mäntel sollten unterhalb der Knie enden und die Blusen lang sein – auch innerhalb der Familie, in Anwesenheit von Vater und Brüdern. Allah, so führte er aus, habe die Scham und das Verhüllen ins Zentrum der Religion gelegt. Außerhalb der Familie müssten Frauen sich verschleiern, die »Freiheit der Schleierlosigkeit und der Schamlosigkeit« sei nicht erlaubt. Wenn eine Frau sich geschminkt habe, müsse sie den Schleier auch über ihr Gesicht ziehen. Wenn sie sich den Regeln Allahs gemäß verhülle, dürfe sie auch berufstätig sein.

Junge Frauen der Ahmadiyya betonten mir gegenüber immer wieder, dass ihr Kalif die Bildung der Frauen honoriere und ausdrücklich empfehle, und dass der Islam das Streben nach Wissen für Frauen und Männer gleichermaßen als verpflichtend vorschreibe. Dazu passte, dass vor der Ansprache Urkunden an Universitätsabsolventinnen ausgegeben wurden, die besonders gut abgeschlossen hatten. Die Hoffnung auf eine solche Auszeichnung, sagte mir eine meiner Studentinnen, würde auch sie beflügeln, sich an der Universität anzustrengen. Vier Doktorinnen der Medizin wurden ausgezeichnet, einige Pädagoginnen, Architektinnen, eine Psychologin, eine Soziologin, eine Germanistin und eine Anglistin, eine Betriebswirtin und eine Sozialarbeiterin. In meinen Gesprächen mit ihnen hatten junge Frauen immer wieder betont, dass sie auch zu den Natur- und Ingenieurwissenschaften ermutigt würden, doch hier spiegelte sich dies nicht wider. Die Liste der Preisträgerinnen bestätigte das Vorurteil, dass Frauen in Deutschland eben vorwiegend Geisteswissenschaften studieren, Musliminnen genauso wie Nichtmusliminnen. Dazu kam, dass der Kalif bestimmte Fächer durch sein Votum als ungeeignet disqualifiziert hatte. Das Studium der Rechtswissenschaften habe er beispielsweise als nicht adäquat für Frauen bezeichnet, meinten meine Studentinnen, und eine junge Frau, die sie kannten, soll ihr Studium nach einer solchen Rede abgebrochen haben. Was denn der Grund für die Ablehnung der Rechtswissenschaften sei, fragte ich. Es passe nicht zu einer Frau, sich mit Kriminalität zu befassen, meinten sie. Außerdem müsse man in dem Geschäft lügen und sei zu sehr der Öffentlichkeit ausgesetzt. Ich wandte ein, dass es gerade bei Gewaltdelikten gegen Frauen weibliche Ansprechpersonen in der Justiz geben müsse, hatte aber nicht den Eindruck, dass mein Argument überzeugte. Es sei keine Vorschrift, erwiderten beide, und wer Jura studieren wolle, könne dies auch tun. Allerdings habe die Stimme des Kalifen doch erhebliches Gewicht. Am zweiten Tag lernte ich eine junge Frau kennen, die sich offensichtlich wenig von der Empfehlung des Oberhauptes der Gemeinde beeindrucken ließ. Sie studierte Jura und strebte eine Beschäftigung in einer internationalen NGO an, um »etwas für Frauenrechte zu tun«.

Wir diskutierten natürlich auch über die strengen Auflagen für weibliche Bekleidung. Eine meiner Studentinnen trug seit ihrem 18. Lebensjahr ein Kopftuch und sagte, sie fühle sich dadurch beschützt. Außerdem sei es für sie ein öffentliches Bekenntnis zu ihrer Religion. Gegen das Argument des Schutzes verwies ich darauf, dass die Ahmadiyya in ihren Schriften stets betone, dass junge Männer sich Frauen gegenüber respektvoll zu verhalten und die Augen niederzuschlagen hätten. Wenn Männer diese Pflicht ernst nähmen, benötigten Frauen doch keine derartigen Schutzmaßnahmen. Für Ahmadis gelte dies auch, entgegnete sie, da werde von den Eltern auf ein entsprechendes Verhalten hingewirkt, doch für andere Muslime oder auch für Deutsche eben nicht. Am nächsten Tag nach der Ansprache des Kalifen setzten wir das Gespräch fort. Die Jurastudentin saß am Tisch und mit ihr eine schiitische Kommilitonin. Beide hielten das Kopftuch nicht für einen sinnvollen Schutz und meinten, dass auch verschleierte Frauen und Mädchen belästigt würden. Letzteres konnte meine Studentin bestätigen.

Folgt man der Rede des Kalifen und auch den schriftlichen Regeln einer Verhaltensbroschüre, die von der Ahmadiyya ausgegeben wurde, dann stehen Frauen unter großem Druck, permanent die Beachtung sittlicher Vorschriften zu beachten, Fehlverhalten zu vermeiden und die religiöse Sexualordnung aufrechtzuhalten. »Frauen werden gebeten, nicht unnötig herum zu laufen und immer ihre Pardah zu achten«, war in der Broschüre zu lesen. In diesem Zusammenhang standen auch Ermahnungen des Kalifen gegen das, was Anfang des 20. Jahrhunderts in Deutschland die »weibliche Putzsucht« genannt wurde, sowie gegen die Schwatzhaftigkeit der Frauen. Im letzten Satz seiner Rede kritisierte der Kalif in scharfem Ton, dass die Frauen in der Frauen-Kinder-Halle zu laut gewesen seien und die Veranstaltung offenbar mehr für ihre persönlichen Kontakte als für die spirituelle Weiterentwicklung nutzten. Eine ungerechte Vorhaltung, dachte ich angesichts des Umstandes, dass man den Frauen allein die Verantwortung für die kleinen Kinder überlassen hatte und sie sich neben dem Füttern, Wickeln, Trösten, Schlichten von Streit und all den anderen Betreuungstätigkeiten unmöglich auf das andachtsvolle Zuhören bei Reden und Rezitationen konzentrieren konnten. Schwatzen kann man bekanntlich auch bei Chaos und Lärm, meditieren sicherlich nicht.

Die Ermahnung, nicht nach schönen Kleidern oder Schmuck zu trachten, sondern nach religiöser Vervollkommnung, das Geld lieber für gute Zwecke zu spenden, als es für Gold und Mode auszugeben, wurde in der Praxis ebenso wenig beachtet wie das Schweigegebot. Die Frauen hatten sich ausnahmslos in ihre schönsten *shalwar kamis* gehüllt, Kombinationen aus langen Hemden und Hosen aus leuchtenden Stoffen mit Goldstickereien und vielfarbiger Spitze, und trugen dazu High Heels oder Glitzersandalen und prunkvollen Goldschmuck. Sie waren mehrheitlich auffällig geschminkt und sahen allesamt aus wie Fantasien aus Tausendundeiner Nacht. Dass Gewänder und Schmuck jeden Tag gewechselt wurden, verstand sich von selbst.

Das Ideal der gebildeten Mutter

Auf den ersten Blick erscheint die Position, die Frauen innerhalb der Ahmadiyya zugewiesen wird, widersprüchlich. Die Geschlechtertrennung wird weitaus konsequenter durchgeführt als bei allen anderen islamischen Gemeinden, doch dies bedeutet keineswegs, dass Frauen zwangsläufig auf Haushalt und Familie beschränkt sind. Die jungen Frauen betonten mir gegenüber in allen Gesprächen, dass sie selbst in jeder Hinsicht die Arbeit der Gemeinschaft mitgestalten. Die Frauenorganisation Lajna Imaillah bietet Raum und Möglichkeiten, sich zu treffen und sozial zu engagieren, und sie gibt sogar einen eigenes Frauenmagazin heraus: »Nuur für Frauen« (Licht für Frauen). Ein Teil des Magazins ist als Kinderzeitschrift konzipiert: »Nuur für Kinder«. Die Koppelung des Frauenmagazins mit einem für Kinder ist in vielerlei Hinsicht symbolträchtig und verweist darauf, dass es primär die Frauen sind, die für die Betreuung der Kinder zuständig sind. Grundsätzlich gilt, dass alle Frauen bereits in jungen Jahren heiraten sollen und dass die Ehe immer als Familie mit Kindern gedacht wird. Mit Ausnahme der ganz jungen Frauen sind die Frauen der Lajna Imaillah daher Mütter. Bei einem Gespräch mit Studentinnen in der Wiesbadener Moschee fragte ich danach, ob denn Frauen auch berufstätig seien oder sein möchten. Eine der jungen Frauen entgegnete: »In erster Linie steht die Erziehung der Kinder. Wenn man das schafft, die Kinder gut zu erziehen und dann parallel zu arbeiten, dann ist das gar kein Problem.« Eine andere meinte: »Wobei man schon auch dazu sagen muss, dass ich jetzt das Gefühl habe, dass in unserer Gemeinde bei den Frauen der Wunsch, einen Beruf auszuüben, gar nicht so extrem groß ist, also ich habe das auch schon von sehr vielen miterlebt, die sagen: ›Nee, also ich finde das sehr angenehm, dass ich mich zu Hause nur um den Teil kümmern muss, also mit den Kindern oder Haushalt und so weiter, und mein Mann dafür zuständig ist, dass er das Geld heimbringt.‹« Ob die lange Ausbildungszeit nicht im Widerspruch zu solchen Idealen stehe, fragte ich. Das vorrangige Ziel eines Studiums, so wurde mir entgegnet, sei, eine größere Nähe zu Gott zu erreichen. Im Koran werde man aufgefordert, zu studieren und zu forschen, um die Perfektion und Größe Allahs kennenzulernen und Bestätigungen für sein Wirken in der Welt zu finden. Eine gute Bildung der Mutter komme außerdem der Erziehung der Kinder zugute.

Das Engagement der Frauen in der Gemeinschaft ist deutlich geschlechtsspezifisch geprägt. Zwar werden Koranlesungen und ein Sportprogramm angeboten, aber auch Koch- und Nähkurse für Mädchen. Mit Spendengeldern beteiligen sich die Frauen darüber hinaus an Moscheebauvorhaben, und die Berliner Khadija-Moschee, benannt nach der ersten Ehefrau des Propheten, soll gar ausschließlich mit den Geldern der Frauen erbaut worden sein. Auch die Architektin, so wurde mir stolz erzählt, sei ein Mitglied der Lajna Imaillah gewesen. In der Öffentlichkeitsarbeit bemühen sich die Frauen, Vorurteile gegenüber dem Islam zu entkräften. Sie betonen, dass das Kopftuch freiwillig getragen werde und Ehrenmorde unislamisch seien. Da sie ausschließlich vor weiblichem Publikum sprechen, arbeiten sie vornehmlich mit Frauenabteilungen von Kirchen oder mit Einrichtungen zusammen, die aus der feministischen Bewegung entstanden sind. In Wiesbaden ist dies unter anderem das Frauengesundheitszentrum Sirona.

Nichtmuslimische Feministinnen stehen den Frauen der Ahmadiyya oft ambivalent gegenüber. Überzeugte Säkularistinnen kritisieren ihre Unterwerfung unter religiöse Doktrinen, und einige von ihnen attackieren sie sogar, wie eine Gruppe von Femen-Aktivistinnen, die 2013 barbusig vor der Berliner Khadija-Moschee protestierte. Andere greifen die Dialogangebote auf und sehen die Ahmadi-Frauen als Partnerinnen für die Durchsetzung einer offenen multikulturellen Gesellschaft und oder gar als Frauenrechtlerinnen. Wenn die Gespräche die Ebene allgemeiner freundlicher Bekundungen verlassen und man über Details diskutiert, werden Differenzen allerdings unübersehbar. Anders als feministische Katholikinnen, die eine radikale Reform der Kirche und ein weibliches Priestertum fordern, sind Ahmadi-Frauen damit einverstanden, dass religiöse Ämter von Männern besetzt werden und eine Frau niemals Kalif werden kann. Sie streben auch keine Gleichheit der Geschlechter an oder votieren für Frauen in Führungspositionen und männliche Hausarbeit, sondern betonen die Komplementarität der Geschlechter, die Männern vornehmlich eine berufstätige Rolle und Frauen den Part der gebildeten Mutter und Hausfrau zuweist. Frauen der Ahmadiyya sind keine Feministinnen und kämpfen weniger für die Rechte von Frauen in einer patriarchalisch geprägten Gesellschaft als für die Rechte von Musliminnen in einer säkularen Ordnung.

7. Kulturell und mental europäisch: Die Islamische Gemeinschaft der Bosniaken

Die bosniakischen Muslime nehmen eine besondere Position unter den deutschen und auch den Wiesbadener Muslimen ein. Einerseits sind sie hochgradig international aufgestellt, andererseits verstehen sie sich dezidiert als Europäer und sind Teil der europäischen Geschichte. Als Migranten in Deutschland teilen sie mit anderen Muslimen die Erfahrungen von Fremdheit und Diskriminierung, sind sich aber dennoch eines gravierenden Unterschieds bewusst. »Wir gehören kulturell und mental zum Westen«, ließ Ahmet Alibasic, Dozent an der Fakultät für Islamische Studien in Sarajewo, auf der Homepage der Islamischen Gemeinschaft der Bosniaken in Deutschland verlautbaren.[34] Diese klare Zuordnung steht auch für ein Bekenntnis zu Pluralität und Liberalität und zum Prinzip der Trennung von Staat und Religion. An der Islamischen Fakultät werden Alibasic zufolge Schriften von Fazlur Rahman, Abdolkarim Soroush oder Nasr Hamid Abu Zaid gelesen, Autoren, die orthodoxen Sunniten allesamt als Häretiker gelten.

Die Entstehung eines europäischen Islam

Bosnien-Herzegowina wurde im 6. Jahrhundert christlich missioniert und acht Jahrhunderte später Teil des Osmanischen Reiches. Ende des 14. Jahrhunderts unternahmen türkische Armeen Vorstöße auf dem Balkan, und im Juni 1389 kam es zu der legendären Schlacht auf dem Amselfeld, die heute noch als Mythos für die Rechtfertigung der Feindschaft zwischen Muslimen und Christen Wirksamkeit entfaltet. Die Schlacht wurde militärisch nicht entschieden, und die Feldherren beider Seiten starben. Dennoch war sie entscheidend für das weitere Vordringen der Osmanen, die Mitte des 15. Jahrhunderts schließlich die politische Macht im südlichen Balkan eroberten. Der bosnische Adel konvertierte, um am System der osmanischen Landverteilung (*timar*-System) zu partizipieren und politischen Einfluss innerhalb der neuen Ordnung zu erlangen. Christen konnten weder Landbesitzer werden noch in den Staatsdienst gelangen. Sie mussten sich als Pächter auf den Gütern der muslimischen Oberschicht verdingen. Das schuf Unmut. Im 19. Jahrhundert erhoben sich die christlich-serbischen Bauern mehrere Male gegen die Großgrundbesitzer, ohne dass sich etwas änderte. Der bosnische Islam wurde zentralistisch verwaltet und folgte offiziell der hanafitischen Rechtsschule;[35] im Alltag war er allerdings auch von vielfältigen lokalen Glaubensvorstellungen und von sufistischem Gedankengut geprägt.

Das Osmanische Reich begann im 19. Jahrhundert zu zerfallen, und 1878 wurde Bosnien-Herzegowina auf dem Wiener Kongress unter habsburgische Verwaltung gestellt. 1908 erfolgte dann die formale Annexion. Damit, so die Islamwissenschaftlerin Armina Omerika, wurde ein »Prozess von Europäisierung eingeleitet, der sich auch auf die innerislamischen Dynamiken in Bosnien auswirkte« (Omerika 2013: 15). Nachdem islamische Gelehrte, unterstützt durch den ägyptischen Reformtheologen Raschid Rida, verkündet hatten, es bestehe kein Anlass zur Auswanderung und es sei den Muslimen gestattet, unter christlicher Herrschaft zu leben, ja sogar am Militärdienst teilzunehmen, beruhigte sich die anfängliche Aufregung unter den Muslimen. Ende des 19. Jahrhunderts bestand die Bevölkerung zu 42,87 Prozent aus orthodoxen Christen, zu 38,73 Prozent aus Muslimen und zu 18,08 Prozent aus Katholiken. Außerdem waren 3.426 Personen Juden.[36] Der Staat versuchte die Minderheiten angemessen zu berücksichtigen:[37] Muslimische Organisationen erhielten 1912 durch ein Islamgesetz den Status einer Körperschaft des öffentlichen Rechts und eine weitgehende Selbstverwaltung; an Schulen wurde islamischer Religionsunterricht erteilt, und in der Armee wurden muslimische Seelsorger und Militärimame bestellt. Bereits 1892 wurden ein islamisches Oberhaupt aller Bosniaken, ein Rais al-Ulama, und ein ihn beratendes Gremium eingesetzt und der Islam gewissermaßen verkirchlicht.[38] Auch das Rechtssystem aus osmanischer Zeit blieb in Grundzügen erhalten. Nach wie vor konnten Familienangelegenheiten nach islamischem Recht vor Scharia-Gerichten verhandelt werden; allerdings wurden die Richter vom Staat eingesetzt und erhielten eine moderne juristische Ausbildung.

Im 20. Jahrhundert wurde in Bosnien, wie in anderen islamisch geprägten Ländern, der sogenannte Reformislam populär, der aus der Schule von Jamal al-Afghani, Mohammed Abduh und Rashid Rida hervorgegangen war und sowohl islamische, als auch westliche Denktraditionen integrierte. Die Gelehrten kritisierten vermeintliche Degenerierungserscheinungen in den islamischen Kernländern, die dem vordringenden europäischen Kolonialismus nichts entgegenzusetzen hatten, und sahen die Lösung des Dilemmas in einer Rückkehr zu den Grundlagen des Islam, gepaart mit sozialen Reformen wie einer modernen Bildung, auch für Mädchen. Traditionelle Ideen und Bräuche des

Volksislam galten ihnen als Übel, das möglichst schnell abgeschafft werden sollte. Auch in Bosnien wandten sich die jungen Reformer gegen religiöse Traditionen und überkommene Strukturen,[39] teilweise auch gegen die Verschleierung von Frauen, und einige forderten gar säkulare Reformen nach dem Vorbild Atatürks.[40]

Säkularisierung und Revitalisierung des Islam

Im November 1945 wurde die Föderative Volksrepublik Jugoslawien unter Führung der Kommunistischen Partei ausgerufen, und der ehemalige Partisanenführer Josip Broz Tito wurde Ministerpräsident. Die Föderation umfasste die heute unabhängigen Staaten Bosnien und Herzegowina, Slowenien, Kroatien, Serbien, Montenegro, Mazedonien und Kosovo. Ein umfassender Säkularisierungsprozess setzte ein, der zur Trennung von Staat und Kirche, zur Auflösung der islamischen Stiftungen und Schulen und Beschlagnahmung ihrer Besitztümer, zur Abschaffung des islamischen Familienrechts und der Scharia-Gerichte sowie zum Verbot der Sufi-Orden führte. Frauen wurden Männern rechtlich in jeder Hinsicht gleichgestellt und die Ganzkörperverschleierung untersagt. Der Islam, so Omerika, wurde einerseits privatisiert, andererseits aber auch einer stärken Kontrolle und Anbindung an den Staat unterworfen. Trotzdem verlor der Islam während der sozialistischen Herrschaft niemals seine Bedeutung für die bosnischen Muslime, sondern wurde sogar »zur wichtigsten Determinante der religiösen Identität« (Omerika 2013: 41). Die bereits 1909 gegründete Islamische Glaubensgemeinschaft, eine hierarchische Vertretungsorganisation der bosnischen Muslime, konnte ihre Monopolstellung ausbauen. Als die Regierung in den 1970er Jahren ihren strengen antireligiösen Kurs lockerte, erlebte der Islam ein schnelles öffentliches Revival, und 1977 kam es zur Gründung einer Islamischen Theologischen Fakultät.

Nach dem Tode Titos zerfiel die Republik, und in dem entstandenen Machtvakuum wurden unterschiedliche Interessen in ethnischen und religiösen Kategorien artikuliert. Unabhängigkeitsbestrebungen in Slowenien, Kroatien und Bosnien-Herzegowina wurden von serbischen Politikern mit unverhohlenen Drohungen beantwortet. Bei einem Referendum am 29. Februar und 1. März 1992, an dem sich die bosnischen Serben nicht beteiligten, stimmte die überwältigende Mehrheit der Wähler für die Unabhängigkeit.

Die bosnischen Serben hatten im Vorgriff auf das zu erwartende Ergebnis die Republik Srpska ausgerufen und die Kontrolle über das gesamte Gebiet beansprucht. Unterstützt durch die jugoslawische Armee versuchten serbische Milizen eine Abtrennung militärisch zu unterbinden. Ein grausamer Bürgerkrieg folgte, in dem die bosnischen Muslime einen besonders hohen Blutzoll zahlten.[41] Traurige Bekanntheit erlangte die Stadt Srebrenica, die seit Sommer 1992 von serbischen Milizionären belagert und im Jahr 1995 erobert wurde. Unter dem Kommando von General Ratko Mladic wurden etwa 8.000 Männer und Jungen zusammengetrieben und ermordet. Das Massaker in der UN-Schutzzone war Auslöser der NATO-Operation »Deliberate Force«, in deren Rahmen Luftangriffe auf serbische Stellungen geflogen wurden. Zusammen mit einer Offensive kroatischer und bosnischer Truppen führte diese Operation zum Waffenstillstand und dem Vertrag von Dayton im Dezember 1995. Die Föderation Bosnien und Herzegowina wurde unabhängig.

Zwar sind die Wunden von damals noch nicht verheilt, aber es ist wieder Normalität eingekehrt. Der bosnische Islam hat sich reorganisiert und wird wieder von einem Rais al-Ulama vertreten, der jeweils für sieben Jahre von einem Parlament gewählt wird, dem auch Vertreter der Diaspora angehören. Ein Markt der Religionen sei entstanden, so Ahmet Alibasic,[42] auf dem Anhänger unterschiedlicher Strömungen des Islam für ihre Auffassungen werben: Khomeini-Anhänger, Gefolgsleute Fethullah Gülens,[43] Sufi-Bruderschaften und mit saudi-arabischem Geld finanzierte Wahabiten. Die größte Moschee des Balkans, die 2000 eröffnete König-Fahd-Moschee, wurde vollständig mit Petro-Dollars erbaut und gehört zu den Orten, an denen religiöse Hardliner predigen. Die Konkurrenz dieser unterschiedlichen Lehrmeinungen verursacht auch Probleme. Große Schwierigkeiten habe man in der Vergangenheit mit Salafisten, aber auch mit einigen Sufis gehabt, deren Scheichs die Moscheen zu privaten Räumen umfunktioniert hätten.

In der Diaspora

Seit 1978 gibt es in der Bundesrepublik Deutschland bosniakische Gemeinden, doch während des Bürgerkriegs nahmen sie rasch an Zahl zu. Heute leben schätzungsweise 540.000 südosteuropäische Muslime bei uns, und die Anzahl der bosniakischen Gemeinden liegt bei 65.

Auch nach Wiesbaden kamen Flüchtlinge, unter ihnen Fahrudin Dzinic, der Imam der bosniakischen Gemeinde. Bei Kriegsausbruch hielt er sich mit seiner frisch angetrauten Frau in Kroatien auf, doch die Situation wurde immer gefährlicher, sodass sie sich zur Flucht nach Deutschland entschlossen. Das war zum Zeitpunkt unseres letzten Gesprächs 27 Jahre her. Eine Schwester wohnt jetzt mit ihrer Familie in Frankfurt, und ein jüngerer Bruder hat in Wiesbaden studiert. Gerade habe er sein Studium beendet und eine feste Stelle erhalten, meinte Dzinic stolz. Die Eltern seien in Sarajewo geblieben, doch er besuche sie regelmäßig. Dzinic selbst hat vier Kinder, die 2014 21, 18 und 15 Jahre alt waren, sowie einen Nachzügler von acht Monaten. Auch mein Mitarbeiter Oliver erwarte gerade sein viertes Kind, erzählte ich ihm, und er fragte, wie viele Kinder ich hätte. Ich konnte nur mit dreien aufwarten. Es gefalle ihm, wenn eine Frau viele Kinder habe, sagte er lächelnd, Kinder seien ein Segen.

Mich interessierte, wie sich der bosniakische Islam in Wiesbaden konstituiert und welche Rolle Dzinic persönlich dabei gespielt hatte. Im September 1993 habe er sich zunächst in Frankfurt aufgehalten, begann er seine Erzählung, doch zunächst keine Anstellung als Imam erhalten. In Wiesbaden dagegen sei er gebraucht worden. In der Helenenstraße sei ein Versammlungsort entstanden, den Flüchtlinge aufsuchen konnten. Die Bosniaken lebten in einer prekären Situation, waren der deutschen Sprache nicht mächtig und hatten keine Arbeit. Mit sechzig Familien habe man begonnen, eine Moscheegemeinschaft aufzubauen, erzählte Dzinic, wobei soziale und humanitäre Aspekte stark im Vordergrund standen. Man habe sich über die Situation in der Heimat ausgetauscht, Geld gesammelt und die Angehörigen in Bosnien unterstützt. Die Räumlichkeiten waren beengt und ohnehin nur provisorisch. Im Jahr 2005 bezog die Gemeinde dann neue Räume in der Hellmundstraße. Als der Pachtvertrag 2007 auslief und eine Verlängerung nicht in Frage kam, war die Gemeinde vorübergehend ohne festen Versammlungsort. In dieser schwierigen Situation hätten sie große Unterstützung durch die Stadt erfahren. Mitarbeiter des Integrationsamtes hätten sich an der Suche nach einer neuen Bleibe beteiligt, und der damalige Oberbürgermeister habe sich persönlich für sie eingesetzt und angeboten, für sie zu bürgen. Schließlich fanden sie eine geeignete Wohnung in der Schwalbacher Straße. Dzinic erinnerte sich, wie überrascht er war, dass der Vermieter tatsächlich keine Bedenken hatte, an eine Moschee zu vermieten, dass er ihn mehrere Male gefragt habe, ob er das wirklich wolle, und der Mann mit großer Selbstverständlichkeit bestätigte, er hätte nichts gegen Muslime. Mehrere Jahre fand das Gemeindeleben in dieser Wohnung statt, bis man eine bessere Alternative fand. Seit 2012 ist die Gemeinde selbst Hausbesitzerin. Für 775.000 Euro konnte sie ein Gebäude in der Rheinstraße erwerben, das Möglichkeiten für Vieles bietet. Meine Nachfragen, mit welchen Mitteln finanziert wurde, irritierten Dzinic nicht. Er wolle kein Geheimnis daraus machen, erzählte er mir, sondern alles auf einem Flyer veröffentlichen. Mitgliedsbeiträge und Spenden seien da gewesen, aber man habe auch einen Kredit erhalten, obgleich der Verein keinen großen Umsatz nachweisen konnte. Die Mitarbeiter der Bank hätten sich aber dennoch dafür entschieden, der Moschee Geld zu leihen, weil sie bereits mit zwei anderen Moscheen gute Erfahrungen gemacht hatten. Der Umbau des Hauses geschah weitgehend durch die Mitglieder selbst. Man habe Maler, Lackierer, Fliesenleger, Installateure und Elektriker in der Gemeinde, und für die Leute sei es Ehrensache in ihrer Freizeit anzupacken. Vor dem Einzug der Muslime wurde das Gebäude von einer Freikirche genutzt, und die Umgestaltung war aufwendig.

Anders als andere Wiesbadener Moscheegemeinden, welche die Hinweise auf Herkunftsländer in Namen eliminiert haben und das Islamische betonen, ist die bosniakische Gemeinde dezidiert bosniakisch. Ursprünglich, so Dzinic, wollte er den Verein »Islamische Gemeinde Wiesbaden« nennen, doch dann sei ihm bewusst geworden, dass man dabei sofort an eine türkische oder marokkanische Gemeinde denke, also an eine der großen Migrantengemeinden. Außerdem sei das Islamische vielleicht doch nicht so wichtig wie die Herkunft: »Mit Türken und Arabern haben wir nur eines gemein, die Religion, sonst nichts.« Gerade vor dem Hintergrund der jüngeren Geschichte war es ihm wichtig, die Herkunft herauszustellen: »Wir sollen uns identifizieren. Wir sind Bosniaken, und diesen Namen haben die uns damals geklaut und verboten.« In die Moschee kämen aber auch Menschen anderer Nationalität, Deutsche, Amerikaner und sogar einige Afrikaner. Man habe ein offenes Haus. Die starke Bindung der deutschen Bosniaken an ihre Heimat wird auf der Homepage dadurch ersichtlich, dass nur ein kleiner Teil der Beiträge ins Deutsche übersetzt wurde und die Autoren überwiegend in Bosnien leben. Wiesbaden ist der Hauptsitz der Islamischen Gemeinschaft der Bosniaken in Deutschland. Die Organisation untersteht der Islamischen Gemeinschaft in Bosnien-Herzegowina und ist in deren Leitungsgremien mit zwei Delegierten vertreten. In Deutschland ist sie in der Deutschen Islamkonferenz vertreten. In Wiesbaden wohnen einer Statistik aus dem Jahr 2009 zufolge 527 bosniakische Muslime.

Respekt vor den Lehrern

Fahruddin Dzinic sagte, er fühle sich wohl in Wiesbaden, als normaler Bürger dieser Stadt, nicht als Vertreter einer Minderheit. Seine Aufgaben als Imam hielten ihn unentwegt beschäftigt. Er halte die Freitagsgebete auf Bosnisch, Arabisch und Deutsch und suche immer aktuelle Themen. Jetzt zu Beginn des neuen Schuljahres sei es zum Beispiel der Wert der Bildung. Bildung ist für ihn gleichermaßen eine religiöse wie eine weltliche Kategorie. Am deutschen Schulsystem kritisierte er, dass alles zu locker sei. Die Kinder hätten keinen Respekt vor den Lehrern. Auch seien einige Lehrer nicht wirklich für ihren Beruf geeignet, da sie Kinder offenbar hassten. Manchmal habe er wirklich Angst um die Kinder gehabt, nicht nur um die eigenen, sondern ganz allgemein. Andere Lehrer seien dagegen herzlich und bemüht, den Schülern zu helfen. In der Moschee sah Dzinic seine Aufgabe ebenfalls in der Bildung. Fünf Fächer unterrichtete er: den Koran und das Arabische, *ibadah*, die Pflichten eines jeden Muslims entsprechend den fünf Säulen des Islam, die Geschichte des Islam mit einer besonderen Betonung der Zeit und Person des Propheten, und *akhlaq*, islamische Ethik. Letztere liege ihm besonders am Herzen. Dazu gehörten auch die Barmherzigkeit gegenüber Jüngeren und Kindern und der Respekt gegenüber Älteren, vor allem Eltern, Lehrern, Professoren und Geistlichen. Der Unterricht finde samstags und sonntags statt. Sein Wunsch sei es, das Bildungsangebot auszubauen und die erste Etage des Hauses als Bildungszentrum zu nutzen, auch für Deutschkurse für Frauen zum Beispiel. Frauen sind in der Moschee derzeit nicht präsent. Sie seien nicht verpflichtet, zum Gebet zu kommen, meinte er, und außerdem seien sie durch die Kinder zu Hause gebunden. Er würde aber gerne Werbung machen, um die Moschee auch für sie attraktiv zu machen. Vielleicht könne es gelingen, wenn man ihnen eine Empore bauen würde.

Für Jugendliche werde Sport angeboten. Man habe Verschiedenes ausprobiert, Schach, Karate, sei dann aber beim Fußball geblieben. 2004 habe man den Fußballverein »Bosna 04« gegründet, der jedoch darunter leide, dass man keinen eigenen Platz zum Spielen habe und bis in den Vorort Breckenheim kommen müsse, um zu trainieren. 34 Spieler seien eingetragen, aber eigentlich, meinte Dzinic nach einigem Nachdenken, sei man zurzeit eher eine Seniorenmannschaft. Bei unserem letzten Gespräch im September 2014 hatte der Verein einen neuen Trainingsplatz im Vorort Klarenthal erhalten, der besser erreichbar war. Dzinic trug sich mit dem Gedanken, mit dem Fußballspielen aufzuhören. Er sei mittlerweile zu alt, seufzte er, habe zu viele Sportverletzungen gehabt und brauche lange, um sich von anstrengenden Spielen zu erholen. Er wolle den Fußball zwar nicht ganz aufgeben, suche aber nach einem neuen Trainer und wolle den Verein ohnehin professioneller aufbauen.

Ein anderer Plan war, Kontakte mit dem nahe gelegenen Oraniengymnasium aufzubauen, damit Schüler sich die Moschee anschauen und über den Islam informieren könnten. Hier sah er deutliche Wissensdefizite. Wenn Kinder kämen, sagte er, dann wünsche er sich immer, dass nach dem Besuch ein paar Zeilen über die gemachten Erfahrungen geschrieben würden. Oft habe er geweint, wenn er gelesen habe, dass sie »ältere Leute mit Bart« erwartet und richtiggehend Angst vor dem Islam gehabt hätten. Um dem negativen Islambild ein positives entgegenzusetzen, führte Dzinic im Jahr 2007 zusammen mit dem evangelischen Pfarrer Endter eine Studienreise nach Bosnien durch. Seit mehreren Jahren beteiligt er sich am Projekt »Koran trifft Bibel«, wieder zusammen mit Pfarrer Endter. Eine katholische, eine evangelische und die muslimische Gemeinde der Bosniaken behandelten immer ein spezielles Thema aus drei unterschiedlichen Perspektiven. Die Treffen fanden in allen drei Einrichtungen statt. Dieses Projekt mache ihn sehr glücklich, sagte er. Es entspreche der Art, wie er sich den interreligiösen Kontakt vorstelle, jenseits der ganzen aufgeheizten Debatten.

8. Der Scharia folgen:
Der Islamische Kulturverein Masjid Ali

Der Islamische Kulturverein Masjid Ali entzieht sich einer vorschnellen Bewertung von außen durch Praxen, die in vielfacher Weise widersprüchlich sind. Der langjährige Gemeindevorsteher Said Nasri war als Vorsitzender der Arbeitsgemeinschaft Islamischer Gemeinden Wiesbadens ein verlässlicher Partner des Integrationsamtes, und die Gemeinde glänzte viele Jahre lang durch eine auffallend gelungene Beziehung zu christlichen Gemeinden und zur nichtmuslimischen Nachbarschaft. Andererseits gab es Skandale um Einladungen salafistischer Prediger, und im September 2014 wurde die Öffentlichkeit gewahr, dass zwei Jugendliche aus der Gemeinde nach Syrien in den *jihad* gezogen waren.

Ein konfliktloser Moscheebau

Die Masjid-Ali-Moschee ist ein gleichermaßen schlichtes wie anmutiges Bauwerk. Etwas abseits im Gewerbegebiet des Wiesbadener Stadtteils Kostenheim gelegen, fällt es durch die hellblaue Außenfassade und die große goldene Kuppel schon von Weitem auf. Weiß umrandete bogenförmige Fenster und eine ebenso gestaltete Eingangstür vermitteln ein dezentes orientalisches Flair in der sonst schmucklosen Umgebung. Von der Straße kommend stößt man als Erstes auf einen zweistöckigen Kubus, in dem ebenerdig ein Supermarkt untergebracht ist, der marokkanische Lebensmittel und chinesischen Tee verkauft. Im ersten Stock befinden sich Seminarräume und ganz oben, unter dem Dach, eine Einliegerwohnung, die dem Imam zur Verfügung gestellt wird. Der Eingangsbereich der Männer verbindet diese Funktionsräume mit dem spirituellen Zentrum, einem achteckigen Andachtsgebäude, das durch die erwähnte Kuppel geziert wird. Der Gebetsraum der Männer im Erdgeschoss ist mit dicken Teppichen ausgelegt und lichtdurchflutet. Außer *minbar* (Kanzel), *mihrab* (Gebetsnische) und einem kleinen Bücherregal war er zum Zeitpunkt unseres Besuches vollkommen leer. Die Wände waren hell gestrichen. Eine halbrunde Empore war auf halber Höhe angebracht. Sie ruhte auf Säulen, die vom Boden bis an die Decke reichten. Diese Empore war der Frauengebetsraum. Man erreichte ihn über einen versteckten Hintereingang und eine Treppe. Er war mit dem gleichen Teppich ausgelegt wie der Männerraum und fast noch heller als dieser. Licht kam durch riesige Fenster an den Seiten und von oben. Eine gemauerte Umrandung, auf der zusätzlich eine geschnitzte Holzabsperrung angebracht war, verhinderte jegliche Einsicht von unten. Sie war auf der Seite der Frauen mit blauen und blauweißen Kacheln verziert. Der hölzerne obere Part war durchbrochen, sodass die Frauen durchaus Gelegenheit hatten, zu den Männern hinunterzuschauen, wenn sie sich aufstellten.

Der Bau der Masjid-Ali-Moschee gilt in Wiesbaden als Beispiel eines konfliktfreien Prozesses, einer mustergültigen Zusammenarbeit christlicher und muslimischer Akteure. Er war von Anbeginn an eingebettet in eine Transformation der Gemeinde, die auch etwas mit dem Wunsch zu tun hatte, die ethnisch-nationale Orientierung zugunsten einer panislamischen aufzugeben.

»Was haben wir denn noch mit Marokko zu tun?«, hatte sich der damalige Vorsitzende Said Nasri eigenen Bekundungen zufolge gefragt. Die Mehrheit der Gemeindemitglieder seien deutsche Staatsbürger. Außerdem sei eine allzu starke Betonung des Marokkanischen möglicherweise für andere Muslime abschreckend, die man aber auch in den eigenen Räumen willkommen heißen wollte. Das einigende Band zwischen den Muslimen sei ja ohnehin das Bekenntnis zum Islam und nicht die ursprüngliche Herkunftsregion. Diese Überlegungen führten dazu, dass sich der damalige Marokkanische Kulturverein im Jahr 1997 in Islamischer Kulturverein umbenannte. Im Handumdrehen habe sich die Zahl der Mitglieder von vierzig auf hundertzwanzig erhöht, so Nasri, und es sei mit der Gemeinde bergauf gegangen. Zur gleichen Zeit hatten sich auch andere Veränderungen ergeben. Man plante den repräsentativen Neubau der heutigen Moschee mit angeschlossenen Veranstaltungs- und Unterrichtsräumen sowie einer Wohnung für den Imam, und man wollte sich im Stadtteil verankern, vor allem die Kontakte zu christlichen Gemeinden verbessern. Das sei insbesondere mit der katholischen Gemeinde St. Elisabeth gut gelungen. Der damalige Pfarrer sei sehr offen gewesen und der Dialog gut in Gang gekommen. Man habe versucht, Vorurteile abzubauen und sich kennenzulernen.

Vier Jahre später ereigneten sich die Anschläge gegen das Welthandelszentrum in New York, und der Bedarf an Aufklärung wuchs. »2001 bis 2006 war ein Riesenansturm«, erinnerte sich Said Nasri. »Man brauchte nur was zu veröffentlichen, einzuladen, und schon waren die Moscheen voll. Und da hat man gemerkt, aha, die Leute wollen es einfach wissen, die Leute wollen es selber von einem wissen und nicht von den Medien übernehmen. Und das hat uns einen Riesenspaß gemacht, hat uns Freude bereitet.«

Auch das Moscheebauvorhaben sei von Anfang an mit den christlichen Nachbarn besprochen worden. »Sie haben, ganz offen gesagt, mitgearbeitet«, erzählte Nasri. »Sogar sich mit Gedanken gemacht, Gott sei Dank, ohne sie wäre nichts gewesen, muss ich ganz offen sagen. Sie haben ehrlicherweise und fairerweise mitgearbeitet und mitgeplant, bis wir auf dieses Grundstück gekommen sind.« Die ersten Planungen des Gebäudes gingen von einem einfachen Würfel aus, doch dann sei in Absprache mit der Gemeinde St. Elisabeth schließlich ein achteckiger Bau mit goldener Kuppel beschlossen worden. Auf ein Minarett hatte man von vornherein verzichtet, um keine Streitigkeiten zu provozieren. Im Dezember 2004 wurde die Moschee eingeweiht und war seitdem wiederholt eine Örtlichkeit, an der interreligiöse Begegnungen stattfanden.

Wann ist der *jihad* gerechtfertigt?

Der Islamische Kulturverein Kostheim ist der einzige muslimische Verein in Wiesbaden, der detaillierte politische und religiöse Positionen im Internet veröffentlicht. Die Satzung beginnt mit einer Präambel, in der die Pflege des interkulturellen und interreligiösen Dialogs genauso bekundet wird wie die »Loyalität gegenüber den Fundamenten des Deutschen Staates, zu seinem Grundgesetz, zu Demokratie, Pluralismus und Menschenrechten [...], zu der vom Grundgesetz garantierten gewaltenteiligen, rechtsstaatlichen und demokratischen Ordnung«.[44]

Dass diese allgemeinen Bekenntnisse im Einzelnen allerdings durchaus mit religiösen Positionen kollidieren, zeigt die Rubrik »Häufige Fragen«, in der je 25 Fragen zum Islam, zum Propheten Mohammed, zur Frau im Islam und zum Fasten im Ramadan beantwortet werden. Außer einigen allgemeinen Statements (»Islam bedeutet Frieden machen und Hingabe«) werden dort Erklärungen zu den Grundlagen des Islam gegeben. Diese enthalten unter anderem Erläuterungen zu den fünf Säulen des Islam, den Feiertagen und dem Propheten Mohammed. Darüber hinaus informiert man zum *jihad*, dem heiligen Krieg, der ganz der sunnitischen Tradition folgend einerseits als Kampf gegen das eigene Ego, andererseits aber auch als militärischer Krieg verstanden wird, um den Islam oder ein muslimisches Land zu verteidigen. Legitim sei dieser zweite *jihad*, der tatsächliche Krieg, kann man der Homepage entnehmen, wenn er von einem religiösen Führer oder einem muslimischen Staatsoberhaupt ausgerufen werde.[45] Angesichts des Umstandes, dass religiöse Führer in der islamischen Welt nicht gerade selten zum Krieg gegen die Ungläubigen aufrufen, befremden solche Aussagen. Auch das umfassende Bekenntnis zur Scharia mag manch einen erstaunen, der sich auf die Seite verirrt. Dort heißt es: »Die Scharia ist das umfassende

Gesetz der Muslime, das von zwei Quellen abgeleitet wird: a) dem Koran und b) der Sunna, den Handlungen des Propheten Muhammad. Sie umfasst alle Bereiche des persönlichen und gesellschaftlichen Lebens im Alltag. Das Ziel des islamischen Gesetzes ist der Schutz der Grundrechte des Menschen als Individuum. Dies schließt das Recht auf Leben und Besitz, auf politische und religiöse Freiheit, sowie den Schutz der Rechte der Frau und von Minderheiten mit ein. Die niedrige Verbrechensrate in muslimischen Gesellschaften ist auf die Anwendung des islamischen Gesetzes zurückzuführen.«[46]

Besonders ausführlich werden das Geschlechterverhältnis und die Position von Frauen erörtert. Auch darin folgt man dem Koran und der Sunna, beziehungsweise einer buchstabengetreuen Auslegung dieser Quellen. Zur Frage, ob Mann und Frau gleichberechtigt sind, lässt sich Folgendes nachlesen: »Im Islam geht es darum, unter Berücksichtigung der Verschiedenheit der Geschlechter Gerechtigkeit zwischen beiden herzustellen. Daher hat Gott Mann und Frau bestimmte Rechte und Pflichten zugewiesen, die ihrer jeweiligen Natur gerecht werden. Wenn sie sich jedoch von ihrer Natur entfernen, kommt dies einer Gleichmachung nahe. Vor Gott sind beide gleich. Aber in ihrer Beziehung zueinander sind die jeweiligen Rechte des einzelnen unterschiedlich, wie ja auch Mann und Frau von Natur aus unterschiedlich sind. Grundsätzlich kann man sagen, daß sich die Rechte des einen aus den Pflichten des anderen ergeben und umgekehrt.«[47] Im Weiteren wird ausgeführt, dass der Mann die Familie zu versorgen habe und mit ihrer Führung betraut sei. Er sei das Familienoberhaupt. Die Frau dürfe beraten und unterstützen. Ihr Aufgabenbereich sei die Betreuung der Kinder.

Was das im Einzelnen bedeutet und welche Regelungen aus dieser Negation der Gleichberechtigung und der Legitimierung der Dominanz des Mannes abgeleitet werden, lässt sich im Detail nachverfolgen. Dies betrifft zum Beispiel die Vormundschaft über die Kinder nach einer Scheidung. Frage 3/12, »Was geschieht im Falle einer Scheidung mit den Kindern?«, wird folgendermaßen beantwortet: »Die Mutter hat die Sorge bei Mädchen bis zur Pubertät oder bis zur Heirat, bei Jungen bis zum Alter von sieben Jahren oder bis zur Pubertät. Die gesetzliche Vertretung liegt jedoch beim Vater. Üblicherweise geht die Frau nach der Scheidung ohne die Kinder in ihr Elternhaus zurück. Damit wird ihr eine Wiederverheiratung leichter gemacht.«[48] Darin folgt der Islamische Kulturverein einer selbst in der islamischen Welt umstrittenen ultrakonservativen Auslegung religiöser Texte. Eine wortgetreue Auslegung des

Koran leitet auch die Antworten auf Fragen des Erbrechts von Frauen (Vers 4:11, »Auf eines männlichen Geschlechts kommt bei der Erbteilung gleichviel wie auf zwei weiblichen Geschlechts«) oder der Gültigkeit der Zeugenaussage einer Frau, die nur halb so viel gelte wie die eines Mannes.[49]

Außereheliche intime Beziehungen und Homosexualität werden im Fragekomplex 1/24 strikt als unislamisch abgelehnt, die Polygynie, die der Koran erlaubt, in Frage 1/21 (»Warum dürfen muslimische Männer mehrere Frauen heiraten?«) zwar nicht explizit begrüßt, aber auch nicht als historisch überholte Regelung zurückgewiesen.[50] Im Vergleich zur Position einer Geliebten sei die der Zweitfrau ohnehin die bessere Alternative. Selbst westliche Frauen würden den Status einer Zweitfrau wählen, behauptet der Text unter Bezugnahme auf eine Befragung der Zeitung USA Today aus dem Jahr 1988, wenn das Gesetz es denn erlaube.[51] Polygynie, die Ehe eines Mannes mit mehreren Frauen, so der Text implizit, sei daher in gewisser Weise eine Option für promiske Männer. Polyandrie, eine vergleichbare Regelung für promiske Frauen, gibt es allerdings nicht. Die Antwort auf Frage 3/9, »Warum kann eine muslimische Frau nicht mehrere Männer heiraten?«, lautet schlicht, dass »dies nicht der Natur der Frau entspricht«.[52] Auch habe man dann Schwierigkeiten, die eindeutige Vaterschaft der Kinder festzustellen; und zudem kollidiere das Modell mit den innerfamiliären Autoritätsverhältnissen, da in diesem Fall mehrere Männer Haushaltsvorstände sein müssten.[53]

Zur Frage, ob man Frauen schlagen dürfe, gibt es eine längere Einlassung, die bemerkenswert ist, da Wiesbadener Muslime in Gesprächen mit mir gewöhnlich behaupteten, von dem auch unter Muslimen kontrovers diskutierten Koranvers 4:34 keine Kenntnis zu haben. Auf der Homepage der Masjid Ali dagegen steht: »Dies ist ein mit Vorurteilen belastetes Thema, das sehr schwierig zu erklären ist. Die entsprechende Koranstelle hierzu lautet: ›Und jene (Frauen), deren Widerspenstigkeit ihr befürchtet: ermahnt sie, meidet sie im Ehebett und schlagt sie! Wenn sie euch dann gehorchen, so sucht gegen sie keine Ausrede.‹ (4:34) Eine erste Erklärung kann der Offenbarungsgrund für diesen Vers sein: Eine Frau kam zum Propheten Muhammad (s) und bat ihn um Erlaubnis ihren Ehemann zurückschlagen zu dürfen, weil dieser sie geschlagen hatte. Der Prophet erlaubte es ihr als Vergeltungsmaßnahme. Nach diesem Ereignis wurde der obige Koranvers herabgesandt, worauf der Prophet (s) gesagt hat: ›Ich wollte das eine, aber Gott wollte das andere – was Gott will, muß das Beste sein.‹ Hinter dieser Entscheidung Gottes mag eine Weisheit stecken, die zunächst selbst der Prophet Muhammad (s) nicht erkannt hatte. Der Koranvers macht deutlich, daß im Falle einer in größeren Schwierigkeiten steckenden Ehe der Ehemann diese drei Schritte auf jeden Fall einhalten muß: Ermahnung, Trennung im Ehebett und Schlagen. Damit ist vor allem das Schlagen im Affekt verboten, was wohl in fast allen Fällen vorkommt. Zudem hat das Schlagen, wie es der Koran beschreibt, nach den Gelehrten eher einen symbolischen Charakter. Der Prophet Muhammad (s) drückte in Bezug auf das Schlagen der Frau sehr deutlich sein Mißfallen aus: ›Ist es für einen von euch wirklich möglich, seine Frau zu schlagen, als wäre sie eine Magd, und dann am Abend zu ihr zu gehen?‹ Er selbst hat auch nie eine Frau geschlagen.«[54]

Nicht verwunderlich ist, dass es auch in der Frage, ob muslimische Frauen ein Kopftuch tragen müssen oder ob ihnen dies selbst überlassen sei, eine eindeutige Antwort gibt. Frage 1/12, »Warum müssen muslimische Frauen Kopftuch tragen?«, wird folgendermaßen beantwortet: »Die Bekleidung des Mannes muß mindestens den Bereich vom Nabel bis zum Knie bedecken, bei der Frau muß die Kleidung ihren ganzen Körper, außer ihrem Gesicht und ihren Händen, bedecken. Die Verschleierung des Gesichts ist nicht vorgeschrieben. Diesen Regelungen liegt die Koranstelle (24:31) zugrunde, die durch Aussagen des Propheten Muhammad präzisiert wird. Diese Vorschriften, wie auch andere Vorschriften im Islam, gelten für die Muslime verbindlich ab der Pubertät, da dieser Einschnitt die Volljährigkeit kennzeichnet.«[55]

In allen diesen für konservative Muslime nicht unüblichen Positionierungen zeigt sich ein eklatanter Widerspruch zu Artikel 3 des Grundgesetzes, in dem die Gleichberechtigung von Männern und Frauen festgeschrieben wird. In der Praxis ist dieser Widerspruch natürlich nicht sonderlich relevant, da Muslime – genauso wie andere Bürger, die in diesen Fragen möglicherweise eine andere Meinung vertreten – den Gesetzen der Bundesrepublik Deutschland unterliegen. In Einzelfällen ist er allerdings die Ursache für Konflikte. Die Position zum Schwimmunterricht in der Schule ist ein solcher Fall. Im Islam sei es nicht erlaubt, dass Mädchen und Jungen ab der Pubertät an gemischtgeschlechtlichem Sport- und Schwimmunterricht teilnähmen, steht auf der Internetseite des Islamischen Kulturvereins,[56] und Said Nasri bestätigte diese Haltung in einem Interview mit mir. Als ich ihn fragte, ob es denn möglich wäre, wenn Mädchen einen Burkini[57] anzögen, entgegnete er: »Wenn die Jungs dabei sind, auf gar keinen Fall.« Man bemühe sich allerdings, im Einvernehmen mit der Stadt bestimmte Zeiten für ein reines Frauen- und Mädchenschwimmen zu reservieren.

Auch Klassenausflüge stellen ein Problem dar, da die Einhaltung muslimischer Sittlichkeitsregeln nicht gewährleistet werden kann. Als Vorschlag zur Güte boten die Muslime an, Klassenfahrten durch muslimische Eltern begleiten zu lassen, doch dies sei von vielen Lehrern als unerwünschte Kontrolle abgelehnt worden.

Frauen wie Blumen behandeln

Eine Quelle vieler Missverständnisse zwischen Muslimen und Nichtmuslimen ist die Vermengung des Normativen mit der gelebten Praxis. Schaut man sich die oben skizzierten normativen Positionen zum Geschlechterverhältnis an, so wäre man schnell versucht, daraus auf eine tatsächliche alltägliche Benachteiligung von Frauen zu schließen und muslimische Frauen als Opfer ihrer Religion zu verstehen. Das ist allerdings nicht zwangsläufig der Fall. Weder Said Nasri noch die Frauen der Moscheegemeinschaft würden dem zustimmen, wie ich im Folgenden zeigen werde. Nasri betonte stets die Macht, die Frauen in den ihnen vom Islam und der Natur zugewiesenen Räumen ausüben könnten: »Es gibt bestimmte Bereiche, wo der Mann, nur er, das Sagen hat, und es gibt auch bestimmte Bereiche, wo sie gemeinsam das Sagen haben. Aber meistens, gerade im Haushalt, vom Haus aus, sogar bei Kinderplanung und so weiter, hat die Frau sogar ein höheres Recht, mitzuplanen. Mitzuentscheiden, wie, wo das Haus gebaut wird und wo die Kinder zur Schule gehen und so weiter und so weiter. (Da) hat die Frau als Erstrecht, mitzuentscheiden. Das sind die Dinge, die kommen aber nicht nach außen, ja. Die sind versteckt, und man nennt das altmodisch und das ist aber auch wirklich ...« Natürlich gebe es auch Männer, die meinten, eine Frau habe nichts zu sagen. Das sei aber nicht islamisch, sondern eine alte Sitte, die sich in der Kolonialzeit entwickelt habe. Die Franzosen und Spanier hätten versucht, den Islam zu verfälschen, und deshalb habe die ältere Generation kein wirkliches Wissen über ihre Religion. Heute habe sich das geändert. Ich fragte ihn, wie er dazu stünde, wenn ein Mädchen keine Hausfrau werden wolle. »Ich habe zwei Schwiegertöchter«, entgegnete er, »die eine studiert Lehramt und die eine macht Zahnärztin. Die eine sagt: ›Später ich möchte meine eigene Praxis haben.‹ Sage ich: ›Okay, ich bete bei Gott für dich sogar.‹ Was ist daran verkehrt – um Gottes

Willen – im Gegenteil! Die eine sagt: ›Ich möchte studieren, ich will Lehrerin werden.‹ Dann sage ich: ›Gut, aber denk dran bitte, du lebst in Deutschland, da gibt es ein Gesetz ...‹« [er meint das Kopftuchverbot, Anm. d. Verf.].

Im Januar 2012 hatte ich Gelegenheit, dieses Thema bei einer Fokusgruppendiskussion mit vier Frauen aus der Gemeinde zu vertiefen. Die Teilnehmerinnen waren Amsah und ihre Tochter Chafika, Durya und Hamida. Durya war 25 Jahre alt und arbeitete als Verwaltungsangestellte im öffentlichen Dienst. Sie hatte vier ältere und zwei jüngere Geschwister, die bereits verheiratet waren. Amsah war die Älteste der vier, eine lebhafte Frau mit blitzenden Augen. Ursprünglich stammte sie aus Dschibuti, erzählte sie, habe dann in Ägypten Sprachen studiert und sei seit zwanzig Jahren in Deutschland. Ihr Mann habe sie verlassen und sie erziehe die beiden Kinder, die 17-jährige Chafika und einen 16-jährigen Sohn, alleine. Den Lebensunterhalt verdiente sie sich lange Zeit als Schwesternhelferin in einem Krankenhaus und jetzt als Tagesmutter für den Sohn eines Arztes. Heiraten wolle sie nicht noch einmal, betonte sie. Einmal zu heiraten sei im Islam vorgeschrieben, aber wenn die Ehe schiefgehe, könne man auch alleine leben, wenn man wolle. Eine Liebesbeziehung zu einem Mann sei allerdings verboten – auch im Christentum, fügte sie hinzu. Ihre Tochter wollte Abitur machen und später am Flughafen arbeiten. Sie trug islamische Kleidung und ein Kopftuch und hatte damit in der Schule sehr unterschiedliche Erfahrungen gemacht. Mitschülerinnen hätten ihre Entscheidung akzeptiert, erzählte sie, eine Lehrerin jedoch nicht. Sie hoffte, dass sich solche Vorbehalte in naher Zukunft ändern würden, da sie ihren Berufsplanungen hinderlich seien. Die vierte der Frauen, Hamida, war einunddreißig Jahre alt und stammte ursprünglich aus Marokko. Sie war tatsächlich Hausfrau, so wie es das auf der Homepage beschriebene Ideal nahelegte. Eine Ausbildung hatte sie abgebrochen und mit 16 geheiratet. Ihr Mann war ein Freund ihres älteren Bruders. Das erste Kind habe sie aber erst bekommen, als sie bereits drei Jahre verheiratet war. Vorher habe sie sich zu jung gefühlt.

Amsah leitete sonntags eine Mädchengruppe und gab Koranunterricht. Es war ihr wichtig, ein profundes Wissen über den Islam zu vermitteln. Es sei ja nicht nur, dass Nichtmuslime falsche Informationen über den Islam verbreiteten, auch Muslime täten dies – aus reiner Unkenntnis. Dass Zwangsheiraten ebenso verboten seien wie das Töten eines Menschen wisse nicht jeder, und dass Frauen nicht gezwungen werden könnten, ein Kopftuch anzuziehen.

In der Religion solle es keinen Zwang geben. Außerdem werde den Mädchen richtiges Benehmen beigebracht: im Bus aufzustehen, wenn eine ältere Person einsteige, nicht auf den Boden zu spucken, hilfsbereit zu sein. Während des Ramadan habe man diese Themen schon in Form eines kleinen Theaterstücks aufgeführt. Mit den älteren Mädchen spreche man auch über Jungen und darüber, dass es verboten sei, einen Freund zu haben. Fast alle Mädchen in der Gemeinde wollten möglichst schnell heiraten. Das sei ein bisschen problematisch, weil sie noch nichts über Verantwortung wüssten. Sie hätten nur ein großes Fest vor Augen, auf dem sie mit schönen Kleidern im Mittelpunkt stehen würden.

Die vier Frauen zwischen 17 und 41 Jahren waren ausnahmslos aktive Gemeindemitglieder, die sich mit der Vermittlung islamischer Werte befassten. In gewisser Weise repräsentierten sie den normativen Mainstream der Gemeinde. Dennoch verdeutlichten auch sie die große Diversität des Praktischen, die trotz eines ungeteilten Bekenntnisses zu den Richtlinien des Islam, wie ihn der Verein verstand, möglich war. Amsah strebte weder eine neue Ehe an, wie die Homepage für geschiedene Frauen nahelegte, noch hatte sie auf die Vormundschaft für ihre Kinder verzichtet. Durya war berufstätig, und Chafika wollte später ebenfalls berufstätig sein. Nur Hamida war ausschließlich Hausfrau und Mutter. Ungeachtet der faktischen momentanen Berufsorientierung stellte jedoch keine der Frauen infrage, dass Frauen besser für die Kindererziehung geeignet seien als Männer. Amsah fasste dies in Worte: »Die Mutter, eine Mutter hat dieses Feingefühl auch mehr, also, ein Papa kann noch so lieb und nett (sein), ich find, das ist einfach dieses Genetische, das liegt einem auch. Ich meine, selbst ein fremdes Kind, sobald man es sieht, schmilzt man sofort dahin, das ist ein ganz anderes Gefühl als bei einem Mann.« Diese Naturalisierung der Mutterschaft hatte auch Auswirkungen auf die Zukunftspläne wenigstens einer der jüngeren Frauen. Durya meinte: »Also, wenn ich ein Kind hab, würd ich auf jeden Fall zu Hause bleiben. Also, für mich käme es gar nicht in Frage, mein Kind mit einem Jahr in eine Babykrippe zu geben oder was auch immer, also, ich könnte das gar nicht. Also, für mich ist es selbstverständlich, dass eine Mutter, die ein Kind hat, zu Hause bleibt, es sei denn für vielleicht für vier Stunden, wenn der Mann vielleicht da ist, der Vater. Ja, aber für die ersten drei Jahre, finde ich, ist eine Mutter für das Kind eigentlich eher so die Bindung. Da ist ja die Bindung sehr stark.« Später sei der Vater aber auch wichtig. Die Mutter sehe keine Fehler bei ihrem

Kind, sie sei nur Liebe und Barmherzigkeit, doch der Vater müsse erziehen. Diese einseitige Erziehungserwartung an den Vater wurde im Laufe des Gesprächs teilweise wieder zurückgenommen beziehungsweise auf die Durchsetzung bestimmter Normen reduziert. Väter seien zwar wegen ihrer Strenge wichtig, doch Frauen seien die erste Bildungsinstanz für die Kinder, müssten bei Hausaufgaben helfen und den Kontakt mit den Lehrern halten.

Nach einigen Ausführungen zum Ideal der muslimischen Ehe kam unser Gespräch auf den Vers 4:34, der im Internetauftritt der Gemeinde so eingehend erläutert wird. Natürlich fragte ich die Frauen, was sie denn davon hielten, dass das Schlagen von Frauen unter Umständen gerechtfertigt werde. Hamida antwortete: »Wenn ich dann kurz dazu erklären darf – warum ist diese *ayah* überhaupt dann herabgesagt worden? Es ist irgendwas passiert, deswegen kommt das. Die Frauen sind nicht alle Engel. Es gibt ja Frauen, die Probleme machen. Ja, und wie kann ein armer Mann, ein guter Mann, mit so einer Frau (umgehen), die die Familie kaputt machen will? Die will ja dann rausgehen, die will alles, die will ihm auch nicht gehorchen. Was kann man da machen? Das ist ja die Lösung, dass der Gott sagt, der (Mann) kann erst mal mit ihr sprechen: ›Du sollst das nicht machen!‹ Wenn sie weitermacht, dann geht man zu der Familie und sagt Bescheid, wenn die Familie mit ihr redet und sie nicht hört, versucht der Mann, sie zu verlassen. Also, verlassen heißt nicht dann wegzugehen, sondern wenn sie dann hier im Bett schläft, schläft er dann auf der anderen Seite, dass die dann versteht, dass er sauer auf sie ist. Wenn sie das aber nicht versteht und weitermacht ..., dieses Schlagen ist ja nur wie bei einem Kind, wenn es die ganze Zeit rumläuft und nicht zuhört.«

Das seien aber Extremfälle, meinten alle vier Frauen. Grundsätzlich sollten Frauen wie Blumen behandelt werden, und ein wahrhaft religiöser Muslim würde sich in dieser Hinsicht den Propheten Mohammed zum Vorbild nehmen, der immer nett und zuvorkommend gewesen sein soll.

Verbindendes und Trennendes

Said Nasri betonte in Gesprächen immer wieder die gute Zusammenarbeit mit den christlichen Gemeinden des Stadtteils und auch mit der Stadt. Trotz aller Erfolge und einer teilweise überschwänglichen Presseberichterstattung, die den Islamischen Kulturverein vor allem im Vergleich zur umstrittenen Milli Görüs-Gemeinde als vorbildlich lobte, war der gute Ruf jedoch keineswegs makellos. Im Jahr 2008 geriet er sogar in Gefahr, vollständig verloren zu gehen. Der Grund war eine Einladung des umstrittenen Berliner Predigers Abdul Adhim Kamouss aus der Neuköllner Al-Nur-Moschee, der vom 28. bis 30. März 2008 ein Seminar in den Räumen der Moschee leitete, an dem nach Angaben des Vorstands hundertvierzig bis hundertsechzig Personen teilnahmen. Abdul Adhim gilt wie Pierre Vogel alias Abu Hamza als einer der Stars der deutschen Salafistenszene und war in der Vergangenheit durch einige respektlose Äußerungen gegenüber vermeintlichen »Ungläubigen« aufgefallen, die in den Medien skandalisiert wurden. Unmittelbar nachdem erste Informationen über diese spezielle Form der »Bildungsarbeit« in der Masjid Ali öffentlich wurden, schlugen die Wellen der Empörung in Wiesbaden hoch. Said Nasri verteidigte zunächst die Entscheidung, Abdul Adhim einzuladen, und stellte sich auch hinter dessen Islamauslegung.[58] Die Schärfe der Reaktion aus der Politik überraschte ihn jedoch, ebenso wie die Enttäuschung der christlichen Nachbarn. Edith Kubach vom christlich-muslimischen Arbeitskreis Kostheim sprach von einer Belastung für den interreligiösen Dialog,[59] und andere sahen einen klaren Bruch der Integrationsvereinbarung. Said Nasri bemühte sich daraufhin, die Wogen zu glätten, entschuldigte sich für den Fauxpas und verwies darauf, dass man nur den Jugendlichen entgegenkommen wollte, die den charismatischen Salafisten hinterherlaufen. Wenn man nicht auf deren Bedürfnisse einginge, könne es sein, dass sie der Moschee den Rücken kehrten und sich anderen, radikalen Organisationen anschlössen. Dieses Argument überzeugte nicht wirklich und führte vielleicht sogar dazu, dass grundlegende Bedenken gegenüber dem Islam wieder aufflammten. Der Schaden war angerichtet und zeigte nachhaltige Wirkung. Noch ein Jahr später ließ der damalige Ortsvorsteher Karl-Herbert Müller dem *Wiesbadener Kurier* gegenüber verlautbaren, die Moschee stoße durchaus auf Akzeptanz, wenn in Zukunft keine Hassprediger mehr eingeladen würden, sie sei aber kein integrierender Faktor. »Von einer Integration sei man weit entfernt, das Verhältnis sei mehr von einem Nebeneinander bestimmt und nicht vom Miteinander geleitet.« (9.12.2009)

Solchen scharfen Tönen zum Trotz führten die Frauen der Gemeinde ihre Projekte mit christlichen Nachbarinnen weiter. Hier scheint es mehr Verbindendes als Trennendes zu geben. Bei einem Gespräch mit Sonja Knapp, der Leiterin des Gemeindezentrums St. Elisabeth, konnte ich mich über die christliche Sichtweise auf den Dialog im Stadtteil informieren. Zum Einzugsgebiet des Zentrums gehören vier katholische und fünf evangelische Gemeinden. Man arbeitet mit ökumenischem Schwerpunkt. Der formale Träger der Einrichtung ist die katholische Kirche, doch es gibt auch eine finanzielle Förderung durch die Stadt, vor allem auf der Ebene einzelner Projekte. So werde die Aktion »Ausbildungslotsen« mit städtischen Mitteln finanziert oder auch ein offenes Angebot für Jugendliche, das von muslimischen, polnischen und deutschen Jugendlichen genutzt werde. Bei den Muslimen seien es aber ausschließlich Jungs, die ins Zentrum kämen. Mädchen erschienen nur dann, wenn keine Jungs anwesend seien. Das Gleiche gelte auch für muslimische Frauen. Ein christlich-muslimischer Dialogkreis, der für beide Geschlechter offen war, wurde von Musliminnen boykottiert. Als sie die Leitung der Einrichtung im Jahr 2005 übernommen hatte, erzählte Sonja Knapp, trugen eine Muslimin und eine evangelische Christin die Idee an sie heran, »etwas für Frauen zu machen«. So sei der christlich-islamische Frauengesprächskreis entstanden. Man begann mit monatlichen Treffen im Wechsel zwischen der Moschee und dem Zentrum, »um auch zu fördern, dass man gegenseitig die Schwelle zum anderen Gotteshaus übertritt«. Es sei ums Kennenlernen gegangen. Man habe Kaffee oder Tee getrunken und sich unterhalten. Mittlerweile arbeite man an bestimmten Themen, vorzugsweise solchen, die etwas mit der Lebenssituation der Frauen zu tun hätten, mit Erziehung, Kindergarten, Schule und Elternabenden, aber auch mit Jenseitsvorstellungen oder Bestattungsbräuchen. Ein Begegnungsfest sei durchgeführt worden, auf dem es sogar eine kleine Podiumsdiskussion zu Fragen der »Integration« gab, und man habe ein islamisch-christliches Kochbuch mit marokkanischen und deutschen Rezepten herausgegeben. Im Jahr 2007 erhielten die Frauen für ihr Engagement sogar den Integrationspreis der Landeshauptstadt Wiesbaden.

»Wenn du was erreichen willst, erreichst du auch etwas«

Wie in allen Moscheegemeinden wurde ich auch in der Masjid Ali mit Klagen über die negativen Presseberichte konfrontiert, die Muslimen das Leben schwer machen. Das bedeutete keineswegs, dass meine Gesprächspartner positive Berichte nicht zur Kenntnis nahmen – diese gab es ja gerade über ihre eigene Gemeinde immer wieder. Aber sie kritisierten, dass Phänomene wie Zwangsheiraten, Ehrenmorde oder Terrorismus überhaupt mit Muslimen in

Verbindung gebracht würden. Islam bedeute Frieden, Mord sei nicht erlaubt, und Frauen dürften nicht in eine Ehe gezwungen werden, brachten sie regelmäßig vor. Um diesen Argumenten Nachdruck zu verleihen und auch, weil die deutsche Öffentlichkeit klare Worte erwartete, distanzierte sich der Vorstand der Gemeinde zusammen mit fünf anderen Vorständen muslimischer Organisationen von den Anschlägen islamistischer Attentäter, die am 7. Juli 2005 Bomben in U-Bahnen und einem Bus in London zündeten, wobei 56 Menschen getötet wurden. Die Attentäter, so die Unterzeichner eines offenen Briefes, seien keine Muslime und gehörten nicht zu ihnen.

Negative Presse führe, so ihre berechtigte Befürchtung, zu Vorurteilen, mit denen sie dann im Alltag konfrontiert würden. Selbst kleine Kinder, so Nasri, hätten teilweise Ängste vor Muslimen. Zur Illustration erzählte er eine Begebenheit, die ihn besonders schockiert hatte. Eine Kindergartengruppe habe die Moschee besucht, alle Kinder hätten angefangen zu spielen und zu toben, doch »da war ein Kind, Kevin – das weiß ich heute noch. Er stand richtig bleich da, habe ihn von der Tür aus gesehen. Da habe ich zu der Lehrerin gesagt: ›Mit dem Jungen stimmt was nicht da draußen.‹ Und da ruft die Lehrerin: ›Kevin, Kevin komm doch mal rein!‹ Dann sind wir beide rausgegangen, ja, ich habe mich vor ihn gekniet und gesagt: ›Was ist denn los? Was hast du denn?‹ Da ist er vor mir abgewichen und dann ist er zur Lehrerin, hat er sich an ihrem Bein festgehalten. Dann ist der Lehrerin erst mal bewusst geworden, dass da irgendwas nicht stimmt. ›Ei, Kevin was hast du denn?‹, hat sie gefragt. ›Wo ist denn der Dolch, womit die Frauen geschlagen werden?‹ hat er gesagt.« Bis heute sei er fassungslos darüber, meinte Nasri zu uns.

Muslimische Kinder würden auch in der Schule diskriminiert. Dumme Sprüche wie »Na, du Bombenleger« gebe es immer wieder, aber grundsätzlich seien es eher die Lehrer, die Vorbehalte hätten. Vor allem Mädchen, die das Kopftuch tragen, seien davon betroffen. Man wolle solche Fälle nicht an die große Glocke hängen, meinte Nasri, und versuche zuerst einmal, mit Lehrern zu sprechen, die kopftuchtragende Schülerinnen kritisieren oder sogar nach Hause schicken. Meist könne der Konflikt auf diesem Wege gelöst werden – zumindest für eine gewisse Zeit. Ressentiments gegen Musliminnen mit Kopftuch würden sich auch im Berufsleben fortsetzen. Nasri sprach von einem Berufsverbot, das man dringend ändern müsse. Von ganz allgemeinen Beschwerden, die immer wieder vorgetragen würden, hält er allerdings wenig. Wenn Jugendliche vor ihm säßen und auf seine Frage, warum sie noch keine

Lehrstelle hätten, antworteten: »Ja, guck mich doch mal an. Schwarzkopf!«, dann entgegne er: »Das liegt doch nicht an deinem Aussehen, das liegt an dir selber. Du musst dich mal anstrengen. Wenn du was erreichen willst, erreichst du auch etwas.« Er selbst sei Ausbilder bei der Firma Schott und spreche mit Muslimen, die einen Platz bekommen haben: »Wie bist du denn da reingekommen? Guck doch mal deinen Einstellungstest, der ist doch super gelaufen, deshalb bist du hier drin – aber du bist auch ein Schwarzkopf. Kannst du das vielleicht deinesgleichen da draußen mal sagen?«

Auch die Frauen aus der Fokusgruppendiskussion fassten Misserfolge schnell als Diskriminierung von Muslimen auf. Durya erzählte, dass sie vierzig Bewerbungen verschickt und mehrere Bewerbungsgespräche geführt hatte, die letztendlich doch nicht zu einer Anstellung geführt hätten. Zum Zeitpunkt unseres Gesprächs hatte sie eine Stelle, fürchtete sich aber, dort mit dem Kopftuch zu erscheinen: »Ich würde es auch gerne tragen, also so richtig sozusagen, dass ich dort auf der Arbeit damit arbeiten kann und so weiter, aber das ist halt, ja, wie soll ich das jetzt sagen – das ist halt schwierig, also vom Arbeitgeber auch. Ich meine, klar, es ist halt unerwünscht, ein Kopftuch auf der Arbeit zu tragen und so weiter.« Aus diesem Grund trage sie das Kopftuch nur privat, doch auch auf der Straße, beim Einkaufen oder beim Arzt fühle sie sich anders behandelt als Frauen mit unbedeckten Haaren.

Die sensible Frage muslimischer Geschlechterordnungen weiterspinnend hatte ich nach den Erzählungen über Kopftücher gefragt, wie es denn um die Geschlechterverhältnisse am Arbeitsplatz aussehe. In Deutschland arbeiten Frauen und Männern ja üblicherweise zusammen und nicht in getrennten Gebäuden oder Räumen. Ob dies ein Problem für sie darstelle, wollte ich wissen. »Das ist schwierig, auf jeden Fall«, antwortete Durya. »Also, ich hätte kein Problem damit, wenn mein Chef ein Mann ist, ich mein, ich bin ja wegen der Arbeit dort und muss ja nicht mit ihm jetzt da privat zu tun haben. Na klar wäre es für mich jetzt angenehmer, dort zu arbeiten, wo nur Frauen sind, aber ich meine, ich habe privat mit ihm nichts zu tun, nur es geht hier halt um die Arbeit.«

Chafika, die Jüngste der vier, war der Ansicht, dass sich die Nichtmuslime in Deutschland langsam an die Muslime gewöhnt haben müssten. Sie bezog dies in erster Linie auf das Kopftuch: »In Deutschland sollte das Bild des Kopftuchs eigentlich gar nicht mehr so fremd sein. Ich meine, egal, wo man hingeht, man trifft mindestens ein, zwei Tücher, die rumlaufen. Ja, es gehört mittlerweile wirklich schon im Alltag mit dazu, und umso mehr finde ich das dann ein bisschen, ich sag mal: fast schon beleidigend, wenn dann einer anfängt: ›Na, das gehört nicht zu uns, das gehört nicht hierhin, das passt nicht hierhin‹, und dann fühlt man [...] die eigene Religion angegriffen in Anführungszeichen oder glaubt, dass man gleich als doof abgestempelt wird, dass man kein Deutsch kann, dass man nicht lesen kann.«

9. Im Paradies die Gewinner: Die Tauhid-Moschee

Die Wiesbadener Tauhid-Moschee ist ein besonderer Fall. Einerseits kommt sie immer wieder in die Schlagzeilen der örtlichen Presse, weil radikale Prediger eingeladen werden und von ihr Aktivitäten ausgehen, die viele Nichtmuslime eher bedenklich finden; andererseits sind Mitglieder der Gemeinde an kommunalen Projekten beteiligt, werben für ehrenamtliche Tätigkeiten und beteiligen sich an interkulturellen und interreligiösen Feierlichkeiten.

Das endlose Moscheebauvorhaben

Die Moschee ist in einer ehemaligen Lagerhalle in der Fischbachstraße, einer Seitenstraße der Dotzheimer Straße, untergebracht. Ein Lebensmittelladen befindet sich auf der linken Seite des Eingangs, der Gebetsraum ist im Erdgeschoss, ebenso wie einige Büros, Toiletten und Waschräume. Im ersten Stock haben die Frauen einen etwa 30 Quadratmeter großen Raum. Sowohl der Frauen- als auch der Männerraum ist mit Teppichen ausgelegt und die Wände mit Holzpaneelen verkleidet. Ein paar schlichte Kacheln zieren zudem die Gebetsnische und den Platz, an dem die *minbar*, die Kanzel, steht. Es ist schlicht, funktional und keineswegs das, was sich eine prosperierende Gemeinde als repräsentatives Zentrum und Gotteshaus wünschen könnte. Aus diesem Grund möchte die Gemeinde eine neue Moschee errichten, und das seit vielen Jahren. 2004 stellte sie ihr Vorhaben erstmals den für den Bau zuständigen städtischen Institutionen vor. Wolfgang Degen und Anke Hollingshaus vom *Wiesbadener Kurier* informierten sich bei einigen Verantwortlichen über die Pläne und berichteten am 20. November 2004 über das Gespräch. Etwa drei Millionen Euro würde ihr neues Zentrum kosten, hatte der Wirtschaftsingenieur Ali Khoury angegeben, die man bei Glaubensbrüdern sammeln wolle. Geld aus Ölstaaten wolle man nicht einwerben, um unerwünschte Einflussnahmen zu verhindern. Gebetsräume für Männer und Frauen, eine Wohnung für den Imam, ein Jugendraum und eine Tiefgarage seien geplant. Außerdem ein Minarett von fast zwanzig Metern Höhe. Auf den Ruf zum Gebet wolle man allerdings verzichten, um keine Schwierigkeiten mit den Nachbarn zu bekommen. Wie man denn die Gemeinde einschätze, fragten die Journalisten, eher liberal oder eher fundamentalistisch? Die Antwort war ausweichend: »Unsere Religion kennt keine Unterschiede. Wir sind Sunniten. Es gibt darunter Gottesfürchtige und Gottesfürchtigere« (*Wiesbadener Kurier*, 20.11.2004).

Nur wenige Tage später, am 2. Dezember 2004, berichtete Degen erneut. Internetseiten der Gemeinde waren aufgetaucht, auf denen man antidemokratische und antizionistische Einstellungen zum Besten gab und scharf gegen die »Ungläubigen« und den »Westen« wetterte. In einem weiteren Artikel am 11. Dezember 2004 erörterte der Redakteur solchermaßen sensibilisiert das Problem, wie man islamischen Fundamentalismus erkenne. Er zitierte dabei die Berliner Extremismusforscherin Claudia Dantschke, die allein den Gedanken des *tauhid*, der Einheit Gottes, bereits als Indikator für eine problematische Haltung interpretierte. Damit stand die Tauhid-Gemeinde endgültig unter dem Verdacht, eine salafistische Ausrichtung zu verfolgen. Die Stadt reagierte schnell und verlangte ein unbedingtes Bekenntnis zur deutschen Grund- und Werteordnung. Das kam sofort. Die anstößigen Internetseiten wurden gelöscht und ein Entschuldigungsschreiben gepostet. Ruhe kehrte allerdings nicht ein. Am 14. Dezember 2004 gründete sich eine Interessensgemeinschaft von Anwohnern, die das Bauvorhaben verhindern wollte und bereits eintausend Unterschriften gegen den Moscheebau gesammelt hatte. Eine öffentliche Diskussionsveranstaltung in den Räumen der Gemeinde brachte offensichtlich auch keinen wirklichen Fortschritt. Vor allem der Plan, ein Minarett zu errichten, stieß auf großen Widerstand seitens der Nachbarn. Die ganze Geschichte spitzte sich unaufhaltsam zu und sowohl die Politik, als auch die Medien bemühten sich um Moderation. Im *Wiesbadener Kurier* wurde eine Serie »Islam in Wiesbaden« angedacht, und als Auftakt führten Anke Hollingshaus und Wolfgang Degen ein Gespräch mit dem Islamkritiker Hans-Peter Raddatz und dem Wiesbadener Arzt Tarik Ali. Die beiden Protagonisten konträrer Richtungen trugen jedoch wenig zur

Aufklärung bei: Raddatz stellte den Islam unter Generalverdacht, Ali sah eine antimuslimische Verschwörung am Werk und wollte nicht über Islamismus sprechen.

Der weitere Verlauf sah folgendermaßen aus: Um die Beziehung zwischen der Stadt und den Moscheegemeinschaften auf eine verbindliche Grundlage zu stellen und die Verfassungstreue der Letztgenannten ein für alle Mal zu klären, wurde die Wiesbadener Integrationsvereinbarung, von der im letzten Kapitel noch die Rede sein wird, beschlossen, und die Tauhid-Gemeinde unterzeichnete sie. Das Moscheebauvorhaben stagnierte dennoch. Dafür gab es viele Gründe. Allein das Aufbringen der finanziellen Mittel erwies sich als schwierig. Die monatlichen Beiträge der Gemeindemitglieder reichten gerade einmal für die laufenden Kosten, sodass man auf Spenden setzte. Es schien mir, als ob vor allem die Frauen in dieser Hinsicht sehr aktiv waren. Bereits am Tag der offenen Moschee am 3. Oktober 2011, als Oliver Bertrand und ich zum ersten Mal Kontakt aufnahmen, konnte ich sehen, wie rührig sie waren. Da nichtmuslimische Gäste erwartet wurden, warb man bei diesen um finanzielle Unterstützung. Eine der Vertreterinnen des Ortsvereins spendete, und das Ganze wurde werbewirksam inszeniert und fotografisch festgehalten. Die Damen stellten sich in ihrem Frauenraum vor einer der längeren Holzwände auf, die zu einer Plakatwand umgestaltet worden war. »Was die Männer können, können wir schon lange« und »50 € = 1 m^2« stand dort über einer Reihe von kleinen Postern, auf denen die Namen der Spenderinnen vermerkt waren.

Man nutzte auch das Internet, um finanzielle Mittel einzuwerben. Am 28. März 2012 las ich auf Facebook einen Spendenaufruf von Miriam Elghaouty: »Bismillah und As Salamualaikum liebe Schwester, lieber Bruder. [...] Wir schreiben diesen Brief mit viel Vertrauen in Allah (s.w.t.) und Hoffnung in unsere Ummah. Dieser Brief ist ein Hilferuf an Euch alle. [...] Wir sind die Mädchengruppe dieser Gemeinde und ergreifen mit diesem Schreiben Eigeninitiative, um auch etwas dazu beizutragen. Es geht schließlich auch um unsere Zukunft, die Zukunft vieler Jugendlicher, die eine enge Zugehörigkeit zu dieser Gemeinde entwickelt haben. In anderen Worten: Wir lieben diese Gemeinde und wir brauchen eure Hilfe. Es werden bis Anfang April 25.000 € benötigt, damit unser Antrag weiter bearbeitet wird. Das heißt wenn wir nicht binnen einer Woche die Summe zusammen bekommen, werden weitere Vorgänge eingestellt. [...] Bitte fühlt euch trotzdem mitverantwortlich bei diesem

Anliegen auch wenn ihr nicht zu dieser Gemeinde gehört, denn es soll ein weiteres Gebetshaus entstehen. Ein Ort für Ibada, Wissenserweiterung und Austausch, ein Ort der Begegnung und für interkulturellen und interreligiösen Dialog. Es ist mehr als nur ein Platz zum beten, es ist ein Zufluchtsort. Ein Zufluchtsort vor allem für Jugendliche. Die Flucht vor dem Alltagsstress und vor Gewalt und Kriminalität, welche durch angebotene Aktivitäten thematisiert und behoben werden. [...] Wir sind zuversichtlich, dass sich viele oder inschaallah sogar alle Muslime damit identifizieren können und unbedingt helfen wollen. Vergisst [sic!] nicht, wir haben etwa eine Woche Zeit, allen und auch uns beweisen zu können, dass wir eine starke Ummah sind.«

Die Frage der Finanzierung der zukünftigen Moschee war auch Thema eines unserer Interviews im Jahr 2013 mit dem damaligen Vorstandsmitglied El Bakhry. Er hatte Zweifel, dass allein die Spenden aus den arabischen Gemeinden in Deutschland ausreichen würden. »Wir haben die Hoffnung«, meinte er, »dass wir aus den Ölstaaten auch gewisse Unterstützung bekommen.« Wie man denn an das Ölgeld kommen könne, wollte ich wissen. Es gebe manchmal jemanden, der jemand anderen kenne, entgegnete er, und dann kämen ja auch manchmal Araber hierher oder man erreiche jemanden über E-Mail-Kontakte. Doch in letzter Zeit sei es schwierig geworden, weil es so viele schwarze Schafe gebe, die nur behaupteten, sie wollten eine Moschee bauen, das Geld aber in die eigene Tasche steckten.

Ende 2014, kurz vor der Fertigstellung dieses Buches, waren die notwendigen 25.000 Euro zusammengekommen, der Bauantrag war gestellt worden und das Vorhaben etwas weiter gediehen. El Bakhry hatte bei unserem Gespräch betont, man wolle aus den Versäumnissen lernen und beim nächsten Anlauf eine gute Öffentlichkeitsarbeit machen, um die Nachbarschaft zu beruhigen. Zum Tag der offenen Moschee, so El Bakhry, habe er sich die Mühe gemacht, die Namen der Nachbarn von den Klingelschildern abzuschreiben und sie alle persönlich einzuladen. Der Erfolg sei allerdings nicht sehr groß gewesen.

Eine aktive Frauengruppe

Dass die Tauhid-Moschee über eine bemerkenswert aktive Frauengruppe verfügt, wurde mir bereits beim ersten Besuch klar, am erwähnten Tag der offenen Moscheen. Nachdem ich zusammen mit Oliver die öffentlichen Reden im großen Gebetsraum angehört und mit einigen Gemeindemitgliedern einen kurzen Small Talk gehalten hatte, erklärte man mir, dass sich die Frauen im ersten Stock zu Kaffee und Kuchen versammelt hätten. Neugierig ging ich über eine kleine Treppe nach oben und kam in den Frauenraum, in dem sich weibliche Gemeindemitglieder und Gäste an einem langen Tisch drängten. Eine junge Frau, Rajae Elghaouty, übernahm es, mich über die Gemeindeaktivitäten zu informieren. Sie gab sich als Studentin der Sozialarbeit in Frankfurt zu erkennen und war offensichtlich sehr engagiert. Offiziell bekleidete sie das Amt der Frauen- und Mädchenbeauftragten der Tauhid-Gemeinde und leitete eine Mädchengruppe, die sich einmal wöchentlich in diesen Räumen traf. Man unternehme gemeinsame Ausflüge, erzählte die Studentin, verbringe ein paar Stunden zusammen in lockerer Atmosphäre, biete aber auch Infoveranstaltungen beispielsweise im Bereich Gesundheit an. Diese Veranstaltungen fanden im Rahmen sogenannter Frauenfrühstücke statt, die organisatorisch und finanziell vom Integrationsamt und dem Caritasverband unterstützt wurden.

Eines der Frühstücke, an dem ich in den folgenden Monaten teilnahm, war dem Thema »Ehrenamt« gewidmet. Die Frauen der Tauhid-Moschee erhielten durch ihre ehrenamtlichen Tätigkeiten gewöhnlich eine gute Presse und konterkarierten damit andere Meldungen, welche die religiöse Ausrichtung in den Blick nahmen und bei Politik und Sicherheitsbehörden Argwohn nährten. Einmal im Jahr übernahmen sie die Ausrichtung eines Obdachlosenfrühstücks, das von der Diakonie organisiert wurde, und sie beteiligten sich an interkulturellen Events wie dem »Markt der Winterherzen«, der alljährlich vom Centrum für aktivierende Stadtteilarbeit veranstaltet wurde. Viele Frauen engagierten sich im Projekt »Muslimische Seelsorge«, und im Juni 2011 machte die Geschäftsführerin des Wiesbadener Freiwilligenzentrums dort ihre Einrichtung bekannt. In der lokalen Presse wurde danach die Hoffnung ausgedrückt, dass auch Muslime, denen die deutsche Art der ehrenamtlichen Unterstützung Anderer zunächst unbekannt war, sich in Zukunft vielleicht dafür begeistern lassen würden. Ein Jahr später konnte ich miterleben, wie das Thema in der Frauenrunde wieder aufgegriffen wurde.

Es war zehn Uhr morgens. Zwischen vierzig und fünfzig Frauen unterschiedlichen Alters hatten sich eingefunden, und nach dem Frühstück, für das alle etwas mitgebracht hatten, hielt Rajae Elghaouty einen Vortrag zum sozialen Engagement. Sie war eine hervorragende Rednerin, die es verstand, die Zuhörerin durch ihre bildreiche Sprache zu fesseln. Soziales Engagement sei für jeden guten Muslim verpflichtend, begann sie. Das bezeugten 28 Stellen im Koran. Achtundzwanzig Mal habe Allah im Koran gesagt: »Steht auf und tut was!« Das könne jetzt vieles bedeuten. Man könne zum Beispiel seine Kinder in die freiwillige Feuerwehr schicken oder sie ein Praktikum machen lassen. Dann seien sie auch »weg von der Straße«. Muslime müssten Verantwortung übernehmen für sich und für die deutsche Gesellschaft. Jeder könne etwas tun. Als sie in die Runde fragte, wer sich sozial engagiere, meldete sich kaum eine. Die Vortragende kannte die Argumente für fehlendes Engagement und nahm sie auseinander. Jede sei in ihrer Großfamilie ausgelastet, das wisse sie wohl, doch es koste manchmal gar nicht viel Zeit Gutes zu tun. In der muslimischen Seelsorge beispielsweise seien 15 Minuten, die man einem einsamen Todkranken widme, sehr viel. Viele glaubten, dass Muslime keiner Seelsorge bedürften, doch in Wahrheit gebe es auch hier Einsamkeit und Menschen, die niemanden hätten, der ihnen beistünde. Auch in anderer Hinsicht stünde keineswegs alles zum Besten in der muslimischen Gemeinschaft. Es gebe Kinder, die Pflegefamilien suchten, und Frauen, die in Zufluchtshäusern unterkämen. Diese Ausführungen lösten bei einigen Anwesenden Erstaunen aus. Die Rednerin vertiefte das Thema nicht – leider. Es blieb bei einem eher abstrakten Appell, und schließlich ging eine Unterschriftenliste herum, auf der sich diejenigen eintragen konnten, die sich für ehrenamtliche Tätigkeiten interessierten. Die Anzahl der Namen blieb denkbar übersichtlich. Ich zählte vier, vielleicht käme noch die eine oder andere hinzu, doch der große Erfolg blieb aus.

Wer waren die Frauen, die sich in so großer Zahl in der Tauhid-Moschee versammelten? Die überwiegende Mehrheit von ihnen hatte einen marokkanischen Hintergrund, allerdings teilweise bis in die Generation der Großeltern zurückreichend. Doch die Moschee zog auch Musliminnen anderer nationaler Herkunft und Konvertitinnen an. 80 Prozent der Gemeindemitglieder besaßen zum Zeitpunkt meiner Forschung die deutsche Staatsbürgerschaft. Während der Treffen im Frauenraum wurde außer Berberisch hauptsächlich Deutsch gesprochen, und eine der Attraktionen gerade für jüngere Muslime war der Umstand, dass sie mit ihrer deutschen Muttersprache hier verstanden wurden. Der wichtigste Schwerpunkt der Aktivitäten war religiöser Natur. Zu einem späten Freitagsgebet, an dem ich teilnahm, kamen wieder circa vierzig Frauen, teilweise sogar mit ihren Kindern. Sie fanden sich nicht nur ein, um die Predigt des Imam anzuhören, sondern auch, um in eigener Runde den

Koran zu rezitieren. Auffällig war stets die Kleidung der Frauen, die sie allesamt als fromm auswies. Einige der Älteren trugen marokkanische *jellabas* und ein Kopftuch, das Stirn, Hals und Brust bedeckte, unter den Jüngeren dominierte der *khimar*, ein bodenlanges einfarbiges Untergewand mit einem eng anliegenden gleichfarbigen Schleier, der als fließendes Übergewand bis zu den Waden fällt. Es ist die Art von Gewand, das die saudi-arabischen Touristinnen tragen, höchst elegant durch den schönen Stoff, der jegliche körperliche Kontur unsichtbar macht und der Trägerin eine ätherische Aura verleiht.

Eine der jungen Frauen trug einen taubengrauen *khimar*, eine andere einen blauen, doch die schwarze Farbe dominierte eindeutig. Eine junge Frau, die mir besonders auffiel, trug Schwarz. Sie hatte ein attraktives Gesicht mit lebendigen braunen Augen und erzählte von ihrem Studium der Erziehungswissenschaften in Mainz. Bislang habe sie mit ihrer Bekleidung noch keine negativen Erfahrungen an der Uni gemacht, sagte sie, auf der Straße allerdings schon, doch sie versuche, wenn es denn ginge, freundlich zu bleiben und sich zu erklären. Ob sie nie daran gedacht habe, den *niqab*, den Gesichtsschleier zu tragen, wollte ich wissen, denn das würde ihr Outfit sicherlich komplettieren. Sie lachte, halb verlegen, halb stolz. »Eigentlich wollte ich das jetzt nicht erzählen«, räumte sie dann ein, »ich trage ihn.« Seit ihrem 17. Lebensjahr trage sie das Kopftuch, seit zwei Jahren den *khimar*. Sie fühle sich wohler so, da niemand mehr die Formen ihres Körpers sehen könne. In die Tauhid-Moschee komme sie, weil die Predigten und Vorträge hier auch in die deutsche Sprache übersetzt würden. Sie habe einen türkischen Hintergrund, spreche aber weder Türkisch noch Arabisch. Eifrig nehme sie am Koranunterricht teil, der nach dem Gebet stattfinde, wie jetzt gerade. Ich erlebte sie als sehr beflissen. »Ich möchte dich auch mal hören«, sagt eine der Frauen zu ihr, als die Koranrezitationen einsetzen. Sie sprach einige Zeilen, verhaspelte sich, war offenbar noch recht untrainiert. Der kleine Sohn saß unterdessen still mit einem Schnuller im Mund vor ihr auf dem Tisch. Er gehe in eine Krabbelgruppe, sagte sie mir nach der Rezitation, wenn sie selbst an der Uni sei. Die Rund-um-die-Uhr-Betreuung des Kindes durch die Mutter, von der einige fromme Muslime immer wieder sprechen, schien ihre Sache nicht zu sein. Irgendwie habe sie auch den Plan, nach dem Abschluss zu arbeiten, meinte sie, als ich sie nach ihrer Zukunft befragte. Sie wisse aber noch nicht genau, wo und wie. Vielleicht werde dann aber auch ein Geschwisterchen für den Sohn da sein ...

Die Prinzessin

Eine der prägendsten Frauen der weiblichen Moscheegemeinschaft war Khadra.[60] Sie zeigte sich stets als überzeugte Aktivistin. Das Engagement für andere, so erzählte sie mir während eines Interviews, das wir mehrere Monate später führten, habe sie in ihrer Familie gelernt. Es sei normal gewesen, sich um andere zu kümmern. Immer hätten zusätzlich zu den sieben Geschwistern noch weitere Kinder am Tisch gesessen, und sie könne sich daran erinnern, dass man alte Kleidungsstücke sammelte und andere Aktivitäten im Familienkreis durchführte. In der Tauhid-Moschee war sie zum Zeitpunkt der Forschung Mitglied des Frauenvorstands und leitete eine eigene Mädchengruppe. Anfangs sei sie nur in der Hausaufgabenhilfe aktiv gewesen, doch dann habe sie die Idee gehabt, kontinuierlich mit den Mädchen zu arbeiten, von denen viele orientierungslos waren. Jetzt wollten fast alle von ihnen das Abitur machen. Ein Problem seien allerdings die schlechten Berufsaussichten für Kopftuchträgerinnen. Zwar stelle die Stadt mitunter Frauen mit Kopftuch ein, doch dies sei nur ein Tropfen auf einen heißen Stein. Dass es in dieser Hinsicht eine baldige Liberalisierung geben könne, glaubte sie nicht. Sie selbst trage das Kopftuch seit ihrem zwölften Lebensjahr. Der Vater sei zunächst nicht damit einverstanden gewesen, weil er es seiner Tochter in der deutschen Gesellschaft nicht unnötig schwer machen wollte, doch sie habe aus eigenem Antrieb beschlossen, es zu tragen, und dies anfangs sogar heimlich getan. Sie habe es in ihre Tasche gesteckt und erst außerhalb der elterlichen Wohnung angelegt.

Ihr Vorbild sei damals ein älteres Mädchen gewesen, das sehr beliebt und selbstbewusst gewesen sei. Wo immer es stand, habe sich ein Kreis von Bewunderern um sie versammelt. Dieses Mädchen trug ein Kopftuch und wurde so zu ihrem *role model*. Mittlerweile trage sie das Kopftuch aber aus religiöser Überzeugung. Sie war überzeugt, dass es eine religiöse Vorschrift sei, und hielt sich deshalb daran. »Alles hat einen Grund. Der Islam würde niemals etwas fordern, was keinen Grund hat oder schädlich für mich wäre.« Als ich nachhakte und nach dem genauen Grund fragte, meinte sie, es habe ihr geholfen, Distanz zu Jungen herzustellen. Sie sei niemals belästigt worden wie andere Mädchen, und man sei ihr mit Respekt begegnet. Ob sie sich denn niemals in einen Jungen verliebt habe, wollte ich wissen. »Ich fand immer mal den einen oder den anderen toll, doch der Einzige, mit dem ich mich eingelassen habe, der ist mein Mann geworden.« Sie habe ihn im Urlaub in Marokko über familiäre Kontakte kennengelernt. »Wir hatten einfach die gleiche Einstellung, was das Leben betrifft. Ich hab dann gewusst: der und sonst keiner! Er ist dann nach Deutschland gekommen, hat in Mannheim gewohnt, hat alles aufgegeben und ist zu mir gezogen.« 2010 heirateten sie, und sie habe den Entschluss nie bereut. »Er ist traumhaft. Manchmal tut er mir schon leid. Ich bin ja so viel unterwegs, und er übernimmt einfach alles. Aber so ist das: Kompromisse in der Ehe. Ich denke, kein Mensch würde das so mitmachen wie dieser Mann. Ich bin kaum da, ich bin kaum zu Hause, aber er nimmt das alles auf sich. Wenn das nicht Liebe ist, dann weiß ich auch nicht, oder?« Wie es mit eigenen Kindern aussehe, fragte ich. »Das Bedürfnis nach Kindern ist jetzt nicht da. Spricht mich gar nicht an, das Thema.« Sie und ihr Mann seien Studenten, sie habe eine große Familie und wolle noch so viel reisen. Vielleicht später.

Ich erlebte Khadra viele Male bei öffentlichen Auftritten und einmal sogar in einer Anhörung des Vorstands im Rathaus im Jahr 2012, die einberufen wurde, weil die Gemeinde ein viertägiges Seminar mit bekannten radikalen Predigern durchgeführt und damit eine Vereinbarung mit der Stadt Wiesbaden verletzt hatte. Bei diesem Treffen, das an anderer Stelle noch eingehend erörtert werden wird, war die junge Frau die unangefochtene Wortführerin. Die Männer des Vorstands überließen ihr offenbar allzu gerne die Verteidigung der Gemeinde.

Wie kommt es, fragte ich mich, dass eine junge Frau zu einer solch machtvollen Position kommt? Schon in der Familie, so erzählte sie mir, habe sie immer eine besondere Rolle gespielt. Sie ist die Älteste von sechs Geschwistern, fünf Mädchen und einem Jungen. »Ich bin die Prinzessin zu Hause. Ich hab das Gefühl, ich darf alles und ich bekomm alles. Es war schon immer so.« Wer sie denn protegiert habe? Es war der Vater, den ich bei mehreren Gelegenheiten stolz neben seiner Tochter sitzen sah. »Der Papa ist mein Held und ich bin seine Prinzessin.« Und die Religion? Wie kommt man als Studentin dazu, seine Freizeit in der Moschee zu verbringen? Religion sei im familiären Alltag immer präsent gewesen, meinte sie. »Bevor wir angefangen haben zu essen, haben wir ›Dankeschön, Gott!‹ gesagt, und wenn wir fertig waren auch, dafür, dass wir satt geworden sind. Der Papa hat das total spielerisch gemacht. Wenn wir spazieren waren, hat er erzählt, was Gott erschaffen hat. Wenn wir einen Vogel gesehen haben, hat er gesagt: ›Guck mal, ein Vogel. Wie toll er fliegt! Und das hat Gott erschaffen.«« Es habe zwar auch immer wieder Zeiten gegeben, in denen sie sich wenig um die Religion kümmerte, doch dann sei sie stets wieder zurückgekehrt. Heute sei die Religion für sie »absolutes Vertrauen und Halt«. Obwohl sie Freundinnen habe, die keine Musliminnen seien, sei ihre Beziehung zu Muslimen und Musliminnen doch etwas anderes, irgendwie intensiver. »Auch diese Moschee, die gibt mir unglaublich viel. Es ist nicht nur alles mit Religion verbunden. Es ist ein Ort der Begegnung, ein Ort, wo man sich auslassen kann, einem wird zugehört, da wird gefeiert. Und wenn ein Trauerfall ist, da wird sich auch zusammengefunden und man kann darüber sprechen. Ich würd jetzt nicht sagen, dass ich draußen in der Gesellschaft niemanden finden würde, aber da ist es noch mal auf einer anderen Ebene. Da ist noch mal das Verständnis ein anderes. Ich hab auch ganz viele Nichtmuslime in meinem Freundes- und Bekanntenkreis, da merk ich schon, das ist eine andere Ebene.«

Amina, die Unkonventionelle

Amina habe ich ebenfalls in der Tauhid-Moschee kennengelernt, obwohl sie sichtlich nicht zum festen Kern der Frauen gehörte. Sie war mir durch ihre offene Art und auch dadurch aufgefallen, dass sie das Kopftuch in einem extravaganten Stil gebunden hatte und insgesamt auf eine modische Erscheinung achtete. Zum Zeitpunkt unseres Gesprächs war sie 32 Jahre alt, arbeitete beim Statistischen Bundesamt und hatte vier Kinder.

In die Moschee ging sie erst seit zwei Monaten, um mit den Frauen zusammenzusitzen, was ihr sehr gefiel. Sie sei, bekannte sie, im Laufe des Lebens zunehmend religiöser geworden. Ihr Elternhaus könnte man als säkular bezeichnen. »Ich wurde relativ offen erzogen, gar nicht nach dem Islam«, erzählte sie. »Wir konnten machen, was wir wollten. Ich bin hier geboren.« Die Eltern trennten sich, als Amina noch klein war, der Vater heiratete erneut, und sie bekam zwei weitere Geschwister. In dieser Familie wuchs sie auf, bis sie 15 Jahre alt war. Danach zog sie zur Mutter nach Wiesbaden. Bei einem Familienbesuch in Marokko habe sie ihren Mann kennengelernt, einen Verwandten. Nach einem halben Jahr heiratete sie ihn. Sie war damals 16 Jahre alt. Da ihr Mann in Marokko aufgewachsen sei, habe sie ihm am Anfang der Ehe erst mal erklären müssen, wie die deutschen Verhältnisse seien. In Marokko sei es zu jener Zeit unüblich gewesen, dass eine verheiratete Frau Kontakt zu nicht verheirateten Frauen hatte, und als sie sich nach der Eheschließung mit ihren alten Freundinnen zum Kaffeetrinken treffen wollte, habe der Mann zunächst versucht, zu intervenieren. Sie habe sich solche Einmischungen aber verbeten. Mit der Zeit habe ihr Mann gelernt, ihr zu vertrauen. »Ich sag immer: ›Ich hab Glück gehabt mit meinem Mann.‹ Es hätte auch schieflaufen können.« In der Ehe sei es ihr wichtig, dass Männer und Frauen die gleichen Rechte haben – auch in den kleinen Dingen des Alltags. »Als wir geheiratet haben, hab ich zu meinem Mann gesagt: ›Weißt du, ich weiß genau, was *halal* und was *haram* ist. Wenn du Alkohol trinkst, dann stellst du die Flasche auf den Tisch, dann trinken wir zusammen. Bei mir gibt es das nicht, ein Mann darf das und eine Frau darf das nicht.‹ Wenn mein Mann bis vier Uhr morgens rausgehen darf, dann darf ich das auch. Und wenn es ihm nicht passt, dann darf er das auch nicht mehr machen.«

Ihr Selbstbewusstsein sei nicht zuletzt eine Folge der liberalen Erziehung durch den Vater. Er habe immer zu ihr gesagt: »Kind, ich weiß, du willst eigene Erfahrungen machen. Mach das, aber lass dich nicht von mir erwischen.« Amina war sich darüber im Klaren, dass diese Art der Gleichheit der Geschlechter und auch der Freiheit für Frauen und Mädchen in vielen marokkanischen Familien nicht existierte. »Es stimmt schon, dass viele islamische Frauen unterdrückt werden«, meinte sie. Es sei die Erziehung, die dazu führe, dass Jungen und Männern Privilegien eingeräumt würden, die man Frauen und Mädchen nicht zugestand. Leider sei es nicht nur die ältere Generation, die so denke. Auch die jungen Leute hätten sich nur wenig geändert, was sie sehr traurig finde. Sie müsse sich damit auseinandersetzen, weil dies auch ihre Kinder beeinflusse. Ihr zehnjähriger Sohn werde zum Beispiel vom Machogehabe seiner muslimischen Freunde angesteckt und habe neulich einer Lehrerin kundgetan, sie als Frau habe ihm nichts zu sagen. Glücklicherweise habe sie so guten Kontakt mit den Lehrern, dass kein falscher Eindruck über die Familie entstanden sei. »Woher hat er das denn?«, fragte sie sich, wenn sie den Kindern so etwas nicht vorlebe.

Amina gehörte zu den wenigen Frauen, die die marokkanische Gemeinde in unseren Gesprächen nicht idealisierte. Sie bemerkte Missstände, die mit den Traditionen der Heimat zusammenhingen, und honorierte die deutschen Verhältnisse, die einen Ausbruch aus unerträglichen Verhältnissen möglich machen. Ein Beispiel, das sie erzählte, war die Geschichte einer Marokkanerin, die als Importbraut nach Deutschland kam und nur durch das Fernsehen und die Kinder ein paar Brocken Deutsch lernte. Sie sei vollkommen isoliert gewesen. Der Mann schlug sie und nahm für sich in Anspruch, mit einer Zweitfrau zusammen zu sein. Amina riet ihr zur Trennung und klärte sie über die Möglichkeiten auf, die sie in Deutschland als geschiedene Frau hätte. »In Deutschland wirst du nicht verhungern«, habe sie gesagt, und schließlich sei die Frau ins Frauenhaus gegangen. Sie bereue es nicht, sage sie heute, nur vielleicht, dass sie den Schritt nicht schon früher getan habe. Jetzt gehe sie arbeiten und lebe mit ihren beiden Töchtern. Der Mann habe den Kontakt abgebrochen.

Es seien allerdings nicht nur die Männer, die an einem Weiterbestehen patriarchalischer Traditionen interessiert seien, meinte Amina. Vielmehr sei die marokkanische Community insgesamt repressiv und achte darauf, dass niemand gegen die unausgesprochenen Normen und Werte verstoße. Frauen müssten sich in einer bestimmten Weise kleiden, um akzeptiert zu werden. »Bevor ich ein Kopftuch anhatte, haben die marokkanischen Frauen mit mir nicht gesprochen«, erinnerte sie sich. »Wenn ich auf Festen in der Schule war – die muslimischen Frauen haben mich nicht angeguckt. Grad bei den Marokkanern, das ist da so extrem, wenn die Frau kein Kopftuch trägt. Bei den Marokkanern war und bin ich immer noch die Person, die hat ihren Mann unterm Pantoffel. Die kennen das gar nicht, dass man sich auch versteht.«

Heute trägt sie selbst ein Kopftuch – aus Überzeugung. »Warum?«, möchte ich wissen. »Es gibt einfach 'ne Zeit wo die Kinder groß werden, dass man ein gewisses Vorbild sein möchte für die Kinder«, entgegnete sie. »Es gibt eine Zeit, wo dieser *iman* mehr ins Herz geht. Vorher war der *iman* zwar da, aber ich war noch nicht bereit für das Kopftuch. Ich dachte immer: ›Was sagen die Leute‹? Und irgendwann, als ich gemerkt habe, dass der *iman* gestärkt war, da hatte ich den Gedanken: ›Es ist egal, was die Anderen sagen‹. Man muss ja das Kopftuch auch mit 'nem gewissen Stolz tragen, mit 'nem gewissen Selbstvertrauen. Ich hatte schon mal ein Kopftuch an, sechs Monate, dann hab ich es wieder ausgezogen. Als ich es jetzt wieder überlegt habe, habe ich gedacht: ›Mädchen, du musst dir das genau überlegen, ob dein *iman* das aushält. Wenn du es jetzt wieder anziehst, musst du es auch anlassen. Dieses Spielchen, immer hin und her, das geht nicht‹.« Auch das Alter spiele eine Rolle. Ihre Mutter habe das Kopftuch erst mit 45 angezogen. »Ich hab beide Wege gelebt, beide gefallen mir, aber wenn man Muslim ist, dann ist der andere Weg natürlich besser. Gerade für die Kindererziehung ist der andere Weg besser.«

Die Kinder hätten zunächst mit Befremden reagiert und gefragt, ob sie denn jetzt immer ein Kopftuch trage, doch als sie es bejahte, sei die Sache in Ordnung gewesen. Sie hätten schließlich gewusst, dass man das als Muslimin so mache. Angst hätte sie allerdings vor möglichen negativen Reaktionen ihrer nichtmuslimischen Umwelt gehabt. »Ich hatte Angst, dass ich an vielem nicht mehr teilhaben kann. Dachte, Gott, wenn ich jetzt mit meinem Sohn zum Fußballspielen gehe, das kann ich doch nicht mehr machen. Und auf der Arbeit. Ich meine, da ich in einer Bundesbehörde arbeite, kann ich mit Kopftuch arbeiten. Wir stellen auch Azubis mit Kopftuch ein. Aber trotzdem, ich dachte: ›Wie wird mein Chef damit umgehen? Wird er mich mit Kopftuch noch auf Dienstreise schicken‹? Ja, das war irgendwie die Psyche. Meine Arbeitskollegen, das wusste ich, die sagen: ›Amina, du bist doch immer noch die Gleiche‹. Klar gibt es auch Fragen. Am Anfang dachten einige, es sei nur ein Accessoire, weil ich es immer nur nach hinten gebunden hab, und dann nach dem zweiten und dritten Mal kamen natürlich die Fragen. Sie sagten: ›Wir wissen ja, dass du nicht dazu gezwungen wurdest‹, denn viele ziehen das Kopftuch an, wenn sie heiraten. Es sind ja nicht immer nur Vorurteile, manchmal stimmt es ja auch.«

Die Töchter sollen ihrer Meinung nach ebenfalls ein Kopftuch tragen, sobald sie ihre Periode bekommen. Die Älteste, damals zwölf Jahre alt, trug es bereits in der Moschee. Die siebenjährige Kleine wollte der Schwester nacheifern und zog manchmal ganz spielerisch eines an – »als Accessoire«, meinte Amina.

Sie versuche, ihre Kinder im islamischen Glauben zu erziehen, aber nicht sektiererisch. Integration sei ihr wichtig, betonte sie immer wieder. Wolle man zum Beispiel ein Ehrenamt übernehmen, so wie es unter Frauen in der Tauhid-Moschee als wünschenswert diskutiert würde, dann gehöre dazu auf jeden Fall die persönliche Integration. Menschen, die sich von der Gesellschaft zurückzögen, könnten auch nicht überzeugend ehrenamtlich tätig sein. Nicht alle sähen das so wie sie, meinte sie, und erwähnte eine Diskussion in der Tauhid-Moschee. »Also, wir hatten das Thema am Freitag und eine Frau hat gesagt, sie lässt ihre Kinder nicht zu einer deutschen Familie, weil, die haben Alkohol, die haben Schweinefleisch, die haben dies, die haben das. Ich hab dann eingegriffen und hab gesagt: ›Leute, ihr liegt alle total falsch. Ein Deutscher respektiert die Religion mehr als ein Muslim‹. Ich sage zu meinen Kindern: ›Freundet euch mit Deutschen an‹. Ich hab auch zu meiner Tochter gesagt: ›Ein Deutscher wird deine Religion immer mehr respektieren‹.« Es gäbe jedoch viele Frauen, die keinen Kontakt mit »Deutschen« und deshalb auch viele Vorurteile hätten. Sie selbst sieht ihre Aufgabe darin, zu zeigen, dass diese nicht der Realität entsprechen. »Ich hab gesagt: ›Wenn meine Kinder zu Deutschen nach Hause gehen, die gehen manchmal sogar extra einkaufen für meine Kinder‹.« Statt zu McDonald's gehe man dann eben Döner essen. Der Respekt sei auch unter Arbeitskollegen spürbar. Wenn Geburtstag gefeiert werde und jeder etwas zum Buffet beisteuere, denke man auch speziell an sie.

Die Religion ist ihr wichtig, das wurde in unserem Gespräch deutlich, aber in einer Weise, die mit den hiesigen Gepflogenheiten kompatibel ist. Sie wolle ihren Kindern erklären, warum etwas verboten oder erlaubt sei, und nicht mit dem oft von Muslimen gebrachten Standardargument, etwas sei *haram*, kontern, wenn Fragen kommen. »Ich möchte meinem Kind ein schönes Leben bieten, ein islamisches Leben bieten, aber ich muss auch daran denken, dass sich mein Kind in der Gesellschaft wohlfühlen muss.« Sie sei gegen Extreme, gegen die Burka, die sie für nicht gesellschaftsfähig halte, und dagegen, dass schon kleine Mädchen ein Kopftuch tragen. »Ich lebe meinen Islam«, sagte sie, »aber ich gehe trotzdem zu Weihnachtsfeiern von den Kindern. Ich kaufe meinen Kindern trotzdem einen Nikolausstrumpf. Meine Kinder dürfen auch ihre Weihnachtsmärchen vorspielen – wenn sie nicht daran glauben.« Wie sie es mit Bekleidungsvorschriften für die Mädchen halte, fragte ich. Miniröcke dürften die Töchter nicht anziehen, erklärte sie, doch sie denke nicht, dass diese sich deshalb unterdrückt fühlten. »Ich glaube eher, dass sie sich unterdrückt fühlen würde, wenn ich sagen würde: ›Du gehst nicht ins Schwimmbad‹. Wir haben eben unsere Kleidervorschriften, und wir bringen ihnen das von früh auf bei. Wir halten uns an die *halal*-Ordnung, dass wir nicht zu McDonald's gehen, dass wir im Ramadan – obwohl die Kinder noch nicht fasten – alle zusammen am Tisch sitzen, dass meine Kinder in die Arabisch-Schule gehen.«

Bei allem Bemühen, betonte sie, seien natürlich auch überzeugte Muslime keineswegs perfekte Menschen. Jeder Mensch habe so seine Laster, von denen er schwer lassen könne. Bei ihr sei es das Rauchen, das natürlich *haram* sei. Zwar rauche sie nicht vor ihren Kindern, da sie das mit ihrer Rolle als Vorbild für nicht vereinbar hält, aber sie schaffe es andererseits nicht, ganz aufzuhören. Eine Stunde vor dem freitäglichen Moscheebesuch rauche sie nicht, und in der Moschee selbst könne sie zwölf Stunden bleiben, »ohne an eine

Zigarette zu denken«. Dass die Religion ihr helfen würde, das Rauchen ganz aufzugeben, hoffte sie natürlich.

Ohnehin war es offensichtlich, dass sie gerade einen Weg in eine Frömmigkeit begonnen hatte, die neu war. Die regelmäßigen Moscheebesuche und das Kopftuch markierten einen neuen Weg, mit dem sie sich intensiv auseinandersetzte und mit dem sie gewisse Hoffnungen verband. Hoffnungen nicht zuletzt, ein besserer und zufriedenerer Mensch zu werden. Schon gebe es positive Ergebnisse: Seit sie das Kopftuch trage, sei sie beispielsweise geduldiger und freundlicher.

Ihr Mann, der selbst fromm sei und sich seit frühester Kindheit an die fünf Pflichtgebete halte, versuche sie allerdings zu bremsen, meinte sei. Er befürchte, dass sie sich zu sehr in die Religion hineinsteigere, zu viel in die Moschee gehe. Sie entgegne dann, sagte sie lachend: »Ich höre doch im Auto immer Planet Radio, für meine Kinder, ganz laut.« Da sie so viel mit Deutschen zu tun habe, sei sie aber nicht so gefährdet, sich in die Religion hineinzusteigern.

»Ich hab gedacht, alle Männer sind wie mein Papa«

Während eines der Frühstückskreise wurde ich aufgefordert, mein Forschungsvorhaben vorzustellen, was ich gerne tat. Dies bot mir auch Gelegenheit zu fragen, ob Frauen bereit wären, sich eventuell einzeln oder in kleinerer Runde zum Gespräch mit mir zu verabreden. Einige mir schon bekannte Frauen kamen im Anschluss auf mich zu und bekundeten ihr Interesse, sich mit mir zu unterhalten. Am 9. Juni 2012 lud Ranya mich und ihre Freundinnen Hani, Dalia und Sofia zu einem nachmittäglichen Kaffeetrinken in ihre Wohnung ein. Ich wollte mit den Frauen darüber sprechen, was der Islam für sie bedeutet und wie sie sich als Musliminnen in einer nichtmuslimischen Mehrheitsgesellschaft sehen. Die Frauen waren sehr unterschiedlich, wenngleich alle mit marokkanischem Migrationshintergrund. Ranya, die Gastgeberin, war eine bescheidene, mütterlich wirkende Frau. Ihre Kindheit hatte sie in Marokko in einer großen Familie verbracht, die beständig wuchs. Die Mutter gebar elf Kinder, und Ranya, die Älteste, musste bei der Versorgung der kleinen Geschwister und im Haushalt unterstützend einspringen. Das sei ihr damals als große Last erschienen, sagte sie, und deshalb wollte sie möglichst schnell heiraten, um sich dem Ganzen entziehen zu können. Eine Ehefrau zu sein sei damals eine Vision von Freiheit gewesen. Der Mann, den sie dafür ins Auge fasste, war gut aussehend, charmant, 16 Jahre älter als sie und ihr Cousin. Er arbeitet in Deutschland und lernte Ranya während eines Heimatbesuches lieben. Ranya war erst 14 Jahre alt, als sie beschloss, dem Werben des Cousins nachzugeben. »Ich wollte, ich war nicht gezwungen«, schloss sie schnell an, um eventuelle Mutmaßungen meinerseits im Vorfeld zu entkräften. »Meine Heirat war eine Flucht.« 1971 folgte sie ihrem Mann nach Wiesbaden, gebar mit 15 ihren ersten Sohn und fühlte sich alleine. Sie sprach kein Deutsch und vermisste die große Familie, vermisste Marokko. Um aus der Isolation herauszukommen und auch, um etwas zum Familieneinkommen beizusteuern, bemühte sie sich um Arbeit. Durch die Vermittlung einer Bekannten gelang es ihr, eine Stelle in einem der Wiesbadener Krankenhäuser, dem Paulinenstift, zu bekommen. Ihr Sohn erhielt einen Platz im Betriebskindergarten, in dem auch die beiden später geborenen Söhne untergebracht wurden.

Zum Zeitpunkt unseres Gesprächs war der älteste Sohn 41, der mittlere 38 und der jüngste dreißig Jahre alt. Keiner von ihnen sei verheiratet, alle seien berufstätig, und die Religion spiele nur für den Jüngsten eine gewisse Rolle. Ranya selbst bezeichnete sich als gläubige Frau. Ihr Leben sei hart gewesen und die Ehe nicht das, was sie erwartet hatte. »Ich hab gedacht, alle Männer sind wie mein Papa«, sagte sie traurig, doch die Realität habe sie enttäuscht. 1986 wurde sie geschieden, und Ranya fand Halt im Islam. Die Beziehung zu Gott habe sie beruhigt und ihr Trost gespendet, meinte sie, und die Beziehung zu anderen gläubigen Muslimen ebenso.

Dalias Leben war weniger dramatisch verlaufen. Ihr Mann arbeite im Bundeskriminalamt, sie versorgte die beiden Kinder und widmete sich ihrem Ehrenamt und den Aktivitäten in der Moschee. Dalia hatte wie Ranya eine ruhige und besonnene Ausstrahlung. Sie war in unserem Gespräch auch dann um Ausgleich bemüht, wenn die Wogen hochschlugen.

Diese Liebe zu Gott

Sofia, die dritte im Bunde, war das absolute Gegenteil zu Ranya und Dalia. Temperamentvoll und redselig, war sie einer Konfrontation nicht abgeneigt und suchte eher zu polarisieren als zu beschwichtigen. Sofia war ausgebildete Bauzeichnerin und kam mit 32 Jahren nach Deutschland. In Mainz lernte sie auf einer Feier ihren deutschen Mann kennen, von dem sie drei Kinder hat. Ihre Herkunftsfamilie war groß – sie hat acht Geschwister, davon sieben älter als sie selbst – und der Islam spielte zu Hause nach ihrem Bekunden keine große Rolle. Ihre Mutter habe täglich gebetet, ihr Vater nicht. Niemand habe sie zum Beten angehalten. Mit zwölf Jahren sei sie aus eigenem Entschluss fromm geworden und wollte mit den täglichen Pflichtgebeten beginnen, doch die Mutter habe nur gelacht. Später konnte sie sich durchsetzen. Auch bei den anderen Geschwistern hatte die Religion offenbar irgendwann Einzug gehalten, denn Sofia erzählte, dass sie auch begonnen hatten zu beten.

Was sie als Tochter einer offensichtlich recht liberalen Familie zur Religion gebracht hatte, wollte ich wissen. »Ich hatte immer diese Liebe«, antwortete Sofia, »ich hatte diese Liebe zu Gott.« Sie habe immer viele Bücher über den Islam gelesen, und die Religion sei ihr stets wichtig gewesen. Wenn sie später, als Erwachsene, nicht gebetet hatte, weil sie im Urlaub oder aus anderen Gründen abgelenkt gewesen sei, sei sie unruhig, krank geworden. Ihr habe einfach etwas gefehlt. »Wenn ich zwei Wochen nicht bete«, erklärte sie, »werde ich immer krank, seelisch krank. Wenn ich anfange zu beten, ist es in Ordnung.« Es sei ihr ein Bedürfnis zu beten, nicht aus Gewohnheit oder weil alle es tun, sondern aus tiefster Überzeugung. Wenn jemand sich nur den Konventionen unterwerfe und das Verhalten anderer nachmache, werde er irgendwann mit dem Beten aufhören, meinte sie. Ausdruck ihrer religiösen Überzeugung ist auch das Kopftuch. Schon in Marokko habe sie es angelegt, hatte aber Probleme mit ihrem Chef und ließ wieder davon ab. »Wenn das *iman* nicht stark ist«, sagte sie, »dann gibst du schnell auf.« Als sie, bereits in Deutschland und mit einem Deutschen verheiratet, schwanger wurde, sei ihr *iman*, ihr Glaube, gewachsen. »Wenn du schwanger bist«, sagte sie, »ist es immer so, dass du mehr an Gott glaubst.« In dieser Situation wollte sie eine Entscheidung treffen und sich zum Islam und seinen Geboten bekennen. Sie habe sich damals gesagt: »Willst du ihn [Gott, Anm. d. Verf.] oder willst du ihn nicht? Gott will nicht, dass du mit ihm spielst. Und dann habe ich Kopftuch getragen.«

Ihr Ehemann habe nicht gerade begeistert reagiert. Er sei zwar vor der Eheschließung zum Islam konvertiert, aber nur aus formalen Gründen. Er kritisierte Sofias neue Religiosität, doch sie habe gekontert: »Ich mag nicht, wenn man mir immer sagt, was ich machen soll. Ich bin schon groß genug, ich bin kein Kind mehr. Ich sag dir auch nicht, was du machen sollst. Und wenn ich dir deine Freiheit gebe, gib mir auch meine Freiheit. Es tut mir leid, aber ich habe dich auch nicht gezwungen, zu beten oder zu fasten, also zwing mich auch nicht. Es ist meine Religion, und du hast gewusst, dass ich Muslim bin. Ich habe nicht gelogen. Und wenn ich auch tiefer reingehe, ist es nicht meine Schuld.«

Zum Zeitpunkt unseres Gesprächs hatte Sofia drei Kinder im Alter von zwölf, neun und vier Jahren und ich fragte, ob diese sehr gläubig seien. »Also fromm«, entgegnete sie ruppig, »fromm ist keiner.« Sie habe auch nicht die Freiheit, ihre Kinder religiös zu erziehen, »denn der Papa ist dazwischen«. Dann relativierte sie unvermittelt: »Also, ich bin auch nicht so fromm. Ich bin schon religiös, ich liebe meinen Gott und ich will, dass meine Kinder wie ich leben. Aber ich habe auch mein Leben gelebt, wie ich wollte. Meine Eltern haben mich gelassen. Dann will ich auch, dass meine Kinder, wenn sie was nehmen, dann will ich, dass sie von sich nehmen, wie ich.« Wenn man Kinder zwinge, würde das nur dazu führen, dass sie sich irgendwann von der Religion abwenden. Sie erzähle ihnen vom Islam und vom Propheten Mohammed und nehme sie auch bei Feierlichkeiten mit in die Moschee.

Als ich fragte, ob der Vater trotz seiner Konversion im Inneren Christ sei, sagte sie, er wäre auch kein richtiger Christ, da er gar nicht bete. Sie habe ihn schon mehrfach darauf angesprochen, warum er nicht bete, wie Christen dies tun sollten. Sie echauffierte sich in unserer kleinen Runde zunehmend über den fehlenden Glauben ihres Mannes und zeigte ihr Unverständnis für eine solche Haltung. Die anderen Frauen verstanden sie und verglichen ihren Mann mit Muslimen, die ebenfalls nicht wirklich glaubten, also nicht wirklich »echt« seien. Da ich hinter Sofias emotionaler Reaktion einen grundsätzlichen Konflikt mit ihrem Mann vermutete, fragte ich sie, wie sie sich mit ihm verstehe. Früher hätten sie sich gut verstanden, meinte sie, jetzt nicht mehr. Damit spielte sie nicht nur auf Spannungen an, die aus ihrer erst im Laufe der Ehe zum Tragen gekommenen Frömmigkeit resultierten, sondern auf eine allgemeine Frustration und auf ein tiefes Gefühl von Einsamkeit, ähnlich wie Ranya es artikuliert hatte. Gott habe sie aus dieser Einsamkeit erlöst. »Dann hast du jemand, dann hast du Gott. Dann flüchtest du zu Gott, wenn du Probleme hast. Du weißt, Gott ist da, er hört dich.« Als ihr Mann sie fragte, warum sie so religiös geworden sei, habe sie geantwortet: »Weil du immer weg warst. Ich brauche eine Flucht. Ich suche jemanden, und nur Allah war für mich da. Es tut mir leid, wenn du immer auf deinen Geschäftsreisen bist und ich bin alleine. Was denkst du?« Sofias Mann war Ingenieur und betreute Projekte in aller Welt. »Ich verstehe sie«, schaltete sich Ranya ein, »dann hast du in solchen Momenten nur Gott. Die Gesellschaft hilft dir nicht, die Nachbarn helfen dir nicht, du hast keine Familie. Es ist nicht einfach.«

Der Weg zum Glück

Jetzt wurde das Gespräch grundsätzlich. Die Frauen hatten über Migrationserfahrungen gesprochen, über die große Traurigkeit, die sie in der Fremde empfanden, über die Isolation in einem Land, dessen Sprache sie nicht mächtig waren, und über die Einsamkeit so weit entfernt von ihren marokkanischen Großfamilien. In all dem Elend war Allah ihre Zuflucht, ihr Schutz, ihr Gesprächspartner, die Quelle ihres Trostes und auch ihrer Zufriedenheit. Da lag es nahe, über die Beschaffenheit von Freude und Gelassenheit nachzudenken, vielleicht sogar über das Wesen des Glücks.

Dalia erzählte eine Geschichte. Ein Mann hatte alles, was man sich nur vorstellen kann, begann sie, Geld, eine Freundin und eine gute Arbeit, doch er sei stets unzufrieden mit seinem Leben gewesen. Ein anderer lebte im Mangel, doch er machte einen glücklichen Eindruck. »Warum bist du zufrieden?«, habe der Reiche den Armen gefragt, und dieser habe geantwortet: »Ich habe meinen Glauben.« Der Glaube schütze vor psychischen Erkrankungen, meinte Dalia, er allein mache glücklich. »Zum Beispiel gestern«, erzählte sie, »war ich so depressiv, ich wollte weinen. Mein Mann ist gerade in Marokko; ich bin alleine mit den Kindern, und die machen, was sie wollen. Ich wollte wirklich weinen.« Dann habe sie gebetet, mit Allah gesprochen, und heute sei sie wie ein neuer Mensch aufgewacht, »wie neugeboren, alle meine Sorgen sind weg«. Wenn man an Allah glaube, dann gebe es immer jemanden, der größer als man selbst ist, größer als die eigenen Sorgen, und das tröste. Sofia pflichtete bei: »Sage nicht: ›Oh Gott, ich habe ein großes Problem‹, sage: ›Oh Problem, ich habe einen großen Gott!‹«

Der Islam, so die Frauen einhellig, sei der beste Weg zum Glücklichsein. Wenn sich etwas Schönes ereigne, dann freue man sich, weil es von Allah komme, und wenn einem etwas Negatives passiere, dann nehme man es geduldig an, weil es ebenfalls von Allah gesandt sei. Man müsse Schicksalsschläge als Prüfungen annehmen und sich nicht permanent mit dem »Warum« beschäftigen. Das Grübeln, warum etwas geschehe, sei ohnehin nicht produktiv. Man blockiere sich dann vollständig, sogar dann, wenn es sich nur um Kleinigkeiten handle. Wenn man grüble, meinte Dalia, werde man krank, alles tue einem weh, man könne keinen klaren Gedanken mehr fassen. Ein gläubiger Muslim sei frei von solchen Grübeleien, weil er auf Allah vertraue. Der Glaube beruhige den Menschen. »Ich weiß nicht, wie man leben kann, ohne an etwas zu glauben«, schloss sie. »Man muss nicht Muslim sein, aber wenigstens an etwas glauben.« Selbst Atheisten, so waren sich alle einig, brauchten etwas, an das sie glauben könnten.

Dass sie selbst vielleicht außergewöhnlich fromm waren und ihre Auffassung von der Bedeutung des Islam beileibe nicht von allen Muslimen geteilt wurde, sahen die Frauen sehr klar. Probleme in der muslimischen Welt, da waren sie sich einig, entstünden dadurch, dass die Muslime sich vom Islam abgewandt hätten. Mindestens fünfzig Prozent der Bevölkerung Marokkos, so Dalia, würden nicht beten. Ohne das Gebet, hakte Sofia ein, sei man kein Muslim, womit sie die von Dalia erwähnte Hälfte der marokkanischen Bevölkerung mit einem Satz zu Nichtmuslimen erklärte. Die Kritik richtete sich auch gegen die eigene Familie. Ihre Mutter habe ihr nichts über den Islam erzählt, meinte Dalia. Alles, was sie ihr vermittelt habe, habe nichts mit dem Islam zu tun gehabt, sondern lediglich mit Tradition. Sie selbst habe die religiöse Kompetenz der Mutter irgendwann in Frage gestellt und nach der Wahrheit gesucht. Muslimische Länder wie Marokko seien vollkommen degeneriert. Die Leute wollten wie Europäer leben, hub Sofia an, doch sie seien keine Europäer. Richtige Muslime seien sie auch nicht mehr. »Die Leute gehen auf Festivals, hören Rockmusik, sie gehen fast nackt«, meinte Dalia, und Hani ergänzte, dass sie sich geschämt habe, als sie bei ihrem letzten Marokkobesuch das Verhalten der Jugendlichen beobachtete. Mädchen seien mit bauchfreien Oberteilen herumgelaufen. Sogar in Deutschland würde man so etwas nicht in diesem Maße sehen. Im Vergleich zu den Franzosen oder Spaniern kleideten sich die Deutschen ohnehin bedeckter, fügte sie hinzu. Auch die anderen Frauen fielen in die Schelte der nicht allzu gläubigen Muslimen ihres Herkunftslandes ein. Da die Regierungen der muslimischen Länder nicht der Scharia folgen, sondern auch weltlichen Gesetzen, herrsche Verunsicherung in der Bevölkerung. Sofia spielte auf das marokkanische Recht an, das teilweise noch immer dem französischen Vorbild folgt. Das verunsichere, denn ein Abfall von Gott führe zwangsläufig zu Chaos. Sofia sprach sich dezidiert gegen die Trennung von Staat und Religion aus, die sie für nicht vereinbar mit dem Gesetz Gottes hielt.

Darf man Frauen schlagen?

Der wahre Islam, der sich von dem durch Tradition verwässerten Glauben ihrer Herkunftsfamilien unterschied, war ein buchstabengetreuer Gesetzesislam. Ich unternahm einen Versuch, sie auf problematische Verse anzusprechen, wie zum Beispiel auf Sure 4:3, in der einem Mann bis zu vier Ehefrauen und eine beliebige Anzahl weiblicher Sklavinnen gestattet werden. Kritische muslimische Denker, so argumentierte ich, verträten mittlerweile die Ansicht, dass solche Verse heute keine Gültigkeit mehr beanspruchen können, da sie im Geist des 7. Jahrhunderts geschrieben seien. Dalia widersprach heftig. Sie fände es immer sinnvoll, wenn ein Mann mehrere Frauen heiraten könne, obwohl sie sich nicht wünsche, dass ihr eigener Mann eine weitere Gemahlin nehme. Ein Argument dafür brachte sie nicht vor, wiederholte aber: »Da gehört zum Islam. Ich muss es akzeptieren.« Sofia, die Koranbelesene, sagte, es gebe Einschränkungen des Polygynie-Verses. Der Mann müsse gerecht sein und alle Frauen gleich behandeln. Wenn er eine küsse, müsse er auch die anderen küssen, wenn er etwas für eine kaufe, müsse er auch etwas für alle anderen kaufen. Wenn er nicht gerecht sein könne, dann dürfe er nur eine heiraten. Das hieße, der Islam empfehle letztendlich die Heirat mit nur einer Frau. Sure 4:3 sei allerdings sinnvoll, wenn Männermangel herrsche, wie etwa nach Kriegen, oder wenn eine Frau krank sei und der Mann deshalb eine weitere heirate. Dann sei die Familie trotzdem noch zusammen und die Kinder hätten ihren Vater. Dass Frauenüberschuss in vielen Ländern ein echtes Problem sei, davon waren die Frauen überzeugt. Dann sei doch die Regelung bezüglich der Polygynie ein wirklicher Vorteil für die Frauen und verhelfe den Übriggebliebenen zu einem Mann.

Ich wandte ein, dass Männer sich unter solchen Konditionen häufig, wenn die Erstfrau langsam alt werde, eine Zweitfrau im Alter der Tochter zulegen. Außerdem gab ich zu bedenken, dass auch die Vormundschaft des Vaters über die Kinder nicht unbedingt ein Segen sei, insbesondere unter Verhältnissen häuslicher Gewalt. Alle protestierten. Wer so handle, sei kein wirklicher Muslim, riefen sie, gestanden aber zu, dass die polygyne Ehepraxis meist weniger von altruistischen als von egoistischen Motiven geprägt sei. »Der Mann darf die Frau nicht misshandeln«, ergänzte Sofia und eröffnete damit das nächste heiße Thema. Immerhin lässt sich auch die häusliche Gewalt gegen Frauen mit Verweisen auf den Koran legitimieren. In Vers 4:34 heißt es schließlich: »Die aber, deren Widerspenstigkeit ihr befürchtet, die ermahnt, haltet euch fern von ihnen auf dem Lager, und schlagt sie.« Ich war gespannt, wie sich die Frauen dazu positionieren würden. Wie schon die Frauen der Masjid Ali versuchten sie zu relativieren. Hani meinte, es sei nicht wirkliches Schlagen, sondern nur ein leichtes Schlagen mit einem Stöckchen oder einem Stück Stoff gemeint. Musliminnen tun sich in der Regel schwer damit, den Vers zu akzeptieren, wollen ihn aber auch nicht kritisieren, da er ja, wie jedes Wort des Koran, als unmittelbar von Gott übermittelt gilt. Nur wenige feministische Musliminnen lehnen ihn gänzlich ab. Hani schwenkte jetzt vom Koran zur islamischen Überlieferung, die in vielerlei Hinsicht ein weitaus sichereres Terrain bietet, und zitierte den Propheten Mohammed, der gesagt habe: »Der Beste von euch ist derjenige, der seine Frau gut behandelt.« Und er, der Prophet, habe seine Frauen stets gut behandelt.

Jetzt waren wir bei einem Thema angelangt, das ich bereits mit anderen Frauen eingehend erörtert hatte: dem Vorbild des Propheten für die real existierenden Ehemänner. Dalia erzählte von einem Mann in Marokko, einem gläubigen Muslim, der von seinen Nachbarinnen verspottet wurde, weil er seine Frau bei der Hausarbeit unterstützte. Er sei kein richtiger Mann, hätten die Boshaften gelästert, ihre eigenen faulen Ehemänner vor Augen. In unserer kleinen Runde war er dagegen ein Held. In der Moschee werde für den neuen religiösen Mann geworben, meinte Ranya auf eine diesbezügliche Frage meinerseits, und verwies auf einen Vortrag, den sie vor einiger Zeit gehört hatte. Der Redner habe berichtet, wie er seinem Kind die Windeln wechsle und welche Arbeiten er im Haushalt übernehme, und auch die zuhörenden Männer seien von den Schilderungen recht angetan gewesen. Die Beteiligung an der Hausarbeit wurde in diesem Diskurs fast zu einer religiösen Pflicht, der Prophet zu einem Urbild des emanzipativen Mannes. Die frühere Generation, so Ranya, sei ganz anderes gewesen als die heutige. Männer hätten sich niemals um die Kinder gekümmert, gekocht oder geputzt; heute sei dies glücklicherweise anders. Doch es sei nicht nur die Religion, sondern auch der Umstand, dass Frauen heute außer Haus berufstätig sind, der diese

Veränderung herbeigeführt hätte: »Früher hatte der Mann seine Rolle und die Frau hatte ihre. Heute ist alles gemischt.«

Schuld an dem wenig unterstützenden Verhalten einiger Männer, da waren sich alle einig, hätten auch die Frauen, die ihre Söhne anders behandelten als ihre Töchter. »Die Mutter«, so Sofia, »erzieht ihren Sohn als Egoisten.« »Nicht die Männer, sondern die Frauen sind schuld«, bestätigte Dalia. Ihre eigenen Söhne, so die Frauen, seien besser erzogen. Es gebe keine Unterschiede zur Erziehung der Mädchen.

Solche emanzipativen Gedanken wurden allerdings durch andere konterkariert, die sich wiederum an koranischen Versen orientierten. Als wir das islamische Erbrecht debattierten, demzufolge Mädchen die Hälfte dessen erben, was einem Jungen per Gesetz zusteht, verteidigten die Frauen dieses Gesetz, da die Männer verpflichtet seien, ihre Ehefrauen finanziell zu versorgen, umgekehrt aber keine entsprechende Verpflichtung existiere. »Mein Mann muss alles bezahlen«, sagte Dalia, »und alles, was ich verdiene, kann ich behalten.« Auf meine Frage, ob Männer das auch wirklich tun, entgegnete Sofia: »Wenn ein Mann Gott fürchtet, dann macht er es, wenn nicht, dann nicht.« Mein Argument, dass man sich nicht auf die Gottesfürchtigkeit der Menschen verlassen könne, sondern das Recht so zu gestalten habe, dass Gerechtigkeit zwischen Männern und Frauen herrsche, ließ sie nicht gelten: »Wer will das sagen? Das ist das Gesetz von Gott.« Wenn man das Gesetz änderte, würden außerdem die Männer benachteiligt. »Im Islam ist alles geregelt. Die Frau kümmert sich um die Kinder, beschäftigt sich mit dem Haus, der Mann soll sie versorgen. Jeder hat seine Arbeit. Aber wenn die Frau rausgeht und verdient Geld, sagt der Mann: ›Tut mir leid. Ich habe mein Wohlfühlen jetzt nicht mehr‹.« Früher sei die Welt noch in Ordnung gewesen. Der Mann sei nach Hause gekommen, die Frau habe schon das Essen fertig gehabt, die Kinder seien glücklich gewesen. Wenn Frauen selbst erwerbstätig sind, sei er belastet. »Er muss draußen essen, er muss selber kochen. Dann sagt er: ›Entschuldigung, warum soll ich dich ernähren?‹«

Sofia nahm hier eine klare Gegenposition zu Dalia und Ranya ein, die zuvor die häusliche Gleichberechtigung gelobt hatten. Als ich versuchte, den vorherigen Diskurs wieder aufzunehmen und den positiven Wert der im Grundgesetz niedergelegten Gleichheit vor dem Gesetz ins Spiel zu bringen, konterte Dalia geschickt. Wenn Frauen und Männer gleich seien, wie käme es dann, dass sie beide nicht den gleichen Lohn erhielten, wenn sie in einer

Fabrik die gleiche Arbeit verrichteten? Man könne mit Gesetzen nicht verhindern, dass Ungerechtigkeit existiere. Ansonsten seien Männer und Frauen vor dem islamischen Gesetz gleich, meinte jetzt auch Hani. »Wenn sie ein moralisches Verbrechen begehen, kriegen sie die gleiche Strafe.« Ich versuchte, das Gespräch noch einmal zurück zum Erbrecht zu bringen. Sofia bekräftigte ihre zuvor bereits vertretene Position: »Das Erbrecht hat seinen Sinn. Der Islam ist vor 1.400 Jahren entstanden und kann sich nicht ständig ändern für jede Zeit. Die Scharia ist das Gesetz Gottes. Und warum? Weil er am besten weiß, was für uns gut ist.«

Al-Qaida, Salafismus und der Westen

Irgendwie landete unser Gespräch dann unverhofft bei Vorurteilen gegenüber Muslimen. Die Frauen betrieben eifrig Medienschelte. Sofia meinte: »Die reden vor allem über uns und für uns. Wir machen gar nichts.« Ein Beispiel sei die Berichterstattung über vermeintliche Terroristen und vor allem über al-Qaida. Ihrer Meinung nach war al-Qaida eine Erfindung der Medien, um die Muslime schlecht zu machen. »Al-Qaida ist überall, sagen sie. Wo ist al-Qaida? Immer, wenn was explodiert, sagen sie, das war al-Qaida. Wo ist sie und sagt: ›Ich bin das‹?« Sofia und die anderen bezweifelten auch, dass der Anschlag auf das Welthandelszentrum in New York von Muslimen durchgeführt worden sei. Dafür gebe es keine Beweise. Meine Argumente, dass es beispielsweise Aufzeichnungen von Mohammed Atta, gab, der zuvor in Hamburg studiert hatte, prallten an ihnen ab. Sofia hielt alles für manipuliert, war von einer Verschwörung gegen die Muslime überzeugt, von falschen Berichterstattungen, denen sie sich ohnehin täglich ausgesetzt fühlte. Diese Ansicht teilte auch Dalia. Es gebe Bücher, in denen man nachlesen könne, dass alles anders war. Sofia meinte, dass die Anschläge technisch gar nicht so gewesen sein könnten, wie die Medien berichtet hätten. Als Bauzeichnerin wisse sie so etwas. Außerdem hätten sich an diesem Tag keine Juden im Gebäude befunden, legte sie nach. Sie seien alle auf einer Feier gewesen und nicht zur Arbeit erschienen. Sofia verteidigte ihre Meinung sehr engagiert und beharrte auf ihrer These der westlichen Medienverschwörung. »Sie haben das nur gemacht, weil sie mehr Druck auf den Islam ausüben wollen«, sagte sie. Außerdem werde mit zweierlei Maß gemessen. Die Amerikaner hätten Tausende Muslime im Irak und in Afghanistan getötet und niemand verurteile sie. Muslime dagegen würden wegen der vergleichsweise geringen Anzahl von Toten des 11. September überall in der Welt verfolgt.

Ich gab ihr Recht, dass in der Weltpolitik mit zweierlei Maß gemessen werde, versuchte aber gleichzeitig, Argumente für meine Auffassung vorzubringen, dass al-Qaida für den Anschlag auf das Welthandelszentrum verantwortlich sei. Dalia versuchte, zwischen uns zu vermitteln. Die Wahrheit komme oft erst nach zwanzig Jahren ans Licht, meinte sie. Von einer medialen Islamophobie war sie allerdings auch überzeugt. Dabei interessierte sie weniger al-Qaida als die derzeitige Debatte um Salafisten. »Sie sagen ›Salafisten‹. Sie sagen, in der Tauhid-Moschee sind Salafisten. Ich schwöre bei allem, was heilig ist, mehr als die Hälfte wissen gar nicht, was Salafisten sind.« Dabei nahm sie Bezug auf eine Wiesbadener Debatte um den radikalen Prediger Abul Baraa, der in der Tauhid-Moschee ein Islamseminar anbieten konnte. Die Moschee war daraufhin in die Kritik von Medien und Politik geraten, und Medienvertreter waren zur Moschee gekommen, um die Gemeindemitglieder nach ihrer Meinung zu Abul Baraa zu befragen.

Nach Darstellung von Sofia und Dalia hätten die Befragten gar nicht gewusst, wer Abul Baraa sei. Ich hatte dieses Argument bereits mehrfach gehört und hielt es für haltlos, da der Mann gerade wegen seiner ungeheuren Popularität eingeladen wurde. Ich konfrontierte die Frauen damit, dass man durchaus wissen könne, wer Abul Baraa sei. Schließlich sind seine Videos auf YouTube anzusehen, und er ist gerade deshalb als Internetprediger bekannt. Sofia meinte, sie würden keine Videos anschauen. Dalia fand nichts Verwerfliches an den Vorträgen des Predigers. Sie habe sich seine Predigten angehört, und er habe nichts gesagt, was ihr Missfallen erregt habe. Abul Baraa war ihrer Meinung nach ein Opfer islamfeindlicher Umtriebe. Man wolle nicht, dass solche Leute, die gute Dinge predigten, dies tun könnten. Ich erzählte, dass ich Abul Baraas Hetze gegen Nichtmuslime auf YouTube gesehen hätte. Er hatte feixend verkündet, dass sie alle in der Hölle landen würden. Sofia entgegnete: »Wahrscheinlich hat er nur eine Sure zitiert, die im Koran steht.« Für sie war die Medienschelte gegen Abul Baraa und die Tauhid-Moschee Teil einer Verschwörung gegen die Muslime. »Die spielen jetzt mit einer neuen Karte, weil die al-Qaida-Karte und die Taliban-Karte gestorben ist. Die neue Karte ist Salafismus. Was ist eigentlich Salafismus?« Dann erklärte sie, dass der Begriff *salaf* die Vorfahren meint und Salafismus nichts anderes, als dem Vorbild und den Anweisungen des Propheten Mohammed und seiner

Gefährten zu folgen. »Dann bin ich automatisch, auch ohne dass sie's sagen, Salafist. Ich bin Salafist, weil ich den Vorherigen folge. Ich bin Salafist, ich bin Muslim.« Hani hakte ein, dass es eine Ehre sei, den Vorfahren zu folgen: »Ihr Leben war so sauber, so gerecht.« Wir verfolgten das Thema nicht weiter und wandten uns wieder dem Vorwurf zu, der Westen diskriminiere die Muslime.

Hani meinte, dass sie in der Öffentlichkeit manchmal schlechte Erfahrungen mache, so wie einmal, als sie mit dem Kinderwagen im Bus stand und ein Mann, der eine Rollstuhlfahrerin begleitete, sie aufforderte, den Bus zu verlassen, um Platz für die Behinderte zu machen. Erst als sich der Busfahrer einschaltete, ließ der Mann von ihr ab. Nur mit Gottes Hilfe, schaltete sich Sofia ein, könne man all die Ungerechtigkeiten und Verletzungen des Alltags ertragen, vor allem die Diskriminierungen als Muslimin. Dalia versuchte erneut zu relativieren und warf ein, dass auch Deutsche Opfer von Aggressivität würden und dass andererseits viele Deutsche Muslime respektierten: »Es gibt Leute, die uns hassen, aber es gibt auch andere, die uns helfen und respektieren.«

Die negative Meinung über Muslime sei, so gab sie zu bedenken, manchmal auch dem schlechten Verhalten der Muslime geschuldet. Würde sich jeder Muslim so benehmen, wie der Prophet es gezeigt hätte, dann würde der Westen anders über Muslime denken. »Wir müssen Brücken bauen«, empfahl Dalia. »Wir müssen Zusammenleben lernen. Wir müssen uns kennenlernen. Die meisten Muslime haben keinen Kontakt mit den Deutschen, und die meisten Deutschen haben keinen Kontakt mit den Muslimen.« Dalia vertraute auf den Pragmatismus. Muslime könnten in ihrem persönlichen Umfeld beginnen, Vorurteile gegen den Islam zu zerstreuen. Jeder habe Nachbarn, und wenn man zu diesen freundlich sei und ein gutes Verhältnis aufbaue, dann habe man sie davon überzeugt, dass Muslime gute Menschen seien. Diese Nachbarn seien dann Multiplikatoren und würden ihre guten Erfahrungen an andere weitervermitteln. Dann setzte sie an, eine Lanze für die westliche Welt zu brechen, die in vielerlei Hinsicht islamischer sei als die muslimische Welt. Sie erzählte von einem morgenländischen Gelehrten, der einst nach Europa reiste und nach seiner Rückkehr berichtete, er habe dort den Islam gefunden, aber keine Muslime. Dalia möchte die Werte des Islam beherzigt sehen, Aufrichtigkeit, Sauberkeit, Ehrlichkeit, ja sogar Pünktlichkeit. Alle Frauen waren sich einig, viele gute »islamische« Eigenschaften unter deutschen Nichtmuslimen gefunden zu haben, während sie unter Muslimen heutzutage selten seien. Sofia stimmte zu. Viele westliche Menschen lebten viel mehr nach den Vorstellungen Gottes als viele Muslime. »Wenn die westlichen Leute nur die *shahada* sagen, die gehen direkt in den Himmel.«

Liebe und Furcht vor Allah

Lange hatten Oliver und ich versucht, Kontakt mit männlichen Jugendlichen der Tauhid-Moschee zu bekommen, mit der Gruppe, die im allgemeinen Diskurs selbst unter Moscheevorständen gern als problematisch bezeichnet wird. Am 5. Oktober 2012 lernten wir dann Dominik kennen, als wir im Gespräch mit einem der Männer der Moschee im Gebetsraum saßen. Wir waren die einzigen Anwesenden, deshalb fiel es mir unmittelbar auf, als ich hinter mir ein Geräusch vernahm. Ein junger Mann mit blasser Haut, schütterem kurzen Haar und einem fransigen rotbraunen Kinnbart kam herein. Er stellte sich vor und erzählte, er sei 16 Jahre alt und vor vier Monaten zum Islam konvertiert. Seine Eltern stammten aus Italien, und er sei als Katholik aufgewachsen. Den Islam hatte er nach eigenen Angaben eher zufällig kennengelernt. Es hatte ihn immer interessiert, was Muslime eigentlich glauben, und zum Geburtstag habe er sich einen Koran gewünscht. Sein Vater habe ihm seinen Wunsch erfüllt, und irgendwann habe er darin auch gelesen. Was ihn am meisten beeindruckt habe, möchte ich wissen. »Die Wunder«, sagte er, das, was der Islam an Erkenntnissen geschaffen habe. Im Internet habe er sich erkundigt, wie man bete, und die Anweisungen befolgt, die in einem YouTube-Video gegeben wurden. Pierre Vogel habe er sich auch angeschaut, doch seine Erklärungen seien ihm zu lang gewesen. Das Gebet habe ihm gut gefallen, und er sei dann in die Tauhid-Moschee zum Freitagsgebet gegangen. Dort habe er nette Menschen getroffen, die ihm den Islam noch nähergebracht hätten. Besonders mochte er die Vorträge, die ein deutscher Konvertit samstags hielt.

Seine Konversion, die zwei Wochen nach seinen ersten Gebetsversuchen erfolgte, blieb den Eltern nicht verborgen, obwohl er sie zu Hause nicht thematisierte. Doch die täglichen fünf Pflichtgebete ließen sich nicht gänzlich unbeobachtet durchführen. Die Mutter blieb gelassen, der Vater war wenig begeistert, vor allem, meinte Dominik, weil er einmal Zeuge gewalttätiger Übergriffe durch junge Orientalen geworden sei. Dieses Verhalten habe er fälschlicherweise als muslimisch verstanden und sei jetzt vollkommen gegen den Islam eingestellt. Ein anderes Problem war für Dominik auch die Beziehung zu einem kroatischen Mädchen, das zwar auch Muslimin sei, aber nicht so gläubig wie er selbst. Als guter Muslim müsse er die Beziehung jetzt entweder beenden oder heiraten, sagte er. Da er Gefühle für die junge Frau habe, würde er sie gerne zur Frau nehmen. Seine zukünftige Frau solle den *khimar* tragen, vielleicht auch den *niqab*, den Gesichtsschleier. Er sei sehr eifersüchtig und wolle nicht, dass seine Frau von jemandem angesehen werde. Deshalb gefalle ihm die islamische Bekleidungsordnung sehr. Auch die Vorstellung, dass eine Ehefrau zu Hause bleibe und sich um die Familie kümmere, entsprach ganz seinen Vorstellungen. Ich fragte ihn nach seiner eigenen Mutter, und er sagte, sie habe immer gearbeitet. Als Kind habe er sich gewünscht, sie mehr um sich zu haben. Seine Freundin mache eine Ausbildung zur Altenpflegerin, was er positiv fand, weil sie damit Menschen helfe. Der Schichtdienst solle aber andererseits ungesund sein, und grundsätzlich bestehe eben das Problem, dass er gar nicht wolle, dass sie außer Haus sei. Ihre Ausbildung könne sie durchaus beenden, vielleicht sogar eine zweite machen, solange er selbst in der Ausbildung sei, später dann aber keinen Beruf ausüben. Natürlich könne er nach islamischem Recht seiner Frau nicht die Berufstätigkeit verbieten, aber er würde schon versuchen, sie mit guten Worten zu überzeugen. Er selbst hatte gerade die mittlere Reife auf der Gerhart-Hauptmann-Schule bestanden und eine Ausbildung zum Chemielaboranten begonnen.

Ich sah Dominik verschiedene Male beim Bücherstand des Vereins »Weg der Mitte«, der allwöchentlich in der Fußgängerzone Missionsarbeit betrieb, und hatte einige Wochen nach unserem ersten Gespräch noch einmal die Gelegenheit, mich ausführlich mit ihm zu unterhalten. Wieder war die Zusammenkunft zufällig, und wieder sollte sie mir und Oliver sehr gute Einblicke in die Gedankenwelt der jungen Muslime der Gemeinde verschaffen. Vier Jungen zwischen 16 und 18 Jahren beteiligten sich an diesem Interview. Einer von ihnen war Abderrahim, 18 Jahre alt, der die zwölfte Klasse der Fachoberschule für Wirtschaft und Verwaltung besuchte. Etwa zwei Drittel der Klasse seien muslimisch, erläuterte er. Abderrahim bekannte, früher auch mit Christen befreundet gewesen zu sein, ja sogar sein bester Freund sei Christ gewesen. »Doch als ich angefangen habe zu praktizieren, da kamen schon diskriminierende Äußerungen, komische Sachen. Und so etwas verletzt einen. Ich würde mich beispielsweise nicht wagen, etwas über seine Religion zu sagen. Von solchen Sachen distanziert man sich.« In seiner Klasse hätten viele Interesse am Islam, wollten etwas wissen. Wenn er dann erkläre, wie der

Islam sei, dass er gerecht sei, dann würden sie sagen: »Das ist interessant. Das gefällt mir.« »Ich finde, so sollte es sein«, fügte er hinzu.

Er praktiziere seit zwei Jahren, bete fünfmal am Tag und gehe regelmäßig in die Moschee. Seine Familie sei zur Hälfte nicht sehr religiös, zur Hälfte religiös. Sein Vater sei vor langer Zeit gestorben. Seine Mutter, sein Onkel und sein Bruder seien in Deutschland, der Rest der Verwandten in Frankreich, Marokko und den Vereinigten Arabischen Emiraten. Mutter und Onkel praktizierten nicht so wie er. »Sie befürworten das, machen mich nicht moralisch nieder, aber ihnen fehlt dieser Antrieb. Vielen Muslimen fehlt dieser Antrieb.« Ich fragte ihn, ob er in der Familie über Religion spreche. Er antwortete: »Ich möchte nicht zu viel aufs Gaspedal drücken. Wenn du einer Person zu viel erzählst, auch wenn das gut ist, dann kann das sein, dass sie es irgendwann mal satt hat. Deshalb sind wir immer langsam mit unseren Eltern und mit unserer Familie. Wir möchten sie nicht abschrecken.« Wie und warum er denn angefangen habe zu praktizieren, interessierte mich. »Ich wurde von niemandem beeinflusst. Es kam einfach auf einmal. Ich kann es nicht erklären. Ich war früher ganz anders. Und dann bin ich nach Marokko gegangen. Selbst in Marokko habe ich mich nicht geändert. Nur meine Oma war diejenige, die zu Haus praktiziert hat und wo ich das gesehen hab. Und irgendwann einmal, das war wie ein Wake-Up-Call: ›Was mach ich da überhaupt?‹ Und irgendwie langsam, langsam bin ich einfach in die Moschee gegangen, hab's mir angeschaut, und Gott hat mein Herz gewendet. Und auf einmal war das Interesse am Islam immer größer. Und ich hab mich immer langsam Stück für Stück verändert.«

Abdul, 17 Jahre alt und Gymnasiast, fühlte sich jetzt auch ermutigt, etwas zum Gespräch beizutragen: »Bei mir war es wie so'n Gefühl von innen. Ich kann mich noch erinnern, wie ich Geburtstag hatte, hab ich mir von meiner Mutter gewünscht: ›Bring mir das Gebet bei!‹ Das war der 14. Geburtstag. Dann hab ich das Gebet gelernt und durchgezogen. Ich hab's von meiner Mutter gelernt, dann hab ich es perfektioniert, die Feinheiten geschliffen.« Er versuche »mindesten zweimal pro Tag« in die Moschee zu gehen, müsse dafür aber jedes Mal eine halbe Stunde mit dem Bus fahren. Er mache das aber, nehme den Zeitaufwand auf sich, da das Gebet in der Gemeinschaft mehr »Belohnung« bringe als wenn er alleine bete.

Das war mein Stichwort. Welche Rolle denn das System von Belohnungen und Bestrafungen für ihr alltägliches Handeln spiele, fragte ich sie. Abdul meinte: »Das spielt eine große Rolle. In diesem Leben musst du halt Geduld haben und die Befehle ausführen, gehorchen, und dann kommt die Belohnung im nächsten Leben. Entweder das Paradies oder das Höllenfeuer. Je nachdem, wie du warst.« Und Abderrahim fügte hinzu: »Es zwingt uns niemand dazu, es zwingt uns wirklich niemand dazu. Wir machen das einfach nur aus Liebe und Furcht vor Allah. Wir glauben fest daran, dass nach diesem Leben etwas kommt, und da werden unsere guten Taten uns weiterhelfen. Und deswegen machen wir's. Einfach aus dieser Hoffnung, im nächsten Leben, das ewig sein wird, die Gewinner zu sein.« Dominik pflichtete ebenfalls bei: »Das ist das A und O, sonst würden wir's ja nicht machen. Das ist ja Pflicht, es gibt ja Pflichten, und dann gibt es noch die Sunna-Sachen, für die man keine Strafe bekommt, wenn man sie nicht macht, aber eine Belohnung, wenn man sie macht. Und das macht man dann ja für die Belohnung. Und man macht's natürlich auch, um Allah näherzukommen. Es ist so, wie Abderrahim gesagt hat, ungefähr die Hälfte aus Angst vor der Verdammnis, sag ich mal, und die Hälfte aus Hoffnung für ein gutes späteres Leben.«

Die Hälfte Angst, die Hälfte Hoffnung – das fanden alle gut.

Abdul: »Es muss im Gleichgewicht bleiben. Nicht zu viel Hoffnung, dann vergisst du deine Pflichten, und nicht zu viel Angst, dann vergisst du auch die Hoffnung.«

Dominik: »Die Angst ist bei den schlechten Taten höher und die Hoffnung bei den guten Taten. Bevor man eine Sünde macht, denkt man: ›Was mach ich da‹ und hat eher Angst davor, diese Sache zu tun. Und wenn man vorhat, eine gute Sache zu tun, hat man ja die Hoffnung, dass man dafür belohnt wird – wenn Allah will.«

Ich fragte: »Was sind, außer den Pflichtgebeten, gute Taten, mit denen ihr Punkte erwerben möchtet?« Abderrahim entgegnete: »Glasscherben vom Boden aufzuheben. Allein, wenn wir das da draußen sehen, überlegen wir: ›Das ist auch eine gute Tat‹. In dem Moment sieht uns niemand außer Allah. Wir machen es einfach nur für ihn. Diese Hoffnung, die Belohnung zu bekommen.« Abdul systematisierte: »Es gibt eine Überlieferung, da ist das Gebet zur rechten Zeit an erster Stelle, an zweiter Stelle steht gut sein zu den Eltern. Das dritte ist der Kampf im Wege Allahs.« Was das genau heiße? Abderrahim: »Das heißt als Erstes, sein eigenes Ego zu bekämpfen. Das wäre das Hauptziel, der Hauptpunkt.« Was er sich denn unter dem Ego vorstelle, hakte ich nach. Abderrahim war argumentationssicher: »Der innere Schweinehund.

Nafs nennen wir das.« Und Dominik präzisierte: »Die Gelüste zu bekämpfen.« Abdul wurde noch konkreter: »Zum Beispiel Alkohol. Wenn du was machst und das ist eine Sünde und du weißt, du wirst dafür bestraft.« Woher wüssten sie denn, was richtig und was falsch ist, fragte ich. Indem sie sich Wissen aneigneten, war die Antwort.

Ob sie den Koran und die Überlieferungen läsen? Sie verstünden nur unvollständig Arabisch, gaben sie zu. Als ich entgegnete, dass es vermutlich auch schwer sei, den Text zu verstehen, wenn man Arabisch könne, da er in einer poetischen Sprache verfasst sei, protestierten alle einhellig. Der Koran sei keine Poesie, er sei auch nicht poetisch. Dominik: »Manche behaupten, unser Prophet sei ein Poet, doch unsern Prophet als Poet darzustellen, ist schon abwertend, meine ich.« Abderrahim: »Es gibt halt Leute, die behaupten, dass der Koran von einem Poeten geschrieben worden ist, weil sein Reimschema so schön ist. Aber selbst zu dieser Zeit gab es Dichter, die das gehört haben und die gesagt haben: ›Das kann doch niemals sein, dass ein Dichter das geschrieben haben kann.‹ Das können Menschen nicht so schreiben. Sie haben schon recht: Vieles reimt sich aufeinander. Deshalb wird es auch nicht langweilig, den Koran zu lesen. Es hört sich immer schön in den Ohren an. Und man wird auch nicht müde vom Lesen. Wenn ich mir 'nen Text nehme von Schiller und les mir jetzt zehn Seiten durch, dann hab ich keine Lust mehr und schlaf ein. Ich kann das auch nicht auswendig lernen. Das ist auch ein Wunder: Ich kann von mir sagen, ich bin mir ziemlich sicher, das ist das einzige Buch auf dieser Welt, was aufwendig gelernt werden kann durch so viele Menschen und so viele Zungen. Es ist doch wirklich ein Wunder, dass jetzt ein Chinese kommt und ein Afrikaner und die können beide den Koran auswendig. Aber sie können sich beide nicht verständigen.«

Nach eingehenden Erörterungen des koranischen Wunders fragte ich die Jungen nach ihren Vorstellungen über Frauen. Die zukünftige Frau konnte für alle nur eine Muslimin sein, und sie sollte selbstverständlich ein Kopftuch tragen. Eigentlich sollte sie auch Hausfrau sein, da sie gegenüber der weiblichen Berufstätigkeit mehr als skeptisch eingestellt waren. Sie könnte »angegafft« werden, meinten sie einhellig, und das würde sie massiv stören. »Würde meine Frau irgendwo arbeiten wollen, in einem Kindergarten, wo nur Frauen und Kinder sind – okay«, räumte Abderrahim ein, doch Dominik gab zu bedenken: »Aber Kindergarten ist auch nicht ohne. Die Männer bringen auch die Kinder zum Kindergarten.« Ich fragte: »Ein Beruf, wo Männer sind, wäre dir nicht recht?« Dominik: »Nein, das wäre mir nicht recht.« Ich setzte nach: »Also in einem ganz normalen Büro, wo Männer und Frauen zusammen arbeiten, sollte deine Frau nicht arbeiten?« Abderrahim erklärte: »Ich hab ja selbst in einem Büro gearbeitet, wo Frauen und Männer gearbeitet haben. Wenn ich mir jetzt vorstelle, dass meine Frau da arbeiten würde – das wäre einfach nicht gut. Allein wegen der Eifersucht. Die Muslime tragen ja auch eine gewisse Eifersucht in sich. Ein Muslim möchte nicht, dass seine Frau irgendwo arbeitet und gleichzeitig angegafft wird. Ich glaube auch nicht, dass ein Christ das möchte. Ich denke mal, das ist eine natürliche Veranlagung.« Für Dominik wäre etwas anderes eher ein Zeichen für verwerfliche Neigungen: »Es gibt Menschen, die wollen das. Die wollen angeben. Die sehen das wie so'n Auto.« Abdul brachte die Sache schließlich auf den Punkt: »Es gibt ein einfaches Beispiel: Schmuck zu Hause. Das lässt du auch nicht vor der Haustür. Das würde keinen Sinn machen. Wenn du was hast, das du liebst, dann versteckst du's irgendwie.«

Der innere Frieden und eine keusche Frau

Umar arbeitete in der Jugendvollzugsanstalt, war SPD-Mitglied und Vorstandsmitglied der Tauhid-Moschee. Wir haben mit ihm über den Islam, über Geschlechtertrennung und seine eigene Lebensgeschichte gesprochen. Wie viele Muslime mit marokkanischem Hintergrund entstammt er der Gegend von Nador. Seine Eltern lebten bereits in Deutschland, als seine Mutter mit ihm schwanger war, doch auf Wunsch des Großvaters ging sie zur Geburt nach Marokko. Umars Frau war ebenfalls Marokkanerin. Er habe sie in Marokko auf der Straße gesehen, als er mit seiner Mutter unterwegs war, und sie gebeten, die Frau für ihn anzusprechen. Dann hätten die Eltern miteinander Kontakt aufgenommen und die Ehe sei geschlossen worden. Als Mann dürfe man ja nicht selbst eine Frau ansprechen. Die Welt der Muslime sei eben geschlechtergetrennt. Auch in der Moschee. Selbst wenn Ausflüge gemacht würden, seien Männer und Frauen nicht zusammen. Man fahre in getrennten Fahrzeugen und sitze an getrennten Plätzen im Grünen. Die Separation sei wichtig. Auch Jungen müssten sich an islamische Moralgebote halten. Ich erzählte ihm, dass ich schon mit Jungen gesprochen hatte, die für sich in Anspruch nahmen, Freundinnen zu haben, dies aber bei ihren Schwestern niemals dulden würden. Er antwortete: »Das sind jetzt diese komischen

Typen, die manchmal in diesen Talkshows auftreten, wo ich manchmal so 'nen Hals kriege, die sagen: ›Mann, ich habe viele deutsche Freundinnen, aber meine Schwester darf keinen deutschen Freund haben.‹ Da krieg ich ... da stellen sich mir die Nackenhaare, ja, wenn ich so was hör, ja? Und dann sind das auf jeden Fall noch so Möchtegern-Muslime, ne?« In der Moschee sei diese Art von Jugendlichen nicht, und man versuche dort, die jungen Männer gut zu erziehen.

Die unbedingte moralische Sittsamkeit möchte auch Mohammed gewahrt wissen. Bis zu seinem 27. Lebensjahr sei er nicht fromm gewesen, sei in Diskotheken gegangen und habe Freundinnen gehabt. Dann habe er während einer Marokkoreise angefangen zu beten und eine Art inneren Friedens gefunden. Das habe ihn ermutigt, mehr über den Islam zu lernen, und jetzt bemühe er sich, tatsächlich nach den Vorgaben des Koran und der Sunna zu leben. Der Prophet Mohammed und dessen Gefährten seien für ihn die einzigen Richtlinien des Lebens. Das sei für ihn der Islam, alles andere seien Abweichungen, Verirrungen. Wir unterhielten uns über die Bedeckung der Frauen, die er natürlich für vorgeschrieben ansah, und über die Ehe. Ein Mann habe das Recht, das Gesicht seiner Frau vor der Eheschließung zu sehen, meinte er, außerdem solle man sich unterhalten, um sich kennenzulernen. Wie er seine eigene Frau gefunden habe, wollte ich wissen. Aus drei verschiedenen Quellen sei ihm zugetragen worden, dass eine ehrbare Frau heiraten wolle, meinte er, und schließlich habe ihm ein Freund ihre Telefonnummer gegeben. Er habe sich mit ihr in einem Café getroffen und sie drei Wochen später geheiratet. Obwohl er das Einverständnis der Frau zu einer Ehe betonte, verteidigte er ein *hadith*, in dem das Schweigen einer Frau auch als Zustimmung gewertet wird. Frauen könnten unter Umständen zu schüchtern sein, um »ja« zu sagen, für ein »Nein« seien sie aber niemals zu schüchtern. Deshalb sei es wohl akzeptabel, auch das Schweigen einer Frau als positive Reaktion zu interpretieren. Schüchternheit sei ohnehin eine weibliche Eigenschaft; eine Frau solle ja schüchtern sein.

10. Männer mit Bärten: Der Weg der Mitte

Zum ersten Mal begegneten wir den Männern des Vereins »Der Weg der Mitte« am 3. Oktober 2011. Es war der Tag der offenen Moschee, und wir besuchten die Tauhid-Moschee, die ein kleines Programm für Besucher anbot. Links neben dem Eingang zum Gebetsraum war ein Büchertisch aufgebaut, auf dem sich allerlei Erbauliches aus dem klassischen salafistischen Missionsrepertoire finden ließ. Die bärtigen jungen Männer, die sich als Ansprechpartner empfahlen, betonten, dass sie keine offizielle Abordnung der Moschee seien, sondern ein eigenständiger Verein, der allerdings in die Gemeinde integriert sei. Man verwies für weitere Kontakte auf einen Stand in der Fußgängerzone, den man plane, um über den Islam zu informieren.

Eine schwierige Annäherung

Am 5. November 2011 hatte ich dann Gelegenheit, mir diese öffentliche Aktivität näher anzuschauen. Der Verein hatte einen Infotisch in bester Lage in der Innenstadt aufgebaut. Zwei jüngere Männer unterhielten sich miteinander hinter diesem Tapeziertisch, in einiger Entfernung von den vorbeieilenden Passanten. Fast verschämt standen sie da mit ihren langen dunklen Bärten und den weiten Gewändern, die bis zum Knöchel reichten und ihre Träger für die Vorbeigehenden sichtbar zu »Anderen« machten. Einer der Männer war mir vom Tag der offenen Moschee bekannt, und ich nahm Blickkontakt auf. Er unterbrach das Gespräch und wandte sich mir zu. Als ich ihn fragte, ob er mich noch kenne, bejahte er und nannte meinen Namen und Titel. Der zweite junge Mann kam jetzt ebenfalls hinzu, ernst, schmal und blass wie sein Mitstreiter. Ich würde gerne einen Gesprächstermin verabreden, sagte ich, wurde aber von den beiden auf den Vorstandsvorsitzenden der Gruppe verwiesen, einen Robert Bauernfeind, der solche Dinge zu entscheiden habe. Damit wollte ich mich nicht abspeisen lassen. Wie der Stand von der Bevölkerung aufgenommen werde, wollte ich wissen. »Von einigen gut, von anderen schlecht«, lautete die vorsichtige Antwort. »So kommen wir nicht weiter«, dachte ich und suchte nach einem Thema, das die Einsilbigen vielleicht zum Plaudern anregen könnte. Wie sie denn zur Ahmadiyya stünden, fragte ich, da der Stand der Konkurrenz nur wenige Meter entfernt war. Der zweite Mann antwortete, dass Muslime die Ahmadiyya nicht als ihresgleichen anerkennen würden. Sie sei vielmehr eine Abspaltung, und die Ahmadis hätten den Islam verlassen. »Wegen des Propheten Mirza Ghulam Ahmad, den sie verehren?«, fragte ich. Nicht nur deshalb, entgegnete er, sie hätten auch den Koran verändert. Dieser aber sei von Allah als vollkommene und abgeschlossene Religion offenbart worden. Nichts dürfe geändert werden, alles müsse so praktiziert werden wie zur Zeit des Propheten Mohammed. Das bedeute allerdings nicht, beeilte er sich zu versichern, als er meinen zweifelnden Blick sah, dass man unmodern und beispielsweise gegen Entwicklungen in der Medizin sei.

Dann verebbte unser Gespräch wieder, und ich beschloss, dem Vorstandsvorsitzenden Robert Bauernfeind eine E-Mail zu schreiben und ihn um einen Gesprächstermin zu ersuchen.

Da ich keine Antwort erhielt, stand ich eine Woche später wieder an besagtem Platz in der Fußgängerzone und fragte einen schmalen Jungen Anfang zwanzig, blass wie seine Mitstreiter der letzten Woche, ob denn der Vorsitzende des Vereins auch käme. »In einer halben Stunde«, antwortete er und wandte sich von mir ab. Die Kontaktaufnahme schien ein zäher Prozess zu werden. Dieser Eindruck änderte sich auch nicht, als Robert Bauernfeind endlich vor mir stand. Ich stellte mich vor und verwies auf meine E-Mail. Er habe sie heute erst gelesen, entschuldigte er sich, sei aber noch nicht zum Antworten gekommen. Einen Gesprächstermin könne man aber erst im Dezember ausmachen. Dann habe man einen eigenen Raum. Er werde auf mich zukommen. Bauernfeind war jünger, als ich dachte – ich schätzte ihn auf 35 –, und wie all die anderen Männer wenig erpicht darauf, sich mit mir zu unterhalten.

Da Menschen, die sich mit Informationsmaterial in die Innenstadt setzen, erklärtermaßen als gesprächsbereit zu betrachten sind, selbst wenn sie bei konkreter Ansprache nicht diesen Eindruck erwecken, versuchte ich in den folgenden Monaten hin und wieder, einfach mit ihnen zu reden, ohne einen offiziellen Interviewtermin zu haben – der im Übrigen auch niemals zustande kam. Meine folgenden Schilderungen sind das Ergebnis dieser Unterhaltungen, aber auch meiner Beobachtungen an den Ständen des Vereins.

Ein erstes längeres Gespräch ergab sich am 26. November 2011. Ein etwa dreißigjähriger Mann, rundlich, mit Wollmütze, schilderte gerade zwei Frauen, die sich informieren wollten, die Umstände seiner Konversion. Das Christentum, das er in seiner Familie miterlebt habe, sei ihm zunehmend weniger überzeugend erschienen, da vieles nur noch aus Gewohnheit praktiziert werde. Auch habe ihn der Materialismus der Gesellschaft gestört. Wenn man sterbe, könne man nichts mitnehmen, deshalb müsse man sich auf die wahren Dinge konzentrieren, auf das Leben nach diesem Leben. Der Islam habe ihm Antworten auf seine Fragen nach dem Sinn der menschlichen Existenz gegeben. Auch gefalle ihm, dass diese Religion das ganze Leben umfasse. Es gebe keine Existenz außerhalb des Islam, dieser regele alle Bereiche des Lebens. Mir fiel auf, dass er sich bemühte, den Stil des populären salafistischen Predigers Pierre Vogel zu imitieren, doch leider fehlte ihm dessen rhetorisches Talent.

Nachdem ich eine Weile zugehört hatte, begann ich mich in das Gespräch einzumischen und es schließlich mit dem ebenfalls anwesenden Robert Bauernfeind weiterzuführen. Konversion blieb das Thema. Auch beim Vorstandsvorsitzenden stand die Sinnsuche im Zentrum des Übertritts zum Islam, zusammen mit einem Zweifel an der Dreifaltigkeit und der Göttlichkeit Jesu. Buddhismus und Hinduismus hätten ihn ebenfalls eine kurze Zeit lang interessiert, doch die Vorstellung, dass der Mensch ein Teil Gottes sei, hätte ihm nicht eingeleuchtet. Der Islam sei ihm durch einen muslimischen Freund nahegebracht worden, der gerade dabei war, sich wieder dem Glauben zuzuwenden. Dieser Freund habe ihm eines Tages eine deutsche Übersetzung des Koran gegeben. Die Sprache des Koran habe ihn zunächst abgeschreckt, doch dann habe ihn das Geschriebene überzeugt. Er habe in seinem Herzen gewusst, dass dies die Wahrheit sei, und sei konvertiert. Zu diesem Zeitpunkt sei er etwa dreißig Jahre alt gewesen, und es sei ihm gut gegangen. Die Suche nach Gott und der wahren Religion sei keineswegs das Zeichen einer Lebenskrise gewesen, sondern lediglich dem Umstand zu verdanken, dass er Zeit zum Nachdenken gehabt habe. Er hätte damals auch lediglich zwei muslimische Freunde gehabt, aber noch keinen Anschluss an eine Gemeinde. Das sei erst später gekommen. Die Konversion lag zum Zeitpunkt unseres Gesprächs sieben Jahre zurück.

Sein Wissen über den Koran, meinte Bauernfeind, ziehe er aus den deutschen Übersetzungen religiöser Texte islamischer Gelehrter. Er selbst verstehe kein Arabisch und habe auch wegen seiner Berufstätigkeit und Familie keine Zeit, es zu lernen. Manchmal höre er in der Tauhid-Moschee Übersetzungen der arabischen Predigten, doch grundsätzlich schließe ihn die arabische Sprache von vielem aus. Der Verein führe keine eigenen Koranseminare durch, antwortet er auf eine entsprechende Frage.

Der Sinn des Lebens war für ihn ein zentrales Thema. Zunächst, vor seiner Konversion, war es die einfache Frage nach einem zeitlichen Raum vor der Geburt und nach dem Tod, nach dem, was das Leben ausmacht, jenseits der alltäglichen Dinge. Jetzt, als Muslim, gehe es ihm darum, ins Paradies zu kommen und den Islam zu verbreiten, damit auch andere ins Paradies kommen könnten. Das sei seine Pflicht. Andererseits verurteile er niemanden, der nicht konvertiere, da es keinen Zwang in der Religion gebe und nur Gott das Recht habe, zu urteilen. Vor einem Jahr hätten er und ein paar andere Muslime den »Weg der Mitte« gegründet, um »über den Islam zu informieren« und den Vorurteilen in der Bevölkerung etwas entgegenzusetzen. Die Reaktionen seien unterschiedlich. Manche Menschen würden freundlich reagieren und sie in ihrer Arbeit ermutigen, andere würden sie kritisieren oder ihnen sogar die Kompetenz absprechen, über den Islam zu reden.

Frauen unter dem Schutz des Islam

Ich fragte Bauernfeind, ob der »Weg der Mitte« einen Frauenflügel habe, und er verneinte. Der Islam verbiete, dass Frauen sich in der Öffentlichkeit exponierten und den Augen der Männer preisgäben. Es sei zu ihrem eigenen Schutz, sie nicht den Blicken der Männer auszusetzen. Das, was man besonders wertschätze, müsse man schützen, es bedeute keine Abwertung. Er kritisierte die vielen Ehebrüche, Seitensprünge und Scheidungen in unserer Gesellschaft und führte dies auf die fehlende Geschlechtertrennung zurück. Ich warf ein, dass auch in muslimischen Gesellschaften keineswegs eine hohe Moral herrsche und man die gleichen Phänomene beobachten könne. Dazu komme es nur dann, wenn Muslime sich nicht an die islamischen Vorschriften halten, meinte er.

Jetzt waren wir beim Thema Ehe und Familie angelangt. Er sah die Frau in erster Linie zu Hause bei ihren Kindern und den Mann als Ernährer der Familie. Ob dies eine Norm sei, von der man nicht abweichen dürfe, fragte ich. Nein, antwortete er, wenn der Mann keine Arbeit habe und auf die Kinder aufpasse, die Frau aber einen Beruf habe, sei dagegen nichts einzuwenden. Allerdings sollten Frauen in Bereichen tätig sein, in denen sie benötigt würden, beispielsweise im Gesundheitswesen. Frauen fühlten sich wohler, wenn sie von einer Frau behandelt oder gepflegt würden, und deshalb sollten Frauen in diese Bereiche gehen, insbesondere muslimische Frauen, die für die Betreuung muslimischer Patientinnen fehlten. Wenn der Beruf in erster Linie Männersache sei, so verhalte es sich mit der Bildung anderes. Sie sei für beide Geschlechter wichtig, für Frauen mindestens die mittlere Reife, damit sie ihren Söhnen bei den Hausaufgaben helfen könnten. Er selbst sei mit einer Marokkanerin verheiratet und habe zwei Töchter im Alter von einem und drei Jahren. »Ich hoffe, dass sie das Abitur machen«, meinte er.

Auf dem Infotisch fand ich ein Büchlein, das sich speziell mit der Situation von Frauen im Islam befasste: »Die Frau im Islam«, geschrieben von Sherif Abdel Azim, einem Informatiker, der in Kanada studiert hatte. Das Titelbild zierte eine Perle in einer geöffneten Muschel, Symbol für die verborgen gehaltene Frau, die es zu schützen gilt, wie den in der Tauhid-Moschee erwähnten teuren Schmuck. Der überwiegende Teil des Büchleins war einem Vergleich von Textstellen aus christlichen, jüdischen und islamischen Texten gewidmet, und dabei wurde den Erstgenannten recht überzeugend Herabsetzung und Missachtung von Frauen bescheinigt. Die Denunziation der Frau als Verführerin, die sich in Bibel und Thora finde, existiere im Islam nicht, so Abdel Azim (o. J.: 11–19), und die Abwertung der Geburt eines Mädchen gegenüber derjenigen eines Jungen sei nicht koranisch legitimiert. Auch im Hinblick auf einzelne Aspekte des Familienrechts, auf Regularien des Zugangs zu religiöser Bildung und des Respekts für Mütter sei der Islam den beiden anderen Religionen überlegen. 1.300 Jahre, bevor Frauen in Europa im Erbrecht berücksichtigt wurden, hätten sie im Islam bereits verbürgte Rechte erhalten.

In weiten Teilen entsprach die Auffassung des Autors dem, was ich bereits bei meinen Gesprächen als Argumente für eine Ungleichbehandlung von Männern und Frauen gehört hatte. Dass sie nur die Hälfte dessen erben, was ihren Brüdern und anderen männlichen Verwandten zusteht, begründet der Autor mit der Pflicht des Mannes, die Familie finanziell zu erhalten und seine Frau zu versorgen. Frauen obliege keine derartige Pflicht. Daher seien sie letztendlich sogar besser gestellt als nichtmuslimische Frauen in westlichen Ländern. Zehn Seiten beschäftigen sich mit der für Männer erlaubten Mehrehe (Polygynie), die historisch auch unter Juden und Christen praktiziert worden sei. Außerdem sei sie eine sinnvolle Einrichtung bei Frauenmangel. Dass dies gegenwärtig auch von Christen so gesehen werde, untermauert

Abdel Azim mit einem Potpourri von Zitaten vorzugsweise afrikanischer und amerikanischer Evangelikaler. Ein weiteres Argument war der Vergleich zwischen dem Status einer Zweit- oder Drittfrau und dem einer (illegitimen) Geliebten, die keinerlei Rechtsansprüche gegenüber ihrem Liebhaber geltend machen könne. Ich fragte Bauernfeind nach seiner Meinung zum Thema. Er habe nichts dagegen, sagte er, da die Polygynie nicht verboten sei, und griff dann das letztgenannte Argument von Abdel Azim auf. In Marokko beispielsweise existiere in ländlichen Regionen ein großer Überschuss an Frauen, die in einer Mehrehe gut versorgt werden könnten. Jede Frau wünsche sich doch Familie, Kinder und einen Mann als Versorger. Zweitfrau zu sein sei daher immer noch besser, als keinen Mann zu haben. Doch sollte eine zweite Frau nicht aus egoistischen Motiven genommen werden, sondern nur aus sozialen Gründen. Der Koran schreibe vor, dass die Frauen gerecht zu behandeln seien; wenn man dies nicht garantieren könne, solle man nur eine Frau heiraten. Er selbst könne sich keine zweite Frau leisten und versage oft schon dabei, seiner einen Frau Gerechtigkeit widerfahren zu lassen und sich genug um sie zu kümmern.

Am 14. Januar 2012 setzten wir unser Gespräch fort. Ich fragte ihn erneut, wie es mit einem offiziellen Interview aussehe, und er reagierte unbestimmt. »Sie weichen mir aus«, sagte ich, und er antwortete, dass er Bedenken habe, da es schlechte Erfahrungen mit Interviews gebe. Man werde oft nicht so dargestellt wie beabsichtigt, sondern aus dem Zusammenhang gerissen. Trotz seiner verständlichen Bedenken unterhielten wir uns auch an diesem Tag wieder angeregt, und ich hatte Gelegenheit, noch einmal das Problem der erlaubten Polygynie aufzuwerfen. Ich fragte, ob der Islam die Frauen benachteilige. Bauernfeind verneinte, da ja nicht leichtfertig geheiratet werden solle. Ich gab zu bedenken, dass in der Praxis Männer nicht aus ehrenwerten Motiven eine zweite oder dritte Frau heiraten, wie er im letzten Gespräch betont hatte, sondern aus reiner Lust auf jüngere Frauen. Jetzt schaltete sich ein zweiter Mann ein: ein junger Marokkaner mit grauer Strickmütze, passendem Schal und fingerlosen grauen Handschuhen, dessen modischer Hippie-Stil einen bemerkenswerten Kontrast zum zusammengewürfelten Schlabberlook der anderen Vereinsmitglieder bildete. Beide Männer betonten, dass die schlechte Praxis nichts mit dem Islam zu tun habe. Ich gab zu bedenken, dass die religiöse Rechtfertigung dafür, bis zu vier Frauen zu heiraten, Polygynie aus niedrigen Beweggründen fördere. Frauen könnten sich nicht wirklich dagegen zur Wehr setzen. Außerdem wandte ich ein, dass der fragliche Vers nach der historischen Schlacht von Uhud verkündet wurde, in der die muslimischen Krieger stark dezimiert wurden, sodass kriegsbedingter Männermangel herrschte. Anders als ich waren meine Gesprächspartner der Ansicht, dass auch gegenwärtig durchaus Männermangel existiere bzw. dass Frauen, die geschieden oder verwitwet sind, oft keine Männer mehr fänden.

Ich fragte, wie es denn in Situationen sei, in denen Frauenmangel herrsche, wie zurzeit in China. Ob es dann nicht vorteilhaft sei, wenn Frauen mehrere Männer heirateten? Nein, argumentierte Bauernfeind, da man dann den Vater der Kinder nicht feststellen könne und nicht wisse, wer Unterhalt zu zahlen habe. Die moderne Medizin, konterte ich, könne das schon. Nichts sei einfacher als eine Vaterschaftsfeststellung. Vielleicht, gestand er schließlich ein, seien Männer in dieser Hinsicht tatsächlich privilegiert, Frauen aber in anderer Hinsicht, wie beim Erwerb des Familieneinkommens. Da liege die Last alleine auf den Schultern der Männer. Männer und Frauen, darin waren sich beide einig, seien eben von Natur aus unterschiedlich, und der Islam trage dieser Unterschiedlichkeit Rechnung. Frauen seien keine Männer, erläuterte der Marokkaner, selbst dann nicht, wenn sie Bodybuilding betreiben. Männer seien die körperlich Stärkeren, Frauen hätten aber andere Stärken. Worin letztere denn bestünden, fragte ich. »In der Barmherzigkeit und Geduld«, meinte Bauernfeind. Der Marokkaner betonte die Leistung der Frauen, neun Monate ein Kind auszutragen und es zu stillen. Er könne sich gar nicht vorstellen, wie das sei. Ich warf ein, dass dies aber nicht bedeuten dürfe, die Betreuung der Kinder allein den Müttern zu überantworten, dass auch Männer als Rollenmodelle gefragt seien. Beide stimmten zu. Was denn mit modernen Lebensentwürfen sei, fragte ich, mit gebildeten und berufstätigen Frauen. »Der erste Satz des Koran lautet: ›Lies!‹«, sagte der Marokkaner. Das bedeute, dass sich jeder bilden, nach Wissen streben müsse. Und konkret? Seine Beispiele gingen nicht über das Religiöse und die Kindererziehung hinaus. Wie es mit Berufstätigkeit aussehe, fragte ich, und er schilderte das Beispiel einer holländischen Muslimin, die in einer Bank arbeite, dort islamisches Bankwesen praktiziere und parallel eine Dissertation anfertige.

Das Gesetz Gottes

Ein Faltblatt des Vereins informiert darüber, was der Islam im Kern sei. Bereits auf der ersten Seite wird betont, dass er die Grenzen von Rasse, Nation und ethnischem Hintergrund überwinde und ausschließlich die Religion als Unterscheidungsmerkmal akzeptiere. Ein Muslim zu sein bedeute »willige Hingabe und aktiven Gehorsam zu Gott«. Was demjenigen blüht, der sich nicht unterwirft, erfährt man aus einer anderen Broschüre, die kostenlos am Stand erworben werden kann. Sie ist schlicht mit »Was ist Islam?« betitelt und wurde von Azad Al-Kurdi verfasst. Das Büchlein ist in einfacher Sprache geschrieben, bebildert und wird, wie »Die Frau im Islam«, von der Conveying Islamic Message Society (CIMS) herausgegeben. Die CIMS vertreibt unentgeltlich Material für Missionszwecke, übersetzt Schlüsseltexte in mehrere Sprachen und unterhält eine eigene Homepage. »Was ist Islam?« gibt einen allgemeinen Überblick über Grundlagen des Islam, ist aber wegen seiner ausgeprägten Schilderungen des Jenseits besonders interessant. Über viele Seiten werden Koranzitate vorgestellt, die vom Luxus des Paradieses sprechen. Hohe Gemächer, in denen man auf golddurchwirkten Polstern sitze, eine wunderschöne Landschaft mit Gärten und Bächen, Gold, Perlen und edle Kleidung, erlesene Speisen, Honig und Wein erwarten die Gläubigen nach dem Tod.

Das »Heim der Ungläubigen« dagegen sei die Hölle. Ein paar Zitate mögen verdeutlichen, was sich Al-Kurdi unter der Hölle vorstellt. Sie »wurde erschaffen, um dem menschlichen Körper und der Seele Schmerzen zuzufügen, weil die Ungläubigen schuldig sind.« (Al-Kurdi o. J.: 64) »Die Hölle, der schlimmste Platz, den man sich überhaupt vorstellen kann, ist eine Quelle der reinen Folter. Diese Folter und der Schmerz sind nicht mit irgendeinem Schmerz in dieser Welt vergleichbar.« (Ebd.: 66) »Die Ungläubigen schreien ständig, um aus den Qualen errettet zu werden. Als Antwort empfangen sie immer nur mehr Demütigungen und Folterungen.« (Ebd.: 72) In diesem Stil geht es weiter, wobei der Autor nicht unterlässt zu betonen, dass die Hölle für die Ungläubigen ewig sei und sie nicht auf Gnade oder Erlösung hoffen können. Wer diesem Szenario entgehen möchte, muss sich, so die Logik hinter den markigen Ausschmückungen, Gott unterwerfen, Muslim werden und fortan nach den Regeln des Islam leben. Im Faltblatt des »Weg der Mitte«, in dem kein expliziter Bezug auf Himmel und Hölle genommen wird, heißt es dann etwas nüchterner: »Das wahre Gleichgewicht des islamischen Lebens besteht aus einer gesunden Gottesfurcht auf der einen Seite und dem aufrichtigen Glauben an Seine unendliche Gnade auf der anderen.« Sinn der Missionsarbeit, der sich die Mitglieder des Vereins verpflichtet fühlen, ist es dementsprechend, die Mitmenschen vor der Hölle zu retten und ihnen die Gottesfurcht nahezubringen.

Mich interessierte, wie man sich das Leben nach den Regeln des Islam vorstellte, und ich befragte Bauernfeind und den oben erwähnten jungen Marokkaner nach eventuellen gesellschaftlichen Vorbildern für ihre Ideen. Beide betonten, dass es heute keine Gesellschaft gebe, die nach islamischen Prinzipien lebe. Der Marokkaner meinte, die Gesellschaft der ersten vier Kalifen sei für sie das Ideal, das Vorbild, dem sie nacheifern wollten. Heute gebe es das nicht. Ich fragte, ob er sich für die Einführung der Scharia stark machen wolle, doch Bauernfeind meinte, Gesellschaft hinge von den Menschen ab, die sie bildeten. Man könne nicht einfach etwas verordnen. Grundsätzlich halte er die islamischen Gesetze allerdings für richtig. Diese seien jedoch nicht einfach zu verstehen, wie z. B. die Steinigung bei illegitimem Sex (*zina*). Es müssten vier Augenzeugen gebracht werden, heiße es im Koran – eine Bestimmung, die eigentlich zeige, dass *zina* nur verurteilt würde, wenn der Akt in der Öffentlichkeit stattfinde, dass illegitimer Sex aber gewöhnlich nicht geahndet werde. Zur Zeit Mohammeds seien Steinigungen nur zweimal vorgekommen, und in beiden Fällen hätten sich die Menschen selbst wegen *zina* angezeigt. In einem Fall sei dies eine schwangere Frau gewesen, die der Prophet weggeschickt habe: Sie solle nach der Geburt ihres Kindes wiederkommen. Bauernfeind interpretierte dies so, dass die Frau auch hätte wegbleiben können. Doch sie sei wiedergekommen. Der Prophet habe sie ein zweites Mal weggeschickt, bis zum Ende der Stillperiode. Wieder habe er ihr die Chance gegeben, wegzubleiben, wieder sei sie zurückgekommen und schließlich gesteinigt worden.

Ein anderer Aspekt des islamischen Strafrechts, von einer älteren Passantin vorgetragen, die mit uns diskutierte, betraf die Todesstrafe für diejenigen Muslime, die sich vom Islam abwenden und eventuell gar zu einer anderen Religion konvertieren. Auch hier reagierte der freundliche Marokkaner recht halbherzig. Das Recht sei zur Zeit des Propheten entstanden, erklärte er, als sich »die Heuchler« unter dem Druck der militärisch-politischen Verhältnisse erst zum Islam bekannt hätten und danach öffentlich wieder abgefallen seien. Sie hätten versucht, den Islam von innen heraus zu zerstören. »Und heute?«, fragte ich. Schließlich gelte das Gesetz immer noch, wenn man der Scharia folge. Man müsse die Konversion ja nicht öffentlich machen, meinte er. Wer im Geheimen vom Islam abfalle, habe schließlich nichts zu befürchten, sehe man einmal von der Strafe beim Jüngsten Gericht ab. Ob das Kalifat ihrer Meinung nach die angestrebte Staatsform darstelle, frage ich, und Bauernfeind antwortete: »Wenn man ehrlich ist, möchte natürlich jeder Muslim einen islamischen Staat. Die ideale Demokratie war die zur Zeit Mohammeds, als alle Menschen der Meinung waren, er sei der ideale Führer. Aber hier, als Minderheit, versuchen wir natürlich nicht, das Kalifat durchzusetzen.« Ob es heute einen Staat gebe, den er als Ideal, als islamisch bezeichnen würde? Er verneinte. »Auch nicht Saudi-Arabien?«, fragte ich. Das käme dem schon am ehesten nahe, meinte er, aber dennoch sei es dort nicht wie in der idealen Gemeinschaft zur Zeit des Propheten.[61]

Die Kampagne des Abou Nagie

Im Frühjahr 2012 erhielt der »Weg der Mitte« Unterstützung durch die Missionare des Kölner Predigers Abou Nagie, dessen Organisation »Die wahre Religion« eine bundesweite Aktion startete, um kostenlose deutsche Übersetzungen des Koran unter die Bevölkerung zu bringen. Die Aktion löste eine erhitzte Debatte um islamischen Radikalismus aus, die Abou Nagie durch Propagandavideos befeuerte, in denen er sich abfällig über Nichtmuslime äußerte und die bekannte Höllendrohung in drastische Worte kleidete. Wiesbadens Muslime waren angesichts der medienwirksam vorgetragenen Kampagne gespalten. Während die einen Abou Nagies einfach gestrickte Vorstellungen von Himmel und Hölle teilten und nichts Schlechtes daran finden konnten, den Koran in der Fußgängerzone zu verteilen, sahen die anderen ihre Bemühungen um eine Normalisierung des Alltags von Muslimen und Nichtmuslimen ernsthaft gefährdet und waren bestürzt.

Am 28. April 2012, einem wunderbaren Frühlingstag, hatte ich Gelegenheit, Robert Bauernfeind anlässlich der genannten Aktivitäten zu befragen. Der Himmel war strahlend blau, die Sonne schien, und ganz Wiesbaden war auf den Beinen. Ein idealer Tag für Missionare verschiedenster Couleur, und so wunderte es mich nicht, dass die unterschiedlichen Angebote, zum wahren Glauben zu finden, größer war als sonst. Evangelikale Christen wetteiferten mit Hindus und Muslimen, und auch die Gefolgschaft des Abou Nagie hatte einen Stand aufgebaut, von dem aus sie Korane verteilte. Ich gehörte sicher nicht zur Zielgruppe, die sie anzusprechen hoffte. Auf meine Frage, ob sie sich mit mir unterhalten würden, verneinte man barsch. Dann wurde beharrlich geschwiegen. Versuche, die mürrischen Bärtigen irgendwie aus der Reserve zu locken, scheiterten. Allerdings wurden Passanten durchgehend mit Handykameras gefilmt – eine beliebte Drohgebärde salafistischer Akteure. Die Gruppe hatte sich unmittelbar neben dem »Weg der Mitte« positioniert. Da man freundschaftlich miteinander umging, fragte ich Robert Bauernfeind, der dieses Mal in einen langen weißen Kaftan gekleidet war, ob sie eine Kooperation hätten. Nein, antwortete er, aber es handele sich um »Brüder im Glauben«, von denen man stets das Beste annehme. Ob er die Aktion befürworte, wollte ich wissen, und er bejahte. Das Anliegen der *da'wah*, der Missionierung der Ungläubigen, trieb schließlich auch ihn allsamstäglich auf die Straße. Jeder Muslim war seiner Meinung nach aufgefordert, seinen Glauben bekannt zu machen und die Ungläubigen so vor dem Fegefeuer zu retten. Ich fragte ihn, ob er sich vor dem Tag des Jüngsten Gerichts fürchte, und er bejahte wieder. Man könne schließlich nicht wissen, ob die guten Taten die schlechten überwögen und ob Gott bereit sei, zu verzeihen.

Jetzt kamen wir zu einem interessanten Aspekt seines Glaubens, seinem Gottesbild. Gott habe die Menschen nur erschaffen, um ihm zu dienen, erklärte er mir, und die strikte Befolgung von Gottes Anweisungen sei die einzige Aufgabe, der man sich mit aller Kraft widmen solle. Ja, sie sei genau genommen der Sinn des Lebens. Das sei harte Arbeit, da der Mensch nicht vollkommen sei und den göttlichen Geboten nur unzureichend nachkomme. Es ging ihm um Selbstoptimierung, um die Überwindung der negativen Anteile des Selbst, um einen täglichen Kampf gegen Gier, Ehrgeiz und Triebe und um eine fortwährende Bewährung. Dieses Bemühen, so meinte er, diene auch dem Anliegen der Mission, denn »nur wenn man selbst überzeugend ist, kann man andere überzeugen«. Nicht ganz unerheblich bei all den guten Taten war wohl auch der eigene Vorteil. Missionstätigkeiten werden von den das Menschenleben unablässig dokumentierenden Engeln als Pluspunkte gutgeschrieben,[62] und jeder möchte sich seinen Platz im Paradies frühzeitig sichern.

Die Entwicklung ethischer Grundsätze, da stimmte ich Bauernfeind zu, sei sicherlich ein wunderbarer Effekt, welcher der gesamten Gesellschaft zugutekomme. Allerdings, so warf ich ein, sei die Vermeidung des Schlechten und die Kultivierung des Guten (arabisch: *amr bil ma'aruf wan nahiu ‚anil munkar*), die der Islam gebiete, das Ziel jeder Religion. Ich wollte wissen, wie viel die guten Taten seiner Meinung nach wirklich wert waren, und fragte ihn, was seiner Meinung nach mehr zähle, das »gute Herz« oder die schlichte Tatsache, dass jemand Muslim sei. Ohne die Annahme des Islam, meinte er, nütze der gute Charakter letztendlich auch nichts, da Gott eben die Annahme des Islam und die Unterwerfung unter seine Regeln fordere. Gott habe die Menschen nicht nur als Schar von Dienern erschaffen, sondern möchte auch, dass die Furcht vor seiner Strafe sie ihr Leben lang begleitet: »Gott will, dass man ihn täglich um Vergebung bittet, und verzeiht dann gerne.« Das sei die Essenz der Religion.

11. Engel, Geister und die Schönheit des Gebets: Die Omar-Ibnulkatab-Moschee

Menschen, die ich im Umfeld der Omar-Ibnulkatab-Moschee kennengelernt habe, nehmen in diesem Buch einen vergleichsweise prominenten Raum ein, was schlicht daran liegt, dass die Kontakte vielfältig und einfach waren und ich immer wieder an religiösen und öffentlichen Ereignissen teilnehmen konnte. Zu einer Gruppe junger Frauen entwickelte sich fünf Monate lang ein besonders intensiver Austausch, bei dem ich viel gelernt habe.

Die schönste Moschee der Stadt

Die Moschee befindet sich in der Henkelstraße nahe der Autobahn 66, die in der einen Richtung nach Frankfurt und in der anderen in den Rheingau führt, und ist eines der schönsten muslimischen Gotteshäuser Wiesbadens. Die gelbe Fassade mit vielen weiß eingefassten Rundbogenfenstern macht schon von weitem einen freundlichen Eindruck. Gelb-weiß gehaltene Säulen, die drei große Rundbögen stützen, markieren den Eingangsbereich: eine Terrasse, zu der man über eine kleine Treppe gelangt. Dort werden auch die Schuhe der Besucher abgestellt. Im Erdgeschoss befindet sich der zentrale Gebetsraum der Männer, der Platz für 22 Personen bietet. Der Boden ist mit einem lindgrünen Teppich ausgelegt, in dessen Ränder dunkelrote Muster eingewebt sind. Die

Wände zieren goldfarbene Kalligrafien, und von der ebenfalls mit kunstvoll gemalten Koranversen geschmückten Kuppel hängt ein großer Kristallüster mit goldener Verzierung. Fenster in der Kuppel sorgen für permanenten indirekten Lichteinfall. Die *mihrab*, die Gebetsnische, ist mit Kacheln ausgelegt und am oberen Rand wiederum von Kalligrafien gesäumt. Vom Gebetsraum gelangt man auf der gleichen Etage in mehrere Schulungsräume, in denen Kinder in der arabischen Sprache und im Lesen des Koran unterrichtet werden. In einem der Räume befindet sich eine kleine Bibliothek, in der ich, abgesehen vom Koran, sehr unterschiedliche Bücher und Broschüren fand. *Ehe und Liebesleben im Islam* von Mufti Muhammad ibn Adam al-Kawthar, in dem detaillierte Ratschläge zu sexuellen Rechten und erlaubten sexuellen Praktiken offeriert werden, lag neben *Der Islam am Scheideweg* von Mohammed Asad, der 1900 als Leopold Weiss in eine Rabbinerfamilie in Lemberg geboren wurde und nach mehreren Reisen in den Orient im Jahr 1926 konvertierte. Unmittelbar in meinen Blick fiel auch ein Werk des in Ägypten geborenen Fernsehpredigers Yusuf Qaradawi, der mittlerweile Staatsbürger Katars ist und erfolgreich moderne Medien nutzt, um seine ultraorthodoxen Botschaften zu verkünden. Sein Bestseller *Erlaubtes und Verbotenes im Islam* empfiehlt eine radikale Rückkehr zu den Sitten und Bräuchen des 7. Jahrhunderts sowie eine unbedingte Orientierung an den Worten des Propheten. Ebenfalls in der Auslage fand sich ein Büchlein zur *Islamischen Deklaration der Menschenrechte*, die 1990 von der Organisation der Islamischen Konferenz in Kairo mit der Intention beschlossen wurde, die Allgemeine Erklärung der Menschenrechte für Muslime bzw. muslimische Staaten einzuschränken, sofern sie nicht der Scharia entspricht.

Die in der Literatur angedeutete konservative Prägung der Gemeinde zeigte sich erwartungsgemäß in einer strengen Trennung von Männern und Frauen. Der Eingang in den Frauentrakt im ersten Stock ist an der Seite des Gebäudes angebracht. Die Frauen müssen rechter Hand des Hauses entlanglaufen und gelangen dann durch eine unscheinbare Tür in ein ebenso schlichtes Treppenhaus. Im ersten Stock befinden sich wiederum einige multifunktionale Räume und eine große halbmondförmige Gebetsempore, die wie der Gebetsraum der Männer mit Teppichen ausgelegt ist und Platz für etwa hundert Personen bietet. Ein kunstvoll geschnitztes Geländer versperrt die Sicht auf den Männerraum. Wenn man nah genug herantritt, kann man allerdings nach unten schauen und die Männer beobachten. Der Frauenbereich hingegen ist für die Männer vollkommen uneinsehbar.

Zusätzlich zu diesen großzügigen Räumlichkeiten steht ein Keller zur Verfügung, in dem Waschräume eingerichtet wurden, sogar ein gut ausgestatteter Raum für islamische Totenwaschungen, sowie ein etwas karger Abstellraum mit einer Tischtennisplatte.

Bis die seit 1995 bestehende Gemeinde in dieses repräsentative und geräumige Gotteshaus einziehen konnte, war es allerdings ein weiter Weg. Der Moscheebau war konfliktfrei verlaufen, vielleicht, weil die Lage etwas randständig ist, vielleicht, weil man auf ein Minarett verzichtet hatte, vielleicht aber auch, weil die unmittelbaren Nachbarn keine Einwände gegen das architektonische Schmuckstück erhoben, das sich so harmonisch ins Straßenbild einfügt. Ein Provisorium, das man zuvor an der gleichen Stelle genutzt hatte, sollte zunächst gegen einen anderen Standort aufgegeben werden, doch das Vorstandsmitglied Dr. Takiuddin Elhossny hatte sich gegen einen Umzug ausgesprochen. »Ich habe so ein Gefühl innerlich gehabt, dass dieser Platz irgendwie gesegnet ist«, meinte er. »Ja, weil, wir hatten wirklich von Anfang an ganz gute Kontakte zu der Nachbarschaft und alles war so angenehm, und trotz 9/11 haben wir hier keine Störung gehabt und keinen Ärger und so weiter, und da habe ich gedacht, warum sollen wir dann woanders hin?« Das Grundstück konnte erworben und die Moschee schließlich gebaut werden. Eine Million Euro hatte das Ganze schließlich gekostet, trotz aller ehrenamtlichen Arbeiten, die von Gemeindemitgliedern verrichtet wurden. Die Eröffnung fand am 28. August 2010 unter Beteiligung des Oberbürgermeisters und vieler Vertreter der Politik statt. Die Leiterinnen sämtlicher Grundschulen des Stadtteiles Biebrich, zu dem die Henkelstraße gehört, waren ebenfalls eingeladen. »Ihr gehört zu Biebrich«, sagte der Ortsvorsteher des Stadtteils bei der Eröffnung, und: »Wir sind stolz darauf, jetzt die schönste Moschee Wiesbadens zu haben.«[63]

»Man geht zum Imam und beschwert sich«

Die seit 1995 bestehende Gemeinde umfasst etwa hundertdreißig Mitglieder, darunter einige Akademiker. Die Mehrheit der Mitglieder hat einen berberisch-marokkanischen Hintergrund.

Wie in anderen Moscheen sind auch die Mitglieder der Omar-Moschee über die Ausrichtung ihrer Gemeinde nicht immer einer Meinung. Einige möchten den berberischen Charakter sukzessive abbauen und streben eine panislamische Orientierung an, die vor allem von Jugendlichen honoriert wird. Anderen gehen diese Modernisierungsbestrebungen zu weit. Sie fühlen sich im ethnisch strukturierten Umfeld wohl und wollen dieses Gefühl von Heimat nicht aufgeben. Besonders bei der Wahl des Imam gehen die Meinungen oft auseinander. Darf er ein Ägypter sein, wie derjenige, den wir bei der Forschung kennengelernt hatten, oder kann nur ein Marokkaner wirklich die Sorgen und Nöte der Gemeinschaft verstehen? Wie steht es um die religiöse und politische Ausrichtung des Geistlichen? Was ist erwünscht, was wird geduldet, was stößt auf Ablehnung? Man habe in der Vergangenheit einen Imam aus Marokko gehabt, so ein ehemaliges Vorstandsmitglied, der zwar keine universitäre Qualifikation hatte, dafür aber den Koran auswendig konnte und deshalb bei der Gemeinde sehr beliebt war. Dann habe er aber angefangen »mit dem Säbel zu rasseln« und vorwiegend über Politik zu predigen, über den Gaza-Krieg und die Politik Israels. Das Vorstandsmitglied habe ihn ein paarmal ermahnt, doch er habe nur entgegnet: »Ich predige, wie ich will.« Daraufhin habe das Vorstandsmitglied ihm gesagt: »Du kannst nicht predigen, wie du willst. Du hast dich hier an die Regeln der Gemeinde zu halten. Wir sind keine politische Gemeinde, wir sind eine religiöse Gemeinde, und du hast nur über Religion, über Charakterzüge, gute Charakterzüge, über der Gesellschaft dienende Tätigkeiten und so weiter zu reden und nicht über Politik. Das wollen wir nicht, und das werde ich verbieten.«

Die gütlichen Reden fruchteten allerdings nicht, und so habe man ihn am Ende entlassen. Die Suche nach einem neuen Imam sei dann recht aufwendig gewesen. Einen guten Mann zu finden sei nicht einfach, insbesondere bei der schlechten Bezahlung. Doch schließlich sei man fündig geworden. Der darauf folgende jetzige Imam stamme aus Ägypten, habe an der Al-Azhar-Universität studiert und sei ein moderater Mensch. Man habe viel durch ihn gewonnen, und vor allem die Jugend sei mit ihm zufrieden, da er aktiv sei und einiges anbiete. Er habe zum Beispiel eine Fußballmannschaft gegründet und gehe mit den Jungen Waldlaufen. Mir selbst war der beleibte Mann nicht sonderlich sportlich erschienen, aber ich hatte ihn immerhin beim Tischtennisspielen gesehen, wo er einen recht wendigen Eindruck machte. Außerdem organisiere er Ausflüge, ergänzte unser Informant, sogar solche, bei denen eine Übernachtung notwendig sei. Man miete dann einen Bus, Väter und Mütter begleiteten die Kinder und Jugendlichen, und alles laufe streng geschlechtergetrennt. Offensichtlich teilten nicht alle Gemeindemitglieder die positive Meinung über den ägyptischen Vorbeter. Gegen Ende der Fertigstellung dieses Buches hörte ich, dass er die Moschee nach langen Auseinandersetzungen wieder verlassen musste. Der neue Imam ist wieder ein Marokkaner.

Außer den üblichen Serviceleistungen, die von den meisten Moscheen angeboten werden – Arabisch- und Korankurse sowie Hausaufgabenbetreuung – habe man sich sehr dafür engagiert, die freitäglichen Predigten in deutscher Sprache zusammenzufassen, sagten unsere Gewährsleute. Es gebe ein kleines Übersetzungskomitee, das vorwiegend aus jungen Leuten bestehe, sodass nach den in arabischer Sprache gehaltenen Predigten der Inhalt auf Deutsch vorgelesen werden könne. Außerdem seien ein paar junge Erwachsene auch ansprechbar, wenn der Imam Krankenbesuche mache oder Familien besuche, um Probleme zu schlichten; manchmal würde sich beispielsweise eine Frau über ihren Mann beklagen oder es gehe gar um Scheidung. »Wir würden in Deutschland sagen: ›Das geht uns nichts an, es ist eine Privatangelegenheit‹«, meinte unser Gesprächspartner, »aber das ist im islamischen Kulturkreis anders. Ja, also man geht zum Imam und beschwert sich darüber, über den Mann oder über die Frau, je nachdem, und der Imam versucht, dieses Problem dann zu lösen, indem er hingeht und mit dem Schuldigen spricht – sozusagen mit demjenigen, der jetzt der Böse ist, ja, ob es die Frau oder der Mann ist, versucht, ihn zu Vernunft zu bringen und zu sagen: ›Hier, das ist die Mutter deiner Kinder‹ und so weiter, und ›Du kannst die nicht so behandeln‹ und so, und versucht ihm dann mit Koransprüchen zu zeigen, was der liebe Gott von uns verlangt.«

Der Kosmopolit

Karim ist ein jovialer älterer Herr, der es in Wiesbaden zu Ansehen gebracht hat. Im Vergleich zu anderen Moscheevorständen in Deutschland ist er in vielerlei Hinsicht ungewöhnlich, vor allem, was sein ungezwungenes Verhältnis zu Frauen betrifft. Die Dezernentin für Integration begrüßte er gewöhnlich mit Umarmungen und Küsschen, und auch mir gegenüber zeigte er nicht die Befangenheit, die den Umgang mit muslimischen Männern so häufig etwas anstrengend werden lässt. Er sah sich selbst auch als Ausnahme. Sein Doktorvater, bekannte er mir lachend, habe immer gesagt, er sei deutscher als die Deutschen.

An einem Vormittag im Jahr 2012 erzählte er mir in der Omar-Moschee seine Geschichte. Sein Vater stammte aus Syrien und war in den Zwanzigerjahren politisch in einer Organisation aktiv, die für die Unabhängigkeit kämpfte. Er wurde von der französischen Kolonialregierung als Revolutionär verfolgt und floh 1923 mit seinem Bruder nach Berlin. Später ging er nach Ägypten und lernte dort seine zukünftige Frau kennen.

Der Vater habe immer für Deutschland geschwärmt, erzählte Karim, und so sei auch er selbst auf die Idee gekommen, in Deutschland zu studieren. Medizin sei seine erste Wahl gewesen und er habe sich in Köln eingeschrieben, doch da er die Gerüche von Wunden oder gar geöffneten Körpern nicht ertragen konnte, habe er zum Pharmaziestudium nach Frankfurt gewechselt und sei Apotheker geworden. Gewohnt habe er damals schon in Wiesbaden. Hier habe er auch seine Frau kennengelernt. Er sei mit ihren Eltern befreundet gewesen, war 45 Jahre alt und hatte eine gescheiterte Ehe hinter sich, als er sich in sie verliebte. Zum Zeitpunkt unseres Gesprächs waren sie 27 Jahre zusammen. »Anscheinend klappt es ganz gut, trotz des Altersunterschieds«, meinte er. Seine Frau konvertierte irgendwann zum Islam, aber sie geht nicht in die Moschee und trägt auch kein Kopftuch. Über die Vorstellung, dass Musliminnen unterdrückt seien, rege sie sich auf, erzählte er. Wenn sie zusammen nach Kairo flögen, dann sage sie häufig, dass es die Frauen dort besser hätten als bei uns. Karim bestätigte diese Auffassung. Die Ägypterinnen seien sehr dominant, schon zu Beginn des 20. Jahrhunderts habe es Frauenrechtlerinnen gegeben. Viele Männer würden erst ihre Frauen fragen, bevor sie etwas unternähmen. Es gebe schon ein geflügeltes Wort, dass man erst »die Regierung«, also die Ehefrau konsultieren müsse, bevor man sich beispielsweise verabrede.

Wie er es mit der Religion halte, wollte ich wissen. In seinem Elternhaus habe die Religion eine große Rolle gespielt, antwortete er, sowohl der Vater als auch die Mutter seien sehr religiös gewesen. Doch diese Feststellung allein sei vielleicht irreführend, weil man heute weitreichende Schlussfolgerungen daraus ziehen würde, die man früher nicht gezogen hätte: »Auch die Religiösen waren früher liberal in ihrem Denken und offen für andere Religionen. Jeder hat seine Religiosität für sich behalten. Die hat man nicht nach außen getragen mit Bart oder mit kurzem Beinkleid wie heute die Salafisten.« Im Elternhaus hätten sich regelmäßig Gäste zum Beten oder für religiöse Feiern eingefunden – »heute sagt man dazu Sufis oder so was, aber er ist kein Sufi gewesen« –, man habe auch diskutiert, »wie ein Stammtisch, aber in religiöser Weise«. Trotz der großen Bedeutung des Islam für die Familie wurden die Kinder auf eine jesuitische Schule geschickt, die für ihren guten Unterricht bekannt war. Er habe christliche und jüdische Freunde gehabt in dieser Zeit, und mit einigen von ihnen stehe er noch immer in Kontakt – nach mehr als fünfzig Jahren.

Wenn er freitags zum Gebet gegangen sei, dann lange Jahre lang immer in eine türkische Moschee, bis ihn eines Tages in der Apotheke eine Kundin fragte, warum er denn nicht in die marokkanische Moschee in der Henkelstraße gehe. Dort predige ein ägyptischer Imam, der an der Al-Azhar-Universität in Kairo studiert habe. Mitte der 1990er Jahre sei das gewesen. Er sei hingegangen und habe es himmlisch gefunden, insbesondere wegen der arabischen Sprache, die er so lange nicht mehr in Deutschland gehört hatte. Er habe dann begonnen, sich in der Gemeinde zu engagieren, sie beim Kauf des Grundstücks und dem Neubau der Moschee zu beraten und nicht zuletzt finanziell zu unterstützen. Einer seiner Freunde, ein Hamburger Ägyptologe, der persönlich Agnostiker sei, habe sich schon über das neue religiöse Engagement lustig gemacht. »Seit du mit denen zusammen bist, ist die Religion wieder in dir erwacht«, habe er gesagt. »Als alter Mann klammert man sich da dran.« Doch der Freund sehe das falsch. Er sei nicht religiöser geworden, versicherte Karim: »Sagen wir mal, ich bin aktiver geworden, nicht religiöser. Ich war immer sehr tiefgläubig, aber das hat keiner nach außen gemerkt. Ja, das war meine Privatangelegenheit. Ich muss Ihnen ehrlich sagen, ich kann mich nicht erinnern, dass ich einmal das Haus verlassen habe, bevor ich mein Gebet halte, oder dass ich [nicht] sage ›Gott sei Dank‹ oder ›Danke, Gott‹, wenn ich irgendwas erreicht habe. Ja, so ist das, oder wenn ich meine Schlüssel suche und sie finde, dann bedanke ich mich auch bei ihm. Und komischerweise ich finde sie immer, wenn ich sage: ›Im Namen Gottes des Erbarmers, des Barmherzigen, wo sind meine Schlüssel‹? Dann find ich sie auf einmal.« Diese Alltagsreligiosität verbinde Menschen jeglichen Glaubens, war Karim überzeugt, wenn sie nicht gerade Atheisten oder Agnostiker seien: »Im Grund glauben wir alle an den Gleichen, nur anders.«

Ob er sich als Muslim diskriminiert fühlt, fragte ich ihn. Nein, er persönlich habe niemals irgendwelche Probleme gehabt und sehe auch seine Glaubensgeschwister in der Verantwortung, etwas zur Akzeptanz der Muslime beizutragen: »Ich meine, wie ich in den Wald rufe, kriege ich auch das Echo.« Muslime müssten sich an die Gesellschaft anpassen, nicht umgekehrt. »Ich kann nicht auf die Straße gehen und spucken und wenn einer mir sagt: ›Das ist unverschämt‹ oder einer schimpft mit mir darüber, hingehen und sagen: ›Der diskriminiert mich, weil ich Muslim bin‹! Das hat mit deinem Muslimsein gar nichts zu tun, das hat mit deinem Benehmen zu tun, wenn du da vor mir läufst und spuckst auf der Straße, dann bist du für mich, egal ob du jetzt Muslim oder vom Himmel runtergefallen bist, bist du ein Unmensch, ja, das macht man nicht.« Als ich einwendete, dass sich auch Muslime über schlechtes Benehmen von anderen beschweren, stimmte er zu. Ja, schlechtes Benehmen sei ohnehin nicht etwas, was als solches mit Muslimen zusammenhänge, sondern es sei ein allgemein menschliches Problem.

Iftar unter Männern

Öffentlichkeitsarbeit ist eine wichtige Aktivität der Omar-Ibnulkatab-Gemeinde. Die schöne Moschee wird gerne gezeigt, und man lädt Gäste zu Führungen ein. Ein öffentlicher Anlass, nach außen zu gehen, ist darüber hinaus der Tag der offenen Moschee, der in Wiesbaden allerdings denkbar schlecht beworben und nahezu nicht besucht wird, sowie ein öffentliches *iftar*, ein Fastenbrechen im Monat Ramadan, zu dem die Honoratioren von Stadt, Kirche und wichtigen Vereinen eingeladen werden.

Ich nahm am 11. August 2012 an einem solchen Fest teil, das einerseits als Akt der Gastfreundschaft gegenüber Nichtmuslimen gedacht ist, andererseits aber auch mit der Absicht durchgeführt wird, über den Islam zu informieren. Die Vorstandsmitglieder empfingen die Gäste und führten die ersten von ihnen, da noch etwas Zeit bis zum Beginn des Programms blieb, durch die repräsentativen Räume der Moschee. Im Vorjahr sei die Veranstaltung gut besucht gewesen, wurde mir erzählt, doch in diesem Jahr war dies offensichtlich nicht der Fall. Das Wetter war sommerlich warm und regenfrei, sodass alle geplanten Aktivitäten im Hof stattfinden konnten. Dort waren Schirme, Holztische und eine kleine Bühne aufgebaut. Man hielt Reden, eine Sängertruppe gab fromme Lieder zum Besten, und zwei Kinder, die ich bei einem anderen Besuch in der Moschee bereits singen gehört hatte, stimmten einen Lobgesang auf den Propheten Mohammed an. Ein eigens angeheuerter Koch hatte ein üppiges Buffet zusammengestellt, und nach dem Fastenbrechen, der ersten Dattel und der traditionellen Suppe, füllten sich die Anwesenden die Teller mit Fleisch, Fisch, Teigtaschen und Nudeln. Mit Einbruch der Dunkelheit wurde es richtig belebt, und alle Bänke waren besetzt. Auffällig war, dass nahezu keine Frauen da waren – sah man einmal von den wenigen nichtmuslimischen weiblichen Gästen ab. Das öffentliche *iftar* war eine reine Männerveranstaltung. Da ich hörte, dass sich Frauen im ersten Stock aufhielten, ging ich nach oben – in der Hoffnung, einige von den jüngeren Frauen zu treffen, die ich gut kannte und mit denen ich in den vergangenen Monaten viel unternommen hatte. Doch es waren nur einige ältere Damen anwesend, insgesamt vielleicht zehn Personen. Keine von ihnen hatte ich je gesehen. Ich ging zurück zu den Männern. Da mir unlängst ein ehemaliges weibliches Moscheemitglied erzählt hatte, dass Frauen bewusst von diesen interkulturellen Events ferngehalten würden, fragte ich den Ehemann einer meiner Bekannten, wo seine Frau sei. Der jüngste Sohn sei krank und sie müsse deshalb zu Hause bleiben, entgegnete er. Mein Tischnachbar entschuldigte seine Frau auf meine Nachfrage ebenfalls mit der Begründung, dass sie zu Hause bei den Kindern sei.

Trotz der Einrichtung einer ansprechenden Frauenempore ist die Moschee unübersehbar ein Männerraum, und die Übermacht von Jungen und Männern vermittelte mir kein besonders anheimelndes Gefühl. Ich dachte unwillkürlich an die Schilderung einer Frau, die mir Wochen zuvor berichtet hatte, dass sie bei einem ähnlichen Treffen nicht aus den Frauenräumen herunterkommen durfte. Ihr Mann hatte das damit begründet, dass unten nur die »unehrenhaften deutschen Frauen« säßen. Aufgrund der hochsommerlichen Temperaturen waren die weiblichen nichtmuslimischen Gäste allesamt in einer leichten Garderobe erschienen. Ob man dies als besonders »unehrenhaft« empfand, entzieht sich allerdings meiner Kenntnis. Ich selbst war in einen langärmligen Blazer und einen über die Knie reichenden Rock gekleidet, da meine vielen Gespräche über die angeblich verheerende Wirkung nackter weiblicher Haut dazu geführt hatten, dass ich eine eigene kleine Zensurbehörde im Kopf errichtet hatte, die ständig überprüfte, ob mein Auftritt den jeweiligen Regeln des Anstands entsprach. Da ich nicht sicher war, ob meine jahreszeitlich vollkommen unpassende Kleiderwahl noch mit den Prinzipien der Höflichkeit und des Respekts zu rechtfertigen war oder bereits eine Form der Überanpassung darstellte, die Ethnologen »im Feld« schnell ereilt, war ich recht froh, dass unsere Integrationsdezernentin Rose-Lore Scholz in ärmellosem leuchtend rotem Kleid und High Heels mit Pfennigabsätzen erschien. Karim, der sie seit ihrem 14. Lebensjahr kennt und eng mit ihr befreundet ist, begrüßte sie mit Umarmungen und Küssen. Eine Provokation, raunte mir mein muslimischer Tischnachbar zu, und als ich irritiert in die versteinerten Gesichter um mich herum blickte, verstand ich, was er meinte. Die Unterschiede zwischen dem ungezwungenen Umgang der Geschlechter, wie er in Deutschland gepflegt und geschätzt wird, und dem stark tabuisierten und reglementierten muslimischen Verhaltenskodex wurden in dieser Situation mehr als manifest.

Auf der Frauenempore

Die Abwesenheit der Frauen der Gemeinde beim öffentlichen *iftar*, die sicherlich erklärungsbedürftig war, bedeutete allerdings nicht, dass Frauen der Moschee grundsätzlich fernblieben. Die Intention, den Frauen durch Einrichtung eines eigenen Traktes den Moscheebesuch überhaupt zu ermöglichen, da eine Geschlechtermischung für die fromme Gemeinde schier undenkbar war, ging bis zu einem gewissen Grad auf.

Bereits bei meinem ersten Besuch, zu dem die älteren Honoratioren mich und Oliver Bertrand eingeladen hatten, entdecke ich den Frauentrakt und wurde gewahr, dass es eine eigene weibliche Sphäre gab, die zu entdecken sich lohnte. Es war an einem Freitag, und um 14 Uhr sollte das Gebet beginnen. Obgleich es für mich als Nichtmuslimin und Forscherin möglich gewesen wäre, den Gottesdienst bei den Männern mitzuerleben, und die Männer mir dies sogar explizit anboten, entschied ich mich dafür, die Geschlechterseparation selbst nachzuvollziehen – auch in der Hoffnung, interessante Gespräche mit den Frauen zu führen. Ich bedeckte Kopf, Schultern und Brust mit einem rosafarbenen Tuch und begab mich in den ersten Stock, der den Frauen vorbehalten ist, während Oliver im Männerbereich blieb. Zwei ältere Damen begleiteten mich. Ganz offensichtlich wussten sie nicht, warum ich dort war, und glaubten, dass ich konvertieren wollte. Ich kam leider nicht dazu, das Missverständnis aufzuklären, und wurde gleich auf die Empore geführt.

Das, was unten im Hauptraum vor sich ging, war hier oben sehr weit weg. Die Frauenempore war eine eigene Welt, die ich fasziniert in mich aufnahm. Einige ältere Frauen saßen auf Stühlen, die entlang der Rückwand aufgereiht waren, einige jüngere auf dem Boden, umgeben von ihren Kindern. Voll war es nicht. Ein kleiner Junge packte seine Spielzeugautos aus, ein kleines Mädchen hantierte mit Süßigkeiten. Eine sehr junge Frau, vollständig in ein langes hell gemustertes Tuch gehüllt, saß mit gesenktem Kopf auf dem Teppich, um sich herum zwei kleine Mädchen. Eines davon war vielleicht eineinhalb Jahre alt, trug rosafarbene lange Strickstrümpfe, ein kurzes Röckchen und einen mit Spitzen versetzen Schleier. Sie hatte es sich auf dem Schoß der Frau gemütlich gemacht und lutschte hingebungsvoll an einem gelben Lolli. Das andere Mädchen war älter, zwischen vier und sechs Jahren, und ebenfalls in einen langen Schleier gewickelt. Darunter trug sie Jeans. Alle Frauen hielten ein kurzes Gebet, wenn sie die Empore betraten, dann plauderten sie miteinander oder beschäftigten sich mit den Kindern. Einige waren auch ganz still. Meine Nachbarin begann mir von ihrem Leben zu erzählen. Der Mann sei früh verstorben, und sie habe die fünf Kinder allein durchbringen müssen. Jetzt sei es allerdings geschafft, alle seien erwachsen und sie habe bereits vier Enkelkinder. Ich war froh, dass sie sich meiner annahm und so unkompliziert war.

Dann nahm der offizielle Teil seinen Lauf. Der Imam sprach das Gebet und hielt danach eine etwa zwanzigminütige Predigt, die im Anschluss auf Deutsch zusammengefasst wurde. Zwei kleine Fernseher auf der Frauenempore hätten die Möglichkeit eröffnet, der Predigt auch visuell folgen zu können, doch keiner von beiden war eingeschaltet. Es ging in der Rede um das von Gott anvertraute Gut und wie man damit umgehen solle. Ziemlich abstrakt, fand ich. Danach erhoben sich alle für das Gebet und stellten sich in einer Linie auf. Meine Nachbarin holte einen Stuhl für sich und nahm mich an ihre Seite. Das Gebet mit den verschiedenen Formen der Niederwerfung begann. Ich bemühte mich, die Bewegungen so gut ich konnte mitzumachen, und hoffte nur, dass mich diese Art ethnologischer Partizipation in den Augen der Frauen nicht vollends zur Anwärterin auf eine Konversion machen würde. Ich hatte mich ja bis jetzt außerstande gesehen, zwischen Tür und Angel von meinem Projekt zu erzählen und davon, dass ich zwar von ihnen vieles über den Islam lernen, nicht aber Muslimin werden wollte. Eine ältere Dame lud mich für den kommenden Dienstag zu einem Frauenfrühstück ein, das mir – so hoffte ich – Gelegenheit bieten würde, mein Anliegen zu erklären.

Engel, gute Taten und die Liebe eines Bäckers

Am Dienstag, dem 13. März 2012 stand ich wieder vor der Moschee. Die ältere Dame entdeckte mich gleich, als ich mit Weintrauben und Pralinen in der Tür stand, nahm mich an die Hand und führte mich in den Raum. Ich war vom geschäftigen Treiben überwältigt. Die meisten der vielleicht 25 anwesenden Frauen waren jung, doch es waren auch einige Ältere gekommen. Einmal im Monat finde ein solches Frühstück statt, und gewöhnlich nehme auch eine Mitarbeiterin des Integrationsamtes teil, wurde mir berichtet. Oft werde eine Expertin eingeladen, die dann einen Vortrag halte, zum Beispiel über Gesundheitsprobleme wie Diabetes, was die Damen so nachhaltig beeindruckt hatte, dass sie von da an immer auch eine Kanne ungesüßten Tees auf den Tisch stellten. Kindererziehung war ein anderes beliebtes Thema, aber auch Depressionen, Wechseljahre und die neuen Angebote der Stadt, von der muslimischen Seelsorge über Deutschkurse bis zu Informationen über städtische Unterstützung jeglicher Art. Schön sei es, meinten die Frauen, sich monatlich zu treffen, zusammen zu essen und sich dann auch noch weiterzubilden. Als Mütter seien sie sonst immer so sehr mit anderen Dingen beschäftigt. Die Kinder waren mit Ausnahme der ganz Kleinen nicht beim Frühstück dabei, sondern im Kindergarten oder in der Schule. Die Frühstückstafel war üppig gedeckt. Es gab Eier, Brötchen und Belag, Tomaten, Gurken und Obst. Einige Frauen hatten sogar gebacken. Getrunken wurden Kaffee, Saft und süßer Pfefferminztee. Der ungesüßte Tee fand wenig Zuspruch.

Als alle satt waren, begann der spirituelle Part. Jetzt kam eine sechzigjährige Dame zum Einsatz, die mir vorher erzählte, dass sie vor dem Frühstück bereits gearbeitet hatte und in der Volkshochschule einen Deutschkurs besuchte. Sie war Rentnerin und hatte jetzt Zeit für solche Dinge. Hier in der Gruppe war sie offensichtlich auch die Vorbeterin. Sie las mehrere Verse aus dem Koran vor, die den Tag des Jüngsten Gerichts und die Auferstehung behandelten. Ihre Töchter Zahra und Asiya übersetzten für mich und eine blasse deutsche Konvertitin namens Dounia, die ebenfalls kein Arabisch verstand. Danach erläuterte die ältere Dame das Vorgelesene durch einen *hadith*, einen Text aus den islamischen Überlieferungen. Thema war das rechte und gottgefällige Verhalten, das von einem Muslim erwartet wird. Am Tag des Jüngsten Gerichts, so die Vorbeterin, würden die guten und schlechten Taten eines jeden Menschen in Form eines Punktesystems zusammengezählt, und deshalb müsse ein Muslim sich Zeit seines Lebens bemühen, das Punktekonto möglichst günstig ausfallen zu lassen. Ich lernte, dass die Unterstützung einer Moschee sehr viele Pluspunkte bringt, und verstand damit auch, warum so großzügig gespendet wurde. Das gemeinschaftliche Beten in der Moschee bringe mehr Pluspunkte als das Beten allein zu Hause, wurde weiterhin erklärt, obgleich die Frauen ja bekanntlich von der Verpflichtung ausgenommen sind, jeden Freitag in der Moschee zu erscheinen.

Damit Allah Kenntnis von den guten Taten erhalte, benötige der Mensch Fürsprecher. Dies seien in erster Linie die Engel, die einem überall begegnen könnten, auch in der Moschee. Beim Gebet begrüßt man sie und sagt »*as-salamu aleikum*« zur rechten Seite und »*as-salamu aleikum*« zur linken. Fürsprecherin könne auch die Erde sein, auf der man sich vor Gott niederwerfe. Der Fleck, auf dem die Stirn den Boden berührt, soll Zeugnis für den Betenden ablegen, weshalb man die Stirn geflissentlich auf mehrere Stellen lege, um die Anzahl der Fürsprecher zu erhöhen. Sie würde gerne wissen, wie wörtlich man den Begriff »Erde« nehmen müsse, fragte Zahra. Hier, in dieser Moschee, bete man ja im ersten Stock und habe keine wirkliche Verbindung zur Erde. Die Frauen diskutierten dieses Problem und einigten sich darauf, dass alles metaphorisch gemeint sei.

Zahra war eine sympathische, offene Frau, 37 Jahre alt, die Rechnungswesen an der Fachhochschule studierte und sich in ein bonbonrosafarbenes Gewand und einen dazu passenden Schleier gehüllt hatte. Außerhalb der Moschee trage sie kein Kopftuch, sagte sie. Sie sei sehr spirituell und habe schon viele Wege ausprobiert, Reiki unter anderem und Yoga. Sie war bemüht, Verbindendes zwischen den Religionen herauszustellen, und suchte offensichtlich das Gemeinsame, vor allem zwischen Christentum und Islam. Bei ihren Erklärungen bezog sie sich mir gegenüber auch darauf, dass der Islam Jesus als Propheten anerkenne und man bei Nennung seines Namens »Friede sei mit ihm« sage. An dieser Stelle intervenierte eine Frau hinter uns am Tisch, die meiner Aufmerksamkeit bislang entgangen war. Sie störte sich daran, dass Zahra so positiv über Jesus sprach. Ihre Augen funkelten und ihre Stimme war schrill, voller Empörung, kurz vor dem Umschlagen. Zahra versuchte, sie zu besänftigen, was ihr nach einiger Zeit auch gelang. Man fuhr mit dem Programm fort.

Asiya, Zahras Schwester, die sich ebenfalls an den Übersetzungen beteiligte, hatte einen deutschsprachigen Koran vor sich, aus dem sie zitierte. Asiya war in ganz außergewöhnlicher Weise zurechtgemacht. Sie trug eine kunstvoll gewundene Schleierkomposition in Grün und Gold, die an den Seiten locker herunterfiel und den Halsausschnitt frei ließ. Ihre Augen waren mit Lidstrich und farblich zur Kopfbedeckung passendem Lidschatten geschminkt, die Wangen mit Rouge hervorgehoben. Auch ihr Gewand, ein kürzerer grün-goldener Kaftan, war außergewöhnlich und betonte ihre schlanke Gestalt. Asiya war 36 Jahre alt, sah aber bedeutend jünger aus. Eine temperamentvolle Frau, dachte ich, als sie sich eifrig in die Debatte um eine adäquate Koranexegese einzumischen begann.

Für mich war das Treffen eine wunderbare Gelegenheit, zu erfahren, wie Musliminnen in Wiesbaden ihre Religion diskutierten und zu welchen Schlüssen sie gelangten. Einerseits ging es den Frauen darum, zu verstehen, was genau in den heiligen Schriften stand, andererseits aber auch um die Frage, ob man dem Koran und den historischen Beispielen aus der Zeit des Propheten immer Folge zu leisten habe. Bei aller grundsätzlichen Zustimmung zum prophetischen Vorbild, sagte Zahra, gebe es natürlich auch Ausnahmen. Zum Beispiel verteidige niemand das Handabhacken, und auch beim Vers 4:34 regte sich Widerspruch. In dem Vers heißt es: »Die frommen Frauen sind demütig ergeben, hüten das Verborgene, weil auch Gott es hütet. Die aber, deren Widerspenstigkeit ihr befürchtet, die ermahnt, haltet euch fern von ihnen auf dem Lager, und schlagt sie. Wenn sie euch gehorchen, dann unternehmt nichts weiter gegen sie« (Koran 2015: 74). »Steht da wirklich ›schlagen‹?«, wollten alle wissen und konnten es nicht glauben. Zahra meinte, dass man die Dinge hier, in Deutschland, anders sehen müsse als in anderen Ländern. Darauf achte auch der Vorstand der Omar-Moschee. Er kontrolliere beispielsweise den Imam, der den Islam manchmal zu streng auslege, und wolle auch wissen, welche Texte von den Frauen besprochen werden.

Die Diskussion nahm an Fahrt auf. Alle wollten ihre Meinung sagen, und einige fielen mir dabei besonders auf. Mit diesen besonders Engagierten sollte ich auch in den kommenden Monaten zu tun haben. Eine von ihnen war Zafira, eine große 39-jährige Frau mit weichem Gesicht, die gleichermaßen ernsthaft wie versöhnlich wirkte. Eine andere war Hafa. Hafa stammte aus Meutia, der spanischen Enklave auf dem Boden Marokkos, und war seit 13 Jahren in Deutschland. In Spanien war sie Rettungssanitäterin gewesen, hier Hausfrau und Mutter dreier Kinder, von denen das älteste zwölf, das jüngste erst vier Jahre alt war. Sie war klein, kugelrund und die Frau eines Bäckers, der extra für unser Treffen Brötchen gebacken hatte. »Weil er mich so liebt«, sagte sie lachend. Hafa wollte nicht, dass ich fotografiere, da sie Angst hatte, dass Fotos im Internet oder an anderen öffentlichen Stellen gesehen werden könnten. Sie lud mich aber ein, am nächsten Dienstag wieder zu kommen. Dann würden sich nur die jungen Frauen treffen und es sei weniger offiziell.

Bedeckte Schönheiten und Jungfrauen mit schwellenden Brüsten

Meine unmittelbare Nachbarin war Latifa, eine sympathische junge Frau, die mit ihrem kleinen Sohn gekommen war. Latifa war Werbefachfrau, und sie genoss die Elternzeit mit ihrem Sohn. In der Gemeinde war sie erst seit einem Jahr. Sie habe früher niemals ein Kopftuch getragen, erzählte sie mir, und komme nicht aus einer religiösen Familie. Auch ihr Mann sei nicht besonders religiös. Jetzt saß sie in einer schwarzen *jellaba* vor mir und hatte einen schwarzen Schleier mit leuchtend blauem Stirnband angelegt. Sie war nicht geschminkt. Ihr Weg zum Kopftuch und auch zur Frömmigkeit sei, so erzählte sie, durch eine lange Zeit der Unfruchtbarkeit ausgelöst worden. Zehn Jahre sei sie mit einem Deutschen verheiratet gewesen und nicht schwanger geworden. Auch von ihrem zweiten Mann, einem Marokkaner, habe sie drei Jahre lang kein Kind empfangen und deshalb das Gelübde abgelegt, sich zu bedecken, wenn Allah ihr das ersehnte Kind schenken sollte. Als sie schließlich eine Tochter gebar, vergaß sie das Versprechen. Es sei auch nicht einfach gewesen, meinte sie. Sie sei eitel, genau wie ihre Schwester und ihre Mutter, und Schönheit sei für sie alle etwas Wichtiges. Das Einlösen des Gelöbnisses war also schwer, doch das Nichteinlösen auch. Schuldgefühle habe sie gehabt, sagte sie. Dann plötzlich, so Latifa, sei etwas passiert, das sie als Zeichen gedeutet habe. Ihre langen lockigen Haare seien plötzlich grundlos vollkommen verfilzt und verknotet geworden, und ihr Mann habe die Knoten mit einer Schere herausschneiden müssen. Am nächsten Tag habe sie sich »bedeckt«, und seitdem sei sie im Einklang mit sich selbst, habe ihren Seelenfrieden gefunden.

Diese Ausstrahlung von Frieden sei es auch gewesen, welche die Schwester und die Mutter überzeugt hätten, sich ebenfalls zu einem gottgefälligen Leben hinzuwenden. Sofia, die Schwester, saß neben ihr. Sie trug das Kopftuch seit vier Monaten, aber in einer sehr schicken und auffälligen Variante. Anders als Latifa war Sofia stark geschminkt. Wir diskutierten die Sache mit dem Kopftuch und der weiblichen Schönheit, die zu bedecken der Koran vorschreibt. Ich warf ein, dass es ja nicht unbedingt die Haare seien, welche die Schönheit ausmachten, und dass eine Frau manchmal mit Kopfbedeckung attraktiver aussehe als ohne. Asiya führte ich als Beispiel eines äußerst attraktiven islamischen Stylings an. Außerdem seien die Vorschriften in einer Zeit erlassen worden, in der Frauen Angst vor sexuellen Übergriffen haben mussten, wenn sie das Haus verließen. Heute sei dies doch anders. Die Frauen gaben mir teilweise Recht, meinten aber, dass die Männer ihnen auch immer noch nachstellten, wenn sie unbedeckt seien. Asiya sagte, sie habe hüftlange schöne Haare und jetzt, da sie sie bedecke, fühle sie sich sicherer. Latifas Schwester erzählte Ähnliches. Auch sie werde jetzt weniger belästigt. Ich sagte, es könne doch wohl nicht sein, dass Frauen gezwungen seien, sich zu verhüllen, weil die Männer sich nicht benehmen könnten. Schließlich schreibe der Koran vor, dass auch Männer ihre Augen niederschlagen sollten. Das vergäßen die Männer, meinten sie.

Die Ambivalenz, einerseits schön sein, andererseits aber auch respektiert werden zu wollen, führte zu sehr unterschiedlichen Kompromissen. Interessanterweise waren es die Frauen selbst, die das Kopftuch für sich »entdeckten« und es sogar gegen den Widerstand ihrer Männer trugen. Aalia war so ein Beispiel, eine zarte, ernsthafte Frau von 41 Jahren, sehr gut aussehend. Sie trug einen schwarzen Schal um den Kopf gewickelt, aus dem die Stirnhaare herausschauten. Ihr Mann sei gegen das Kopftuch, sagte sie, doch sie wolle es gerne tragen, weil es ihre Religion geböte. Am überzeugendsten fand ich persönlich Latifa. Sie machte sich viele Gedanken und setzte sich sehr genau mit ihrer Religion auseinander. Ich erzählte ihr von den islamischen Feministinnen, die den Koran und die Sunna neu interpretieren, und sie fragte sich, leicht erschreckt, ob sie vielleicht auch eine Feministin sei. Sie versuchte dann, einige der jüngeren Frauen zu ermutigen, mit ihr zusammen den Koran zu lesen. Kein Essen, nur lesen, sagte sie. Es war diese Ernsthaftigkeit, ja das Puritanische, das dabei zum Ausdruck kam, was mich faszinierte. Es gehe ihr und dem Islam um Gleichheit, meinte sie beispielsweise. Man solle die anderen nicht bewerten, nicht die Figuren der Frauen vergleichen und sich über andere erheben. Den Hype um die verschleierte Schönheit, der in Filmen und muslimischen Fashion Shows vermarktet wird, lehnte sie ab, zupfte sich auch nicht die Augenbrauen, weil sie schon das für übertrieben hielt. Wissen und nicht Attraktivität stellte für sie einen Wert dar. Sie hatte sich gerade, weil sie wegen der Elternzeit nicht arbeitete, in Mainz zu einem Studium der Religionswissenschaften und Philosophie angemeldet. Sie wolle alles wissen und auch das Wissen über andere Glaubenssysteme zugänglich machen, sagte sie, damit man selbstständig entscheiden könne, welche Religion man wähle. Sie sei gegen Dogmatismus und würde ihre Kinder niemals in einem islamischen Kindergarten anmelden, da sie dort Indoktrination befürchte. Auch zum Kopftuch am Arbeitsplatz hatte sie eine interessante Einstellung. Sie verstehe das Kopftuchverbot für Lehrerinnen gut, meinte sie, da eine Lehrerin neutral sein müsse und auch nicht mit einer bestimmten Religion in Verbindung gebracht werden dürfe.

Eine Woche später fand ein neues Frauenfrühstück statt. Der Kreis war kleiner als in der Woche zuvor und bestand, mit einer Ausnahme, nur aus jungen Frauen. Zahra und Asiya waren wieder dabei, ebenso Hafa, Zafira und Aalia. Eine sehr dünne Frau mit einem kleinen Kind und die junge Konvertitin Dounia, die ich beide schon beim letzten Mal wahrgenommen hatte, erkannte ich ebenfalls wieder. Rechts neben mir saß eine weißhäutige Kasachin mit blauem Schleier, langem Rock und engem Pullover, die mit einem Serben verheiratet war, und zu meiner Linken nahm eine Krankenschwester Platz, die als einzige außer mir nicht verschleiert war. Zahra trug Jeans und hatte die zusammengebundenen Haare mit einem lockeren Tuch bedeckt, das immer wieder zurechtgezogen werden musste, weil die Haare sichtbar wurden. Asiya war wieder äußerst elegant gekleidet, diesmal in Brauntönen. Das reich bestickte marokkanische Gewand reichte bis zu den Knien; darunter trug sie eine weite Hose, die an den Knöcheln gebunden war. Sie war sorgfältig geschminkt wie in der vergangenen Woche und mit einem auffallenden Goldring geschmückt. Hafa erschien in Violett und Dounia war in ein bodenlanges, an Saum, Ärmeln und Kragen reich besticktes Gewand aus grünem Samt gehüllt. Haare und Hals hatte sie mit einem einfachen grauen Kopftuch bedeckt. Sie und die Kasachin waren ungeschminkt, Zafira und Zahra hatten die Augen mit Kajal betont. Die Gruppe war äußerst farbenfroh, und alle hatten die islamischen Bedeckungsvorschriften genutzt, um sich in besonderer Weise in Szene zu setzen.

An diesem Morgen hatte man eine Rednerin eingeladen, die wie die ältere Dame beim letzten Mal einen Vers aus dem Koran und einen *hadith* vortragen sollte. Es handelte sich um eine sehr schlanke junge Frau in langem marokkanischem Gewand mit einem hellbraunen schmucklosen *hijab*. In dem zitierten

Vers wurden die Qualen der Hölle und der Lohn des Paradieses beschrieben. Zahra las die deutsche Fassung vor. An einer Stelle, an der dem Gläubigen nach dem Tod Jungfrauen mit schwellenden Brüsten versprochen werden, stutzte sie. Was sollte das bedeuten? Nur eine Metapher für die Schönheit des Paradieses, meinte die Vorleserin. Dieser Interpretation wollten sich alle gern anschließen, aber eine gewisse Unsicherheit blieb, denn welche der anwesenden Frauen fühlte sich schon durch sexualisierte Bilder weiblicher Körper angesprochen? Das Offensichtliche, dass sich wohl vor allem Männer bei solchen Gedanken gleich paradiesisch fühlen, ließ sich nur schwer verdrängen. Mein Einwurf, dass diese Bilder von vielen Musliminnen kontrovers diskutiert würden – ich dachte dabei an die Afroamerikanerin Amina Wadud, die sich in ihren Schriften sogar ziemlich darüber empört –, machte es irgendwie nicht besser. Die Vorleserin unternahm einen Versuch, die Sache zu entschärfen. Es stehe geschrieben, sagte sie, dass die gläubigen Frauen noch ungleich schöner seien als die himmlischen Jungfrauen. Sie präsentierte diese Interpretation sehr emphatisch, doch die intendierte Wirkung blieb aus. Erst als ich erzählte, dass an einer anderen Stelle auch von jungen Männern geschrieben steht, die den Gläubigen Leckereien servieren – Dounia stimmte mir gleich zu, da sie die Stelle ebenfalls kannte –, beruhigten sich die Frauen. Ihre Vorstellung von islamischer Gerechtigkeit war wieder hergestellt.

Der Prophet und die Hausarbeit

Im *hadith* ging es vor allem wieder einmal um den guten Charakter und das leuchtende Beispiel des Propheten. Schon immer, so die Vorleserin, sei der Prophet ein Vorbild gewesen, selbst als Kind. Nie habe er etwas Schlechtes getan, auch nicht, bevor er Muslim wurde. Die ältere Dame vom letzten Mal untermauerte dies durch eine der vielen Heiligengeschichten. Schon im Mutterleib sei Licht von ihm ausgegangen, sein Name sei vorher prophezeit worden wie auch seine Ankunft.

Die Vorleserin wurde ganz aufgeregt und schilderte gestenreich, wie gut, wie perfekt, wie unsagbar vollkommen der Prophet gewesen sei – um dann hinzuzufügen, dass er auch im Haushalt geholfen und seine Kleidung selbst geflickt habe. Jetzt waren die Frauen ganz bei der Sache, erzählten Geschichten über Männer und Hausarbeit. Dounia meinte, dass ihr Mann lange nicht dem prophetischen Vorbild gefolgt sei und sie sich sogar sehr oft gestritten hätten.

Sie jedoch habe auf den Koran und die Überlieferungen verwiesen, und jetzt bete ihr Mann wieder regelmäßig und wandle sich zu einem guten Gatten. »*Al-Hamdulilah*«, »Gott sei Dank«, murmelten die Frauen. Dass der Islam und das Vorbild Mohammeds einen guten Einfluss auf Männer ausübe, ja geradezu eine Rechtfertigung moderner häuslicher Arbeitsteilung sein könne, bezweifelte im Raum keine. Doch es sei nicht nur der Fehler der Männer, warf die Vorleserin ein, wenn diese faul seien. Sie seien schließlich auch so erzogen worden.

Jetzt stieg die Stimmung erneut, und die Geschichten sprudelten nur so hervor. Jede Frau wollte erzählen. Hafa bekundete, dass ihr Mann noch nie faul gewesen sei. Nach der Hochzeit sei er es gewesen, der das Frühstück zubereitet habe, und er könne es besser als sie. Er habe sie auch bei der Versorgung der Kinder unterstützt. Das erste Kind habe viel geschrien, und einmal sei er um Mitternacht von der Arbeit nach Hause gekommen, habe gemerkt, dass sie ganz erschöpft war, und gleich das Kind genommen. »Geh schlafen«, habe er gesagt und auch ihre Einwände, dass er derjenige sei, der nach langer Arbeit Ruhe benötige, nicht gelten lassen. Asiya meinte, ihr Mann habe zuerst nicht geholfen, jetzt hätte sich das aber geändert. Es sei einfach daran gewöhnt gewesen, dass man ihn umsorge. Man müsse diplomatisch sein, meinte die Vorleserin, und den Mann mit Geduld erziehen. Die Frauen stimmten begeistert zu. Geduld und Diplomatie seien ohnehin wichtige Eigenschaften des wahren Gläubigen. Dazu passte ein *hadith*, das jetzt vorgelesen wurde. Ein Mann habe beim Propheten um Erlaubnis für *zina*, nichtehelichen Sex, nachgefragt, doch dieser habe mit einer Gegenfrage geantwortet. Ob er denn *zina* für seine Mutter wolle? »Nein, natürlich nicht«, entgegnete der Mann. Und für seine Schwester? Ebenfalls nicht. Dann habe er auch kein Recht, dies für sich selbst in Anspruch zu nehmen, entgegnete der Prophet. Wenn man dem anderen einen Vorwurf mache, dann gehe er in Verteidigungshaltung, meinte die Vorleserin, doch wenn man diplomatisch vorgehe, dann könne man den anderen erreichen. Sie gab sich ganz sanftmütig, die anderen Frauen traten allerdings ein bisschen resoluter auf.

Dann ging es wieder zurück zum Vorbild des Propheten. Betont wurden seine Sanftmut und seine Weisheit. »Welch ein Vorbild!«, meinten alle. »Oje«, warf Zahra ein, »und wir gehen bei jeder Gelegenheit gleich in die Luft.« Was denn die guten Eigenschaften seien, um die man sich bemühen solle, fragte ich. »Nicht lügen, nicht betrügen und keine üble Nachrede«, sagte die Vorleserin. Selbst wenn man etwas an anderen auszusetzen habe, wenn Vorwürfe berechtigt seien, solle man nicht hinter dem Rücken eines Menschen schlecht über ihn sprechen. Ein Gespräch unter vier Augen sei da angebrachter.

Weitere ethische Prinzipien des Islam wurden erörtert. Der gute Muslim sei auch für seine Umwelt ein Gewinn. Er kümmere sich um die Nachbarn, um die Familie, sei ein sozialer Mensch. Wer nur bete, faste und sich an die fünf Säulen halte, aber beispielsweise die Nachbarn vernachlässige, komme nicht ins Paradies. Wer sich aber an die ethischen Richtlinien halte, der sei zwangsläufig ein guter Mensch, nett zu seiner Familie und den Nachbarn, geduldig, strebsam und ganz und gar friedfertig. Die Frauen waren überzeugt, dass der Auftrag Gottes auch etwas mit Selbstoptimierung zu tun hatte.

Dounia war diejenige, die dieses Anliegen am stärksten auf die Religion bezog. Sie war erst im letzten Jahr konvertiert und nahm alles ganz genau. Ihr Mann habe nie verlangt, dass sie Muslimin werde, doch sie sei stets eine Suchende gewesen. Protestantisch aufgewachsen und sogar zwei Jahre im Konfirmandenunterricht tätig, sei sie doch vom Christentum nie ganz überzeugt gewesen. Der Pfarrer ihrer Gemeinde sei nicht imstande gewesen, bestimmte Fragen zu beantworten. Dann habe sie ihren Mann kennengelernt, der in Marokko eine Ausbildung zum Imam begonnen und diese unter dem Einfluss von Freunden wieder abgebrochen hatte. Mit der Religion habe er es dann nicht mehr genau genommen. Sie aber habe sich mit dem Islam befasst, begonnen, den Koran gelesen und sich letztendlich das Versprechen einer Konversion auferlegt, wenn sie zum Beginn des Ramadan die Lektüre abschließen könne. Pünktlich auf den Tag sei dies geschehen, und seit diesem Tag trägt sie den Schleier. Ihre Mutter habe daraufhin ein halbes Jahr nicht mehr mit ihr gesprochen. Ihrer Meinung nach sei der Islam frauenfeindlich. Obwohl sie starke Differenzen hätten, lasse sie den Kontakt jedoch nicht abreißen, betonte Dounia, denn eine gute Muslimin kümmere sich um ihre Eltern. Hafa stimmte zu. Konversion dürfe niemals bedeuten, dass man die Eltern vernachlässige. Dounia sagte, sie finde Frieden im Gebet und fühle sich unruhig, wenn sie ihre Periode habe und nicht beten dürfe. Es sei, als ob der Teufel dann Einfluss gewinne. Die anderen meinten, sie dürfe schon beten, könne den Koran ja mit Handschuhen berühren oder mit einem Stock die Seiten blättern, doch Dounia ließ dies nicht gelten. Sie war strenger als die anderen, wollte alles richtig machen und keine Kompromisse eingehen, von denen sie nicht überzeugt war, dass sie im Einklang mit den göttlichen Geboten stehen.

Im Diesseits eine Moschee, im Jenseits ein Palast

Zwei Monate später war unsere kleine Gruppe aus der Moschee ausgezogen. Es war zu Problemen gekommen, die sich ausgerechnet am Engagement der jungen Frauen entzündet hatten. Sie hatten mit ihren Aktivitäten, ohne sich dessen bewusst zu sein, vorhandene Zuständigkeiten und wohl auch Hierarchien herausgefordert und durften den Raum in der Moschee nicht mehr nutzen. Die Gruppe traf sich deshalb in einem städtischen Raum, der eigentlich für Hausaufgabenbetreuung von Kindern vorgesehen war.

Hier war es jetzt sehr viel kleiner, aber der Platz reichte durchaus. Wie immer war das Frühstücksbuffet reichhaltig und der Tisch liebevoll dekoriert. Viele der Frauen hatten wieder eigens für das Treffen gebacken; es gab Ananas und Mangos, Eier und Käse.

Zahra und Asiya waren nicht dabei, aber Latifa und ihre Schwester, außerdem Hafa, Zafira und Dounia. Wir setzten das Thema des letzten Treffens fort, zugespitzt zunächst auf die Verpflichtung zu spenden, die zu den fünf Säulen des Islam gehört. Die Frauen näherten sich dem Thema über persönliche Erzählungen und über die Dimension des Wunders. Das war neu für mich. Hafa, die über einen schier unerschöpflichen Schatz an Geschichten verfügte, berichtete, dass ihre Mutter eines Tages überlegte, ob sie das letzte Geld, das sie hatte, der Moschee spenden oder es lieber für dringend benötigte Ausgaben verwenden solle. Sie empfand die Frage als Prüfung ihres Gottvertrauens und entschied sich für die Spende. Am gleichen Tag erhielt sie eine unerwartete Geldsendung von ihrem Mann, der als Fischer einen besonders großen Fang gemacht hatte. Zafira erzählte eine ähnliche Begebenheit. Sie habe einmal überlegt, ob sie ihr letztes Geld für eine Rechnung oder die Moschee ausgeben solle und sich dann ebenfalls für den religiösen Zweck entschieden. Die gleiche Summe habe sie kurz darauf auf der Straße gefunden. Gott vergilt die guten Taten, ist die Moral der Geschichten, er lässt die Gläubigen nicht allein mit ihren Sorgen und honoriert es, wenn jemand den Geboten des Islam folgt.

Doch es seien nicht nur die Moscheen, für welche die Gläubigen verantwortlich seien. Auch um die Mitmenschen müsse sich der gute Muslim kümmern, meinte Latifa, und zwar zuallererst um Angehörige der eigenen Familie; wenn diese versorgt seien aber auch um die Nachbarn. Dabei gehe es nicht nur um materielle Unterstützung, sondern um jede Art von Hilfeleistung und verantwortlichem Handeln. Latifa erzählte, dass sie immer wieder von anderen muslimischen Frauen bei alltäglichen Dingen Unterstützung erfahre, dass man ihr beispielsweise helfe, wenn sie schwer zu tragen habe. Sie fühlte sich eingebettet und aufgehoben in einer Gemeinschaft der Gläubigen, die, wie sie bei einem anderen Treffen einmal sagte, warm und voller Anteilnahme sei und den Einzelnen nicht allein lasse. Obwohl sie die muslimische Community als ideale Gegenwelt zur deutschen Gesellschaft entwarf, wollte sie dies nicht als Rückzug verstanden wissen. Ihre Ermahnungen, »gut« zu sein, waren sehr allgemeiner Natur und forderten allgemeine Achtsamkeit ein. Man könne dies auch unter Beweis stellen, wenn man eine Bananenschale vom Boden aufhebe, meinte sie, damit niemand anderes darauf ausrutsche. Man könne, meinten auch die anderen Frauen, ein Lächeln schenken oder einem Kind über den Kopf streichen – all dies seien Spenden für Gott.

Interessant für mich als Nichtmuslima war die Begründung der Anstrengungen, ein guter Mensch zu sein. Der Referenzpunkt war immer und ausschließlich Gott, der von seinen Geschöpfen die Befolgung seiner Regeln erwarte und belohne. Diese Belohnung könne unmittelbar erfolgen, wie bei den erzählten Beispielen, doch wirklich wichtig sei sie dann, wenn sie am Tag des Jüngsten Gerichts erfolge. Da die menschlichen Taten nach Meinung der Frauen nach wie Geldbeträge auf einem Bankkonto akkumuliert werden, ist es nicht unerheblich, wie gezählt und verbucht wird. Die Frauen diskutierten die Wertigkeit von Spenden. Eine von ihnen, die ich noch nicht kannte, sah es ganz einfach. Wer 1.000 Euro spende, erhalte im Paradies einen äquivalenten Gegenwert. In der Bildhaftigkeit einer Gebäudeordnung berechnet bedeutete dies ihrer Meinung nach, wer eine Moschee im Diesseits erbaue, erhalte im Jenseits einen Palast. Die anderen widersprachen. Wenn das zuträfe, dann hieße es ja, dass sich die Reichen im Jenseits alles kaufen könnten. Das widerspreche der göttlichen Gerechtigkeit.

Hafa verdeutlichte mit einer neuen Geschichte, wie es sich ihrer Meinung nach mit der Umrechnung der Spenden verhält. Ein reicher Mann, begann sie, wollte einmal eine Moschee ganz alleine bauen. Niemand sollte ihm dabei helfen, niemand sollte Geld spenden. So wollte er sicher gehen, dass nur er die ganze Belohnung im Jenseits erhalten würde. Eine arme alte Frau war mit dieser Regelung nicht einverstanden. Geld, um es für den Bau zu verwenden, besaß sie nicht, doch sie entfernte einen Stein aus ihrer armseligen Hütte und bot ihn dem Bauleiter als Gabe an. Der weigerte sich zunächst, die bescheidene Gabe anzunehmen, doch die Frau ließ sich nicht wegschicken und bestand darauf, dass ihr Stein verbaut wurde. Als die Moschee fertig war, träumte der reiche Mann vom Jenseits. Zwei Paläste sah er dort und glaubte, beide seien die seinen. Ein Engel belehrte ihn aber eines Besseren. Einer der beiden werde tatsächlich ihm gehören, als Gegenleistung für die Moschee, die er finanziert habe, doch der andere gehöre der alten Frau, die den Stein gespendet habe. Gott, so Hafa, zähle nämlich die gute Absicht genauso wie den absoluten Wert. Die Frauen stimmten zu. Die Intention eines Menschen zähle genauso wie seine Handlungen, vielleicht sogar mehr. Dass heiße im Umkehrschluss, wenn man eine gute Tat verrichte, aber keine gute Absicht habe, zähle dies nicht. Jetzt waren wir beim Thema der Heuchelei angelangt. Wenn eine Frau beim Freitagsgebet länger bete, damit die anderen sie für frömmer hielten, dann sei es ein Fall von Heuchelei, von schlechter Absicht. Wenn man länger bete, weil man in der Hingabe zu Gott alles um sich herum vergesse, sei die Absicht gut.

Zum Befolgen der Gebote Gottes gehöre auch, ihn immer wieder um Verzeihung für die Sünden zu bitten. Jeder Mensch, gleich, ob er sich noch so bemühe, sündige tagtäglich, doch Gott, der Erbarmer, verzeihe gerne, wenn man ihn bitte. Er verlange aber auch, dass man den Mitmenschen verzeihe, und dies sei – so Latifa, die in allen Geboten Gottes Anleitungen für ein besseres Leben im Diesseits sieht – für das Zusammenleben der Menschen unerlässlich. Dass es dem Einzelnen damit besser gehe, habe sie selbst erfahren. Früher sei sie nachtragend gewesen und habe sich mit psychischen Verletzungen gequält, die andere ihr zugefügt hätten, heute könne sie verzeihen und sei diese Last los.

Ein frommer Muslim, der die Gebote Gottes ernst nehme, so lernte ich, sei auch ein Mensch, der das Wohl anderer im Sinn habe: ein Vorbild für andere. Jamina, bodenständiger als die intellektuelle Latifa, fiel das Vorbild der Eltern für die Kinder ein. Ein Vater, so meinte sie, könne nur dann ein Vorbild sein, wenn er arbeite und seine weltlichen Pflichten erfülle. Das Gleiche gelte für eine Mutter. Kinder eiferten den Eltern nach und sollten nicht den ganzen Tag zu Hause herumhängen und von der Sozialhilfe leben.

Verschwundene Gebetsteppiche, die *jin* und der Teufel

Am Freitag, dem 8. Juni 2012 lud Zafira uns, den Kern der »kleinen Frauengruppe«, zum Abendessen zu sich nach Hause ein. Hafa war da und natürlich Dounia, beide mit ihren Töchtern. Außerdem Maria, eine Konvertitin aus Weiterstadt, Zafiras 23-jährige Schwester, ihre Mutter, ihre 21 und 14 Jahre alten Töchter und ein vielleicht sieben Jahre alter Sohn. Dounia und Zafira hatten die Haare mit einem eng anliegenden, im Nacken geknoteten Tuch bedeckt, doch der Hals blieb frei. Wir waren unter Frauen. Die Töchter waren nicht verschleiert; die Schwester trug ein Kopftuch, sei aber, so versicherte sie, im Alltag nicht bedeckt.

Wir aßen Couscous mit gebratenem Hühnerfleisch, danach Schokoladenkuchen, Vanilleeis und Erdbeerquark. Es schmeckte köstlich. Maria erzählte mir ihre Konversionsgeschichte, wir redeten über das Alter und andere schwierige Lebenslagen, und irgendwann fragten mich die Frauen, woran ich eigentlich glaube. Ich antwortete akademisch unbestimmt, dass alle Religionen Versuche von Annäherungen an eine für uns unbegreifliche Wahrheit seien. Meine Gesprächspartnerinnen schauten mich verwundert an. Ob ich denn an den Teufel glaube, fragte Hafa. Nein, eigentlich nicht, entgegnete ich. Ganz sicher war ich mir allerdings nicht. Böses existiert, das wollte ich nicht leugnen, aber wie will man es kategorisieren? Meine Gesprächspartnerinnen dagegen glaubten fest an den Teufel – von dessen Existenz künde der Koran ja ganz explizit. Ob sie denn persönliche Erfahrungen mit ihm gemacht hätten, wollte ich wissen. Oh ja, meinten sie und begannen zu erzählen.

Hafa berichtete von Dingen, die verschwunden seien. Einmal seien es ihr Handtuch und ihr Gebetsteppich gewesen. Dann, nachdem sie die entsprechenden Suren gebetet habe, seien sie wieder aufgetaucht. In der Diskussion, die sich daraufhin entspann, war sie sich allerdings unsicher, ob es sich um das Werk des *shejtan* (Teufel) gehandelt habe oder vielleicht eher das eines nervigen *jin*, eines Geistes, der sich einfach einen Spaß daraus mache, Dinge zu verstecken. Zafira sah die Sache ernster. Der Teufel, erklärte sie, halte die Menschen vor allem vom wahren Glauben ab. Sie habe die Erfahrung gemacht, dass in Zeiten, in denen es ihr schlecht ging und sie sich mit dem Hören von Koranversen beruhigen wollte, die technischen Geräte kaputtgingen: der Audioplayer genauso wie der Laptop und der MP3-Player. Daran habe sie deutlich das Werk des Teufels erkannt. Dounia sagte, dass sie seinen Einfluss besonders am Tag ihrer Konversion gespürt habe. Unheimlich sei es gewesen. »Was macht denn der Teufel?«, wollte ich wissen. Eine seiner Tätigkeiten bestehe in der Einflüsterung, wurde mir erklärt. Er sei die innere Stimme, die den Gläubigen von der rechten Handlung abhalte wie zum Beispiel vom *fadjr*-Gebet, das zwischen der Morgendämmerung und dem Sonnenaufgang stattfindet. Obwohl sie den Wecker stelle, ja sogar zwei Wecker, wache sie manchmal nicht auf, meinte Dounia. Das Problem kannten auch die anderen. Außerdem mache der Teufel einen träge, sagten alle, und er versuche einen davon zu überzeugen, weiterzuschlafen.

Doch der Teufel könne auch mit echten Stimmen sprechen oder sogar bildhaft erscheinen. Hafa hatte solche Begegnungen, als sie jung verheiratet war. Die Wohnung, die sie mit ihrem Mann bezogen hatte, war ihr unheimlich; sie hörte Stimmen und sah Schatten, während ihr Mann außer Haus war. Dieser glaubte zunächst, es sei das ungewohnte Alleinsein, das seiner Frau zu schaffen machte. Das quirlige Leben in einer Großfamilie gewohnt, ertrug sie seiner Meinung nach die leeren Räume nicht. Doch später habe er realisiert, dass sie sich die Anwesenheit eines anderen nicht eingebildet habe. Hafa besuchte ihre Mutter in Spanien und ihr Mann blieb zurück. Mehrfach sei ihm in dieser Zeit, wenn er spät von der Arbeit nach Hause kam, im Flur eine Person begegnet, die aussah wie Hafa, offene Haare und einen Pyjama trug, aber natürlich nicht Hafa sein konnte. Der Teufel, darin waren sich alle einig, existiere; doch es gebe auch die *jin*, und nicht immer wurde in den Erzählungen deutlich, wer gerade am Werk gewesen war. In einem Fall, den wieder Hafa erzählte, sei es wohl eindeutig ein *jin* gewesen, und in gewisser Weise erinnerte er sie an die geschilderten Begebenheiten in der Wohnung. Es habe sich um einen *jin* in Gestalt der Großmutter gehandelt, der hin und wieder für poltergeistartige Irritationen gesorgt habe. Die Großmutter habe allerdings davon gewusst und versucht, seine Existenz vor der Familie geheim zu halten. Dieser Geist wurde nicht als gefährlich beschrieben, und offensichtlich hatte sich die Familie mit der ungewöhnlichen Mitbewohnerin der Großmutter arrangiert.

Duldsamkeit als Ideal

Doch wir waren nicht nur zum Essen und Plaudern über Geister verabredet. Das Thema, das ich vorgeschlagen hatte, war das Vorbild der Frauen des Propheten für das Leben der Anwesenden. Dounia, die sich immer bemühte, Belege und schriftliche Quellen zu finden, mit denen sie ihre Auffassungen untermauerte, hatte auch dieses Thema gründlich vorbereitet und ein zwanzigseitiges Manuskript mit den Porträts der einzelnen Frauen angefertigt. Sie begann mit Khadija, der ersten Frau Mohammeds, von der sie im besonderen Maß beeindruckt war. Khadija soll eine wohlhabende, einflussreiche und hochgeachtete Witwe gewesen sein, um deren Hand viele Männer vergeblich angehalten hatten. Mohammed stand der Überlieferung zufolge in ihren Diensten, und sie fand offenbar Gefallen an ihm. Obgleich sie etwa 15 Jahre älter war als er, machte sie ihm einen Heiratsantrag, den er annahm. Beide sollen, so die Quellen, glücklich miteinander gelebt haben. Als Mohammed begann, sich zum Meditieren in eine abseits von Mekka gelegene Grotte im Berg Hira zurückzuziehen, wo ihm dann vom Engel Gabriel der Koran offenbart worden sei, soll sie ihn unterstützt und nie an ihm gezweifelt haben. Die islamischen Quellen sprechen von ihr als der ersten Muslimin, und Gott selbst soll ihr einen Gruß entsandt haben. Die Ehe war monogam und endete mit Khadijas Tod. Mohammeds hohe Meinung von seiner ersten Frau soll später, als er elf weitere Frauen nahm, für Eifersucht gesorgt haben. Für Dounia war Khadija das absolute Vorbild. Ihre Augen leuchteten, wenn sie von ihr sprach. Es war die absolute Ergebenheit, die ihr gefiel. Niemals habe Khadija den Propheten getadelt, ihm nie Vorwürfe gemacht, wie es normale Frauen gewöhnlich täten. Dounias Ideal war eine geduldige Frau, die ihren Mann abends mit Freundlichkeit empfängt und ihn nicht fragt, warum er zu spät kommt oder wo er die ganze Zeit war. Hafa stimmte zu. Wenn ein Mann nach einem langen Arbeitstag nach Hause komme, müsse er erwarten können, dass die Wohnung aufgeräumt und ein warmes Essen vorbereitet sei. Die Frau solle Zeit für ihren Mann haben und nicht am Telefon herumhängen. Wie es denn sei, wenn beide arbeiteten, fragte ich. Dann müsse die häusliche Arbeit geteilt werden, meinte Hafa. Wenn sie zuerst zu Hause sei, dann bereite sie das Essen vor, wenn der Mann zuerst komme, müsse er eben beginnen.

Alle waren sich einig: Wenn Frauen geraten werde, sich Khadija zum Vorbild zu nehmen, dann müssten Männer sich am Propheten Mohammed orientieren. Die zweite Frau des Propheten, die Dounia vorstellte, war Sauda bint Sama. Sie war ebenfalls Witwe, sehr viel älter als Mohammed, und sei mehr oder weniger für den Haushalt und die Versorgung der Kinder zuständig gewesen. Ansprüche habe sie nicht gestellt und auch akzeptiert, dass Mohammed sie nicht geliebt haben soll. Auch bei Sauda schätzte Dounia die Duldsamkeit und die Bereitschaft zur Selbstaufgabe. Die dritte Ehefrau des Propheten, Aischa, hatte diese Eigenschaften nicht. Sie war noch ein Kind, als sie den Propheten heiratete, offensichtlich klug und machtbewusst, und sorgte immer wieder für Aufruhr. Ungefähr die Hälfte aller *hadith* soll von Aischa überliefert worden sein, und die Frauen bewunderten sie für das große Wissen, das ihr nachgesagt wird. Nach dem Tod des Propheten beteiligte sich Aischa den Überlieferungen zufolge aktiv an den ausbrechenden Erbfolgestreitigkeiten und führte sogar, auf einem Kriegskamel sitzend, eine Schlacht gegen Ali bin Talib an, den Schwiegersohn Mohammeds, der der vierte Kalif werden sollte. Aischa ist neben Khadija die prominenteste Frau Mohammeds, doch es wurde in unserem Gespräch klar, dass ihr Charakter zu speziell war, um den Frauen als Vorbild zu dienen.

Schon die Umstände ihrer Eheschließung wollten die Frauen nicht in die Gegenwart übertragen wissen. Damals sei Kinderheirat eben üblich gewesen, doch heute natürlich nicht. Auch sei die Geschlechtsreife bei Mädchen früher eingetreten als heute, weshalb man die Verhältnisse nicht vergleichen könne. Von Aischa wird berichtet, dass sie eifersüchtig auf die anderen Frauen des Propheten gewesen sei, vor allem auf die verstorbene Khadija, und das konnte man in unserer Runde verstehen. An der ersten Ehe des Propheten gefiel den Frauen ohnehin, dass sie monogam gewesen war. Auch kam es gut an, dass Mohammed zweimal sehr viel ältere Frauen geheiratet hatte. Daran sollten sich die Männer ein Beispiel nehmen, fanden alle. Das Modell der Ehe mit Aischa entspricht eher dem üblichen Klischee, dass ältere Männer jungen Frauen und Mädchen nachstellen, doch die Ehen mit Khadija und Sauda brechen mit diesem Stereotyp. Obgleich Eigenschaften wie Duldsamkeit und Opferbereitschaft bei diesen Frauen eine viel größere Rolle spielen als bei der rebellischen Aischa, fühlten sich die Frauen davon stärker angesprochen. Was sie in einer Ehe erhofften, war schließlich Achtung und Anerkennung und nicht die Taxierung nach Jugend und Schönheit.

»Bei uns haben die Frauen die Hosen an«

Am 30. August 2012 lud Hafa Zafira und mich zu sich nach Hause ein. Hafa lebte mit ihrer Familie in einer Wohnanlage in dem Vorort Nordenstadt, zusammen mit vielen anderen Mietparteien. Über einen dunklen Gang im Parterre gelangte man in die Wohnung, zunächst in einem winzigen Flur, in dem die Schuhe abgestellt werden, dann ins Wohnzimmer. Es wurde durch einen riesigen, an der Wand hängenden Flachbildschirm beherrscht, auf dem gerade ein amerikanisches Unterhaltungsprogramm lief. Später wurde auf einen marokkanischen Sender umgeschaltet, und wir hörten uns Gesänge von islamischen A-cappella-Gruppen (*nashid*) an. Vor dem Bildschirm stand ein großes L-förmiges Sofa mit violettem Überzug und vielen Kissen, alles in einem üppigen orientalischen Stil gehalten, davor ein länglicher Tisch mit einem passenden Tuch, zum Schutz mit einer durchsichtigen Plastikdecke eingebunden. Auch die weiß-lilafarbigen Vorhänge waren in orientalischem Dekor gehalten. Linker Hand des Eingangs in dem offenen Raum stand ein Esstisch und an der Wand ein Sideboard mit Geschirr, vorwiegend solchem, das reich verziert war. Hafa legte Wert auf eine schöne Einrichtung und hatte sich Mühe gegeben, Marokko in Nordenstadt lebendig werden zu lassen. Die Jalousien waren halb heruntergelassen, und es war trotz des hellen Tages dämmrig im Raum. Ein Zimmer für die Mädchen im Alter von fünf und acht Jahren war in rosa gehalten und mit einem an der Wand hängenden Fernseher ausgestattet. Der Junge, zwölf Jahre alt, hatte ein eigenes Zimmer, besaß aber keinen eigenen Fernseher. Es langweilte sich und fragte, ob er auf den Spielplatz dürfe, doch Hafa lehnte ab. Es sei ihr nicht recht, wenn er draußen sei, meinte sie besorgt. Sie erzählte, dass er nach Marokko ziehen möchte, sobald er 18 wird. Dort verstünde er sich gut mit seinen Cousins, hier habe er niemanden.

Hafa servierte Couscous für uns. Es schmeckte köstlich. Danach gab es eine Süßspeise auf Nudelbasis, anschließend Kuchen, den Sofia mitgebracht hatte, Kaffee und Kekse. Ich wollte etwas über die Geschichte der beiden wissen, vor allem über ihre Ehen und Familienverhältnisse. Zafira erzählte, dass ihr Mann ihr Cousin zweiten Grades in der mütterlichen Linie ist. Er sei im selben Zimmer zur Welt gekommen wie sie und habe sich bereits als Kind um sie gekümmert. Er ist zehn Jahre älter, und schon früh habe man spekuliert, ob die beiden vielleicht später heiraten würden. Als Zafira 14 wurde, hätten sie sich verlobt; mit 16 wurde geheiratet. Eine begonnene Ausbildung zur Apothekenhelferin brach sie ab, da sie einen bestimmten Verdienst nachweisen musste, um ihren Mann aus Marokko nach Deutschland zu holen. Sie ging arbeiten, um diesen Nachweis zu erbringen. Mit 17 war das erste Kind da und mit 18 bereits das zweite. Heute, sagte sie, würde sie es anders machen. Als Kind schon Mutter zu sein sei hart gewesen. Zwischen dem zweiten und dem dritten Kind vergingen dann neun Jahre, und das vierte Kind, ein Junge namens Amin, war gerade sechs Jahre alt. Weitere Kinder waren nicht geplant. Zafira war 39 Jahre alt und engagierte sich im Kinderschutzbund. Zusammen mit ihrer ältesten Tochter hatte sie sich für eine Ausbildung zur Jugendleiterin im Stadtjugendamt angemeldet. Sie wolle eine Zukunft haben, die über die Familienarbeit hinausgehe, meinte sie. Hafa war 19 Jahre alt, als sie heiratete. Ihr Mann, der damals schon in Deutschland lebte, hatte sie auf einem Hochzeitsvideo entdeckt und gefragt, wer denn das Mädchen im roten Kleid sei. Er habe dann auf dem üblichen Weg über Verwandte Kontakt zu ihrer Familie aufgenommen, doch Hafa war zunächst nicht interessiert. Auf Bildern habe er einen Schnurrbart gehabt, und das gefiel ihr nicht. Der Mann blieb hartnäckig, rief sie an, und irgendwann begann sie, sich auf seine Anrufe zu freuen. Ihr habe seine Bodenständigkeit gefallen, sagte sie, und dann habe sie ihm eines Tages gesagt, er solle seine Mutter vorbeischicken, um für ihn einen Heiratsantrag zu stellen. So kam sie nach Deutschland, in ein Land, in das sie gar nicht gehen wollte. Zusammen mit ihrem Mann arbeitete sie in der Küche eines Restaurants, doch als sie schwanger wurde und ihr vom Geruch des Essens schlecht wurde, hörte sie auf. Sie blieb zu Hause, fühlte sich aber einsam und isoliert so fern von ihrer Familie.

Zafira und ihr Mann haben ein Haus in Marokko, obwohl sie in Deutschland bleiben wollen. Deutschland sei eben mittlerweile ihre Heimat. Auch Zafiras Vater, der immer bekundet hatte, nach seinem Renteneintritt zurückzugehen, sei hiergeblieben. Hafa und ihr Mann wollten auch ein Haus in Marokko bauen, aber ebenfalls nicht dorthin zurückkehren. Sie benötigten es, wenn sie zu Besuch kämen, meinte sie. Besuche in die Heimat wurden allerdings nicht jedes Jahr unternommen. Das Geld für die vielen Ansprüche der Verwandtschaft fehle. Jeder erwarte größere Beiträge, sei es für Hochzeiten, sei es für medizinische Versorgung oder die Begleichung von Schulden. Beide beklagten, dass sie permanent von den Verwandten um Unterstützung angegangen würden, dass man sie für unermesslich reich halte und nicht realisiere, welche Ausgaben sie in Deutschland hätten.

Besonders die Schwiegermütter seien ein Problem. Bei diesem Thema sprudelten beide über. Sie echauffierten sich sehr über intrigante Schwiegermütter, die mit den Schwiegertöchtern um die Liebe und Aufmerksamkeit des Sohnes konkurrieren, die Nachgiebigkeit der Männer gegenüber ihren Müttern und die gespielte Wehleidigkeit der alten Damen, die aus jedem Kopfschmerz eine tödliche Krankheit machten. Dennoch hörte es sich so an, als ob sie sich letztendlich durchsetzen und ihre Ehemänner wenigstens teilweise davon überzeugen konnten, sich auf ihre Seite zu stellen. Ohnehin hatte ich bei den Schilderungen den Eindruck, dass ihre Position in der Familie recht gut war. Ich fragte dezidiert nach. »Bei uns haben die Frauen die Hosen an und die Männer die Röcke«, sagte Zafira scherzhaft, und Hafa nickte. Die Männer würden die Frauen bei allem konsultieren und nichts allein entscheiden, sähe man einmal von Geldsendungen im Krankheitsfall ab. Das sei zwar nicht von Anfang an in der Ehe so gewesen, meinte Zafira, aber mittlerweile habe sie eine ganz starke Position. Wie es denn mit Gewalt in marokkanischen Familien sei, will ich wissen. Das sei total diskreditiert, sagt sie. Man dürfe keine Frauen schlagen, das sei unislamisch, und der strittige Koranvers werde durch die Überlieferung entkräftet. Nur die Männer, die nicht fromm seien und Alkohol tränken, seien gewalttätig, gläubige Männer dagegen nicht. Deshalb seien auch die Salafisten gute Ehemänner.

Die Nacht des Schicksals

Die eindrucksvollste aller meiner teilnehmenden Beobachtungen fand am 14. August 2012 statt, und sie hat mir auch einen wunderbaren Einblick in etwas gegeben, das wir in der Ethnologie als die Faszination des Rituals bezeichnen. Rituale eröffnen immer besondere Fenster zum Verständnis der anderen, und dies gilt natürlich speziell für religiöse Phänomene. In Ritualen lässt sich gewissermaßen eine Essenz des gelebten Glaubens beobachten, aber auch der Effekt der gemeinsamen Handlungen für die Bildung einer *communitas*, einer durch das Ritual und den Glauben zusammengehaltenen Gemeinschaft. In gewisser Weise geschieht die Vergewisserung und Bestätigung der religiösen Gemeinschaft in jedem Ritual, das heißt bei Muslimen bei jedem Freitagsgebet, doch sind es die großen Ereignisse, die über die Gruppe der stets anwesenden Männer hinaus die gesamte Gemeinde zusammenbringen. Während des Ramadan gibt es religiöse Zusammenkünfte, an denen ganze Familien teilnehmen und auch die Frauen stark eingebunden sind. Die *lailat al qadr*, die »Nacht des Schicksals«, ist eines dieser Ereignisse. In dieser Nacht soll der Koran auf die Erde herabgesandt worden sein, und weltweit zelebrieren Muslime die Erinnerung an diese Begebenheit in den Moscheen.

Zahra und Aalia hatten mich eingeladen, die *lailat al qadr* mit ihnen zusammen in der Omar-Moschee zu verbringen. Es war keine Public-Relations-Veranstaltung wie das geschilderte Fastenbrechen für nichtmuslimische Gäste, an dem ich drei Tage zuvor teilgenommen hatte, sondern ein Ritual für Muslime. Da Moscheen gleichzeitig öffentliche und offene Orte sind, wie mir Zahra versicherte, sei ich aber auch als Nichtmuslimin willkommen.

Wir verabredeten uns für 20:20 Uhr, vor dem offiziellen Beginn der Veranstaltung, da ich vermeiden wollte, alleine zu erscheinen. Es ist schöner, Vertraute neben sich zu haben, nicht selbst erklären zu müssen, warum man gekommen ist. Außerdem wollte ich aktiv an beiden Abendgebeten teilnehmen und brauchte dazu meine persönlichen Ritualführerinnen. Ich hatte mir in der Vergangenheit verschiedene Videos prominenter Prediger zum Thema »Wie bete ich richtig?« auf YouTube angesehen, unter anderem eines von Pierre Vogel. Zahra, Aalia und ich hatten uns bei einem Treffen über Vogels Gebetsanleitung unterhalten, und wir waren uns einig, dass wir diese Art proletarischer Hemdsärmeligkeit wenig attraktiv fanden. Deshalb hatte ich zur Vorbereitung nach Alternativen Ausschau gehalten, vor allem solchen, die die einzelnen Phasen des Gebets kurz und knapp darlegen, ohne allzu viel Energie auf Showeffekte zu verschwenden. Ich hörte mir die arabischen Verse an, um ein Gefühl für Klang und Rhythmus zu bekommen; danach las ich die deutsche Übersetzung. Ich fühlte mich nicht völlig unvorbereitet, aber doch keineswegs sicher.

Ich zog meine aus einer früheren Forschung stammende indonesische Moscheebekleidung an: einen langen Rock aus dunkelblauer Seide, ein Oberteil, das an den Armen eng und über den Hüften weit geschnitten ist, und einen passenden Schal, den man um Hals und Schultern legen kann, um jede Andeutung von Haut zu verbergen. Meine langen Haare, zu einem Pferdeschwanz gebunden, bedeckte ich mit einem weißen indonesischen *jilbab*, einem Kopftuch mit Gummizug und verstärktem Stirnschirm, das weit über Schultern und Brust fällt. Ich fand mich nicht besonders elegant mit dieser

Kopfbedeckung, doch die Kommentare der Frauen waren ausnahmslos positiv. Zahras schöne Schwester Asiya, die stets aussah wie aus einem islamischen Modemagazin entsprungen, machte mir überaus schmeichelhafte Komplimente. Ich teilte zwar nicht ihre Meinung, dass ich wie ein Engel aussah, freute mich aber dennoch über ihre aufmunternden Worte.

Um 20:30 Uhr wurde es bereits eng in dem Frauenraum, in dem wir uns vor dem Gebet versammelten. Die Mehrheit der Anwesenden waren marokkanische Berberinnen, viele in bestickten *jellabas*, andere in langen schwarzen Gewändern. Einige der Älteren trugen die traditionell üblichen Tatauierungen an Stirn und Kinn. Meine Nachbarin zur Rechten kam aus dem Libanon, ihre Freundin aus Palästina und eine dritte Frau aus Ägypten. Nachdem wir uns vorgestellt und uns gegenseitig Zahl und Alter der bereits erwachsenen Kinder mitgeteilt hatten, sprachen wir über Politik, die Entwicklung nach der Arabellion und die Lage in Palästina. Die Frauen begrüßten die Islamisierung der Gesellschaften Nordafrikas einhellig. Ihre Kenntnisse erwarben sie unter anderem auch durch gemeinsame Reisen in Ländern, in denen sie Freundinnen hatten. Mit Rucksack und Wanderschuhen zögen sie los, erzählten sie, und hätten schon Ägypten und Marokko erkundet. Demnächst solle es in die Türkei gehen. Da mir bislang fast ausschließlich erzählt wurde, dass man die Ferien in der alten Heimat verbringt, fand ich diese unternehmungslustige Großmütterriege außerordentlich bemerkenswert. Von begleitenden Ehemännern war in ihren Erzählungen keine Rede.

Die Zeit verging wie im Flug, und wir näherten uns dem Moment des Fastenbrechens. Endlich ertönte der *azzan*-Ruf. Die Frauen hatten 18 Stunden weder gegessen noch getrunken. Jetzt wurden Datteln gereicht und Milch getrunken, wie damals zur Zeit des Propheten. Dann aß man die traditionelle *hariri*-Suppe und süßes Gebäck. Der kurze Schmaus währte indes nicht lange. Schon nach wenigen Minuten standen die ersten auf und begaben sich auf die Gebetsempore. Zahra und ich ließen uns vor dem geöffneten Fenster nieder. Es war heiß, und der Schweiß stand uns auf der Stirn. Nur der Abendwind brachte ein bisschen Kühlung, bis das Gebet begann und das Fenster wieder geschlossen wurde. Die Frauen stellten sich dicht an dicht auf die im Teppich eingewebten Reihen, Schulter an Schulter, Füße an Füße. Beim Gebet wird Gemeinschaft auch räumlich hergestellt, und keine Lücke darf zwischen den Betenden entstehen. Über den kleinen Schwarzweißbildschirm in der linken Ecke konnten wir beobachten, was im vorderen Teil des Männerraumes vor sich ging, wo sich Geistliche und Funktionsträger der Gemeinde versammelt hatten. »*Allahu akbar*«, begann der Imam, und wir vollzogen die vorgeschriebenen Bewegungen. Aalia stand an meiner linken Seite und achtete darauf, dass ich alles richtig machte, dass mein Blick in einem bestimmten Winkel zu Boden gerichtet war und ich mich im Rhythmus mit den anderen beugte, niederwarf und wieder aufstand. Nach den ersten Anfangsschwierigkeiten, bei denen sich meine Füße im Rock und mein Schal in den Füßen verhedderten, klappte es ganz gut und ging schnell in einen Automatismus über, in dem ich nicht mehr nachdenken musste.

Nach dem *maghrib*-Gebet wurde erneut gegessen. Eine Frau hatte offenbar einen Hammel gespendet, und man servierte uns riesige Platten mit Fleisch, grünen Bohnen und Oliven. Gegessen wurde mit den Fingern und mit Fladenbrot, mit dem man die Soße aufnehmen konnte. Dazu gab es Wasser und Limonade.

Um 22:58 begann das Nachtgebet (*isha*). Jetzt wurde es richtig voll in der Moschee. Über Lautsprecher wurden die Männer aufgefordert, zusammenzurücken, und auch bei uns auf der Empore war das Limit erreicht. Einige Frauen blieben im Flur stehen. Ich traf Zafira, die mit ihrem sechsjährigen Sohn gekommen war. Der Kleine wollte in der Moschee übernachten wie sein Vater, der bis zum *fadjr*-Gebet um vier Uhr morgens bleiben würde. Allerdings wirkte er schon jetzt hoffnungslos übermüdet, suchte vergeblich sein Kopfkissen, zerrte an Zafira herum, zeterte und schrie. Heute war sein erster Schultag gewesen, und es war wohl zu viel der Aufregung. Aalia war bereits nach Hause gegangen. Sie hatte Magenschmerzen. Asiya würde mit ihrer Mutter ebenfalls bis zum *fajr* bleiben, und Zahra würde die beiden Töchter mitnehmen und am nächsten Morgen in die Schule bringen. Asiya freute sich auf die Nacht in der Moschee. Anders als ihre Schwester, die sich für andere Religionen interessierte und ein recht unorthodoxes Verhältnis zum Islam pflegte, verfügte sie über einen Schatz vermeintlicher Wahrheiten, die sie nicht in Frage stellte. Mit leuchtenden Augen zitierte sie für mich ein Gebet in deutscher Sprache. »Wenn du das jeden Abend betest, oder am besten mehrmals am Tag, dann kommst du direkt ins Paradies, wenn du stirbst«, sagte sie. »Alle deine Sünden sind dann mit einem Schlag vergeben.« Zahra war skeptisch. Ob man ins Paradies komme, wisse man doch gar nicht, warf sie ein. Woher Asiya denn die Sicherheit nehme, dass das wirklich so sei? »Das haben wir doch gelernt«, verteidigte sich Asiya und setzte nach: »Glaubst du etwa nicht?« Zahra wollte sich nicht mit der temperamentvollen Schwester streiten. Der Umstand, dass das Gebet zur Beruhigung und zu einem guten Schlaf beitragen sollte, reichte ihr als Begründung, um es zu sprechen. Das Paradies war noch weit entfernt.

Das *isha* ist ein langes Gebet, und sowohl Zafira als auch Zahra fragten mich, ob ich wirklich so lange bleiben wolle. Es sei so anstrengend, meinte Zafira, und ich müsse mir das nicht zumuten. Ich bestand darauf, zu bleiben, schon deshalb, weil ich mir erhoffte, mehr Atmosphärisches zu erleben, nachdem ich mich jetzt weniger auf die exakten Bewegungen konzentrieren musste. Die Abfolge ist relativ einfach, und ich traute mir zu, beim nächsten Gebet etwas »abschalten« zu können. Die arabische Sprache gefiel mir, auch einige der Rezitationen, die ich mittlerweile verstand: »*Bismillah ar-Rahman ar-Rahim*«, »im Namen des barmherzigen und gnädigen Gottes«. Diese Nacht zählt mehr als tausend andere, sagt man, und wenn man Gott jetzt um Vergebung bittet, dann wird sie gewährt. Es ist das immerwährende gleiche Thema: die menschliche Schwäche und die göttliche Absolution. Wer Gott anfleht, dem wird Gnade gewährt. Ein verlockender Gedanke, der ungemein entlastet. Keine endlose Schuld, kein Ringen um Verzeihung durch diejenigen, denen man Unrecht getan hat, kein Tragen der vollen Verantwortung. Die trägt der *shejtan*, der ewige Versucher. »Ich nehme Zuflucht beim Herrn der Menschen«, rezitierte der Imam, »vor dem Übel des Einflüsterers.« Da war sie wieder, die Sicherheit, die Asiya gezeigt hatte, als sie fragte: »Glaubst du denn nicht?« Was immer auch gewesen ist, was immer man auch getan hat, Gott vergibt dem, der ihn darum bittet. Vor allem im Ramadan, und ganz besonders in dieser Nacht. Alle Sünden werden getilgt, und man fängt wieder bei »Null« an. Kein Wunder, dass die Moschee fast zu klein war für all die Gläubigen, die in dieser Nacht den Segen Gottes suchten.

Besondere Gnade sollen die erfahren, die spenden. Nach dem ersten Teil des Gebets wurden unten im Männertrakt die Namen derjenigen vorgelesen, die Geld für die Moschee ausgegeben hatten. Bittgebete für die Spender wurden gesprochen. Oben, bei uns Frauen, begann ebenfalls eine Sammelaktion. Meine libanesische Tischnachbarin ging mit einer Tasche umher, eine Türkin sammelte gar in ihrem Rockschoß. Zahra versuchte zu intervenieren und sagte der Libanesin, der Vorstand habe das eigenständige Sammeln im Frauentrakt untersagt. Es gebe einen Kasten, in den Spenden eingeworfen werden könnten. Die Libanesin verschwand und erkundigte sich bei einer Frau, die in der Hierarchie höher stand als Zahra. Diese gab ihr recht. Es sei erlaubt, für die Moschee zu sammeln, meinte sie, nur Spenden für bedürftige Einzelpersonen seien verboten. Wenn die Männer sich unten mit ihren Spenden Pluspunkte für das Jüngste Gericht erwerben könnten, müsste dies den Frauen auch gestattet sein. Die Türkin indessen hatte das gesammelte Geld in eine Plastiktüte gekippt und warf die Tüte über die hölzerne Brüstung in den Männerbereich. Alle hielten die Luft an, doch es passierte nichts. Irgendwann fingen die Frauen an, sich zu langweilen, während die Männer, wie wir auf dem trüben Bild des Fernsehers mitverfolgen konnten, ohne Ermüdung weitere Spenden verkündeten. Die Kinder wurden müde und quengelten. Es war heiß und stickig. »In der Hölle ist es heißer«, sagte eine Frau, und so könnten wir uns schon mal darauf vorbereiten. Eine kurze Irritation meinerseits: Ich dachte, wir kommen alle ins Paradies? Oder wird jetzt wieder die andere Geschichte hervorgeholt, der zufolge die Hölle voll mit Frauen ist? Nicht nur ich war konsterniert.

Endlich war die ganze Aktion vorbei und wir konnten weiterbeten. Die Stimmung war konzentriert, ja fast meditativ. Rechts von mir war Zafira, links Zahra; ich fand es richtig schön. Die Stimme des Imam war beruhigend, unsere Bewegungen flossen, die Schultern berührten sich – alles war gut. Irgendwann begrüßen wir zum letzten Mal die Engel auf unseren Schultern: »*Salamu aleikum*« nach rechts und »*Salamu aleikum*« nach links, dann war es vorbei. Einige Frauen blieben bis zum Morgengebet und wohl auch etliche der Männer. Die meisten aber gingen nach Hause, hinaus in die warme Sommernacht.

12. Durch Heiratsbeziehungen mit Marokko verbunden: Die Badr Moschee

Die Badr-Moschee war einst der Ursprung aller marokkanischen Moscheen in Wiesbaden. Bereits 1969 hatten sich die ersten aus der Gegend von Nador stammenden Gastarbeiter zusammengefunden und zunächst in einem Kaufhauscafé getroffen, doch als sie wegen des Lärms kritisiert wurden, beschlossen sie, einen Verein zu gründen und sich eine eigene Bleibe zu suchen. Mehrere Stationen führten um die Jahrtausendwende zu einem eigenen Haus in der

Schwalbacher Straße und im Jahr 2012 zu einer neuen Moschee in Schierstein. Ein ehemaliges Sportzentrum hatte Insolvenz angemeldet und konnte von der Gemeinde, dem Marokkanischen Kulturverein e.V., übernommen werden.

Ein Sportzentrum wird Moschee

Der Gemeinde gehören etwa hundertsiebzig Familien an, die jeweils einen bestimmten Monatsbeitrag für die laufenden Kosten, die Abzahlung des Kredits für das Gebäude und andere Ausgaben entrichten. Das neue Domizil wurde für eine »siebenstellige Summe« erworben und seitdem mithilfe eigener Gemeindehandwerker umgebaut. Die räumlichen Gegebenheiten sind für die geplanten Aktivitäten ideal. Der Komplex enthält circa 4.000 m² Nutzfläche, davon allein 1.200 m² für eine Indoor-Sportanlage mit Netzen für Mannschaftssport und einer ganzen Reihe von Cardiogeräten: Cross-Trainer, Stepper, Laufbänder und Fahrrad-Heimtrainer.

Im Erdgeschoss befindet sich außer den Sporthallen ein großer Empfangsbereich mit einem Tresen, an dem Getränke bestellt und am Wochenende auch belegte Brötchen für die Kinder ausgegeben werden. Linker Hand des Eingangs ist ein kleines Büro untergebracht. Durch einen mittelgroßen, offenen Raum, vor dem die Schuhe abgestellt werden, gelangt man zu einer improvisierten Treppe, die in den ersten Stock und dort unmittelbar in den Gebetsraum der Männer führt. Alles ist mit Teppichen ausgelegt, die ein Gast aus der Golfregion gespendet hat. Wiesbaden, so das Vorstandsmitglied Fouad Boudraa, sei wegen der Deutschen Klinik für Diagnostik und der vielen heißen Quellen ein bevorzugtes Ziel für Reisende aus den Arabischen Emiraten, die in der Regel über die arabischen Moscheen informiert seien und manchmal zum Gebet kämen. Spenden an eine Moschee seien gute Taten, die im Jenseits vergolten würden, und so könne man ab und zu hoffen, von dieser Seite Unterstützung zu erhalten. Ein Geschenk sei auch die *minbar*, die Gebetskanzel, die ganz in gedrechseltem Holz gehalten ist. Sie wurde vor dreißig Jahren vom ehemaligen marokkanischen König Hassan II. überreicht. Drei Moscheen seien damals vom Königshaus ausgestattet worden: die Badr-Moschee in Wiesbaden, eine Frankfurter und eine Düsseldorfer Moschee. Die drei Standorte entsprechen auch den wichtigsten Niederlassungen der marokkanischen Muslime in Deutschland. Die Beziehungen zum Konsulat seien gut, meinte

Boudraa, und man erfahre noch immer Unterstützung. Zum Beispiel werde während des Ramadan ein Imam gestellt und finanziert. Die Moschee müsse nur für die Verpflegung sorgen. Die *mihrab*, die kleine Gebetsnische, die sich hier links neben der *minbar* befindet, war zum Zeitpunkt unseres Besuchs noch nicht ganz fertiggestellt. Zwar waren die grünen Kacheln am äußeren Bogen bereits angebracht, doch die Kalligrafie, die das Innere zieren sollte, stand noch auf dem Boden.

Vom Gebetsraum der Männer gelangt man über einen kleinen Flur, dessen Wand damals gerade mit einer kleinen Malerei verziert wurde, in den Frauentrakt, der sich noch in einem renovierungsbedürftigen Zustand befand. Er bestand aus mehreren Multifunktionsräumen. In einem von ihnen können die Predigten über einen Bildschirm mitverfolgt werden. In einem anderen wurde im hinteren Teil eine Spielecke für Kleinkinder eingerichtet, da die jungen Mütter gewöhnlich ihre Kinder mitbringen, wenn sie an einem der Kurse teilnehmen, die für sie angeboten werden. Wie in den anderen arabischen Moscheen gibt es Frauenfrühstücke und damit verbundene Vorträge, etwa zu Fragen der Gesundheit und Ernährung, sowie das Projekt »Mama lernt Deutsch«, das in Zusammenarbeit mit der Volksbildungsstätte Schierstein angeboten wird. Zum Freitagsgebet erscheinen nach Angaben des Vorstandes gewöhnlich etwa dreißig Frauen. Ein anderer Raum von etwas geringerer Größe war bei unserem ersten Besuch von einer kleinen Gruppe belegt, zwei Schülern und einer Schülerin, die Nachhilfe in Mathematik erhielten. Der Nachhilfelehrer, ein junger Ingenieur, gehörte zu den sieben Freiwilligen, die sich um das Bildungsangebot für die Kinder kümmerten. Nachhilfe werde, so unsere Begleiter vom Vorstand des Vereins, in verschiedenen Fächern angeboten, darunter Englisch, Französisch, Deutsch, Mathematik und Physik. An Sonntagen können die Kinder Arabisch lernen und erhalten die obligatorischen Koranschulungen, die in jeder Moschee durchgeführt werden.

Eine Hauptattraktion der Moschee soll das Sportangebot werden. Als wir die großen Hallen im März 2014 erstmals besichtigten, kämpfte der Vorstand jedoch noch mit Auflagen der Bauaufsicht. Neue Brandschutzbestimmungen sorgten dafür, dass die Anlage nicht mehr wie unter dem vorherigen Eigentümer weitergeführt werden konnte. Fluchtwege wurden angemahnt und andere, sichere Baumaterialien für die Wände gefordert. Das bremste den Elan ein wenig, denn offiziell durfte die Anlage noch nicht genutzt werden. Das war natürlich bitter, denn insbesondere die Jungen drängten darauf, endlich Indoor-Fußball zu spielen. Ein Taekwondo-Trainer hatte sich ebenfalls gefunden, der bereit war, kostenlose Kurse zu veranstalten. Auch die Frauen meldeten Bedarf an. Sie hatten vor, Aerobic zu veranstalten, und eine Trainerin für Rückengymnastik stand ebenfalls bereit.

Freiheit und Pünktlichkeit

Aufgrund der Umzugsaktivitäten war es uns während der Hauptphase der Forschung nicht möglich gewesen, die Badr-Moschee zu besuchen, und wir hatten uns schon fast damit abgefunden, diese für Wiesbaden an sich bedeutsame Gemeinde ganz auslassen zu müssen. Aus forschungsinternen Gründen verlängerte sich unser Projekt jedoch über den anvisierten Zeitraum hinaus, und so hatten wir im März 2014 doch noch eine Möglichkeit, verspäteten Kontakt zur Gemeinde aufzunehmen. Die Vorstandsmitglieder Mohammed Jaatid, der als Vermessungstechniker für die Stadt tätig ist, und der Elektrotechniker Fouad Boudraa empfingen uns freundlich bei Kaffee und Wasser und waren bereit, unsere Fragen zu beantworten. Sie hatten gehört, dass wir lange Zeit in anderen Gemeinden geforscht hatten, und freuten sich, dass wir jetzt auch noch bei ihnen vorbeischauten. Es war ihnen wichtig zu betonen, dass sie gute Kontakte mit den Nachbarn etabliert hatten und offizielle Stellen wie der Ortsbeirat auf ihrer Seite standen. Wie andere Vertreter muslimischer Gemeinden waren sie sich bewusst, dass unsere Forschung Bedeutung für ihre Akzeptanz innerhalb der nichtmuslimischen Stadtgesellschaft haben könnte. Sie schwankten daher ein bisschen zwischen der Hoffnung, wir würden etwas Positives über sie zu Papier bringen, und der Angst, wir könnten islamophobe Vorurteile nähren. Wir fragten Jaatid, was ihm an Deutschland gefalle und was ihn störe, und er antwortete, dass es die klassischen deutschen Tugenden seien, die ihm am besten gefielen: Pünktlichkeit, Ehrlichkeit und Zielstrebigkeit, aber auch die Freiheit, die im Land herrsche. Was ihm missfalle, seien Vorurteile gegenüber Muslimen und Schuldzuweisungen gegenüber dem Islam. Man habe nicht die gleichen Rechte wie Christen oder Juden. In den vergangenen Jahren habe sich das Verhältnis von Politik und Kommune zu den Muslimen aber deutlich verbessert, meinte er zuversichtlich, und wenn man sich kennenlerne, könne man Vorurteile meist schnell ausräumen. Er selbst habe keine Probleme mit Nichtmuslimen, weder auf der Arbeit noch auf der Straße oder in der Nachbarschaft. Auch für muslimische Kinder sei es einfacher geworden, weil eine neue Generation von Lehrern offener sei als die alten. Die hier geborenen Kinder fühlten sich als Wiesbadener, meinten Jaatid und der ebenfalls anwesende Kassenwart Abdel Elfechtali. Sie würden es sogar als diskriminierend empfinden, in der Schule auf eine ferne Heimat angesprochen zu werden, die sie nicht hätten. Sein Sohn, meinte Jaatid, habe beispielsweise im Unterricht etwas über Marokko erklären sollen, und die Lehrerin habe sich verärgert gezeigt, als dieser sagte, er wisse es nicht. Wie er denn nichts über seine Heimat wissen könne, habe sie ihn gefragt. Seine Heimat sei Wiesbaden-Dotzheim, entgegnete Jaatid junior. Hier sei er geboren, in den Kindergarten gegangen und aufgewachsen. Wenn die Familie vom Urlaub in Marokko zurückkehre, würden sich die Kinder immer freuen, je näher Wiesbaden komme. Hier seien sie zu Hause.

Das Wunder der Konversion

Eine zweite Begegnung mit der Gemeinde fand Mitte April statt. Oliver und ich gesellten uns zum Freitagsgebet, und ich verzichtete darauf, in den Frauenbereich zu gehen, da dort bestenfalls eine Bildschirmübertragung des Ereignisses beobachtet werden konnte. Zuvor wurden wir, wie schon beim ersten Besuch, ins Büro des Vorstands gebeten und mit einem ausgezeichneten Cappuccino bewirtet. Boudraa holte mir aus dem Frauenbereich ein Kopftuch, als ich bekundete, mich während des Gebets bei den Männern aufhalten zu wollen. Verzögerungen ergaben sich, weil der allfreitäglich bestellte Übersetzer sich kurzfristig krank gemeldet hatte und jetzt auf seinen schriftlichen Text, eine kurze Zusammenfassung der Predigt, gewartet wurde. Es entstand eine gewisse Hektik im Büro, doch dann hatte man offensichtlich alles im Griff. Die Übersetzung wurde von allen auch deshalb als wichtig empfunden, weil Feiertag war und viele Jugendliche anwesend sein würden. Diese verstünden nur wenig Arabisch. Nach einer halben Stunde lag die Übersetzung vor, wurde ausgedruckt, und es konnte losgehen.

Oliver und ich zogen die Schuhe aus und stiegen die Treppe zum ersten Stock hinauf. Es waren etwa zweihundert Personen anwesend, die meisten von ihnen Erwachsene, doch auch einige Jugendliche und Kinder hatten sich eingefunden. Ein kleines Mädchen begleitete seinen Vater und war mit einem langen rosafarbenen Kleid und einem blauen Kopftuch bekleidet, das Brust und Schultern bedeckte. Ihre fast gleichaltrige Cousine hüpfte jedoch in Hose mit gebundenem Pferdeschwanz durch die Gebetsreihen. Die Gemeinde hatte sich in lockerer Formation versammelt, die Jugendlichen unterhielten sich in den hinteren Reihen, und die Kinder rannten umher, als der Imam mit seiner Predigt in arabischer Sprache begann. Im Anschluss las Boudraa die Zusammenfassung vor. Die Predigt begann mit der Formel »Im Namen Allahs, des Gnädigen und Barmherzigen«, dann kam man zum Eigentlichen: »Oh ihr Gläubigen, fürchtet Allah!« Das Thema des Tages waren die guten Taten und die entsprechenden Belohnungen, ein Motiv, das offensichtlich häufig in religiösen Ansprachen erwähnt wird. Allah belohne diejenigen, die Gutes tun, sowohl im Diesseits als auch im Jenseits, meinte der Imam. Er beschütze sie vor Feinden und gebe ihnen ein glückliches Ende. Diejenigen, die Gutes täten, erhielten Gutes zurück. Einer der Begriffe, um den sich dieses Konzept einer gerechten Vergeltung rankt, ist *ihsan*. *Ihsan* bedeutet eine gute Tat. Es hat aber auch etwas mit der Verehrung Allahs zu tun und bedeutet – erläuterte der Imam – Allah so zu verehren, als ob du ihn siehst, denn Allah sieht dich, auch wenn du ihn nicht siehst. Ich sprach im Nachhinein mit Mohammed Jaatid und fragte ihn, was es denn bedeute, Allah zu fürchten. Es sei keine wirklich Furcht, meinte er, eher ein Verhältnis wie zur Polizei, die darauf achte, dass man Gesetze nicht übertrete. Er liebe Allah und glaube, dass dieser barmherzig sei und den Menschen Gutes wolle. Viele Verse könne man nicht wörtlich nehmen. Sie hätten eine Bedeutung, die man auf den ersten Blick nicht sehe. Zum Beispiel gebe es einen Vers, in dem vom Schlagen von Frauen gesprochen werde. Dies bedeute aber nicht wirklich schlagen. Was es denn stattdessen bedeutet, konnten wir allerdings nicht klären.

Am Ende des Gebets gab es einen speziellen Programmpunkt: eine Konversion. Ein junger Mann nahm neben dem Imam und dem Kassenwart an einem Tisch Platz und wurde nach seinem Grund zum Übertritt befragt. Weil der Islam die richtige Religion sei, antwortete er. »Ein Wunder«, murmelten die Anwesenden. Ob er sich alles gut überlegt habe und auch freiwillig hier sei, fragte der Kassenwart im Auftrag des Imam weiter. Der Kandidat bejahte. Dann folgten moralische Unterweisungen. Eine Konversion heiße, dass man sich jetzt ernsthaft mit dem Islam befassen solle. Man müsse ihn studieren und auch den richtigen Weg gehen. Der Konvertit nickte brav zu allem und gelobte, den Geboten seiner neuen Wahlreligion zu folgen. Als dieser Teil abgeschlossen war, sprach er dreimal die *shahada*, das Glaubensbekenntnis, das ihm in arabischer Sprache vorgesprochen wurde, und dann beglückwünschte ihn die Gemeinde. Wir hatten im Anschluss die Gelegenheit, das »Wunder« noch etwas näher zu betrachten. Der junge Mann war in Begleitung seines Schwiegervaters in spe gekommen, eines geschwätzigen Alten, der ohne Punkt und Komma auf uns einredete und reichlich ungehalten auf Fragen reagierte. Ich fühlte mich ermuntert nachzufragen, wie er denn zu gegenteiligen Konversionen stehe, zum Übertritt vom Islam beispielsweise zum Katholizismus. Nur Geisteskranke ohne Hirn würden so etwas tun, ereiferte er sich, um dann mit einer erhitzen Schimpftirade gegen andere Religionen fortzufahren. Ob andere Religionen denn per se schlecht seien, hakte ich nach. Nein, natürlich nicht, meinte der Alte, aber sie seien eben keineswegs auf dem Stand des Islam, hätten ihre Berechtigung bestenfalls als Vorläufer der wahren Religion. Jetzt bekamen wir uns vollends in die Haare und brachen die Debatte dann ab. Der frisch gebackene Konvertit schwieg bei alldem und schaute mit betont leerem Blick in die Ferne. Das Ganze war ihm sichtlich unangenehm.

»Vier Frauen sind nicht möglich«

Erfreulicher war die Begegnung mit dem Imam, Kacem Assalhi, einem freundlichen älteren Herrn, der gleich den Kontakt mit uns suchte. Er hatte ein Theologiestudium an der Universität Casablanca absolviert und vertritt eigenem Bekunden nach einen liberalen modernen Islam. Nach Deutschland kam er vor zehn Jahren und ist seitdem im Dienst der Moschee. Seine Aufenthaltsgenehmigung ist unbefristet, und er besitzt eine eigene Wohnung in der Stadt. Einen Sohn und eine Tochter hatten er und seine Frau in Deutschland aufgezogen, doch beide waren mittlerweile wieder nach Marokko gegangen, um dort zu leben. Die Gemeinde liebte ihn, und besonders die Kinder waren von ihm angetan. Ohne große Scheu krabbelten sie auf ihm herum. Das sei ganz anders als in früheren Zeiten, meinte eines der Vorstandsmitglieder zu uns. Damals hatte man so große Ehrfurcht vor dem geistigen Oberhaupt, dass körperliche Berührungen als unstatthaft galten. Trotz dieser Nahbarkeit wird Kacem Assalhi als absolute Autorität in religiösen Fragen anerkannt. Wer auch immer eine Frage habe, wende sich an ihn, meinte Mohammed Jaatid. Daher gebe es auch kein größeres Problem mit Jugendlichen, die sich zu radikaleren Predigern hingezogen fühlen. Man achte seitens des Vorstandes sehr genau darauf, wer Einfluss in der Gemeinde habe, und delegiere die theologischen

Anliegen immer an den Imam. Als unser Gespräch auf die charismatischen Internetprediger kam, die in anderen Moscheen für Unruhe gesorgt hatten, meinte Fouad Boudraa, dass diese doch gar keine religiöse Ausbildung hätten. Als Ingenieur könne man eben nicht viel zur Interpretation des Koran beisteuern. Solche Dinge solle man doch den wirklichen Experten überlassen.

Welche Position der Imam vertritt, wurde bei unserem ersten Gespräch ersichtlich. Nicht jede *ayah*, jeder koranische Vers, so erläuterte er seinen Standpunkt, könne heute als Leitlinie für das Handeln der Muslime herangezogen werden. Es sei wichtig, zu verstehen, warum und in welchem Zusammenhang eine *ayah* gesandt worden sei. Einige der Verse seien Antworten auf konkrete Probleme des Propheten und seiner Gefährten im 7. Jahrhundert gewesen und könnten nicht in die heutige Zeit übertragen werden. Andere dagegen seien eher allgemeiner Natur und könnten Ewigkeitswert beanspruchen. Ich war überrascht, eine solch progressive Auffassung zu vernehmen, hatte ich doch bisher eher den Eindruck gewonnen, dass diese Strömung des islamisch-theologischen Diskurses an den deutschen Moscheegemeinden spurlos vorbeigezogen sei und man sich eher einer buchstabengetreuen Auslegung der heiligen Quellen verbunden fühlte. Dieser Imam jedoch arbeitete offensichtlich mit der Methode der historischen Interpretation, der Kontextualisierung. Wie er denn zur Polygynie stehe, die der Koran erlaube, wollte ich wissen. Er antwortete diplomatisch, fast so, wie ich es von islamischen Feministinnen kannte. Nun, entgegnete er lachend, einerseits stehe in der *ayah*, dass Männer bis zu vier Frauen heiraten könnten, allerdings nur dann, wenn sie diese Frauen gerecht behandeln würden. In einer anderen *ayah* heiße es aber explizit, dass es nicht möglich sei, in einem solchen Fall gerecht zu handeln. Daher müsse man eigentlich sagen, dass der Islam sich nicht für die Mehrehe bei Männern ausspricht, sondern klar sage, dass eine Frau genug sei. Wie es denn bei ihnen sei, fragte er die beiden Mitglieder des Vorstands, die unser Gespräch übersetzten, ob sie sich denn eine zweite Frau wünschten. Beide verneinten entrüstet.

Zur Frage des Kopftuchs war die Meinung des Imam konservativer. Ja, es müsse sein, es sei eine Vorschrift, allerdings erst ab der Pubertät. Außerdem solle kein Druck auf eine Frau ausgeübt werden. Sie müsse sich aus eigener Überzeugung entscheiden können.

Eine enge Gemeinschaft

Anders als andere marokkanische Moscheegemeinden bekennt sich die Badr-Moschee deutlich zu ihren marokkanischen Ursprüngen und möchte diese auch gewahrt wissen. Während sich die hinter den Gemeinden stehenden Vereine sonst mit dem allgemeinen Begriff des Islamischen in Verbindung bringen, nennt sich dieser Verein ganz traditionell »Marokkanischer Kulturverein e.V.« Das Label bringt zum Ausdruck, dass man sich in dezidierter Weise mit der Migrationsheimat verbunden fühlt. Was das konkret bedeutet, zeigte sich im Engagement der Gemeinde für Entwicklungsprojekte in der Heimatregion, aber auch in den Heiratspolitiken ihrer Mitglieder. Über beides konnten wir in einer größeren Gruppe von Männern sprechen. Die Verbindung zwischen der marokkanischen Region Nador, aus der fast alle marokkanischen Migranten in Wiesbaden kommen, und der neuen Heimat war immer stark, vor allem auf einer persönlichen Ebene. Wann immer man in den Ferien nach Marokko fuhr, war man genötigt, sich für die Daheimgebliebenen finanziell zu engagieren. Nicht immer wird diese Verpflichtung als Freude empfunden, da die Ansprüche teilweise überbordend sein können. Viele Migranten bauen Häuser in der Heimat bzw. der Heimat der Eltern und Großeltern, die sie während der Reisen nutzen, und teilweise bestehen auch Pläne, irgendwann selbst zurückzukehren – oder man schickt die Kinder nach Marokko, wie es der Imam getan hatte. Umgekehrt existiert auch ein ungebrochener Zuzug von Verwandten nach Deutschland. Das hat mehrere Gründe. Einerseits fühlt man sich verpflichtet, Angehörige nach Deutschland zu holen, um den Zugang zu materiellen Ressourcen zu teilen, aber auch, um die transnationale Community aufrechtzuerhalten. Nicht wenige der Zuzügler sind Heiratsmigranten.

Wie wichtig die Heirat zwischen Verwandten in Marokko und Deutschland ist, war mir nicht bewusst, bis ich bei einem Gespräch mit einem Gemeindemitglied beiläufig fragte, ob es für ihn akzeptabel sei, wenn seine Tochter sich in einen Nichtmuslim verliebe und ihn zu heiraten gedenke. Der Mann sah mich ungläubig an, konnte nicht fassen, dass ich ihm eine so dumme Frage stellen konnte, und reagierte mit einer schroffen Antwort. Andere intervenierten und ich setzte nach, diesmal an alle Anwesenden gerichtet. Wie es denn wäre, wenn die Tochter eines der Männer einen muslimischen Türken heiraten wolle? Man schaute erneut entsetzt. Er liebe seine Tochter, meinte einer schließlich, und wolle keinesfalls, dass sie nicht in der Nähe sei. Das kulturalistische Argument, das ich von türkischen Jugendlichen als Begründung für die Wahl einer türkischen Ehepartnerin gehört hatte, wurde nicht vorgetragen, doch der Hinweis auf die Entfernung wurde auch gebracht, als ich nach einem potentiellen Ehemann aus Rabat oder einer anderen marokkanischen Stadt fragte.

Die Wiesbadener Muslime kommen, wenn ihr Ursprungsland Marokko ist, fast ausnahmslos aus der Gegend von Nador. Als ich wissen wollte, wen die Männer selbst geheiratet hatten, stellte sich heraus, dass es immer Frauen aus Nador und in der überwiegenden Mehrheit Cousinen waren. Einer der Männer erzählte, er sei jung verheiratet worden und habe sein wildes Leben als Mann nach der Eheschließung zunächst nicht aufgegeben. Er sei wenig zu Hause gewesen und habe die Freizeit mit Freunden verbracht. Seine Frau habe alles klaglos akzeptiert. Wäre sie nicht seine Cousine gewesen, meinte er rückblickend, hätte es wohl ernsthafte Konflikte gegeben. Auch die anderen Männer waren der Ansicht, dass eine Heirat unter Verwandten viele Vorteile habe. Man kenne ja schon alle, müsse sich nicht auf Unbekannte einstellen und bleibe unter sich. Das minimiere Spannungen und mache die Ehen haltbarer. Dazu komme, bekannte einer, dass man durch Heiraten soziale Beziehungen festige. Manchmal würden Eltern schon bei der Geburt ihrer Kinder spätere Heiratsarrangements verabreden, finanzielle Transaktionen würden folgen, und wenn dann keine Ehe zustande käme, sei dies in jeder Hinsicht eine Katastrophe. Heiraten unter Verwandten halten die Gemeinschaft stabil, auch in der Diaspora, und darauf wird Wert gelegt. Die Ehe ist weniger eine Sache der Liebe, sondern einer rationalen Wahl der Älteren, die man ohnehin für die Berufenen hält, solch wichtige Entscheidungen zu treffen. Es geht schließlich nicht um zwei Personen, sondern um Großfamilien, die irgendwie zusammen kooperieren sollen.

Die enge Verbindung zur Heimat zeigte sich aber auch darin, dass man begonnen hatte, für die Entwicklung der Region Nador Verantwortung zu übernehmen. Die marokkanische Regierung hatte Programme aufgelegt, die ein finanzielles Zuschussverfahren für von außen finanzierte Projekte vorsah, und so hatte sich die Gemeinde ermutigt gesehen, Gelder für Straßenbau- und andere Infrastrukturmaßnahmen zu sammeln, die ihre Heimat in naher Zukunft nicht mehr ganz so unterentwickelt lassen sollten wie bisher.

13 Ohne Kopftuch in die Hölle: Der Afghanische Kulturverein

Unsere Gespräche mit Mitgliedern des afghanischen Kulturvereins erstreckten sich über einen Zeitraum von zweieinhalb Jahren, was vor allem dem Umstand geschuldet war, dass der Verein im Jahr 2012, der wichtigsten Phase unserer Datenerhebung, an den Bau einer neuen Moschee oder zumindest einen Umzug dachte und man uns lieber in der neuen Umgebung willkommen heißen wollte. Letztendlich blieb aber alles beim Alten und wir unternahmen im Sommer 2014 einen neuen Anlauf, der weitgehend die Grundlage des folgenden Gemeindeporträts darstellt.

Der schönste Ort am Siedlungsrand

Der Afghanische Kulturverein Wiesbaden und Umgebung e.V. hat seinen Sitz in einem Wohnviertel im Ortsteil Klarenthal, einem Siedlungsgebiet, das erst Mitte der 1960er Jahre entstand und nach einem längst verfallenen Kloster benannt wurde. Große Wohnanlagen beherrschen das Bild, umgeben von Grünflächen und von breiten Fahrwegen durchzogen. 48,3 Prozent der Bewohner besitzen einen Migrationshintergrund, 14,9 Prozent sind Spätaussiedler.[64]

Die kleine Moschee befindet sich in einem schmucklosen Wohnhaus, fast am Rande des Waldes. Der Eingang für die Männer liegt an der Straße, die Frauen betreten das Gebäude durch eine Hintertür. Sie müssen um das Gebäude herumgehen und eine kleine Anlage aus Geschäften und Lokalen durchqueren. Von beiden Seiten betritt man den gleichen langgestreckten Raum mit dem Flair einer Lagerhalle, der vollständig mit lindgrünem Teppichboden ausgelegt ist. Ein eigener Frauenbereich wurde mit Hilfe einer gelben Stoffbahn abgetrennt. Die Fenster sind mit blickdichter Folie beklebt. Es ist eine durchlässige Separierung, da Kinder von einer Seite auf die andere wechseln können – und dies auch tun –, man alle Geräusche der jeweils anderen Seite mithört und in einem potentiellen Rufkontakt steht. Durch die Nähe der beiden Bereiche zueinander ist der Geräuschpegel sehr hoch. Andererseits haben die Frauen hier kein Problem, akustisch an den Predigten des Imam teilzuhaben.

Der Männerbereich ist weitaus größer als der Frauenkomplex und wird auch stärker genutzt. Wie in jeder Moschee befindet sich hier das spirituelle Zentrum mit Kanzel (*minbar*) und Gebetsnische (*mihrab*). Die Kanzel besteht aus einer hölzernen, mit grün gemustertem Teppich überzogenen Treppe und einer ebensolchen Plattform; die Gebetsnische, markiert durch einen in grüner und goldener Farbe gemalten Bogen und einen passenden dunkelgrünen Wandbehang, ist unmittelbar daneben angebracht. Ein schlichtes hölzernes Rednerpult schließt sich an. Die Wände sind mit Koranversen und Kalligrafien geschmückt, die von einem Freund des Gemeindevorstehers gemalt wurden. Bei unserem ersten Besuch im März 2012 befand sich das Gebäude in einem stark renovierungsbedürftigen Zustand, bei unserem zweiten Besuch war die Moschee bereits saniert und man hatte den ursprünglichen Plan eines Umzugs aufgegeben. Der neue Hausbesitzer hatte die Miete mehr als verdoppelt, was von allen jedoch als angemessen betrachtet wurde, da man vorher sehr wenig bezahlt habe. Noch immer sei die Situation nicht ideal. So gebe es beispielsweise keine sanitären Anlagen für Frauen, die im Zweifelsfall die Herrentoilette benutzen müssten. Man hofft mittelfristig auf die Unterstützung des Integrationsamtes, um irgendwann einmal eine größere Moschee zu beziehen. Auf der Homepage findet sich keine Außenaufnahme des Gebäudes, sondern ein Bild der prachtvollen Sheikh-Zayed-Moschee von Abu Dhabi, einem architektonischen Schmuckstück aus weißem Marmor, das während des Ramadan 2007 eröffnet wurde. Trotz der Diskrepanzen zwischen dem Prunkbau am arabischen Golf und dem bescheidenen Domizil in Klarenthal sei die Moschee der schönste Ort, erzählten mir Mitglieder der Gemeinde, die allwöchentlich viele Stunden in den beengten Verhältnissen zubrachten.

Der Verein wurde laut Homepage im Jahr 2007 mit dem Ziel der »Pflege der kulturellen Werte und Traditionen der hier lebenden Afghanen« gegründet. Hundertzwanzig Mitglieder habe die Gemeinde, erzählte der ehemalige Vorstandvorsitzende Zawari, inklusive der Kinder. Jede Familie zahle 20 Euro monatlichen Mitgliedsbeitrag. Nach der Sanierung wurde dieser Beitrag auf 30 Euro erhöht. Die Mitglieder zahlten aber gerne, wurde uns berichtet, denn sie schätzen die Angebote der Gemeinde. Außerdem habe man viele Akademiker, vor allem Ärzte und Ingenieure, in den eigenen Reihen. Kontakte zu den Afghanen der schiitischen Imam-Hussein-Moschee bestünden, aber nicht auf der Ebene der Gemeinde, sondern eher individuell. Man selbst praktiziere den sunnitischen Islam, habe aber keine Probleme mit Schiiten.

Ein Vorstandsmitglied sei sogar ein Schiit. Er habe Bauingenieurwesen in Deutschland studiert und helfe dem Verein bei der Bewältigung der Administration. Insgesamt verstehe sich die Gemeinde als liberal. Viele Frauen trügen außerhalb der Moschee keine Kopftücher, und man grenze sich auch nicht von Andersgläubigen ab.

Fußball für die Jungen, Koranlesen für die Mädchen

Das religiöse Programm besteht aus den in Moscheen üblichen Predigten und Anleitungen zum Gebet sowie aus dem Islamunterricht für Kinder, der an den Wochenenden erteilt wird. Fünfzig bis siebzig Kinder kämen samstags und sonntags, erzählte man uns. Darauf war der neue Vorstandsvorsitzende Fahim Ahmadi, der Zawari im Verlauf unserer Forschung abgelöst hatte, als wir die Moschee im Juni 2012 erneut besuchten, sichtlich stolz. »Welche Gemeinde schafft das schon?«, fragte er. Die Jungen erhielten den Unterricht direkt beim Imam, die Mädchen bei drei Lehrerinnen. Gelehrt werde das Rezitieren des Koran in arabischer Sprache; außerdem spreche man über *hadith*, islamische Überlieferungen, die Aussagen und Handlungen des Propheten Mohammed betreffen. Die *hadith* seien sehr hilfreich bei der Unterweisung von Jungen, da diese sich nicht gerne etwas von Älteren sagen ließen. Wenn sie jedoch hörten, wie sich der Prophet in einer Situation verhalten habe, seien sie aufmerksam und beherzigten die Lehre auch. Jungen seien problematischer als Mädchen, meinte Ahmadi, da letztere eigentlich keine Möglichkeit hätten, auffällig zu werden. Sie gingen nach dem Unterricht ohne Umwege direkt nach Hause.

Das Freizeitangebot bestehe weitgehend aus sportlichen Aktivitäten, aber man gehe auch zusammen spazieren oder grille gemeinsam. Im Sommer verbringe man viel Zeit auf dem Sportplatz einer nahe gelegenen Schule, im Winter falle das allerdings aus. Eine Halle zu mieten sei zu teuer. Die Jungen gingen nicht in einen normalen Fußballverein, meinte Ahmadi, da sie am Wochenende gewöhnlich in der Moschee seien und dann bei Trainings und Spielen fehlen würden. Als ich die Mädchen nach Freizeitaktivitäten fragte, gaben sie an, sich in der Moschee zu treffen, zusammen den Koran zu lesen und über das Leben des Propheten zu sprechen. Ein Programm außerhalb der Moschee gebe es nicht, und es schien auch, dass sie dies nicht erwarteten.

Das Kernstück des religiösen Lebens, sieht man einmal von Festtagen oder dem Ramadan ab, sind Predigt und Gebete am Freitag. Oliver besuchte eine solche *khutba* und schilderte seine Eindrücke. Der Imam sei ernst und würdevoll gewesen, schlank, mit feinem Bart, vollem Haar und smarter Brille. Er habe ein weißes Hemd, eine hoch geschlossene Anzugweste und einen braunen Imam-Mantel mit Goldborte sowie eine schwarze Tornisterkopfbedeckung getragen. Um 13:30 Uhr habe er mit der Predigt begonnen. Es waren zunächst nur wenige Personen anwesend. Das Mikrofon war sehr laut eingestellt – was in dem nicht gerade großen Raum eigentlich überflüssig gewesen sei. Gegen 14 Uhr begann sich der Raum zu füllen. Viele junge Männer zwischen 15 und 30 erschienen, die meisten von ihnen gut, modern und westlich gekleidet. Die traditionelle afghanische Kleidung mit langem Gewand, gewöhnlicher Wollmütze (*pakol*) oder der feineren Karakulmütze waren nur vereinzelt zu sehen. Die Sprache der Predigt war Dari, durchsetzt mit einigen deutschen Wörtern wie »Einbahnstraße«, »Fußball« und »verboten«. Das Thema der Predigt sei das Zinsverbot gewesen. Außerdem forderte der Imam die Gemeinde zu großzügigeren Spenden auf. Es könne nicht sein, dass Amerikaner und Europäer den Opfern in Afghanistan so freigiebig spendeten, die eigenen Leute sich aber zurückhielten. Gegen 14:30 Uhr – der Imam hatte bereits eine volle Stunde gepredigt – übernahm ein jüngerer Geistlicher in weißem Gewand. Es war jetzt brechend voll im Raum und alle rückten zusammen. Dann begann das Mittagsgebet (*zuhr*). Der Imam hatte sich unmittelbar vor der Gebetsnische auf dem Boden niedergelassen, und sein vierjähriger Sohn kletterte auf der Kanzel herum. Die Atmosphäre war entspannt. Um 15 Uhr war das offizielle Gebet beendet und es folgte der Abschlusssegen durch den Imam. Einige Männer, die zu spät gekommen waren, holten ihre Gebete nach, andere verabschiedeten sich beim Vorstand. Ein Mann, der als Anästhesist einer privaten Klinik arbeitete, reichte dem Vorstand ein großes Bündel Geldscheine. Oliver fragte, ob er der Kassierer sei, doch man antwortete, es handelte sich um seine Privatspende für das Fastenbrechen (*iftar*). Während des Ramadan werde hier allabendlich für etwa zwanzig Personen Essen bei einem afghanischen Caterer bestellt. Die Mehrheit der Gemeindemitglieder breche das Fasten zu Hause in der Familie, doch einige bevorzugten die Moschee.

Vom Love-Parade-Besucher zum Gemeindeaktivisten

Bei unserem ersten Besuch wurden wir von den Herren Farid Rahimi und Sami Ehsamand empfangen und im Frauenraum mit grünem Tee und Pralinen bewirtet. Ein zweiter Besuch erfolgte im Juni 2014.

Farid Rahimi war ein großer, sehr schlanker Mann und bekennender Sportler, der in seiner Jugend in Kabul Physik studiert hatte. In Deutschland wurde ihm der Abschluss aber nur als B.A. anerkannt und er hätte noch weiterstudieren müssen, um sein Diplom zu bekommen. Bedingt durch seine schlechten Deutschkenntnisse, aber auch durch familiäre Umstände kam es nicht dazu. Er heiratete und drei Kinder wurden geboren, die heute alle in ihren Zwanzigern sind. Farid arbeitete zunächst als Techniker, bekam dann einen Bandscheibenvorfall, wurde operiert und fuhr dann zwei- bis dreimal in der Woche Taxi. Er war ehrenamtlicher Seelsorger im Projekt »Muslimische Seelsorge« und machte einen sehr netten und offenen Eindruck. Ein Mann mit fein geschnittenem Gesicht, heller Haut und hellbraunen Augen, den man sich unter anderen Umständen als Intellektuellen vorstellen konnte. Sami Ehsamand dagegen wirkte robuster. Ein eher gedrungener Typ mit dichtem, aber gut getrimmten Vollbart, der freimütig bekannte, in seiner Jugend alles ausprobiert zu haben. Geraucht habe er, sei häufig mit Freunden unterwegs gewesen, habe Freundinnen gehabt und sei sogar in Berlin auf der Love Parade gewesen. Irgendjemand hätte ihm dann gesagt, er könne doch ab und zu in die Moschee kommen, und dies habe seine Umkehr eingeleitet. Zusammen mit seiner Mutter war er sogar schon auf der Pilgerfahrt nach Mekka. Sieben Millionen Menschen würden in dieser kleinen Stadt versorgt, meinte er, und Berlin habe die Love Parade abgesagt, weil 1,5 Millionen erwartet wurden.

Als wir uns trafen, war Sami seit acht Jahren verheiratet und hatte drei Kinder. Seine Ehe, bekannte er, sei von seiner Mutter arrangiert worden. Sie sei sein freizügiges Leben irgendwann Leid gewesen, habe ihn zur Ehe gedrängt und auch eine passende Frau ausgesucht. Er sei einverstanden gewesen, auch deshalb, weil die Religion und die moralischen Gebotes des Islam in seinem Leben eine größere Rolle zu spielen begannen. Man habe die üblichen Vorstellungsbesuche bei der Auserwählten gemacht, und nach dem vierten Treffen habe er um die Hand seiner heutigen Frau angehalten. Seine Wandlung vom ausgelassenen Jugendlichen, der es mit der Religion nicht so genau nahm, zu einem frommen Familienvater schilderte er als großes Glück. Als er den Islam kennengelernt habe, womit er den Prozess der Hinwendung beschreibt, habe er eine tiefe religiöse Berührung erfahren, die ihn sehr glücklich machte. Er beschrieb dieses Gefühl als vollkommen überwältigend. Mittlerweile war auch sein Äußeres das eines frommen Muslims. Bei unserer letzten Begegnung trug er einen Bart, betonte aber, dass dies kein Zeichen religiöser Radikalität darstelle. »Schreiben Sie«, sagte er mir, »dass mittlerweile sehr viele Männer einen Bart tragen und keine Terroristen sind.« Ich versprach es und fragte ihn, wie er denn zu den Ereignissen in Syrien und im Irak stehe und was er von den jungen deutschen Jihadisten halte. Natürlich sei er vollkommen dagegen, betonte er, doch er könne verstehen, dass Jugendliche »Mist bauen«. Er habe früher auch nicht alles richtig gemacht, und wenn ihn damals, als er gerade seine Religion für sich entdeckt hatte, jemand in die salafistische Ecke gezogen hätte, dann wäre er vielleicht auch einer von denen geworden. Viele würden erst später merken, dass dies nichts mit dem Islam zu tun habe, wollten wieder zurück aus dem Jihad, könnten dies aber nicht, da man ihnen die Pässe und das Geld abgenommen habe. »Was können denn die Moscheen zur Prävention tun?«, fragte ich ihn. »Sehr viel«, antwortete er, man könnte beispielsweise erklären, dass alle Menschen ihre Existenzberechtigung hätten, dass Allah die Menschen unterschiedlich geschaffen habe und dass es keinen Zwang in der Religion geben dürfe.

Sami war wie viele Wiesbadener Muslime der Ansicht, dass die Scharia eine gute Sache sei und zur Hebung der Moral beitrage, wenn man sie konsequent anwende. Im heutigen Afghanistan werde dies leider nicht mehr in ausreichendem Umfang beherzigt. Er erzählte ein Beispiel: Eine Gruppe von Frauen sei in Afghanistan bestohlen und vor den Augen ihrer Ehemänner vergewaltigt worden, doch die Regierung schreite nicht gegen die Täter ein. Dabei sei die Scharia eindeutig: Für Diebstahl müsse die Hand abgehackt werden, und auf Vergewaltigung stehe die Todesstrafe. Gott habe dies in seiner Weisheit verordnet, denn nur so sei ein Abschreckungseffekt garantiert. Ich warf ein, dass es kaum ein muslimisches Land gebe, in dem die Scharia tatsächlich die Grundlage des Strafrechts darstelle. Vielmehr herrsche doch überall weltliches Recht. Außerdem seien doch viele Maßnahmen aus dem Katalog des islamischen Rechts umstritten. Zum Beispiel die Todesstrafe. In den USA gebe es sie auch, entgegnete Sami. Wie er denn zur Steinigung bei Ehebruch stehe, fragte ich. Das sei eine komplizierte Angelegenheit, meinte er. Es sei einmal ein Mann zum Propheten gekommen und habe einen Ehebruch bekannt, doch der Prophet habe sich abgewandt und nicht zugehört. Daraufhin habe er sich ihm von der abgewandten Seite her genähert und seine Selbstanklage wiederholt. Erneut habe sich der Prophet abgewandt. Erst, als er zum dritten Mal kam und den Ehebruch gebeichtet habe, sei er gesteinigt worden.[65] Sami interpretierte diese Geschichte so, dass man es ja nicht unbedingt öffentlich machen müsse, wenn man die Ehe gebrochen habe. Ohnehin sei die Durchsetzung der Scharia in der heutigen Zeit schwierig, weil die Muslime nicht mehr fest im Glauben stünden und die verhängten Strafen als ungerecht empfänden. Dann mache es keinen Sinn.

Hinter dem gelben Vorhang

Nach mehreren angekündigten Besuchen gingen wir an einem Freitag Anfang Oktober 2014 spontan in die Moschee. Ich wollte gerne mit den Frauen sprechen, doch das Finden eines Termins gestaltete sich schwierig, nicht zuletzt, weil ich unter starker Arbeitsbelastung stand und Verabredungen mehrfach kurzfristig absagen musste. Jetzt hatte sich unverhofft ein freier Nachmittag ergeben, und ich fuhr mit Oliver hinaus nach Klarenthal. Wir trennten uns, er ging in den Männer- und ich in den Frauenbereich.

Dort saßen etwa fünfzehn Frauen und Mädchen unterschiedlichen Alters auf dem Boden, einige Ältere auch auf Stühlen und einer Bank, die sich im hinteren Teil des Raumes befanden. Ein kleiner Junge spielte gelangweilt mit einem Auto, und ein dickes Mädchen nuckelte gedankenverloren an ihrem Schnuller. Ich ließ mich in einer Ecke nieder. Rechts neben mir saßen zwei junge Frauen in Jeans und schwarzen Tüchern, die lässig über Kopf und Schultern fielen. Wie bei fast allen Frauen waren die Haare nicht vollständig bedeckt, Scheitel und Ponyfransen waren sichtbar, dunkle Locken ringelten sich unter dem Kinn, und eine Frau hatte gar ein vollkommen durchsichtiges Tuch angelegt. Einige lauschten der Predigt, andere unterhielten sich flüsternd. Ich erntete erstaunte Blicke und nickte lächelnd in die Runde. Nach Ende des Gebets konnte ich erklären, wer ich bin. Zwei der jungen Frauen hatten es übernommen, mich diesbezüglich zu fragen, und gaben die gewonnenen Informationen an die Älteren weiter.

Ich unterhielt mich mit Fara, die im fünften Semester Wirtschaftsrecht an der Fachhochschule studierte. Sie komme mit ihrer ganzen Familie hierher, erklärte sie und zeigte auf ihre Tante, Cousine und Schwester. Ihre Eltern hätten Afghanistan vor ihrer Geburt verlassen und dafür in Kauf genommen, nicht in ihren erlernten Berufen arbeiten zu können. Die Mutter sei in Kabul Lehrerin gewesen, der Vater Flugzeugingenieur. In Deutschland habe sich die Mutter nur um die Kinder und den Haushalt gekümmert. Wie sie denn ihre eigene Zukunft sehe, fragte ich. »Erst mal das Studium beenden und dann weitersehen«, entgegnete sie. Ans Heiraten denke sie noch nicht. Früher seien die Mädchen in jungen Jahren verheiratet worden, meinte sie, doch jetzt sei alles anders: »Wir sind jetzt wie der Westen, wir haben die Kultur angenommen.« Ihre 26-jährige Cousine sah dies ebenso. Sie arbeitete im Kino und machte sich auch noch keine Gedanken um die Ehe. Sie unternehme viel, vor allem mit ihrer besten Freundin, einer nichtmuslimischen Deutschen, die sie durch die Arbeit kennengelernt habe. Nur ins Schwimmbad gehe sie nicht mit, auch nicht im Burkini. Da das nächste Gebet anstand, beendeten wir unser Gespräch und verabredeten uns für einen Sonntagmittag. Fara versprach, die Frauen der Gemeinde über meine Forschung zu informieren, damit sie entscheiden konnten, ob sie mit mir sprechen wollten.

Eine Woche später stand ich wieder in dem kleinen Raum. Die überwiegende Mehrheit der Anwesenden waren Mädchen und junge Frauen. Nur einige wenige Ältere hatten sich eingefunden, nahmen aber nicht an unserem Gespräch teil. Die Mädchen und jungen Frauen hingegen waren nach einigen schüchternen Begrüßungen jedoch schnell bereit, sich auf mich einzulassen. Wir setzten uns in einem Kreis auf den Teppich. Mir gegenüber hatte Marwa Platz genommen. Sie war 14 Jahre alt, trug Jeans, darüber einen dünnen weißen Wickelrock, ein buntes Oberteil und ein kunstvoll geschlungenes rotes Kopftuch, das den Hals freiließ. Marwa war ein eloquentes und selbstbewusstes Mädchen mit fröhlichem Gesicht und blitzenden Augen, das einen Großteil des Gespräches bestreiten sollte. Links neben ihr saß ihre Cousine Makbula, ein rundliches 16-jähriges Mädchen in einem langen beigefarbenen Gewand und einem eher schmucklosen grünen Tuch. Marwas elfjährige Schwester saß neben Makbula. Ihr Kopftuch war blaugrau wie ihr Hemd und umschloss Gesicht, Hals und Brust sehr eng. Im Alltag trage sie noch kein Kopftuch, sagte sie, wolle es aber später auf jeden Fall tun. Die letzte auf der linken Seite war Gowhar, ein 13-jähriges Mädchen mit Brille, das sein Tuch eher locker drapiert hatte. Rechts neben Marwa saß Rehna, eine zartgliedrige zwanzigjährige Studentin in einem langen geblümten Gewand und einem schillernden blaugrauen Tuch, das farblich zum Lidschatten passte.

Es fiel locker über die ganze Brust. Sie studierte soziale Arbeit in Wiesbaden und möchte später einmal in der Jugend- und Familienhilfe tätig sein. Ihre Nachbarin war Fara, die mich eingeladen hatten, wieder in schwarzen Hosen, einem langen schwarzen Hemd mit weiten schwarz bestickten Ärmeln und einem schwarzen Kopftuch. Ihre Schwester Ariana war ebenfalls vollständig in Schwarz gehüllt. Ihre Nachbarin Bahar, 16 Jahre alt, trug wie Makbula ein langes farbenfrohes Gewand mit passendem Kopftuch. Die neunjährige Taia in Rosa und Pink saß neben ihr – wie ein kleiner Paradiesvogel, aber mit eng anliegendem Kopftuch. Ganz in Schwarz mit weitem Gewand und einem über Rücken und Brust fallenden Kopftuch war Fereshta, die Afghanistan erst vor zwei Jahren verlassen hatte, aber bereits sehr gut Deutsch sprach.

Eine Frau ist wie eine Perle

Mir fiel auf, dass die Mädchen ihre Kopftücher sehr viel strenger gebunden hatten als die älteren Frauen, die ich am Freitag zuvor in der Moschee angetroffen hatte, und ich fragte danach, ob sie es auch außerhalb der Moschee trugen. Schnell entspann sich eine lebhafte Diskussion über Verhüllungsvorschriften, Weiblichkeit und die Bedeutung der Religion in ihrem Leben.

Bahar erzählte, dass sie mit elf Jahren begonnen habe, das Kopftuch zu tragen. »Ich hab's auch freiwillig gemacht. Ich war auf einer islamischen Schule ein Jahr lang, und im Koran steht halt sehr viel über Kopftuch und ich hab das halt gelesen und auch verstanden, und deshalb habe ich mir vorgenommen, auch ein Kopftuch anzuziehen.« Die Mutter und die ältere Schwester, die für sie Vorbilder seien, trügen auch Kopftücher. Bahar hat insgesamt fünf Geschwister. Ich fragte, ob sie wisse, was das Kopftuch bedeute, und sie antwortete: »Es ist eine Pflicht für uns Muslimas. Ich denk mir, wenn Gott für uns so viel macht, dann ist das Kopftuch eigentlich sehr wenig, was wir zurückgeben können.« Marwa schaltete sich ein: »Eine Frau im Islam hat eine sehr hohe Stellung. Eine Frau im Islam ist wie 'ne Perle. Und 'ne Perle muss man halt auch schützen. Eine Frau muss sich bedecken, darf sich nicht präsentieren. Eine Frau hat nur einen Mann. Was soll sie sich draußen für andere Männer hübsch machen, wenn sie einen Mann zu Hause hat, für den sie sich hübsch machen kann?« Marwa trug das Kopftuch seit ihrem 13. Lebensjahr. Als ich sie fragte, warum sie sich dafür entschieden hat, meinte sie, ihr Vater hätte ihr seit der frühen Kindheit alles über den Islam und »Gottes Wege« erzählt, was gut und was schlecht sei. »Dann habe ich mir gedacht, wenn es eine Pflicht von Allah ist, warum nicht? Wenn mein Vater mir irgendetwas sagt, muss ich ja machen, was er sagt. Es ist ja nicht so, dass ich nicht auf meinen Vater höre. Und Allah hat ja noch 'ne viel höhere Stellung als mein Vater. Kopftuch tragen ist nicht einfach. Das kann nicht jeder. Es ist ein Geschenk von Allah.« Marwas Mutter, Tanten und Cousinen, mit Ausnahme von Makbula, trugen kein Kopftuch. Mit ihrer Mutter rede sie nicht darüber, meinte sie. »Es ist ja ihre Entscheidung. Ich kann sie nicht zwingen. Nicht jeder kann das Kopftuch tragen. Es ist ja ein Geschenk von Allah. Man muss es wirklich wollen, um es durchzuziehen.« Makbula hatte mit 15 angefangen, das Kopftuch zu tragen. Sie hatte mit ihrer Mutter darüber gesprochen, die ihr gesagt habe, es müsse ihre eigene Entscheidung sein. »Durch meine Freundinnen bin ich dem Islam nähergekommen und habe mich dafür entschieden. Es ist ein gutes Gefühl, wenn man sich verhüllt. Man beschützt sich ja auch selber vor den Blicken von anderen Menschen.«

Fara erzählte, dass in ihrer Familie durchaus unterschiedlich über das Kopftuch diskutiert werde. Einige seien der Ansicht, sie brauchten es nicht zu tragen, da ihr Herz rein sei. Das sei allerdings nicht ihre Position: »Ich denke, das Kopftuch ist eine Pflicht, die uns auferlegt wurde und die wir auch zu befolgen haben. Ich trage das Kopftuch im Moment noch nicht, aber definitiv möchte ich es in naher Zukunft machen.« Ihre Mutter trage das Kopftuch seit einer Pilgerfahrt nach Mekka. Grundsätzlich sieht sie, dass die Jugendlichen eher das Kopftuch tragen, die Älteren aber teilweise strikt dagegen seien und auch in Afghanistan kein Kopftuch getragen hätten. »Ich würde sagen, die meisten Afghanen sind sehr modern eingestellt, vor allem die Älteren.« Die Jüngeren seien viel frommer: »Ich kann sagen, dass der Islam in Deutschland sehr viel stärker praktiziert wird, auf einem guten Wege.« Rehna schaltete sich ein: »Ich glaube, in Afghanistan ist es mehr Kultur. Wer da ein Kopftuch trägt, trägt es, weil andere es auch tragen, aber hier macht man das wirklich für die Religion. Die Jugendlichen in Deutschland praktizieren den Islam auf einem sehr guten Wege und sagen: ›Für uns sind die Gebote wichtig, die uns auferlegt werden. Für uns sind die Gebote sehr wichtig.‹ Das machen die Älteren nicht so wie die Jugendlichen. Die interessieren sich nicht so stark dafür.« Die Älteren hätten den Islam von den Vorfahren übernommen, doch die Jugendlichen in Deutschland würden selbst recherchieren, vor allem im Internet.

»Deshalb ist der Glaube hier auch stärker.« Ich fragte, ob die Jugend mehr Wissen habe als die Elterngeneration, und Fara bejahte lachend. Ob dies keine Autoritätskonflikte hervorrufe, wollte ich wissen. Es sei nicht schlimm, wenn man die Eltern in einer guten Weise belehre, konterte Fara.

Fereshta trug das Kopftuch auch außerhalb der Moschee, dazu ein langes Gewand und niemals Hosen. Sie betonte, dass es auch für Männer Bekleidungsvorschriften gebe, dass deren Hosen beispielsweise über die Knie gehen müssten. Die Mutter trage auch ein Kopftuch, allerdings habe sie erst damit begonnen, nachdem sie von der Tochter belehrt worden sei. Sie habe immer gesagt: »Mutter, du musst Kopftuch tragen, und wenn du es trägst, dann richtig!« Mit dem Begriff »richtig« bezeichnete Fereshta die Intention der Trägerin. Man solle es nicht aus kulturellen Gründen tragen, sondern weil man die islamischen Gebote befolge. Fereshta erschien mir am striktesten in ihren Ansichten und ihrer Praxis, und ich fragte sie, wie sie zum Gesichtsschleier, dem *niqab*, stünde. »Ich mag es«, antwortete sie, »und ich würde es auch tragen, aber in Deutschland kann man es nicht tragen.« In Afghanistan habe sie sich mit dem *niqab* verhüllt, und es gefiel ihr. »Man fühlt sich so ganz wohl«, schwärmte sie, »es ist wunderschön.« Sie verglich eine islamische Frau mit einer Königin. Eine Königin sei unnahbar, genieße hohen Respekt und müsse sich entsprechend benehmen. Genauso sei es mit den Frauen. Im Islam sei jede Frau eine Königin, und ein religiöser Mann behandle sie auch so. Bahar befürwortete den *niqab* nicht. Das Kopftuch sei vollkommen ausreichend und signalisiere den Männern, dass man nicht angeschaut werden wolle. »Ich finde«, sagte sie, »wenn ich das Kopftuch anziehe, dann sollten die Männer akzeptieren, dass ich nicht angeguckt werden will. Wenn die Männer trotzdem gucken, finde ich, dass das nicht unsere Schuld ist.« Fara fand den *niqab* grundsätzlich gut, aber er sei keine Pflicht. Marwa meinte, sie trage den *niqab* nicht, weil sie sich dann fragen würde, warum sie den Islam so streng nehme. »Der Islam ist keine strenge Religion«, betonte sie. Rehna trug außerhalb der Moschee kein Kopftuch. Sie habe es vor, wisse aber noch nicht, wann, meinte sie. »Ich würd schon gerne, aber ich trau mich noch nicht so ganz.«

Gowhar, die während des gesamten Gesprächs sehr still war und sich auch optisch weniger explizit als religiöses Mädchen inszenierte, konnte nicht sagen, ob sie das Kopftuch jemals tragen würde. Weder ihre Mutter noch eine ihrer Schwestern trügen es, und sie habe auch nicht so viele Verwandte in Wiesbaden, betonte sie, vielleicht um zu unterstreichen, dass sie nicht so sehr in der Community verwurzelt war wie die anderen. Für ihren exzeptionellen Status sprach auch der Umstand, dass sie nicht auf eine der üblichen Brennpunktschulen ging wie viele andere muslimische Schülerinnen, sondern auf den Campus Klarenthal, ein pädagogisches Reformprojekt, in dem Kinder der akademisch gebildeten Mittelschicht die Mehrheit der Schülerschaft stellten.

Die Befehle Allahs befolgen

Eine wesentliche Anstrengung auf dem Weg, eine gute Muslimin zu sein, bestand nach Meinung fast aller Anwesenden insbesondere darin, ein moralisch einwandfreies Leben zu führen und zu verhindern, dass Männer sich sexuell angezogen fühlen könnten. Dazu gehörte natürlich nicht nur das Tragen des Kopftuchs, sondern die Verhüllung des ganzen Körpers. Makbula war der Ansicht, dass Hosen *haram* und nicht konform mit der Scharia seien. Eine Muslimin solle eher Röcke oder lange weite Kleider anziehen. Andere stimmten ihr zu. Ich fragte Fara, die eine Hose trug, diese allerdings mit einem weiten Hemd bedeckte, das bis zu den Knien fiel. Sie antwortete: »Das ist schon korrekt, so wie sie es sagt. *Hijab* ist ja nicht nur Kopftuch. Die Körperumrisse sollen nicht gezeigt werden.« Fara fand auch, dass Frauen sich nicht schminken sollten. Eine Frau solle einfach nicht auffallen. Bahar wendete ein, dass eine Frau nicht verpflichtet sei, den *hijab* zu tragen, dann allerdings die Konsequenzen im Jenseits zu tragen habe: »Sie muss halt damit rechnen, dass sie in der Hölle die Strafe dafür bekommt, dass sie im Diesseits nicht den *hijab* getragen hat.« Frauen sollten bescheiden und unauffällig sein, meinten alle. Ich erzählte, dass der türkische Politiker Bülent Arinc in diesem Zusammenhang Frauen ermahnt hatte, nicht in der Öffentlichkeit zu lachen, und fragte die Mädchen, was sie davon hielten. Alle, die sich zu Wort meldeten, sahen dies ebenso. Durch lautes Lachen würden sie Aufmerksamkeit auf sich ziehen, und dies widerspräche den Geboten des Islam. Marwa unterschied zwischen Lachen und Lächeln. Lächeln sei *sunna*, Überlieferung, das solle man sogar, meinte sie. Wie sie es denn mit der Sitte hielten, Männern nicht die Hand zu geben, fragte ich. Bahar sagte: »Ich gebe nicht jedem fremden Mann die Hand.« Makbula schränkte ein, dass sie einem Mann die Hand geben würde, wenn er ihr seine ausgestreckt hinhielt – damit er sich nicht schlecht fühle. Aus eigenem Antrieb würde sie dies aber nicht machen. Fereshta fand es konsequent, wenn Kopftuchträgerinnen Männer nicht mit Handschlag begrüßen:

»Wenn ich nicht meine Haare zeige, dann gebe ich auch nicht meine Hand.« Das müsse akzeptiert werden. Ob sie mit Männern spreche, wollte ich wissen. »Nur das Nötigste«, meinte sie. In der Schule spreche sie auch mit Jungen, aber nur über schulische Angelegenheiten.

Die entscheidende Motivation für alle Mädchen und jungen Frauen, das Kopftuch zu tragen, war die Vorstellung, dass dies ein von Gott auferlegtes Gebot sei, das man zu befolgen habe, wenn man nicht nach dem Tod bestraft werden wolle. Fara bekannte, dass sie sich ständig überlege, was Gott von dieser oder jener Handlung halte und was dies für das Leben nach dem Tod bedeute. Das Kopftuch nicht zu tragen sei eine Sünde. Den Islam richtig zu praktizieren schenke aber auch Ruhe und Zufriedenheit. »Der Islam an sich ist einfach eine Religion, die einen glücklich macht, wenn man das befolgt, was Allah befiehlt. Man ist auf keinen Fall verloren. Selbst in den dunkelsten Momenten im Leben hat man dann immer so ein Licht. Dann denkt man sich: ›Macht nichts. Selbst wenn es mir im Moment schlecht geht, weiß ich, dass Gott für mich da ist‹. Wenn es mir wirklich dreckig geht, dann weiß ich, ich habe meinen Gott und es ist einfach eine Prüfung für mich als Muslimin und ich schaffe das, weil das Diesseits einfach nur eine Prüfung ist und ich im Jenseits dafür die Belohnung erhalte.« Das Paradies dagegen sei »ein Ort, der übertrifft alle Vorstellungen. Ich hoffe, dass ich einmal dorthin komme und nicht in die Hölle. Darauf arbeite ich hin.« Fereshta: »Man weiß nicht, ob man ins Paradies kommt oder in die Hölle. Aber Allah ist barmherzig.« Marwa: »Aber jeder Muslim kommt einmal ins Paradies, weil er an Allah geglaubt hat.« Bahar: »Man wird die Strafen für die Sünden in der Hölle absitzen, und dann kommt man ins Paradies.« Ich fragte nach den Ungläubigen. Da waren sich die Mädchen uneinig. Einige betonten, dass man nicht wissen könne, wie Allah entscheiden werde, andere waren sich sicher, dass alle Nichtmuslime zwangsläufig für immer in der Hölle enden würden.

Teil III
Debatten, Programme, Positionen

>»Unser Herr fordert uns auf, den Ozean göttlicher Einheit zu betreten,
> während wir noch am Leben sind.
> Er fordert uns auf, uns darin aufzulösen wie Zucker im Tee.
> Denn hat sich der Zucker aufgelöst, wird man nicht mehr sagen können:
> Dies ist der Zucker, und das ist der Tee.«
> (Sheikh Nazim 2005: 42)

1. Kommunale Interventionen

Die Integration einiger Migrantengruppen, zu denen auch die muslimischen zählen,[1] wird nicht als naturwüchsiger Prozess verstanden, dessen Ergebnis man einfach abzuwarten braucht, sondern als staatliche und zivilgesellschaftliche Aufgabe. In diesem Kapitel werden kommunale Maßnahmen, aber auch Bildungskonzepte von Schulen, Initiativen aus der Zivilgesellschaft und aus dem Kreis von Moscheen vorgestellt, die dazu beitragen sollen, diese benachteiligten Gruppen zu integrieren wie Zucker im Tee und die multikulturelle Einwanderungsgesellschaft zu einem Erfolgsmodell werden zu lassen.

Marginalisierte Quartiere und kommunale Programme

Das Thema Integration beschäftigt die Wiesbadener Politik seit den 1960er Jahren, und die Stadt ist stolz darauf, in vielfältiger Weise Vorreiterin für innovative Maßnahmen gewesen zu sein. Bereits 1964 wurden im Magistrat die Wohnungsnot und andere schwierige Lebensbedingungen der sogenannten Gastarbeiter erörtert und ein Gesprächskreis geschaffen, der Verbesserungsmaßnahmen andenken und umsetzen sollte. Außer Vertretern der Kommune gehörten ihm die Arbeiterwohlfahrt, der Caritasverband und das Diakonische Werk an. Am 16. Dezember 1970 erarbeitete der Magistrat eine Vorlage für die Einrichtung eines Ausländerbeirates, die sechs Tage später im Parlament angenommen wurde. Der Beirat sollte ausländische Bürger gegenüber städtischen Einrichtungen vertreten, das interkulturelle Zusammenleben fördern und bei der Lösung spezifischer Probleme von Ausländern mitwirken. Im Jahr 2001 wurde ein eigenes Amt für Integration geschaffen, das organisatorisch und teilweise auch räumlich mit dem Ausländerbeirat und verschiedenen freien Trägern verschränkt sein sollte. Zur Überprüfung der Effektivität integrationsfördernder Maßnahmen, aber auch ganz allgemein der Entwicklung des Integrationsprozesses, wurde 2003 ein »Integrationsmonitoring« eingerichtet. Dadurch sollte »sichtbar werden, wo Integration erfolgreich verlaufen ist und in welchen Bereichen (noch) Handlungsbedarf besteht« (Integrationsbericht 2012: 2). Im Februar 2004 stellte die Stadt dann ein eigenes Integrationskonzept vor, das im Kern die Einrichtung einer »Steuerungsgruppe Integration« vorsah, der das Amt für Soziale Arbeit, das Wohnungsamt sowie das Einwohner- und Integrationsamt und vonseiten der freien Träger der Caritasverband und die Arbeiterwohlfahrt angehörten. Der Ausländerbeirat war durch seinen Vorsitzenden und die Geschäftsführung vertreten. Die wissenschaftliche Begleitung sollte das Institut für Einheit in Vielfalt gewährleisten.

Vier Dimensionen des Integrationsprozesses wurden seitens der Kommune definiert:

1. die »strukturelle Integration«, d.h. die »Eingliederung der Migranten in Kerninstitutionen der Aufnahmegesellschaft«, in den Arbeitsmarkt, die Bildungsinstitutionen, den Wohnungsmarkt und die politische Gemeinschaft;
2. die »kulturelle Integration«, worunter der Erwerb der deutschen Sprache und eine Adaption an deutsche Wertvorstellungen verstanden wurde;
3. die »soziale Integration«, definiert als »Eingliederung in private Sphären der Aufnahmegesellschaft«;
4. eine »identifikatorische Integration«, in der ein Zugehörigkeitsgefühl zur Aufnahmegesellschaft erworben werden sollte.

Die Evaluierung dieses Prozesses ergab immer wieder, dass sich bestimmte Defizite nur schwer abbauen ließen. So existieren beispielsweise hinsichtlich der Bildungsabschlüsse und der Erwerbstätigkeit bis heute signifikante

Diskrepanzen zwischen Bürgern mit und ohne Migrationshintergrund, bei denen türkisch- und marokkanischstämmige Personen besonders schlecht abschneiden.[2] Die Arbeitslosenquote lag im September 2011 bei marokkanischstämmigen Bürgern bei 18,7 Prozent, bei türkischstämmigen Einwohnern bei 13,4 Prozent und bei Deutschen bei 5,9 Prozent.[3] Auch der Umstand, dass beide Gruppen vergleichsweise viele Kinder bekommen[4] und nur selten mit einer Person deutscher Herkunft zusammenleben,[5] wurde als Zeichen mangelnder Integration gedeutet. Obgleich die Klassifizierungskategorien den nationalen Herkunftshintergrund der Familie[6] und nicht die religiöse Zugehörigkeit betonen, ist es doch unstrittig, dass Muslime in Wiesbaden eine Gruppe darstellen, die in vielfacher Hinsicht marginalisiert ist.

Das wird auch an den örtlichen Verteilungsstrukturen deutlich. Die Ortsteile, in denen die Mehrheit der Muslime wohnt, sind die ehemaligen Arbeiterquartiere, in denen man stets ärmer und prekärer lebte als in den anderen Teilen der Stadt. So lag beispielsweise 2007 die Arbeitslosigkeit im zentral gelegenen Stadtteil Bergkirchenviertel, in dem 25,5 Prozent der Bevölkerung aus Nicht-EU-Ländern kommen, bei 14,8 Prozent.[7] 45,8 Prozent aller Kinder dieses Stadtteils wiesen bei der Schuleingangsuntersuchung sprachliche Defizite auf. In einem der westlichen Innenstadt zugehörigen Quartier, in dem Muslime das Straßenbild besonders stark prägen und in der Vergangenheit eine große Dichte an Hinterhofmoscheen anzutreffen war, lag die Arbeitslosigkeit im gleichen Zeitraum bei 14,5 Prozent, und die sprachlichen Auffälligkeiten betrafen 49,5 Prozent aller Grundschüler.[8] 29,6 Prozent der Bewohner besaßen im Januar 2014 keine deutsche Staatsbürgerschaft,[9] und fast jeder vierte Haushalt bezog 2013 Transferleistungen, davon fast die Hälfte aller Kinder unter 18 Jahren.[10] Im Industriegebiet des Ortsteiles Biebrich war die Arbeitslosigkeit mit 9,2 Prozent geringer als in der Innenstadt, doch die Sprachauffälligkeiten bei Kindern waren mit 47,2 Prozent annähernd gleich groß.[11]

Diese marginalisierten Ortsteile können in gewissem Sinne auch als »ethnische Kolonien« (Ceylan 2006) bezeichnet werden. Dort findet man türkische und marokkanische Lebensmittelläden, Bekleidungsgeschäfte, Schnellrestaurants und Hochzeitsausstatter, Moscheen, Internetanbieter und Männercafés. Insbesondere in den Stadtteilen Biebrich und im inneren Westend ist orientalische Kultur im Straßenbild präsent, kann man alle Dinge des täglichen Lebens erwerben, ohne ein einziges Wort der deutschen Sprache zu beherrschen. Es sind bunte Enklaven, deren Charme durch die genannten Probleme jedoch deutlich getrübt wird.

Die Kommune versucht diese Schattenseiten seit 1976 durch eine kontinuierliche Erhebung von Daten durch das Amt für Wahlen, Statistik und Stadtforschung fassbar zu machen und ihnen mit einer Reihe von Maßnahmen stadtplanerisch und sozial entgegenzusteuern. Im Jahr 1998 gründete man eine »Arbeitsgruppe Siedlungsentwicklung« aus Vertretern des Amtes für Wahlen, Statistik und Stadtforschung, des Wohnungsamtes und des Amtes für Soziale Arbeit. Man entwickelte eine »Siedlungstypologie zur Erkennung und Beobachtung von Stadtteilen/Quartieren mit besonderen sozialen Bedarfslagen im Sinne eines sozialräumlichen Siedlungsmonitoring« (Amt für Soziale Arbeit 2006: 1). Es handelte sich um »Gebiete mit heterogenen und konfliktreichen Milieus, die eine spannungsreiche Gleichzeitigkeit von räumlicher Nähe und sozialer wie kultureller Distanz austarieren müssen« (ebd.). Als besondere Risikofaktoren wurden »riskante biographische Lagen«, »Fluktuation/Wohndauer«, »Erwerbsausschluss«, »ethnische Segregation«, »Siedlungsbedingungen« und »administrative Intervention« herausgearbeitet. Als Problemindikatoren wurden weiterhin ein hoher Anteil von Ein-Eltern-Familien und eine große Anzahl von Jugendlichen gesehen, die ihre Freizeit im öffentlichen Raum auslebten und dadurch Konflikte in den Nachbarschaften auslösten.[12] Die Schlüsselvariable »Fluktuation« berücksichtigte auch den Umstand, dass Kinder mit deutschem Pass vielfach problematische Stadtviertel verlassen. In einigen Vierteln zog jedes vierte Kind mit deutscher Staatsbürgerschaft innerhalb eines Jahres aus dem Stadtteil fort.[13]

Die Kommune reagierte auf die teilweise recht alarmierenden Befunde mit einer Reihe von konzertierten Programmen, welche die übliche Sozial- und Jugendarbeit ergänzen sollten. Eines dieser Programme wurde 2001 vom Amt für Soziale Arbeit initiiert und im Jahr 2005 wieder eingestellt. Es nannte sich »AKTiS – Aktiv im Stadtteil« und befasste sich mit den Quartieren, denen eine besondere Bedarfslage bescheinigt wurde. Unter der Leitung von Stadtteilmoderatoren wurden Projekte durchgeführt, die weitgehend im Bereich der klassischen Sozialarbeit lagen (Familienhilfe, Konfliktberatungen, Bildungsangebote, Treffpunkte für Kinder, Jugendliche und Mütter etc.). Besonderer Wert wurde auf die Partizipation der Bevölkerung gelegt, die allerdings nur teilweise umgesetzt werden konnte.

Nachhaltiger und besser ausgestattet waren die Projekte, die durch ein Programm für »Stadtteile mit besonderem Entwicklungsbedarf – Soziale Stadt« finanziert wurden, welches das Bundesministerium für Verkehr, Bau und Stadtentwicklung zusammen mit den Ländern im Jahr 1999 erstmals aufgelegt hatte. Ziel des Pakets war es, der Abwärtsentwicklung prekärer Stadtteile durch eine Reihe ineinander verschachtelter Maßnahmen entgegenzuwirken. Die Steigerung der Wohnraumqualität sollte dabei genauso bedacht werden wie die Verbesserung der Sozialstruktur und des Arbeitsmarktangebots sowie die »Stärkung des gesellschaftlichen Zusammenhalts«.[14] Ein spezieller Schwerpunkt lag auf der Etablierung von Gemeinschaftseinrichtungen sowie ebenfalls auf der Partizipation der lokalen Bevölkerung. Seit 2012 wurde das Programm unter den neuen Namen »Soziale Stadt – Investitionen im Quartier« neu aufgelegt. In Wiesbaden wurden die bereits erwähnte westliche Innenstadt und ein Teil des Stadtteils Biebrich ausgewählt, der sich durch erheblichen baulichen Sanierungsbedarf auszeichnete. In Biebrich wurde das Stadtteilzentrum BauHof Ausgangspunkt vielfältiger Aktivitäten. Nach dem Auslaufen der Förderung durch das Bundesministerium soll der BauHof unter der Trägerschaft des Caritasverbandes verstetigt werden. Im Westend übertrug man das Stadtteilmanagement dem 2004 gegründeten Verein für Kultur, Bildung und Sozialmanagement (Kubis e.V.). Neben baulichen und sozialen Projekten wurde hier versucht, den Stadtteil als lebendiges Gewerbe- und Geschäftsviertel zu entwickeln, was nach Angaben von Kubis e.V. bereits eine erhebliche private Investitionstätigkeit hervorgerufen habe.[15] Die Interventionen der Stadt gelten für beide Standorte als erfolgreich.

Außer den vorgestellten Programmen entwickelten die dafür zuständigen städtischen Institutionen sowohl dauerhafte Projekte als auch kleinere Maßnahmen, deren Verstetigung nicht gewiss ist. Zu den permanenten Einrichtungen gehören Jugend- und Stadtteilzentren in den südöstlichen Stadtteilen und im Westend sowie Sozialarbeiter, die mobile Jugendarbeit anbieten. An dreizehn Haupt-, Real-, Gesamt- und Förderschulen wird teilweise seit 1977 Schulsozialarbeit angeboten, und im Jahr 2006 beschloss die Stadtverordnetenversammlung die Einrichtung eines »Kompetenz-Entwicklungs-Programms« für Hauptschüler, um ihnen entweder den Weg in den Beruf oder in weitere Bildungsmaßnahmen zu ermöglichen.

Die durch die genannten Programme anvisierte Bevölkerung besteht zwar faktisch, nicht aber programmatisch zu großen Teilen aus Migranten. Andere

Maßnahmen zielen explizit auf Bürger und Bürgerinnen mit Migrationshintergrund. Das betrifft z. B. das Projekt »Bildungslotsen«. »Bildungslotsen« sind Migranten, die seit 2009 in Kooperation mit dem Staatlichen Schulamt fortgebildet wurden, um Eltern mit Migrationshintergrund über Fördereinrichtungen zu informieren. Im Projekt »Migranten für Migranten« wurden außerdem in Zusammenarbeit mit Experten aus dem medizinischen Bereich, dem Gesundheits-, Integrations- und Sozialamt sogenannte Gesundheitslotsen trainiert, die in 15 verschiedenen Sprachen über das deutsche Gesundheitssystem und Themen der Gesundheitsvorsorge informieren sollten. Spezielle Angebote für Frauen stellt eine Einrichtung bereit, die den sperrigen Namen »Wiesbadener internationales Frauen- und Mädchenbegegnungs- und Beratungszentrum e.V.« (WiF) trägt, aber auch das Integrationsamt, die Arbeiterwohlfahrt, die Caritas und die Kommission »Frauen« des Ausländerbeirats sowie eine Anzahl freier Träger, von denen der Migrantinnenverein MigraMundi am einschlägigsten ist. Speziell für Frauen wurden von der Stadt die Sprachkurse »Mama lernt Deutsch« und der Nachfolgekurs »Mama spricht Deutsch« eingerichtet und Fortbildungen von Migrantinnen zu Trainerinnen im Breitensport gefördert. Einmal in der Woche ist das Hallenbad Kostheim seit 2009 von 17 bis 20 Uhr nur für weibliche Badegäste geöffnet, was besonders von Musliminnen honoriert wird.

Am 1. April 2011 wurde Wiesbaden zu einer von sechs »Modellregionen Integration« erklärt. Ziel dieses hessenweiten Programms war es, Leitbilder für die Integration zu entwickeln und die Vernetzung von mit Integrationsprojekten befassten Ämtern und städtischen Institutionen sowie freien Trägern wie dem Caritasverband, der Arbeiterwohlfahrt und dem Internationalen Bund voranzutreiben. Vier neue Projektbereiche wurden festgelegt: a) die Beratung qualifizierter Zuwanderer im Bereich der Anerkennung von Abschlüssen und der Chancen auf dem Arbeitsmarkt, b) die Förderung qualifizierter Migrantinnen, die durch den freien Träger Berufswege für Frauen e.V. durchgeführt wurden, c) die Ausbildung sogenannter Integrationsassistenten und d) die Einrichtung eines »Bildungskredits«, der Migranten die Finanzierung von Qualifizierungsmaßnahmen erleichtern sollte.

Die Arbeitsgemeinschaft Islamischer Gemeinden Wiesbadens

Viele Integrationsmaßnahmen der Stadt sind für Migranten jeglicher Herkunft offen, andere richten sich ausschließlich an Muslime. Eine örtliche Besonderheit stellt die Arbeitsgemeinschaft Islamischer Gemeinden Wiesbaden (AIGW) dar, eine Dachorganisation muslimischer Vereine, die von der Stadt initiiert wurde und bis auf den heutigen Tag von ihr organisiert wird. Die treibende Kraft hinter diesem Projekt war Janine Rudolph, die 2003 eingestellte Abteilungsleiterin des Integrationsamtes. Als sie die Leitung des Amtes übernahm, so Rudolph, habe sie sich Gedanken gemacht, wie der Kontakt zu integrationsrelevanten Gruppen hergestellt werden könne, die bislang wenig eingebunden waren. Muslime stellten ihrer Ansicht nach eine solche integrationsrelevante Gruppe dar, zu der nur wenig Kontakt bestand. Sie habe dieses Problem damals mit zwei Personen diskutiert, die sie für besonders ausgewiesen erachtete. Es handelte sich um den Arzt Tarik Ali und die Leiterin des Caritas-Integrationsdienstes, Manuela Pintus. Pintus hatte zuvor mit Ali einen interreligiösen Dialogkreis aufgebaut, in dem man sich in unterschiedlicher Zusammensetzung traf und über Schnittmengen zwischen Koran und Bibel unterhielt. Es gab einen eingeübten Zusammenhang, in dem man sich über religiöse Fragen austauschte. Die beiden kannten sich aus, und sie wussten, wie man einen Dialog führt. »Das habe ich so angenommen«, meinte Rudolph in unserem Gespräch. Die Idee eines ersten Treffens wurde geboren.

Mit Hilfe von Ali und Pintus wurden Adressen und Ansprechpartner zusammengestellt, im Jahr 2004 wurde eingeladen, und alle kamen. »Das war sehr beeindruckend: wir zwei Frauen [Pintus und Rudolph, Anm. d. Verf.], und ein Muselmann nach dem anderen kam die Treppe hoch«, erinnerte sich Rudolph. »Sie selber waren ganz überrascht, dass sie von der Stadt eingeladen werden, kannten sich alle untereinander überhaupt nicht. Es war in jeder Hinsicht ein interessanter Termin, weil die verschiedenen Gemeinden erstmals zusammenkamen.« Die Gruppe nannte sich nach ihrer Konstituierung »Arbeitsgemeinschaft Islamischer Gemeinden Wiesbaden« (AIGW). In ihr sollten alle wichtigen muslimischen Organisationen vertreten sein – ein Anspruch, der auch weitgehend erfüllt wurde. Die Gemeinde der Ahmadiyya Muslim Jamaat allerdings fehlte, vielleicht, weil Tarik Ali sie nicht »im Fokus hatte«, wie Rudolph meinte, vielleicht auch, weil ihre Teilnahme das ganze

Unternehmen von Anfang an gefährdet hätte, denn sie wird weder von den Sunniten noch von den Schiiten anerkannt. Rudolphs ausdrücklicher Wunsch war es, nicht über religiöse, sondern nur über integrationsrelevante Fragen zu diskutieren und mit den Muslimen verschiedene Integrationsmaßnahmen anzudenken.

Dazu gehörte das bereits erwähnte Programm »Mama lernt Deutsch«. Rudolph wollte ohnehin mit etablierten Trägern von Sprachprogrammen (VHS, AWO, CASA, BauHof Biebrich etc.) ein Integrationskursprogramm aufbauen, dieses mit gewissen Standards versehen und den Bedarf mit den Sprachkursanbietern zusammen koordinieren. Muslimische Frauen seien besonders schwer zu erreichen gewesen, weil sie oft nicht zum Besuch eines Volkshochschulkurses zu bewegen seien. Man überlegte, die Moscheegemeinden einzubeziehen und die Kurse dort abzuhalten. Auch inhaltlich wurde einiges verändert. Irgendwann habe man gemerkt, dass man mit normalen Deutschkursen nicht ankam, sondern Alphabetisierungskurse benötigte. Man habe ein Konzept entwickelt, Kursleiterinnen dafür ausgebildet und bestimmte Lehrwerke angeschafft. Es sei ein riesiges Projekt gewesen, und die Stadt habe »richtig viel Geld in die Hand genommen«. »Mama lernt Deutsch« habe damals eine Lücke im Alphabetisierungsbereich geschlossen. Das Programm lief an verschiedenen Standorten und wurde mit Modulen zu anderen Themen wie Gesundheit oder psychischer Belastbarkeit kombiniert. Damit die Frauen auch kommen konnten, wurden Kinderbetreuungen organisiert. Für die konkrete Werbung griff man auf die Moscheevorstände zurück. Sie wurden aufgefordert, ihre Gemeindemitglieder zu informieren und die Frauen anzuhalten, die Angebote wahrzunehmen. Alles wurde vom Integrationsamt engmaschig begleitet.

Diese Kurse gibt es jetzt nicht mehr. Mittlerweile seien neue Anbieter auf dem Markt, berichtete Rudolph, der Bund sei in die Betreuung eingestiegen und zahle dreihundert Stunden Unterricht. Das mache kommunale Projekte überflüssig. Man habe das Projekt dann in Form eines Anschlussprojekts »Mama spricht Deutsch« umgebaut, damit die einmal erworbenen Sprachkenntnisse nicht verlernt werden. Die Konversationskurse wurden an einem Themenkatalog über Erziehungsthemen entlanggeführt. »Das hatte zwei wichtige Effekte«, so Rudolph. »Wir haben Erziehungsfragen platziert, das Vokabular wurde geübt, und zum Thema interkulturelle Öffnung haben wir die Fachbereichsvertreter, die auch mit der Zielgruppe schwer in Kontakt kamen, zusammengebracht. Das war für die ganz toll. Die fanden das super. Und das Projekt gibt es bis heute.«

Andere Projekte für Frauen sind Frauenfrühstücke, die in den Moscheen stattfinden und zu denen man gelegentlich Referentinnen einlädt, die zu Themen der Erziehung, Gesundheit, aber auch zum Umgang mit Behörden vortragen.

Die AIGW habe sich sehr gut entwickelt, sagte Rudolph, und man habe über verschiedene Themen gesprochen, die entweder den Muslimen oder den Vertretern der Stadt wichtig waren. Einige wurden zur beidseitigen Zufriedenheit erörtert und führten sogar zu weiterführenden Programme. Zu diesen erfolgreichen Initiativen gehört das Projekt »Muslimische Seelsorge«, das am Ende dieses Kapitels gesondert vorgestellt wird, aber auch eine »Sicherheitspartnerschaft« mit der Polizei, an der sich einige Gemeinden beteiligten. Diese öffneten ihre Moscheen für Informations- und Diskussionsveranstaltungen, und man lernte sich gegenseitig kennen. Vorurteile wurden überwunden. »Die haben keine Berührungsängste mehr«, so Rudolph, »die kennen sich mittlerweile, laden sich zum Tee ein. Es ist nicht überall gleich, aber es ist ein Riesenschritt nach vorne.«

Das Integrationsamt unterstützt die Gemeinden auch bei Moscheebauvorhaben und wird dafür weitgehend gelobt. Eine ämterübergreifende Arbeitsgemeinschaft wurde gegründet, an der das Liegenschaftsamt, das Stadtplanungsamt, das Bauaufsichtsamt und das Integrationsamt beteiligt sind. So kann man theoretisch ohne Reibungsverluste von der Konzeptentwicklung bis zum Bau zügig voranschreiten, ohne vermeidbare Fehler zu begehen und administrative Staus zu produzieren. Andere Themen erwiesen sich als konfliktträchtiger, zum Beispiel das Schächten. Rudolph berichtete, man habe eine Fachveranstaltung mit einer Veterinärin im Rathaus durchgeführt, das Problem aber nicht lösen können. Ich selbst habe bei zwei Diskussionen, eine in der Omar-Moschee und eine im Integrationsamt, beobachten können, dass Muslime ihr Unverständnis über das Verbot der rituellen Schlachtung artikulierten und dies als Ausdruck einer tief in der deutschen Gesellschaft verwurzelten Islamfeindlichkeit verstanden.

Um gegen Islamfeindlichkeit anzugehen und den Islam als »normale« Wiesbadener Religion in der Öffentlichkeit zu präsentieren, wurden in vier aufeinanderfolgenden Jahren Veranstaltungen zum Fastenbrechen in der Innenstadt organisiert. Dies, so Rudolph, habe sich allerdings nicht als erfolgreiche Maßnahme erwiesen. Die Gemeinden hätten sehr unterschiedliche Vorstellungen vom Ablauf des Festes gehabt, die Arbeitsverteilung sei umstritten gewesen, und man habe die nichtmuslimische Bevölkerung nicht erreicht. Bei der letzten Veranstaltung hätte die Tauhid-Gemeinde verlangt, dass keine Musik gespielt werden dürfe, und einige Anhänger des rheinländischen Salafisten Pierre Vogel hätten die Gunst der Stunde für einen Auftritt genutzt. Man beschloss, das größer angelegte Experiment nicht weiterzuführen, sondern das öffentliche Fastenbrechen in die einzelnen Gemeinden zu verlegen. Dies geschah allerdings nur sporadisch.

Muslimische Seelsorge

Das wohl wichtigste Projekt von Integrationsamt und AIGW ist die Muslimische Seelsorge (MUSE) nach dem Vorbild der Diakonie. Der Bedarf, so Gülbahar Erdem, die das Projekt betreut, sei riesig. Die erste Generation von Migranten werde langsam alt und müsse in Zukunft gepflegt werden. Obgleich Muslime gerne betonten, dass dies in der Familie zu geschehen habe, sei der hehre Anspruch in der Praxis nicht immer umzusetzen. Schon allein die räumliche Trennung von Kindern und Eltern durch die Anforderungen des Berufslebens würde dem guten Willen deutliche Grenzen setzen. Auch der Aufenthalt in einem Krankenhaus schaffe mitunter große Probleme, die nicht zuletzt durch Sprachbarrieren hervorgerufen würden. Die Patienten erlebten eine große Machtlosigkeit, fühlten sich ausgeliefert und entwickelten Ängste.

Dazu komme die unterschiedliche Symbolik, in die Krankheit und Krankheitssymptome kulturell eingebettet seien. »Wenn zum Beispiel eine türkische Frau sagt: ›Mir tut die Leber weh‹, dann äußert die Frau kein Leberleiden, oder wenn sie sagt: ›Ich brenne, meine Lunge brennt‹, dann brennt nicht die Lunge. Wir haben im Deutschen ja auch solche Bilder. Wenn wir sagen: ›Mir platzt der Kopf‹, dann meint niemand, dass wirklich der Kopf platzt.« Man müsse solche Bilder richtig deuten und verstehen, doch dafür sei das medizinische Personal nicht ausgebildet. Es gebe auch viele Elemente volkstümlichen Glaubens, die Idee übernatürlicher Kräfte, die am Werk seien, wenn einem etwas Schlimmes passiere. »Es gab ja in der Geschichte der Migration so ganz komische Krankheiten wie ›Gastarbeitersyndrom‹«, erläuterte Erdem. »Es wurden Depressionen diagnostiziert, Heimwehsyndrome, die

Ärzte hatten keinen Namen dafür, was den Menschen gerade passiert, und die Beschreibung der Krankheiten hat nicht in diese Bücher gepasst. Man hat vieles aneinander vorbei getan, und das führt auch dazu, dass manchmal ein Grundvertrauen fehlt.« Eine dritte Ebene, auf der seelsorgerischer Bedarf bestehe, seien Lebenskrisen, psychische Leiden oder soziale Schwierigkeiten, und eine vierte stelle die Situation im Gefängnis dar. Die Moscheegemeinden, die sich außer den Familien gewöhnlich um solche Belange kümmerten, seien mittlerweile mit den beständig wachsenden Anforderungen überlastet und könnten die notwendige Betreuung nicht mehr leisten.

Die Umsetzung der Idee in ein Programm gelang mit Hilfe des Europäischen Integrationsfonds, aus dem zwischen 2008 und 2011 75 Prozent der benötigten Mittel generiert werden konnten. Die restlichen 25 Prozent wurden von der Stadt finanziert. Eineinhalb Mitarbeiterstellen wurden eingerichtet. Gülbahar Erdem, eine studierte Islamwissenschaftlerin, die sich schon als Studentin in interreligiösen Kontexten sowie in dialogischen und trialogischen Veranstaltungen engagiert hatte, sowie Husamuddin Meyer erschienen als geeignete Kandidaten für den Aufbau eines solchen Programms. Abgesehen von den beiden Koordinatoren sollte es ausschließlich durch speziell geschulte Ehrenamtliche durchgeführt werden, denen für ihre Tätigkeit lediglich eine Aufwandsentschädigung zugedacht war.

Zwei Ausbildungsgänge für Seelsorgerinnen und Seelsorger wurden bis 2014 durchgeführt. Das Interesse an diesen Tätigkeiten war innerhalb der muslimischen Gemeinden groß. Allein sechzig Personen hatten sich beim ersten Ausbildungsgang beworben, sodass die Möglichkeit bestand, die am besten passenden Kandidaten und Kandidatinnen auszuwählen. Ehrenamtliche Erfahrungen, Offenheit und Ernsthaftigkeit waren Kriterien, nach denen ausgesucht wurde, außerdem wollte man die ethnische Zusammensetzung der Wiesbadener Muslime in der Seelsorgergruppe abbilden – was aber nur unzureichend gelang. Schließlich entschied man sich für siebzehn Kandidatinnen und Kandidaten im Alter zwischen 23 und 63 Jahren. Der Männeranteil machte etwa ein Drittel aus. Aufgrund der großen Nachfrage wurden in einer zweiten Ausbildungsrunde dreizehn weitere Helfer und Helferinnen geschult.

Die Ausbildung erfolgte über einen Zeitraum von neun Monaten in mehreren Modulen mit insgesamt 140 Stunden vorwiegend in Wochenend- und Abendseminaren. Psychologie, Pädagogik und islamische Theologie standen auf dem Lehrplan, wobei die Förderung von kommunikativen und religiösen Kompetenzen sowie personenzentrierter Gesprächsführung im Mittelpunkt stand. Das Wissen um Institutionen und Netzwerke der Stadt war ein weiteres Thema, da die Helfer und Helferinnen in die Lage versetzt werden sollten, Patienten an geeignete Stellen wie die Drogen- und Erziehungsberatung oder andere Institutionen weiterzuvermitteln. Man sprach, so Erdem, auch über Tabuthemen wie sexuelle Gewalt und empfahl Einrichtungen, die bei sexuellem Missbrauch eingeschaltet werden können. Interkulturelles Training und selbstreflexive Fähigkeiten standen außerdem auf dem Lehrplan. Gerade Ersteres sei anfangs mit Unverständnis aufgenommen worden. Warum man denn so etwas benötige, fragten einige, alle seien doch Migranten. Gerade die ethnische Diversität, so Erdem, sei aber sehr herausfordernd, und man müsse erst lernen, damit umzugehen. Zwar seien alle Muslime, aber alle auch wiederum verschieden. Einige Frauen trügen ein Kopftuch, andere nicht, einige Helferinnen und Helfer seien Sunniten, andere Schiiten. In der Gruppe habe man erfahren, dass diese Unterschiede nicht so bedeutend seien, sondern das Gemeinsame, das Ziel, die Seelsorge, im Vordergrund stehe. Diese Erfahrung allerdings war ein zentrales Lernziel, das die seelsorgerische Arbeit überhaupt erst möglich machte: »Wenn's innerhalb der Gruppe klappt, dann klappt's auch im Krankenhaus.« Eine vierwöchige Praxisphase komplettierte die Ausbildung.

Im Jahr 2010 wurde ein Abkommen mit dem städtischen Krankenhaus, den Horst-Schmidt-Kliniken, geschlossen, und die ersten Krankenhausseelsorgerinnen konnten ihre Arbeit aufnehmen. In der Klinik habe man einen Briefkasten installiert, in dem Patienten einen Zettel hinterlassen könnten; es gebe eine Handynummer und ein Büro. Man sei ansprechbar, agiere aber auch offensiv. »Wir machen eine aufsuchende Seelsorge«, so Erdem. »Wir gehen in die Stationen, auf denen muslimische Patienten liegen, stellen uns vor und bieten ein Gespräch an.« Man gehe auch auf Schwestern und Ärzte zu und frage, ob es Menschen gebe, bei denen ein akuter Bedarf bestehe. Manchmal kämen Angehörige, manchmal sei es auch das medizinische Personal. Das Angebot beziehe sich nicht nur auf Schwerkranke, sondern grundsätzlich auf Menschen, die einen Bedarf an Seelsorge äußern. Bei manchen löse schon die Entfernung des Blinddarms eine Krise aus. Das Erleben von Ohnmacht und Furcht sei eben sehr subjektiv. »Wir bieten an, das Gespräch in der Sprache zu führen, in der sich der Mensch artikulieren möchte, mit den Symbolen, den Bildern seiner Sprache.« Es gehe darum, den Menschen in seinen Bedürfnissen, vor dem Hintergrund seiner Geschichte, auch mit seinen Ängsten wahrzunehmen, Angebote zu formulieren, zu fragen, was ihm jetzt, in dieser besonderen Situation guttun würde. »Manche wollen Koranrezitationen hören, andere sagen: ›Bete ein freies Gebet für mich!‹« Dann müsse man herausfinden, was der Person wichtig sei, wofür sie gerade Worte suche. Manchmal habe man nur eine Begegnung mit einem Menschen, manchmal seien es mehrere Wochen, in denen man Patienten auf der Palliativstation oder in Pflegeheimen besuche und den Sterbeprozess begleite.

Seit seiner Gründung konnte sich MUSE im städtischen Krankenhaus fest etablieren und sogar expandieren. Zusammen mit der Initiative »Regenbogen« sowie den Seelsorgerinnen der Horst-Schmidt-Kliniken und der Asklepios-Paulinen-Kliniken gründete sie den Verein Sternengarten e.V., der Eltern unterstützt, deren Kinder vor dem Ende der 24. Schwangerschaftswoche sterben. Rituale des Abschiednehmens und die Möglichkeit einer Beisetzung in einem »Sternengarten« wurden initiiert.

Trotz des großen Erfolges und der Beachtung in den Medien war die Zukunft des Projektes lange Zeit höchst ungewiss. Die Finanzierung durch den Europäischen Integrationsfonds endete Ende 2011, und die Stadt konnte die Lücke alleine nicht schließen. Appelle der Leiterin des Integrationsamtes an die muslimischen Gemeinden, sich finanziell zu beteiligen, verhallten weitgehend ungehört. Nur wenige Gemeinden waren bereit, feste Beträge beizusteuern. Kurz vor dem Ende der Förderphase übernahm das Frankfurter Kompetenzzentrum muslimischer Frauen e.V. für ein Jahr die Trägerschaft, sodass die Fortführung gesichert war, und im Februar 2012 wurde aus dem Projekt ein eigenständiger Verein, MUSE e.V. Zukünftig solle das Angebot, so der Verein, um die Einrichtung einer Notfallseelsorge erweitert werden. Auch habe es eine Projektidee für eine muslimische Altenpflegestation gegeben. Eine Einrichtung war bereits gefunden, die bereit gewesen wäre, das Projekt in ihren Räumen zu betreuen, man hatte ein Konzept, Personal mit Kopftüchern war verfügbar, doch in letzter Sekunde hätten die Gemeinden sich zurückgezogen. Das Thema sei sehr stark tabuisiert, da man gerne die Vorstellung aufrechthalten möchte, dass die Alten von den eigenen Angehörigen zu Hause bis zu ihrem Tod gepflegt würden.

Ein Teil der Seelsorge, der im ursprünglichen Konzept enthalten war, bezog sich auf die Gefängnisseelsorge. Diese wird mittlerweile vom Land Hessen finanziert. Husamuddin Meyer hatte das Amt anfangs inne, dann wurde ein anderer Imam eingestellt, und mittlerweile ist es wieder Meyer, der die einst von ihm begonnene Arbeit weiterführt. Ein kommunales Projekt war die Gefängnisseelsorge allerdings von Anbeginn an nicht.

Andere seelsorgerische Themen werden nach wie vor von der AIGW und dem Integrationsamt bearbeitet, so zum Beispiel die Frage der Bestattung. Nach der Aufhebung der Sargpflicht stellte die Stadt den muslimischen Gemeinden einen eigenen abgetrennten Friedhof auf dem bereits bestehenden Südfriedhof in Aussicht, und alle waren begeistert. Deutschland sei für die jüngeren Generationen endgültig zur Heimat geworden, so Vertreter der Gemeinden, und man wolle auch hier beerdigt werden. Die Überführung der Verstorbenen nach Marokko oder in die Türkei mache keinen Sinn mehr, wenn die Verwandten in Deutschland lebten. Der Ort zum Trauern sei eben zunehmend Deutschland geworden, und so freue man sich, dass es endlich möglich sei, die Toten nach muslimischem Ritus zur letzten Ruhe zu betten.

Die Wiesbadener Integrationsvereinbarung

Die Einrichtung der AIGW verfolgte nicht ausschließlich das Ziel, Muslimen bei der Durchsetzung ihrer eigenen Vorhaben behilflich zu sein, sondern war von Anfang an auch ein kommunales Präventions- und Kontrollinstrument, um Radikalisierungen innerhalb der Gemeinden etwas entgegenzusetzen. Die Grundlage dafür bildete die Wiesbadener Integrationsvereinbarung, ein einzigartiges Abkommen der Stadt mit den Muslimen, in dem genau festgelegt wurde, was man voneinander erwartete.

Anlass war das bereits erwähnte Bauvorhaben der Tauhid-Moschee, das zu örtlichen Konflikten geführt hatte. Die Tauhid-Gemeinde hatte der Stadt im Jahr 2003 das Moscheebauvorhaben übermittelt, was diese zunächst als rechtlich unbedenklich einstufte. Zeitgleich stellten Mitglieder der Gemeinde einen Text ins Internet, in dem sie sich explizit zur Scharia bekannten und gegen Ungläubige hetzten. Nachdem sowohl der Text, als auch die Bauabsicht öffentlich wurden, kam es zu Protesten der Anwohnerschaft, einer Unterschriftenaktion gegen den Moscheebau und tumultartigen Debatten. Auf Antrag der im Stadtparlament vertretenen Fraktionen der CDU, SPD, FDP und Bündnis 90/Die Grünen wurde der Magistrat beauftragt, mit Vertretern religiöser Gemeinden ein Gespräch zu suchen und als Fernziel eine Vereinbarung abzuschließen, die radikale Bekenntnisse wie das der genannten muslimischen Hardliner unmöglich machen sollte. Obwohl von Anfang an ausschließlich Muslime als Adressaten einer solchen Vereinbarung gemeint waren, formulierte man die Gesprächsaufforderung zunächst recht kryptisch und benannte »in Wiesbaden ansässige Gemeinschaften, Vereine und Institutionen, die nicht durch Staatsverträge gebunden sind« als Zielgruppe. Das schloss die großen Kirchen und die jüdische Gemeinde per se aus, hätte aber genau genommen auch kleine evangelikale Gruppen, Hindus, Buddhisten und andere umfassen können. Etwa vierzig Religionsgemeinschaften in Wiesbaden haben keinen Staatskirchenvertrag. Da diese jedoch nicht als Problemgruppen galten, bezog man sie nicht mit ein. Janine Rudolph, die bereits erwähnte Leiterin des Integrationsamtes, erinnerte sich: »Man hat sich nicht getraut, die Sache beim Namen zu nennen. Es war ein Alptraum, dieser Beschluss.« Sie habe das Ganze dann in der AIGW vorgetragen. »Es gab einen Riesenaufschrei, und der erste Vorschlag wurde abgelehnt.« »Warum wir? Warum nicht die anderen?«, fragte man, und Rudolph versuchte zu beschwichtigen, indem sie sagte, die anderen auch, aber hier sei ja schon eine Gruppe beieinander, und außerdem gebe es ja das aktuelle Problem der Tauhid. »Umgekehrt hatte die Politik ein völlig krudes Verständnis, was man den Leuten alles abverlangen könnte«, merkte sie an. Man habe dann wissenschaftlichen Sachbeistand hinzugezogen, und die emotionalen Wogen konnten geglättet werden. Dann habe man vernommen, dass die AIGW bereit sei, in Verhandlungen auf Augenhöhe einzutreten, allerdings zu gleichen Bedingungen wie die Stadt. Sie wollte Zeit und einen Rechtsbeistand, um einen Gegenentwurf zu verfassen. »Da waren wir alle von den Socken«, bekannte Rudolph. »Wenn man bedenkt, dass sich die Gemeinden ein Jahr zuvor gar nicht kannten und noch nie an einem Tisch miteinander gesessen und auch mit der Stadt nie kommuniziert hatten, war das schon sensationell.« Said Nasri, der Vorstandsvorsitzende des Islamischen Kulturvereins in Kostheim, war zum Vorsitzenden gewählt worden. Dann verhandelten beide Gruppen etwa zwei Jahre miteinander. »Es war so spannend. Es war eines meiner einschneidendsten Erlebnisse, so etwas mitzuerleben«, erinnerte sich Rudolph. Gerade das Bekenntnis zum Grundgesetz sei ein Streitpunkt gewesen. Die Muslime argumentierten, dass sie dieses ja bereits mit der Eintragung ins Vereinsregister abgelegt hätten, doch der damalige Integrationsdezernent Peter Grella betonte, dass man sich gar nicht oft genug zum Grundgesetz bekennen könne. Das müsse aber auch für die Stadt gelten, argumentierten die Muslime, und Grella stimmte zu.

Mit Unterstützung des in Halle-Wittenberg lehrenden Kirchenrechtlers Prof. Dr. Michael Germann wurde im Jahr 2005 ein erster Vereinbarungstext erarbeitet, der den muslimischen Gemeinden im November 2005 vorgestellt wurde. Die Gemeindevertreter lehnten ihn ab, und die Vertreter der Stadt lenkten ein. Das Scheitern wurde als Ergebnis mangelnder muslimischer Partizipation gedeutet, und man unternahm einen zweiten Versuch, jetzt unter stärkerer Einbeziehung der Muslime.

Die Differenzen bezüglich der unterschiedlichen politischen Standpunkte in den Bereichen Kopftuchverbot für Lehrerinnen, koedukativer Sport- und Schwimmunterricht sowie der Gleichstellung der Geschlechter konnten nicht ausgeräumt werden, doch man fand Kompromisse, mit denen alle Beteiligten leben konnten. Am 27. September 2007 unterzeichneten Vertreter der folgenden neun muslimischen Gemeinden und Einrichtungen die Vereinbarung:

1. der mit der Masjid-Ali-Moschee verbundene Islamische Kulturverein e.V., repräsentiert durch Said Nasri
2. die Islamische Gemeinde Helenenstraße, für die der Arzt Dr. Tarek Ali unterzeichnete
3. die Islamische Gemeinde e.V. Tauhid-Moschee, vertreten durch ihren Vorsitzenden Mohamed Khoury
4. die Islamische Gemeinde der Bosniaken Wiesbaden e.V. mit ihren Vorsitzenden Fahrudin Dzinic und Adnan Dzonlic
5. die Islamische Gemeinschaft Milli Görüs e.V. mit Osman Bilgili und Nuh Erdem
6. der Islamische Kulturverein Imam Hossein e.V., für den Reza Solghadr und Pari Erfani anwesend waren
7. der Marokkanische Verein e.V.
8. der Masjid Badr mit Farid El Fechtali
9. der West-Östliche Diwan Wiesbaden und Umgebung e.V., vertreten durch Jalaluddin Rebler

Nicht dabei war, wie bereits erwähnt, die Ahmadiyya Muslim Jamaat, aber auch der mitgliederstärkste muslimische Verband DITIB, der dem Präsidium für Religiöse Angelegenheiten in Ankara untersteht. Der Vertrag von DITIB mit dem deutschen Staat sei das Grundgesetz, ließ man verlauten, und es gebe keinen Bedarf an Zusatzvereinbarungen.[16] Eine ähnliche Zurückhaltung galt für die Wiesbadener Ortsgruppe des Verbandes Islamischer Kulturzentren (VIKZ), welche die Sülemaniye-Moschee betreibt. Der Vorsitzende Zafer Sahin, so schrieb der *Wiesbadener Kurier* am 3. April 2008, berufe sich auf die Zentrale in Köln. Solange diese nicht zustimme, könne man nichts entscheiden. Drei Jahre später hatte ein Öffnungsprozess innerhalb der Wiesbadener VIKZ-Gemeinde dazu geführt, dass Zaher Sahin die Integrationsvereinbarung unterzeichnete. Außerdem traten zwei weitere Vereine dem Bündnis bei. Es handelte sich um den 2007 gegründeten Afghanischen Kulturverein e.V. und die 2009 ins Leben gerufene Wiesbadener Niederlassung von Tariqa Al-Qadiriya Al-Boutschischiya, der Sufi-Orden für Liebe, Toleranz und Menschlichkeit e.V.

In der Präambel der Vereinbarung bekannte sich die Stadt explizit zu Einwanderung und Integration. Es heißt dort: »Gemeinde und Stadt betrachten die Integration von Zuwanderern und Menschen mit Migrationshintergrund im Sinne eines dauerhaften Prozesses der Eingliederung in die Gesellschaft der Bundesrepublik Deutschland und insbesondere der Stadt Wiesbaden, ohne Verpflichtung zur Aufgabe der jeweils eigenen kulturellen Identität [...] als Aufgabe von herausragender Bedeutung von Politik und Gesellschaft.«

Artikel 1 verpflichtet die Unterzeichner zur Anerkennung von Grundgesetz und Rechtsstaatlichkeit sowie zur Ächtung religiöser Gewalt und die Stadt zu einer verstärkten Förderung der Integration. Darüber hinaus geht es um den Bereich der kulturellen Integration, wie er auch im Integrationsmonitor und in anderen Schriften der Kommune als Ziel von Integrationsanstrengungen niedergelegt wurde, um die Anerkennung von Toleranz, die Gleichberechtigung der Geschlechter und die Trennung von Religion und Staat. Artikel 2 gesteht den Gemeinden interne Autonomie zu, regt aber in Paragraf 2/4 regelmäßige Konsultationen mit Vertretern der Stadt an. Artikel 3 fordert von den Gemeinden eine aktive kulturelle Integration und die »Distanz zu integrationsfeindlichen Positionen«. Paragraf 3/9 regt die Zusammenarbeit der Gemeinden mit verschiedenen Einrichtungen der Stadt an, dabei auch mit den Sicherheitsbehörden. Artikel 4 verpflichtet die Gemeinden zur Transparenz, zur Öffentlichkeitsarbeit und dazu, die Stadt über ihre Aktivitäten zu informieren. Artikel 5 thematisiert ausschließlich die Gleichberechtigung der

Frauen. Die Gemeinden werden darin zur Zusammenarbeit mit der »Kommunalen Frauenbeauftragten und anderen Fraueneinrichtungen« verpflichtet, die Stadt soll sich im Gegenzug speziell dem Abbau von Benachteiligungen gegenüber Musliminnen widmen. In den Paragrafen 5/4 bis 5/7 heißt es: »Die Stadt tritt ein gegen die Diskriminierung von muslimischen Frauen im Gesellschafts- und Arbeitsleben, unterstützt die Teilnahme muslimischer Frauen am sportlichen Leben und setzt sich dafür ein, dass spezifische Angebote für Frauen (Frauenbade- und -saunatage) in Wiesbaden auch weiterhin erhalten bleiben und bei Bedarf erweitert werden, bekennt sich zur Zulassung von Frauen zu öffentlichen Ämtern und Gewährung der im öffentlichen Dienst erworbenen Rechte unabhängig von dem religiösen Bekenntnis.« Artikel 6 hält noch einmal dezidiert die erwünschten Integrationsbemühungen der Gemeinden fest und regt die Teilnahme an Sprach- und Integrationskursen sowie die Nutzung öffentlicher Kindergärten an. Eine Besonderheit stellt Paragraf 6/7 dar, dem zufolge die Gemeinden darauf hinwirken sollen, »dass Eltern ihre Kinder am Schul- und Sportunterricht und an schulischen Veranstaltungen wie Klassenfahrten teilnehmen lassen«. Artikel 7 hält im Gegenzug die erwarteten Integrationsleistungen der Stadt fest, insbesondere Anstrengungen, um Vorurteile gegenüber Muslimen in der Gesellschaft abzubauen, Gemeinden bei Moscheebauvorhaben zu unterstützen sowie Islamunterricht in Schulen und muslimische Seelsorge in Kliniken einzuführen. Artikel 8 und 9 schreiben regelmäßige gegenseitige Konsultationen fest.

Insgesamt enthält die Vereinbarung eine Reihe von unterstützenden wie auch repressiven Aspekten. Die Wiesbadener Muslime sollen, so die Intention, auf ein klares Bekenntnis zum Grundgesetz verpflichtet werden und dies auch in ihrer Praxis nachweisen. Dafür wurden ihnen im Gegenzug privilegierte Möglichkeiten zur Umsetzung eigener Anliegen eröffnet, insbesondere eine Unterstützung bei Moscheebauvorhaben, aber auch der Aufbau von diakonischen Strukturen. Zum Thema Moscheebau wurde eine ämterübergreifende AG gegründet, an der das Liegenschaftsamt, das Stadtplanungsamt, das Bauaufsichtsamt und das Integrationsamt beteiligt sind. Es war sogar einmal ein Musterprojekt geplant, bei dem sowohl die Moschee, als auch die Stadt von Anfang an in der Konzeptentwicklung und Durchführung zusammenarbeiten sollten. Alle Bauvorhaben müssen mit der AG rückgekoppelt werden, »im Sinne der gut gemeinten Beratung«, meinte Rudolph. »Das nehmen sie mittlerweile alle sehr ernst.«

Die Wiesbadener Salafismus-Debatte

Schwierig erwies sich der Versuch der Stadt, die in der AIGW organisierten Muslime mit Hilfe der Integrationsvereinbarung auf einen moderaten islamischen Kurs festzulegen und sie dazu zu bringen, sich von radikalen Strömungen zu distanzieren. Der Umstand, dass man nach langen Verhandlungen die Mehrheit der muslimischen Gemeinschaften zu einer Unterschrift auf der Vereinbarung bewegen konnte, hieß nicht, dass in der Praxis seitdem alles wie gewünscht verlief. Reglementierungsversuche der Stadt scheiterten teilweise vollständig oder zeitigten erst nach einer Erhöhung des öffentlichen Drucks Erfolge. So konnte beispielsweise der aus Berlin-Neukölln stammende salafistische Prediger Abdul Adhim Kamouss gleich zweimal in der Masjid-Ali-Moschee sprechen: im Juli 2007 und im März 2008. Abdul Adhim vertritt einen Islam, der sich wortwörtlich am Koran und den Verhältnissen des 7. Jahrhunderts in Arabien orientiert, votiert für eine strikte Geschlechtertrennung und setzt sich für den Aufbau einer islamischen Gegenkultur in Deutschland ein. Seine Einladung war ein klarer Bruch der Integrationsvereinbarung – pikanterweise durch den Vorsitzenden der AIGW, den wichtigsten muslimischen Ansprechpartner der Stadt in dieser Angelegenheit. Erwartungsgemäß führte die Sache zu aufgeregten Nachfragen der Öffentlichkeit. In einer anschließenden Debatte sah sich der Vorsitzende Said Nasri genötigt, die Wogen zu glätten, und musste sich dabei sowohl gegen aufgebrachte Nichtmuslime als auch gegen Teile seiner eigenen Gemeinde verteidigen, die sich als Opfer einer islamophoben Medienhetze sahen.[17] Die vorgetragenen Begründungen waren allerdings denkbar fadenscheinig. Einmal ließ er verlautbaren, er habe »den Bruder läutern« wollen,[18] ein anderes Mal schob er die Schuld auf die Gemeindejugend, da diese nach Rednern verlange, die klare Worte fänden.

Auch in der Tauhid-Moschee setzte man den 2004 eingeschlagenen Weg unbeirrt fort, als hätte es niemals eine Integrationsvereinbarung gegeben. Im Januar 2010 wurden drei salafistische Prediger in die Moschee eingeladen: Abu Anas alias Mohammed Ciftci, Abu Adam alias Sven Lau und Abu Alia alias Efstatios Tsiounis. Mohammed Cifti vertritt im Internet die Ansicht, dass diejenigen Muslime, die sich vom Islam abwenden, mit dem Schwert enthauptet werden müssten, und rechtfertigt Steinigung bei Ehebruch. Der ehemalige Feuerwehrmann Sven Lau aus Mönchengladbach organisierte sich zusammen mit Mohammed Ciftci und Abu Hamza alias Pierre Vogel im inzwischen aufgelösten Verein Einladung zum Paradies e.V. In letzter Zeit war er als Unterstützer salafistischer Aktivitäten in Syrien tätig und wurde im Februar 2014 wegen der Unterstützung der Gruppe Islamischer Staat im Irak und der Levante (ISIS) inhaftiert, aus Mangel an Beweisen aber nach einigen Monaten wieder freigelassen. Seine letzte öffentlichkeitswirksame Aktion war die Aufstellung einer »Scharia-Polizei« in Wuppertal. Als die Stadt gewahr wurde, was in der Tauhid-Moschee geplant war, zitierte man die Verantwortlichen herbei und warf ihnen einen Bruch der Integrationsvereinbarung vor. Sie fürchteten unliebsame Konsequenzen und reagierten. Die drei Prediger wurden wieder ausgeladen. Das brachte dem Vorstand die Kritik Pierre Vogels ein, der am 9. Januar 2010 in einer Rede in Frankfurt dazu aufrief, sich solche städtischen Einschüchterungen nicht gefallen zu lassen.[19] Damit jedoch nicht genug.

Während meiner Forschung im Mai 2012 veranstaltete die Moschee eine viertägige »Bildungsveranstaltung« zum Thema »Die Jugend im Westen – Hoffnungen und Sorgen«, zu der man den Prediger Ahmad Abul Baraa einlud. Abul Baraa wettert im Internet gegen die »Ungläubigen« (*kuffar*) und die liberalen Muslime, die seiner Ansicht nach ihre Hirne mit Musik vernebeln und ihre Frauen »wie Tiere« herumlaufen lassen. Frauen stellen ihm zufolge die schlimmste Gefahr für das Seelenheil eines guten Muslims dar. Wenn sich ein Mann noch so sehr anstrenge, die Gebote Allahs zu befolgen, so sei er doch nie sicher – meinte Baraa in einer seiner zahlreichen Videoaufzeichnungen – ob die Reize der Frauen ihn letztendlich vom rechten Weg abbringen würden und er am Ende die täglichen Gebete und das Gedenken an Allah vernachlässige. Deshalb müsse die Geschlechtertrennung so weit wie möglich durchgesetzt werden, sollten Frauen »nicht ohne Grund« das Haus verlassen.[20] Je weniger eine Frau das Haus verlasse, so Abul Baraa, desto eher habe sie die Chance, ins Paradies zu kommen. Dieser Abul Baraa hatte im Mai 2012 vier Tage Zeit, seine Botschaft in Wiesbaden zu verkünden.

Als Presse und Politik von der Veranstaltung erfuhren, kontaktierte man die Gemeinde. Die Stadt und insbesondere das Integrationsamt gerieten unter öffentlichen Druck. Wenn die Integrationsvereinbarung mehr als ein reines Stück Papier sei, dann, so Vertreter der lokalen Politik, müssten Konsequenzen gezogen werden. Vom Ausschluss der Gemeinde aus der Vereinbarung und der AIGW war die Rede. Die zuständige Dezernentin sah sich zum Handeln gezwungen und beraumte ein Treffen mit Vertretern der Gemeinde, der Polizei und dem Verfassungsschutz an. Es brachte kein Ergebnis, da die Muslime angaben, nicht gewusst zu haben, dass Abul Baraa ein salafistischer Prediger sei. Wie konnte das sein? Abul Baraa ist einer der populärsten Internetprediger Deutschlands, und fast alle seine Videos enthalten höchst problematische Botschaften. Seine Popularität basiert genau auf diesen Botschaften, darauf, dass er gegen »Ungläubige« hetzt, Muslime als die besseren oder die eigentlichen Menschen darstellt und eine bedingungslose Trennung der Muslime von Nichtmuslimen sowie den Aufbau einer geschlossenen Parallelgesellschaft mit eigenen Regeln, Werten und Gesetzen fordert. Es war daher wenig glaubhaft, dass dem Vorstand der Tauhid-Moschee all dies entgangen sein konnte. Um die Sache nicht zusätzlich zu eskalieren, rang man sich seitens der Stadt zu der Auffassung durch, dass die Muslime der Aufklärung über den Salafismus bedürften, da ihnen offensichtlich nicht bewusst sei, wo das Problem liege. Eine Informationsveranstaltung wurde geplant, zu der man Vertreter aller Gemeinden einlud. Etwa achtzig Personen kamen, davon viele Männer aus der in die Kritik geratenen Moschee. Drei Vertreter des Verfassungsschutzes hielten Vorträge, und auch ich brachte mich zusammen mit einer muslimischen Doktorandin ein; wir gaben einen geschichtlichen Überblick über den Salafismus und seine Spielarten.

Die Reaktion der Menge zeigte, dass wir nur bei den liberal Gesonnenen eine positive Resonanz erzeugten. Die eigentlich Gemeinten signalisierten jedoch Unverständnis. Meine junge Mitarbeiterin, eine Kopftuchträgerin, die aus ihrem festen Glauben keinen Hehl machte, musste sich nach dem offiziellen Ende im privaten Gespräch anhören, sie habe den Islam denunziert. Auch eine Demonstration salafistischer Videos durch einen Mitarbeiter des Amtes für Verfassungsschutz verfehlte ihren Zweck vollkommen, da die Anwesenden durchaus mit den gezeigten Inhalten vertraut waren und freimütig erklärten, solche medialen Produkte selbst zu konsumieren. Ein bärtiger Mann brachte die Sache in der anschließenden Diskussion schließlich auf den Punkt. Er verstehe nicht, was das Ganze eigentlich solle, meinte er, jeder Muslim sei doch der Meinung, dass nur Gottes Gesetz Gültigkeit besitze und dass die Scharia über den Gesetzen stehe, die von Menschen gemacht würden. Wieso man das denn als Salafismus bezeichne? Das, was die Prediger in den gezeigten Videos gesagt hätten, würde doch in arabischer Sprache jeden Freitag in den

Moscheen gepredigt, und damit seien alle einverstanden. Das genau sei eben der Kern des Islam.

In eine ähnliche Richtung ging ein Statement von Said Nasri während einer Sitzung der AIGW im April 2013. Vonseiten der Kommune wurde der Vorschlag unterbreitet, sich an einer Ausstellung des Verfassungsschutzes zum Thema »Islam, die missbrauchte Religion – Islamisten in Deutschland« zu beteiligen. Dadurch könne man, so die Leiterin des Integrationsamtes, in der Öffentlichkeit dokumentieren, dass Islam nicht mit dem Islamismus gleichzusetzen sei, und eine sinnvolle Aufklärung betreiben. Nasri lehnte erbost ab. Kein einziger Muslim werde zu einer solchen Ausstellung kommen, meinte er. Jeder würde sich diskriminiert fühlen. Er selbst verstehe nicht, was der Begriff »Islamist« bedeute, es handele sich doch bei allen um Muslime.

Die AIGW vollzieht immer wieder Schlingerkurse. Einerseits wurden in einigen arabischen Gemeinden trotz Unterzeichnung der Integrationsvereinbarung radikale Prediger eingeladen, andererseits reagiert man dort durchaus auf harsche Reaktionen von Presse und Politik, lädt unter Umständen salafistische Gäste wieder aus oder bekundet, nach wie vor auf dem Boden der Vereinbarung zu stehen. »Solche Leute haben hier nichts zu suchen«, erklärte Said Nasri nach dem Skandal um Abul Baraa.[21] Die Einladung des Predigers lasse Rückschlüsse auf die Orientierung der einladenden Gemeinde zu, hatte die Extremismusforscherin Claudia Dantschke dem Wiesbadener Redakteur Wolfgang Degen gegenüber erläutert, als sie sich über die Einladung von Abdul Adhim Kamouss unterhielten.[22] Dafür spricht einiges. Die Prediger wurden eingeladen, weil man wusste, welche Spielart des Islam sie vertreten, und auch, weil man selbst der gleichen Ansicht war. Nimmt man Statements wie die oben zitierten ernst, schaut man sich Homepages, Broschüren und Lehrmaterialien an, so wird deutlich, dass es sich in einigen Fällen nicht um eine Unkenntnis des Phänomens Salafismus handelt, sondern im Kern um ein Einverständnis mit dessen zentralen Positionen. In diesem Fall reicht es nicht aus, immer wieder auf einen Vertrag zu verweisen und seine Einhaltung anzumahnen. Hier wäre eine grundsätzliche Auseinandersetzung mit Glaubensinhalten, aber auch mit den Normen und Werten der eigenen Gesellschaft gefragt.

Die Themen Salafismus und Jihadismus nahmen nach dem offiziellen Abschluss der Forschung weiter Fahrt auf. Im Jahr 2014 eroberte eine Abspaltung von al-Qaida mit dem Namen »Daulah Islamiya fi Iraq wa Shams« (»Islamischer Staat im Irak und der Levante«), kurz ISIS genannt, große Teile des Irak und Syriens und errichtete ein beispielloses Terrorregime, in dem Folter, Hinrichtungen und Sklaverei herrschten. Im Juni 2014 rief der ISIS-Führer Abu Bakr al-Baghdadi das Kalifat aus und forderte Muslime aus aller Welt auf sich ihm anzuschließen. Auch in Deutschland folgten Jugendliche diesem Ruf und posteten alsbald martialische Videos. Unter ihnen waren Rachid (22 Jahre) und Maurice (15 Jahre). Aus Syrien grüßten sie ihre Wiesbadener Heimatmoschee, die Masjid Ali, und bekundeten vollmundig, Ungläubige töten zu wollen. Anders als die beiden Orts- und Sprachunkundigen glaubten, waren sie allerdings nicht beim IS gelandet, sondern bei der Freien Syrischen Armee, die sie nach Deutschland abschob. Die Presse reagierte umgehend, und Wiesbaden hatte einen erneuten Skandal. Said Nasri, der Vorsteher der Masjid Ali, klagte allerdings lediglich über den Imageschaden, den die beiden verursacht hätten. Eine Verbindung zu den bereits genannten problematischen Aussagen auf der Homepage seiner Moschee zog er nicht. Stattdessen gab er zum Besten, die beiden hätten sich im Internet radikalisiert.

Die salafistische Rekrutierungskampagne »Lies«, die vom Kölner Hardliner Ibrahim Abou Nagie initiiert wurde, begann 2013 auch in Wiesbaden. Schon bald etablierte sich in Wiesbaden ein Pendant der aggressiven salafistischen Straßenszene, und der Journalist Wolfgang Degen wetterte am 24. Februar 2015 im *Wiesbadener Kurier,* Salafisten hätten umfassend vom Denken muslimischer Jugendlicher Besitz ergriffen.

Bei allen negativen Befunden ließen sich im Jahr 2015 allerdings auch einige positive Entwicklungen vermerken. Das Ordnungsamt begann die »Lies«-Aktivisten mit den ihr eigenen Methoden aus dem behördlichen Auflagenkatalog einzuschränken, und das Land implementierte mit Unterstützung des Bundes mehrere Programme zur Extremismusprävention. Der Berliner Verein »Violence Prevention Network« (VPN) wurde beauftragt, eine Beratungsstelle für Jugendliche, Eltern und Fachpersonal einzurichten, und man finanzierte vier Stellen für muslimische Sozialarbeiter. Mitarbeiter von VPN nahmen unter anderem Kontakt zu den erwähnten jungen Jihadisten Maurice und Rachid auf und stehen in Kontakt mit ihren Familien. Aufklärung und Beratung schrieben sich auch die Sicherheitseinrichtungen auf die Fahnen. So startete beispielsweise der Verfassungsschutz eine Aufklärungskampagne an Schulen und präsentierte am 11. Juli 2015 auf dem fünften Wiesbadener Präventionstag ein Ergebnis seiner Bemühungen auf dem Rathausplatz. Neben einer Ausstellung, die Stationen der Radikalisierung eines gewöhnlichen Jugendlichen zeigte, hatte man eine Gruppe von Schülerinnen und Schülern der 10c der Gerhart-Hauptmann-Schule für die Mitarbeit gewonnen. Unter Anleitung ihres Lehrers Jens Porwol hatten sie zusammen mit Mitarbeitern des Verfassungsschutzes in einem Projekt die Unterschiede zwischen Salafismus und friedlichem Islam erarbeitet und stellten diese auf mehreren Plakaten vor. Wirkliche Muslime akzeptierten keinen Zwang in Glaubensfragen, hatten sie geschrieben; sie praktizierten Toleranz mit Andersgläubigen und werteten diese nicht ab. Salafisten dagegen übten Zwang aus und manipulierten andere. Viele der Schülerinnen trugen islamische Bekleidung und mussten sich, so erzählten sie mir, immer wieder von Passanten wegen ihres Kopftuches beleidigen lassen. Offensichtlich trugen sie die verbalen Angriffe jedoch mit Fassung.

Da ich mehr über das Projekt wissen wollte, verabredete ich mich mit ihnen und ihrem Lehrer zwei Wochen später in der Schule. Obgleich sie bereits Ferien hatten, erklärten sich fünf Mädchen und ein Junge bereit, mit mir zu reden. Bis auf ein Mädchen, das sich als nicht sonderlich religiös beschrieb, bezeichneten sich alle als fromm. Sie beteten fünfmal am Tag, erklärten sie mir, und orientierten sich in ihrem Alltag an strengen islamischen Vorschriften. Wenn etwas *haram* sei, unterließen sie es. Die »Scharia«-Polizei des Sven Lau fanden einige gar nicht so übel, da sie Jugendliche zu überzeugen suche, »schlechte Dinge« zu unterlassen. In erster Linie, so antworteten sie auf meine Nachfrage, seien mit diesen Dingen Alkohol, Drogen und Zigaretten gemeint, letztendlich aber auch Partys. Keine der Jugendlichen ging auf Partys, höchstens auf Hochzeiten im familiären Rahmen.

Diese konservativ-religiöse Haltung hinderte sie allerdings nicht daran, klar zu benennen, was ihnen am Salafismus missfiel. Das war zum einen die Intoleranz. Die Gruppe selbst bestand aus drei sunnitischen Mädchen, die streng islamische Kleidung trugen, einem Mädchen, das »später einmal« das Kopftuch tragen wollte und einem Mädchen syrischer Herkunft mit offenen Haaren, die sich offen zu Assad bekannte, weil sie fürchtete, dass es unter einer anderen Regierung mit der Toleranz gegenüber Nichtsunniten vorbei sein würde. Der einzige Junge war Mitglied der Ahmadiyya und erzählte den anderen von der Verfolgung seiner Gruppe in Pakistan. »Was glaubt ihr«, fragte ich, »warum gehen Jugendliche nach Syrien?« »Weil sie manipuliert werden«, antwortete Samra, »Jugendliche, die nach dem Sinn des Lebens suchen, die grad nicht klar kommen im Leben, die verloren sind. Muslime, die nicht viel mitbekommen haben vom Islam. Muslime, die nach ihrer Religion suchen und auf Pierre Vogel stoßen und von dem gesagt bekommen, du bist der Auserwählte. Dann denken die: ›Ich bin doch für was nützlich‹, und gehen dann in den heiligen Krieg und denken, sie machen was Gutes.« Was sie so jemandem denn sagen würden, fragte ich weiter. Sie würden vor allem darauf hinweisen, dass bei einem Krieg Unschuldige sterben und dass das Töten Unschuldiger im Islam verboten sei, meinten alle einhellig, und Zeynab fügte hinzu, dass kein Problem gelöst werde, wenn man sich selbst in die Luft sprenge. Das Projekt war bemerkenswert, weil sich die Jugendlichen nicht nur selbst darüber verständigt hatten, wie sie den Islam als friedliche Religion verstehen, sondern auch, weil sie sich darauf eingelassen hatten, Passanten in der Fußgängerzone über ihren Islam aufzuklären.

Wie funktioniert interreligiöser Dialog?

Interreligiöser Dialog ist einer der Zauberbegriffe der nichtstaatlichen Integrationspolitik. Obgleich er keineswegs im Zentrum unserer Studie stand, waren wir uns doch bewusst, dass wir in Wiesbadener Kirchen und kirchlichen Einrichtungen nachfragen sollten, ob und wie Kontakte zu Moscheegemeinschaften funktionieren. Wir haben mit dem Pfarrerehepaar Weinmann von der Matthäusgemeinde gesprochen, mit der Pfarrerin Christiane Müller von der Evangelischen Lukasgemeinde, mit Sonja Knapp vom katholischen Gemeindezentrum St. Elisabeth in Kostheim und mit Klaus Endter, der für das Pfarramt Ökumene im Evangelischen Dekanat zuständig ist. Während Endter sein Büro in der Innenstadt hat und den Kontakt zu muslimischen Gemeinden aktiv suchen muss, erlebten die Weinmanns, Pfarrerin Müller und die Gemeindereferentin Knapp das muslimische Gemeindeleben und die Spannungen mit den Nachbarschaften sozusagen ohne eigenes Zutun.

Christiane Müller war stark geprägt von den Auseinandersetzungen um die Gemeinde Milli Görüs in ihrem Wirkungsgebiet und die massive Ablehnung der Moschee durch die nichtmuslimische Bevölkerung. Sie kritisierte die Vorurteile der eigenen, aber auch die Geschlechtertrennung in der muslimischen Gemeinde. »Beim Fastenbrechen im letzten Jahr tat es mir in der Seele weh. Man hatte ein kleines Sofa ausgestellt, und da saßen die Geladenen und ich als einzige Frau. Und dann war da der Vorstand, von einer anderen Moscheegemeinde war auch jemand eingeladen und saß da auch, und der Pfarrer Endter saß da. Und in einer Ecke war ein riesiger Frauentisch. Die saßen abseits. Und ich dachte, eigentlich gehöre ich ja auch zu den Frauen. Ich war als Vertreterin unserer Gemeinde eingeladen, aber ich war ja auch Frau. Ich hab mich selten so zerrissen gefühlt. Ich fand's total doof. Die Frauen hatten alles hergerichtet und so wunderbar gekocht. Ich hatte das Gefühl, die durften die ganze Arbeit machen und saßen dann im Abseits.«

Die muslimische Geschlechtertrennung stellte auch für Pfarrerin Weinmann eine schwierige Situation dar. Die Matthäusgemeinde befindet sich in unmittelbarer Nachbarschaft zur Tauhid-Gemeinde. Der Kirchenvorstand habe 2002 gesagt: »Wir haben jetzt muslimische Gemeinden in unserem Gebiet, wir sollten doch mal gucken, ob wir Kontakt knüpfen könnten.« Zusammen mit Pfarrer Endter sei sie damals zur Tauhid-Moschee gegangen und hätte eine Verabredung für einen gemeinsamen Abend in dieser Moschee getroffen. Sie hätten dann eine Einladung erhalten und seien in einer kleinen Gruppe hingegangen. »Wir sind dann hin und es war eigentlich ein gutes Gespräch.« Man hatte sich Fragen überlegt, die dann gestellt wurden, und es wurden auch gute Antworten gegeben. »Doch dann kam ein erstes großes Problem; es wurde öffentlich, dass sie vorhaben, eine Moschee zu bauen, worauf es einen Disput gab mit der Nachbarschaft – ziemlich heftig. Wo es auch Anrufe gab, also wir erhielten Anrufe, wie wir mit denen Kontakte haben könnten, ob uns bewusst sei, was die da machen würden. Dann haben wir uns gesagt: ›Wir müssen da irgendwie durch und versuchen, zu vermitteln‹. Dann gab es dort einen Abend, auch in engem Kontakt mit dem Ortsbeirat, und es ging hoch her. Wir haben dann versucht, zu vermitteln, und haben es ein bisschen runterbekommen. Und ganz kurz drauf kam raus, sie haben eine Internetseite, die nicht in Ordnung ist – mit rassistischen und heftigen Inhalten. Wir haben dann vom Kirchenvorstand gesagt, sie sollen das sofort rausnehmen, sonst müssen wir sämtliche Kontakte sofort unterbinden. Haben dann mit dem Kirchenvorstand mit ihnen wieder ein Gespräch gehabt und haben gesagt: ›Das geht so gar nicht‹, sie sollen das sofort rausnehmen, und dann haben sie gesagt, sie wissen gar nichts von dieser Internetseite. Es war ein ziemliches Chaos. Wir haben das dann beobachtet, es hat eine Weile gedauert. Wir haben immer wieder gesagt: ›Das muss raus‹, und dann haben sie das schließlich vom Netz genommen.«

Parallel zu dieser Diskussion verliefen zwei Abende in der Gemeinde zu religiösen Themen, an denen das Ehepaar Weinmann christliche Vorstellungen erklärte, z. B. die Bedeutung des Adventskranzes. Es sei alles sehr schön gewesen, berichteten die Weinmanns, bis auf den Umstand, dass niemals eine Frau aus der Tauhid-Gemeinde dabei war. Sie hätten dann gefragt, wo die Frauen seien, und die Antwort erhalten, diese würden »sich nicht so trauen«. Daraufhin hätten sie beschlossen, einen Frauenabend zu machen. »Und sie kamen auch, sie kamen sehr rege, der große Saal war gefüllt, und es wurde ein heftiger Abend.« Man diskutierte die Rechte der Frauen: »Sie finden, dass sie überhaupt nicht irgendwo nachgeben müssen, dass es alles so richtig ist, dass sie in der Moschee oben in diesem kleinen Räumchen sitzen und die Männer unten, und sie sind für die Kinder verantwortlich. Und unsere Frauen haben gesagt, das ist für sie nicht nachvollziehbar. Dann stand eine Gruppe auf und sagte, sie müssen jetzt beten, es ist Gebetszeit. Dann musste ich einen Extraraum beschaffen. Das Ende des Abends war, dass ein Gemeindemitglied sagte: ›So was mach ich nie wieder‹! Weil es sehr konträr war. Es wurde ein Stück weit von unseren Frauen aufgenommen: ›Wir sind einfach nicht gut genug.‹ Es gipfelte in so einem ›Wer kommt seinem Glauben besser nach‹? Es war nicht gut, und ich hab's auch nicht verstanden, es runterzuholen.«

Dann habe es einen neuen Vorstand gegeben, Herrn Khoury, und es wurde einfacher. Die Leute der Tauhid-Moschee seien in die Stadtteilkonferenz gekommen und hätten Interesse am Stadtteil gezeigt, sich beispielsweise an der Organisation des Stadtteilfestes mit einem Stand beteiligt. »Sie waren sehr, sehr offen.« Dann verschwand Herr Khoury plötzlich, und es wurde wieder stiller. »Dann kamen sie wieder«, berichtete Pfarrerin Weinmann, »und wir hatten mit einem Herrn Bakhri zu tun. Das ist ein toller Mann, sehr offen, sehr zugänglich. Der hat immer gesagt: ›Wir müssen uns öffnen‹. Dann nahm die Jugendarbeit zu, und die Frau Pintus von der Caritas kümmerte sich um die Frauen. Wir sind wieder vermehrt hingegangen, auch zum Gebet abends, was sich aber schwierig gestaltete, da ich nicht in den Gebetsraum der Männer durfte. Ich musste oben hin. Ich fand es schwierig. Die Frauen hockten oben, es lief über den Bildschirm, die Kinder sprangen herum.« Anschließend gab es ein Gespräch, aber nur unter Männern, sie sei nicht zugelassen gewesen. »Dann hat mein Mann unten das Gespräch gesucht und gefragt: ›Warum darf meine Frau nicht runter?‹« Da habe es unter den Männern Auseinandersetzungen gegeben. Pfarrer Weinmann schaltete sich ein: »Ich hab gefragt:

›Was ist denn das Problem‹? Ja, das ging nicht. Und das gipfelte dann in dem Satz: ›Wenn ein Mann und eine Frau allein in einem Zimmer sind, dann ist der Teufel dabei‹. Dann hab ich gedacht: ›Aha, die Angst vor den Frauen, vor ihrer eigenen Sexualität zwingt sie dazu, die Frauen zu verteufeln‹. Das war so ein Schlüsselsatz. Es gab mehrere Sachen, wo wir uns stark gerieben haben, aber das war ein Schlüsselsatz.« »Ja, dann wollte ich nicht mehr«, bekannte Pfarrerin Weinmann, und ihr Mann fügte hinzu:»Das war das Ende unserer direkten Begegnungen.« Sie habe danach zu ihrem Mann gesagt: »Das macht keinen Sinn. Ich gehe dahin und darf da oben auf der Tenne hocken und mit den Frauen über ihre Kinder reden. Das bringt mir Null. Ich komme nicht weiter, und das macht keinen Sinn. Zumal sie klar wussten, die Ansprechpartnerin bin ich. Das hat mich auch geärgert, muss ich sagen.«

Dann sei der Tag der offenen Moschee gekommen, und der sei bei ihnen einfach untergegangen, da sie in der Matthäusgemeinde gleichzeitig auch Erntedankfest hatten. Daraufhin seien die Muslime »tief gekränkt« gewesen. Um den Schaden auszubügeln, habe man sie daraufhin eingeladen, und zwei Vertreter seien auch gekommen. Zum Sommerfest der Gemeinde, zu dem sie eingeladen wurden, sei niemand gekommen, und auch auf der Stadtteilkonferenz waren sie nicht mehr präsent. »Sie waren nicht mehr greifbar.« 2011 seien mehrere Gemeindemitglieder zum Tag der offenen Moschee gegangen und mit mehreren Hardliner-Schriften zurückgekommen. »Das haben die uns dann entsetzt zu lesen gegeben, und dann hab ich gesagt: ›Damit können wir nicht mehr‹«, sagte Pfarrerin Weinmann. Sie hätten den Kontakt dann abgebrochen.

Im Gemeindezentrum St. Elisabeth hatte sich die Referentin auf die Geschlechtertrennung eingelassen. Seit 2005 leitet sie den Dialogkreis für Frauen. Man habe immer die Idee gehabt, etwas für Frauen zu machen, da die Musliminnen nicht kamen, wenn Männer dabei waren, meinte Sonja Knapp. Eine Muslimin und eine evangelische Christin seien mit der Idee auf sie zugetreten, als sie die Stelle neu angetreten hatte. Sie hatte zu diesem Zeitpunkt noch keine Erfahrung mit interreligiösen Dialogen. Man begann mit monatlichen Treffen im Wechsel zwischen der Masjid-Ali-Moschee und dem Zentrum, »um auch zu fördern, dass man gegenseitig die Schwelle zum anderen Gotteshaus übertritt«. Es sei ums Kennenlernen gegangen, man habe Kaffee oder Tee getrunken, zehn bis zwölf Frauen. Man habe dann Themen überlegt, vorzugsweise Erziehungsfragen, Kindergarten, Schule, Elternabende, und auch kleine Projekte durchgeführt, mit denen öffentliche Diskussionen angeregt werden sollten. Auch ein Begegnungsfest wurde abgehalten, auf dem es eine kleine Podiumsdiskussion zum Thema Integration gab. Es gibt einen Jahresplan mit Themen, darunter Tod und Bestattungsbräuche sowie Vorurteile. Diskussionen über Jenseitsvorstellungen und geschlechterspezifische Erziehung wurden ebenfalls geplant. Die christlich-muslimische Frauengruppe, zu der auch die Masjid-Ali-Gemeinde beitrug, wurde in der Stadt Wiesbaden gut aufgenommen und als Musterbeispiel für Integration bewertet. »Einfach und gut sieht das auf die ersten zwei Blicke aus«, meinte auch Pfarrer Endter. »Dann gibt es noch einen dritten Blick vielleicht, der sich eher so ablesen lässt: Herr Nasri – das hat ja den Anschein, als ob diese ganze große Gemeinde ein Ein-Mann-Unternehmen ist. Ich behaupte mal, dass sie das nicht ist. Wenn sich aber alle anderen Leute so zurücklehnen und er so den Vorturner gibt, ist das schon ein Eis, auf dem er sich bewegt, wo man nie so genau weiß, wie tragfähig es ist. Eine andere Sache ist, wie er auf die Idee kommen kann, den Pierre Vogel und seine Genossen einzuladen und hinterher dann sagt: ›Ich hab das ja alles gar nicht gewusst.‹« Endter sprach uns gegenüber von einem konservativen Umschwung in der Moschee.

Als sie anfingen, hätten Männer und Frauen zusammen gefeiert. Davon sei jetzt keine Rede mehr. Pfarrer Endter hält es für möglich, dass »die Leute aus der zweiten Reihe« daran schuld sind. In der ersten Zeit sei Nasris Position sehr stark gewesen, da er die Moschee durchgesetzt habe. Es habe niemals geklappt, mit anderen Leuten als mit Said Nasri zu sprechen. Es scheine neben der VIKZ die offenste Moschee zu sein, doch er vermute, dass es mehr gebe, als man auf den ersten Blick sehe.

Man habe einmal eine regelrechte Krise gehabt, als bei einem Dekanatsempfang, der im vierten Jahr lief, niemand kam. Die Empfänge waren als Geste der Anerkennung seitens der evangelischen Kirche gedacht, in der Zeit, in der auf dem Mauritiusplatz ein Ramadanzelt aufgebaut war und die AIGW ein öffentliches Fastenbrechen veranstaltete. Bei einem Gespräch Endters mit Nasri sagte dieser, es habe keinen Zweck mehr, miteinander zu reden; die Kirche sei nicht besser als die Politik. Ursache war ein Schulprojekt der Diltheyschule, in der Endter interviewt worden war. Teile seiner Aussagen zum muslimischen Kopftuch seien aus dem Kontext gerissen verbreitet worden. Bei den Muslimen sei daraufhin zirkuliert: »Auch der Pfarrer Endter ist gegen uns Muslime, weil er das Kopftuch ablehnt.« »Das haben sie dann einer dem anderen weitergetratscht, und deshalb meinten sie, mich und das ganze Dekanat bestrafen zu müssen, indem sie nicht gekommen sind.« Endter hielt dies für eine alttestamentlich anmutende Eindimensionalität: »Wer gegen uns ist, ist gegen uns, und wer für uns ist, ist für uns. Grautöne werden intellektuell wenig verstanden und emotional abgelehnt.« Endter erinnerte sich in unserem Gespräch auch an die Auseinandersetzungen mit der Tauhid-Gemeinde.

Auch in anderen Moscheen, so Endter, hänge die Möglichkeit zur Zusammenarbeit stark von der Persönlichkeit der Vorstände und des jeweiligen Imam ab. Das sei beispielsweise bei der VIKZ zu beobachten gewesen. Dort habe Recep Demirel einen Öffnungsprozess in Gang gesetzt. Solche Prozesse seien allerdings auch reversibel. Imame, die der Zentrale nicht gefallen, könnten jederzeit abgesetzt werden, und auch im Inneren einer Gemeinde könne das Klima wieder umschwenken. Er habe solche Situationen bereits erlebt, zum Beispiel in der Tauhid-Gemeinde. Die Zeit, in der die problematischen Internetbotschaften erschienen, sei schwierig gewesen, doch als ein neuer Vereinsvorsitzender, Herr Khouri, gewählt wurde, habe sich dies vollständig verändert. »Der hat sich als ein so feiner Kerl herausgestellt«, meinte Endter, »mit dem ich gut konnte. Und alle Gäste, die ich da hingeschleppt hab, haben gesagt: ›Das ist ja wirklich toll, wie sich das in so kurzer Zeit so verändern kann‹! Dann bekamen die einen Imam, einen Ägypter, der in Mainz promoviert hatte.« Auch der Imam sei offen gewesen. »In der Zeit, in der der ägyptische Imam da war und in der der Khouri Vorsitzender war, zwei Jahre lang, haben die sich das Haus voller Gäste geholt. Da ging die Polizei ein und aus, die Kirche ein und aus, Ortsbeirat, Integrationsamt.« Der Imam sei dann wieder gegangen, und die auf ihn folgenden Imame hätten ständig gewechselt. Die Position des Vereinsvorsitzenden wurde zunehmend schwieriger. Bei einer Wahl zum Vorstand verlor Khouri. Ihm wurde der Vorwurf gemacht, sich zu wenig um die religiöse Bildung gekümmert zu haben.

Endter ist nicht nur an oberflächlichen guten Beziehungen mit muslimischen Gemeinden, sondern auch an inhaltlichen Auseinandersetzungen über Religion gelegen. Regelmäßig organisiert er eine Veranstaltung im Format »Koran trifft Bibel«, zu der auch liberale Redner wie die muslimische Islamwissenschaftlerin Lamya Kaddor eingeladen wurden. Dass religionsübergreifende Gespräche nicht immer einfach sind, hatte er unter anderem in der Tauhid-Gemeinde anlässlich eines Abends über »Gewalt und Gewaltlosigkeit in islamischer und christlicher Tradition« erfahren, zu der etwa achtzig Muslime gekommen seien. Endter habe die Ambivalenz in christlichen Kirchen dargestellt, einerseits die Kreuzzüge, andererseits die Friedensbotschaft. Der Imam habe dagegen »gesagt: ›Ich brauche gar nicht viel zu sagen. Das Wort Islam heißt Salam, heißt Frieden‹, und ›Muslime haben in keinem Land und in keiner Epoche Gewalt angewendet‹. Und wenn, dann würde er sich davon natürlich sofort distanzieren, dann wären das keine Muslime gewesen.« Solche Haltungen schadeten dem Islam, meinte der Pfarrer sorgenvoll, und verhinderten seine Akzeptanz: »Da können zehn Bundespräsidenten sagen, der Islam sei in Deutschland angekommen, doch an diesen kleinen Beispielen können wir sehen, dass wir von der Kultur her so weit auseinander liegen. Und diese Gesellschaft ist ja nun mal in diesem Punkt christlich-jüdisch-aufklärerisch geprägt, dass das selbstreflexive Moment zum Glück in der ganzen Gesellschaft doch ziemlich weit ausgeprägt ist. Und da kommen wir überhaupt nicht überein.« Man brauche wohl noch lange, bis sich etwas bewege, und man dürfe nicht so tun wie in Skandinavien und sagen: »Es läuft doch ziemlich gut.« »Die Gefahr, dass sich eine linksliberale Gesellschaft was vormacht, wie weit wir eigentlich schon gekommen sind – die Gefahr ist relativ groß.«

Fazit

Wiesbaden hat Muslime durch die Integrationsvereinbarung und die Gründung der Arbeitsgemeinschaft Islamischer Gemeinden als Sondergruppe konstituiert. Der ausgehandelte Kompromiss sah vor, ihnen bevorzugte Kontakte zu städtischen Einrichtungen zu gewährleisten und sich in besonderer Weise um ihre Belange zu kümmern. Auf diesem Hintergrund wurden die Beziehungen zwischen muslimischen Gemeinden und kommunalen Akteuren wie dem Integrationsamt oder den städtischen Kliniken deutlich verbessert, und man kann heute wechselseitige Ansprechpartner identifizieren. Es existieren verschiedene Angebote für Muslime, die ihren religiös begründeten Bedürfnissen Rechnung tragen und das Navigieren in der Stadt erleichtern. Unter anderem wurden Moscheebauvorhaben unterstützt, eine muslimische Krankenhausseelsorge angeschoben, spezielle Sprachkurse und Vorträge für Frauen finanziert. Die Kommune hatte sich von der Integrationsvereinbarung auch eine Eindämmung des islamischen Extremismus versprochen.

Dieses Ziel konnte jedoch nur unzureichend umgesetzt werden. Jugendliche übten auch nach der Unterzeichnung der Vereinbarung weiterhin Druck auf Moscheevorstände aus, weil sie die charismatischen salafistischen Prediger lieber hören wollen als die vergleichsweise langweiligen Moscheeimame, und sie konnten sich häufig durchsetzen. Natürlich wurde das Integrationsamt in solchen Fällen nicht informiert, und bei Entdeckung versuchte man sich mit gespielter Unkenntnis aus der Affäre zu ziehen. Mittlerweile gibt es in Wiesbaden, wie in anderen Kommunen im Rhein-Main-Gebiet, radikalisierte Jugendliche, die vom *jihad* träumen oder sogar nach Syrien ausgereist sind. Die Gründe dafür sind komplex. Während der französische Politikwissenschaftler Olivier Roy die Loslösung von den althergebrachten islamischen Traditionen dafür verantwortlich macht, halten andere soziale Versäumnisse, Diskriminierungserfahrungen oder eine verlockende Ideologie für ausschlaggebend.[23] Ein anderer Grund liegt aber auch in den gefährdeten Gemeinden selbst, im Fehlen klarer Trennlinien zu salafistischen Positionen und in der offenen oder stillschweigenden Sympathie für salafistische Prediger. Hier wäre es wünschenswert, wenn man mit ehrlichen Debatten über kontroverse Themen beginnen würde und nicht jede Aussprache mit dem Verdacht der Islamophobie und einem allgemeinen muslimischen Opferdiskurs im Keim ersticken würde. Hessen ist im Vergleich zur Zahl seiner Einwohner das Bundesland mit den meisten Personen, die sich in Syrien dem Islamischen Staat angeschlossen haben, und gerade das Rhein-Main-Gebiet ist dabei der unangefochtene *hot spot*. Bereits 2014 wurde deutlich, dass sofortiger Handlungsbedarf besteht, und eine Reihe von Präventions- und Deradikalisierungsmaßnahmen wurden eingerichtet. Ad hoc wären Fortbildungsmaßnahmen für Lehrer, Jugend- und Sozialarbeiter, das Personal der Justizvollzugsanstalt und ähnlicher Einrichtungen sinnvoll, um Radikalisierungen frühzeitig erkennen und kontern zu können. Der Bedarf ist da und wird artikuliert. Wie in anderen Kommunen wurde auch in Wiesbaden im Jahr 2015 ein eigenes Präventionsprogramm angedacht. Ob dieses Programm ausreichend und erfolgreich sein wird, lässt sich zum gegenwärtigen Zeitpunkt natürlich nicht ermessen.

2. Jugend zwischen Kicker und Gebetsraum

>»Trag vor! Denn dein Herr ist's, der hochgeehrte,
>der mit dem Schreibrohr lehrte,
>den Menschen, was er nicht wusste, lehrte.«
>Koran (Sure 96, Vers 3–5)

1,54 Millionen Bürger und Bürgerinnen des sechs Millionen Einwohner zählenden Landes Hessen besitzen einen Migrationshintergrund. Bei unter sechsjährigen Kindern beträgt der Anteil 46,2 Prozent, in den Ballungsräumen sogar mehr als 70 Prozent.[24] Muslimische Gemeinschaften weisen eine besonders junge Altersstruktur auf. Nach einer Studie von Sonja Haug für das Bundesministerium für Familie, Senioren, Frauen und Jugend sind bundesweit etwa 25 Prozent aller Muslime bis zu 15 Jahre alt; unter denjenigen, die aus dem Nahen Osten, aus Süd- und Südostasien stammen, sind es sogar die Hälfte.[25] Die Zukunft der deutschen Gesellschaft hängt also, statistisch deutlich belegt, nicht zuletzt davon ab, wie sich die muslimische Jugend entwickelt.

Kein Kind zurücklassen

Eines der drängendsten Probleme liegt im Bildungssektor, ist die »mangelhafte Integration in Schule und Arbeitsleben« (Sauer 2007: 340). Noch immer sind viele muslimische Kinder und Jugendliche Bildungsverlierer und starten mit deutlich schlechteren Chancen in die berufliche Laufbahn. Nach einer Studie des Kriminologischen Forschungsinstituts Niedersachsen e.V. aus dem Jahre 2009 erreichten bundesweit 56,8 Prozent aller Kinder mit türkischem Migrationshintergrund maximal einen Hauptschulabschluss.[26] Hessenweit waren im Schuljahr 2011/12 53,6 Prozent aller Schüler und Schülerinnen ohne und 35,3 Prozent mit Migrationshintergrund auf einem Gymnasium. Eine Realschule besuchten 23,2 Prozent der Schüler und Schülerinnen mit und 18,6 Prozent ohne Migrationshintergrund, und auf die Hauptschulen gingen 11,2 Prozent der Schüler und Schülerinnen mit und 4,4 Prozent ohne Migrationshintergrund.[27] Nach Angaben des Monitoring zur Integration von Migranten in Wiesbaden für 2013/14 besuchten 49,9 Prozent aller Kinder ohne Migrationshintergrund im achten Schuljahr das Gymnasium, während es bei Kindern mit Migrationshintergrund nur 26,1 Prozent waren.[28] Nach Angaben des Statistischen Landesamtes waren unter türkischstämmigen Wiesbadener Schülern 2011 sogar nur 11,9 Prozent und unter marokkanischstämmigen Kindern nur 19,6 Prozent Gymnasiasten.[29] 27,5 Prozent aller marokkanischstämmigen und 23,1 Prozent aller türkischstämmigen Absolventen von Berufsschulen konnten im Schuljahr 2011/2012 keinen Ausbildungsvertrag abschließen. Bei deutschen Berufsschülern waren dies lediglich 8,4 Prozent. Die Marginalisierung setzt sich auch im Erwachsenenleben fort. Im Juni 2011 hatten 36,8 Prozent aller sozialversicherungspflichtig beschäftigten Marokkanischstämmigen keine anerkannte Berufsausbildung, bei den Türkischstämmigen waren es 30 Prozent.[30] Als Ursachen der Misere gelten in der Bildungsforschung unter anderem sprachliche Mängel,[31] der sozioökonomische Hintergrund der Kinder[32] und die kulturelle Distanz zwischen der deutschen Gesellschaft und dem Umfeld der Migranten.[33] Vereinzelt wird auch die Selektivität des deutschen Schulsystems verantwortlich gemacht.[34] Bildung ist in Deutschland bekanntlich nicht zuletzt eine Frage der Herkunftsfamilie und der ihr eigenen Bildungskompetenz und privilegiert die Mittelschichten, die häufig keinen Migrationshintergrund haben.

Eine staatliche Steuerung der Situation und Programme zur Verbesserung der Bildung aller Kinder sind daher dringend notwendig. Was wird getan? Wir haben uns mit den Leiterinnen und Leitern einer Grundschule, zweier Haupt- und Realschulen, zweier integrierter Gesamtschulen und einer Förderschule zusammengesetzt und nach Konzepten, vor allem aber dem schulischen Alltag gefragt. Ein Lehrer und eine Lehrerin einer weiteren integrierten Gesamtschule waren darüber hinaus bereit, uns ihre Erfahrungen aus der Praxis mitzuteilen. Das alles kann und soll natürlich keinen lückenlosen quantitativen Datensatz ergeben, der zur Evaluierung Wiesbadener Schulen im Hinblick auf die Integration muslimischer Schüler und Schülerinnen geeignet wäre. Die Priorisierung des narrativen Interviews, die wir gewählt haben, war unserer Ansicht nach allerdings die beste Methode, um einen guten Einblick in den schulischen Alltag aus der Sicht relevanter Akteure und Akteurinnen zu gewährleisten, ohne sie in vorgefertigte Frageraster zu pressen, welche die Wahl der Themen vorab begrenzt hätten. Da wir lediglich eine Reihe von Leitfragen vorbereitet hatten, die wir in das laufende Gespräch »einstreuten«, hatten unsere Gesprächspartnerinnen und -partner freie Hand zu entscheiden, worüber sie mit uns sprechen wollten und was sie als erzählenswert erachteten.

Mehrere Wiesbadener Schulen bekennen sich in ihrem Profil explizit zu Vielfalt und Integration und signalisieren bereits auf ihren Internetseiten, dass sie die multikulturelle Zusammensetzung der Schülerschaft positiv sehen. So wirbt die Heinrich-von-Kleist-Schule, eine Haupt- und Realschule, in der nach Angaben der Schulleiterin circa 85 Prozent aller Schüler einen Migrationshintergrund besitzen, mit folgendem Text: »Zum pädagogischen Auftrag der Heinrich-von-Kleist-Schule gehört es im Besonderen, die Vielfalt und Unterschiedlichkeit der Menschen zu akzeptieren und sie als Bereicherung zu empfinden und sichtbar zu machen. Wenn Schule als Ort des Lernens und als Lebensraum verstanden wird, bedeutet dies die individuelle Entwicklung eines jeden Schülers im sozialen Zusammenleben. Unsere Schüler lernen miteinander und voneinander. Sie gehören unterschiedlichen Nationalitäten und verschiedenen Religionsgemeinschaften an, wachsen in unterschiedlichen Kulturkreisen und familiären Strukturen auf. Vielfalt tut gut!« In ähnlicher Weise positioniert sich auch die Wilhelm-Heinrich-von-Riehl-Schule im Stadtteil Biebrich, die als integrierte Gesamtschule eine ähnliche Zusammensetzung der Schülerschaft bekundet: »Vielfalt und Heterogenität von kulturellen Lebenshintergründen, Wertesystemen und Lebensentwürfen der Schülerinnen und Schüler werden als eine grundlegende Bedingung für die Gestaltung unserer Schule und des Unterrichts und nicht als ›Zusatzaufgabe‹ verstanden. Umgang mit Differenz und Ungleichheit ist auch eine Herausforderung, der sich die Lehrkräfte durch eigene Fortbildung und Entwicklung stellen.«

Wir haben uns gefragt, wie man solche ambitionierten Programme in der Praxis eines durch Routinen geprägten Lehreralltags umsetzt. Wo sehen Schulleiter und -leiterinnen in sogenannten »Brennpunktschulen«, in denen sowohl die ökonomische und soziale Prekarität als auch der Migrationshintergrund eine Rolle spielt, Probleme, und wo haben sich Konzepte bewährt? Die Ideen und Erfahrungen waren erwartungsgemäß heterogen, und ich möchte sie im Folgenden zunächst deskriptiv darstellen, bevor ich Schlussfolgerungen ziehe.

Im Juli 2014 hatten wir die Gelegenheit, zwei Stunden lang mit Helena Päßler, der Rektorin der Heinrich-von-Kleist-Schule, und mit der Lehrerin Nedret Altintop-Nelson zu sprechen. Beide zeigten sich engagiert und ideenreich. Päßler, als Sudentendeutsche in der Tschechischen Republik geboren und im Alter von zwölf Jahren nach Deutschland gekommen, erzählte von ihren eigenen Diskriminierungserfahrungen, die auch ihren heutigen beruflichen Alltag prägen. Ihr Vater habe ihr als Kind seine Überzeugung mit auf den Weg gegeben, dass sie zweihundertprozentige Leistungen zeigen müsse, wenn sie in Deutschland anerkannt werden wollte. Trotz ihres Leistungswillens sei es dennoch zu Diskriminierungen in Schule und Studium gekommen, erinnerte sie sich. So habe man ihr rollendes »R« bemängelt oder andere lokale Einfärbungen ihrer Sprache. Diese Erfahrungen seien hängen geblieben, hätten sie geprägt, und sie habe sich den Kampf gegen Diskriminierung von Migranten zur persönlichen Aufgabe gemacht. An der Kleist-Schule, der sie seit 2006 als Leiterin vorsteht, habe sie versucht, gezielt Lehrer und Lehrerinnen mit Migrationshintergrund anzuwerben, da diese mit ihren Schülern Erfahrungen teilen würden und anders auf sie eingehen könnten als Lehrer ohne einen solchen Hintergrund. Lehrer sollten nicht nur Pädagogen sein, sondern auch Brückenbauer zu den Elternhäusern. Dieses Konzept habe sich als erfolgreich erwiesen. Altintop-Nelson berichtete, dass sie einen anderen Zugang zu den Eltern der türkischstämmigen Kinder habe, weil sie sich mit ihnen in ihrer Herkunftssprache verständigen könne. Gerade die Mütter verstünden oft nicht ausreichend Deutsch. Teilweise werde der Besuch entsprechender Kurse von den Ehemännern verboten, dürften die Frauen die Wohnung nicht ohne Not verlassen. Für die Kinder seien Lehrerinnen wie sie Vorbilder, weil sie es trotz ihres Migrationshintergrundes geschafft hätten, die Schule erfolgreich abzuschließen und auf die Universität zu gehen.

Die Heinrich-von-Kleist-Schule ist eine sogenannte »Brennpunktschule«. Die überwiegende Zahl der Eltern seien alleinerziehend, meinte Päßler zu uns, einige im Gefängnis; und die Väter seien zu sehr mit ihrer Arbeit beschäftigt, um sich für die Belange der Kinder zu interessieren. Dazu kämen prekäre ökonomische und schwierige psychosoziale Verhältnisse. Zwei Drittel der Eltern seien Hartz-IV-Empfänger, hatte sie 2011 in einem Interview der *Frankfurter Rundschau* gesagt.[35] Deren Kinder müssten speziell gefördert werden, und man müsse ihnen Selbstvertrauen geben. »Wenn ein Kollege ihnen in seinem Verhalten zeigt, ›Du schaffst das nicht‹, wenn die Kinder ständig das Gefühl haben: ›Wir werden nicht gefördert oder entsprechend unterstützt‹, dann kann sich das natürlich äußern in Faulheit, Lustlosigkeit, Demotivation.« Kinder könnten es schaffen, aber nur, wenn es Unterstützung aus dem Elternhaus und der Lehrerschaft gebe, die das Potential eines Schülers erkennen müsse. Die Erfolge der Schule? Im Jahr 2007 kam die Heinrich-von-Kleist-Schule bei der Wahl zur besten hessischen Hauptschule auf Platz zwei. Helena Päßler ist dennoch nicht zufrieden. Hauptschulen seien diskreditiert, sagte sie in dem Interview der *Frankfurter Rundschau*, und es würden weitaus weniger Eltern ihre Kinder anmelden, als die Kapazität hergäbe. Sie habe deshalb bereits auf Lehrpersonal verzichten müssen. Uns gegenüber beklagte sie den »schlechten Ruf« der Schule. Viele Eltern bemängelten den hohen Anteil der Schüler mit Migrationshintergrund, anstatt die kulturelle Vielfalt als Bereicherung aufzufassen, wie es im Leitbild der Schule festgelegt wurde. Auch die Lehrerschaft ist offensichtlich gespalten in diejenigen mit Migrationshintergrund, die Päßlers Programmatik honorieren, und diejenigen, die ihr zufolge keinen entsprechenden Hintergrund haben und vieles eher skeptisch sehen. Die Konflikte hätten sich in den vergangenen Jahren verfestigt und vieles blockiert. Ein Versuch, wieder alle in ein Boot zu bekommen, sei ein neues Projekt mit dem Thema »Schule gemeinsam gestalten«, erzählte Päßler. Dieses Projekt würde jedem erlauben, zusammen mit den Schülern eigene Akzente zu setzen.

Ihr tue es um jedes Kind leid, das zurückgelassen werde, meinte Päßler immer wieder, und nach ihrer Vision befragt sagte sie: »Wenn ich im Lotto gewinnen würde, dann würde ich eine Schule für Migranten machen, nur für Migranten, und dann nur Lehrer nehmen, die tatsächlich auch diese Kinder unterrichten wollen. Die gerne in die Schule kommen. Die sehen, der hat 'ne Fünf in Deutsch, der hat 'ne Fünf in Mathe, da gucken wir mal, wo wir hinkommen. Motivieren. Das wäre mein Traum. Dass es motivierte Kollegen gibt, die nicht gleich verzweifeln, die nicht gleich aufgeben oder diese Kinder abschreiben, sondern den Kindern eine Perspektive bieten.«

Schule ohne Rassismus

In anderen Schulen, die wir besuchten, schien sich die Lehrerschaft nicht anhand solcher Kategorien zu polarisieren. Sowohl in der Wilhelm-Leuschner-Schule in Kostheim als auch in der Wilhelm-Heinrich-von-Riehl-Schule im Ortsteil Biebrich, beides integrierte Gesamtschulen, wurde die multikulturelle Zusammensetzung der Lehrerschaft als positives Merkmal hervorgehoben, und das Gleiche galt für die Harmonie im Team. Ebenso wie Päßler betonten die Schulleitungen, wie wichtig es sei, mit den Eltern in ihrer Sprache kommunizieren zu können. Auch in der Riehl-Schule, so der Rektor Thomas Schwarze, stehe man vor dem Problem, dass die Erziehungsaufgaben häufig den nicht Deutsch sprechenden Müttern überlassen würden: »Die Kinder reden perfekt, und die Mutter sitzt da bei 'ner Infoveranstaltung und redet kein Wort Deutsch.« Wichtige Anschreiben an die Eltern würden übersetzt, doch es sei stets schwierig, dafür die finanziellen Mittel zu generieren. Um die Partizipation der Eltern zu fördern, setze man Bildungslotsen ein, die der Sprache mächtig sind, integriere Lehrer mit entsprechender Sprachkompetenz und habe muttersprachliche Elternabende und Infoveranstaltungen angeboten. Das werde jedoch nur schlecht angenommen. »Wir haben es Elterncafé genannt, Elternnachmittag, Elternabend, wir haben versucht, uns an anderen Plätzen zu treffen, nicht nur in der Schule, hatten mal einen türkischen Teenachmittag, zu dem eine türkische Kollegin eingeladen hat«, doch es sei kein Erfolg geworden. Die Eltern seien einfach nicht gekommen. Dies sei problematisch, da die Elternarbeit das »A und O« der Schule sei.

Muslimische Mädchen, so Schwarze, hätten die besseren Noten und schafften oft bessere Übergänge in weiterführende Schulen. »Die Bildungsverlierer sind die türkischen Jungs. Das sind die Machos, und so verhalten sie sich auch. Alles ist cool, nur nicht Schule, und wenn Sie sich die Ergebnisse der Abschlüsse anschauen und auch die Probleme, die wir manchmal haben, da sind die türkischen Jungs ganz vorne.« Leider gebe es fast keine männlichen Lehrer mehr, sodass die Jungen keine Vorbilder mehr hätten.

Die Riehl-Schule bietet ein dichtes Netz von Programmen an, um Schüler und Schülerinnen individuell zu fördern sowie berufliche Orientierungen und Kontakte in den Ausbildungs- und Arbeitsmarkt zu verschaffen. Sie ist eine Ganztagsschule, in der es ein kostenloses Frühstück, kostenloses Obst und dreimal in der Woche auch ein bezuschusstes Mittagessen gibt, das einen Euro pro Kind kostet. Allerdings brächten viele Eltern diesen Betrag nicht auf. »Wir müssen hier außer Unterricht ganz viel machen«, so Schwarze, da vierzig bis fünfzig Prozent der Kinder und ihre Familien von der Sozialhilfe lebten. »Mein Wunsch wäre kostenloses Essen für alle. Das muss sich eine Stadt wie Wiesbaden leisten können.« Bei aller Betonung ökonomischer Problemlagen, die zur Verhinderung des einen Euro für die mittägliche Schulspeisung führten, kritisierte Schwarze allerdings auch, dass Eltern ihren Kindern Luxusgegenstände wie teuerste Handys schenken würden, mit denen sie im Pausenhof ihre Statuskämpfe austrügen. Ein anderes Problem sei, dass viele türkische Eltern allein das Gymnasium als adäquate Schule für ihr Kind ansähen und deshalb alles daransetzten, dass es einen entsprechenden Übergang in die elfte Klasse bekäme. Teilweise habe man mit dem Kind zusammen in langen Findungsprozessen einen geeigneten Beruf ermittelt, erfolgreich Kontakte zu einem späteren Arbeitgeber hergestellt und bereits einen Ausbildungsvertrag unterschrieben – dann ändere sich geringfügig etwas am Notenspiegel und man verwerfe alle Pläne, um das Kind doch noch auf die weiterführende Schule zu schicken. Fünfzig Prozent, so Schwarze, scheiterten dann allerdings.

Meine Frage, ob Religion bei den muslimischen Schülern momentan eine größere Rolle spiele als in der Vergangenheit, bejahte Schwarze. Es gebe deutlich mehr Schülerinnen mit Kopftuch, und während des Ramadan blieben viele Kinder schulischen Aktivitäten fern. Um auch muslimischen Kindern die Teilnahme an schulischen Ereignissen zu ermöglichen, berücksichtige man die festgelegten muslimischen Feiertage und versuche, Aktivitäten an diesen Tagen zu vermeiden. Den Fastenmonat könne man allerdings nicht mitbedenken, vor allem nicht, als er im Jahr 2014 unglücklicherweise zum Ende des Schuljahres stattfand. Ob es Probleme mit Klassenfahrten oder dem Sportunterricht gebe, wollte ich wissen, und Schwarze meinte, da der Schwimmunterricht in der siebten Klasse stattfinde, stelle dies für die muslimischen Eltern keinen Grund für Einsprüche dar. Klassenfahrten würden allerdings immer wieder für Auseinandersetzungen sorgen, vor allem in den neunten und zehnten Klassen. Er gehe sehr offensiv mit der Schwierigkeit um und habe eine klare Haltung. Klassenfahrten seien verpflichtend und es gebe keine Befreiung. Finanzielle Gründe, die Eltern teilweise vorbrächten, würden nicht akzeptiert, da die Schule Bezuschussungen gewähren könne. Auch fahre man nur so weit weg, dass ein Kind im Notfall abends nach Hause fahren oder die Eltern kommen könnten. Dies sei das verbindliche Schulkonzept. Alle Eltern, die sich weigerten, ihre Kinder an Klassenfahrten teilnehmen zu lassen, würden zum Gespräch eingeladen. Gewöhnlich reagierten einige dann mit dem Vorlegen von Attesten, doch Schwarze leitete diese unmittelbar zur Überprüfung an die kassenärztliche Vereinigung weiter. Wenn sich Eltern standhaft weigerten, ginge eine Meldung ans Ordnungsamt und sie müssten ein Bußgeld zahlen. Da allerdings viele Väter sehr wohlhabend seien, beeindrucke sie dies jedoch nicht wirklich. »Die zahlen das mit einem Augenzwinkern«, sagte Schwarze. Insgesamt betreffe diese Form der Verweigerung nur eine kleine Minderheit aller muslimischen Schüler, doch er habe den Eindruck, es würden mehr. Die Religiosität, wenn man sie denn an solchen und anderen Äußerlichkeiten festmachen könne, nehme zu. Allerdings habe noch niemand nach einem Gebetsraum gefragt. Er werde keinen Raum als Gebetsraum ausweisen können, sagte Schwarze, aber es gebe Rückzugsräume, in denen gebetet werden könne. Religion sei an der Schule kein Grund für Konflikte, genauso wenig wie die nationale oder ethnische Herkunft. Streit entstehe aus ganz anderen Ursachen heraus und werde dann, sobald Lehrer davon erführen, der Streitschlichterkommission gemeldet, einer Gruppe von Schülern und einem Lehrer, die speziell für Mediationen ausgebildet seien und die Beteiligten einlüden. Damit erziele man sehr gute Ergebnisse. Schwarze legt Wert auf die interkulturelle Kompetenz der Lehrerschaft, man nehme an der bundesweiten Kampagne »Schule ohne Rassismus« teil und sorge für ein entsprechendes Angebot im Unterricht. Jegliche Art von Ausgrenzung werde thematisiert. Die Riehl-Schule bietet konfessionsübergreifenden Unterricht an, der für Kinder jeglichen Glaubens offensteht und, Schwarze zufolge, sehr gut angenommen wird. Außerdem habe man sich vor einiger Zeit am »Trialog der Religionen« beteiligt, der von der Quandt-Stiftung gefördert wurde, und in diesem Zusammenhang Besuche in unterschiedlichen Gotteshäusern sowie einen religionsübergreifenden Gottesdienst durchgeführt, in dem ein Pfarrer, ein Imam und ein Rabbi die Symbole ihrer Religionen erläutert hätten. Das zweijährige Projekt der Schule wurde von der Stiftung mit einem Preis ausgezeichnet.

Dass die neue muslimische Frömmigkeit nicht ganz problemlos sei, meinte dagegen Inge Klein, die Rektorin der Wilhelm-Leuschner-Schule. Sie erzählte von einem kleinen Jungen, der sich weigerte, sich im Musikunterricht zu bewegen, weil er Tanz aus religiösen Gründen nicht für erlaubt hielt. Sie berichtete auch von einem Konflikt um einen muslimischen Gebetsraum, den Schüler gefordert hätten. Die Schule hat einen »Raum der Stille« eingerichtet, der allen Kindern offensteht, aber bei einer Gelegenheit von einem katholischen Weihbischof gesegnet wurde. Damit war er für einige muslimische Schüler als katholischer Raum ausgewiesen, und sie verlangten jetzt auf einer Sitzung der Schülervertretung einen eigenen religiösen Ort. Dieses Ansinnen wurde abgelehnt. Die im Viertel ansässige Moschee ist die Masjid Ali. Nach dem Eklat um den Gebetsraum habe man sich dezidiert an den Vorstand der Moschee gewandt und um eine Möglichkeit gebeten, dort über den Raum aufzuklären. Ein Termin sei vereinbart, doch das Treffen hatte zum Zeitpunkt des Interviews noch nicht stattgefunden. Bei allem betonten Entgegenkommen habe die Moscheeleitung, so Klein, auf strikter Geschlechtertrennung bestanden. Die Lehrerinnen sollten mit den Frauen der Gemeinde Kontakt aufnehmen, während der einzige Mann im Leitungsteam die Männer besuchen sollte. Die Leiterin hatte diesem offensichtlich mit erheblichem Nachdruck vorgetragenen Ansinnen der Moscheegemeinschaft zugestimmt und war bereit, sich einer von außen an sie herangetragenen Separierung von Männern und Frauen zu unterwerfen.

Die Leuschner-Schule ist wie die Riehl-Schule eine Ganztagsschule, deren Programm weiter ausgebaut wird. Vier Fremdsprachen können erlernt werden: Englisch, Französisch, Italienisch sowie Koreanisch. Auch hier gibt es ein kostenloses Frühstücksbüffet, das allmorgendlich von zwanzig bis sechzig Kindern wahrgenommen wird. Beim Mittagsessen wird mit Rücksicht auf die muslimischen Schüler und Schülerinnen kein Schweinefleisch angeboten. Im Nachmittagsbereich gibt es eine Vielzahl von Arbeitsgruppen, die teilweise auf Kooperationen mit örtlichen Vereinen basieren. Im Sport könne man, so Klein, beispielsweise Tennis oder Rudern wählen. Das neue Konzept der erweiterten Ganztagsschule sieht weiterhin vor, dass auch Teile des Regelunterrichts mittags stattfinden. Jedes Jahr werden bei einer Schulfeier die Kinder öffentlich geehrt, die sich in sozialer Hinsicht besonders hervorgetan haben. Wenn muslimische Eltern ihre Kinder nicht auf Klassenfahrten schicken möchten, bemühe man durchaus auch die Unterstützung eines muslimischen Kollegen, der versuche, den Eltern zu erklären, dass es dafür keine Grundlage im Koran gebe. Die Haltung der Schule sei ganz klar: »Klassenfahrt ist eine schulische Veranstaltung wie eine Mathematikarbeit«, so Klein.

In der Schule Machos, in der Moschee brave Jungs

Die dritte integrierte Gesamtschule, mit der wir uns befassten, war die Hermann-Ehlers-Schule. Da ich dort nicht mit der Schulleitung sprach, sondern mit einem Lehrer, erhielt ich teilweise einen ganz anderen Einblick. Mein Gesprächspartner betonte die Problematik ethnischer Abgrenzungen innerhalb der Schülerschaft, vor allem die Feindschaft zwischen sunnitischen Türken, Kurden und Alewiten. Nicht nur würden immer wieder Zeichen der Grauen Wölfe, einer faschistischen türkischen Organisation, auftauchen, sondern Schüler hätten auch mehrfach die türkische Fahne in den Unterricht mitgebracht, um die kurdischen Mitschüler zu provozieren, die sie außerdem als »Volk ohne Land« beschimpften. Alewitische Schüler würden ausgegrenzt, weil sie keine »richtigen Muslime« seien.

Religion spiele eine zunehmend wichtigere Rolle, sagte der Lehrer. Schülerinnen würden bei Klassenfahrten und im Schwimmunterricht fehlen, und bei einer Reise nach England habe sich ein muslimisches Mädchen geweigert, eine christliche Kathedrale zu betreten, die im Rahmen des Kulturprogramms besucht werden sollte. Anders als meine bisherigen Interviewpartner und -partnerinnen, die stets ihre eigene Sanktionsmacht gegen diese Form religiös begründeter Verweigerung betont hatten, sagte dieser Lehrer, dass man nichts dagegen unternehme. Die Schülerinnen erhielten ein Attest, und damit sei die Sache erledigt. Auch gegen die Weigerung der Schülerin, die Kathedrale zu betreten, habe man nichts unternommen. In gewisser Weise, meinte er, gebe man einfach nach und überlasse den Muslimen die gewünschten Sonderspielräume. Dies betreffe auch die Kantinenspeisung, die mit Rücksicht auf die muslimischen Schüler schweinefleischfrei sei, oder die Weigerung einiger muslimischer Mütter, ihm die Hand zur Begrüßung zu geben. Der Lehrer unterrichtet Ethik, ein Fach, in dem alle muslimischen und nichtkonfessionellen Schüler versammelt sind. Im Rahmen dieses Unterrichts besuche man auch schon mal eine Moschee. Interessant sei, dass muslimische Schüler, die in der Schule durch Provokationen und Respektlosigkeit auffielen, sich bei diesen Besuchen angesichts des Imam zu angepassten braven Jungs wandelten. Der Wandel halte allerdings nicht lange vor, und kaum hätten sie das Gotteshaus verlassen, seien sie wieder die alten Machos.

Im Ethikunterricht versuche er, über Werte ohne religiösen Hintergrund zu diskutieren, was für die muslimischen Schüler eine große Herausforderung sei. Hier stoße er auf feste Vorstellungen und Bilder, die wenig reflektiert würden. Das könne er auch bei den Moscheebesuchen beobachten. Hier würden Werte, beispielsweise über Mädchen und Frauen, vermittelt, die hochproblematisch seien. Diskussionen seien nicht möglich. Es sei ähnlich, als wenn er mit Schülern in eine extrem religiöse Freikirche gehen würde, »die an den Teufel und an das alles glauben und in Zungen reden, und erwarte, dass ich mit denen 'ne Diskussion oder 'ne informative Veranstaltung mache zum Thema Christentum«. Zum Thema islamischer Radikalisierung berichtete mein Gesprächspartner, dass ihm schon einmal ein Schüler ein Video des salafistischen Predigers Pierre Vogel gezeigt und gar nicht verstanden habe, warum er davon nicht begeistert gewesen sei. Eine muslimische Schülerin habe bei einem Gespräch über ISIS und den Irak erzählt, dass es ihrem weiteren Bekanntenkreis Personen gebe, die entweder bereits dort in den *jihad* gezogen seien oder dies vorhätten. »Das heißt«, resümierte er, »das ist gar nicht so weit weg von uns.«

Problematisch, so der Lehrer, seien die unterschiedlichen Erziehungskulturen. In Deutschland versuche man auf die Schüler einzugehen, appelliere an Einsicht und gebe sich verständnisvoll. In muslimischen Familien dagegen herrsche die uneingeschränkte Autorität des Vaters, der gewohnt sei, sich in Diskussionen durchzusetzen, teilweise auch mit Gewalt. In Eltern-Schüler-Gesprächen gebe es dann schon mal große Missverständnisse, wenn die Lehrer über Angebote sprächen und die Eltern nicht verstünden, was das alles solle. Außerdem gebe es eine große Ablehnung der deutschen Kultur, die sich zum Beispiel im Schimpfwort »Kartoffel« für Deutsche zeige. Das Verhältnis zu Frauen sei ebenfalls problematisch. Viele Jungs würden aggressiv reagieren, wenn sie von einer Lehrerin kritisiert werden. Ihm selbst komme im Kontakt mit seinen muslimischen Schülern zugute, dass er ein gewisses Wissen über muslimische Kulturen, den Islam und dessen Feste habe, dass er sie nach dem Fasten während des Ramadan frage oder ihnen vorhalte, dass falsches Verhalten *haram* sei. »Ich glaube«, sagte er, »die Schüler reagieren positiv darauf, wenn sie das Gefühl haben, ihre Kultur ist nicht fremd, ist bekannt und so, wie sie ist, auch in Ordnung.« Er glaube, dass in dieser Hinsicht vielen Lehrern kulturelles Wissen fehle.

Eine Förderschule für Lernhilfe, die wir besuchten, war die Albert-Schweitzer-Schule im Ortsteil Kastel, ebenfalls ganz in der Nähe der Masjid-Ali-Moschee. Die Schule liegt in einem Arbeiterviertel mit gepflegten Einfamilienhäusern, das an dem sonnigen Tag unseres Besuches geradezu idyllisch wirkte. Der Eingangsbereich des Gebäudes war liebevoll dekoriert, und auf Fotos posierten die Schüler. Das Leitbild der Schule ist bodenständig und nimmt Bezug auf die fünf Begriffe Respekt, Zusammenarbeit, Können, Freude und Zukunft. »Wir arbeiten gemeinsam daran, dass unsere Schülerinnen und Schüler auf ihren Weg ins Arbeits- und Berufsleben und auf eine selbstständige Lebensführung vorbereitet sind«, steht auf der Internetseite. Das zeigt, dass es um das Erreichen einfacher Ziele geht, die dem Charakter der Schule und den Fähigkeiten der Schülerschaft angemessen sind. Die Klassenstärke beträgt maximal 16 Kinder, und das sei bereits zu viel, meinte die Rektorin Ulrike Bender. Die meisten Schüler hätten emotionale

Störungen, kämen aus der Jugendpsychiatrie oder aus Tageskliniken. Die Schule sei ein Spiegel der gesellschaftlichen Probleme: überforderte Eltern, zerbrochene Familien und ökonomisch prekäre Verhältnisse.

Bender sprach offen über spezifische Probleme mit muslimischen Familien, darüber, dass Eltern sich nicht zuletzt aufgrund der Sprachschwierigkeiten wenig in den schulischen Alltag einbringen. Sie bestätigte, was auch Päßler und Altintop-Nelson als Herausforderung bezeichneten: Die Väter seien mit Arbeiten beschäftigt, die Mütter verstünden oft kein Deutsch, auch weil sie vorhandene Angebote wie »Mama lernt Deutsch« kaum wahrnähmen. Gespräche seien nur mit Hilfe eines Übersetzers möglich, doch dafür fehlten die finanziellen Mittel. Als problematisch empfand Bender auch den fehlenden Respekt muslimischer Jungen gegenüber Lehrerinnen. Die Mütter seien schwach, würden keine klaren Grenzen setzen und ihre Söhne wie Prinzen behandeln. Im schulischen Alltag sorge dies für Stress und wirke sich letztendlich nachteilig für die Kinder aus. Eltern würden ihre Kinder auch bei kriminellen Delikten decken; allerdings vermutete Bender, dass solche Dinge in der Moschee geahndet würden. Auf eine mögliche Zusammenarbeit mit der Masjid-Ali-Gemeinde angesprochen meinte Bender, die Moschee habe eine große Bedeutung, gerade für die Jungen, doch leider seien die Kontakte zwischen der Schule und dem Islamischen Verein nicht ausreichend gefestigt.

Als wir sie nach ihren Empfehlungen für eine Verbesserung der Situation fragten, erwähnte sie sprachliche Frühförderung bereits im Kindergarten und eine Rückkehr zur Vermittlung von Wissen anstelle pädagogischer Experimente. Dass im Bildungssystem permanent neue pädagogische Konzepte favorisiert würden, halte sie für unproduktiv. Es schaffe Unruhe, und die neuen Ideen seien häufig noch nicht gut durchdacht. Eine verbindliche Einrichtung von Ganztagsschulen sei ebenfalls ein probates Mittel, um das Bildungsniveau zu heben und die Kinder für die Zukunft vorzubereiten. Eine Maßnahme, die bereits jetzt gute Ergebnisse zeitige, seien die »Praxis-Klassen«, bei denen Betriebe und Schulen kooperieren. Adressaten seien Jugendliche der 8., 9. und 10. Klasse, die zwei Tage pro Woche in einem Betrieb verbrächten und drei Tage Unterricht hätten, hauptsächlich in den Fächern Deutsch und Mathematik. Die Mehrheit der Teilnehmer erhalte in diesen Programmen einen Ausbildungsplatz.

Ute Steffens, Leiterin der Riederbergschule, einer Grundschule, die sowohl die Migranten im Einzugsgebiet des Westend als auch bürgerliche Eltern des angrenzenden Wohngebietes zur Klientel zählt, war unsere letzte Interviewpartnerin. 80 Prozent der Schülerschaft besitzen einen Migrationshintergrund. Steffens hatte sich, so erzählte sie mir, bei ihrer Einstellung zum Ziel gesetzt, der damals schlechten Reputation der Schule entgegenzuwirken und ein Abrutschen zur Brennpunktschule zu verhindern. Wie sie dies geschafft habe, wollte ich wissen. Man fördere sowohl die Schwachen, entgegnete sie, als auch die Starken, die sich sonst langweilen würden. Diejenigen Kinder, die mit einer Empfehlung aufs Gymnasium wechselten, seien absolut in der Lage, die dortigen Standards zu erfüllen, was gerade die mittelständischen Eltern überzeugt habe. Mittelkürzungen bei Förderprogrammen würden der Schule allerdings zusetzen.

Ebenso wie Rektor Schwarze von der Riehl-Schule betonte auch Steffens, dass die nicht Deutsch sprechenden Mütter ein Kommunikationsproblem darstellten, das man bis vor kurzen durch Übersetzer angehen konnte. Jetzt seien die Mittel zusammengestrichen worden. Vereinzelt gebe es auch Probleme mit türkischen Vätern, meinte Steffens, die nur das Gymnasium als weiterführende Schule für ihre Söhne akzeptierten. Schlechte Noten und eine Realschulempfehlung seien deren Ansicht nach das Resultat von Ausländerfeindlichkeit seitens der Lehrerschaft und nicht die Konsequenz mangelnder Kenntnisse. Die Schüler selbst hätten oftmals eine deutlich realistischere Einschätzung ihrer Situation. »Wir haben oft Kinder weinend bei Beratungen hier sitzen«, meinte Steffens, »die sagen: ›Ich muss aber aufs Gymnasium!‹ Die Väter sind so überzeugt von ihren Söhnen, die sind einfach, weil sie Jungs sind, intelligent. Da können wir Lehrerinnen sagen, was wir wollen.« Für Mädchen würden sich die Eltern nicht entsprechend einsetzen. Dabei erbrächten diese die besseren Leistungen. Sie seien darauf trainiert, unentwegt zu arbeiten, sowohl im Haushalt, als auch für die Schule. Daher falle es ihnen nicht schwer, Anforderungen umzusetzen. Den Brüdern gegenüber verhielten sie sich allerdings unterwürfig und trügen ihnen den Schulranzen nach. Auch die Mütter ließen sich viel von ihren Söhnen gefallen. Die Kinder würden vollkommen respektlos mit ihnen reden. An den Lehrerinnen würden sie jedoch mit ihrem Machismo scheitern und schnell lernen, dass ein Verhalten, das zu Hause akzeptiert werde, in der Schule nicht möglich sei.

Eine immerwährende Herausforderung stelle auch das Ansinnen der Eltern dar, ihre Kinder vor Schulende vom Unterricht befreien zu lassen, um günstigere Flüge in die Heimat zu ergattern. Steffens lehnt solche Anträge gewöhnlich ab, doch dann reagieren die Eltern mit Attesten. Seit der Bundesgrenzschutz an den Flughäfen Kontrollen durchführe und Schüler, die keine Genehmigung der Schule vorweisen können, nicht ausreisen lasse, sei das Problem jedoch kleiner geworden. Auch die zunehmende Religiosität muslimischer Schüler und Schülerinnen findet Steffens problematisch. Eltern würden versuchen, ihre Töchter von Klassenfahrten oder vom Schwimmunterricht abzuhalten, auch dies häufig mit Attesten untermauert, und einige Mädchen müssten in Ganzkörperverhüllung schwimmen.

Brennpunktschulen

Schulen mit einem hohen Anteil von Schülern und Schülerinnen mit Migrationshintergrund gelten als Brennpunktschulen. Dies hängt nicht zuletzt mit dem Umstand zusammen, dass ein Großteil der Schülerschaft prekären sozioökonomischen Schichten entstammt, in denen entweder Armut herrscht oder der elterliche Verdienst, wie Lehrer klagen, für Statussymbole wie Mobiltelefone, Autos und Markenkleidung ausgegeben werde, während Beiträge für die Klassenkasse oder die subventionierte Schulspeisung oft nicht gezahlt würden. Die ökonomische Marginalisierung wird nicht selten durch eine kulturelle verstärkt. Immerwährende Auseinandersetzungen um die Aussetzung des Pflichtunterrichts aus religiösen Gründen (Klassenfahrten, Wandertage, Schwimmunterricht), respektloses Verhalten von Jungen gegenüber Lehrerinnen und mangelnde Unterstützung der Kinder durch die Eltern wurden als Probleme genannt. Auffällig sei, so hörte ich immer wieder, eine formale Bildungsaspiration der Eltern, die ihr Kind unbedingt auf eine weiterführende Schule schicken wollten, vorzugsweise ein Gymnasium und danach eine Universität, ohne dass die Kinder dafür die Voraussetzungen mitbrächten. Ein schlechtes Abschneiden der Schüler wird offensichtlich häufig als Versagen der Lehrer denunziert, denen vorgeworfen wird, muslimischen Kindern aus rassistischen Motiven einen Aufstieg zu verwehren. In ähnlicher Weise hatten sich auch Helena Päßler und einige Schülerinnen geäußert, mit denen ich in den Moscheen gesprochen hatte. In einem dieser Gesprächskreise, den ich im zweiten Kapitel behandelt habe, war auffällig, dass die Schülerinnen nach eigenem Bekunden akademische Berufe anstrebten, obgleich sie eher schlechte Schülerinnen waren und selbst auf der Realschule große Schwierigkeiten hatten. Lehrer stehen solchen Diskrepanzen zwischen Wunsch und Wirklichkeit eher hilflos gegenüber, auch deshalb, weil sie das spätere Scheitern bereits vor Augen haben.

Lässt sich ein gemeinsames Fazit aus diesen Gesprächen ziehen? Als Problem wurde überall die eingeschränkte Kommunikation mit den Eltern aufgrund sprachlicher Defizite geäußert. Vor allem die Mütter, die für die Erziehung primär verantwortlich seien, sprächen oft kein Deutsch. Sprachkurse würden nicht in ausreichendem Umfang wahrgenommen – oft, so hörte ich immer wieder, weil die Ehemänner dies verhinderten. Die Schulen seien daher auf professionelle Übersetzer angewiesen, die bezahlt werden müssten. Gelder hierfür seien aber gestrichen worden, sodass man jetzt auf muttersprachliches Lehrpersonal oder ältere Geschwister zurückgreifen müsse. Dieser Zustand wurde als unbefriedigend beurteilt. Lehrer und Lehrerinnen mit Migrationshintergrund sind immer noch eine Ausnahme, stellen aber in den Augen aller Schulleitungen eine Bereicherung dar, weil sie sowohl sprachliche, als auch kulturelle Vermittlungsarbeit leisten könnten. Konflikte zwischen Lehrpersonal mit und ohne Migrationshintergrund wurden nur aus der Heinrich-von-Kleist-Schule berichtet, in der die Situation aus Gründen eskaliert war, die ich nicht abschließend beurteilen kann. In den anderen Schulen schien eine harmonische Atmosphäre vorzuherrschen, und man schätzte die Kompetenzen der jeweils anderen.

Drei der in diese Studie einbezogenen Schulen waren integrierte Gesamtschulen. In dieser Schulform, die sich als Alternative zum dreigliedrigen Schulsystem versteht, sollen eigentlich Schüler und Schülerinnen unterschiedlicher Leistungsgrade zusammen unterrichtet werden. Faktisch scheint sich die Schullandschaft allerdings weiterhin an einer Differenzierung zwischen Realschulen und Gymnasien zu orientieren, wobei die integrierten Gesamtschulen in ihrer Mehrheit die neue Realschulen sind. Die von den Rektoren und Rektorinnen angesprochene ökonomische und soziale Prekarisierung der Schülerschaft in Verbindung mit einem überdurchschnittlich hohen Anteil an Kindern mit Migrationshintergrund sorgt dafür, dass Eltern der bürgerlichen Mittelschichten ihre Kinder dort nicht anmelden. Die befragten Schulleiterinnen und -leiter orientierten sich mit einer einzigen Ausnahme von sich aus am Bild von »Benachteiligtenschulen«. In allen Schulen existieren spezielle Förderprogramme für schwache Schüler, unterstützen Schulsozialarbeiter die Arbeit der Lehrer. Von Programmen für starke Schüler sprach nur Ute Steffens von der Riederbergschule. Als sie die Leitung übernahm, sei der Ruf der Schule schlecht gewesen, doch sie habe es geschafft, sie auch für leistungsorientierte Eltern attraktiv zu machen, indem sie Programme für Schüler entwickelte, die sich sonst »langweilen würden«. Ob sich ein solches Konzept für Schulen eignet, in denen bereits eine Selektion stattgefunden hat, vermag ich nicht zu beurteilen, doch der Ansatz erscheint zumindest originell und einen Versuch wert, wenn man es ernst mit dem Konzept der integrierten Gesamtschule meint.

Ich habe all meine Gesprächspartner nach der Bedeutung einer neuen Frömmigkeit unter ihren muslimischen Schülern gefragt, hier aber festgestellt, dass man sich mit diesem Aspekt gar nicht oder nur beiläufig beschäftigte. Einhellig gestand man ein, dass es eine verstärkte Hinwendung zur Religion gebe, dass sich jetzt mehr Schülerinnen verschleiern würden und die Frage der Klassenfahrten ein Dauerproblem darstelle. Die Haltung der Befragten war stets eindeutig, aber auch resigniert. Gegen ein ärztliches Attest verfüge man eben über keine Handhabe. Verwunderlich fand ich, dass Fragen des Glaubens offensichtlich gar nicht oder nur wenig diskutiert wurden, offensichtlich auch nicht im Ethikunterricht, der von allen Befragten als sinnvolle Alternative zum konfessionellen Unterricht verstanden wurde. Warum schulische Kantinen und Bistros mit Rücksicht auf muslimische Schüler kein Schweinefleisch mehr anbieten, anstatt das Angebot zu diversifizieren, erschließt sich mir genauso wenig wie der Umstand, dass man in der Wilhelm-Leuschner-Schule widerspruchslos bereit ist, auf die Forderungen der örtlichen Moschee nach Geschlechtertrennung des Lehrpersonals bei einer Informationsveranstaltung einzugehen. Vielen muslimischen Jugendlichen ist ihre Religion wichtig, und man sollte sich mit ihnen darüber auseinandersetzen – respektvoll und anerkennend, aber dennoch nicht unter Verzicht auf die eigenen Werte.

Kultur der Ehre

Jugendliche mit Migrationshintergrund und in starkem Maße auch Muslime sind häufiger in Gewalttaten verwickelt als andere, was insbesondere für junge Männer gilt. In der Wiesbadener Justizvollzugsanstalt befanden sich im Jahr 2010 67 evangelische, 50 katholische und 97 muslimische Häftlinge – letztere also weit überproportional zu ihrer numerischen Stärke in der Bevölkerung. Der polizeilichen Kriminalstatistik zufolge war zwischen 1994 und 2007 eine auffällige Zunahme sogenannter Rohheitsdelikte, vor allem Körperverletzungen, zu verzeichnen. Seit 1994 sei eine jährliche Steigerung um vier Prozent zu beobachten. Im genannten Zeitraum wurden insgesamt 26.000 Körperverletzungen polizeilich verfolgt, davon die Hälfte in den letzten sechs Jahren.[36] Schlechte Bildung und misslungene Integration gelten ebenso als Ursachen für Kriminalitäts- und Gewaltdelikte[37] wie Männlichkeitsnormen, die Gewalt legitimieren.[38] Nach einer Studie des Kriminologischen Forschungsinstituts Niedersachsen e.V. weisen insbesondere männliche Jugendliche aus der Türkei, dem ehemaligen Jugoslawien sowie dem nordafrikanischen und arabischen Raum eine hohe Zustimmungsrate zu gewaltlegitimierenden Männlichkeitsnormen auf.[39] Haug zufolge führen Jugendliche aus Arabien und Nordafrika mit 25 Prozent Zustimmung und aus der Türkei mit 24 Prozent Zustimmung die Negativstatistik zu solchen Männlichkeitsnormen an.[40] Anders als bei christlichen Jugendlichen, bei denen die Gewaltquote mit zunehmender Frömmigkeit sinke, so Baier et al. in einer weiteren Studie,[41] steige sie bei muslimischen Jugendlichen: »Je stärker sich islamische Migranten an ihren Glauben gebunden fühlen, umso mehr stimmen sie den Männlichkeitsnormen zu und umso häufiger spielen sie Gewaltspiele. Sowohl die Männlichkeitsnormen als auch der Gewaltmedienkonsum stehen aber mit einer erhöhten Gewaltbereitschaft in Beziehung« (Baier et al. 2010: 118).[42]

Dass körperliche Gewalt speziell in türkischen Gemeinschaften als Erziehungsmethode, Machtdemonstration gegenüber der Ehefrau und Mittel der Durchsetzung gegenüber anderen gerechtfertigt, ja teilweise geradezu gefordert wird, darauf hat der Erziehungswissenschaftler Ahmet Toprak wiederholt hingewiesen.[43] Nach Aussagen von Hadmut Jung-Silberreis, der Direktorin der Wiesbadener Justizvollzugsanstalt, hat die überwiegende Mehrheit junger Gewalttäter in der eigenen Familie selbst Gewalt erfahren, häufig durch den Vater. Dazu komme, dass die Mütter sie wie Prinzen behandelt und ihnen niemals Grenzen aufgezeigt hätten. Diese Grenzen, aber auch simple Formen sozialen Verhaltens, müssten jetzt nachholend im Gefängnis erlernt werden.

Inwieweit kulturell tradierte Männlichkeitskonzepte zur Erklärung der Gewaltanfälligkeit junger Muslime herangezogen werden sollte, wird in der Wissenschaft kontrovers diskutiert.[44] Katrin Brettfeld und Peter Wetzels sind der Ansicht, dass »es sich bei der als gewaltlegitimierende Männlichkeitsnormen operationalisierten Kultur der Ehre weniger um einen ethnisch spezifischen kulturellen Faktor handelt, als um Orientierungen, die [...] in

Kontexten von sozialer Benachteiligung und Marginalisierung entstehen« (Enzmann/Brettfeld/Wetzels 2003: 283). Ähnlich argumentiert auch Klaus Bade, der die Wissenschaftler des Kriminologischen Forschungsinstituts der »Ethnisierung von Kriminalität« (Bade 2007: 30) bezichtigt. Soziale Ursachen würden vernachlässigt, meint er, trägt aber an anderer Stelle selbst ein »ethnisierendes« Argument vor und schreibt, es sei unstrittig, dass ethnisch-kulturelle, religiöse oder soziale Indikatoren als Ursachen devianten Verhaltens miteinander interagierten. Eine der wichtigsten Ursachen liege im Bestehen von »integrationsfeindlichen Enklaven, in denen der Wohlfahrtsstaat seine Verächter alimentiert« (Bade 2007: 31) und in verwandtschaftlich organisierten kriminellen Strukturen: »Die Schwerstkriminalität in Migrantenmilieus [...] ist in Wirklichkeit konzentriert in von der Justiz zu lange mit interkulturellen Samthandschuhen behandelten mafiotisch-großfamiliären Ethno-Clans, die in verschiedenen deutschen Städten operieren und vorwiegend Drogen- und Frauenhandel, Rotlichtmilieu und Schutzgelderpressung kontrollieren« (Bade 2007: 31). Das Problem krimineller Clane erwähnte uns gegenüber auch Hadmut Jung-Silberreis. In der Vollzugsanstalt versucht man die vielfältigen Defizite der jugendlichen Strafgefangenen mit einer Reihe von Maßnahmen zu korrigieren. Dazu zählen außer dem Wohngruppenvollzug eine psychologische und soziale Betreuung, die Integration in Ausbildungsstätten und alternative Freizeitangebote wie das Theaterprojekt »Die Werft«. Im Vergleich zu anderen Gefängnissen sei man privilegiert, meinte Jung-Silberreis, da der Personalschlüssel eine gute Betreuung gewährleiste.

Auch die Stadt versucht, der sozialen Desintegration muslimischer Jugendlicher mit einer Reihe von Maßnahmen zu begegnen. Diese werden vorzugsweise in Jugendzentren in den Stadtteilen durchgeführt, in denen Muslime in großer Zahl leben. Seit 1997 existiert ein Arbeitskreis für Jungenarbeit unter Leitung des Amtes für Soziale Arbeit, in dem Männlichkeitsnormen und Gewalt in der Jungendarbeit thematisiert werden. In einer Informationsbroschüre heißt es: »Gewalt ist für viele der Jungen, die in unsere Jugendarbeit kommen, ein gelerntes Handlungsmuster. Sie haben oft selbst Gewalt als häufiges Lösungsmuster in ihrer eigenen Erziehung, in ihren eigenen Familien erlebt und sind Opfer von Gewalttaten durch Eltern oder Geschwister geworden. Gewalt ist aber auch ein typisches Handlungsmuster in den Jungencliquen« (Jungenarbeitskreis 2011: 21). Ziel der Jungenarbeit ist eine Umcodierung und Vermittlung alternativer Werte, das Einfordern respektvollen Verhaltens gegenüber Mädchen, das Erlernen nichtgewaltsamer Lösungen von Konflikten, das Infrage stellen von Genderstereotypen und die Stärkung des Selbstwertgefühls der Jungen durch Anerkennung ihrer Leistungen, seien diese im sportlichen oder technischen Bereich. Die Sozialarbeiter und Pädagogen sollen dabei als Vorbilder fungieren.

Wie die Überzeugungsarbeit praktisch aussehen kann, konnte ich im Rahmen zweier Gespräche mit einer Jungengruppe in einem Jugendzentrum miterleben, die freundlicherweise von Tarik Yüksel möglich gemacht und moderiert wurde. Yüksel war als Sozialarbeiter für die Jungenarbeit zuständig. Unser Thema war »Männer und Ehre«, und wir diskutierten mit den Jungen, ob Mädchen, die sexuelle Beziehungen zu Jungen unterhielten, »Schlampen« seien. Ein Teil der Jungen war dieser Ansicht, andere nicht. Wenn man ein Mädchen liebe, dann sei sie keine Schlampe, sagten einige, wenn sie ihren Freund allerdings mit jemand anderem betrüge, dann schon. Ob die spätere Ehefrau Jungfrau sein müsse, fragten wir. Darauf gab es verhaltene Reaktionen. Die Jungen wollten nicht ausschließen, dass sie selbst vor der Ehe sexuelle Beziehungen haben würden, und scheuten sich, ihre (potentiellen) Partnerinnen in der Runde abzuqualifizieren. Im Zuge der einstündigen Debatte wurde diese Meinung deutlich stärker artikuliert als am Anfang.

Diese zunehmend reflektierte Haltung war eindeutig Yüksels Verdienst. Während des gesamten Gesprächs konfrontierte er die Jungen immer wieder damit, dass Machismo keine wünschenswerte Eigenschaft sei und man Mädchen respektieren solle. Zur Unterstützung rief er wiederholt einige der anwesenden Mädchen auf, die sich über Erfahrungen von Doppelmoral beschwerten. Yüksel brachte Gefühle ins Spiel, lenkte den Blick auf Liebe und nicht nur auf Sex. Die Jungen zeigten sich dafür empfänglich. Unumstößlich blieb allerdings ihre Einstellung, wenn sie sich auf die eigene Schwester bezog. »Meine Schwester chattet«, sagte einer der Jungen, »aber sie hat keinen Freund. Sie will das nicht. Sie ist so erzogen.« Alle Jungen betonten das enge Vertrauensverhältnis zu ihren Schwestern und verstanden sich als deren Beschützer. Dass eine der Schwestern Sex vor der Ehe haben könnte, erschien ihnen vollkommen undenkbar. Die Mädchen seien religiös, blieben im Haus und würden der Mutter helfen, bekundeten sie, und irgendwann würden sie heiraten.

Einer der Jungen meinte, ein Mann, der seine Schwester heiraten wolle, müsse sich ihm zunächst vorstellen. Wenn er ein richtiger Mann sei, dann würde er ihn akzeptieren, wenn er allerdings »ein Lulatsch« sei, dann nicht. Der Junge war dominant, groß und deutlich älter als die anderen. Er verstand es, die Jüngeren immer wieder direkt anzusprechen und ihre Unterstützung zu seinen Ansichten einzufordern. Er kam eine halbe Stunde, nachdem wir mit dem Gespräch begonnen hatten, und versuchte sofort, die Führung zu übernehmen – nicht zuletzt mit konfrontativen Positionen. Jeder Junge, meinte er, wolle Sex vor der Ehe und habe Sex vor der Ehe. Das sei normal, denn Männer hätten eben einen stärkeren Trieb als Mädchen und Frauen. Deshalb könne man von Mädchen durchaus Keuschheit erwarten, von Jungen aber nicht. Das war eigentlich die Ausgangsposition, die der Sozialarbeiter kritisiert hatte: Die keuschen Mädchen, die Schwestern und frommen Musliminnen waren die adäquaten Heiratskandidatinnen, die anderen die Geliebten für die Phase vor der Ehe. So raumgreifend und machtbewusst der Junge auch auftrat, Yüksel stellte sich ihm rhetorisch in den Weg. Die anderen Jungen blieben bei ihrer differenzierteren Meinung, nimmt man einmal die Haltung zu ihren Schwestern aus. Auch die Idee, dass sich ein potentieller Freund oder späterer Ehemann der Schwester erst einmal einer Begutachtung durch den Bruder zu unterziehen habe, ließ Yüksel nicht gelten. Was denn sei, wenn die Schwester einen Jungen liebe, der in den Augen des Bruders kein »Mann«, sondern ein »Lulatsch« sei? Ob sie dann nicht mit ihm zusammen sein könne? Ob sich denn die anderen Jungen von Brüdern begutachten lassen wollten?

Inwieweit solche Unterweisungen durch den engagierten Sozialarbeiter dauerhafte Früchte tragen würden, konnte ich natürlich nicht beurteilen, war aber beeindruckt von der Standhaftigkeit, mit der er jede Position beanstandete, die er als ungerecht oder mädchenverachtend verstand. Bei all seiner Kritik blieb er dabei emotional vollkommen auf der Seite der Jungen und gab ihnen das Gefühl, sie wertzuschätzen.

»Immer die Keule des Gottes ...«

Ein drittes Treffen im Jugendzentrum fand im Juli 2014 statt. Israel und die Hamas bekriegten sich, und die große Zahl der Toten unter palästinensischen Zivilisten trieb allwöchentlich Demonstranten auf die Straße. Es kam zu antisemitischen Äußerungen und zu Gewalttätigkeiten gegen Juden in Europa. Auf einem Rechner sah sich ein Junge das Bild eines Fußballspielers vom israelischen Verein Maccabi Haifa an, der im österreichischen Bischofshofen während des Spiels von einer Gruppe junger Männer mit türkischen und palästinensischen Fahnen attackiert wurde. »Was sagst du dazu?«, fragte Yüksel den Jungen, der das Bild heruntergeladen hatte. »Respektlos«, meinte dieser. »Und du?«, wollte der Sozialarbeiter von einem afghanischen Jungen wissen, der neben ihm saß. »Kommt drauf an, ob er es verdient hat«, entgegnete dieser. »Was heißt denn verdient?«, setzte Yüksel nach. »Naja, als Fußballspieler verdient er viel Geld, und vielleicht unterstützt er irgendwie den Krieg gegen Palästina.« »Du bist Afghane«, meinte Yüksel, »was würdest du dazu sagen, wenn dich hier in Wiesbaden jemand zusammenschlägt, weil viele Afghanen Taliban sind?« Der Junge fühlte sich jetzt sichtlich unbehaglich. »Deutschland hat doch keinen Krieg mit Afghanistan«, verteidigte er sich. Yüksel wiederholte seine Aussage mit anderen Worten. Der Junge verstand und sagte nichts mehr. Wie schon bei der Diskussion um »Ehre« lässt sich nicht ersehen, ob die Argumentation des Sozialarbeiters Früchte tragen werden oder ob er lediglich argumentativ gesiegt hatte. Dass er keiner Konfrontation aus dem Weg geht und die Jungen stets auffordert, alles zu hinterfragen und sich ihre eigene Meinung zu bilden, muss ihm hoch angerechnet werden.

Der Einsatz lohne sich, sagte er mir. Er mache politische Bildungsarbeit und habe den Eindruck, dass es ihm gelinge, Vorurteile abzubauen. Seit 28 Jahren fliegt er alle zwei Jahre mit einer Gruppe nach Alanya, im folgenden Jahr komme eine Gruppe aus der Türkei. Er möchte zeigen, dass die türkische Kultur anders ist als das, was man hier in Deutschland sieht. Was ihn bedrückt, ist die wachsende Bedeutung des Islam für die Jugendlichen. Früher habe Religion keine Rolle gespielt. »Vielleicht hat mal einer gesagt: ›Ich bete‹ oder ›Ich esse kein Schweinefleisch‹, aber es war nicht diese fanatische Art, über Religion zu sprechen. Fast jeder Pups ist ja jetzt mit Religion definiert. Der Blick auf die anderen ist immer strenger geworden. ›Was, du warst heute nicht in der Moschee?‹ oder: ›Was, du hast nicht gefastet?‹ oder: ›Was, wieso isst du Schweinefleisch?‹ Keiner von denen ist früher Freitag in die Moschee gegangen. Und das ist jetzt alles eine große Sünde. Es herrscht Angst. Immer die Keule des Gottes, immer die Angst. Mein Gott, wo ist die Barmherzigkeit? Von verzeihen oder etwas gutmachen, davon wird nicht geredet.« Vor 15 Jahren habe diese Entwicklung begonnen. Für die türkischen Jugendlichen habe sich seit der Regierung Erdogan vieles geändert, Frömmigkeit spiele eine größere Rolle. Aber auch das Internet sei eine Quelle religiöser Indoktrination. Täglich führe er Diskussionen mit den Jugendlichen, stelle kritische Fragen, nötige sie, ihre Meinung zu begründen und zu hinterfragen. Er ereifere sich, wenn Jugendliche sagten, dass Christen nicht ins Paradies kämen oder wenn sie andere für das Essen von Schweinefleisch verurteilten. Er betone den Jungen gegenüber immer, dass jeder das Recht habe zu essen, was er wolle, der eine kein Schweinefleisch, der andere eben Schweinefleisch. Bei ihm gebe es beim Grillen Rindfleisch und Schweinefleisch – für jeden etwas.

Yüksel verhandelt in seinem Alltag als Sozialarbeiter das Phänomen der neuen Hinwendung zu einem fundamentalistischen Islam unter Jugendlichen, die der Psychologe Ahmad Mansour (2015) als »Generation Allah« bezeichnet. Diese Generation, so Mansour, sei in autoritären Familienstrukturen aufgewachsen, leide unter Bildungsbeachteiligungen und suche nach einfachen Konzepten, um sich ihrer Überlegenheit über andere zu versichern. Ein dogmatischer schriftgetreuer Islam biete sich als wohlfeile Ideologie an. Als bekennender Gläubiger stelle man sich über alle anderen und nehme sich heraus, angeblich nicht-islamisches Verhalten zu kritisieren. In diesem Fall sind es Essensvorschriften, der freitägliche Moscheebesuch oder das Fasten während des Ramadan. Dieser Dogmatisismus ist, folgt man Mansour, nicht nur lästig und störend für ein respektvolles Miteinander, sondern er führt im Zweifelsfall sogar in die Radikalität.

Peergruppenleiter in den Moscheen

Auch die größeren Moscheegemeinden bieten Programme für Kinder und Jugendliche an und haben die Jugendarbeit für sich entdeckt. Die aktivste Gemeinde war zum Zeitpunkt unserer Forschung sicherlich der Bildungs- und Kulturverein der Süleymaniye-Moschee. Er verfügte über eine große Anzahl von aktiven Jugendlichen beiderlei Geschlechts in jeder Alterskohorte, sodass sich problemlos Gruppen zusammenstellen ließen, die gemeinsame Interessen hatten. Das Führungsteam des Vereins – Zafer Sahin, Abdül Akpinar und das Ehepaar Demirel – war nicht nur unermüdlich in seinem Engagement, sondern auch bereit, neue Wege zu gehen und Angebote kommunaler Einrichtungen begeistert anzunehmen. Die Bedeutung einer zeitgemäßen Jugendarbeit konnte Zaher Sahin zufolge nicht hoch genug eingeschätzt werden. »Wissen Sie«, sagte er, »wenn Sie heute in die Fußgängerzone gehen – ich guck mir immer die türkischen Jungs an. Also, man muss sich einfach davor schämen: Wo sind die Eltern, wo sind die Verwandten, wo ist die ganze Generation, was passiert mit den Jungs? Also, da macht man sich richtig Gedanken. Die sind alle verloren. Ich sage einfach: Wir können von denen weder Steuern noch irgendwas erwarten, weil, das sind Leute, die ohne Zukunft sind.« Diese verlorene Jugend möchte er auf den rechten Weg zurückführen – mit Hilfe des Islam und eines guten Freizeit- und Bildungsangebots.

Neben den für eine Moschee nicht überraschenden Programmpunkten Arabischunterricht und religiöse Unterweisungen organisiert man Hausaufgabenhilfe, geht gemeinsam Pizza essen, spielt Fußball und Tischtennis. Kleine Ausflüge gingen bislang in die Wiesbadener Umgebung, ein größerer sogar bis in die Türkei. Hin und wieder gibt es Vorträge zu aktuellen Themen, bei deren Organisation die eigene Jugend aktiv ist. Auch in anderen großen Moscheegemeinden werden Programme für Jugendliche aufgelegt, allerdings nicht in einer vergleichbaren Professionalität. Wie sehr Aktivitäten an der Jugend vorbeigehen können, erlebten wir bei einem Vortrag am 13. Mai 2012 in der Omar-Moschee. Der damalige Jugendbeauftragte der Moschee hatte uns eingeladen, und auch eine kleine Gruppe von Jungen hatte sich eingefunden. Der Vortragende hatte ein steifes, zurückgenommenes Auftreten und dozierte mit leiser Stimme über den Islam als Religion der Toleranz, der Liebe und des Friedens. Die anwesenden Jungen spielen derweil gelangweilt mit ihren Handys. Die mangelnde Begeisterung war absolut verständlich, denn der Mann besaß keinerlei rhetorisches Geschick, verwendete einen gestelzte, ein wenig akademisch anmutende Sprache und hatte offensichtlich auch ein Thema ausgewählt, das niemanden unter den Anwesenden sonderlich ansprach. Oliver Bertrand und ich beobachteten die Veranstaltung mit Befremden. Wir hatten zuvor einige Male mit dem Jugendwart der Gemeinde über die Faszination junger Muslime für salafistische Prediger gesprochen, und er hatte uns versichert, dass es in seiner Moschee ein attraktives Alternativprogramm gebe. Für dieses Mal schien die ehrenwerte Absicht jedoch kein entsprechendes Ergebnis zu zeitigen, und uns beschlich der Eindruck, dass nicht die Jugendlichen, sondern wir die Adressaten der fein komponierten Rede waren.

Vielleicht zeigte sich hier aber auch ein echtes Problem der Jugendarbeit in den Gemeinden. Die Mitglieder der Führungsriege bemühten sich einerseits, junge Leute vor einem Leben »auf der Straße« zu bewahren und ihnen moralische Werte zu vermitteln, die im Einklang mit ihrer islamischen Überzeugung stand, wollten andererseits aber auch keinen Radikalisierungen Vorschub leisten, die so häufig durch die beliebten Internetprediger angestoßen werden. Mit schlichter Koranlektüre und einem gelegentlichem Besuch in einem türkischen oder arabischen Imbiss war dieses Ziel, so sahen es zumindest einige der weitblickenden Moscheevorstände und Jugendleiter, nicht zu erreichen. Das Dilemma und den Bedarf vor Augen machte der Stadtjugendring unter Führung von Michael Weinand den Moscheen im Jahr 2012 das attraktive Angebot, ihre Jugendwarte professionell zu zertifizierten Jugendleitern fortzubilden. Derartige zeitlich recht aufwendige Fortbildungsmaßnahmen gehören zum festen Programm des Stadtjugendrings, doch bislang waren es eher christliche oder nichtkonfessionelle Gruppen gewesen, die davon Gebrauch gemacht hatten. Jetzt sollten also gezielt die Muslime geworben werden.

Das Integrationsamt stellte die ersten Kontakte her und übernahm die Einladung. Oliver und ich konnten an den Vorbereitungstreffen, die dieser Ausbildung vorangingen, teilnehmen. Dort wurde besprochen, welche Bedürfnisse in den Gemeinden existierten und welche Art von Kompetenzen man gerne erwerben wollte. Für uns war es eine gute Gelegenheit mitzuerleben, ob und in welcher Weise das Angebot der Stadt angenommen wurde oder nicht. Zunächst sah alles wenig vielversprechend aus. Zum Vorstellungstreffen kamen nur die Weiterbildungsexperten, eine Aktivistin der Frankfurter Organisation Grüner Halbmond, drei Mitglieder des Sufiordens Tariqa Al-Qadiriya, wo es allerdings zurzeit keine Jugendlichen unter den Mitgliedern gab, die es zu organisieren galt, und ein weibliches Mitglied der Tauhid-Gemeinde, das nach eigenem Bekunden seit elf Jahren die Mädchengruppe der Moschee leitete.

Sie verstehe nicht, was ihr die Jugendleiterausbildung bringen könne, meinte sie gleich zu Beginn, denn alles laufe prima. Sie habe über vierzig Mädchen, die ihre Arbeit sehr schätzten, nicht nur aus der eigenen Gemeinde, sondern auch aus der Badr-Moschee und der Omar-Moschee. Es gebe Koran- und Arabischunterricht, man gehe zusammen ins Kino oder zum Frauenschwimmen und sei damit durchaus zufrieden. Was sie dagegen in ihrer Gemeinde wirklich benötigten, sei eine neue Moschee, in der dann mehr Raum für Jugendliche zur Verfügung stehe. Daraufhin berichteten die Experten von einem Projekt, das zwar noch nicht realisiert, aber dennoch in greifbare Nähe gerückt sei: ein Haus der Jugend, in dem sich verschiedene Jugendgruppen, die unter Raumnot leiden, zusammentun könnten. Dies war nicht im Sinne der Mädchengruppenleiterin, die unmissverständlich klar machte, dass es ihrer Gemeinde um islamische Jugendarbeit gehe, und wenn schon ein Jugendhaus anvisiert werde, dann ein islamisches. Auch die Sufis betonten, dass es die islamische Bildung sei, die ihnen vorschwebe, und gestanden ein, dass man dafür eigentlich kein Jugendleiterzertifikat benötige.

Nach diesem ersten problematischen Start ging die Sache aber, für mich ganz unerwartet, weiter. Die Muslime folgten den weiteren Einladungen, durchaus in unterschiedlicher Besetzung, aber einige von ihnen kamen regelmäßig und tasteten sich langsam in eine für sie unbekannte Welt vor. Die Gesprächsrunden fanden in der »Kreativfabrik« auf dem Gelände des ehemaligen Wiesbadener Schlachthofs statt, der seit einigen Jahren das Zentrum einer alternativen Kulturszene ist. Obwohl einige der honorigen Herren mir gegenüber beim Betreten ihre Bestürzung angesichts des innen und außen mit Graffiti besprühten Gebäudes äußerten, hielten sie die ungewohnte Umgebung des alternativen deutschen Mittelstands tapfer aus. Ein Problem der Runden, die höchst unterschiedlich besucht wurden, war ein eklatanter Mangel an Jugendlichen. Obgleich mehrfach darauf hingewiesen wurde, dass junge Leute geschult werden sollten, kamen vorwiegend erwachsene Jugendbeauftragte zu den Treffen, Personen, die in den Moscheen Jugendgruppen leiteten, Koranunterricht erteilten oder einfach herausfinden wollten, ob man vom städtischen Angebot profitieren könnte. Die Süleymaniye-Moschee war eine der wenigen Einrichtungen, die tatsächlich junge Leute unter zwanzig schickte – junge Peergruppenleiter, die bereits eigene Erfahrungen mit Jugendgruppen gesammelt hatten. Dass die Gemeinde über solche Kräfte verfügte, lag am Geschick des Imam, Jugendliche für kleine verantwortungsvolle Tätigkeiten zu gewinnen und den Älteren jeweils eine Gruppe von Jüngeren zuzuteilen, wenn es um die Betreuung bei gemeinsamen Pizzaessen, Kinobesuchen oder anderen Freizeitaktivitäten ging. Diese Jungen waren bereit, ihre Tätigkeit stärker zu professionalisieren, um mehr anbieten zu können als kumpelhafte Zuwendungen. Die Jugendarbeit nahm nach bestandener Jugendleiterausbildung weiter an Fahrt auf, und im Frühjahr 2014 unterhielt die Moschee fünf Jungengruppen, die von Jugendlichen betreut wurden, welche die Jugendleiterausbildung erfolgreich abgeschlossen hatten. In der Moschee war ein eigener Raum eingerichtet worden, in dem sie sich ungestört treffen konnten. Der Bedarf, so Abdül Akpinar, sei riesig. Während der Ferien kämen teilweise bis zu hundertfünfzig Kinder und Jugendliche. Es werde zusammen gekocht und gegrillt, man sei zusammen nach Köln gefahren, habe den Kölner Dom besichtigt und plane, in naher Zukunft den Bundestag in Berlin zu besuchen. Mittlerweile würden auch professionelle Veranstaltungen organisiert. Eine von ihnen war beispielsweise den Gefahren des Internets gewidmet, wobei besonders auf manipulative Webseiten hingewiesen wurde, die von radikalen Predigern hochgeladen werden. Man hatte die Veranstaltung zusammen mit den Jugendlichen von DITIB organisiert und war im Vorfeld ins Technikmuseum nach Kelkheim gefahren, wo Einblicke in die Geschichte der Computerherstellung vermittelt wurden. Fremdvorträge wurden unter anderem von der Polizei gehalten, die über Polizeiberufe informierte und detailliert über Voraussetzungen für Bewerbungen und den Alltag im Polizeidienst aufklärte.

Eine gute Jugendarbeit hält Akpinar für die beste Extremismusprävention. Man müsse Jugendlichen einen Ort zum Reden bieten und Ansprechpersonen stellen. Jugendliche müssten das Gefühl haben, dass sie mit allen Fragen kommen könnten, dass es keine dummen Fragen gebe. Früher habe man sich nicht getraut, den Imam zu fragen, doch heute sei dies anders. Imam Demirel sei ein junger Mann, der von den Jugendlichen als Freund gesehen werde, und man wende sich eben mit religiösen oder auch anderen Themen vertrauensvoll an ihn. Die Antworten seien stets kompetent und zufriedenstellend. Jugendliche müssten dann nicht mehr im Internet recherchieren oder sich dubiosen Predigern zuwenden. Er, Akpinar, zum Beispiel habe keinen Bedarf für zusätzliche Erklärungen, weil »sein inneres Glas schon voll« sei. Bei Leuten, die für radikale Ideen anfällig sind, handelt es sich seiner Meinung nach ohnehin um solche, die eine innere Leere verspüren, keinen Halt haben und in ihrem Umfeld keinen seelischen Beistand erhalten. Halt und Zuwendung gebe es aber in der Gemeinde, genauso wie Raum für eigene Entfaltung.

Einige der Jugendlichen, die im Stadtjugendring ihre ersten Erfahrungen mit einer professionell organisierten freien Jugendarbeit gemacht haben, sind offensichtlich hoch motiviert, ihre Kenntnisse umzusetzen. Sie haben zum Beispiel die Idee, zusammen mit anderen Jugendleitern das Kriminalspiel *Scotland Yard* als Stadtspiel durchzuführen, bei dem der flüchtige Verbrecher Mr. x mit koordinierten Einsatz von Handys gesucht wird. In eigener Initiative luden die Jungen im März 2014 den Oberbürgermeister der Stadt ein, um ihm ihre Arbeit vorzustellen, und zur gleichen Zeit gab es Pläne, so der Stadtjugendringleiter Michael Weinand, bei öffentlichen Stellen finanzielle Unterstützung für gut ausgearbeitete Projekte zu beantragen. Die Jugendgruppe beabsichtigte Weinand zufolge auch, einen Antrag auf Aufnahme in den Stadtjugendring zu stellen. An diesem Beispiel zeige sich, so Akpinar, dass Jugendarbeit in Moscheegemeinschaften mit kommunaler Unterstützung erfolgreich sein kann, dass Jugendliche sinnvoll in der Freizeit beschäftigt werden können, bei drängenden Fragen Ansprechpartner finden und dies alles so spannend finden, dass sie dabeibleiben.

Muslimische Pfadfinder

Während meiner Forschung wurde die Stadt von einer Gruppe kontaktiert, die Jugendarbeit besonderer Qualität versprach und sich Bund Moslemischer Pfadfinder und Pfadfinderinnen Deutschlands (BMPPD) nennt. Der Bund war zunächst eine Idee einiger marokkanischstämmiger Muslime aus dem Rhein-Main-Gebiet und Nordrhein-Westfalen, die ein Format suchten, um ihren eigenen Kindern, aber auch anderen muslimischen Kindern und Jugendlichen in Deutschland Möglichkeiten einer gehaltvollen Freizeitgestaltung zu bieten. Die Angebote in den Moscheen im Bereich der religiösen Unterweisung seien zwar sinnvoll, so Fouad Hartit, einer der Gründer des BMPPD, doch das Lesen des Koran stelle keine hinreichende Freizeitbeschäftigung dar. Das Pfadfinderwesen schien ihnen geeigneter, Jugendlichen eine anspruchsvolle eigene Erfahrungswelt zu eröffnen, Spaß zu haben, Herausforderungen zu meistern und bei alldem noch Verantwortung für sich und andere zu übernehmen. Für Muslime sei das beileibe keine neue Idee. Sie würden etwa 13 Millionen der weltweit 40 Millionen Pfadfinder stellen. Vor allem in Nordafrika sei es populär, Kinder und Jugendliche in Pfadfinderlager zu schicken – oft während der gesamten Schulferien.

Ein Vorbild für eine deutsche muslimische Organisation fanden sie in Frankreich, wo Cheikh Khaled Bentounes im Jahr1991 die Scouts Musulmans de France gründete. Immer wieder besuchten Hartit und seine Freunde diese Gruppe, die sich sehr erfolgreich behauptete und heute 5.000 Mitglieder zählt, und entschlossen sich im Jahr 2010, den BMPPD zu gründen. Französisch inspiriert war auch die Idee einer großen öffentlichen Aktion, der Kampagne »Flamme der Hoffnung. Deutschland entdecken«. Die »Flamme der Hoffnung« war ursprünglich ein Projekt der Scouts Musulmans de France, bei dem die olympische Fackel des Jahres 2006 durch verschiedene Städte getragen wurde, um für Toleranz und die Anerkennung des jeweils anderen in einer multikulturellen Welt zu werben. »Wenn ihr Gott nicht unter den Menschen findet, so werdet ihr ihn nirgends finden«, zitierte Cheikh Khaled Bentounes seinen Lehrer Cheikh Al-Alawi. Überall, wo die Pfadfinder mit der Flamme ankamen, führten sie Projekte mit Vertretern anderer Religionsgemeinschaften und speziell mit Jugendlichen durch. Die französische Gruppe zog zunächst durch Frankreich und schließlich auch durch Spanien und Nordafrika.

Am 23. September 2011 übernahm der BMPPD die Flamme von der französischen Schwesterorganisation, um die Worte des früheren Bundespräsidenten, der Islam gehöre zu Deutschland, von muslimischer Seite mit Leben zu füllen. Muslime sollten zeigen, so Hartit, dass sie ein normaler Teil Deutschlands sind, dass sie nicht am Rande stehen, sondern mittendrin, und dass sie sich mit diesem Land identifizieren. Muslimische Jugendliche sollten stolz sein und sich nicht wegducken müssen, wenn die Sprache auf den Islam komme, und sie sollten von Nichtmuslimen als ganz normale Deutsche wahrgenommen werden, welche die gleichen Bedürfnisse haben wie andere Jugendliche auch. »Deutschland entdecken« heiße, so Hartit, »du bist mitten in der Gesellschaft. Du kommst nicht von hinten raus. Ich entdecke jetzt Deutschland mit seiner Historie, mit seinen Menschen, mit seinen Strukturen.« Von Anfang an seien sie vom Amt für Jugendarbeit der Evangelischen Kirche von Westfalen und vom Soester Forum Religionen und Kulturen unterstützt worden, die ihnen Kontakte zu Politik, Kirche und vielen Multiplikatoren eröffneten. Ein Jahr später begann die Tour durch zehn deutsche Städte, unter anderem durch Wiesbaden. In jeder Stadt gab es Treffen mit Jugendverbänden, und die Jugendlichen arbeiteten an einer Charta zu kultureller Toleranz, die später Politikern überreicht werden sollte. In Frankfurt, Wiesbaden und Berlin legten die Pfadfinder und Pfadfinderinnen Kränze an Gedenkstätten für die im Nationalsozialismus ermordeten Juden nieder. Die Auseinandersetzung mit der deutschen Geschichte, so Fouad Hartit, sei ihnen ein besonderes Anliegen gewesen.

Von Politikern und städtischen Funktionsträgern wurden die muslimischen Pfadfinder und Pfadfinderinnen überall mit großem Aufgebot empfangen, und auch die Presse war des Lobes voll. Die Abschlussfeier fand am 4. und 5. Oktober 2013 in Berlin statt, wo die Gruppe von Bundespräsident Gauck empfangen wurde. Der BMPPD füllte ganz offensichtlich eine Lücke, stand für eine moderne muslimische Jugendarbeit, die bislang weder von den muslimischen Gemeinden, noch von den Kommunen geleistet werden konnte. Egal, wo sie anfragten, so Hartit, sie seien auf offene Ohren gestoßen, und die Kommunen hätten das Vorhaben auch finanziell unterstützt.

Ich begegnete dem BMPPD zum ersten Mal auf einem Treffen des Wiesbadener Bündnisses »Wir in Wiesbaden«, das Veranstaltungen zu den Themen »Vielfalt, Anerkennung und Demokratie« anbietet. Außer den Stadtteil- und Jugendzentren waren dort so heterogene Organisationen wie das Polizeipräsidium Westhessen, der Stadtjugendring Wiesbaden und die DLRG-Jugend versammelt – insgesamt mehr als dreißig Einrichtungen. Die muslimischen Pfadfinder hatten sich, nachdem der Oberbürgermeister die Schirmherrschaft für ihr Projekt übernommen hatte, an den Stadtjugendring gewandt, um Unterstützung für die Kampagne zu bekommen, und dieser hatte sich schnell von der Idee überzeugen lassen. Achtzehn Jugendverbände beteiligten sich an den Vorbereitungen, dabei die Jugendinitiative »Spiegelbild«, die Auseinandersetzungen mit der deutsch-jüdischen Geschichte in Wiesbaden fördert und begleitet. »Spiegelbild« erbot sich auch, den Pfadfindern und Pfadfinderinnen die Stadt zu zeigen. Am 6. Oktober 2012 fand der große Event statt. Früh am Morgen hielten die Kinder, Jugendlichen und ihre Betreuerinnen und Betreuer in ihrer grünen Pfadfinderkluft mit rot-weiß-blau gestreiften Halstüchern, Deutschlandfahnen und der olympischen Fackel Einzug im Rathaus und wurden dort vom Oberbürgermeister und anderen Honoratioren der Stadt empfangen. Dann wurde die Stadt erkundet, ein Kranz für die ermordeten Wiesbadener Juden an einer Gedenkstätte niedergelegt, und am Nachmittag fand ein großes Fest auf dem Wiesbadener Schlossplatz unmittelbar zwischen Rathaus und Landtag statt, bei dem sich die Jugendinitiativen mit Informationsständen beteiligten. Auf einer Bühne spielten sehr unterschiedliche Musikgruppen, die deutlich machten, dass Vielfalt hier nicht auf eine exotisierende Folklore reduziert wurde, und im Rathaus fand währenddessen eine zweistündige Jugenddiskussion statt, die neue Ideen für eine friedliches Zusammenleben generieren sollte.

Die Veranstaltung wurde ein großer Erfolg, der noch eine Reihe weiterer Anerkennungen für die Aktivitäten des BMPPD nach sich ziehen sollte. Am 6. Februar 2013 wurde der BMPPD für »Flamme der Hoffnung« mit dem Angelika-Thiels-Preis der Stadt Wiesbaden ausgezeichnet. Es sei ein »vorbildliches Projekt der Jugendpartizipation«, so der Text auf der Urkunde, »das in zeitgemäßer und altersgerechter Weise Jugendlichen dabei hilft, ein besseres

Verständnis der deutschen Geschichte zu erlangen und die damit verbundene gesellschaftliche Verantwortung für ein friedliches Zusammenleben wahrzunehmen«. Eine zweite Auszeichnung in Wiesbaden erfolgte ein halbes Jahr später. Dieses Mal war es der Jugendarbeitspreis des Hessischen Jugendrings. Seit dieser Zeit hoffen so manche, dass der BMPPD recht bald einen eigenen Stamm in Wiesbaden gründen wird. Dazu, so Fouad Hartit, sei man durchaus bereit, doch das könne keinesfalls sofort geschehen, da schlicht die nötigen Jugendleiter fehlten. Das Jahr 2014 solle, so meinte er bei einem Gespräch im März 2014, der Aus- und Weiterbildung qualifizierter Stammesleiter dienen, damit man den wachsenden Bedarf auch abdecken könne.

Für mich war der grandiose Erfolg der kleinen Newcomer im Sektor Jugendarbeit ein überaus interessantes Phänomen. Wo immer sie auftraten, flogen den Pfadfindern und Pfadfinderinnen die Herzen der Nichtmuslime zu und sie lösten Begeisterung aus. Die muslimischen Gemeinden dagegen hielten sich in Wiesbaden absolut bedeckt. Man habe versucht, Kontakte aufzunehmen, meinte Hartit, doch dies habe letztendlich kein positives Ergebnis gezeigt. Ich sah einige jüngere Männer aus der Omar-Moschee auf dem Schlossplatz und fragte sie nach ihrer Meinung, doch sie antworteten sehr verhalten. Sie waren sichtlich befremdet, dass Muslime Rockkonzerte organisierten, wo sie doch selbst, wie ich aus früheren Gesprächen wusste, uneinig waren, ob Musik überhaupt erlaubt oder vielleicht grundsätzlich *haram* sei.

Genau diese Diskrepanz ist es meiner Meinung nach, die den BMPPD so attraktiv für die deutsche Gesellschaft macht. Hier sind junge Muslime, die bekennend zu ihrer Religion stehen, aber nicht permanent damit beschäftigt sind, zu überlegen, ob sie vielleicht ein religiöses Problem mit der deutschen Kultur haben. Der BMPPD steht beispielsweise für Koedukation. Pfadfinder und Pfadfinderinnen fahren gemeinsam auf Camps. Sie übernachten zwar geschlechtergetrennt in ihren Zelten, sind aber bei allen Aktivitäten zusammen. Es wird dreimal am Tag gebetet und dabei beten die Mädchen hinter den Jungen, doch auch hier liegt ihnen eine radikale Trennung der Geschlechter fern. Die religiöse Unterweisung, einer der zentralen Bestandteile ihres Programms, ist darauf angelegt, die Gleichwertigkeit der Religionen zu betonen, und man sucht den Kontakt zu Protestanten und Katholiken, um mit ihnen religiöse und pfadfinderische Aktivitäten zu planen und durchzuführen. Die stellvertretende Vorstandsvorsitzende ist eine Frau, Naima Hartit; Frauen und Mädchen stehen in der ersten Reihe, halten Reden und vertreten die Organisation genauso selbstbewusst wie die Männer und Jungen. Dass Politiker und andere Repräsentanten der Kommunen sich wünschen, der BMPPD würde bald auch in ihrer Stadt einen Stamm gründen, liegt auf der Hand.

Fazit

Eines der drängendsten Probleme ist die Bildungsbenachteiligung junger Muslime. Da die Herkunftsfamilie oft nicht über die Voraussetzungen einer Förderung der Kinder verfügt, sollte der Staat stärker als bisher die Verantwortung übernehmen, ganztägige Kindertagesstätten und ein anspruchsvolles Frühförderungsprogramm einrichten sowie Ganztagsschulen auf einem hohen Niveau anbieten. Schulen mit einem hohen Migrantenanteil sollten nicht nur die schwachen, sondern auch die starken Kinder fördern, um eine Stigmatisierung als Brennpunktschule für Bildungsferne zu vermeiden oder zu korrigieren. Förderprogramme »Deutsch als Zweitsprache« müssen ausgebaut werden. Außerdem sollte das Sprachangebot an Schulen um Türkisch, Arabisch, Russisch und eventuell weitere Sprachen erweitert werden. Dadurch wird einerseits die sprachliche Kompetenz aller Schüler und Schülerinnen gestärkt, andererseits können diejenigen, die mehrsprachig aufwachsen, ihre spezifischen Stärken sichtbar machen und zum Nutzen aller einbringen. Um muslimische Schüler und Schülerinnen zu motivieren, sollte mit Vorbildern gearbeitet werden. Es gibt eine zunehmende Zahl gut ausgebildeter Muslime, die Aufstiegsbiografien vorweisen können und heute in einer Vielzahl von Berufen tätig sind.[45] Sie sollten in Schulen eingeladen werden, ihre Geschichte erzählen und Jugendliche ermutigen, sich Ziele zu setzen und zu verfolgen.

Auffällig ist, dass es in den staatlichen Einrichtungen entweder gar keine oder zumindest keine fundierte Auseinandersetzung mit dem Islam gibt, obwohl fast alle interviewten Expertinnen und Experten betonten, dass Religion eine zunehmende Bedeutung für muslimische Jugendliche besitzt und bekannt ist, dass gerade radikale Vertreter des Islam unter Jugendlichen erfolgreich ihre Anhängerschaft einwerben. Bislang ist in der Lehrerschaft wenig Bewusstsein vorhanden, dass Radikalisierung und jihadstische Mobilisierung auch in Schulen stattfindet, ja dass Schulen möglicherweise die Orte sind, in denen salafistische Missionen unterbunden werden können. Wissen über den Islam könnte darüber hinaus helfen, Vorurteile, Handlungsinkompetenzen und Verhaltensunsicherheiten der Lehrerschaft gegenüber muslimischen Schülern und Schülerinnen zu minimieren. Um Diversität an Schulen erfolgreich zu gestalten, sollten auch Schüler mit stärkeren interkulturellen und interreligiösen Kompetenzen ausgestattet werden. Langfristig empfiehlt sich die Einrichtung eines eigenen Schulfaches unter Einbeziehung von Fachleuten aus den vergleichenden Kulturwissenschaften, der Ethnologie und Religionswissenschaft.

Auch könnte Moscheegemeinschaften angeboten werden, ihre Jugendarbeit zu professionalisieren, um Jugendliche nicht an salafistische Gruppierungen zu verlieren. Grundsätzlich wäre allerdings zu fragen, inwieweit muslimische Verbände und Moscheegemeinden in die staatliche Aufgabe der Erziehung der nächsten Generation einbezogen werden sollten. Moscheegemeinden sind primär Rückzugsorte für Migranten. In ihnen werden, wie meine Studie zeigt, weitgehend die religiösen Traditionen ihrer ursprünglichen Heimat bewahrt. Hier wird Berberisch, Arabisch, Türkisch, Farsi oder Urdu gesprochen, hier ist man weitgehend unter sich und wird nicht mit den Zumutungen der deutschen Gesellschaft traktiert, seinen Glauben rechtfertigen zu müssen. Diese Gruppen jetzt ausgerechnet für eine kritische Reflexion des eigenen Glaubens oder die Mobilmachung gegen Radikalisierung nutzen zu wollen, scheint nur bedingt Erfolg versprechend, solange die Gemeinschaften dies nicht selbst als Problem erkennen.

3. Verbotenes Begehren und arrangierte Ehen

»Siehe, den muslimischen Männern und muslimischen Frauen,
den gläubigen Männern und gläubigen Frauen,
den frommen Männern und frommen Frauen,
den Wahrheit sprechenden Männern und Wahrheit sprechenden Frauen,
den geduldigen Männern und geduldigen Frauen,
den wohltätigen Männern und wohltätigen Frauen,
den fastenden Männern und fastenden Frauen,
den Männern und den Frauen, die ihre Scham bewahren,
den Männern und den Frauen, die Gottes oft gedenken,
all denen hält Gott Vergebung und reichen Lohn bereit.«
Koran (Sure 33, Vers 35)

Zu den großen Kontroversen zwischen Vertretern säkularer Ordnungen und denjenigen, die islamische Werte repräsentiert sehen möchten, gehört die Ordnung der Geschlechter, konkret die Frage, ob Männer und Frauen gleichberechtigt sein sollen. Sie durchzieht die internationalen Debatten genauso wie die bundesdeutschen oder diejenigen, die in Wiesbaden Teil der Integrationspolitik sind. Da sie in extremer Weise emotional aufgeladen und zudem äußerst komplex ist, empfiehlt es sich, verschiedene Ebenen der Betrachtung voneinander zu trennen, die in der Realität und im subjektiven Empfinden der Einzelnen allerdings miteinander verwoben sind. Auf einer analytischen Ebene sollte zwischen Norm und Praxis unterschieden werden, wobei zu berücksichtigen ist, dass sich das tatsächliche Handeln nur teilweise beobachten lässt und man hier auf Einzelfälle zurückgeworfen ist, die möglicherweise nur eingeschränkt repräsentativ sind. Auch der Bereich des Normativen enthält so manche Fallstricke. Einerseits vermischen muslimische Akteure und Akteurinnen religiöse und kulturelle Normen, andererseits sind selbst die religiösen Normen keineswegs eindeutig.

Säkulares Recht, Grundgesetz und Koran

Die Idee der Gleichheit von Männern und Frauen ist in der Geschichte der Menschheit fraglos neueren Datums. Sie geht primär auf gesellschaftliche Umwälzungen in Europa und den USA seit dem 18. Jahrhundert zurück und fand ihren ersten Ausdruck im Jahr 1791, als die französische Revolutionärin Olympe de Gouges in ihrer *Déclaration des droits de la femme et de la citoyenne* Freiheit und Gleichheit auch für Frauen forderte. Ein Jahr später veröffentlichte Mary Wollstonecraft in den USA die Streitschrift *A vindication of the rights of woman. With strictures on political and moral subjects*, in der sie die Ideen Jean-Jacques Rousseaus kritisierte, der die Unterschiede der Geschlechter und die Beschränkung der Frauen auf die häusliche Sphäre in seiner Erziehungsschrift *Émile ou de l'éducation* (1762) als natürlich begründet hatte. Wollstonecraft hielt dagegen, dass Frauen von Natur aus zu Freiheit und Vernunft befähigt seien, durch die männliche Tyrannei jedoch an der Entfaltung ihrer Potenziale gehindert würden.

Zu Zeiten de Gouges und Wollstonecrafts wurden solche Vorstellungen nur von kleinen Minderheiten intellektueller Sozialreformer geteilt, später jedoch immer wieder von revolutionären und reformorientierten politischen Akteurinnen und Akteuren aufgegriffen. Schrittweise Veränderungen im Hinblick auf das aktive und passive Frauenwahlrecht,[46] die Bildung von Mädchen, der Zugang zu Universitäten und Berufen folgten. Bedingt durch die transnationale Diffusion von Ideen und einen lebhaften intellektuellen Austausch westlicher und östlicher Eliten kam es zeitgleich auch in der islamischen Welt zu Veränderungen der Geschlechterordnungen.[47] Vor allem säkularisierte Regenten wie Kemal Pascha in der Türkei,[48] Habib Bourguiba in Tunesien[49] oder Reza Pahlevi im Iran[50] griffen Forderungen von Frauenrechtlerinnen und Reformern auf und revolutionierten Recht und Kultur.

Im Jahr 1948 wurde die Gleichheit aller Menschen in der Allgemeinen Erklärung der Menschenrechte festgehalten, ohne jedoch explizit zu betonen, was damit gemeint sei. In Artikel 1 heißt es vielmehr unverbindlich: »Alle Menschen sind frei und gleich an Würde und Rechten geboren. Sie sind mit Vernunft und Gewissen begabt und sollen einander im Geist der Brüderlichkeit begegnen.« Ähnlich schwammig liest sich auch Artikel 3 Absatz 2 des 1949 verabschiedeten deutschen Grundgesetzes: »Männer und Frauen sind gleichberechtigt. Der Staat fördert die tatsächliche Durchsetzung der Gleichberechtigung von Frauen und Männern und wirkt auf die Beseitigung bestehender Nachteile hin.« Viele Aktivistinnen kritisierten, dass die Proklamationen keine Taten nach sich zogen und das Projekt der Gleichberechtigung stagnierte bzw. zu langsam voranging. Nachdem diese Kritik auf mehreren Weltfrauenkonferenzen[51] artikuliert worden war, verabschiedete die Generalversammlung der UN 1979 einen ausführlichen Konkretisierungszusatz, die »Konvention zur Eliminierung jeder Art von Diskriminierung von Frauen« (Convention on the elimination of all forms of discrimination against women, CEDAW), die 1981 in Kraft trat. Erstmals in der Geschichte der Menschheit wurde die Gleichheit der Geschlechter als globales Ziel politischer und gesellschaftlicher Entwicklungen festgeschrieben. Unter Diskriminierung wird in Artikel 1 der Agenda »jede mit dem Geschlecht begründete Unterscheidung, Ausschließung oder Beschränkung« verstanden, »die zur Folge oder zum Ziel hat, dass die auf die Gleichberechtigung von Mann und Frau gegründete Anerkennung, Inanspruchnahme oder Ausübung der Menschenrechte und Grundfreiheiten durch die Frau – ungeachtet ihres Familienstands – im politischen, wirtschaftlichen, sozialen, kulturellen, staatsbürgerlichen oder jedem sonstigen Bereich beeinträchtigt oder vereitelt wird«. Die Vertragsstaaten verurteilen jede Form der Diskriminierung von Frauen und verpflichten sich in Artikel 3, »auf allen Gebieten, insbesondere auf politischem, sozialem, wirtschaftlichem und kulturellem Gebiet, alle geeigneten Maßnahmen einschließlich gesetzgeberischer Maßnahmen zur Sicherung der vollen Entfaltung und Förderung der Frau« einzuleiten. CEDAW ist die radikalste mögliche Konkretisierung des Gleichheitsgedankens in Bezug auf Geschlechterverhältnisse,[52] ein Programm, dessen Umsetzung in jedem Land der Welt für tiefgreifende Transformationen sorgt und zudem allen konservativen Vorstellungen einer als natürlich angenommenen Differenz zwischen Männern und Frauen widerspricht. Überraschend ist, dass das Dokument mittlerweile von fast allen Staaten, auch allen islamischen oder islamisch geprägten, unterzeichnet wurde.[53] An Vorbehalten mangelte es indes nicht. Konservative kritisierten CEDAW als radikalfeministische Agenda und gaben ihrer Befürchtung Ausdruck, die Implementierung der Konvention zerstöre familiäre Bindungen. In den USA wurde sie nach der Unterzeichnung durch den Präsidenten aus diesem Grund niemals vom Senat ratifiziert.[54]

Trotz solcher Blockaden und vereinzelter Interventionen werden auf internationaler Ebene zunehmend Programme implementiert, die auf die Herbeiführung einer möglichst umfassenden Gleichheit zwischen Männern und Frauen abzielen. Auf nationaler Ebene gilt dies ebenso, sofern Regierungen sich als säkular oder weitgehend säkular verstehen. Das Postulat der Gleichheit zwischen Männern und Frauen hat die Idee einer natürlichen Ungleichheit der Geschlechter in der politischen Arena weitgehend abgelöst, und selbst umstrittene Programme ihrer Umsetzung wie etwa die Einführung fester Frauenquoten in der Wirtschaft finden mittlerweile sogar in konservativen Kreisen Mehrheiten. Ernsthafte Einsprüche gegen die Norm der Geschlechtergleichheit werden heute nur noch von religiösen Akteuren vorgetragen, die dann gewöhnlich auf Texte verweisen, in denen eine gottgewollte Komplementarität anstelle einer Egalität festgeschrieben ist. Dies betrifft auch die Muslime.

Der Koran enthält eine Reihe von Versen, welche die Ungleichheit zwischen Männern und Frauen explizit festschreiben und begründen. Unter den Texten, die eine göttlich legitimierte Geschlechterordnung begründen, nimmt der Vers 4:34 eine Schlüsselposition ein. In ihm heißt es in der Übersetzung von Hartmut Bobzin: »Die frommen Frauen sind demütig ergeben, hüten das Verborgene, weil auch Gott es hütet. Die aber, deren Widerspenstigkeit ihr befürchtet, die ermahnt, haltet euch fern von ihnen auf dem Lager, und schlagt sie. Wenn sie euch gehorchen, dann unternehmt nichts weiter gegen sie« (Koran 2015: 74). Mit diesem Vers wird bis auf den heutigen Tag das Recht des Ehemannes legitimiert, seine Frau zu schlagen, wenn sie ihm den »Gehorsam« verweigert. Der Gehorsam erstreckt sich auch auf den ehelichen Sex, der in Vers 2:223 geregelt wird. Dort heißt es: »Die Frauen sind für euch ein Saatfeld. So geht zu eurem Saatfeld, wann ihr wollt« (Koran 2015: 35).

Vers 4:11 regelt die Erbteilung, die einem Mann in der Regel das Doppelte dessen zuspricht wie einer Frau: »Gott schreibt für eure Kinder vor: Für das männliche ist der gleiche Anteil wie für zwei weibliche bestimmt« (Koran 2015: 70). Auch vor Gericht gilt eine Frau nur halb so viel wie ein Mann. Vers 2:282 schreibt vor: »Nehmt zwei eurer Männer euch zu Zeugen! Wenn zwei Männer nicht vorhanden sind dann einen Mann und zwei Frauen« (Koran 2015: 45). Vers 4:3 erlaubt einem Mann, bis zu vier Ehefrauen zu heiraten und eine beliebige Anzahl von Sklavinnen als Geliebte zu nehmen: »... so heiratet von den Frauen, was euch gut dünkt – zwei, drei oder vier! Und wenn ihr fürchtet, ihnen nicht gerecht zu werden, dann nur eine oder was ihr an Sklavinnen besitzt!« (Koran 2015: 69)

Islamischer Feminismus

All diese Verse sind in den vergangenen zwanzig Jahren nicht nur von christlichen und säkularen Kritikerinnen,[55] sondern auch von reformorientierten Musliminnen und Muslimen diskutiert worden. Ähnlich wie im Christentum und Judentum hat sich eine progressive Gruppe herausgebildet, die den Koran einer hermeneutischen Interpretation unterziehen und die umstrittenen Passagen historisch kontextualisieren möchte.[56] Prominente Vertreter dieses Ansatzes sind der aus Pakistan stammende und Zeit seines Lebens in den USA lehrende Fazlur Rahman, der in Kuweit geborene und in Kalifornien ansässige Islamwissenschaftler Khaled Abou El Fadl, der ägyptische Philosoph Nasr Hamid Abu Zaid oder der indische Gelehrte Asghar Ali Engineer.[57] Explizit feministische Positionen haben die amerikanische Konvertitin Amina Wadud, die aus Pakistan in die USA migrierten Wissenschaftlerinnen Asma Barlas und Riffat Hassan, die in London lebende Ziba Mir-Hosseini, die indonesische Theologin Siti Musdah Mulia und die malaysische Aktivistin Zainah Anwar entwickelt.[58]

Amina Wadud unternahm in ihrer 1992 veröffentlichten Dissertation »Qur'an and woman. Rereading the sacred text from a woman's perspective« den Versuch, den Koran als geschlechtergerechtes Werk zu interpretieren, indem sie einerseits auf die Idee der Gerechtigkeit Gottes Bezug nahm und den Gedanken der Geschlechtergerechtigkeit als Teil dieser Gerechtigkeitsvorstellung definierte, andererseits aber Mittel der historischen Kontextualisierung, der hermeneutischen Deutung, der Textanalyse und sprachwissenschaftliche Methoden anwandte. Beim umstrittenen Vers 4:3 kommen beispielsweise die Mittel der historischen Kontextualisierung und der Textanalyse zum Einsatz. Der Vers gehöre nicht zu denjenigen, die einen ewigen Wert besäßen, postuliert Wadud, sondern sei als Lösung eines spezifischen Problems der damaligen Zeit angeboten worden. Frauen seien damals abhängig von männlichem Einkommen gewesen, und so habe die Option, in eine polygyne Ehe aufgenommen zu werden, für unversorgte Frauen durchaus einen Vorteil bedeutet. Heute jedoch, da auch Frauen erwerbstätig seien, habe der Vers seine Funktion verloren. Die Methode der Textanalyse konterkariert diese historische Konstruktion allerdings wieder. Wadud legt Gewicht auf den zweiten Teil des Verses, in dem es heißt: »Und wenn ihr fürchtet ihnen nicht gerecht zu werden, dann nur eine.« Diesen Part untermauert sie mit Vers 4:129, der besagt: »Und ihr werdet die Frauen nicht gerecht behandeln können, auch wenn ihr euch darum bemüht.« (Koran 2015: 86) Das bedeute im Kern, so Wadud, dass Gott sich gegen Polygynie ausspräche.[59]

In Deutschland haben sich Ideen des islamischen Feminismus erst verhältnismäßig spät entwickelt.[60] Eine Vorkämpferin für feministische Reinterpretationen des Koran ist die Kölner Theologin Rabeya Müller[61]; eher biographisch argumentiert Lamya Kaddor in ihrem Buch »Muslimisch, weiblich, deutsch«.

Die frommen Mitglieder Wiesbadener Moscheegemeinschaften sind mit solchen Gedanken in der Regel niemals in Berührung geraten und kommen nur selten über einen wortgetreuen Zugang zum heiligen Text hinaus. Sie versuchen, wie das Beispiel der Masjid-Ali-Gemeinde in Kostheim zeigt, auch die Verse zu verteidigen, die in erkennbarem Gegensatz zur Verfassung und den Menschenrechten stehen. Wie die Gesprächsrunde der Frauen aus der Tauhid-Moschee zeigte, rechtfertigen Frauen in diesem Zusammenhang sowohl die Polygynie als auch das frauendiskriminierende Erbrecht oder das Recht des Ehemannes, seine Frau zu misshandeln. Die umfassende Geschlechtersegregation, die Verbannung von Frauen in abgelegene Räume oder sichtreduzierte Emporen innerhalb der Moscheen und ihr Ausschluss aus Führungspositionen werden ebenfalls nicht beanstandet.

Dieses unbedingte Bekenntnis zu einer absolut gedachten religiös begründeten normativen Ordnung prädestiniert die Muslime dafür, als Andere einer ebenso absolut konstruierten säkularen Ordnung imaginiert zu werden. Ihr Dilemma ist es, dass sich in Opposition zu ihnen eine säkulare Mehrheitsgesellschaft konstituiert, deren Emanzipationsanspruch auch mehr Fiktion als Realität ist. Der Topos der Geschlechtergleichheit ist dabei mittlerweile zum Symbol dieses postmodernen Säkularismus geworden, obgleich er, genau betrachtet, gerade in Deutschland keineswegs verwirklicht wurde.[62] Manch einer, der sich Muslimen gegenüber vollmundig als Verteidiger von Frauenrechten aufbaut, singt bei anderen Gelegenheiten das hohe Lied der weiblichen Berufung zu Hausfrauen- und Mutterschaft und wehrt sich vehement gegen die Teilhabe von Frauen in Führungsebenen oder eine egalitäre Verteilung familiärer Lasten. In keinem europäischen Land ist das Lohngefälle zwischen Männern und Frauen so groß wie in Deutschland, und auch der Anteil von Frauen in Spitzenpositionen weist das Land nicht als Gendparadies aus. Beim Anteil von Frauen auf Vorstandsposten ist Deutschland auf der Höhe von Indien, aber weit hinter Brasilien (2/3 mehr Frauen) und China (3/4 mehr Frauen). Kurz: Ohne das Thema an dieser Stelle zu vertiefen, lässt sich konstatieren, dass die normative Gleichheit der Geschlechter, wie sie in der Verfassung festgelegt wurde, sich in der Realität keineswegs abbilden lässt und die Gegenüberstellung einer geschlechtergerechten säkularen deutschen Gesellschaft auf der einen Seite und einer geschlechterungerechten islamischen Minderheit auf der anderen mehr als problematisch ist.

Dennoch ist die Annahme, dass muslimische Frauen gegenüber nichtmuslimischen deutschen Frauen unterdrückt sind, in der Bevölkerung weit verbreitet. Sie fokussiert im Wesentlichen auf vier Bereiche: a) die islamische Kleiderordnung für Frauen, dabei insbesondere das Kopftuch, b) die Heiratspraktiken, die gern als Zwangsehen klassifiziert werden, c) die Idee, dass häusliche Gewalt in muslimischen Familien endemisch ist, und d) Vorstellungen einer repressiven Sexualmoral, der zufolge Männern jegliche Freiheiten zugestanden werden, Frauen und Mädchen aber als Hüterinnen der Familienehre unberührt bleiben müssen.

Kopftuchdebatten

Das islamische Kopftuch ist ein Kleidungsstück, an dem sich die Geister scheiden. In der öffentlichen Diskussion gilt es vielen Nichtmuslimen, aber auch liberalen Muslimen oder Ex-Muslimen als Symbol von Rückständigkeit, Frauenunterdrückung und religiöser Radikalität. Andere dagegen sehen es als persönlichen Ausdruck von Frömmigkeit oder als modisches Accessoire, und wieder andere sind der Ansicht, dass es sich um eine strategische Inszenierung von Fremdheit handelt, die ihre Ursache in Diskriminierung und Ausgrenzung hat.[63]

Nahezu in jedem muslimisch geprägten Land und in jedem Land mit starken muslimischen Minderheiten fanden im 20. und 21. Jahrhundert zum Teil erbitterte Kontroversen statt, wurden Gesetze erlassen, welche die Köpfe der Frauen entweder ausschließlich verhüllt oder enthüllt erlaubten, wurde die Bekleidung der Frauen zu einem Akt der Staatsräson. In der Türkei wurde das Kopftuch von Kemal Pascha Atatürk im öffentlichen Raum verboten, in der jüngsten Zeit unter der Regierung Erdogan aber wieder erlaubt. Kritiker sehen letzteres als Zeichen einer zunehmenden Islamisierung der Türkei und beklagen einen zunehmenden Druck auf nichtverschleierte Frauen in frommen Nachbarschaften.[64] In Indonesien war es während der autoritären Herrschaft Suhartos ebenfalls verboten, sich zu verschleiern, bis der Diktator begann, aus Gründen eines befürchteten Machtverlustes die »islamische Karte« zu spielen. Solchermaßen ermächtigt begannen selbst ernannte Tugendwächter unverschleierte Frauen zu schikanieren, und heute sind selbst nichtmuslimische Frauen in einigen Regionen Indonesiens gesetzlich verpflichtet, sich islamisch zu kleiden und die Haare zu bedecken. Einen ähnlichen, wenngleich viel dramatischeren Wechsel von der staatlich verordneten Entschleierung zu Zwangsverschleierung konnte man im Iran beobachten. Dort hatte Schah Reza Pahlevi im Jahr 1936 den Ganzkörperschleier in der Öffentlichkeit verboten und sein Verbot mit Polizeigewalt durchgesetzt. Unmittelbar nach der islamischen Revolution 1979 wurde dieses Gesetz aufgehoben, und der *tschador* wurde Pflicht. Bis auf den heutigen Tag kontrollieren Religionspolizistinnen auf den Straßen, ob Frauen wirklich alle Körperteile bis auf Gesicht und Hände bedeckt halten.

In Europa sind Kopftuchdebatten eingebettet in Diskussionen um Integration und um die Rolle von Religion in der Öffentlichkeit.[65] In Deutschland war ein Rechtsstreit um die Lehramtsanwärterin Fereshta Ludin Auslöser einer bundesweiten Auseinandersetzung. Ludin hatte sich geweigert, mit unbedecktem Haar zum Unterricht zu erscheinen, und war aus diesem Grund abgelehnt worden, weil man ihr die im Schuldienst geforderte weltanschauliche Neutralität absprach. Der Fall führte zu einer Reihe von Regelungen auf föderaler Ebene, die von einem Verbot des Kopftuchs bis zu seiner Duldung reichten. In Hessen ist nicht nur Lehrerinnen, sondern allen Beamtinnen das Tragen des Kopftuchs untersagt.[66] Die Verordnungen sind insgesamt umstritten, denn im Verlauf der Debatte hatte sich gezeigt, dass das Argument der Neutralität mehr als halbherzig vorgetragen wurde. Christliche Symbole waren in einigen Ländern explizit ausgenommen, was zu dem Verdacht Anlass gab, es handele sich um islamfeindliche Regelungen und nicht um die Durchsetzung einer Trennung von Religion und Staat im schulischen Raum. Annette Schavan, damals in ihrer Funktion als Kultusministerin des Landes Baden-Württemberg, begründete das Verbot am 9. September 2004 in einem Interview mit der *Neuen Zürcher Zeitung* folgendermaßen: »Das Kopftuch ist innerhalb des Islam immer stärker zum Symbol für politischen Islamismus, für kulturelle Abgrenzung, geworden.« Das allein reichte allerdings nicht aus, und Schavan fügte hinzu: »Es steht auch für die Geschichte der Unterdrückung der Frau.«

Diese Aussage lässt sich so sicherlich nicht aufrechterhalten, insbesondere dann nicht, wenn man muslimische Frauen selbst befragt. Während meiner

Forschung in Wiesbaden habe ich mich mit vielen muslimischen Frauen über das Kopftuch unterhalten. Die meisten von ihnen bedeckten ihre Haare und hüllten ihre Körper in lange weite Gewänder, andere legten außerhalb der Moschee keinen Wert auf islamische Bekleidung oder experimentierten mit den Möglichkeiten des gerade in Mode gekommenen Fashion-Islam.

Kleidungsstück der Sehnsucht?

Die überwiegende Mehrheit der Frauen in den Wiesbadener Moscheegemeinden, mit denen ich sprechen konnte, trug das Kopftuch laut eigener Bekundungen aus freien Stücken. Das hatte nicht unbedingt etwas mit familiären Traditionen zu tun. Viele waren in Familien aufgewachsen, in denen die Religion eine untergeordnete Rolle spielte, in denen nicht fünfmal am Tag gebetet wurde und man auch andere islamische Pflichten nicht sonderlich ernst nahm. Die Mütter der Frauen, die mir stolz mit bedecktem Kopf und Körper gegenübersaßen und ihre Bekleidung als wichtigstes Symbol ihrer muslimischen Identität verstanden, hatten mehrheitlich in ihrer eigenen Jugend kein Kopftuch getragen. Manche eine von ihnen war fromm geworden, nachdem die Kinder groß waren, andere hatten sich durch die Töchter inspirieren lassen, die sich plötzlich für den Islam und seine Regeln interessierten und innerhalb der Familie Überzeugungsarbeit leisteten. In einigen Fällen war eine Schwangerschaft und die Geburt eines Kindes Auslöser, das Kopftuch zu tragen.

Sofia[67] von der Tauhid-Moschee hatte davon gesprochen, dass man Gott in der Schwangerschaft näher sei und gleichzeitig das *iman* stärker werde. *Iman* ist der Glaube des Einzelnen, die innere religiöse Überzeugung, die gleichzeitig in Handlungen manifest wird. Das Tragen des Kopftuches ist für Frauen, die mit dem *iman* argumentieren, daher eine folgerichtige Konsequenz aus dem gestärkten Glauben. Auch Amina, ebenfalls aus der Tauhid-Gemeinde, hatte damit argumentiert: »Ich dachte immer: ›Was sagen die Leute?‹ Und irgendwann, als ich gemerkt habe, dass der *iman* gestärkt war, da hatte ich den Gedanken: ›Es ist egal, was die anderen sagen.‹« Das *iman* hatte bei ihr unmittelbar etwas mit dem Selbstbewusstsein zu tun, mit der Kraft, die notwendig ist, um der Außenwelt mit Stolz begegnen zu können und das Muslimsein nicht zu verstecken, »egal, was die anderen sagen«.

Darüber hinaus begründet sich das Anlegen des Kopftuches für viele fromme Musliminnen primär durch den Glauben selbst. »Den Männern ist es gleich«, meinte Zahra aus der Omar-Moschee, die selbst nur in der Moschee ein Kopftuch trägt, »doch die Frauen haben sich intensiv beschäftigt, haben im Koran gelesen und jetzt wollen sie dieses Sahnehäubchen auch noch. Jetzt haben sie gebetet, jetzt sind sie fromm, mit dem Kopftuch sind sie jetzt komplett sozusagen. Das gibt den Frauen das Gefühl: ›Ich praktiziere meine Religion, so wie Allah es von mir erwartet, weil es so in diesem Buch steht.‹« Das Argument war in diesem Fall ein ausschließlich religiöses. Wenn Gott es so wolle, dann müssten die Frauen diesem Befehl Folge leisten, meinten sie. Im Falle von Latifa aus der Omar-Moschee war das Anlegen des Kopftuchs sogar Teil einer unmittelbaren Kommunikation mit Gott. Wenn Gott ihr das lang ersehnte Kind schenke, dann unterwerfe sie sich auch seinen Geboten, gelobte sie. Als sie sich nicht an ihr Versprechen hielt, habe ihr Gott eine eindrückliche Mahnung gesandt. Ihre Haare hätten sich ohne äußeres Zutun so sehr verknotet, dass sie abgeschnitten werden mussten. Dann habe sie verstanden und trage seitdem die Kleidung frommer Musliminnen.

Neben den koranbasierten religiösen Argumenten für das Tragen des Kopftuchs wurden aber auch einige recht weltliche Begründungen vorgetragen. So äußerten einige Frauen auch die Hoffnung, mit islamischer Kleidung weniger belästigt zu werden. Ich kannte das Argument aus der Diskussion der »neuen« Verschleierungskultur im Ägypten der 1980er Jahre.[68] Danach befragt, warum sie T-Shirt und Jeans durch islamische Bekleidung ersetzt bzw. verhüllt hatten, entgegneten viele Frauen, der Schleier schütze sie auf dem Weg zum Arbeitsplatz oder der Universität vor sexuellen Übergriffen, die schon damals ein Problem darstellten. Heute, fast dreißig Jahre später, trägt die Mehrheit der weiblichen ägyptischen Bevölkerung in der Öffentlichkeit lange Gewänder und bedeckt die Häupter, doch die Gefahr, Opfer sexueller Gewalt zu werden, ist größer denn je. Keine Frau, die sich außerhalb der eigenen vier Wände bewegt – verschleiert oder unverschleiert – kann sich heute sicher fühlen. Das Thema beschäftigt mittlerweile sogar die Politik, und der neue Präsident Abd al-Fattah al-Sisi sah sich nach seiner Amtseinführung genötigt, sich bei den Frauen des Landes zu entschuldigen. Auch aus anderen muslimischen Ländern kenne ich die Klagen von Frauen, dass Männer sie als Freiwild betrachten, sobald sie sich in der Öffentlichkeit bewegen. In Diskussionen mit Wiesbadener Musliminnen brachte ich solche Beispiele vor und verwies zudem auf den koranischen Vers 24:30, in dem die gläubigen Männer aufgefordert werden, die Augen niederzuschlagen und niemanden anzustarren. Dass eine entsprechende Erziehung möglicherweise sinnvoller wäre als eine wirkungslose Schutzmaßnahme, wollten die Frauen nicht gelten lassen. »Ihre« Männer seien eben so, wurde mir entgegnet.

Im öffentlichen deutschen Diskurs wird häufig behauptet, das Kopftuch werde den Frauen von Männern aufgezwungen. Für diese These gibt es keinen empirischen Beleg. Für die Einhaltung von Traditionen und Glaubensvorschriften sorgen Vertreter beider Geschlechter gleichermaßen, und in einigen Fällen stießen Frauen sogar auf den Widerstand ihrer Ehemänner, die diese Hinwendung zu performativer Frömmigkeit keineswegs honorierten. Shirin aus der Imam-Hussein-Moschee erzählte, dass sie sich jahrelang dem Wunsch ihres Mannes gebeugt und auf das Kopftuch verzichtet habe, obgleich es ihr sehnlicher Wunsch gewesen sei, die religiösen Gebote zu befolgen. Irgendwann habe sie sich allerdings durchgesetzt. Es habe ihr einfach gereicht. Sie wolle sich nicht mehr unterordnen und mache jetzt nur noch, was sie selbst für richtig halte. Aalia aus der Omar-Moschee war in einer ähnlichen Situation. Auch ihr Mann lehnte das Kopftuch ab. Er wollte eine schicke Frau, eine, die man in der Öffentlichkeit bewunderte und keine, die sich verhüllte. Als ich sie zum ersten Mal traf, hatte sie einen schwarzen Schal lose um den Kopf gelegt. Die Ponyfransen lugten hervor, und sie unterschied sich deutlich von den anderen Frauen, die ihre Tücher eng um das Gesicht gewickelt hatten. Irgendwie wirkte sie so, als sei sie noch unentschlossen, was sie tun wolle. Als ich sie zum zweiten Mal sah, war ihr Haar unbedeckt. Sie wirkte bedrückt. Was passiert sei, fragte ich. Ihr Mann sei nicht mehr mit ihr aus dem Haus gegangen, sagte sie, er habe sich mit ihr geschämt. Dann habe er angefangen, länger auszugehen, sei immer seltener nach Hause gekommen, und sie habe Angst bekommen, er könne sich von ihr trennen. Die Ehe sei wichtiger als das Kopftuch, meinte sie schließlich.

Auch die deutsche Umwelt war für einige Frauen ein Grund, sich nicht zu verschleiern. Die 25-jährige Durya, die mir mit Kopftuch in der Masjid-Ali-Moschee gegenübersaß, meinte, sie ziehe es beim Arbeiten nicht an. Ich fragte sie, was das Tuch für sie bedeutet, und sie antwortete: »Also, es bedeutet mir sehr viel und ich würde es auch gerne tragen, also so richtig sozusagen, dass ich dort auf der Arbeit damit arbeiten kann und so weiter, aber das ist halt – ja, wie soll ich das jetzt sagen? Das ist halt schwierig, also vom Arbeitgeber auch. Ich meine, klar, es ist halt unerwünscht, ein Kopftuch auf der Arbeit zu tragen.« Sie wünschte sich, dass der Mensch zähle, sein Wissen und nicht das Aussehen: »Nur das Menschliche und die Bildung sollten eigentlich zählen und nicht die Religion.« Sie beklagt, »dass man wirklich immer nur auf das Kopftuch fixiert ist, und nicht darauf, was man wirklich im Kopf hat. Es wird ja überall gesagt, Muslime wollen sich nicht integrieren, obwohl das eigentlich gar nicht so ist. Wir wollen, aber wir wollen es halt mit Kopftuch. Ich fühle mich, ehrlich gesagt, auch nicht so wohl dabei. Ich bin Muslimin und möchte auch so meine Religion richtig ausüben, ich möchte auch mit Kopftuch arbeiten, ohne jetzt Angst zu haben.«

Da das Kopftuch nach orthodoxer Islaminterpretation ein Teil der Trennung der Geschlechter darstellt, interessierte es mich, ob sie denn auch weitergehende Wünsche nach der Realisierung einer islamischen Lebensweise habe, und sie bekannte, dass sie am liebsten nur mit Frauen zusammen arbeiten würde. Das sei aber kein Muss, und sie könne sich durchaus den deutschen Verhältnissen anpassen: »Also, ich hätte kein Problem damit, wenn mein Chef ein Mann ist, ich mein, ich bin ja wegen der Arbeit dort. Aber klar wäre es für mich jetzt angenehmer, dort zu arbeiten, wo nur Frauen sind.« Inwieweit muslimische Frauen und Mädchen in ihrer deutschen Umgebung auf Vorbehalte stoßen, ist offensichtlich unterschiedlich. Die Gymnasiastin Chafika aus der Masjid-Ali-Moschee erzählte, dass sie Angst vor negativen Reaktionen ihrer Schulfreunde hatte, als sie begann, das Kopftuch zu tragen, jedoch angenehm überrascht wurde: »Es gibt vielleicht ein, zwei Leute, die strikt dagegen sind, aber generell habe ich eigentlich nur positive Erfahrungen mit Freunden und Mitschülern gemacht«, sagte sie. Allerdings gab es Konfrontationen mit den Lehrern. Eine Lehrerin habe sie aufgefordert, das Kopftuch auszuziehen, und sei sogar beleidigend geworden. Zohra aus der Imam-Hossein-Moschee hatte ähnliche Erfahrungen mit Lehrerinnen gemacht. Andere Mädchen fühlten sich nicht diskriminiert und sagten, dass ihr Glaube respektiert werde. Berufliche Erfahrungen waren ähnlich divers. Einige Frauen vermuteten, dass ihre Chancen auf dem Arbeitsmarkt mit Kopftuch schlechter seien als ohne, andere wie Amina berichteten, dass sie sich akzeptiert fühlten.

Unsittlichkeit vermeiden

Abgesehen von den individuellen Entscheidungen muslimischer Frauen, ein Kopftuch zu tragen oder nicht, soll an dieser Stelle auch die normative Ebene behandelt werden. In allen Gemeinden und Organisationen, bei denen ich geforscht habe, wird die islamische Bekleidung als obligatorisch für geschlechtsreife Mädchen und Frauen angesehen. Religiöse Publikationen, die für die Gläubigen theologische Referenzen darstellen, seien sie türkischer, arabischer, pakistanischer, iranischer oder afghanischer Provenienz, Schiiten oder Sunniten, Sufis oder Ahmadis, unterscheiden sich in dieser Hinsicht nicht. Ausnahmslos betonen sie die Pflicht von Frauen, Haare und Haut zu bedecken, um ihre Keuschheit zu demonstrieren und zu verhindern, dass unziemliches sexuelles Begehren bei Männern geweckt wird. Auf einer Internetseite der Ahmadiyya heißt es beispielsweise: »Die Verschleierung bzw. das Kopftuch (Hijab, Pardah) ist also eine Maßnahme zur Vermeidung von Unsittlichkeit. Außerdem ist zu beachten: Wenn eine Frau öffentlich ein Kopftuch trägt, so bekennt sie sich offen zum Islam und demonstriert damit ihre Gottergebenheit und Integrität. Für sie kommt es nicht auf Äußerlichkeiten an, sondern die inneren Werte und die eigene Überzeugung sind ihr wichtiger. Außerdem signalisiert sie dadurch auch, dass sie für Flirts nicht offen ist, da sie andere Ziele hat.«[69] Sie berufen sich dabei auf verschiedene koranische Verse wie den Vers 24:31: »Und sprich zu den gläubigen Frauen, dass sie ihre Blicke senken und ihre Scham bewahren und ihren Schmuck nicht zeigen sollen [...]. Ihre Beine sollen sie nicht eins auf das andere legen, so dass man ihren dort verborgenen Schmuck bemerkt« (Koran 2015: 307) oder Vers 33:59, in dem es heißt: »Prophet! Sag deinen Gattinnen und deinen Töchtern und den Frauen der Gläubigen, sie mögen die Gewänder über sich schlagen. Dann ist es leichter, dass man sie erkennt, und dass sie nicht belästigt werden.« (Koran 2015: 371)

Die Islamwissenschaftlerin Rotraud Wieland versteht den letztgenannten Vers nicht als Aufforderung, den Kopf zu bedecken, sondern vielmehr das Dekolleté,[70] doch solche historischen Kontextualisierungen, die auch die damalige orientalische Mode in die exegetischen Überlegungen einbeziehen, sind konservativen Muslimen nicht geläufig. Auf der Homepage der Masjid-Ali-Gemeinde leitet man aus genau diesem Vers denn auch das obligatorische Kopftuchgebot ab: »Da die Haare bzw. Frisur der Frau eine sehr wichtige

Rolle für ihr Aussehen spielen und auch eine gewisse Anziehung ausüben können, gilt für Frauen zusätzlich, daß sie ein Kopftuch tragen. Grundlage für diese Regelungen ist die Koranstelle 24:31 sowie ein Ausspruch des Propheten Muhammad (s), nach dem von einer Frau nichts außer Gesicht und Händen zu sehen sein soll.«[71] Normativ gesehen gibt es für die in islamischen Gemeinschaften zusammengeschlossenen Muslime Wiesbadens weder eine Diskussion noch eine Wahl. Zwar betonten sowohl Männer als auch Frauen mir gegenüber, dass die Bekleidungsvorschrift nicht gegen den Willen der Betroffenen durchgesetzt werden dürfe, da Vers 2:256 zufolge kein Zwang in der Religion erlaubt sei, doch wie weit die postulierte Freiheit in der Praxis geht, vermag ich nicht zu beurteilen. Die einzige Moschee, in der Frauen mehrheitlich in der Öffentlichkeit ihren Kopf nicht bedeckten, war die Imam-Hossein-Moschee. Hier gab es klare Statements einflussreicher älterer Frauen, die zwar betonten, dass Frauen sich bescheiden kleiden und in der Öffentlichkeit nicht auffallen sollten, allerdings bezweifelten, dass das Kopftuch der richtige Weg sei. In Deutschland falle man mit dem Kopftuch mehr auf als ohne, meinte eine der Damen. In dieser Moschee waren es die jungen Männer, die hierin einen Verstoß gegen islamische Gebote sahen, aufgrund ihres Respekts vor den Älteren aber nicht weiter insistierten. In allen anderen Moscheegemeinschaften trugen die Frauen, von wenigen Ausnahmen abgesehen, das Kopftuch oder beabsichtigten, es in Zukunft anzulegen. Die erwähnten Ehemänner, die sich den Kopftuchwünschen ihrer Frauen entgegenstellten, waren keine frommen Moscheebesucher, sondern »Kulturmuslime«,[72] bei denen die plötzliche Frömmigkeit ihrer Gattinnen wenig Begeisterung hervorrief.

Ob junge Frauen aus konservativen religiösen Familien eine Chance haben, kein Kopftuch anzuziehen, mag man bezweifeln. Erwachsene hingegen können sich durchaus durchsetzen. Das prominenteste Beispiel einer Muslimin, die ihr Kopftuch abgelegt hat, ist Emel Zeynelabidin, die Tochter des deutschen Milli-Görüs-Gründers Yusuf Zeynel Abidin. Sie hatte das koranische Verhüllungsgebot als Schutzmaßnahme für Frauen zur Zeit des Propheten Mohammed interpretiert, die heute keine Gültigkeit mehr besitze. Damals stelle der Schleier das Zeichen einer freien Frau dar, mit dem sie sich von einer Sklavin unterschied. In einer Zeit, in der es keine Sklaven mehr gebe und das Verhältnis der Geschlechter sich geändert habe, sei er nicht mehr notwendig. Auch andere progressive Musliminnen wie Lamya Kaddor glauben, dass der Schleier in einer Gesellschaft wie der deutschen seinen Sinn verloren habe, da Recht und Gesetz für die Sicherheit der Frauen sorgen würden. Auch im Hinblick auf Sittsamkeit und Ehrbarkeit werde er überschätzt oder gar als Alibi missbraucht. In jeder größeren Fußgängerzone, ebenso wie in Kairo oder Teheran, sehe man Frauen mit Kopftuch, die ihre körperlichen Reize durch enge Kleidung, Make-up und auffälligen Schmuck zur Schau stellten und so das eigentliche Ziel ad absurdum führten.[73]

Fashion-Islam, ethnische Traditionen und die Demonstration von Frömmigkeit

Der Mehrheit der Musliminnen in den Wiesbadener Moscheen sind solche Gedanken allerdings fremd. Sie haben das Bedürfnis, einem Gebot Gottes Folge zu leisten, das ihrer Meinung nach primär eine Verhüllung des Kopfes vorschreibt. Einige der jungen Frauen, die ich getroffen habe, waren stark geschminkt und trugen hautenge Oberteile, teilweise auch enge Hosen oder kurze Röcke über Leggings oder dunklen Strumpfhosen. Viele legten offensichtlich großen Wert auf eine perfekte Ästhetik, bei der alles stimmte: die Farbe des Lidschattens zu derjenigen der Schuhe, die Handtasche zum Kopftuch und natürlich auch die Beschaffenheit der unterschiedlichen Stoffe. Fashion-Islam nennt man diese Adaptionen der Mode an religiöse Regularien, und in der Wissenschaft wird dieser Trend als kreative Überwindung des Islamismus aus den eigenen Reihen heraus gefeiert. Ich halte diese Interpretation für unzutreffend und habe die jungen Frauen weniger als Rebellinnen gegen eine konservative Ordnung wahrgenommen, sondern eher als Personen, die sich einem religiösen Diktat beugen, aber ihre Attraktivität als Frauen dennoch öffentlich zu demonstrieren suchen und sich dadurch in einen gewissen Widerspruch zur religiösen Intention der Verschleierung begeben. Das Kopftuch stellt ja keinen Selbstzweck dar. Frauen sollen, folgt man dem Koran, ihre *aurat*, ihre Schönheit verhüllen, um kein Begehren in Männern zu wecken. Dieses Ziel wird – da ist Lamya Kaddor Recht zu geben – vermutlich nicht dadurch erreicht, dass man sich als sexy Kopftuchträgerin präsentiert.

Die meisten Musliminnen der Wiesbadener Moscheevereinigungen waren allerdings keine Anhängerinnen des Fashion-Islam und bedeckten nicht nur ihre Haare, sondern hüllten ihre Körper in lange weite Gewänder. Der Kleidungsstil war einerseits ethnisch determiniert, andererseits drückte er auch eine bestimmte Haltung aus, die man vielleicht als Gradmesser für inszenierte Frömmigkeit verstehen kann. Türkische Musliminnen sind in der Regel von Araberinnen zu unterscheiden und diese wiederum von Iranerinnen und Afghaninnen.

Eine der wichtigsten Differenzierungen ist diejenige zwischen traditioneller und moderner Kleidung. Traditionell bedeutet meist das Befolgen bestimmter ländlich-lokaler Moden. Das Tragen eines *salwar kamis* kennzeichnet Pakistanerinnen, Inderinnen und teilweise auch Afghaninnen; bestickte weite *jellabas* werden von Marokkanerinnen und Tunesierinnen getragen; Türkinnen tragen oft lange Mäntel mit bunten Kopftüchern. Möchte eine Frau ihre besondere Frömmigkeit demonstrieren, verzichtet sie in der Regel auf Hosen und trägt weite wallende Gewänder, die bis zu den Füßen reichen. Besonders Strenggläubige ziehen einen *khimar* an, ein zweiteiliges Kleidungsstück, das aus einem bodenlangen weiten Untergewand und einem bis zu den Hüften, manchmal gar bis zu den Waden reichenden zeltartigen Obergewand besteht. Das Oberteil wird über den Kopf gezogen und fällt weich und fließend. Von der *khimar*-Trägerin ist in der Tat nicht mehr zu sehen als ihr Gesicht. Während viele traditionelle Versionen des Kopftuchs, beispielsweise in Zentral- und Südasien, den Haaransatz oder die Konturen der Brust freilassen, ja teilweise nicht mehr sind als lose um den Kopf geschlungene Schals, sind moderne Bindarten rigoroser. Die Haare werden streng zusammengebunden, oft mit einem Untertuch festgezurrt, und dann wickelt man das Obertuch eng um Haar und Gesicht, sodass kein Härchen herauslugen kann. Hals, Nacken und Brust werden ebenfalls bedeckt und beim *khimar*, wie beschrieben, sogar der gesamte Oberkörper, sodass die Frau wie ein Stoffbündel erscheint. Auch durch die Wahl der Stofffarbe lassen sich Frömmigkeit und eine bestimmte Einstellung zur Religion ablesen. Traditionelle Kleidung ist oft bunt, bestickt oder mit Blumen bedruckt und weist die Trägerin als konservativ-traditionelle Muslimin aus. Moderne Frauen, die sich mit ihrer Religion auseinandergesetzt haben und zeigen möchten, dass sie den tieferen Sinn des Verhüllungsgebotes verstehen und akzeptieren, wählen häufig gedeckte unauffällige Farben, vor allem Grau, Blaugrau und Schwarz. Wer sich als besonders religiös präsentieren möchte, legt dazu noch den *niqab*, den Gesichtsschleier, an. *Khimar* und *niqab* sind Übernahmen saudi-arabischer Gewohnheiten, die mit den Traditionen der in Deutschland lebenden Musliminnen nichts zu tun haben. Diese Art der Kleidung ist Ausdruck einer transnationalen islamistischen Bewegung, die gewöhnlich als Salafismus bezeichnet wird. Sie dient nicht nur als Erkennungszeichen derjenigen, die sich als besonders fromm empfinden, sondern auch als Demonstration nach außen.

Grundsätzlich haben meine Forschungen einen allgemeinen Trend zu größerer Frömmigkeit bzw. einer expressiven Inszenierung von Religiosität unter jungen deutschen Musliminnen bestätigt.[74] Bei der Betonung islamischer Kleidung, so die Soziologin Sigrid Nökel, die zwischen 1994 und 1996 eine Studie bei jungen Musliminnen der zweiten Generation in Bielefeld und Frankfurt durchgeführt hat, gehe es um »Selbstaffirmation gegenüber der dominanten Kultur« (Nökel 2001: 93) und letztendlich auch um »Identitätspolitiken« (2001: 265).

Unerlaubtes Begehren

Die Regulierung der Sexualität ist in allen Religionen ein großes Thema – auch im Islam. Grundsätzlich gilt die Welt als sexualisiert, Sex als omnipräsent und der Mensch als verführbar. Diese Durchdringung der Welt durch den Sex wird allerdings nicht als positives, von Gott gesandtes Prinzip verstanden, sondern als höchst ambivalente Angelegenheit, die vornehmlich als negativ und sogar zerstörerisch wahrgenommen wird. *Fitna*, Chaos, ist der arabische Begriff für die soziale Unordnung, die durch einen entfesselten Sexus hervorgerufen wird.[75] Der Mensch muss daher eine Reihe von Maßnahmen ergreifen, um dieses Chaos zu verhindern, und die Quellen des Islam bieten einen ganzen Katalog von Bestimmungen an, mit denen man das Schlimmste verhüten kann.[76] Die wichtigste Maßnahme ist die normative Beschränkung des Sexes auf die Ehe. Sex außerhalb der Ehe ist im Islam verboten. Das sahen auch meine Gesprächspartner so. »Für Muslime gibt es keine Diskussion«, sagte mir Ibrahim aus der Omar-Moschee. »Es kann keinen Sex außerhalb der Ehe geben. In der Kultur der Muslime ist es nicht erlaubt, es ist *haram*.«

Die Umsetzung dieser muslimischen Gebote gestaltet sich allerdings alles andere als einfach. Das liegt schlicht im Wesen des Sexus, wie er gedacht wird. Er gilt eben als gewaltige Kraft, welche auch diejenigen zu verschlingen droht, die sich bemühen, gottgefällig zu leben. Wenn man verhindern möchte, dass Gebote Gottes gebrochen werden, reicht es deshalb nicht aus, zu betonen, dass der eheliche Sex gut, der außereheliche aber schlecht sei. Man muss außerdem versuchen, der allgegenwärtig lauernden Verführung zu entkommen. Diese wird nun interessanterweise hauptsächlich in den Frauen vermutet. Die Verhüllung der weiblichen Reize bei gleichzeitiger Freiheit für Männer, sich öffentlich in engen Jeans und T-Shirts zu präsentieren, macht ja nur dann Sinn, wenn man entweder glaubt, dass Frauen eher Verführungsmacht verkörpern als Männer und die Verführung per se von ihren Körpern ausgeht, oder Männern stärkeres Interesse an Sex zugeschrieben wird als Frauen. Beides ist der Fall. Während Männer mir gegenüber häufig auf die Herausforderungen zu sprechen kamen, welche die Anwesenheit von Frauen für sie darstellten, äußerten nur zwei Frauen Begeisterung für Männerkörper. Eine der beiden war die Sufi-Konvertitin Rabia, die bekannte, sie habe keinen klaren Gedanken mehr fassen können, als ihr zukünftiger Mann in Kniebundhosen vor ihr betete. Die andere war eine junge Frau auf der Frauenempore der Omar-Moschee, die während des Gebets durch das Gitter lugte, das den Balkon für Männer uneinsehbar machte. »Schau mal, was für ein hübscher Kerl da unten steht«, sagte sie auffordernd zu mir, »und wie knackig sein Hintern ist!« Dass Männer ihre Reize vor den Frauen verhüllen sollten, um solche unkeuschen Gedanken zu verhindern, hat mir gegenüber niemals jemand gefordert. Umgekehrt ist das vollkommen anders.

Der oben skizzierte Diskurs um Verschleierung und Bedeckung des weiblichen Körpers dient ja ausschließlich dem Zweck, kein unzüchtiges Begehren in Männern aufkommen zu lassen. In der deutschen Gesellschaft, in der sich die Mehrheit der Frauen keineswegs keusch bedeckt, sondern ihre Reize raffiniert in der Öffentlichkeit zeigt, sind solche Ideen zwangsläufig zum Scheitern verurteilt. Einer meiner Informanten sagte mir, er vermeide es, im Sommer durch die Fußgängerzone zu gehen, da er sich den sexuellen Signalen der leicht bekleideten Frauen hilflos ausgeliefert fühle. Auch andere Meidungsgebote lassen sich im bundesdeutschen Alltag kaum durchsetzen. Männer arbeiten zusammen mit Frauen, sind mit ihnen alleine in einem Raum und müssen sich an deutsche Gepflogenheiten halten. Im privaten Alltag vermieden einige meiner Gesprächspartner den Händedruck zur Begrüßung und begründeten dies gar mit dem starken Reiz, der von einer solchen Berührung ausgehe. Im beruflichen Umfeld würden sie sich solche Verletzungen üblicher Höflichkeitsgebote nicht leisten können, weshalb ich ihre Einlassungen mir gegenüber eher als Statements zu einem Zustand des »Sein-Sollens« und weniger als tatsächlich gelebte Praxis nahm. Ein 17-jähriger Junge aus der Tauhid-Moschee erzählte mir, wie er versuchte, den Reizen der Mädchen zu entkommen. »Die Mädchen in meiner Klasse sind sehr nett, aber ich versuche, nicht zu viel Kontakt zu machen«, sagte er. »Ich versuche, Abstand zu halten. Man merkt, man hat Gelüste, normale Gelüste, das hat jeder Mann.«

Männer können der imaginierten Verführungskraft der Frauen in Deutschland nicht entkommen, doch sie können sie zumindest in ihrem eigenen Umfeld minimieren. Mag in der Fußgängerzone Reizüberflutung herrschen, in den muslimischen Communities ist dies anders. Geht man einmal davon aus, dass Menschen ihre Partner primär im eigenen Umfeld finden, dann liegt in der Verhüllung der muslimischen Frauen durchaus ein gewisser Sinn.

Problematisch ist allerdings, dass außereheliche Sexualität bei Männern keineswegs in gleicher Weise verurteilt wird wie bei Frauen. Einige meiner erwachsenen männlichen Gesprächspartner bekannten, in ihrer Jugend durchaus sexuelle Verhältnisse zu Frauen gehabt zu haben. Erst in fortgeschrittenem Alter seien sie religiös geworden, hätten geheiratet und verurteilten ihr vormaliges Leben – augenzwinkernd – als falsch. Es ist weniger die Religion als die kulturelle Tradition, die Männern solche Privilegien einräumt, während die Mädchen und Frauen sich weitaus strengeren Regularien unterwerfen müssen. Ibrahim aus der Omar-Moschee meinte: »Wenn ein Junge das gemacht hat und dann heiratet, dann ist alles in Ordnung. Und auch, wenn die Familie das weiß. Aber wenn eine Frau das gemacht hat, dann ist es eine große Blamage für sie und für die Familie und für alle Angehörigen. Dann hat sie eigentlich keine Chance, einen Mann in der Gemeinschaft zu finden.«

Einen Ehepartner finden

Wenn Sex nur in der Ehe erlaubt ist, dann ist eine frühe Heirat wünschenswert. Doch wie findet man den Mann oder die Frau, der oder die zu einem passt? Auf einer entsprechenden Internetseite der Ahmadiyya Muslim Jamaat heißt es: »Allah verbietet im Heiligen Koran ausdrücklich das Mönchstum, Zölibat und Single-Dasein, diese sind dem Islam fremd. Indes werden Ehen im Islam nicht durch Zufall oder Augenschein geschlossen, sondern die Eltern halten gemeinsam mit ihren heiratsfähigen Kindern nach geeigneten Partnern Ausschau. Die Zustimmung der Braut und des Bräutigams muss vor der Eheschließung eingeholt werden. Zwangsheirat ist ausdrücklich verboten. Intime Kontakte sind vor und außerhalb der Ehe verboten, da diese einer spirituellen Entwicklung im Wege stehen, die das wichtigste Ziel im Islam ist. Meint man schließlich, ein geeignetes Paar gefunden zu haben, werden Treffen zwischen den Familien arrangiert, und es beginnt eine Phase des intensiven Gebets, durch das die Partner und ihre Verwandten, oftmals auch spirituell hoch stehende Freunde, ein Zeichen von Gott erflehen, ob eine mögliche Ehe glücklich werden wird.«[77]

Wie läuft so etwas in der Praxis ab? Zum Beispiel bei der Ahmadiyya: Saifs[78] Frau ist die Tochter einer Tante mütterlicherseits. Er erzählte: »Ich kenne sie eigentlich von klein an und wir sind fast zusammen großgeworden. Wir wussten nicht, dass wir irgendwann heiraten, aber keiner, niemand hat uns gezwungen, wir hatten genug Zeit, uns kennenzulernen. Ich war selbst ein paarmal nach Pakistan gereist, und erst waren wir nur verlobt, und ich meine, ich hatte da von keiner Seite Druck, auch meine Frau nicht, ich habe es ihr auch gesagt, sie kann selbst entscheiden. Wenn sie Nein sagt, ich habe kein Problem damit, also, es ist überhaupt kein Thema.« Ähnliches hatte auch Zafira aus der Omar-Moschee erzählt. Ihr Mann und sie seien in Marokko im selben Zimmer zur Welt gekommen – freilich mit einem Abstand von zehn Jahren. Schon als Kind habe sich der Junge liebevoll um die kleine Cousine gekümmert und dadurch Spekulationen über eine mögliche Ehe innerhalb der Familie beflügelt. Als Zafira das Alter von 16 Jahren erreichte, wurde geheiratet.

Saif und Zafira sprachen zwei Themen an, die häufig Hand in Hand gehen, dies aber nicht notwendigerweise müssen: die Ehe unter Verwandten, insbesondere die Cousinenheirat, und die arrangierte Ehe. Verwandtenehen wurden in der Vergangenheit auch in Europa praktiziert und sind heute in Nordafrika und großen Teilen Zentral- und Westasiens nach wie vor üblich.[79] In Deutschland ist die Cousinenheirat nicht verboten, gesellschaftlich aber wegen der erhöhten Gefahr kindlicher Missbildungen nicht gern gesehen. Die Sozialwissenschaftlerin Yasemin Yadigaroglu hat aus diesem Grund vor einigen Jahren mit einer Aufklärungskampagne für ein Ende dieser Praxis geworben. Sie ging in Schulen und startete eine Postkartenaktion. »Heiraten ja. Aber nicht meine Cousine!« und: »Ich liebe meine Cousine. Aber nicht als Ehefrau!« stand auf den Karten. Erfolg war der engagierten jungen Wissenschaftlerin nicht beschieden, denn innerhalb der Gemeinden galt sie schnell als Nestbeschmutzerin, und auch deutsche Institutionen zeigten wenig Interesse an einer Finanzierung von Forschungen, die vielleicht ein wenig

Licht ins Dunkel aktueller Heiratspraxen bringen könnten. Daten über deren tatsächlichen Umfang liegen bis dato nicht vor.

Wenn der Partner kein Verwandter ist, so ist er dennoch häufig kein Fremder. Hamida aus der Masjid-Ali-Moschee meinte: »Aber meistens ist das auch so bei uns, sag ich mal, in unseren Kulturen, dass man untereinander heiratet, weil man sich einfach kennt, und das heißt nicht, dass es unbedingt der Cousin sein muss. Ich meine, in der Nachbarschaft hat jeder dann immer ein, zwei, drei Kinder, und man verguckt sich ja auch irgendwann auch untereinander und dann kommt meistens der Junge, dann sagt er: ›So, die gefällt mir, die hätte ich gern mal geheiratet‹, und da wird halt ganz langsam gefragt, und wenn das Mädchen genau die gleichen Interessen hat, dann ja oder nein, und dadurch entsteht dann halt eine Ehe.« Sie selbst hatte einen Freund ihres Bruders geheiratet. Der Vater wollte sie eigentlich noch nicht verheiraten, weil sie erst 16 Jahre alt war, aber der Bewerber, der zu dem Zeitpunkt 25 war, blieb hartnäckig. Man verlobte sich, und zwei Jahre später wurde die Ehe geschlossen.

Ein großer Teil der Ehen der Wiesbadener Muslime wird arrangiert. In der deutschen Islamdebatte werden arrangierte Ehen häufig mit Zwangsehen gleichgesetzt. Das liegt nicht zuletzt an den Arbeiten von Necla Kelek.[80] Die türkischstämmige Soziologin behauptet in ihrem Buch *Die fremde Braut*, dass mehr als die Hälfte aller Ehen, die türkische Migranten in Deutschland schließen, Zwangsheiraten seien. In der Migrationsforschung wird die Gleichsetzung von Zwangsheiraten und arrangierten Ehen zurückgewiesen. Sie werde, so Boos-Nünning und Karakasoglu, der Lebensrealität »von Mädchen und jungen Frauen nicht gerecht« (Boos-Nünning/Karakasoglu 2005: 254). In der Tat unterschlägt Kelek, dass es Arrangements gibt, die auf dem Einverständnis der Ehepartner basieren und dennoch durch die Vermittlung erwachsener Verwandter zustande kommen. Ich habe eine lange Diskussion mit Frauen der Ahmadiyya Muslim Jamaat geführt, aus der dies deutlich wurde. Da die Geschlechtertrennung strikt ist und Kontakte zum anderen Geschlecht sich auch im bundesdeutschen Alltag auf das Notwendige beschränken sollen, ist es nicht verwunderlich, dass fast alle Ehen arrangiert werden. Asma zum Beispiel, eine meiner Ahmadi-Studentinnen, wurde von ihrer heutigen Schwiegermutter auf der Jalsa Salana 2011 »entdeckt«. Die ältere Frau zog Erkundigungen ein, und als ihr gefiel, was sie hörte, warb die Familie offiziell um die Hand der Studentin. Es gab ein Treffen mit dem zukünftigen Ehemann, und man wurde sich einig. 2012 war Asma schwanger und wollte ihr Studium schnell abschließen. Die Schwiegermutter unterstütze sie und kümmere sich, sagte sie, und ich habe den Eindruck, dass es ihr mit ihrer Entscheidung sehr gut geht. Samia ist eine andere junge Frau, ebenfalls Studentin. Sie erzählte mir, dass sie die Eltern gebeten habe, ihr einen Ehemann zu suchen. Sie selbst halte sich nicht für fähig, alleine die richtige Wahl zu treffen. Die Eltern schalteten den in Kanada lebenden Bruder ein, zu dem Samia eine enge Beziehung hat. Ein Kommilitone des Bruders wurde gefunden, Ahmadi und Pakistani wie sie selbst, und die Hochzeit werde gefeiert, sobald Samia die Universität beendet habe. Sie freue sich darauf und werde dann nach Kanada ziehen, meinte sie.

Die Gemeinde ist übersichtlich, und man weiß, wer gerade ins heiratsfähige Alter kommt. Die Älteren sondieren den Markt und halten nach passenden Partnern für ihre Kinder Ausschau. Es gebe sogar ein »Amt«, hörte ich, eine Vermittlungsstelle innerhalb der Organisation, bei der man sein Profil und sogar ein Bild abgeben könne. »Die haben ein gutes Auge«, sagte Asma, »dass es optisch passt und auch psychisch.« Ist ein passender Partner gefunden, wird eine offizielle Begegnung arrangiert. Danach bete man, beobachte seine Träume und fälle eine endgültige Entscheidung.

Die überwiegende Mehrheit der Ahmadis heiraten Personen, die aus Pakistan stammen, und das ist auch so gewollt. Nida, die in Wiesbaden die Position der Beauftragten für den interreligiösen Dialog bekleidet, sagt dies explizit. Sie hatte ihren Mann während eines Verwandtenbesuchs in Pakistan kennengelernt und dort auch geheiratet. Nach einem Jahr folgte er ihr nach Deutschland. Ausnahmen von dieser Regel bilden die Konvertitinnen. Bei ihnen steht nicht die nationale Herkunft oder die Herkunft der Familie, sondern der Glaube im Vordergrund. Da die Ahmadiyya von anderen Muslimen nicht anerkannt wird, wäre die Heirat mit einem Sunniten oder Schiiten undenkbar. Doch auch bei einem Christen oder Juden sahen meine Gesprächspartnerinnen zu viele Schwierigkeiten, um eine solche Option ernsthaft in Betracht zu ziehen. Vor allem die Erziehung der Kinder im rechten Glauben sei dann ja nicht mehr gesichert. Mir scheint, dass es ja ohnehin eigentlich unmöglich ist, jemanden kennenzulernen, der nicht der eigenen Gruppe angehört, wenn man sich fast ausschließlich in dieser Gruppe aufhält und sich keine eigene Entscheidungskompetenz zuspricht.

Worauf die Eltern bei der Vorauswahl ihrer Schwiegerkinder achten, wollte ich wissen. Außer dem rechten Glauben seien es der gute Charakter, erfuhr ich, ein passables Aussehen und der passende Bildungsgrad. Eine Akademikerin solle mit einem Akademiker zusammenkommen, eine hochgewachsene Frau mit einem großen Mann. Junge Ahmadis achten auf ihre äußere Erscheinung. Männer und Frauen sind meist gepflegt und gut gekleidet. Das scheint auch bei der Partnerwahl eine Rolle zu spielen.

In unseren Gesprächen gewann ich den Eindruck, dass die jungen Frauen der Ahmadiyya sich in Bezug auf ihre Heiratspraktiken nicht nur einer Tradition unterordnen, sondern ihre arrangierten Ehen offensiv verteidigen. Während einer Fokusgruppendiskussion gab es Gelegenheit, das ausgiebig zu erörtern. Meine Vermutung wurde bestätigt. Kashifa erklärte: »Also, wir glauben halt, dass eine arrangierte Ehe den Vorteil hat, dass man eben nicht zusammenkommt, weil man sich irgendwie verknallt hat und das dann so ein Kurzschlusseffekt ist und man dann, wenn man länger mit dem (Partner) zusammenlebt, merkt, eigentlich hat man doch nicht so viel gemeinsam, sondern, dass man wirklich aufgrund von Gemeinsamkeiten in diese Ehe geht. Also, man schafft eine Grundlage – wenn man es wie eine Pyramide sieht, dann haben wir zuerst den Boden und nicht die Spitze, und andersrum wäre es zuerst vielleicht erst die Spitze und dann der Boden, und deswegen glauben wir auch, dass es dadurch besser hält.«

Ein übersichtlicher Kriterienkatalog und ein kurzes Auswahlverfahren beschleunigen Eheschließungen bei den Ahmadis. In anderen Gemeinschaften kann sich dies länger hinziehen, insbesondere dann, wenn die beteiligten zukünftigen Eheleute aktiv in den Prozess involviert sind. In der Imam-Hossein-Moschee gewann ich den Eindruck, dass die Phase des Suchens durchaus länger dauern könne. Mein wichtigster männlicher Gesprächspartner Ali war beispielsweise unverheiratet, obgleich er sich eine Ehefrau wünschte und sicherlich alle formalen Voraussetzungen für einen idealen Heiratskandidaten erfüllte. Er war fromm, gut aussehend, hatte einen akademischen Abschluss und eine Anstellung, die ihm ein respektables Gehalt einbrachte. Dennoch hatte all dies noch nicht dazu geführt, den Status des Junggesellen durch den des Ehemannes zu ersetzen.

Mit Zohra, einer jungen Frau der Gemeinde, die ebenfalls im heiratsfähigen Alter war, führte ich ein langes Gespräch über die Bewerberlage und ihre Vorstellungen bezüglich eines akzeptablen Ehemannes. Ob er denn Afghane sein müsse, wollte ich wissen. Wenn es nach ihr ginge, nicht unbedingt, entgegnete sie. Für ihre Eltern sei dies allerdings keine Frage, die zur Diskussion stünde. Sie würden höchstens bei der Auswahl der Ethnien oder Klane mit sich reden lassen. Wenn sie einen *sayyid*[81] zum Mann nähme, wäre ihr Vater sicherlich glücklich. Ihr selbst gefiel der Gedanke, dass ihren Kindern bei einer solchen Verbindung der gleiche hohe Status zukommen würde wie ihr selbst, ebenfalls gut. Ein Hazara, jemand aus der ethnischen Gruppe ihrer Mutter, käme aber auch in Betracht. Die Hazara, erklärte Zohra, seien ehrgeizig und würden sich im Exil sehr gut entfalten, da sie ihre unterprivilegierte Position in Afghanistan kompensieren müssten. Wie es denn mit einem Iraner wäre, wollte ich wissen, vielleicht mit Reza, mit dem sie so gut zusammenarbeitete? Natürlich sei er ein idealer Mann, entgegnete sie ein bisschen verlegen, er sei respektvoll, fromm und engagiert. Aber er sei Iraner. Irgendwie war ihr der Gedanke suspekt, bei der Partnerwahl einen möglichen Dissens zu den Vorstellungen der Eltern zu verursachen. Deshalb überließ sie ihnen einen aktiven Teil in der Partnersuche. Wie so etwas ablaufen würde, fragte ich. Die Männer kämen auf die Eltern zu, meinte sie. International sei bekannt, dass sie im heiratsfähigen Alter ist, und das Telefon klingele zu Hause ständig, weil potentielle Bewerber beziehungsweise deren Angehörige vorstellig würden. Gerade neulich habe sich ein reicher in den USA lebender Hazara mit einem Antrag gemeldet. Zohra wollte aber Europa nicht verlassen, sondern in der Nähe ihrer Familie sein. Deshalb sei der Bewerber ausgeschieden, und sie warte auf neue Angebote. Welche Kriterien ihr künftiger Ehemann erfüllen müsse, fragte ich.

Das Aussehen sei ihr gleichgültig, sagte sie, und stellte dann eine Hitliste unverzichtbarer Eigenschaften auf. An erster Stelle stünden der Glaube und die Frömmigkeit. Ihr Ehemann müsse Schiit sein, und er müsse sich an die Regeln seiner Religion halten. Jemand, der Alkohol trinke, scheide natürlich aus. Das zweite Kriterium sei Respekt vor Frauen. Schamgefühl solle er besitzen und wissen, was man in welcher Situation sagen könne, und Bildung spiele auch eine entscheidende Rolle. Wichtiger noch sei jedoch, dass er Frauen achte und respektiere. Zohra hatte Angst, ein zukünftiger Ehemann könne sie einschränken, ihr gar das Studium verbieten. Aus diesem Grund hatte sie mit den Eltern ausgemacht, dass sie vor der Eheschließung das Abitur machen wolle. Jetzt hatte sie diesen Abschluss und wollte nicht, dass ihr Studium in Frage gestellt wurde. Ob so etwas denn häufig vorkomme, wollte ich wissen. »Sehr häufig«, war die Antwort. Nur eine Minderheit der Männer sei so tolerant, der Frau eigene Ambitionen zu erlauben. Aus diesem Grund käme auch kein Mann aus der Moschee in Betracht. Dort sehe man, dass sie Tag und Nacht mit Putzen, Kochen und anderen Serviceleistungen beschäftigt sei, und käme dann vielleicht auf die Idee, dass dies in der Ehe so weitergehe. Ob ein abgeschlossenes Studium auf dem Heiratsmarkt von Vorteil sei, wisse sie nicht. Einerseits steige ihr Wert, mutmaßte sie, andererseits sei ihre Mutter der Ansicht, dass schlaue Mädchen keinen Ehemann bekommen. Nicht jeder Mann sei so, würde sie selbst dann entgegnen. Die Schwestern wären ja auch verheiratet, und sie suche eben keinen, der zu konservativ sei. Zohras Beispiel ist bemerkenswert. Einerseits blieb sie vollkommen im Rahmen der Traditionen ihrer Herkunftskultur und überließ den Eltern den aktiven Part der Suche nach einem Ehemann. Andererseits hatte sie eine Liste von Anforderungen erstellt, die nahezu unerfüllbar waren. Der zukünftige Ehemann sollte fromm, aber nicht konservativ sein und weder dem eigenen lokalen Umfeld entstammen, noch zu weit von den Eltern entfernt wohnen. Er sollte Afghane sein, keinesfalls eine Statusverschlechterung darstellen und vielleicht gar aus einer Prophetendynastie kommen.

Die Beispiele zeigen ein weites Feld möglicher Heiratsarrangements, an denen die zukünftigen Ehepartner mehr oder weniger aktiv beteiligt waren. Arrangierte Ehen entsprechen nicht den deutschen Gepflogenheiten, gelten aber in anderen Teilen der Welt als vorteilhaft, da weder die Eltern, noch die heiratswilligen jungen Frauen und Männer glauben, dass man in jungen Jahren in der Lage sei, eine so schwierige Entscheidung wie die Wahl eines passenden Ehepartners zu treffen. Eine arrangierte Ehe stellt keine Menschenrechtsverletzung dar, und man kann geteilter Meinung sein, ob sie grundsätzlich ein Problem ist. Die Liebesheirat ist, wie man weiß, auch bei uns jüngeren Datums, ein Produkt von Romantik und bürgerlicher Empfindsamkeit. Wenn man sich das tatsächliche Paarbildungsverhalten und insbesondere das Heiratsverhalten gewöhnlicher Deutscher vor Augen führt, mag man sogar bezweifeln, ob sie überhaupt die Bedeutung besitzt, die ihr gemeinhin zugeschrieben wird. Herkunft, Beruf und materieller Besitz sind noch heute ausschlaggebende Kriterien, ebenso wie die die Gewährleistung tradierter Dominanzverhältnisse zwischen Männern und Frauen.

Anstelle einer Dämonisierung arrangierter Ehen oder gar einer pauschalen Gleichsetzung mit Zwangsheiraten empfiehlt es sich, die tatsächliche Heiratspraxis von Muslimen in Deutschland zu studieren. Die Turkologin Gaby Strassburger führte eine entsprechende empirische Untersuchung mit qualitativen Interviews bei türkischen Migranten durch und kam dabei zu dem Ergebnis, dass arrangierte und von Paaren selbst in die Wege geleitete Ehen vielfache Überschneidungen aufwiesen.[82] Selbst bei frei gewählten Partnern werde den Eltern oft ein symbolisches Vetorecht zugestanden, während umgekehrt Eltern in arrangierten Ehen Wert auf das Einverständnis ihrer Kinder legten. Sie bezeichnet den darin zum Ausdruck kommenden Familialismus als »wichtige letztlich Identität und Integration stützende soziale Ressource« (Straßburger 2007a: 210).

Dennoch liegt es mir fern, die Verhältnisse zu idealisieren. Es liegt in der Natur der Sache, dass es sich bei den oben wiedergegebenen Erzählungen ausnahmslos um Fälle handelte, die in der Betrachtung der Beteiligten positiv verliefen oder von ihnen grundsätzlich als vorteilhaft bewertet wurden. Ich wurde in den Gemeinden als universitäre Chronistin der Wiesbadener Muslime vorgestellt und mit ausgewählten Gesprächspartnern bekannt gemacht, sodass ich bis auf wenige Ausnahmen keinen Zugang zu Personen hatte, die andere Geschichten zu erzählen gehabt hätten. Dass die unentwegt betonte Harmonie bei Eheschließungen möglicherweise nicht so ganz so perfekt ist wie mir in Gesprächen immer wieder versichert wurde, zeigte ein Ehrenmord an einer jungen Frau aus der Darmstädter Ahamdiyya-Gemeinde im Januar 2015. Dort hatten die Eltern ihre Tochter getötet, weil diese den vorgesehenen Heiratskandidaten abgelehnt und an einem selbst gewählten Mann festgehalten hatte. Ein ähnlicher Fall war erst im Jahr 2012 vor dem Landgericht in Oldenburg verhandelt worden. Dort hatte ein Mitglied der Ahmadiyya 2003 seine Tochter und deren Ehemann ermordet, weil beide ohne sein Einverständnis geheiratet hatten.

Am anfälligsten für eheliche Gewaltverhältnisse sind asymmetrische Beziehungen, wie sie durch dem Import von Bräuten aus der Heimat entstehen. Eheschließungen sind probate Mittel, um Verwandte aus der Herkunftsregion nach Deutschland zu holen und Verpflichtungen gegenüber der eigenen Familie abzuarbeiten. Viele der Männer und Frauen, mit denen ich sprach, haben ihre Ehepartner aus ihren Heimatländern nach Deutschland geholt, und einer Studie von Boos-Nünning und Karakasoglu zufolge können 46 Prozent aller befragten türkischen Mädchen und jungen Frauen sich vorstellen, einen Mann aus der Türkei zu heiraten.[83] Necla Kelek zufolge ist diese

Praxis häufig in Zwangsstrukturen eingebunden. In den muslimischen Gemeinden, die ich kennenlernen durfte, war dieses Thema zu tabuisiert, um darüber sprechen zu können. Dazu kam, dass viele Frauen keine oder nur mangelhafte Deutschkenntnisse besaßen und Gespräche mit der Zielgruppe, die wohl am verletzlichsten ist, allein aus diesem Grund unmöglich waren. So war ich auf Bruchstücke von Erzählungen angewiesen, die kein klares Bild ergaben. Ein Mann, der seine Cousine geheiratet hatte, sagte, er habe sich seiner Frau gegenüber so verhalten, dass sie ihn wohl verlassen hätte, wäre sie nicht seine Verwandte gewesen – was immer dies bedeuten mag –, und von Lehrerinnen erfuhr ich, dass viele Mütter nicht nur des Deutschen nicht mächtig sind, sondern in einigen Fällen tatsächlich niemals die Wohnung verlassen. In einem Fall musste der Sohn die Einkäufe erledigen, wenn der Ehemann einen auswärtigen Montageeinsatz hatte, da er seiner Frau untersagt hatte, auch nur einen Schritt vor die Tür zu wagen. Wie häufig so etwas vorkommt, vermag ich allerdings nicht zu beurteilen. Fakt ist allerdings, dass Heiratsmigranten, so Martina Sauer, die eine Studie über türkische Einwanderer durchführte, »erhebliche Schwierigkeiten sowohl bei der Teilhabe an Ressourcen, aber auch mit der Identifikation und der gesellschaftlichen Einbindung haben« (Sauer 2009: 119).

Gewalt gegen Frauen: Fiktion oder Realität?

Immer, wenn ich in den vergangenen Jahren in Wiesbaden Kontakt mit einer Frauengruppe innerhalb einer Moscheegemeinschaft aufnahm, eröffneten die Frauen das Gespräch mit dem Hinweis, dass sie nicht unterdrückt und dass Ehrenmorde im Islam nicht erlaubt seien. Sie fühlten sich herausgefordert, dies unmissverständlich klarzustellen, bevor wir über andere Dinge sprechen konnten. Hintergrund dieser Reaktion ist zweifellos die Berichterstattung der Medien, die sich in den vergangenen zehn Jahren, besonders aber in der zweiten Hälfte der ersten Dekade des neuen Jahrhunderts, extensiv mit Morden und anderen Gewalttaten gegen junge Frauen aus muslimischen Gemeinschaften befassten. Der spektakulärste Fall, der diese mediale Aufmerksamkeit auf sich zog, war der Mord an der Kurdin Hatun Aynur Sürücü, die im Jahr 2005 von einem oder mehreren ihrer Brüder erschossen wurde. Die Geschichte ist in keinerlei Hinsicht außergewöhnlich und eignet sich gut für Polarisierungen. Sie erzählt davon, dass eine junge Frau die Freiheiten, die in Deutschland als normal gelten, wahrnimmt, dabei in Widerspruch zu den Werten und Normen ihrer Familie gerät, sich offen der fremdbestimmten Lebensplanung widersetzt und dafür schließlich von dieser Familie hingerichtet wird, da eine tote Tochter und Schwester noch immer besser ist als eine, die »wie eine Deutsche« lebt.

Wenn Muslime betonen, dass Ehrenmorde nichts mit dem Islam zu tun haben, ja dass der Islam dies absolut verbietet und ächtet, ist dies nur teilweise richtig. Es gibt zwar weder im Koran noch in den islamischen Überlieferungen Hinweise darauf, dass Frauen oder Mädchen, die einem festgelegten Ehrenkodex nicht entsprechen, von Verwandten eigenhändig getötet werden dürfen. Allerdings gilt Sex außerhalb der Ehe gilt als *zina*, als Unzucht, und damit als Vergehen gegen die göttliche Ordnung, die mit Körperstrafen (*hudud*) geahndet werden. Zum Ehebruch schreibt der Koran in Sure 24 Vers 2 vor: »Der Ehebrecher und die Ehebrecherin, peitscht jeden von beiden mit hundert Peitschenhieben aus!« (Koran 2015: 304) Und in Sure 4 Vers 15 steht: » Und die von euren Frauen, die Unzucht treiben [...], haltet sie im Hause, bis sie der Tod hinwegnimmt oder Gott für sie einen Ausweg schafft!« (Koran 2015: 71/72).

Der Rechtswissenschaftler Matthias Rohe weist darauf hin, dass die koranischen Verse interpretationsbedürftig sind und »bis ins 20. Jahrhundert hinein ein Vollzug des koranischen Strafrechts ein seltener Ausnahmefall war« (Rohe 2001: 46–47). Heute sei seine Anwendung jedoch recht häufig zu beobachten, auch in einer besonders rigiden Form.[84] Spektakuläre Fälle wie der eines 13-jährigen Vergewaltigungsopfers in Somalia, dass anschließend wegen *zina* gesteinigt wurde, oder der im Iran zur Steinigung verurteilten Sakineh Ashtiani sorgen immer wieder für eine begründete Ablehnung islamischer Gerichtsbarkeit. Die überwiegende Mehrzahl islamisch geprägter Länder, das muss an dieser Stelle gesagt werden, orientiert sich im Strafrecht allerdings nicht an islamischen Rechtsvorstellungen. Sobald Staaten oder regionale Machthaber aber ihr Strafrecht islamisieren, kommt es zur Implementierung von *hudud*-Strafen. Hatun Sürücü, die ihren gewalttätigen kurdischen Mann verlassen hatte und mit einem deutschen Freund lebte, hätte in einem solchen Fall vor einem islamischen Gericht ordnungsgemäß zum Tode verurteilt werden können. Die Grundlage ihrer »familiären Verurteilung« war allerdings nicht das islamische Strafrecht, sondern eine kulturelle Tradition, die im Übrigen keineswegs auf islamische Bevölkerungsgruppen beschränkt ist und auch unter Jeziden, Hindus und Christen vorkommt. Sie als Merkmal für muslimische Gemeinschaften hochzuspielen, wie es teilweise im deutschen Islamdiskurs der Fall war, ist daher nicht gerechtfertigt. Auch kommt die Kulturanthropologin Anna Caroline Cöster in einer 2009 veröffentlichten Studie zu dem Schluss, dass die Anzahl der im Namen der Ehre getöteten Frauen in Deutschland keineswegs so hoch sei wie gemeinhin angenommen. Bei vielen Morden an muslimischen Frauen handele es sich um Affekthandlungen, wie sie in anderen Bevölkerungsgruppen ebenfalls vorkämen.

Wenn Morde im Namen der Ehre ein vergleichsweise selten vorkommendes Extrem darstellen, so sind sie doch in sozialen Strukturen und ideologischen Konzepten verortet, die eine beträchtliche Zustimmung erfahren. Die türkischstämmige Anwältin Seyran Ates, die sich seit ihrer Zeit als Jurastudentin für Opfer häuslicher Gewalt eingesetzt und ihre Erlebnisse und Erkenntnisse 2003, 2007 und 2009 in Form von stark autobiografisch fundierten Monografien veröffentlichte, hat auf die repressiven Moralvorstellungen hingewiesen, die wie ein Damoklesschwert über Mädchen und Frauen hängen.

Ihr Engagement hat immer wieder drastische Reaktionen von Männern hervorgerufen. Im Jahr 1984 stürmte einer der gewalttätigen Ehemänner in Kreuzberg den Treff- und Informationsort für Frauen aus der Türkei, in dem sie Rechtsberatungen anbot, erschoss eine Frau und verletzte Ates schwer. Der Täter, von Ates und mehreren Zeuginnen identifiziert, wurde aufgrund von Ermittlungsfehlern freigesprochen. Er lebte fortan unbehelligt in Kreuzberg, und Ates musste fürchten, ihm auf der Straße zu begegnen. Sie selbst litt jahrelang unter den Folgen des Traumas, setzte ihr Engagement gegen häusliche Gewalt und Zwangsheiraten aber nach Beendigung ihres Jurastudiums fort, vor allem als Rechtsanwältin, später auch als Autorin. Einschüchterungen und Bedrohungen gehörten fortan zu ihrem Alltag.

Im Jahr 2006 wurde sie zum zweiten Mal von einem gewalttätigen Ehemann tätlich angegriffen. Er lauerte ihr und einer Klientin in Kreuzberg auf, beschimpfte sie und misshandelte sie schwer. Anwesende Passanten griffen nicht ein. Im gleichen Jahr gab sie ihre Anwaltszulassung zurück, da sie, mittlerweile Mutter einer Tochter, die permanente Bedrohung ihrer Person nicht mehr ertragen konnte. Als Autorin kämpfte sie noch drei Jahre weiter, kritisierte den Patriarchalismus verschiedener Migrantenmilieus, einen ihrer Meinung nach naiven Multikulturalismus und in ihrem letzten Buch »Der Islam braucht eine sexuelle Revolution« auch einige Grundlagen des Islam.

Die Veröffentlichungen gefährdeten sie ebenso wie einst ihre Tätigkeit als Anwältin, und irgendwann, als sie die wiederholten Morddrohungen nicht mehr verkraftete, sah sie sich zu einem vollkommenen Rückzug aus der Öffentlichkeit genötigt.

Eine andere muslimische Aktivistin, die Tradition und Islam als Ursachen von Gewalt gegen Frauen anprangert, ist Ayaan Hirsi Ali, in Somalia geboren und im Jahr 1992 als Asylbewerberin in die Niederlande gekommen. Ayaan Hirsi Alis wichtigstes Anliegen war und ist die Durchsetzung von Rechten für muslimische Frauen und Mädchen. Zusammen mit ihrem Freund und Kollegen Theo van Gogh produzierte sie im Jahr 2004 den Kurzfilm »Submission«. Der elfminütige Film zeigt mehrere Szenen, in denen jeweils eine Frau Allah ihr Leid klagt. Jede dieser Frauen ist jung, schön und mit einem durchsichtigen schwarzen Schleier bekleidet. Kopf und Gesicht sind verhüllt, bis auf die geschminkten Augen. Der transparente Schleier, so Ayaan Hirsi Ali »muss sein, denn damit wird Allah herausgefordert auf das zu blicken, was er geschaffen hat: den Körper einer Frau« (Ali 2006: 439). Auf dem nackten Körper steht in arabischer Schrift die Einleitung des Koran: »Im Namen Allahs, des Barmherzigen, des Gütigen. Lob sei Allah, dem Herrn der Menschen in aller Welt. Dem Barmherzigen und Gütigen, der am Tag des Gerichts regiert. Dir dienen wir und dich bitten wir um Hilfe, führe uns den geraden Weg, den Weg derer, denen du Gnade erwiesen hast, und die nicht dem Zorn verfallen sind und nicht irregehen.« Die tröstliche Botschaft steht in krassem Widerspruch zu den Geschichten, welche die Frauen erzählen. Eine wurde mit Stockschlägen bestraft, weil sie sich verliebt hatte, eine andere an einen Mann zwangsverheiratet, den sie abstoßend fand, eine dritte wurde von ihrem Ehemann regelmäßig verprügelt und die vierte von ihrem Onkel vergewaltigt. Weil sie schwanger wurde und man ihr die Schuld für den »außerehelichen Sex« gab, drohte ihr eine zusätzliche Strafe. Jede der Frauen unterwirft sich Allah, wie es der Islam vorsieht, doch keine erfährt die Achtung und Gnade, von der im Koran die Rede ist. Im Gegenteil: Unter dem Deckmantel der Religion, so die zentrale Botschaft des Films, werden Männer ermächtigt, Frauen zu misshandeln und missbrauchen, und diesen wird jede Möglichkeit genommen, sich zu wehren oder eine menschliche Behandlung einzufordern.

Der Film wurde ein einziges Mal von einem niederländischen Fernsehsender ausgestrahlt, danach aus den öffentlichen Kinos abgesetzt und war nur noch im Internet erhältlich. Ayaan Hirsi Ali und Theo van Gogh erhielten Morddrohungen. Am 2. November 2004 wurde Theo van Gogh bei hellem Tage auf offener Straße von dem muslimischen Migranten Mohammed Bouyeri getötet. Filme wie *Submission*, die Diskussionen um den Mord an Hatun Sürücü und die Schriften von Ates waren keine singulären medialen Ereignisse, sondern wurden vielmehr Teil eines Marktes für Bekenntnisse von Frauen, die seit der ersten Dekade des 21. Jahrhunderts begannen, biografische und autobiografische Darstellungen ihrer persönlichen Leidensgeschichten zu publizieren, in denen sie geprügelt, zwangsverheiratet, vergewaltigt oder mit Säure verstümmelt wurden. Von der deutschen Öffentlichkeit wurden diese Texte als Beispiele für kulturelle Praxen gelesen, die man für allgegenwärtig hielt. Die unvorstellbare Grausamkeit und Hartherzigkeit der Familien- und Dorfmitglieder und das furchtbare Leiden der Frauen beherrschten die Büchertische. Der gewöhnliche Alltag, der tägliche Existenzkampf, die schlechte Gesundheitsversorgung und die vielen gewöhnlichen Sorgen von Frauen waren dagegen kein Thema, das sich verkaufen ließ. Die Leserschaft gierte nach dem Skandal, und sie bekam ihn. Das Bild vom Islam wurde durch all die beschriebenen Dynamiken immer einseitiger und verzerrter, die Vorstellung von der Muslimin zunehmend auf das eines hilflosen Opfers religiös fundierter patriarchalischer Verhältnisse reduziert.

»Du bist wie eine Deutsche«

Viele Musliminnen wollen sich mit diesem Stereotyp nicht identifizieren und wehren sich dagegen. Sie empfinden es als unangemessen und auch als falsch, wenn der Islam und ihre Gemeinschaften als frauenfeindlich und gewalttätig denunziert werden. Ehrenmorde seien eine Ausnahme, so ihre berechtigte Kritik, die von den Medien aufgeblasen und generalisiert werde. Die Realität sei vollkommen anders. Frauen würden von Männern respektvoll behandelt und hätten genauso wenig Grund zur Klage wie Nichtmusliminnen. Häusliche Gewalt gebe es nämlich auch in christlichen Familien, doch niemand käme auf die Idee, dies als christliche Besonderheit zu stilisieren. Wie ich bereits geschrieben habe, wurde ich von Frauen in Moscheegemeinschaften stets darauf hingewiesen, dass es in ihrer Gemeinde keine Ehrenmorde gebe und auch keine Gewalt gegen Frauen. Ich versicherte dann jedes Mal pflichtschuldig, dass dies auch gar nicht mein Thema darstellte und ich nicht gekommen sei, um sie über innerfamiliäre Gewaltbeziehungen zu befragen. Tatsächlich stand es überhaupt nicht auf meiner Agenda, schon deshalb, weil ich es für ein regelrechtes Minenfeld hielt, aus dem ich mich lieber heraushalten wollte.

Dann wurde mein Plan zumindest ansatzweise erschüttert, als mehrere Frauen sich bei mir ankündigten, um mir ihre persönliche Geschichte von Gewalt und Diskriminierung zu erzählen. Ich habe lange gezögert, etwas darüber zu schreiben, mich letztendlich aber doch entschlossen, zumindest darauf zu verweisen, dass es die oben erwähnten Gewaltverhältnisse gibt, wenngleich ich nicht überprüfen kann, wie häufig sie sind.

Zwei Beispiele sollen dies illustrieren. Bei beiden Frauen handelte es sich um Akademikerinnen, Frauen, die die Möglichkeit hatten, sich gegen patriarchalische Verhältnisse durchzusetzen.[85] Zeynab, in Wiesbaden geboren, studierte, als sie heiratete. Die Ehe wurde arrangiert. Der Ehemann lebte bis zur Hochzeit in der Heimat der Eltern und beendete dort gerade eine akademische Ausbildung. Dann siedelte er nach Wiesbaden über, wo er schnell Anschluss an eine muslimische Gemeinde fand. Die deutsche Gesellschaft blieb ihm nach Aussage seiner Frau allerdings fremd. Er sei vor allem von den deutschen Geschlechterverhältnissen überfordert gewesen und habe diese strikt abgelehnt. Bei der Entbindung ihrer Tochter sei sie dafür kritisiert worden, dass sie sich von einem männlichen Arzt habe behandeln lassen. Oft sei er abends von der Arbeit nach Hause gekommen und habe sich über die Bekleidung seiner Arbeitskolleginnen beschwert, die er als provozierend empfand. Über den Kleidungsstil der kleinen Tochter des Paares sei es wiederholt zum Streit gekommen, da er auch hier strenge islamische Bekleidungsnormen inklusive des Kopftuchs für angemessen hielt. Auch sei die Erziehung ein fortwährender Grund für Konflikte gewesen. Zeynab wollte ihrer Tochter gerne eine umfassende Bildung und auch musikalische Früherziehung anbieten und ging zu einem Tag der offenen Tür, an dem das Kind verschiedene Instrumente ausprobieren konnte. Der Ehemann, dem sie abends erzählte, wie schön der Tag gewesen sei, reagierte mit schroffer Ablehnung. Sie solle ihre Tochter lieber in die Moschee schicken und ihr den Koran beibringen. Vor Gott müsse sie sich später dafür rechtfertigen, so sein Argument, die Kinder nicht in den Geboten Gottes unterwiesen, sondern mit unnützem Wissen gefüttert zu haben. Sie solle ihre Tochter lieber auf ihre Bestimmung als Hausfrau und Mutter vorbereiten und sie darin unterrichten, ihrem späteren Mann gehorsam zu sein. Die Ehe krankte seiner Ansicht nach am fehlenden

Gehorsam seiner eigenen Ehefrau. Zeynab setzte sich eigenen Bekundungen zufolge durch und meldete die Tochter und später auch den Sohn im Musikunterricht an.

Sie selbst sei ebenfalls in ihrer Lebensführung stark unter Druck geraten. Obgleich bei der Eheschließung vereinbart worden sei, dass sie ihr Studium beenden könne, habe ihr Mann systematisch versucht, dies zu verhindern. Er sei der Mann, so sein Argument, und werde sie und die Familie ernähren. Nur mit Hilfe ihrer Herkunftsfamilie sei es ihr gelungen, weiter zu studieren und ihre Ausbildung abzuschließen. Beworben habe sie sich auf die erste Stelle heimlich, da sie befürchtete, dass ihr Mann versuchen würde, ihre Berufstätigkeit zu verhindern. Er habe dann auch alle Register gezogen, um sie unter Druck zu setzen. Es sei ihm nicht recht gewesen, dass sie mit Männern zusammenarbeitete, und er habe sie mit Anschuldigungen und Verdächtigungen terrorisiert, sei plötzlich auf der Arbeitsstelle aufgetaucht und habe permanent angerufen. Dazu kam, dass sie die Versorgung der Kinder alleine organisieren musste, da sich ihr Mann weigerte, solche Aufgaben zu übernehmen und seine Freizeit ausschließlich innerhalb der Moschee oder in islamischen Organisationen verbrachte. Die totale Kontrolle, die ihr Mann ausübte, habe sie irgendwann nicht mehr verkraftet. Ihre Beschäftigung sei sehr verantwortungsvoll gewesen, und sie habe sich nicht mehr imstande gesehen, in jeder Situation adäquat zu reagieren. Deshalb habe sie schließlich gekündigt. Immer mehr sei sie auf ihre eigene Wohnung zurückgeworfen gewesen. Ihr Mann habe sie systematisch vom Besuch von Betriebsfesten und anderen öffentlichen Veranstaltungen ausgeschlossen, an denen er teilnahm, und sie habe ihre deutschen Freunde nicht mehr treffen dürfen. Einmal habe sie sich mit Kollegen getroffen und er hatte die Tür von innen verschlossen, als sie nach Hause kam.

Die zweite Geschichte handelt von Leyla. Ihre Ehe sei, so erzählte sie, von der Schwiegermutter initiiert worden, die sie auf einem Hochzeitsbild entdeckt hatte. Sie habe daraufhin die Braut gefragt, wer das Mädchen sei, das ihr gefallen habe, und bereits damals als Grund angegeben, dass sie für ihren Sohn um ihre Hand anhalten wolle. Es sei zu einem offiziellen Kennenlernen gekommen, und ihre Mutter sei vollkommen von der Idee einer Ehe mit dem Bewerber eingenommen gewesen. Auch Leyla, damals gerade 18 Jahre alt, habe sich beeindrucken lassen. Der Bräutigam sei charmant gewesen und habe sie auf Händen getragen. Er habe ihr eine Bankkarte geschenkt und angeboten, dass sie sein Auto fahren dürfe, wann immer sie es benötige. Sie selbst habe keine Erfahrungen mit Männern gehabt und sei vollkommen überwältigt gewesen. »Ich war verliebt«, bekannte sie. Mutter und Tochter hätten dann dem Vater, der von der ganzen Sache nichts wusste, von dem Bewerber erzählt. Er war trotz der enthusiastischen Schilderungen der Frauen zunächst ablehnend, machte dann aber den Vorschlag, die Familie zu einem Essen einzuladen und in Augenschein zu nehmen. Die Familie kam mit Brautgaben, einem Ehering und einem Iman und schaffte vollendete Tatsachen. Alle seien überfordert gewesen, aber »wir wurden an dem Tag verheiratet«, erzählte Leyla. Sie sei mit den Frauen im Kinderzimmer gewesen, während die Männer im Wohnzimmer miteinander sprachen. Dann habe man nach ihr gerufen, und sie wollte sich zuerst weigern zu kommen. Die Mutter bat sie schließlich, ihr zuliebe nicht zu protestieren, und sie habe sich gebeugt. Nach dem offiziellen Ritus sei es zum ersten Streit zwischen Leyla und ihrem Mann gekommen, als sie ihm vorwarf, sie nicht über seine Pläne und diejenigen seiner Familie informiert zu haben. Sie habe die Eheschließung in dieser Form nicht gewollt. In einem anschließenden Gespräch innerhalb des engeren Kerns beider Familien habe ihr Vater betont, er verlange kein Geld, sondern nur, dass seine Tochter studieren dürfe. Leyla sei damals ein Jahr vor ihrem Abitur gewesen. Die Schwiegereltern und der Ehemann waren einverstanden. Im Sommer des kommenden Jahres wurde die standesamtliche Hochzeit vereinbart, doch zuvor starb der Schwiegervater, und dadurch änderten sich die ökonomischen Verhältnisse der Schwiegerfamilie. Das Vermögen war auf den Namen des Mannes eingetragen, und eine Reihe von Verwandten meldeten Ansprüche an.

Es kam zum Streit zwischen den Familien, später auch zu Konflikten zwischen Leyla und der Schwiegermutter, die mehr Zeit ihres Sohnes für sich beanspruchte und eifersüchtig auf Leylas Familie reagierte. Der Mann stellte sich in den Konflikten auf die Seite seiner Mutter. Eine weitere Ursache für Unstimmigkeiten stellten auch die Ehrbarkeitsansprüche der Schwiegermutter dar. Eine Frau müsse vor Sonnenuntergang zu Hause sein, forderte sie, und auch die Urlaube wurden reglementiert. »Der erste Urlaub war im Bikini, der zweite Urlaub im Badeanzug und der dritte Urlaub durfte gar kein Strandurlaub sein. Weil, Strand ist *haram*.« Der Ehemann sei vollkommen auf die neue fromme Linie eingeschwenkt. »Nach einem Jahr Ehe wollte er plötzlich die Muslima haben«, meinte Leyla. Er habe ihren Schrank ausgeräumt, Jeans und andere Kleidung weggeworfen und ihr eine neue islamkonforme Garderobe gekauft. Dann sei sie schwanger geworden, und die Probleme hätten zugenommen.

In dieser Zeit habe er begonnen, sie zu schlagen, sie musste häufig wegen der Folgen ihrer Misshandlungen zum Arzt und einmal sogar ins Krankenhaus. Ärzten gegenüber habe sie gesagt, sie sei die Treppe hinuntergefallen. Die Polizei habe sogar ermittelt, doch sie habe ihren Mann auch damals gedeckt. Nach den schweren Misshandlungen habe er sich stets wortreich entschuldigt und sie beschenkt. Als junge Mutter habe sie dann studiert und versucht, den Erwartungen ihres Ehemannes an sie als Hausfrau dennoch zu entsprechen. Dennoch kam es nicht zu einer Entspannung. Nach vier Jahren trennte sich das Paar, und Leyla kehrte zu ihren Eltern zurück.

Fazit

Die Frage wäre, ob die von Leyla und Zeynab geschilderten Geschichten Einzelfälle oder in gewisser Weise repräsentativ sind. Nach einer vom Bundesministerium für Familie, Senioren, Frauen und Jugend in Auftrag gegebenen Studie aus dem Jahr 2009 scheint dies für türkischstämmige Frauen keineswegs eine Ausnahme zu sein. 48,6 Prozent aller Befragten wurden Opfer körperlicher, teils auch sexualisierter Gewalt, gegenüber einer Vergleichsgröße von 37 Prozent anderer Frauen.[86] 38 Prozent der türkischstämmigen Befragten gaben an, diese Gewalt von ihrem Partner oder ehemaligen Partner erlitten zu haben, davon 30 Prozent, dass ihnen Gewalt durch den aktuellen Partner zugefügt werde. 41 Prozent der Opfer hatten Gewalt durch andere Familienangehörige erfahren. 31,3 Prozent wurden eigenen Angaben nach verprügelt, 39,5 Prozent heftig geohrfeigt, 46,9 Prozent getreten, 17,7 Prozent mit einer Waffe und 27,2 Prozent mit dem Tode bedroht. Für marokkanischstämmige Frauen liegen keine entsprechenden Daten vor, doch es gibt eine Absurdität zu berichten. Eine deutsche Richterin hatte im Jahr 2007 einer jungen marokkanischen Mutter, die sich von ihrem gewalttätigen Mann scheiden lassen wollte, untersagt, dies vor Ablauf der üblichen einjährigen Trennungszeit zu tun. Sie war davon überzeugt, dass körperliche Misshandlungen keine unzumutbare Härte darstellten, da beide Ehepartner Muslime seien und dem marokkanischen Kulturkreis entstammten. Im Koran sei schließlich ein explizites Züchtigungsrecht des Ehemannes gegenüber seiner Frau festgeschrieben.

Ein solches Zugeständnis an religiös begründete Normen stellt ein verhängnisvolles Signal an junge deutsche Musliminnen dar, die sich ohnehin zwischen allen Stühlen sehen. Als Migrantinnen und Musliminnen fühlen sie sich in Deutschland diskriminiert und solidarisieren sich mit ihrer Herkunftsgruppe, in der sie Anerkennung und Vertrautes finden. Gleichzeitig wünschen sie sich eine respektvolle Behandlung in der eigenen Familie. Der Islam als Identitätsanker spielt gerade für die jungen Frauen eine wichtige Rolle.[87] Viele von ihnen befürworteten eine strenge Geschlechtersegregation, versicherten mir, mit Männern in der Schule und auf der Arbeitsstelle nur das Nötigste zu reden, würden ihnen am liebsten nicht die Hand geben und lehnen die »westliche« Freizügigkeit grundsätzlich ab. Gott wolle es so und die Gläubigen hätten seinen Befehlen zu gehorchen. In Bezug auf die Beziehung zwischen Ehepartnern waren die Frauen unterschiedlicher Ansicht. Einige wünschten sich ein stärkeres Engagement der Männer im Haushalt, lobten ihre Männer, wenn sie sich von ihnen unterstützt fühlten, oder strebten eine moderne Gleichberechtigung an, die sie argumentativ in Einklang mit dem Islam brachten. Andere waren der Ansicht, dass koranisch legitimierte männliche Privilegien wie die Polygynie akzeptiert werden müssten, wenn Gott es vorgesehen habe. Nicht wenige glaubten, dass Duldsamkeit eine der vornehmsten weiblichen Eigenschaften sei und man am Tag des Jüngsten Gerichts Bonuspunkte sammeln könne, wenn man ohne zu klagen leide. Theologisch zwingend ist ein solches Verständnis des Koran und der Sunna nicht. Längst gibt es hermeneutische Zugänge zu den Grundlagentexten des Islam, die Alternativen bieten. Diese Rezeption einer konservativen Islaminterpretation verschließt muslimischen Frauen Zugänge im beruflichen Leben und macht sie innerhalb ihrer familiären Strukturen anfällig für Repression und Gewalt. Aus diesem Grund wäre jeder Versuch, das konservative Deutungsmonopol zu durchbrechen und zeitgemäße Lesarten des Koran zu vermitteln, wünschenswert.

Schlussbetrachtung

Dieses Buch beginnt in Teil I mit einer kurzen Übersicht über die Geschichte des Islam in Deutschland, die gegenwärtige Kontroverse zu Islamophobie und Islamkritik sowie die diversen Ansätze eines liberalen deutschen Islam. Der zweite Teil ist eine klassische Ethnografie und folgt den Erzählungen meiner Gesprächspartner und -partnerinnen sowie den Ereignissen, an denen ich teilgenommen habe. Dieser Teil ist mir der wichtigste, da er die vorhandene Komplexität nicht reduziert und den Lesern und Leserinnen Einblicke in ein kleines Universum ermöglicht, das der Öffentlichkeit nicht ohne weiteres zugänglich ist. Hier haben Menschen Gesichter und Namen, artikulieren individuelle Wünsche und Bedürfnisse und versuchen in sehr unterschiedlicher Weise, mit den Herausforderungen des Alltags zurechtzukommen. In Teil III setze ich mich mit drei relevanten Problemfeldern auseinander.

In den Schlussbetrachtungen möchte ich an das erste Kapitel und die noch immer virulente Debatte darüber, ob der Islam zu Deutschland gehört, anschließen. Für mich als Wissenschaftlerin lautet die Antwort eindeutig: »ja«. Der Islam ist in Deutschland angekommen, wird hier weiter heimisch werden und sowohl im kulturellen als auch im politischen Leben zunehmend eine Rolle spielen. Dabei wird er sich verändern, werden sich die Muslime verändern, wird sich unsere Gesellschaft verändern. In welche Richtung diese Entwicklung gehen wird, hängt nicht zuletzt von der Lösung der im dritten Kapitel identifizierten Probleme und daher auch davon ab, welche Akteure, Verbände und Prozesse die Politik unterstützt und wie Nichtmuslime und Muslime unterschiedlichster theologischer und politischer Orientierungen über die Zukunft unserer multikulturellen Gesellschaft ins Gespräch kommen. Ein Bekenntnis zum Islam in Deutschland heißt nicht zuletzt, über den Islam zu diskutieren.

Aus strategischen Gründen und vielleicht auch, weil sie davon überzeugt sind, stellen sich alle organisierten Muslime als Vertreter »des« Islam dar und beanspruchen eine originäre Sprecherrolle. Das ist weder theoretisch noch empirisch haltbar. »Den« Islam oder »den« Muslim gibt es schlicht und ergreifend nicht. Obwohl allen Muslimen eine besondere Hinwendung zum Koran und zur Sunna gemeinsam ist, stellen sie doch keine einheitliche Gruppe dar. Weder weltweit noch in Deutschland oder in Wiesbaden. Wie alle anderen Muslime gehören auch die Wiesbadener unterschiedlichen Richtungen, Rechtsschulen und Organisationen an, folgen unterschiedlichen Interpretationen der religiösen Quellen und sind in unterschiedlichen kulturellen Traditionen verwurzelt. Sie unterscheiden sich zudem hinsichtlich ihrer Schichtzugehörigkeit, ihrer Bildung und Berufstätigkeit, ihres Einkommens, Familienstandes und persönlichen Lebensstils. Diese Erkenntnis sollte uns davor bewahren, Stereotype zu produzieren und sie Menschen überzustülpen, die nicht mehr miteinander teilen als die Zugehörigkeit zu einer äußerst vielschichtigen Weltreligion.

In der Migrationsforschung wird darauf hingewiesen, dass Muslime von ihrer Umwelt konstruiert werden[1] und dass diese Konstruktionen oft vereinfacht, abwertend oder rassistisch sind.[2] Daraus zu schließen, dass die Kategorie des Muslim-Seins obsolet sei, wäre allerdings wenig zielführend, da eine solche Annahme das Moment der Selbstkonstruktion außer Acht lässt, das eine ebenso wichtige Rolle für die Genese subjektiver und kollektiver Identitäten spielt wie die Fremdzuschreibung.[3] Wie meine Studie zeigt, identifizieren sich fromme Menschen muslimischen Glaubens explizit mit ihrer Religion. Diese Identifikation ist zurzeit sehr viel stärker als noch vor einigen Jahren und verdrängt teilweise bereits nationale oder ethnische Identitäten. Davon zeugt die Umbenennung vieler Kulturvereine in islamische Vereine oder islamische Gemeinschaften. Diese geben sich nicht selten ein dezidiert islamisches Programm. Auf der Homepage der Masjid Ali heißt es beispielsweise: »Der Islamische Kulturverein setzt sich für die Integration der muslimischen Bevölkerung in der Gesellschaft ein unter Bewahrung ihrer islamischen Identität.« Interessant ist dabei, dass Muslim-Sein als zentrale Kategorie kollektiver Identität definiert und auf dieser Grundlage gesellschaftliche Partizipation eingefordert wird. Dabei geht es nicht nur um eine gleichberechtigte Teilhabe als Bürger oder Bürgerin, sondern um eine Anerkennung spezifisch muslimischer Rechte wie dem Tragen des Kopftuchs, der Geschlechtertrennung in bestimmten Unterrichtsfächern, der Durchsetzung muslimisch akzeptabler Kantinenkost, um das Recht auf Schächtung, die Einführung bekenntnisorientierten Islamunterrichts, muslimische Bestattung und Seelsorge, den Bau von Moscheen sowie die Etablierung muslimischer Kindergärten und Bildungseinrichtungen. Für eine Gesellschaft, die sich, je nach Standunkt des Betrachters, als säkular oder christlich geprägt versteht, ist dies eine neue und herausfordernde Situation, mit der sehr unterschiedlich umgegangen wird. Einige Forderungen aus den Reihen muslimischer Verbände lösten jahrelange Debatten aus und sind noch immer umstritten, anderen wurde umstandslos entsprochen. Die Einführung einer islamischen Theologie an deutschen Universitäten geschah sogar, ohne dass dies von muslimischer Seite jemals gewünscht wurde. Das im Artikel 4.2 des Grundgesetzes festgeschriebene Recht auf ungestörte Religionsausübung macht die Umsetzung vieler der genannten Ansprüche zu einer Frage des legitimen Rechts. Deutschland besitzt daher gute Voraussetzungen, um eine umfängliche rechtliche Partizipation von Muslimen zu gewährleisten. Allerdings stellt sich im Einzelfall immer wieder die Frage, ob Artikel 4.2 mit anderen Artikeln der Verfassung oder dem geltenden Recht in Widerspruch steht. Ein Beispiel ist die Beschneidungsdebatte des Jahres 2012, bei der das Recht auf körperliche Unversehrtheit gegen das Recht auf freie Religionsausübung abgewogen werden musste. Ob das Rechtsgut der Religionsfreiheit eventuell zu weit ausgelegt wird, muss auch in Bezug auf die salafistische Lies-Kampagne diskutiert werden, die eine der wichtigsten Rekrutierungsfelder für jugendliche Jihadisten darstellt.

Während rechtliche Fragen trotz der genannten Problemfälle vergleichsweise einfach zu regeln sind, stellen kulturelle Aspekte meiner Meinung nach die größeren Herausforderungen dar. Gerade die jungen in Deutschland aufgewachsenen Muslime betonten mir gegenüber ihre islamische Identität, und dabei wurde ein starkes Bedürfnis nach einer einheitlichen islamischen Kultur, ja einem »wahren« Islam sichtbar. Die oben skizzierte Heterogenität löst sich in diesem Bedürfnis gewissermaßen auf. Der französische Politikwissenschaftler Olivier Roy spricht sogar von einer religiösen »Neo-Ethnizität« (Roy 2006:129). Die jungen Muslime erschaffen, so Roy, einen »aller kulturellen und nationalen Besonderheiten entkleideten Islam [...], der die doppelte Tendenz der Individualisierung und gemeinschaftlichen Rekonstruktion auf eine rein religiöse Basis stellt« (ebd.: 161). Das trifft für viele junge Wiesbadener Muslime uneingeschränkt zu. Viele meiner jungen Gesprächspartner und -partnerinnen kritisierten ihre Eltern dafür, die Regeln und Gebote des Islam nicht so zu beherzigen, wie sie selbst es für richtig hielten. Sie warfen den Älteren

Wissensdefizite, aber auch praxeologische Inkonsequenzen vor. Bemerkenswert ist an dieser Haltung zweierlei: Zum einen beanspruchen die Jungen theologische und moralische Autorität über die Alten und kehren damit die in ihren ethnischen Gemeinschaften herrschenden Machtverhältnisse um; auf der anderen Seite treiben sie einen ultraorthoxen, in weiten Teilen sogar fundamentalistischen Islam voran, der in letzter Konsequenz in salafistischem Skripturalismus mündet. Diese Hinwendung zum Fundamentalismus und zum koranischen Text bzw. dem Propheten Mohammed als ultimativem Leitbild ist teilweise durchaus von emanzipativen Ideen oder Vorstellungen von Gerechtigkeit inspiriert. Minhat zum Beispiel, die ich beim *zikr* des Ordens al-Qadiriya al-Boutschischiya kennengelernt hatte, warf ihrem Vater vor, sie mit rein kulturell begründeten Vorstellungen in ihrem Bewegungsspielraum beschnitten zu haben, obgleich es dafür keine religiöse Rechtfertigung gab, und die junge Akademikerin, die bei DITIB mit Oliver sprach, setzte sich ebenfalls über väterliche Anweisungen hinweg, weil sie der Meinung war, ihre Religion besser verstanden zu haben als er.

Die Bedeutung des Koran und der Sunna als normatives Regelwerk spielte für viele meiner Gesprächspartner und -partnerinnen eine wichtige Rolle. Obgleich sie sich faktisch in Bezug auf die religiösen Traditionen und die individuelle Gestaltung ihres Alltags voneinander unterschieden, verstanden viele von ihnen die Gesetze des Islam als normative Leitlinie für alle Lebenslagen. Dabei differenzierten sie alle nur erdenklichen menschlichen Handlungen in solche, die erlaubt (*halal*) und solche, die verboten (*haram*) sind und versuchten, sich daran zu orientieren. Eine solche Haltung produziert zwangsläufig Konflikte. Die Forderung nach Geschlechtertrennung bei Elterngesprächen wie sie von Vertretern der Masjid Ali vorgetragen wurde oder die endlose Diskussion um die »Befreiung« der Mädchen von bestimmten Unterrichtsgebieten sind Beispiele dafür. Dabei ist nicht nur der Inhalt der Forderungen, sondern auch die Form der Begründung in unserer Gesellschaft schwer zu vermitteln.

Das Argument, dass Gott etwas vorgeschrieben habe, ist unserem Erziehungsziel einer kritischen Reflexionsfähigkeit diametral entgegengesetzt. Dies kritisieren auch liberale Muslime, die oft mehr noch als Nichtmuslime die Entstehung radikaler Denkweisen bei deutschen oder europäischen Muslimen befürchten. Marwan Abou-Taam spitzt die gegenwärtige Situation folgendermaßen zu: Es gäbe nur zwei Alternativen: »Islam im Sinne von

Djihadismus und Schari'a oder säkulare Islamkultur« (Abou-Taam 2011: 125). Die erstgenannte führe »in eine europäische Katastrophe« (ebd.). Der ursprünglich aus Damaskus stammende muslimische Politikwissenschaftler Bassam Tibi hatte solche Befürchtungen bereits im Jahr 1998 geäußert und vor einem Konflikt zwischen einem fundamentalistischen Islam und säkularen europäischen Werten gewarnt. Als Lösung hatte er den visionären Entwurf eines Euro-Islam vorgelegt, dessen Förderung zu seiner großen Enttäuschung von offiziellen Stellen niemals ernsthaft verfolgt wurde. Erst jetzt scheint die Zeit reif zu sein, um auch neue Spielarten des Islam in die öffentliche Debatte einzubringen. Im Frühjahr 2010 gründete sich in Köln der Liberal-Islamische Bund, der für »eine ›dogmafreie‹ Auslegung religiöser Schriften [...] unter Einbeziehung historischer und sozialer Kontexte und die umfassende Geschlechtergerechtigkeit, sowie deren pädagogische und theologische Umsetzung«[4] eintritt; und im Jahr 2015 organisierten sich führende muslimische Intellektuelle im Muslimischen Forum Deutschland. Einer der Gründer des Forums, der palästinensischstämmige Psychologe Ahmad Mansour, möchte einen deutschen Islam etablieren, der sich »ohne Wenn und Aber zu Demokratie und Menschenrechten bekennt [...], einen Islam, der Differenzen zulässt und aushält.«[5]

Es wäre wünschenswert, wenn dieses liberale Gedankengut auch in Wiesbaden zur Verfügung gestellt würde. Der passende Ort dafür wären die Schulen, denen in Zukunft ohnehin die Hauptlast des Navigierens durch die vielfältigen Herausforderungen der multikulturellen und multireligiösen deutschen Gesellschaft zufällt. Nur hier können junge Menschen das nötige Wissen erwerben, das ihnen hilft, angstfrei und ohne Vorurteile mit anderen umzugehen. Solche Hoffnungen werden auch mit dem bekenntnisorientierte Islamunterricht verbunden. Ob er jedoch ausreicht, um den Islam in seiner Vielfältigkeit zu vermitteln, bleibt abzuwarten. Im Sommer 2015 hat Abdel-Hakim Ourghi, der Leiter des Fachbereichs Islamische Theologie der Pädagogischen Hochschule Freiburg, dem von DITIB entwickelten Curriculum ein schlechtes Zeugnis bescheinigt. »Eine Auseinandersetzung mit problematischen Koranversen findet nicht statt«, sagte er gegenüber der FAZ. »Ebenso wenig wird das Thema der Identitätsfindung der Schüler zwischen islamischem Glauben und ihrer westlich geprägten Lebenswirklichkeit angesprochen.«[6] Zu einem ähnlichen Befund kam der muslimische Theologe Mouhanad Khorchide bei einer Evaluierung des islamischen Religionsunterrichts in Österreich. Er schreibt, es habe sich gezeigt, »dass die islamischen Religionslehrer an österreichischen Schulen den Islam primär als Gesetzesreligion vermitteln [...] und den SchülerInnen einen Katalog an Erlaubtem und Verbotenem präsentieren« (Khorchide 2008: 179). Dies könne jedoch nicht das Ziel eines zeitgemäßen islamischen Unterrichts sein. Vielmehr sollen junge Menschen »zur kritischen Reflexion von Traditionen, die sich mit humanen Werten nicht vereinbaren lassen, angehalten und dazu befähigt werden, ihre freie individuelle Selbstbestimmung als Muslime auf Basis eines offenen Islamverständnisses im Sinne einer spirituellen und ethischen Religion und weniger einer Gesetzesreligion zu entfalten« (ebd.).

Orthodoxer und liberaler Islam ringen zurzeit in Deutschland um theologische Deutungshoheit. Das verunsichert die Politik, die sich gerade dazu durchgerungen hatte, die Verbände als Partner für Integrations- und seit einem Jahr auch für Salafismuspräventionsprojekte zu gewinnen. Diese Verbände vertreten – großzügig geschätzt – höchstens 25 Prozent aller in Deutschland lebenden Muslime. Aufgrund ihres Organisierungsgrades und der individuellen Kompetenz ihrer Führungspersonen spielen sie allerdings eine besondere Rolle. Sie sind in der Lage ihre Anliegen so vorzutragen, dass sie in der Öffentlichkeit wahrgenommen werden und üben einen beträchtlichen Einfluss aus. Das wird beispielsweise an der Einführung des bekenntnisorientierten islamischen Religionsunterrichts in Hessen deutlich. Kooperationspartner des Landes ist einerseits DITIB, der größte muslimische Einzelverband in Deutschland, und die Ahmadiyya Muslim Jamaat, ein numerischer Zwerg unter den Verbänden, der sich durch geschickte Politik seiner stets hoch gebildeten Führungspersonen auszeichnet und aufgrund seines sozialen Engagements sowie seines konsequenten Pazifismus die Sympathien vieler zivilgesellschaftlicher Akteure gewinnen konnte. Auch auf kommunaler Ebene sind Muslime nur dann Partner, wenn sie organisiert sind. Das zeigt die Arbeitsgemeinschaft Islamischer Gemeinden. Aus rein pragmatischen Erwägungen heraus ist dies verständlich, auf lange Sicht sollte jedoch überlegt werden, ob ein offeneres Forum, in dem auch herausragende Einzelpersonen einen Platz haben, sinnvoller ist. Die politische Übermacht von Verbandsvertretern wird vor allem von liberalen Muslimen aus gutem Grund kritisiert;[7] zudem gibt es ohnehin gute Argumente für eine stärkere Personenzentrierung der Politik. Die theologische Richtung von Moscheegemeinden wechselt, wie die Beispiele der Tauhid-Moschee oder der

Süleymaniye-Moscheen zeigen, beim Personalwechsel im Vorstand oder bei einem neuen Imam oft fundamental, und nicht selten lassen sich eher Einzelpersonen als Organisationen identifizieren, die sich auf kommunaler Ebene engagieren möchten.

Offene Foren böten auch die Chance den Islam weniger stark als normatives Regelwerk wahrzunehmen und stattdessen seine spirituellen Momente in den Vordergrund zu stellen. Die beeindruckendsten Situationen meiner Forschung waren jene, in denen es mir vergönnt war, bei Gebeten und religiösen Zeremonien dabei zu sein und eine Idee davon zu bekommen, wie sich Momente religiöser Ergriffenheit anfühlen. Die Teilnahme am *zikr* der al-Qadiriya al-Boutschischiya oder der *lailat al qadr*, der »Nacht des Schicksals«, in der Omar-Moschee waren solche unvergesslichen Erlebnisse. Die Dimension des im positiven Sinne Berührenden ist nicht nur im muslimischen Ritual erfahrbar, sondern auch im Koran. Navid Kermani hat sein Buch *Gott ist schön* eben diesem Bereich des Ästhetischen gewidmet. Mit Verweis auf den progressiven muslimischen Denker Nasr Hamid Abu Zaid schreibt er, »dass die Beschränkung des Koran auf seine gesetzgeberische Funktion eine Beschneidung seiner Variabilität darstellt« (Kermani 2007: 147). Darin ist ihm absolut Recht zu geben. Ein Islam, der sich am Wesen Gottes als des barmherzigen Erbarmers orientiert, wie es im Koran heißt, der den Menschen so nahe ist wie niemand anderes, näher noch als seine eigene Halsschlagader, ein solcher Islam wird in der Lage sein Brücken zu allen Menschen zu bauen – ganz gleich, woran sie glauben. Ein solcher Islam hätte keine Schwierigkeiten davon zu überzeugen, dass er wahrhaft zu Deutschland gehört. Er könnte die Begeisterung, die Goethe erfasst hatte, wiederbeleben und demonstrieren, dass der Zusammenschluss von Orient und Okzident eine große Bereicherung darstellt.

Anmerkungen

Vorwort

1 Foroutan et al. 2014: 45.
2 Die Liste erhebt weder Anspruch auf Vollständigkeit noch auf dauerhafte Gültigkeit. Nicht aufgenommen wurde die Vahdet-Moschee, zu der wir erst 2014 Kontakt erhielten und aus Zeitgründen nicht weiterverfolgen konnten, aber auch der jüngst gegründete Islam Info Service Wiesbaden e.V.
3 Diese ursprünglich in der Ethnologie für die Erforschung indigener Gesellschaften entwickelte qualitative Methode (vgl. Hauser-Schäublin 2003) wird heute auch von anderen Disziplinen wie Soziologie, Politik- und vergleichender Rechtswissenschaft angewendet.

Teil I
Muslime in Deutschland: Zwischen Stigmatisierung und Anerkennung

1 Vgl. www.faz.net/aktuell/politik/inland/bundesinnenminister-friedrich-islam-gehoert-historisch-nicht-zu-deutschland-1609731.html, abgerufen am 17.1.2014.
2 Vgl. www.sueddeutsche.de/politik/volker-kauder-vor-der-islamkonferenz-islam-gehoert-nicht-zu-deutschland-1.1336261, abgerufen am 17.1.2014.
3 Vgl. www.spiegel.de/politik/deutschland/integration-gauck-distanziert-sich-von-wulffs-islam-rede-a-836241.html, abgerufen am 14.1.2014.
4 Vgl. https://www.tagesschau.de/inland/islam-deutschland-debatte-101.html, abgerufen am 18.8.2015.
5 Vgl. http://www.welt.de/politik/deutschland/article136740584/Der-Islam-gehoert-nicht-zu-Sachsen.html, abgerufen am 18.8.2015.
6 Vgl. http://www.focus.de/politik/deutschland/junge-union-widerspruch-gegen-merkels-islam-aeusserung_id_4409601.html, abgerufen am 18.8.2015.
7 Vgl. Theilig 2014.
8 Vgl. Tworuschka 2006: 162.
9 Vgl. z. B. das Onlineportal »Way to Allah«: www.way-to-allah.com/bekannte/goethe.html.
10 Umgangssprachlicher Begriff für die osmanische Regierung.
11 Vgl. Altmann 2010.
12 Zur »Turcophilia Saxoniae« Augusts des Starken und der Ausstrahlungskraft seiner Orientinszenierungen vgl. Theilig 2014.

13 Zur Geschichte der Gesellschaft vgl. Preissler 1995.
14 Vgl. Mangold 2004: 45.
15 Vgl. auch Gossman 2013: 95–105.
16 Erinnerungen von Berliner Türken aus der Zeit vor dem Zweiten Weltkrieg finden sich in Kocadoru 2005.
17 Auf die mittlerweile unüberschaubare Fülle von Publikationen zur Konstruktion des Orients als »Anderer« des Westens kann in dieser Publikation nicht eigegangen werden. Zur Vertiefung sei Edward Saids 1978 erschienene Monografie »Orientalism« empfohlen, die Orientkonstruktionen im Kontext kolonialer und imperialistischer Herrschaft analysiert und 2012 in einer neuen deutschen Übersetzung erschien, aber auch die Kritik des Philosophen Sadik Jalal al-Azm aus dem Jahr 1981.
18 Siehe Ceylan 2012; Ottmer 2012.
19 Zur Geschichte des Anwerbeabkommens mit Marokko vgl. Klemm 2014.
20 Es migrierten allerdings nicht ausschließlich Männer, sondern auch eine kleine Anzahl von Frauen. Zu den Gastarbeiterinnen vgl. Mattes 2005.
21 Vgl. Hunn 2005; Sen/Aydin 2002: 14.
22 2004 verabschiedete der Bundestag ein Zuwanderungsgesetz, und 2007 einigten sich Bund, Länder und zahlreiche Organisationen aus der Zivilgesellschaft auf einen Nationalen Integrationsplan. Sprachförderung, Anerkennung von im Ausland erworbenen Abschlüssen und eine verbesserte Integration von Zuwanderern in den Bereichen Bildung und Beruf stehen seitdem auf der Liste der Maßnahmen, mit denen man die neue Pluralität der Gesellschaft zu einem Erfolgsprojekt werden lassen möchte.
23 Die Deutsche Islamkonferenz beauftragte das Bundesamt für Migration und Flüchtlinge mit der Studie. Insgesamt wurden im Jahr 2008 6.004 Personen mit Migrationshintergrund aus insgesamt 50 Ländern telefonisch mit Hilfe eines standardisierten Fragebogens befragt.
24 Ob man die Alewiten zu den Muslimen zählen sollte, ist umstritten, da diese sich selbst teilweise nicht als Muslime verstehen und auch von anderen Muslimen nicht als solche anerkannt werden.
25 Vgl. Haug/Müssig/Stichs 2009: 13.
26 Vgl. Beinhauer-Köhler/Leggewie 2009.
27 Vgl. Göle/Ammann 2004.
28 Vgl. Habermas 2005: 121.
29 Vgl. Pollack et al. 2013: 18. Bemerkenswert ist auch, dass 41 % der Westdeutschen und 50 % der Ostdeutschen der Aussage »Ich glaube, dass unser Land durch fremde Kulturen/Nationen bedroht ist« zustimmten. Vgl. Pollack et al. 2013: 17.
30 Vgl. Akgün 2015.
31 Im Jahr 2007 gründete sich in Köln der bundesweite Zentralrat der Ex-Muslime, die den konservativen Funktionären der islamischen Verbände das Vertretungsrecht der deutschen Muslime streitig machen. Der Zentralrat wirbt für eine Religionsfreiheit, die auch das Verlassen des Islam einschließt, und wendet sich dezidiert gegen die Gewährung religiöser Sonderrechte für Muslime.

32 Vgl. Attia 2007; Braun/Matthes 2007; Castro Varela/Dhawan 2006; Rommelspacher 2001.
33 Vgl. http://www.islamdebatte.de/studien/2012-studien/heitmeyer-wilhelm-hrsg-2002-2011-gmf-survey/, abgerufen am 3.4.2014.
34 Vgl. Bielefeld 2008.
35 Vgl. Foroutan et al. 2014: 7.
36 Ende 2012 lag der Anteil der Bevölkerung mit Migrationshintergrund bei 41,1 %, die Arbeitslosenquote lag im April 2013 bei 17,1 %.
37 Vgl. Buschkowsky 2012.
38 Vgl. Heisig 2010.
39 Vgl. Ates 2007, 2009.
40 Kelek 2005: 218.
41 Vgl. Kelek 2005, 2006.
42 Vgl. El-Mafaalani/Toprak 2011; Toprak 2007, 2010.
43 Vgl. Brettfeld/Wetzels 2007.
44 In den USA lebende postkoloniale Kritiker melden sich seit Jahren ebenfalls zu den europäischen Kontroversen zu Wort und bescheinigen den europäischen Mehrheitsgesellschaften Islamfeindlichkeit. Vgl. dazu die Anthropologen Talal Asad 2006, John Bowen 2008 und Jocelyne Cesari 2013.
45 Vgl. Attia 2009; Barskanmaz 2009: 36; Cakir 2014; Castro Varela/Dhawan 2006; Hafez 2013; Rommelspacher 2001; Yildiz 2004, 2007.
46 Vgl. u.a. Attia 2009; Miksch 2009; Schneiders 2009.
47 Vgl. Bahners 2011.
48 Vgl. Bade 2013.
49 Siehe u.a. Schiffer 2005; Spielhaus 2010.
50 Zur Debatte um Parallelgesellschaften siehe auch den von Bukow/Nikodem/Schulze/Yildiz 2007 herausgegebenen Sammelband; Kaschuba 2007a und b.
51 Vgl. Abou-Taam 2011.
52 Vgl. Bukow/Heck/Schulze/Yildiz 2011.
53 Vgl. auch Bukow/Yildiz 2002.
54 Vgl. Yildiz/Hill 2015.
55 Vgl. Brumlik 2012.
56 Vgl. Kahlweiß/Salzborn 2012; Pfahl-Traughber 2012.
57 Vgl. Barskanmaz 2009: 383.
58 Vgl. Braun/Mathes 2007: 11; Rommelspacher 2001: 21.
59 Er verweist dabei u.a. auf die Plattform »Islamophobia Watch«, die nach Darstellung ihrer Gründer »has been founded with a determination not to allow the racist ideology of Western imperialism to gain common currency in its demonisation of Islam« (Bielefeld 2008: 24).
60 Vgl. Sansal 2013.
61 Vgl. Abdel-Samad 2014.
62 Salafismus ist eine totalitäre Variante des Islam, die im Gegensatz zu Demokratie, den Menschenrechten und der Idee der Geschlechtergerechtigkeit steht. Er verbindet eine in

die Vergangenheit projizierte Utopie mit modernen Elementen der Popkultur und ist in vielen Ländern – u. a. in Deutschland – die am schnellsten wachsende Jugendbewegung. Vgl. Abou-Taam 2012; Behnam/Fouad 2014; Seidensticker 2014.
63 Vgl. Horstkotte/Karschick 2014.
64 Vgl. Abu Zaid 2006, 2008, 2011.

Teil II
Muslime in Wiesbaden: Vielfältig, hybrid, transkulturell

1 Die Umbenennung vieler zuvor national markierter Vereine in dezidiert islamische Organisationen stellt einen solchen Versuch dar.
2 Die Namen der Vorstandsmitglieder, des Imam und seiner Frau wurden nicht anonymisiert, da es sich um Personen in öffentlichen Positionen handelt.
3 Das Bildungspaket soll die gesellschaftliche Partizipation bedürftiger Kinder und Jugendlicher fördern. Seit April 2011 können Eltern, die Hartz IV oder Wohngeld beziehen, Zuschüsse für Lernförderung, Schulbedarf und kulturelle Aktivitäten ihrer Kinder (Musikunterricht, Sportverein etc.) beantragen.
4 Dotzheim ist einer der südlichen Ortsteile Wiesbadens. Der Bahnhof wurde mittlerweile weitgehend eingestellt.
5 Grundschule im Zentrum Wiesbadens.
6 Vgl. Yasar 2012.
7 Zum Verlauf der Ereignisse siehe Bozay 2008.
8 Vgl. auch Gorzewski 2015: 269–73.
9 Vgl. http://www.ditib.de/default1.php?id=7&sid=23&lang=de.
10 Vgl. http://www.ditib.de/detail1.php?id=414&lang=de.
11 Zur Organisationsstruktur siehe Gorzewski 2015.
12 Vgl. Rosenow-Williams 2013.
13 So hatte sich 2015 in Dinslaken ein DITIB-Vorstandmitglied in salafistischer Pose ablichten lassen, und in Wolfsburg nutzten Salafisten die örtliche DITIB-Moschee als Treffpunkt.
14 Vgl. Lemmen 2002: 38; Spuler-Stegemann 2002: 104.
15 Siehe Kapitel III.1.4.
16 Um die Identität der jungen Frau zu schützen, wird die Berufsbezeichnung wie von ihr gewünscht nicht angegeben.
17 Vgl. Toprak, Binnaz et al. 2009.
18 Vgl. Amir-Moazami 2010: 117.
19 Vgl. www.verfassungsschutz.de/de/arbeitsfelder/af-islamismus-und-islamistischer-terrorismus/zahlen-und-fakten-islamismus/zuf-is-2012-islamistische-organisationen.html.
20 Zitat eines Bürgers: »Wenn ich aus dem Fenster sehe, sehe ich jetzt schon überall Kopftücher« (Wiesbadener Kurier vom 16.10.2006).

21 Vgl. www.igmg.org/uploads/media/Selbstdarstellung-IGMG-Deutsch.pdf; S. 28.
22 Al-Andalus bezeichnet die zwischen 711 und 1492 muslimisch besetzten Teile Spaniens.
23 Der Begriff *nafs* bezeichnet im Arabischen eine triebhafte oder unberechenbar-emotionale Seite der menschlichen Persönlichkeit, welche die Anstrengungen, ein guter Moslem zu sein, immer wieder sabotiert.
24 Vgl. *Wiesbadener Tagblatt* vom 14.3.2011.
25 Der *azzan* ist der fünfmal am Tag ertönende Gebetsruf des Muezzin.
26 »SAW« oder »s.a.w.« (manchmal auch nur »s«) steht für *salla Allahu 'alaihi wa sallam*, »der Friede und Segen Allahs seien auf ihm«.Gläubige Muslime fügen diese Floskel oder deren Abkürzung immer an, wenn sie über den Propheten sprechen oder schreiben.
27 Die Namen wurden anonymisiert.
28 Es handelt sich um eines der fünf vorgeschriebenen Pflichtgebete, die jeweils zu einer festgelegten Uhrzeit stattfinden.
29 Vgl. Saeed 2007, 2012.
30 Vgl. http://www.ahmadiyya.de/islam/die-frau-im-islam/der-islam-ueber-ehe-und-treue/.
31 Kurze Zeit später wurde die Moschee allerdings von den Nationalsozialisten für Propagandaveranstaltungen genutzt.
32 Vgl. http://www.ahmadiyya.de/ahmadiyya/persoenlichkeiten-der-ahmadiyya-muslim-jamaat/hadayatullah-huebsch/.
33 Vgl. http://www.zeit.de/gesellschaft/zeitgeschehen/2013-06/islam-kirche-hessen-koerperschaft.
34 Vgl. http://de.qantara.de/content/islam-bosnien-wir-gehoren-kulturell-und-mental-zum-westen, abgerufen am 3.6.2013.
35 Die Sunniten erkennen vier große Rechtsschulen (*madhhab*) an, die im 8. und 9. Jahrhundert entstanden sind und jeweils auf spezifische Rechtsgelehrte zurückgehen: die schafiitische, hanbalitische, malikitische und hanafitische Rechtsschule.
36 Vgl. Donia/Fine 1994: 87.
37 Vgl. Furat 2012.
38 Vgl. Karacic 1999.
39 Vgl. Karic 2012.
40 Vgl. Omerika 2013: 20–31.
41 Vgl. Shatzmiller 2002.
42 Vgl. Alibasic 2012.
43 Die sogenannte Gülen-Bewegung ist eine bildungsorientierte Reformbewegung, die großen Anteil an der Revitalisierung des Islam in der Türkei hatte, sich aber seit Jahren einen Machtkampf mit der herrschenden AKP Recip Tayyib Erdogans licfert.
44 Vgl. http://ikv-kostheim.de/satzung/.
45 »Zum Dschihad gehört auch, daß man zu den Waffen greift, um den Islam oder ein muslimisches Land zu verteidigen. Diese Art des Dschihad muß von einer religiösen Führung oder von einem muslimischen Staatsoberhaupt, das dem Koran und der Sunna (dem Beispiel des Propheten Muhammad) folgt, ausgerufen werden« (http://ikv-kostheim.de/haeufige-fragen/zum-islam/).

46 Vgl. http://ikv-kostheim.de/haeufige-fragen/zum-islam/.
47 Vgl. http://ikv-kostheim.de/haeufige-fragen/zur-frau-im-islam/#18.
48 Vgl. http://ikv-kostheim.de/haeufige-fragen/zur-frau-im-islam/#18.
49 Vgl. http://ikv-kostheim.de/haeufige-fragen/zur-frau-im-islam/#18.
50 Diese Historisierung koranischer Verse ist eine Methode progressiver Muslime, um den Islam mit den international anerkannten Frauenrechten kompatibel zu machen.
51 Vgl. http://ikv-kostheim.de/haeufige-fragen/zum-islam/#21.
52 Vgl. http://ikv-kostheim.de/haeufige-fragen/zur-frau-im-islam/.
53 Vgl. http://ikv-kostheim.de/haeufige-fragen/zur-frau-im-islam/#18.
54 Vgl. http://ikv-kostheim.de/haeufige-fragen/zur-frau-im-islam/#18.
55 Vgl. http://ikv-kostheim.de/haeufige-fragen/zum-islam/.
56 Vgl. http://ikv-kostheim.de/haeufige-fragen/zur-frau-im-islam/.
57 Ein Burkini ist ein zweiteiliger, schariakonformer Badeanzug. Er besteht aus einem langärmeligen, blusenähnlichen Oberteil mit integrierter Haube und einer Art Leggings.
58 Vgl. »Wiesbadener Kurier« vom 14.4.2008.
59 Vgl. »Wiesbadener Kurier« vom 3.5.2008.
60 Der Name wurde anonymisiert.
61 Das Gespräch fand vor Ausrufung des »Islamischen Staates« durch Abu Bakar al-Baghdadi statt, so dass ich nicht weiß, ob Bauernfeind in ihm das ultimative Vorbild sieht.
62 Man glaubt, dass auf jeder Schulter des Menschen ein Engel sitzt. Derjenige auf der linken Schulter notiert die Sünden, derjenige auf der rechten die guten Taten. Beides wird der Vorstellung zufolge in einem Punktesystem festgehalten, das die Beurteilung am Tag des Jüngsten Gerichts erleichtert.
63 Vgl. Artikel von Ingeborg Toth, abgedruckt auf http://www.masjidomar.de/page-13.html.
64 Vgl. Amt für Strategische Steuerung, Stadtforschung und Statistik. Stadtteilprofil Klarenthal 2014. http://www.wiesbaden.de/medien-zentral/dok/leben/stadtportrait/1202_07-Klarenthal.pdf.
65 Eine ähnliche Überlieferung, allerdings mit einer weiblichen Gesetzesbrecherin, wurde mir von einem Gesprächspartner des »Weg der Mitte« erzählt. Siehe Kap. 11.3.

Teil III
Debatten, Programme, Positionen

1 Es wird mit Recht immer wieder darauf hingewiesen, dass ein großer Teil der Einwanderer, besonders der Neueinwanderer, keineswegs besonderer Programme bedarf. In der Diskussion erscheinen beispielsweise weder Ost- noch Südostasiaten, Südeuropäer oder Südosteuropäer, sieht man einmal von den Roma ab.
2 Zur Situation marokkanischstämmiger Einwanderer in Deutschland vgl. auch: Bouras-Ostmann 2014.

3   Vgl. Amt für Strategische Steuerung, Stadtforschung und Statistik 2012a: 9.
4   Marokkanischstämmige Frauen bekommen im Durchschnitt 3,87 und türkischstämmige 1,94 Kinder. Vgl. Amt für Strategische Steuerung, Stadtforschung und Statistik 2012a: 11.
5   16,5 % der Marokkanischstämmigen und 12,4 % der Türkischstämmigen leben mit einem deutschstämmigen Partner zusammen. Vgl. Amt für Strategische Steuerung, Stadtforschung und Statistik (2012b): Wiesbadener Stadtanalysen. Herkunftsspezifische Integration, S. 17.
6   Die Kategorien sind in gewisser Weise problematisch, da es sich gerade bei den Kindern um Personen handelt, die in Deutschland geboren wurden und häufig auch die deutsche Staatsangehörigkeit haben.
7   Vgl. Amt für Soziale Arbeit 2007: B 3.
8   Vgl. Amt für Soziale Arbeit 2007: B 38.
9   Amt für Strategische Steuerung, Stadtforschung und Statistik (2014): Aktuelle Kurzinformation aus der Wiesbadener Statistik, Bevölkerung in den Ortsgebieten am 31. Januar 2014. www.wiesbaden.de/medien-zentral/dok/leben/stadtportrait/01_Obez-Kurzinfo.pdf.
10 Vgl. www.wiesbaden.de/leben-in-wiesbaden/planen/wohnen/stadterneuerung/inneres-westend.php.
11 Vgl. Amt für Soziale Arbeit 2007: B 191.
12 Vgl. Amt für Wahlen, Statistik und Stadtforschung 2001: 18.
13 Vgl. Amt für Wahlen, Statistik und Stadtforschung 2001: 21.
14 Vgl. www.staedtebaufoerderung.info/StBauF/DE/SozialeStadt/soziale__stadt__node.html.
15 Vgl. www.kubis-wiesbaden.de/home/soziale-stadt.html.
16 Vgl. http://www.faz.net/aktuell/rhein-main/region/integration-wiesbaden-und-moschee-vereine-treffen-integrationsvereinbarung-1462934.html, abgerufen am 4.8.2014.
17 Vgl. »Wiesbadener Kurier« vom 3.5.2008.
18 Vgl. »Wiesbadener Kurier« vom 14.4.2008.
19 Vgl. »Wiesbadener Tagblatt« vom 28.1.2010.
20 Solche Vorstellungen entsprechen exakt denjenigen, die im »Islamischen Staat« gepredigt und jüngst durch ein Manifest der weiblichen Khanssa-Brigaden bestätigt wurden. Abul Baraa ist allerdings kein Gefolgsmann des IS, sondern hält der Konkurrenzorganisation Al-Qaida die Treue.
21 Vgl. »Wiesbadener Kurier« vom 8.6.2012.
22 Vgl. »Wiesbadener Kurier« vom 14.4.2008.
23 Vgl. u. a. Said 2014; Schröter 2015a und b; Steinberg 2014.
24 Vgl. Hessisches Ministerium der Justiz, für Integration und Europa 2013: 1.
25 Vgl. Haug 2010: 7.
26 Vgl. Baier et al. 2009: 35.
27 Vgl. Hessisches Ministerium der Justiz, für Integration und Europa 2013: 9–10.
28 Vgl. Amt für Strategische Steuerung, Stadtforschung und Statistik 2014: 20.

29 Vgl. Amt für Strategische Steuerung, Stadtforschung und Statistik 2012a: 5. Zur Bildungssituation marokkanischstämmiger Kinder und Jugendlicher vgl. auch Kemper/Spogmai 2014.
30 Vgl. Amt für Strategische Steuerung, Stadtforschung und Statistik 2012a: 8.
31 Vgl. Boos-Nünning/Karakasoglu-Aydin 2004: 2011ff.
32 Bei gleicher sozialer Herkunft, so Dollmann, hätten Migranten eine höhere Bildungsaspiration als autochthone Deutsche. Vgl. Dollmann 2010: 40, 170.
33 Vgl. Karakasoglu-Aydin 2001.
34 Lange (2001: 39) beispielsweise macht das Schulsystem neben allen anderen genannten Faktoren für das schlechte Abschneiden von Kindern aus Migrantenfamilien verantwortlich, bleibt aber eine schlüssige Begründung schuldig.
35 Vgl. http://www.fr-online.de/rhein-main/interview-mit-schulleiterin-paessler-das-bildungssystem-gehoert-abgeschafft-,1472796,8535300.html.
36 Vgl. Amt für Wahlen, Statistik und Stadtforschung (2008): Wiesbadener Stadtanalysen. Kriminalität in Wiesbaden von 1994 bis 2007, S. 7.
37 Vgl. Haug 2010: 20.
38 Zu Männlichkeitskonstruktionen in Verbindung mit einer »Kultur der Ehre« vgl. Enzmann/Brettfeld/Wetzels 2003.
39 Vgl. Baier et al. 2009: 72. Unter den gewaltlegitimierenden jungen Männern, so die Autoren, hätten 44,7 % in den letzten zwölf Monaten seit der Befragung selbst Gewalttaten begangen.
40 Vgl. Haug 2010: 22.
41 Das Team um Dirk Baier und Christian Pfeiffer befragte 45.000 Jugendliche der 9. Klasse in 61 Städten und Landkreisen.
42 Die Studie provozierte erwartungsgemäß Widerspruch. So schrieb Deniz Baspinar in »Die Zeit Online«: »Das religiöse Bekenntnis vieler junger Muslime ist im Übrigen häufig nur eine Leerformel, die nicht mit gelebter Religion einhergeht, sondern Provokation und kulturelle Abgrenzung sein will. Es gibt eine Vielzahl von sozialen und familiären Faktoren, die Gewalttätigkeit erklären. [...]. Einen monokausalen Zusammenhang wie den von ›Islam gleich Gewalt‹ zu behaupten, passt nur in den derzeitigen hysterischen Umgang mit dem Thema« (Baspinar 2010).
43 Vgl. Toprak 2007: 135 ff; Toprak/Nowacki 2010; El-Mafaalani/Toprak 2011.
44 Mertol weist darauf hin, dass Männlichkeitskonzepte junger Türken »traditionelle wie auch eher moderne, reflexive und diskursive« (Mertol 2007: 191) Elemente enthalten. Boos-Nünning und Karakasoglu (2007) halten die Idee des autoritäten Vaters für eine Fiktion, die der Realität nicht standhält.
45 Vgl. u. a. Arikan/Ham 2009; Klausen 2006.
46 Im 19. Jahrhundert erhielten Frauen in einigen U.S.-Bundesstaaten, Neuseeland und Südaustralien das allgemeine Wahlrecht. Deutschland und Österreich folgten 1918, Frankreich 1944 und die Schweiz erst 1971 nach einer Volksabstimmung.
47 Vgl. Schröter 2013.
48 Frauen erhielten 1930 das Wahlrecht auf kommunaler und 1934 auf nationaler Ebene.

49 Der erste Staatspräsident des unabhängigen Staates erließ 1956 das Frauenwahlrecht und veränderte auch das Personenstandsrecht Schritt für Schritt. Vgl. Schröter/Zayed 2013.
50 Der Iran folgte erst 1963, allerdings wurde bereits in der ersten Hälfte des zwanzigsten Jahrhunderts eine Bildungsoffensive für Mädchen und Frauen gestartet.
51 Im Verlauf des Prozesses spielten diejenigen in Mexiko-Stadt (1975) und in Kopenhagen (1980) eine besondere Rolle.
52 Die zuvor angesprochenen politischen, sozialen und ökonomischen Asymmetrien, die mit den Geschlechterverhältnissen verzahnt sind, werden ebenfalls angesprochen. Im allgemeinen Text heißt es, »dass die Beseitigung der Apartheid, jeder Form von Rassismus, Rassendiskriminierung, Kolonialismus, Neokolonialismus, Aggression, ausländischer Besetzung und Fremdherrschaft sowie von Einmischung in die inneren Angelegenheiten der Staaten für die volle Ausübung der Rechte von Mann und Frau unerlässlich ist«.
53 Ausnahmen sind der Iran, Nauru, Niue, Katar, Somalia, Sudan, Tonga und der Vatikanstaat.
54 Die UNO sah sich in diesem Fall genötigt, den offensichtlich weit verbreiteten Mythen über die zerstörerische Kraft von CEDAW mit einer Aufklärungskampagne zu begegnen. Vgl. www.unausa.org/Page.aspx?pid=935, abgerufen am 25.12.2011.
55 Vgl. Schirrmacher/Spuler-Stegemann 2004.
56 Vgl. Amirpur 2006; Schöter 2009.
57 Siehe u. a. Abu Zaid 2008, 2011; El Fadl 2014; Engineer 1999, 2003.
58 Vgl. Anwar 1991; Barlas 2002, 2004, 2005; Hassan 2004, 2005, 2007; Mir-Hosseini/Al-Sharmani/Rumminger 2013; Mir-Hosseini/Vogt 2015; Mulia 2004, 2005.
59 Vgl. Wadud 1999: 83.
60 Vgl. Gamper 2011; Wunn 2013.
61 Vgl. Müller 2007, 2010; Müller/Raming 1989; Müller/Barlas/Bozkurt 2008.
62 Im Global Gender Gap Report von 2013 rangierte Deutschland auf Platz 14, nicht nur hinter den skandinavischen Ländern, sondern auch abgeschlagen von den Philippinen, Nicaragua und Ruanda.
63 Kopftuchträgerinnen, so Yildiz, »tragen nicht unbedingt aus religiöser Überzeugung Kopftücher, wie immer wieder im öffentlichen Diskurs behauptet wird, sondern sie übernehmen die von außen zugeschriebenen Eigenschaften und drehen sie in ihrer Funktion um« (Yildiz 2009: 164).
64 Vgl. Toprak, Binnaz et al. 2009.
65 Vgl. Amir-Moazami 2007; Berghahn/Rostock 2009.
66 Siehe Sacksofsky 2009.
67 Wie bereits in den entsprechenden Kapiteln oben erwähnt, sind die Namen aller Frauen und Männer anonymisiert, sofern nicht anders angegeben. Dies gilt auch für diejenigen Gesprächspartner und -partnerinnen, die in diesem Kapitel neu eingeführt werden.
68 Vgl. El-Guindi 1999; Karam 1997.
69 Vgl. www.ahmadiyya.de/islam/die-frau-im-islam/das-kopftuchgebot.

70 Vgl. Wieland o. J.: 2.
71 Vgl. http://ikv-kostheim.de/haeufige-fragen/zur-frau-im-islam.
72 Als »Kulturmuslime« bezeichnet man Menschen, die zwar an Gott und seinen Propheten glauben, es aber mit den islamischen Pflichten nicht so genau nehmen.
73 Vgl Kaddor 2010: 51.
74 Vgl. Klinkhammer 2000; Nökel 1999, 2001, 2004. Es handelt sich dabei keineswegs um ein deutsches Phänomen. Die türkische Soziologin Nilüfer Göle hat bereits 1995 auf eine ähnliche Entwicklung in der Türkei hingewiesen.
75 Die islamisch-patrarchalische Sexualfeindlichkeit wurde bereits 1989 von der marokkanischen Soziologin Fatima Mernissi kritisiert.
76 Im Bereich der Sexualität zeigt sich eine enorme Diskrepanz zwischen Norm und Praxis, die in arabischen Ländern zunehmend literarisch thematisiert wird. Ins Deutsche übersetzt und sehr lesenswert sind u. a. Azzeddine 20008, El Sheki 2013 und Haddad 2010.
77 Vgl. http://www.ahmadiyya.de/islam/die-frau-im-islam/der-islam-ueber-ehe-und-treue/.
78 Der Name wurde anonymisiert.
79 Vgl. dazu Kraus 2004; Tillion 2007.
80 Vgl. Kelek 2005.
81 *Sayyid* nennt man Männer, die ihre Genealogie bis zum Propheten Mohammed zurückführen können und somit unmittelbare Nachfahren Mohammeds sind.
82 Vgl. Straßburger 2007b.
83 Vgl. Boos-Nünning/ Karakasoglu 2005: 252.
84 Vgl. Nagel 2007.
85 Bei beiden Frauen haben ich nicht nur die Namen, sondern auch die Herkunft anonymisiert, um ihre Identität zu schützen.
86 Angeführte Statistiken in Müller et al. 2009: 119–125.
87 Vgl. Boos-Nünning 2007.

Schlussbetrachtung

1 Vgl. Spielhaus 2011.
2 Vgl. Attia 2007, 2009; Bahners 2011; Bielefeld 2008; Braun/Matthes 2007; Cakir 2014; Hafez 2013; Lingen-Ali 2012; Miksch 2009; Schneiders 2009;
3 Vgl. auch Ceylan 2006; Tietze 2001, 2014.
4 Vgl. http://www.lib-ev.de/index.php?c=2, abgerufen am 18.8.2015.
5 Vgl. http://www.faz.net/aktuell/politik/inland/muslimisches-forum-deutschland-was-steckt-hinter-der-idee-13659883.html, abgerufen am 19.8.2015.
6 Vgl. http://www.faz.net/aktuell/rhein-main/hessen/hessen-gutachter-haelt-islamunterricht-fuer-zu-unkritisch-13741177.html?GEPC=s2, abgerufen am 18.8.2015.
7 Vgl. Akgün 2015.

Glossar

Akhlaq	Islamische Ethik
Aurat	Weibliche Schönheit
Ayah	Koranvers
Azzan	Ruf des Muezzin, der die Gläubigen zum Gebet ruft
Burkini	Zweiteiliger, schariakonformer Badeanzug, bestehend aus einem langärmeligen, blusenähnlichen Oberteil mit integrierter Haube und einer Art Leggings
Communitas	Kulturwissenschaftlicher Begriff für eine durch Ritual und Glauben zusammengehaltene Gemeinschaft
da'wa	Muslimische Missionierung
Fadjr	Gebet, das zwischen Morgendämmerung und Sonnenaufgang stattfindet
Fitna	Arabisch für »Chaos«, soziale Unordnung, die durch weibliche Sexualität hervorgerufen wird
hadd-Strafen	Körperstrafen im islamischen Strafrecht. Dazu zählen Auspeitschungen, Stockschläge, Amputationen von Gliedmaßen und Hinrichtungen
Hadith	Auch: Hadithe. Islamische Überlieferungen, die sich auf Aussagen und Handlungen des Propheten Mohammed beziehen
Hafis	Jemand, der den gesamten Koran auswendig gelernt hat
Halal	Handlungen und Dinge, die nach islamischem Recht erlaubt und zulässig sind
Hammam	Dampfbad
Haram	Verbotenes, der Scharia zuwiderlaufendes Verhalten
Hariri	Suppe mit Kichererbsen, Linsen, Lamm- oder Geflügelfleisch, Tomaten, Chili, Gewürzen und Petersilie
Hijab	Kopftuch, das Haare, Hals und Schultern bedeckt, aber das Gesicht frei lässt
Ibadah	Die Pflichten eines jeden Muslims entsprechend den fünf Säulen des Islam (Glaubensbekenntnis, rituelles Gebet, Unterstützung der Bedürftigen, Fasten, Pilgerfahrt nach Mekka)
Iftar	Fastenbrechen im Ramadan
Imam	Muslimischer Geistlicher
Iman	Der Glaube des Einzelnen, die innere religiöse Überzeugung, die gleichzeitig in Handlungen manifest wird

Isha	Nachtgebet nach dem Ende der Abenddämmerung, zwischen Einbruch der Dunkelheit und Beginn der Morgendämmerung
Jellaba	Langes weites Gewand, das von Männern und Frauen getragen werden kann
Jilbab	Kopftuch mit Gummizug und verstärktem Stirnschirm, das weit über Schultern und Brust fällt
Jihad	In der islamischen Theologie wird unterschieden zwischen dem *jihad al-akbar*, einem großen *jihad*, der den Kampf gegen das innere Selbst und das Streben nach Vervollkommnung im Sinne der islamischen Morallehre bedeutet, und dem *jihad al-asghar*, dem kleinen *jihad*, zu dem auch der Krieg oder die militärische Verteidigung gehören
Jin	Geist
Khimar	Zweiteiliges Kleidungsstück, bestehend aus einem bodenlangen weiten Untergewand und einem bis zu den Hüften, manchmal gar bis zu den Waden reichenden zeltartigen Obergewand
Khutba	Freitagspredigt
Lahmacun	Mit Hackfleisch oder Schafskäse gefüllte Teigfladen
maghrib-Gebet	Gebet zwischen dem Sonnenuntergang und dem Ende der Dämmerung
mihrab	Gebetsnische in der Moschee
minbar	Gebetskanzel in der Moschee
nafs	Eine triebhafte oder unberechenbare emotionale Seite der menschlichen Persönlichkeit, welche die Anstrengungen, ein guter Moslem zu sein, immer wieder sabotiert
nashid	Muslimische Musikrichtung, die meist a capella von Männern vorgetragen wird
niqab	Gesichtsschleier
pardah	Auch: *purdah*. Ein Begriff persischen Ursprungs, der wörtlich »Vorhang« bedeutet und auf die Bedeckung der Frauen zielt
Polyandrie	Die Praxis, dass eine Frau mehrere Ehemänner nehmen kann
Polygynie	Die Praxis, dass ein Mann mehrere Ehefrauen nehmen kann
salwar kamis	Pakistanische Frauenkleidung, Kombinationen aus langen Hemden und Hosen
Scharia	Wörtlich »Weg zur Tränke«, bezeichnet das islamische Recht
Schiiten	Muslimische Glaubensrichtung, die auf Ali, den Schwiegersohn des Propheten Mohammed zurückgeht
shahada	Islamisches Glaubensbekenntnis
shejtan	Teufel
Skripturalismus	Buchstabengetreue Auslegung eines Textes. Bezeichnet eine fundamentalistische Spielart einer Religion
sunna	Die vorbildhaften, in Überlieferungen festgehalten Handlungsweisen des Propheten Mohammed
Sunniten	Größte muslimische Glaubensgruppe. Der Begriff leitet sich vom Begriff *sunna* ab.

tauhid	Glaube an die Einheit bzw. Einzigkeit Gottes
tschador	Großes, für gewöhnlich dunkles halbkreisförmiges Tuch, das um Kopf und Körper geschlungen wird, wobei nur das Gesicht gänzlich oder teilweise sichtbar bleibt
ummah	Gemeinschaft der (muslimischen) Gläubigen
zhikr	Religiöse Meditation
zina	Sexuelle Handlungen, die im Islam unerlaubt sind; im Wesentlichen handelt es sich dabei um alle sexuellen Handlungen außerhalb der Ehe
zuhr	Mittagsgebet

Literatur

Abdel-Azim, Sherif (o. J.): *Die Frau im Islam*, Alexandria: Conveying Islamic Message Society.
Abdel-Samad, Hamid (2014): *Der islamische Faschismus*, München: Droemer.
Abou-Taam, Marwan (2012): Die Salafiyya-Bewegung in Deutschland. In: Bundeszentrale für politische Bildung: Dossier Islamismus. www.bpb.de/politik/extremismus/islamismus/136705/die-salafiyya-bewegung-in-deutschland?p=all, abgerufen am 3.4.2015.
Abou-Taam, Marwan (2011): Euro-Islam – Idee oder Ideal. In: Abou-Taam, Marwan/Jost Esser/Naika Foroutan, Hg.: *Zwischen Konfrontation und Dialog. Der Islam als politische Größe*, Wiesbaden: Springer VS.
Abu Zaid, Nasr Hamid (2011): *Der Koran und die Zukunft des Islams*, Freiburg: Herder.
- (2008): *Gottes Menschenwort*, Freiburg: Herder.
- (2006): *Ein Leben mit dem Islam*, Freiburg: Herder.
Ahmad, Mirza Masroor (o. J.): *Das wahre Konzept des Islamischen Jihad*, Frankfurt/M.: Ahmadiyya Muslim Jamaat in der BRD e.V.
Akgün, Lale (2015): Die Politik muss mit der Unterstützung des orthodoxen Islams aufhören. In: Humanistischer Pressedienst, Lale Akgün im Gespräch mit Walter Otte. http://hpd.de/artikel/11315, abgerufen am 27.8.2015.
Al-Azm, Sadik Jalal (1981): Orientalism and Orientalism in Reverse. In: *Khamsin* 8: 5–26.
Al-Kurdi, Azad (o. J.): *Was ist Islam?*, Alexandria: Conveying Islamic Message Society.
Ali, Ayaan Hirsi (2015): *Reformiert euch! Warum der Islam sich ändern muss*, München: Knaur.
- (2006): *Mein Leben, meine Freiheit*, München: Piper.
Alibasic, Ahmet (2012): Wir gehören kulturell und mental zum Westen. http://de.qantara.de/content/islam-bosnien-wir-gehoeren-kulturell-und-mental-zum-westen.
Altmann, Susanne (2010): August und der Reiz der Fremde. In: www.art-magazin.de/div/heftarchiv/2010/4/EGOWTEGWPOPPRPOGRATTPEAE/August-und-der-Reiz-der-Fremde, abgerufen am 1.8.2014.
Amir-Moazami, Schirin (2010): Die islamische Gemeinschaft Milli Görüs im Spannungsfeld von transnationaler Dynamik und deutscher Islampolitik. In: Reertz, Dietrich, Hg.: *Islam in Europa. Religiöses Leben heute. Ein Porträt ausgewählter islamischer Gruppen und Institutionen*, Münster: Waxmann, S. 109–144.
- (2007): *Politisierte Religion. Der Kopftuchstreit in Deutschland und Frankreich*, Bielefeld: Transcript.
Amirpur, Katajun (Hg.) (2006): *Der Islam am Wendepunkt. Liberale und konservative Reformer einer Weltreligion*, Freiburg: Herder.

Amt für Soziale Arbeit (2006): *Abschlussbericht Projekt AKTiS*. *Materialien zur Sozialplanung*, Wiesbaden: Stadt Wiesbaden.
- (2007): *Wiesbadener Sozialatlas 2007. Beiträge zur Sozialplanung*, Wiesbaden: Stadt Wiesbaden.

Amt für Strategische Steuerung, Stadtforschung und Statistik (2014): Aktuelle Kurzinformation aus der Wiesbadener Statistik, Bevölkerung in den Ortsgebieten am 31. Januar 2014. www.wiesbaden.de/medien-zentral/dok/leben/stadtportrait/01_Obez-Kurzinfo.pdf.
- (2013): Monitoring zur Integration von Migranten in Wiesbaden. www.wiesbaden.de/medien-zentral/dok/leben/stadtportrait/Integrationsmonitoring_2013.pdf.
- (2012a): Wiesbadener Stadtanalysen. Herkunftsspezifische Integration. www.wiesbaden.de/medien-zentral/dok/leben/stadtportrait/Stadtanalyse_Herkunftsspezifische_Integration.pdf.
- (2012b): Wiesbadener Stadtanalysen. Religionszugehörigkeit der Wiesbadener. www.wiesbaden.de/medien-zentral/dok/leben/stadtportrait/2012_02_WI_Stadtanalyse_Religion.pdf.

Amt für Wahlen, Statistik und Stadtforschung (2001): Aufbau eines Monitoringsystems zur sozialen Siedlungsentwicklung in Wiesbaden. Wiesbaden.
- (2008): Wiesbadener Stadtanalysen. Kriminalität in Wiesbaden von 1994 bis 2007. www.wiesbaden.de/medien-zentral/dok/leben/stadtportrait/WI_Stadtanalyse_Nr_24.pdf.

Anderson, Benedict (1983): *Imagined Communities. Reflections on the Origin and Spread of Nationalism*, London: Verso. (Dt.: *Die Erfindung der Nation. Zur Karriere eines folgenreichen Konzepts*, Frankfurt/New York 1988: Campus)

Anwar, Zainah (1991): What Islam, whose Islam?: Sisters in Islam and the struggle for women's rights. In: Hefner, Robert W., Hg.: *The Politics of Multiculturalism. Pluralism and Citizenship in Malaysia, Singapore, and Indonesia*, Honolulu: University of Hawaii Press, S. 227–252.

Apitzsch, Ursula (1992): Gramsci und die Diskussion um Multikulturalismus. In: *Das Argument. Zeitschrift für Philosophie und Sozialwissenschaften* 1: 53–62.

Arikan, Erkan/Murat Ham (2009): *Jung, erfolgreich, türkisch. Ein etwas anderes Porträt der Migranten in Deutschland*, Bergisch Gladbach: Ehrenwirth.

Asad, Talal (2006): Europe against Islam. Islam in Europe. In: Abu-Rabi, Ibrahim, Hg.: *The Blackwell Companion to Contemporary Islamic Thought*, Oxford: Blackwell, S. 302–312.

Ates, Seyran (2009): *Der Islam braucht eine sexuelle Revolution. Eine Streitschrift*, Berlin: Ullstein.
- (2007): *Der Multikulti-Irrtum. Wie wir in Deutschland besser zusammenleben können*, Berlin: Ullstein.

Attia, Iman (2010): Dimensionen des Redens über und des Handelns gegen »den Anderen«. In: *zag Antirassistische Zeitschrift* 56: 12–14.
- (2009): *Die »westliche Kultur« und ihr Anderes. Zur Dekonstruktion von Orientalismus und antimuslimischem Rassismus*, Bielefeld: Transcript.
- (2007): *Orient- und IslamBilder. Interdisziplinäre Beiträge zu Orientalismus und antimuslimischem Rassismus*. Münster: Unrast.

Azzeddine, Saphia (2008): *Zorngebete*, Berlin: Wagenbach.

Badawia, Tarek (2003): »Ana laha«: »Ich nehme es selbst in die Hand« – Muslimische Jugend und ein islamischer Bildungsauftrag, für den sich sonst keiner zuständig fühlt. In: Bukow, Wolf-Dietrich/Erol Yildiz, Hg.: *Islam und Bildung*, Opladen: Leske und Budrich, S. 115–132.

Bade, Klaus J. (2013): *Kritik und Gewalt. Sarrazin-Debatte, »Islamkritik« und Terror in der Einwanderungsgesellschaft*, Schwalbach im Taunus: Wochenschau Verlag.

- (2007): Versäumte Integrationschancen und nachholende Integrationspolitik. In: Hiesserich, Hans-Georg, Hg.: *Nachholende Integrationspolitik und Gestaltungsperspektiven der Integrationspraxis*, Göttingen: V&R Unipress. http://kjbade.de/bilder/Bade_OBS.pdf.

Bahners, Patrick (2011): *Die Panikmacher. Die deutsche Angst vor dem Islam*, München: C.H. Beck.

Baier, Dirk et al. (2010): Kinder und Jugendliche in Deutschland. Gewalterfahrungen, Integration, Medienkonsum. Zweiter Forschungsbericht zum gemeinsamen Forschungsprojekt des Bundesministeriums des Innern und des KFN, Hannover: Kriminologisches Forschungsinstitut Niedersachsen e.V.

- (2009): Jugendliche in Deutschland als Opfer und Täter von Gewalt. Erster Forschungsbericht zum gemeinsamen Forschungsprojekt des Bundesministeriums des Innern und des KFN, Hannover: Kriminologisches Forschungsinstitut Niedersachsen e.V.

Barlas, Asma (2002): *Believing Women in Islam. Unreading Patriarchal Interpretations of the Qur'an*, Austin: University of Texas Press.

- (2004): *Text, Tradition, and Reason: Qur'anic Hermeneutics and Sexual Politics*, New York: Yeshiva University.

- (2005): Globalizing Equality. Muslim Women, Theology, and Feminisms. In: Fera, Simone, Hg.: *On Shifting Ground. Muslim Women in the Global Era*, New York: Feminist Press. http://www.asmabarlas.com/TALKS/20040326_LibCongress.pdf, abgerufen am 24.4.2015.

Barskanmaz, Cengiz (2009): Das Kopftuch als das Andere. Eine notwendige postkoloniale Kritik des deutschen Rechtsdiskurses. In: Berghahn, Sabine/Petra Rostock, Hg.: *Der Stoff, aus dem Konflikte sind. Debatten um das Kopftuch in Deutschland, Österreich und der Schweiz*, Bielefeld: Transcript, S. 361–394.

Baspinar, Deniz (2010): Muslimische Jugendliche = gewalttätige Jugendliche?. In: *Zeit Online* vom 8.6.2010. http://www.zeit.de/gesellschaft/zeitgeschehen/2010-06/islam-jugendliche-gewalt.

Beinhauer-Köhler, Bärbel/Claus Leggewie (2009): *Moscheen in Deutschland. Religiöse Heimat und gesellschaftliche Herausforderung*, München: C.H. Beck.

Berghahn, Sabine/Petra Rostock (Hg.) (2009): *Der Stoff, aus dem Konflikte sind. Debatten um das Kopftuch in Deutschland, Österreich und der Schweiz*, Bielefeld: Transcript.

Bielefeldt, Heiner (2003): Muslimische Minderheiten im säkularen Rechtsstaat. In: Bukow, Wolf-Dietrich/Erol Yildiz, Hg.: *Islam und Bildung*, Opladen: Leske und Budrich, S. 21–36.

- (2008): *Das Islambild in Deutschland. Zum öffentlichen Umgang mit der Angst vor dem Islam*, Berlin: Deutsches Institut für Menschenrechte.

Bobzin, Hartmut (2010): Der Koran in Deutschland. Ein weiter Weg von der Polemik zur poetischen Übersetzung. In: *Akademie aktuell*. www.badw-muenchen.de/aktuell/akademie_aktuell/2010/heft1/07_Bobzin.pdf.

Boos-Nünning, Ursula (2007): Religiosität junger Musliminnen im Einwanderungskontext. In: Wensierski, Hans-Jürgen/Claudia Lübcke, Hg.: *Junge Muslime in Deutschland. Lebenslagen, Aufwachsprozesse und Jugendkulturen*, Opladen: Budrich, S. 117–134.

Boos-Nünning, Ursula/Yasemin Karakasoglu-Aydin (2004): Viele Welten leben. Lebenslagen von Mädchen und jungen Frauen mit griechischem, italienischem, jugoslawischem, türkischem und Aussiedlerhintergrund. Forschungsbericht für das Bundesministerium für Familie, Senioren, Frauen und Jugend.

Bouras-Ostmann, Khatima (2014): Zur sozioökonomischen Situation marokkanischer Migranten. In: Pott, Andreas et al., Hg.: *Jenseits von Rif und Ruhr. 50 Jahre marokkanische Migration nach Deutschland*, Wiesbaden: Springer VS, S. 33–64.

Bowen, John R. (2008): *Why the French don't like Headscraves. Islam, the State, and the Public Space*, Princeton: Princeton University Press.

Bozay, Kemal (2008): Kulturkampf von rechts. Das Dilemma der Kölner Moscheedebatte. In: Häusler, Alexander, Hg.: *Rechtspopulismus als »Bürgerbewegung«. Kampagnen gegen Islam und Moscheebau und kommunale Gegenstrategien*, Wiesbaden: Springer VS, S. 183–97

Braun, Christina von/Bettina Matthes (2007): *Verschleierte Wirklichkeit. Die Frau, der Islam und der Westen*, Berlin: Aufbau.

Brettfeld, Katrin/Peter Wetzels (2007): Muslime in Deutschland. Integration, Integrationsbarrieren, Religion sowie Einstellungen zu Demokratie, Rechtsstaat und politisch-religiös motivierter Gewalt. Ergebnisse von Befragungen im Rahmen einer multizentrischen Studie in städtischen Lebensräumen, Hamburg: Universität Hamburg.

– (2003): *Auge um Auge, Zahn um Zahn? Migration, Religion und Gewalt junger Menschen*, Münster: Lit.

– (2007): Junge Muslime in Deutschland. Eine kriminologische Analyse zur Alltagsrelevanz von Religion und Zusammenhängen von individueller Religiosität mit Gewalterfahrungen, -einstellungen und -handeln. In: *Islamismus. Texte zur inneren Sicherheit*, Berlin: Bundesministerium des Innern, S. 254–373.

Broder, Henryk M. (2010): Islamkritik ist nicht vergleichbar mit Judenhass. In: *Die Welt* vom 12.1.2010. http://www.welt.de/debatte/henryk-m-broder/article5823155/Islamkritik-ist-nicht-vergleichbar-mit-Judenhass.html.

Bronfen, Elisabeth/Benjamin Marius (1997): Hybride Kulturen. Einleitung zur anglo-amerikanischen Multikulturalismusdebatte. In: Elisabeth Bronfen et al., Hg.: *Hybride Kulturen*, Tübingen: Stauffenburg, S. 1–29.

Brumlik, Micha (2012): Kontinuitäten von Antisemitismus und Berührungsflächen zur Islamophobie. In: Botsch, Gideon et al., Hg.: *Islamophobie und Antisemitismus – ein umstrittener Vergleich*, Berlin: De Gruyter, S. 65–80.

Bukow, Wolf-Dietrich/Erol Yildiz (2002): Der Wandel von Quartieren in der metropolitanen Gesellschaft am Beispiel Keuptstraße in Köln oder: Eine verkannte Entwicklung?. In. *Interkulturelle Studien* 11: 81–111.

Bukow, Wolf-Dietrich/Claudia Nikodem/Erika Schulze/Erol Yildiz (Hg.) (2007): *Was heißt hier Parallelgesellschaft? Zum Umgang mit Differenzen*, Wiesbaden: Springer VS.

Bukow, Wolf-Dietrich/Gerda Heck/Erika Schulze/Erol Yildiz (Hg.) (2011): *Neue Vielfalt in der urbanen Stadtgesellschaft*, Wiesbaden: Springer VS.

Buschkowsky, Heinz (2012): *Neukölln ist überall*, Berlin: Ullstein.

Cakir, Naime (2014): *Islamfeindlichkeit. Anatomie eines Feindbildes in Deutschland*, Bielefeld: Transcript.

Castro Varela, Maria do Mar/Nikita Dhawan (2006): Das Dilemma der Gerechtigkeit. Migration, Religion und Gender. In: *Das Argument* 266: 427–440.

Cesari, Jocelyne (2013): *Why the West fears Islam. An Exploration of Islam in Western Liberal Democracies*, New York: Palgrave MacMillan.

Ceylan, Rauf (2006): *Ethnische Kolonien. Entstehung, Funktion und Wandel am Beispiel türkischer Moscheen und Cafés*, Wiesbaden: Springer VS.

- (2010): *Die Prediger des Islam. Imame – wer sie sind und was sie wollen*, Freiburg: Herder.
- (Hg.) (2012): *Islam und Diaspora. Analysen zum muslimischen Leben aus historischer, rechtlicher sowie migrations- und religionssoziologischer Perspektive*, Frankfurt/M.: Lang.
- (2013): Migration, Religion, Transformation. Rollenwandel und Rollenkonflikte der Imame im Migrationskontext. In: Rothgangel, Martin/Ednan Aslan/Martin Jäggle, Hg.: *Religion und Gemeinschaft. Die Frage der Integration aus christlicher und muslimischer Perspektive*, Wien: Vienna University Press, S. 69–81.

Clement, Rolf/Paul E. Jöris (2011): *Islamische Terroristen aus Deutschland*, Bonn: Bundeszentrale für Politische Bildung.

Cöster, Anna Caroline (2009): *Ehrenmord in Deutschland*, Marburg: Tectum.

Dollmann, Jörg (2010): *Türkischstämmige Kinder am ersten Bildungsübergang*, Wiesbaden: Springer VS.

Donia, Robert J./John V.A. Fine (1994): *Bosnia and Hercegovina. A Tradition Betrayed*, New York: Columbia University Press.

El Fadl, Khaled Abou (2014): *Speaking in God's Name. Islamic Law, Authority and Women*, New York: Oneworld.

El Feki, Shereen (2013): *Sex und die Zitadelle. Liebesleben in einer sich wandelnden arabischen Welt*, Berlin: Hanser.

El-Guindi, Fadwa (1999): *Veil. Modesty, Privacy and Resistance*, Oxford: Berg.

El-Mafaalani, Aladin/Ahmet Toprak (2011): *Muslimische Kinder und Jugendliche in Deutschland. Lebenswelten, Denkmuster, Herausforderungen*, Berlin: Konrad Adenauer Stiftung.

Engineer, Asghar Ali (2003): Islam, women and gender justice. In: Ders., Hg.: *Islam, Women and Gender Justice*, New Delhi: Gyan Publishing House, S. 23–42.

- (1999): *The Qur'an, Women and Modern Society*, New Delhi: Sterling Publishers.

Enzmann, Dirk/Katrin Brettfeld/Peter Wetzels (2003): Männlichkeitsnormen und die Kultur der Ehre. Empirische Prüfung eines theoretischen Modells zur Erklärung erhöhter Delinquenzraten jugendlicher Migranten. In: *Kölner Zeitschrift für Soziologie und Sozialpsychologie* 43: 264–287.

Foroutan, Naika/Cancan Topcu/Sina Arnold/Benjamin Schwarze/Steffen Beigang/Dorina Kalkum (2014): *Deutschland postmigrantisch I. Gesellschaft, Religion, Identität*, Berlin: Berliner Institut für empirische Integrations- und Migrationsforschung.

Foroutan, Naika (2013): *Identity and Muslim Integration in Germany*; Washington: Migration Policy Institute.

Foroutan, Naika/Isabel Schäfer (2009): Hybride Identitäten. Muslimische Migrantinnen und Migranten in Deutschland und Europa. In: *Aus Politik und Zeitgeschehen. Lebenswelten von Migrantinnen und Migranten*, Bonn: Bundeszentrale für politische Bildung. http://www.bpb.de/apuz/32223/hybride-identitaeten-muslimische-migrantinnen-und-migranten-in-deutschland-und-europa?p=all.

Furat, Ayse Zisan (2012): A Cultural Transformation Project. Religious and Educational Policy of the Austro-Hungarian Empire in Bosnia (1878–1918). In: Furat, Ayse Zisan/Hamit Er, Hg.: *Balkans and Islam. Encounter, Transformation, Discontinuity, Continuity*, Cambridge: Cambride Scholars Publishing, S. 63–84.

Gamper, Markus (2011): *Islamischer Feminismus in Deutschland? Religiosität, Identität und Gender in muslimischen Frauenvereinen*, Bielefeld: Transcript.

Göle, Nilüfer (1995): *Republik und Schleier. Die muslimische Frau in der Moderne*, Berlin, Babel.

Göle, Nilüfer/Ludwig Ammann (Hg.) (2004): *Islam in Sicht. Der Auftritt von Muslimen im öffentlichen Raum*, Bielefeld: Transcript.

Goethe, Johann Wolfgang von ([1819] 2000): *West-östlicher Divan*, Zürich: Manesse.

Gorzewski, Andreas (2015): *Die Türkisch-Islamische Union im Wandel*, Wiesbaden: Springer VS.

Gossman, Lionel (2013): *The Passion of Max von Oppenheim. Archaeology and Intrigue in the Middle East from Wilhelm II to Hitler*, Cambridge: Open Book Publishers.

Habermas, Jürgen (2005): *Zwischen Naturalismus und Religion. Philosophische Aufsätze*, Frankfurt/M.: Suhrkamp.

Haddad, Joumana (2010): *Wie ich Scheherazade tötete. Bekenntnisse einer zornigen arabischen Frau*, Berlin: Schiler.

Hafez, Kai (2013): *Freiheit, Gleichheit, Intoleranz. Der Islam in der liberalen Gesellschaft Deutschlands und Europas*, Bielefeld: Transcript.

Hage, Ghassan (2009): Der unregierbare Muslim. Jenseits der Bipolarität von Multikultur und Assimilation. In: Hess, Sabine/Jana Binder/Johannes Moser, Hg.: *No integration?! Kulturwissenschaftliche Beiträge zur Integrationsdebatte in Europa*, Bielefeld: Transcript, S. 73–94.

Halm, Dirk (2008): *Der Islam als Diskursfeld. Bilder des Islams in Deutschland*, Wiesbaden: Springer VS.

Hassan, Riffat (2007): Member, one of Another. Gender Equality and Justice in Islam. http://www.religiousconsultation.org/hassan.htm, abgerufen am 20.2.2012.

- (2005): Feminist Theology. The Challenges for Muslim Women. In: Moghisse, Haideh, Hg.: *Women and Islam*, Vol I., 195–208.

- (2004): Religious Conservatism. Feminist Theology as a Means of Combating Injustice towards Women in Muslim Communities/Culture. In: *DAWN*, Review, 7.11.2002; http://www.irfi.org/articles/articles_101_150/religious_conservatism.htm, abgerufen am 28.12.2011.

Haug, Sonia/Stephanie Müssig/Anja Stichs (2009): *Muslimisches Leben in Deutschland*, Berlin: Bundesamt für Migration und Flüchtlinge und Deutsche Islamkonferenz.

Haug, Sonia (2010): Jugendliche Migranten – muslimische Jugendliche. Kurzexpertise für das Ministerium für Familie, Senioren, Frauen und Jugend. www.bmfsfj.de/RedaktionBMFSFJ/ Abteilung2/Pdf-Anlagen/gewalttaetigkeit-maennliche-muslimische-jugendliche,property=pdf,bereich=bmfsfj,sprache=de,rwb=true.pdf.

Hauser-Schäublin, Brigitta (2003): Teilnehmende Beobachtung. In: Beer, Bettina, Hg.: Methoden und Techniken der Feldforschung. Berlin: Reimer, S. 33.54.

Heisig, Kerstin (2010): *Das Ende der Geduld. Konsequent gegen jugendliche Gewalttäter*, Freiburg: Herder.

Heitmeyer, Wilhelm/Helmut Thome (Hg.) (2011): *Gewalt in öffentlichen Räumen*, Wiesbaden: Springer VS.

Heitmeyer, Wilhelm/Helmut Schröder (1997): *Verlockender Fundamentalismus*, Frankfurt/M.: Suhrkamp.

Hessisches Ministerium der Justiz, für Integration und Europa (2013): Bildungsteilhabe von Kindern und Jugendlichen mit Migrationshintergrund in Hessen (Deutschland): Frühkindliche und schulische Bildung 2011/2012, Wiesbaden.

Horstkotte, Hermann/Ruben Karschick (2014): Khorchide im Schwitzkasten. In: *Zeit Online* vom 10.1.2014, http://www.zeit.de/studium/hochschule/2014–01/khorchide-muenster-islamische-theologie-kritik, abgerufen am 10.11.2014.

Hunn, Karin (2005): *»Nächstes Jahr kehren wir zurück ...«. Die Geschichte der deutschen »Gastarbeiter« in der Bundesrepublik*, Göttingen: Wallstein.

Jungenarbeitskreis (2011): *Jungen in Bewegung. Konzepte der Jugendarbeit in Wiesbaden. Praxis – Ziele – Methoden*, Wiesbaden: Amt für Soziale Arbeit.

Kaddor, Lamya (2010): *Muslimisch, weiblich, deutsch. Mein Weg zu einem zeitgemäßen Islam*, München: C.H. Beck.

Kahlweiß, Luzie H./Samuel Salzborn (2012): Islamophobie. Zur konzeptionellen und empirischen Fragwürdigkeit einer umstrittenen Kategorie. In: Botsch, Gideon et al., Hg.: *Islamophobie und Antisemitismus – ein umstrittener Vergleich*, Berlin: De Gruyter, S. 52–64.

Karacic, Fikret (1999): *Bosniaks and the Challenge of Modernity. Late Ottoman and Habsburg Times*, Sarajevo: El-Kalem.

Karakasoglu-Aydin, Yasemin (2001): Kinder aus Zuwandererfamilien im Bildungssystem. In: Böttcher, Wolfgang/Thomas Rauschenbach, Hg.: *Bildung und Soziales in Zahlen. Statistisches Handbuch zu Daten und Trends im Bildungssystem*, Weinheim: Juventa, S. 273–302.

Karakasoglu, Yasemin/Mark Terkessidis (2006): Gerechtigkeit für die Muslime. In: *Die Zeit* vom 1.6.2006, www.zeit.de/2006/06/Petition/komplettansicht

Karam, A. M. (1997): Women, Islamism, and the State: Dynamics of Power and Contemporary Feminism in Egypt. In: M. Afkhami/E. Friedl. (Hg.): *Muslim Women and the Politics of Participation*, Syracuse: Syracuse University Press, S. 18–28.

Karic, Enes (2012): A Short Survey of the Islamic Modernist Critique of Bosnian Muslim Folk Religion. In: Furat, Ayse Zisan/Hamit Er, Hg.: *Balkans and Islam. Encounter, Transformation, Discontinuity, Continuity*, Cambridge: Cambride Scholars Publishing, S. 136–155.

Kaschuba, Wolfgang (2007a): Ethnische Parallelgesellschaften? Zur Konstruktion des Fremden in der europäischen Migration. In: *Zeitschrift für Volkskunde* 1: 65–85.
- (2007b): Wie Fremde gemacht werden. In: *Tagesspiegel* vom 14.1.2007.

Kelek, Necla (2006): *Die verlorenen Söhne. Plädoyer für die Befreiung des türkisch-muslimischen Mannes*, Köln: Kiepenheuer und Witsch.
- (2005): *Die fremde Braut. Ein Bericht aus dem Inneren des türkischen Lebens in Deutschland*, Köln: Kiepenheuer und Witsch.
- (2002): *Islam im Alltag. Islamische Religiosität und ihre Bedeutung in der Lebenswelt von Schülerinnen und Schülern türkischer Herkunft*, Münster: Waxmann

Kemper, Thomas/Spogmai Pazun (2014): Bildungsbeteiligung marokkanischer Schüler im Bundesländervergleich. In: Pott, Andreas et al., Hg.: *Jenseits von Rif und Ruhr. 50 Jahre marokkanische Migration nach Deutschland*, Wiesbaden: Springer VS, S. 83–106.

Kermani, Navid (2007): *Gott ist schön. Das ästhetische Erleben des Koran*, München: C.H. Beck.

Khorchide, Mouhanad (2012): *Islam ist Barmherzigkeit. Grundzüge einer modernen Religion*, Freiburg: Herder.
- (2010): Die Beziehung zwischen islamischer Lehre und einer modernen Islamischen Religionspädagogik. Zur Notwendigkeit der Ausarbeitung humanistischer Ansätze in der islamischen Ideengeschichte. In: Polat, Mizrap/Cemal Tosun, Hg.: *Islamische Theologie und Religionspädagogik. Islamische Bildung und Erziehung zur Entfaltung des Selbst*, Frankfurt/M.: Peter Lang, S. 145–158.
- (2008): *Der islamische Religionsunterricht zwischen Integration und Parallelgesellschaft. Einstellungen der islamischen ReligionslehrerInnen an öffentlichen Schulen*, Wiesbaden: Springer VS.

Kiefer, Michael (2008): Muslime und Zuwanderungsgesellschaft. Beidseitige Versäumnisse und Fehlentwicklungen. In: Häusler, Alexander, Hg.: *Rechtspopulismus als »Bürgerbewegung«. Kampagnen gegen Islam und Moscheebau und kommunale Gegenstrategien*, Wiesbaden: Springer VS, S. 170–182.

Klausen, Jytte (2006): *Europas muslimische Eliten. Wer sie sind und was sie wollen*, Frankfurt/New York: Campus.

Klinkhammer, Gritt M. (2000): *Moderne Formen islamischer Lebensführung. Eine qualitativ-empirische Untersuchung zur Religiosität sunnitisch geprägter Frauen der zweiten Generation in Deutschland*, Marburg: Diagonal.

Klemm, Wolf-Dieter (2014): Vorgeschichte und Entwicklung der deutsch-marokkanischen Vereinbarung über Anwerbung und Vermittlung von Arbeitskräften vom 21. Mai 1963. In: Pott, Andreas et al., Hg.: *Jenseits von Rif und Ruhr. 50 Jahre marokkanische Migration nach Deutschland*, Wiesbaden: Springer VS, S. 21–32.

Kocadoru, Yüksel (2005): Türken in Berlin 1871–1945. Eine Metropole in den Erinnerungen osmanischer und türkischer Zeitzeugen. In: *Arcadia. International Journal for Literary Studies* 40 (2): 447–453.

Koran (2015): *Neu übertragen von Hartmut Bobzin*, München: C.H. Beck.

Kraus, Wolfgang (2004): *Islamische Stammesgesellschaften. Tribale Identitäten in sozialanthropologischer Perspektive*, Wien: Böhlau.

Kreutzer, Stefan M. (2012): *Dschihad für den deutschen Kaiser. Max von Oppenheim und die Neuordnung des Orients (1914–1918)*, Graz: Ares.

Lange, Yvonne (2001): *Migration und Integration von Kindern und Jugendlichen. Interkulturelle Erziehung im deutschen Bildungssystem – eine Möglichkeit zur besseren Integration*, Saarbrücken: Dr. Müller, VDM.

Leibold, Jürgen/Steffen Kühnel/Wilhelm Heitmeyer (2006): Abschottung von Muslimen durch generalisierte Islamkritik?. In: *Aus Politik und Zeitgeschichte. Parallelgesellschaften?* 1–2; 2. Januar 2006, S. 3–10.

Lemmen, Thomas (2002): *Islamische Vereine und Verbände in Deutschland*, Berlin: Friedrich-Ebert-Stiftung.

Lingen-Ali, Ulrike (2012): Islam als Zuordnungs- und Differenzkategorie. In: *Sozial Extra* 9/10: 24–27; S. 24–27.

Mangold, Sabine (2004): *Eine weltbürgerliche Wissenschaft. Die deutsche Orientalistik des 19. Jahrhunderts*, Stuttgart: Steiner.

Mansour, Ahmad (2015): *Generation Allah. Warum wir im Kampf gegen religiösen Extremismus umdenken müssen*, Frankfurt/M.: S. Fischer.

– (2014): Reinheit, Ehre, Todesverachtung. In: *Der Spiegel*, Sonderdruck aus Heft 37/2014.

Mattes, Monika (2005): *»Gastarbeiterinnen« in der Bundesrepublik. Anwerbepolitik, Migration und Geschlecht in den 50er bis 70er Jahren*, Frankfurt/New York: Campus.

Mernissi, Fatima (1989): *Geschlecht, Ideologie, Islam*, München: Frauenbuchverlag.

Mertol, Birol (2007): Männlichkeitskonzepte von Jungen mit türkischem Migrationshintergrund. In: Wensierski, Hans-Jürgen/Claudia Lübcke, Hg.: *Junge Muslime in Deutschland. Lebenslagen, Aufwachsprozesse und Jugendkulturen*, Opladen: Budrich, S. 173–194.

Miksch, Jürgen (Hg.) (2009): *Antimuslimischer Rassismus. Konflikte als Chance*, Frankfurt/M.: Otto Lembeck.

Mir-Hosseini, Ziba/Mulki Al-Sharmani/Jana Rumminger (Hg.) (2015): *Men in Charge? Rethinking Authority in Muslim Legal Tradition*, New York: Oneworld.

Mir-Hosseini, Ziba/Kari Vogt (Hg.) (2013): *Gender and Equality in Muslim Family Law. Justice and Ethics in the Islamic Legal Tradition*, London: Tauris.

Müller, Ursula et al. (2009): *Lebenssituation, Sicherheit und Gesundheit von Frauen in Deutschland. Eine repräsentative Untersuchung zu Gewalt gegen Frauen in Deutschland*, Berlin: Bundesministeriums für Familie, Senioren, Frauen und Jugend.

Müller, Rabeya (2010): Gleich und doch nicht gleich. Die Dimensionen der Frauenfrage im Islam. In: Schneiders, Thorsten G. (Hg.): *Islamverherrlichung. Wenn die Kritik zum Tabu wird*, Wiesbaden: Springer VS, S. 221–236.

– (2007): Fundamental weiblich. In: Rohr, Elisabeth/Ulrike Wagner-Rau/Mechthild M. Jansen, Hg.: *Die halbierte Emanzipation. Fundamentalismus und Geschlecht*, Königstein/Ts.: Ulrike Helmer, S. 161–172.

Müller, Rabeya/Asma Barlas/Nahide Bozkurt (2008): *Der Koran neu gelesen: Feministische Interpretationen. Dokumentation*, Bonn: Friedrich-Ebert-Stiftung.

Müller, Iris/Ida Raming (1989): *Aufbruch aus männlichen »Gottesordnungen«. Reformbestrebungen von Frauen in christlichen Kirchen und im Islam*, Weinheim: Beltz.

Mulia, Siti Musdah (2005): Muslimah reformis. Perempuan pembaru keagamaan, Badung, Mizan.
- (2004): Counter Legal Draft. The Compilation of Indonesian Islamic Law, Jakarta: Ministry for Religious Affairs of the Republic of Indonesia.

Nagel, Tilmann (2007): Die einzige koranische Strafe, die nicht im Koran steht. http://www.faz.net/aktuell/feuilleton/die-einzige-koranische-strafe-die-nicht-im-koran-steht-11029806.html?printPagedArticle=true#pageIndex_2.

Nikodem, Claudia/Erika Schulze/Erol Yildiz (2001): Die soziale Grammatik des urbanen Zusammenlebens. In: *Interkulturelle Studien* 9: 209–226.

Nökel, Sigrid (2004): Muslimische Frauen und öffentliche Räume. Jenseits des Kopftuchstreits. In: Göle, Nilüfer/Ludwig Ammann, Hg.: *Islam in Sicht. Der Auftritt von Muslimen im öffentlichen Raum*, Bielefeld: Transcript, S. 283–310.
- (2001): *Die Töchter der Gastarbeiter und der Islam. Soziale Akteure in der Politik der Differenz und Anerkennung. Eine Fallstudie*, Bielefeld: Transcript.
- (1999): Islam und Selbstbehauptung. Alltagsweltliche Strategien junger Frauen in Deutschland. In: Klein-Hessling, Ruth/Sigrid Nökel und Karin Werner, Hg.: *Der neue Islam der Frauen. Weibliche Lebenspraxis in der globalisierten Moderne*, Bielefeld: Transcript.

Omerika, Armina (2013): Muslimische Stimmen aus Bosnien und Herzegowina. Eine Einleitung. In: Omerika, Armina, Hg.: *Muslimische Stimmen aus Bosnien und Herzegowina. Die Entwicklung einer modernen islamischen Denktradition*, Freiburg: Herder, S. 11–60.

Ottmer, Jochen (Hg.) (2012): *Das »Gastarbeiter«-System. Arbeitsmigration und ihre Folgen in der Bundesrepublik Deutschland und Westeuropa*, München: Oildenbourg.

Pfahl-Traughber, Armin (2012): Die fehlende Trennschärfe des »Islamophobie«-Konzepts für die Vorurteilsforschung. In: Botsch, Gideon et al., Hg.: *Islamophobie und Antisemitismus – ein umstrittener Vergleich*, Berlin: De Gruyter, S. 11–28.

Pinn, Irmgart/Marlies Wehner (1995): *EuroPhantasien: Die islamische Frau aus westlicher Sicht*, Duisburg: Duisburger Institut für Sprach- und Sozialforschung.

Pollack, Detlef et al. (2013): *Grenzen der Toleranz. Wahrnehmung und Akzeptanz religiöser Vielfalt in Europa*, Wiesbaden: Springer VS.

Polat, Mirzap (2010): Religiöse Mündigkeit als Ziel des islamischen Religionsunterrichts. In: Polat, Mizrap/Cemal Tosun, Hg.: *Islamische Theologie und Religionspädagogik. Islamische Bildung und Erziehung zur Entfaltung des Selbst*, Frankfurt/M.: Peter Lang, S. 185–202.

Preissler, Holger (1995): Die Anfänge der Deutschen Morgenländischen Gesellschaft. In: *Zeitschrift der Deutschen Morgenländischen Gesellschaft* 145 (2): 241–327.

Rohe, Matthias (2001): *Der Islam. Alltagskonflikte und Lösungen. Rechtsstaatliche Perspektiven*, Freiburg: Herder.

Römhild, Regina (2004): Jenseits der deutschen Integrationslogik. Kulturanthropologische Perspektiven für die Einwanderungsgesellschaft. In: Köck, Christoph/Alois Moosmüller/Klaus Roth, Hg.: *Zuwanderung und Integration. Kulturwissenschaftliche Zugänge und soziale Praxis*, Münster: Waxmann, S. 163–176.

Rommelspacher, Birgit (2002): *Anerkennung und Ausgrenzung. Deutschland als multikulturelle Gesellschaft*, Frankfurt/New York: Campus.

- (2001): Der Islam – eine Provokation für das westliche Selbstbild. In: Hartmann, Thomas/ Margret Krannich, Hg.: *Muslime im säkularen Rechtsstaat*, Berlin: Das Arabische Buch, S. 21–28.

Ronneberger, Klaus/Vassilis Tsianos (2009): Panische Räume. Das Ghetto und die »Parallelgesellschaft«. In: Hess, Sabine/Jana Binder/Johannes Moser, Hg.: *No integration?! Kulturwissenschaftliche Beiträge zur Integrationsdebatte in Europa*, Bielefeld: Transcript, S. 137–152.

Rosenow-Williams, Kerstin (2013): DITIB und IGMG als grenzüberschreitende islamische Akteure – ein Vergleich. Rottenburg: Akademie der Diözese Rottenburg-Stuttgart, http://downloads.akademie-rs.de/interreligioeser-dialog/131115_rosenow_akteure.pdf.

Roy, Olivier (2006): *Der islamische Weg nach Westen. Globalisierung, Entwurzelung und Radikalisierung*, Bonn: Bundeszentrale für politische Bildung.

Sacksofsky, Ute (2009): Kopftuchverbote in den Ländern – am Beispiel des Landes Hessen. In: Berghahn, Sabine und Petra Rostock, Hg.: *Der Stoff, aus dem Konflikte sind. Debatten um das Kopftuch in Deutschland, Österreich und der Schweiz*, Bielefeld: Transcript, S. 275–296.

Saeed, Sadia (2007): Pakistani Nationalism and the State. Marginalisation of the Ahmadiyya Community in Pakistan. In: *Studies in Ethniciy and Nationalism* 7 (3): 132–152.

- (2012): Political Fields and Religious Movements. The Exclusion of the Ahmadiyya Community in Pakistan. In: *Political Power and Social Theory* 23: 189–223.

Said, Behnam T./Hazim Fouad (Hg.) (2014): *Salafismus. Auf der Suche nach dem wahren Islam*, Bonn: Bundeszentrale für politische Bildung.

Said, Edward (2012): *Orientalismus*, Frankfurt/M.: S. Fischer.

Sansal, Boualem (2013): *Allahs Narren. Wie der Islamismus die Welt erobert*, Gifkendorf: Merlin.

Sarrazin, Thilo (2010): *Deutschland schafft sich ab. Wie wir unser Land aufs Spiel setzen*, München: DVA.

Sauer, Martina (2007): Integrationsprobleme, Diskriminierung und soziale Benachteiligung junger türkeistämmiger Muslime. In: Wensierski, Hans-Jürgen/Claudia Lübcke, Hg.: *Junge Muslime in Deutschland. Lebenslagen, Aufwachsprozesse und Jugendkulturen*, Opladen: Budrich, S. 339–356.

- (2009): *Erfolge und Defizite der Integration türkeistämmiger Einwanderer. Entwicklung der Lebenssituation 1999–2008*, Wiesbaden: Springer VS.

Schiffer, Sabine (2005): *Die Darstellung des Islams in der Presse: Sprache, Bilder, Suggestionen. Eine Auswahl von Techniken und Beispielen*, Würzburg: Ergon.

Schiffauer, Werner (2010): *Nach dem Islamismus. Eine Ethnographie der islamischen Gemeinschaft Milli Görüs*, Berlin: Suhrkamp.

Schiffauer, Werner/Manuela Bojadzijev (2009): Es geht nicht um einen Dialog. Integrationsgipfel, Islamkonferenz und Anti-Islamismus. In: Hess, Sabine/Jana Binder/Johannes Moser, Hg.: *No integration?! Kulturwissenschaftliche Beiträge zur Integrationsdebatte in Europa*, Bielefeld: Transcript, S. 171–186.

Schirrmacher, Christine/Ursula Spuler-Stegemann (Hg.) (2004): *Frauen und die Scharia. Die Menschenrechte im Islam*, Kreuzlingen: Hugendubel.

Schulze, Reinhard (2005): Orientalistik und Orientalismus. In: Ender, Werner/Udo Steinbach, Hg.: *Der Islam in der Gegenwart*, München: C.H. Beck, S. 756–767.

Schneiders, Thorsten G. (Hg.) (2009): *Islamfeindlichkeit. Wenn die Grenzen der Kritik verschwimmen*, Wiesbaden: Springer VS.

Schröter, Susanne (2015a): Die jungen Wilden der Ummah. Heroische Geschlechterkonstruktionen im Jihadismus. In: *Friedensgutachten 2015*, Berlin: Lit, S. 175–186.

- (2015b): Die Verlockungen des Terrors. In: *Journal Frankfurt* vom 14.7.2015.
- (2013): Herausbildungen moderner Geschlechterordnungen in der islamischen Welt. In: Fahrmeir, Andreas/Annette Warner, Hg.: *Die Vielfalt normativer Ordnungen. Konflikte und Dynamik in historischer und ethnologischer Perspektive*, Frankfurt/New York: Campus, S. 275–306.
- /Sonia Zayed (2013): Tunesien. Vom Staatsfeminismus zum revolutionären Islamismus. In: Schröter, Susanne, Hg.: *Geschlechtergerechtigkeit durch Demokratisierung? Transformationen und Restaurationen von Genderverhältnissen in der islamischen Welt*, Bielefeld: Transcript, S. 17–44.
- (2009): Feministische Re-Interpretationen des Qur'an und der Sunna. In: Lanwerd, Susanne /Márcia Moser (Hg.): *Frau – Gender – Queer. Gendertheoretische Ansätze in der Religionswissenschaft*, Würzburg: Ergon, S. 46–54.

Schwanitz, Wolfgang C. (2004): Dschihad,»made in Germany«. In: http://www.ag-friedensforschung.de/themen/Islam/dschihad.html, abgerufen am 12.8.2015.

Seidensticker, Tilman (2014): *Islamismus. Geschichte, Vordenker, Organisationen*, München: C.H. Beck.

Sen, Faruk/Hayrettin Aydin (2002): *Islam in Deutschland*, München: C.H. Beck.

Sen, Faruk/Martina Sauer (2006): Islam in Deutschland. Einstellungen der türkischstämmigen Muslime. Religiöse Praxis und organisatorische Vertretung türkischstämmiger Muslime in Deutschland. Ergebnisse einer bundesweiten Befragung, Essen: Zentrum für Türkeistudien.

Shatzmiller, Maya (Hg.) (2002): *Islam and Bosnia. Conflict Resolution and Foreign Policy in Multiethnic States*, Québec: McGill University Press.

Sheikh Nazim (2005): *Mit den Augen der Liebe. Erzählungen, Ratschläge, Aphorismen*, Kandern im Schwarzwald: Spohr.

Solokowski, Kay (2009): *Feindbild Moslem*, Berlin: Rotbuch.

Spielhaus, Riem (2011): *Wer ist hier Muslim? Die Entwicklung eines islamischen Bewusstseins in Deutschland zwischen Selbstidentifikation und Fremdzuschreibung*, Würzburg: Ergon.

- (2010): Media making Muslims. The Construction of a Muslim Community in Germany through Media Debate. In: *Contemporary Islam* 4: 11–27.

Spuler-Stegemann, Ursula (2002): *Muslime in Deutschland. Informationen und Klärungen*, Freiburg: Herder.

Steinberg, Guido (2014): *Al-Qaidas deutsche Kämpfer. Die Globalisierung des islamischen Terrorismus*, Hamburg: Körber.

Straßburger, Gaby (2007a): Auf die Liebe kommt es an! Beziehungsideale und -entscheidungen junger Muslime in Deutschland. In: Wensierski, Hans-Jürgen/Claudia Lübcke, Hg.: *Junge Muslime in Deutschland. Lebenslagen, Aufwachsprozesse und Jugendkulturen*, Opladen: Budrich, S. 195–212.

- (2007b): Zwangsheirat oder arrangierte Heirat – zur Schwierigkeit der Abgrenzung. In: Bielefeld, Heiner, Hg.: *Zwangsverheiratung in Deutschland. Deutsches Institut für Menschenrechte*, Baden-Baden: Nomos, S. 68–82.

Taha, Mahmoud Muhamad (1996): *The Second Message of Islam*, Syracuse: Syracuse University Press. Herausgegeben von Abdullahi An Na'im.

Theilig, Stephan (2014): *Mohren, Türken und Tartaren. Muslimische (Lebens-)Welten in Brandenburg-Preußen im 18. Jahrhundert*, Leipzig: Frank und Timme.

Tibi, Bassam (2009): *Euro-Islam. Die Lösung eines Zivilisationskonflikts*, Darmstadt: Primus.

- (2002/1998): *Europa ohne Identität. Leitkultur oder Wertebeliebigkeit?*, München: Siedler.
- (2000): *Der Islam und Deutschland. Muslime in Deutschland*, Stuttgart: DVA.

Tietze, Nikola (2014): Muslimische Religiosität als Prozess. Islamische Identitäten junger Männer in Deutschland und Frankreich. In: *Transkulturelle Genderforschung: Ein Studienbuch zum Verhältnis von Kultur und Geschlecht*, Wiesbaden: Springer VS, S. 185–204.

- (2001): *Islamische Identitäten. Formen muslimischer Religiosität bei jungen Männern in Deutschland und Frankreich*, Hamburg: Hamburger Edition.
- (2003): Muslimische Identitäten. In: Bukow, Wolf-Dietrich/Erol Yildiz, Hg.: *Islam und Bildung*, Opladen: Leske und Budrich, S. 83–92.

Tillion, Germaine (2007): *My Cousin, my Husband. Clans and Kinship in Mediterranean Societies*, London: Saqi.

Toprak, Ahmet (2007): *Das schwache Geschlecht – die türkischen Männer. Zwangsheirat, häusliche Gewalt, Doppelmoral der Ehre*, Freiburg: Lambertus.

- (2010): *Integrationsunwillige Muslime? Ein Milieubericht*, Freiburg: Lambertus.
- /Katja Nowacki (2010): Gewaltphänomene bei männlichen muslimischen Jugendlichen mit Migrationshintergrund und Präventionsstrategien. Dortmund: Bundesministerium für Familie, Senioren, Frauen und Jugend. www.bmfsfj.de/RedaktionBMFSFJ/Abteilung2/ Pdf-Anlagen/gewaltphaenomene-maennliche-muslimischen-jugendliche,property=-pdf,bereich=bmfsfj,sprache=de,rwb=true.pdf, abgerufen am 2.5.2013.

Toprak, Binnaz et al. (2009): *Being different in Turkey. Religion, Conservatism and Othering. Research Report on Neighbourhood Pressure*, Istanbul: Bosporus-Universität.

Tworuschka, Udo (2006): Der Islam als Bestandteil deutscher Rechtstradition. In: Kirste, Reinhard/Paul Schwarzenau/Udo Tworuschka, Hg.: *Europa im Orient – der Orient in Europa*, Balve: Zimmermann, S. 152–168.

Wadud, Amina (1999): *Inside the Gender Jihad. Women's Reform in Islam*, Oxford: Oneworld.

- (1992): *Qur'an and Woman. Re-reading the Sacred Text from a Woman's Perspective*, Oxford: Oxford University Press.

Wieland, Rotraud (o.J.): Die Vorschrift des Kopftuchtragens für die muslimische Frau: Grundlagen und aktueller innerislamischer Diskussionsstand. www.unifr.ch/theo/downloads/ wielandtkopftuch.pdf, abgerufen am 24.6.2012.

Wunn, Ina (Hg.) (2013): *Islam, Frauen und Europa. Islamischer Feminismus und Gender Jihad – neue Wege für Musliminnen in Europa?*, Stuttgart: Kohlhammer.

Yasar, Aysun (2012): *Die DITIB zwischen der Türkei und Deutschland. Untersuchungen zur Türkisch-Islamischen Union der Anstalt für Religion e.V.*, Freiburg: Ergon.

Yildiz, Erol/Marc Hill (Hg.) (2015): *Nach der Migration. Postmigrantische Prespektiven jenseits der Parallelgesellschaft*, Bielfeld: Transcript.

Yildiz, Erol (2009): Was heißt hier Parallelgesellschaft? Von der hegemonialen Normalität zu den Niederungen des Alltags. In: Hess, Sabine/Jana Binder/Johannes Moser, Hg.: *No integration?! Kulturwissenschaftliche Beiträge zur Integrationsdebatte in Europa*, Bielefeld: Transcript, S. 153–170.

- (2007): *Die Halbierte Gesellschaft der Postmoderne. Probleme des Minderheitendiskurses unter Berücksichtigung alternativer Ansätze in den Niederlanden*, Opladen: Leske und Budrich.
- (2004): *Die Banalität des Rassismus. Migranten zweiter Generation entwickeln eine neue Perspektive*, Bielefeld: Transcript.
- (2003): Multikulturalität und Demokratie im Zeitalter der Globalisierung. In: *Interkulturelle Studien* 5: 253–269.